AF879236

Teresa Frank
Die Wiederaufnahme zuungunsten des Angeklagten im Strafverfahren
Reformdiskussion und Gesetzgebung seit dem Neunzehnten Jahrhundert

Juristische Zeitgeschichte
Abteilung 3, Band 54

Juristische Zeitgeschichte
Hrsg. von Prof. Dr. Dr. Dr. h.c. Thomas Vormbaum
(FernUniversität in Hagen, Institut für Juristische Zeitgeschichte)

Abteilung 3:
Beiträge zur modernen deutschen Strafgesetzgebung
Materialien zu einem historischen Kommentar
Hrsg. von Prof. Dr. Dr. Dr. h.c. Thomas Vormbaum

Band 54

De Gruyter

Teresa Frank

Die Wiederaufnahme zuungunsten des Angeklagten im Strafverfahren

Reformdiskussion und Gesetzgebung seit dem Neunzehnten Jahrhundert

De Gruyter

Die Arbeit wurde von der Rechtswissenschaftlichen Fakultät der Universität Passau als Dissertation angenommen.

ISBN 978-3-11-075156-7
e-ISBN (PDF) 978-3-11-075170-3
e-ISBN (EPUB) 978-3-11-075176-5

Library of Congress Control Number: 2021950457

Bibliografische Information der Deutschen Nationalbibliothek

Die Deutsche Nationalbibliothek verzeichnet diese Publikation in der Deutschen Nationalbibliografie; detaillierte bibliografische Daten sind im Internet über http://dnb.dnb.de abrufbar.

© 2022 Walter de Gruyter GmbH, Berlin/Boston

Druck und Bindung: CPI books GmbH, Leck

MIX Papier aus verantwortungsvollen Quellen FSC® C083411 www.fsc.org

www.degruyter.com

Vorwort

Die vorliegende Arbeit wurde im Wintersemester 2020/2021 von der Juristischen Fakultät der Universität Passau als Dissertation angenommen.

An erster Stelle gilt mein Dank meinem Doktorvater, Herrn Professor Dr. Martin Asholt, der mir bei Fragen stets mit Rat und Tat zur Seite stand und mir gleichzeitig größtmögliche Freiheit bei der wissenschaftlichen Arbeit ließ. Durch seine konstruktiven Anmerkungen hat er entscheidend zum Gelingen dieser Arbeit beigetragen. Bedanken möchte ich mich zudem für die lehrreiche und gewinnbringende Zeit als Wissenschaftliche Mitarbeiterin an seinem Lehrstuhl.

Herzlich bedanken möchte ich mich auch bei Herrn Professor Dr. Dr. Werner Beulke für die äußerst zügige Erstellung des Zweitgutachtens sowie bei Herrn Prof. Dr. Rainer Wernsmann für die Übernahme des Vorsitzes in der Prüfungskommission.

Frau Kathrin Heinze danke ich für die redaktionelle Bearbeitung meiner Dissertation.

Für die schöne gemeinsame Zeit am Lehrstuhl bedanke ich mich bei meinen ehemaligen Kolleginnen, Frau Dr. Catherine Hasslinger und Frau Dr. Julia Nowak, die mir zu engen Freundinnen geworden sind.

Von ganzem Herzen möchte ich mich bei meinen Eltern Heidi und Josef Göttl, meinem Bruder Fabian, meinen Großeltern und meinem Ehemann Christian bedanken, die mich immer unterstützt und mir als Familie stets den nötigen Rückhalt gegeben haben. Ihnen ist diese Arbeit gewidmet.

Passau im Mai 2021 Teresa Frank

https://doi.org/10.1515/9783110751703-001

Inhaltsverzeichnis

ANHANG

Erstes Kapitel: Sachliche Grundlegung: Probleme und Methoden

I. Einleitung

Nachdem Peters 1970 eine Untersuchung[1] veröffentlicht hatte, wonach von 1115 Wiederaufnahmeverfahren lediglich 91 Verfahren zuungunsten des Angeklagten durchgeführt worden waren, erwogen in der Folge einige, die Wiederaufnahme zuungunsten des Angeklagten aufgrund der geringen Fallzahlen und der damit einhergehenden geringen praktischen Bedeutung vollständig abzuschaffen.[2] Seit Beginn der 2000er Jahre sind es aber gerade spektakuläre Einzelfälle, welche dafür sorgen, dass nicht mehr über die Abschaffung der nachteiligen Wiederaufnahme nachgedacht wird, sondern sogar deren Erweiterung in den Fokus des Gesetzgebers und der wissenschaftlichen Diskussion rückt.

Neben dem sog. Düsseldorfer Videothek-Fall[3] ist die Tötung der Frederike von Möhlmann, an deren Kleidung man im Jahr 2012 DNA-Spuren ausgewertet hatte, welche dem bereits 1983 freigesprochenen Angeklagten zugeordnet werden konnten, Gegenstand zahlreicher Medienberichterstattungen.[4] Frederikes

1 *Peters*, Fehlerquellen Bd. 1, S. 574.

2 *J. Meyer*, ZStW 84 (1972), 909 (929); auf dem Kolloquium des Max-Planck Instituts waren *Eb. Schmidt, Hauser, Eser* und *Krüger* für die Abschaffung der Wiederaufnahme zuungunsten des Angeklagten; vgl. hierzu den Tagungsbericht von *Eckert*, ZStW 84 (1972), 937 (947 f.); dazu unten 9. Kap. II. 3. a).

3 Im Jahr 1993 wurde eine Mitarbeiterin einer Düsseldorfer Videothek überfallen und ihr eine Plastiktüte über den Kopf gestülpt. Die junge Frau erstickte. 1997 wurde der damalige Tatverdächtige aufgrund Mangels an Beweisen rechtskräftig freigesprochen. Als man im Jahr 2006 DNA-Analysen von Asservaten ungeklärter Mordfälle durchführte, fand man am Klebeband, welches bei der Tat verwendet worden war, Spuren des Freigesprochenen. Dieser Fall gab Anlass für den Gesetzesentwurf des Bundesrats von 2007, BR-Drs. 655/07; BT-Drs. 16/7957.

4 Vgl. hierzu die Artikel: „Brutaler Rechtsstaat", https://www.lto.de/recht/hintergruende/h/wiederaufnahme-strafverfahren-brutaler-rechtsstaat/; „Nachträgliche Sühne", https://www.spiegel.de/panorama/justiz/wie-mordverdaechtige-nachtraeglich-verurteilen-werden-sollen-a-1299786.html; „Neue Indizien, doch keine Anklage", faz.net, https://www.faz.net/aktuell/gesellschaft/kriminalitaet/35-jahre-alter-mord-an-der-schuelerin-friederike-13606970.html; zuletzt aufgerufen am 12. April 2020.

https://doi.org/10.1515/9783110751703-002

Vater kämpft seit diesem Zeitpunkt für die Wiederaufnahme des Verfahrens gegen den damals Freigesprochenen, welche nach derzeit geltendem Recht nicht möglich ist:

§ 362 StPO lässt die Wiederaufnahme zuungunsten des Angeklagten[5] in vier Fällen zu, nämlich dann, wenn 1. die in der Hauptverhandlung zu seinen Gunsten als echt vorgebrachte Urkunde unecht oder verfälscht war; wenn 2. der Zeuge oder Sachverständige sich bei einem zugunsten des Angeklagten abgelegten Zeugnis oder abgegebenen Gutachten einer vorsätzlichen oder fahrlässigen Verletzung des Eidespflicht oder einer vorsätzlichen falschen uneidlichen Aussage schuldig gemacht hat; wenn 3. bei dem Urteil ein Richter oder Schöffe mitgewirkt hat, der sich in Beziehung auf die Sache einer strafbaren Verletzung seiner Amtspflichten schuldig gemacht hat; oder 4. wenn von dem Freigesprochenen vor Gericht oder außergerichtlich ein glaubwürdiges Geständnis der Straftat abgelegt wird.[6]

Im Unterschied zur Wiederaufnahme zugunsten des Angeklagten ist zu seinen Lasten eine Wiederaufnahme aufgrund neuer Tatsachen oder Beweismittel nicht möglich.[7] Aus diesem Grunde scheitert im Fall Frederike von Möhlmann die Wiederaufnahme zuungunsten des vormals Freigesprochenen.Im Jahr 2016 übergab Frederike Möhlmanns Vater dem Bundesjustizministerium eine von 104.630 Personen unterschriebene Petition[8], mit welcher er Gerechtigkeit für seine Tochter verlangte und den damaligen Bundesjustizminister Heiko Maas bat, § 362 StPO dahingehend zu ergänzen, dass das Verfahren gegen einen freigesprochenen Angeklagten wiederaufgenommen werden könne, wenn neue,

---

5 Die gesetzlich verwendete Terminologie ist nicht präzise: Die amtliche Überschrift des § 362 StPO spricht lediglich von der Wiederaufnahme zuungunsten des Verurteilten; eine Wiederaufnahme aufgrund von § 362 Nr. 4 StPO setzt aber einen rechtskräftigen Freispruch und gerade keine Verurteilung voraus. Der Gesetzestext des § 362 StPO spricht hingegen von der Wiederaufnahme zuungunsten des Angeklagten. Dies wurde schon von *Ziemba*, Wiederaufnahme, S. 80 f. kritisiert, da der Betroffene zum Zeitpunkt der Wiederaufnahme des Verfahrens entweder nicht mehr oder noch nicht Angeklagter sei.

6 Zu den Anforderungen an die einzelnen Wiederaufnahmegründe *Marxen / Tiemann*, Wiederaufnahme, S. 96 ff.

7 Eine Ausnahme besteht im Strafbefehlsverfahren: § 373a Abs. 1 StPO lässt die Wiederaufnahme eines durch rechtskräftigen Strafbefehl abgeschlossenen Verfahrens zuungunsten des Verurteilten auch dann zu, wenn neue Tatsachen oder Beweismittel beigebracht sind, die allein oder in Verbindung mit den früheren Beweisen geeignet sind, die Verurteilung wegen eines Verbrechens zu begründen.

8 Die Petition ist abrufbar unter: https://www.change.org/p/gerechtigkeit-für-meine-ermordete-tochter-frederike-der-mord-muss-gesühnt-werden-können; zuletzt aufgerufen am 12. April 2020.

vom BGH anerkannte Untersuchungsmethoden den Freigesprochenen überführen.

Der Fall *Möhlmann* sorgte nicht nur für Aufsehen in der Öffentlichkeit, sondern befeuerte das wissenschaftliche Interesse an der Wiederaufnahme zuungunsten des Angeklagten[9] und schaffte es darüber hinaus, dass sich die Große Koalition in der aktuellen Legislaturperiode zum Ziel setzte, die Wiederaufnahmemöglichkeiten zuungunsten des freigesprochenen Angeklagten in Bezug auf die nicht verjährbaren Straftaten zu erweitern.[10]

II. Hinführung und Fragestellungen

Die Wiederaufnahme des Verfahrens nach §§ 359 ff. StPO führt dazu, dass nach rechtskräftigem Abschluss eines Strafverfahrens erneut über dieselbe Tat entschieden und ein Sachurteil herbeigeführt werden kann. Dies bedeutet, dass aufgrund der dort abschließend aufgezählten Gründe die Rechtskraft einer Entscheidung zugunsten materieller Gerechtigkeit durchbrochen werden kann, so dass sich die Wiederaufnahme im Spannungsfeld[11] zwischen den gleichermaßen aus dem verfassungsrechtlich verankerten Rechtsstaatsprinzip des Art. 20 Abs. 3 GG abgeleiteten Prinzipien der Rechtssicherheit und der materiellen Gerechtigkeit bewegt.[12]

Da die Wiederaufnahme eine rechtkräftige Entscheidung und damit ein bereits abgeschlossenes Verfahren voraussetzt, mag es zunächst zwar verwundern, warum im Folgenden stets auch die Grundlagen und geltenden Prinzipien des erstinstanzlichen Verfahrens aufgezeigt werden. Dies ist dem Umstand geschuldet, dass das Wiederaufnahmeverfahren, wie dies *Schulz*, der die Entwicklung der

---

9 Aus der aktuellen Literatur beispielsweise: *Frister / Müller*, ZRP 2019, 101 ff. Auch der Spiegel berichtet im November 2019 unter dem Titel „Justizministerin prüft Reform der Wiederaufnahme über das aktuelle Vorhaben; https://www.spiegel.de/panorama/justiz/justizministerium-prueft-nachtraegliche-verurteilung-freigesprochener-moerder-a-1296693.html, zuletzt aufgerufen am 20. April 2020.

10 Koalitionsvertrag zwischen CDU, CSU und SPD der 19. Legislaturperiode, S. 125 Zeile 5853 f.

11 Es wird sogar behauptet, dass das wissenschaftliche Interesse an der Wiederaufnahme des Strafverfahrens gerade deshalb so groß sei, weil es hier „wie kaum andernorts zu einem derart fundamentalen Zusammenstoß zweier wichtiger Prozessgrundsätze" komme; *Isfen*, in: Axiome des Strafverfahrensrechts, S. 41.

12 *Engländer / Zimmermann* / MüKo-StPO, Vor § 359 Rn. 1; *Gössel* / LR-StPO, Vor § 359 Rn. 11; *Marxen / Tiemann*, Wiederaufnahme, S. 2; *Meyer-Goßner /* Schmitt, StPO Vor § 359 Rn. 1; *Schmidt*/KK-StPO, Vor § 359 Rn. 4.

Wiederaufnahmegründe im Neunzehnten Jahrhundert in einem Beitrag untersucht hatte,[13] schon festgestellt hat, „nicht aus sich selbst heraus verstanden und dargestellt werden“ kann und „ohne Berücksichtigung der jeweils tragenden Verfahrensgrundsätze (...) und ohne Einbettung in die jeweilige Ausgestaltung des Rechtsmittelrechts“ „jeder Versuch, die Entwicklung zu begreifen, ein Torso bleiben“[14] müsse. Um das heutige Wiederaufnahmerecht vollumfänglich verstehen und nachvollziehen zu können, reicht es daher nicht aus, die Entwicklung der Wiederaufnahmegründe isoliert zu betrachten.

Neben der zumindest grundlegenden Kenntnis des Rechtsmittelsystems in den Partikularstaaten des Neunzehnten Jahrhunderts, ist für die Frage, wie ein Strafverfahren nach dessen Abschluss wieder „in Gang gesetzt“ werden kann, zunächst entscheidend, wie das Strafverfahren durchgeführt und auf welche Art und Weise es schließlich beendet wurde. Bewusst wurde hier juristisch unpräzise von „in Gang gesetzt“ gesprochen, da es neben der Wiederaufnahme des Verfahrens im Sinne des § 362 StPO weitere Möglichkeiten gibt, nach zumindest vorläufigem Abschluss erneut Ermittlungen einzuleiten, Anklage zu erheben und den Betroffenen schließlich zu verurteilen. Nicht jede in der StPO vorgesehene Möglichkeit der Verfahrensbeendigung führt zu einem vollständigen Strafklageverbrauch (dazu sogleich).

Für das Verständnis der Ausgestaltung der Wiederaufnahme des Verfahrens i. S. d. § 362 StPO sind andere Formen der Verfahrensbeendigung und die damit verknüpften Möglichkeiten der erneuten Verfahrenseinleitung deshalb interessant, da möglicherweise für die Wiederaufnahme des Verfahrens kein bzw. nur ein geringeres Bedürfnis besteht, wenn es andere Mittel gibt, eine freigesprochene bzw. zu milde verurteilte Person nachträglich einer vermeintlich gerechten, der materiellen Wahrheit entsprechenden Bestrafung zuzuführen.

Zielsetzung der gegenständlichen Arbeit ist es daher, Zusammenhänge zwischen der Ausgestaltung des erstinstanzlichen Verfahrens, den verschiedenen Instrumenten der Verfahrensbeendigung und der daran anknüpfenden Möglichkeiten, das Verfahren erneut „in Gang zu setzen“ und der Wiederaufnahme des Verfahrens gem. § 362 StPO herauszuarbeiten. Nur auf diese Weise kann eine fundierte Aussage darüber getroffen werden, wie im jeweiligen historischen Zeitabschnitt das Spannungsverhältnis zwischen Rechtskraft bzw. Rechtssicherheit und materieller Gerechtigkeit aufgelöst wurde und ob gesellschaftspolitische Ereignisse diese Entwicklung beeinflussten. Schließlich soll die Frage der Kontinuität beantwortet werden, was nur möglich erscheint, wenn die Durchbrechung der

13 *Schulz* / FS OLG Oldenburg, S. 195 ff.

14 *Schulz* / FS OLG Oldenburg, S. 196.

Rechtskraft durch die Wiederaufnahme des Verfahrens in einem Gesamtgefüge sowohl vor als auch nach der Zeit von 1933 bis 1945 analysiert wird.

Zur Hinführung an die Thematik wird nun zunächst unter 1. die Wiederaufnahme des Verfahrens von den ordentlichen Rechtsmitteln abgegrenzt und unter 2. Inhalt und Grenzen des „ne bis in idem“ nach aktuellem Verständnis dargelegt:

1. Abgrenzung der Wiederaufnahme von den ordentlichen Rechtsmitteln

Der wichtigste Unterschied zu den durch Devolutiv- und Suspensiveffekt gekennzeichneten ordentlichen Rechtsmitteln der Berufung und der Revision besteht darin, dass diese gerade nur vor Eintritt der Rechtskraft statthaft sind, während die Wiederaufnahme des Verfahrens, welcher weder Devolutiv- noch Suspensiveffekt zukommt, eine bereits in Rechtskraft erwachsene Entscheidung voraussetzt.[15]

Nach Wiederaufnahme des Verfahrens fällt das Gericht eine komplett neue Entscheidung, ohne an das angefochtene Urteil gebunden zu sein.[16] Ähnlichkeit besteht daher zum Berufungsverfahren, in welchem ebenfalls eine vollständig neue Entscheidung getroffen wird.[17]

Aufgrund dieser Ähnlichkeit zwischen Berufung und Wiederaufnahme wurden in den Reformdiskussionen häufig Argumente, welche für bzw. gegen die Berufung sprachen, auch für bzw. gegen die Wiederaufnahme des Verfahrens vorgebracht, weshalb auch deren Kenntnis für eine vollumfängliche Beurteilung der Entwicklung des Wiederaufnahmeverfahrens unabdingbar ist und daher in die gegenständliche Arbeit mit einfließen muss.

2. Inhalt des „ne bis in idem“ nach aktuellem Verständnis

Wurde gegen eine Person ein Strafverfahren durchgeführt und dieses durch rechtskräftiges Sachurteil abgeschlossen, so tritt aufgrund dieser Tat Strafklageverbrauch ein. Gemäß Art.103 Abs. 3 GG darf niemand wegen derselben Tat aufgrund der allgemeinen Strafgesetze mehrmals bestraft werden. Nach ganz allgemeiner Meinung gilt dieser Grundsatz nicht nur im Falle einer Verurteilung, sondern verbietet auch die nochmalige Durchführung eines Strafverfah-

---

15 *Gössel* / LR-StPO, Vor § 359 Rn. 30.

16 *Gössel* / LR-StPO, Vor § 359 Rn. 29.

17 *Gössel* / LR-StPO, Vor § 359 Rn. 29.

rens nach vorangegangenem Freispruch, so dass ein rechtskräftiger Verfahrensabschluss grundsätzlich zu einem umfassenden Verbrauch der Strafklage führt.[18] In diesem Fall kann die Rechtskraft der Entscheidung lediglich durch Wiederaufnahme des Verfahrens zuungunsten des Angeklagten beseitigt werden.

Entscheidendes Kriterium für die Bestimmung des Umfangs der materiellen Rechtskraft ist der Begriff „derselben Tat".[19] Da gesetzlich nicht definiert ist, was hierunter zu verstehen ist, kann dieser Begriff unterschiedlich interpretiert werden. Legt man ihn eng aus, tritt in entsprechend begrenztem Umfang Strafklageverbrauch ein, was zur Folge hat, dass bei neuen Erkenntnissen die Möglichkeit einer erneuten Anklageerhebung besteht und eine Wiederaufnahme gem. § 362 StPO mit ihren strengen Voraussetzungen nicht erforderlich ist. Dehnt man den Begriff derselben Tat allerdings weit aus, so erwächst auch ein entsprechend großer Teil in materielle Rechtskraft. In diesem Fall ist keine erneute Anklage, sondern lediglich eine Wiederaufnahme des Verfahrens möglich.[20]

Ein gegen einen Beschuldigten eingeleitetes Strafverfahren kann jedoch nicht nur durch ein verfahrensabschließendes Sachurteil beendet werden. In der derzeit geltenden Strafprozessordnung existieren zahlreiche weitere Möglichkeiten der Verfahrensbeendigung, welche entweder zu keinem bzw. nur zu einem beschränkten Strafklagebrauch führen. Exemplarisch werden folgende aufgezeigt:

Stellt die Staatsanwaltschaft mangels hinreichenden Tatverdachts das Ermittlungsverfahren gemäß § 170 Abs. 2 S. 1 StPO ein, so ist die Einstellungsentscheidung nach ganz herrschender Meinung[21] nicht rechtskraftfähig und bewirkt keinen Strafklageverbrauch.[22] Daher können die Ermittlungen bei gleicher Sach- und Rechtslage aufgrund derselben Tat jederzeit wieder aufgenommen

18 BVerfGE 12, 62 (66); BGHSt 5, 323 (328 ff.); *Degenhart* / Sachs-GG Art. 103 Rn. 79; *Engländer / Zimmermann* / MüKo-StPO, Vor § 359 Rn. 3; Jarass / *Pieroth*, GG Art. 103 Rn. 107; *Pohlreich* / Bonner Kommentar GG, Art. 103 Abs. 3 Rn. 42, Stand: November 2018; *Remmert* / Maunz/Dürig-GG, Stand Februar 2020, Art. 103 Abs. 3 Rn. 2.

19 *Norouzi* / MüKo-StPO, § 264 Rn. 3; *Stuckenberg*/LR-StPO, § 264 Rn. 4.

20 Zum Zusammenhang zwischen Wiederaufnahme des Verfahrens und dem Tatbegriff auch *Stuckenberg* / LR-StPO, § 264 Rn. 12.

21 BGH NJW 2011, 2310 (2311); *Kölbel* / MüKo-StPO, § 170 Rn. 26; Meyer-Goßner / *Schmitt*, StPO § 170 Rn. 9; *Moldenhauer* / KK-StPO, § 170 Rn. 23; *Radtke*, NStZ 1999, 481 (483); *Sing* / SSW-StPO, § 170 Rn. 20; *Wohlers / Albrecht* / SK-StPO, § 170 Rn. 61.

22 Dies folgt aus dem Umkehrschluss aus §§ 174 Abs. 2, 211 StPO; vgl. hierzu *Kölbel* / MüKo-StPO, § 170 Rn. 26.

werden.[23] Eine Ausnahme besteht lediglich für den Fall, dass die Wiederaufnahme völlig anlasslos und somit willkürlich betrieben werden würde.[24]

Weitere Möglichkeiten der (zumindest vorläufigen) Verfahrensbeendigung durch das Gericht sind der Nichteröffnungsbeschluss nach § 204 Abs. 1 StPO im Zwischenverfahren, die gerichtliche Einstellung nach § 153 Abs. 2 StPO wegen Geringfügigkeit oder nach § 153a Abs. 2 StPO unter Auflagen und Weisungen, Prozessurteile gemäß § 260 Abs. 3 StPO oder der Strafbefehl nach § 407 StPO.

Die Gemeinsamkeit der zuletzt genannten Möglichkeiten der gerichtlichen Verfahrensbeendigung besteht darin, dass das Verfahren nicht lediglich im Falle des Vorliegens eng umgrenzter Wiederaufnahmegründe „in Gang gesetzt" werden kann, sondern dies in deutlich umfassenderen Umfang möglich ist:

Im Falle eines unanfechtbar gewordenen Nichteröffnungsbeschluss nach § 204 Abs. 1 StPO kann die Staatsanwaltschaft den früheren Angeschuldigten erneut anklagen, wenn neue Tatsachen oder Beweismittel vorliegen (§ 211 StPO).

Wurden bei einer Einstellung nach § 153a StPO die Auflagen und Weisungen erfüllt, so tritt zwar beschränkter Strafklageverbrauch ein, so dass die Tat nicht mehr als Vergehen, jedoch als Verbrechen verfolgt werden kann (§ 153a Abs. 1 S. 5 StPO). Bei einer Einstellung nach § 153 Abs. 2 StPO ist zwar umstritten, ob diese überhaupt zu Strafklageverbrauch führt. Einigkeit besteht jedoch darüber, dass zumindest kein unbeschränkter Strafklageverbrauch eintritt.[25]

Besonderheiten bestehen im Strafbefehlsverfahren: Obwohl ein Strafbefehl, gegen welchen nicht rechtzeitig Einspruch eingelegt wurde, grundsätzlich einem rechtskräftigen Urteil gleichsteht (§ 410 Abs. 3 StPO), ist die Wiederaufnahme zuungunsten des Verurteilten zulässig, wenn neue Tatsachen oder Beweismittel beigebracht sind, die allein oder in Verbindung mit den früheren Beweisen geeignet sind, die Verurteilung wegen eines Verbrechens zu begründen.

---

23 *Kölbel* / MüKo-StPO, § 170 Rn. 26; *Moldenhauer* / KK-StPO, § 170 Rn. 23; *Radtke*, NStZ 1999, 481 (483).

24 *Kölbel* / MüKo-StPO, § 170 Rn. 26.

25 Nach Ansicht des BGH bewirkt die gerichtliche Einstellung nach § 153 Abs. 2 StPO entsprechend dem Rechtsgedanken des § 153a Abs. 1 S. 5 StPO einen beschränkten Strafklageverbrauch; BGH, NJW 2004, 375. Nach anderer Ansicht soll nach Einstellung gemäß § 153 StPO die Wiederaufnahme auch aufgrund solcher neuer Tatsachen und Beweismittel möglich sein, die eine schärfere rechtliche Beurteilung ermöglichen, Meyer-Goßner / *Schmitt*, StPO, § 153 Rn. 38.

So deutlich dieser Unterschied zwischen Wiederaufnahme nach rechtkräftiger, verfahrensabschließender Entscheidung und „Wiederaufnahme" nach Verfahrenseinstellung nach aktuellem Recht auch erscheinen mag, so schwierig war die Situation noch zu Beginn des Neunzehnten Jahrhunderts:

Eine Trennung zwischen einem von der Staatsanwaltschaft durchgeführten Ermittlungsverfahren, Entscheidung durch das Gericht im Zwischenverfahren und einer vor dem erkennenden Richter stattfindenden Hauptverhandlung, wie es im heutigen Recht vorgesehen ist, fand nicht statt, so dass eine klare Differenzierung zwischen einer nicht rechtskraftfähigen Einstellung im Vorverfahren, einer beschränkt rechtskraftfähigen Opportunitätseinstellung und einem rechtskräftigem Freispruch nach durchgeführter Hauptverhandlung nicht möglich war. Wie die chronologische Darstellung der Entwicklung des Strafverfahrens zeigen wird, kristallisierten sich erst im Laufe der Zeit die verschiedenen Möglichkeiten der Verfahrensbeendigung mit unterschiedlichen Anforderungen an die „Verfahrensfortsetzung" heraus.

III. Terminologie

Zu Beginn des Neunzehnten Jahrhunderts war die gesetzliche Terminologie nicht einheitlich: Es wurde häufig von der Wiederaufnahme zu Lasten des Angeschuldigten bzw. Beschuldigten gesprochen, wobei die Begriffe des Angeschuldigten bzw. Beschuldigten nicht im heutigen Sinne verwendet wurden, sondern damit die Person gemeint war, gegen welche ein Strafverfahren geführt wurde. Eine dem heutigen § 157 StPO entsprechende Vorschrift existierte nicht. Da im gemeinen Inquisitionsverfahren noch keine Anklage durch die Staatsanwaltschaft erfolgte, sprach man auch nicht vom Angeklagten. In dieser Arbeit wird daher versucht, sich einerseits zwar an die Terminologie des Gesetzes der jeweiligen Zeit anzulehnen, andererseits die Begriffe unserem aktuellen Sprachgebrauch anzupassen.

IV. Forschungsstand

Es existieren bereits Arbeiten zur Wiederaufnahme des Verfahrens zuungunsten des Angeklagten, die sich zum Teil auch mit der historischen Entwicklung in knapper Form auseinandersetzen.[26]

---

26 Exemplarisch seien hier folgende Monografien genannt: *Arnemann*, Defizite der Wiederaufnahme in Strafsachen (2019); *Bohn*, Die Wiederaufnahme des Strafverfahrens zuungunsten des Angeklagten vor dem Hintergrund neuer Beweise (2016); *Deml*, Zur Reform der Wiederaufnahme des Strafverfahrens (1979); Weber-Klatt, Die Wiederauf-

Ausdrücklich genannt sei hier insbesondere *Schwedhelm*, die die Entwicklung des Wiederaufnahmerechts propter nova in dem Zeitraum ab 1800 bis zur Reichsstrafprozessordnung untersucht. Gegenstand deren Arbeit ist primär die Beschreibung der jeweiligen gesetzlichen Vorschriften in den Partikularstaaten des Neunzehnten Jahrhunderts, deren Schwerpunkt deutlich auf der Wiederaufnahme zugunsten des Verurteilten liegt. Zielsetzung der vorliegenden Arbeit ist hingegen nicht nur die Entwicklung der einzelnen Wiederaufnahmegründe zu referieren, sondern auch die Motive zu den jeweiligen Gesetzentwürfen und die Diskussionen in den zuständigen Gremien zu analysieren und diese in das juristische Zeitgeschehen einzuordnen, welches, wie *Vormbaum* es beschreibt, die allgemeingeschichtlichen, kulturgeschichtlichen und sozialgeschichtlichen Entwicklungen einschließt.[27] Um eine fundierte Aussage über die Bedeutung von Rechtskraft im Verhältnis zur Gerechtigkeit im jeweiligen Zeitabschnitt treffen zu können, ist ferner – wie oben dargelegt – eine Analyse der Grundlagen des Strafverfahrensrechts im jeweiligen historischen Zeitabschnitt erforderlich. Weiterhin sollen auch die Reaktionen auf die jeweiligen Gesetzesvorhaben der Wissenschaft nicht außer Acht gelassen werden. Die gegenständliche Untersuchung umfasst ferner auch das komplette Zwanzigste Jahrhundert und reicht bis in die heutige Zeit.

V. Darstellungsweise

Die Arbeit ist weitestgehend chronologisch aufgebaut und in Zeitabschnitte untergliedert. Das Hauptaugenmerk soll auf der Entwicklung in der gegenwärtigen Rechtsepoche liegen, deren Beginn wohl am besten an der Wende zwischen Achtzehnten und Neunzehnten Jahrhundert festgemacht werden kann.[28] Diese Phase war nicht nur geprägt von politischen, sozialen und wirtschaftlichen Veränderungen, wie dem Niedergang des Heiligen Römischen Reiches Deutscher Nation 1806, der Industriellen Revolution oder dem politischen Aufstieg der Bürgertums, sondern auch von bedeutenden Reformen im Bereich des gesamten Strafprozessrechts.

Es soll auch untersucht werden, ob und in welchem Umfang die partikularrechtlichen Regelungen als Grundlage für die Reichsstrafprozessordnung gedient und

nahme von Verfahren zu Ungunsten des Angeklagten (1997); *Ziemba*, Die Wiederaufnahme des Verfahrens zuungunsten des Freigesprochenen oder Verurteilten (§§ 362 ff. StPO) (1974).

27 *Vormbaum*, Strafrechtsgeschichte, S. 20.

28 Vgl. hierzu und zur Suche nach dem Beginn der Rechtsepoche: *Vormbaum*, Strafrechtsgeschichte S. 16 ff.

wie sich diese im Zwanzigsten Jahrhundert weiterentwickelt haben. Dies ist besonders für die Frage der Kontinuität entscheidend, da nur auf diese Weise beurteilt werden kann, ob die Zeit des Nationalsozialismus einen Bruch darstellt.

Es wird zunächst der Inquisitionsprozess mit seinen Verfahrensprinzipien charakterisiert und anschließend die jeweiligen Entwürfe und gesetzlichen Regelungen ausgewählter Partikularstaaten unter Zugrundelegung der historischen Rahmenbedingungen erläutert und die hierzu verfügbaren Materialien untersucht und ausgewertet. Hierauf folgt die Darstellung des Wegs zur Reichsstrafprozessordnung von 1877 mit Entwürfen und Beratungen in den jeweiligen Gremien. Der Wortlaut der dargestellten Vorschriften findet sich zumeist in den Fußnoten.

Die Abhandlung des Zwanzigsten Jahrhunderts untergliedert sich in die Zeitabschnitte bis zum Ersten Weltkrieg, gefolgt von der Weimarer Republik, der NS-Zeit und schließlich der Reformdiskussion und Gesetzgebung nach 1945, wobei das Recht der Deutschen Demokratischen Republik ausgeklammert wird. Abschließend werden die aktuellen Reformbestrebungen erörtert.

Am Ende erfolgt eine Zusammenfassung und Würdigung.

Zweites Kapitel: Historische Grundlegung: Ausgangsbedingungen und die Gesetzgebung vor 1800

Zu Beginn des Neunzehnten Jahrhunderts existierte auf dem heutigen Gebiet der Bundesrepublik Deutschland noch das Heilige Römische Reich Deutscher Nation,[1] dessen Erscheinungsbild sich als territorialer Flickenteppich präsentierte. Als eine der maßgeblichen strafprozessualen Rechtsquellen galt auch noch zu dieser Zeit die bereits im Jahr 1532 von Kaiser Karl V. und den Reichsständen mit Wirkung für das gesamte Reich erlassene Peinliche Halsgerichtsordnung (Constitutio Criminalis Carolina).[2]

Obwohl die Carolina in ihren Art. 6-10 lediglich wenige Vorschriften zum Inquisitionsverfahren enthielt und daneben auch noch das ältere Akkusationsverfahren[3] kannte, setzte sich in späteren landesrechtlichen Gesetzeswerken des Siebzehnten und Achtzehnten Jahrhunderts mehr und mehr der Inquisitionsprozess als vorherrschende Verfahrensart durch, der zunehmend durch die in der Wissenschaft gewonnenen Erkenntnisse eine präzisere gesetzliche Ausgestaltung erfuhr.[4]

---

1 Nach dem Reichsdeputationshauptschluss 1803 trug es nicht mehr den Namen „Heiliges Römisches Reich Deutscher Nation“, sondern nur noch „Deutsches Reich“. Dieses fand mit Niederlegung der Krone durch den habsburgischen Kaiser Franz II. am 6. August 1806 sein Ende.

2 Die sog. Carolina galt bis ins Neunzehnte Jahrhundert als eines der wenigen größeren Gesetzgebungswerke. Verglichen mit heutigen Gesetzeswerken stellt sie jedoch lediglich eine fragmentarische Regelung des materiellen und formellen Strafrechts dar. Da ihre Einführung am Widerstand der Reichsstände zu scheitern drohte, wurde auf dem Regensburger Reichstag eine „salvatorische Klausel“ in die Vorrede aufgenommen, wonach „durch dise gnedige erinnerung Churfürsten Fürsten vnd Stenden an jren alten wolherbrachten rechtmessigen vnd billichen gebreuchen nichts benommen“ werden sollte. Dies führte dazu, dass der Carolina regelmäßig gegenüber den landesrechtlichen Kodifikationen subsidiäre Geltung zukam; vgl. hierzu: *Conrad*, Rechtsgeschichte, S. 359, 407; *Ignor*, Geschichte, S. 41 ff.

3 Im Akkusationsverfahren war es Aufgabe des Betroffenen einer Straftat bzw. seiner Angehörigen, den vermeintlichen Täter anzuklagen und seine Schuld zu beweisen, während der Angeklagte sich seinerseits mit Beweisen zu verteidigen hatte. Die Tätigkeit des Richters war bedingt durch die Anträge der Parteien. Dieser auch als Anklageprozess bezeichnete Prozesstyp existierte schon vor dem Inquisitionsprozess. Näher hierzu: *Ignor*, Geschichte, S. 43; *Zachariä*, Handbuch 1, S. 40 ff.

4 So traf die Malefizordnung für Bayern aus dem Jahr 1616 bereits ausführlichere Bestimmungen über das Inquisitionsverfahren. In Preußen war in der Criminalordnung von

https://doi.org/10.1515/9783110751703-003

Das Strafverfahren war als schriftliches und geheimes gestaltet.[5] Für den inquirierenden Richter bestand die Pflicht, von Amts wegen tätig zu werden und die objektive Wahrheit unabhängig von der Initiative anderer Prozessbeteiligter zu erkunden.[6]

Während zunächst – zumindest nach der ursprünglichen Konzeption[7] – in der Generalinquisition die Tat erforscht und Hinweise auf den möglichen Täter gesammelt wurden, sollte anschließend in der Spezialinquisition dem Verdächtigen der Tatvorwurf eröffnet und die Frage der Täterschaft geklärt werden.[8] Für den Tatverdächtigen hatte die Spezialinquisition zur Folge, dass er verhaftet, verhört und gegebenenfalls auch gefoltert bzw. andere sog. Wahrheitserforschungsmittel[9] angewendet wurden. Hierzu zählte insbesondere die Konfrontation des Beschuldigten mit den Belastungszeugen bzw. die Gegenüberstellung mehrerer Zeugen untereinander oder die Gegenüberstellung mehrerer Beschuldigter untereinander. Als weiteres Wahrheitserforschungsmittel fand der Reinigungseid[10] Anwendung, der bis zu dem Zeitpunkt, in welchem die Religion

---

1717 ausschließlich der Inquisitionsprozess geregelt, während 1724 dort das Akkusationsverfahren sogar förmlich abgeschafft wurde. Zur Entstehung des Inquisitionsprozesses: *Ignor*, Geschichte, S. 44 ff., *Trusen*, Der Inquisitionsprozess, S. 168 ff.

5 *Rosenfeld*, Reichs-Strafprozeß, S. 16.

6 *Eb. Schmidt*, Geschichte, S. 86 f.

7 Dass die Tat tatsächlich begangen wurde, musste nach der ursprünglichen Lehre durch ein körperliches Augenscheinsobjekt (corpus delicti) bewiesen werden. Erst im Anschluss daran durfte gegen einen bestimmten Beschuldigten ermittelt werden. Dieses Vorgehen sollte dem Schutz des Beschuldigten dienen. Da man jedoch schon bald erkannte, dass nicht bei jeder Tat ein „corpus delicti“ vorgelegt werden könne, erfuhr diese Lehre umfassende Modifikationen. Dies führte dazu, dass aufgrund der zahlreichen hierzu vertretenen Theorien, keine Einigkeit darüber bestand, was konkret die General- bzw. Spezialinquisition sei bzw. welche Ermittlungsmaßnahmen in welchem Stadium zulässig seien; hierzu und weiterführend: *Ignor*, Geschichte, S. 94 ff. Aus *Feuerbach*, Lehrbuch, § 647 ff. ergibt sich, dass zur Zeit der Veröffentlichung der ersten Auflage dieses Lehrbuchs (1801) bereits eine Modifikation stattgefunden hatte und die Vorlage eines Augenscheinsobjekts nicht mehr zwingend erfordert wurde. Die Unterscheidung zwischen General-und Spezialinquisition wurde später aufgegeben. In der preußischen Kriminalordnung von 1805 findet diese nicht mehr statt. Es wird hier nur noch von der „Criminal-Untersuchung“ gesprochen; *Ignor*, Geschichte, S. 147.

8 Beispielhaft sei hier auf Teil 2, Kap. 2, §§ 12, 13, 19 des Codex Juris Bavarici (§ 13 und § 19 abgedruckt in *Sellert/Rüping*, Studien- und Quellbuch, Bd. 1, S. 494) und Pars. III, 6. Buch, Tit. 1, Art. VI, § 1 des Preußischen Landrechts von 1721 verwiesen, aus welchen sich diese Zweiteilung ergibt.

9 *Ignor*, Geschichte, S. 99 f.

10 Der Reinigungseid war die vom Verdächtigen abgelegte eidliche Versicherung seiner Unschuld, dessen Grundlage im Glauben an die Seele und an die Möglichkeit der Selbstverfluchung bestand. Dieser wurde insbesondere durch das kanonische Recht in seiner

mehr und mehr aus dem Recht verschwand, eine bedeutende Rolle spielte.[11] Wurde dieser abgeleistet, so galten alle gegen den Verdächtigen existierenden Indizien als getilgt und das Verfahren wurde durch einen definitiven Freispruch beendet.[12] Wenn sich der Verdächtige gegen die Ableistung des Eides weigerte, so galt er bei geringen Verbrechen als überführt, bei Kapitalverbrechen durfte zur Folter geschritten werden. Hatte der Verdächtige die Folter ohne zu gestehen überstanden, musste ebenso ein definitiver Freispruch erfolgen.[13]

Verurteilen konnte man einen Beschuldigten hingegen nur dann, wenn nach strengen Beweisregeln der volle Beweis der Schuld erbracht wurde. Die Carolina setzte hierfür entweder ein glaubwürdiges (gerichtliches) Geständnis[14] oder die Überführung „mit zweyen oder dreien glauphafftige(nn) gute(n)“[15] Zeugen voraus. Die landesrechtlichen Strafprozessordnungen folgten dem.[16] War lediglich die Aussage eines Zeugen vorhanden, galt dies als halber Beweis, aufgrund dessen aber keine Verurteilung erfolgen durfte. Ebenso durfte bei Indizien nicht verurteilt werden. Gestattet war aber die „peinlich frag“ (Art. 22 CCC), wenn die „anzeygung (…) genugsam“ war.

Damit zur Folter geschritten werden durfte, mussten allerdings bestimmte Indizien vorliegen. Wann dies der Fall war, wurde in zahlreichen Vorschriften der Carolina näher beschrieben (sog. Indizienlehre der Carolina).[17] Konnte mittels

---

Verbreitung gefördert; *Feuerbach*, Lehrbuch, § 621 ff.; *Ignor*, Geschichte, S. 99 f.; *Zwengel*, Strafverfahren, S. 45.

11 *Ignor*, Geschichte, S. 100.

12 Ein Beleg hierfür findet sich beispielsweise in § 9 des Codex Juris Bavarici Criminalis von 1751, 2. Theil, cap. 10. Der Reinigungseid führte allerdings nicht in allen Gesetzgebungen zu einem definitiven Freispruch; vgl. hierzu und weiterführend: *Rheingans*, Rechtskraftlehre, S. 20.

13 *Ignor*, Geschichte, S. 94; *Remeis*, Wiederaufnahme, S. 36.

14 Art. 60 CCC.

15 Art. 67 CCC.

16 So verlangt der Codex Juris Bavarici Criminalis aus dem Jahr 1751 als vollständigen, „sonnen-klaren“ Beweis für die Verurteilung entweder das Bekenntnis des Delinquenten oder die Überführung durch wenigstens zwei Zeugen, 2. Teil, Kap. 5, §§ 1, 7, (abgedruckt in *Sellert / Rüping*, Studien- und Quellbuch, Bd. 1, S. 494 f.). Der Codex Juris Bavarici Criminalis galt zusammen mit dem Codex Juris Bavarici Judiciarii und dem Codex Maximilianens Bavaricus Civilis als erste umfassende Kodifikation territorialen Rechts. Dieser enthält – getrennt in zwei Teile – sowohl materielles als auch Prozessrecht, vgl. *Buschmann*, Strafrechtsgeschichte, S. 179. Zudem: Constitutio Criminalis Theresiana v. 1769, Art. 32 §§ 1 f., Art. 33 § 2 (abgedruckt in *Sellert / Rüping*, Studien- und Quellbuch, Bd. 1, S. 494); Tit. XIII, §§ 3 ff. der hessen-darmstädtischen Peinliche Gerichtsordnung v. 1726.

17 Dies findet sich in Art. 18 ff. der Carolina; vgl. hierzu *Ignor*, Geschichte, S. 62, 100. Da einerseits zwei zuverlässige Zeugen insbesondere bei schwereren Delikten eher selten

Tortur kein Geständnis erlangt und auch sonst der volle Beweis der Schuld nicht geführt werden, musste der Angeklagte freigesprochen werden.[18]

Bis Anfang bzw. Mitte des Neunzehnten Jahrhunderts schlossen sich alle Partikulargesetze dieser gesetzlichen Beweistheorie, die für eine unentbehrliche Schranke gegen richterliche Willkür gehalten wurde, an.[19] Als mögliche Urteilsformen kamen nach den gesetzlichen Bestimmungen zunächst nur die Verurteilung und der definitive Freispruch in Betracht.

Im Siebzehnten Jahrhundert fanden sich jedoch bereits bei *Carpzov*[20] verschiedene Möglichkeiten, wie in dem Fall, dass der volle Beweis nicht geführt werden konnte, sondern lediglich Indizien vorlagen, welche gegen den Beschuldigten sprachen, verfahren werden konnte:

Einerseits wurde hierbei die Anwendung der oben bereits erwähnten Wahrheitserforschungsmittel genannt. Andererseits konnte man bei leichteren Vergehen eine Verdachtsstrafe, die einen Unterfall der sog. außerordentlichen Strafe (poena extraordinaria) darstellte, verhängen, wenn dringende Indizien oder bloß ein „halber Beweis" beispielsweise durch einen einzigen Zeugen vorhanden waren.[21] Zur Folter konnte, wie oben bereits erwähnt, nicht in jedem Fall geschritten werden, sondern nur wenn bestimmte Indizien gegen den Beschuldigten vorlagen.

---

vorkamen und andererseits der Beschuldigte vor dem Hintergrund der damals verhängten Strafen in der Regel nicht bereit war, ein Geständnis abzulegen, wurde für den Fall, dass gewichtige Indizien für die Schuld des Beschuldigten sprachen, zur Folter geschritten, um auf diese Weise das für die Verurteilung erforderliche Geständnis zu erreichen. Dabei ging man häufig über die offenkundigen Fälle hinaus, was insbesondere die Hexenprozesse betraf. Daraus kann geschlossen werden, dass es bei der Folter zur Erlangung eines Geständnisses nicht nur um die materielle Wahrheitsfindung ging, sondern man ein Geständnis als Folge einer formalen Regelung erhalten wollte; vgl. hierzu *Vormbaum*, Strafrechtsgeschichte, S. 29, 85 f.

18 Nach der Carolina konnte nur eine Verurteilung oder ein Freispruch erfolgen (Art. 94, 99).

19 *Krieter*, Freie Beweiswürdigung, S. 7.

20 Mit seiner Practica nova imperialis saxonica rerum criminalium gab *Carpzov* einen umfassenden Überblick über den Gerichtsgebrauch in Sachsen. Aufgrund seiner zunehmenden Bekanntheit und Autorität breiteten sich seine Lehren über das ganze Land hinweg aus, so dass diese, weitgehend zunächst ohne gesetzliche Verankerung, Anwendung fanden; *Allmann*, Außerordentliche Strafe, S. 38; *Zopfs*, In dubio pro reo, S. 139.

21 Dass die Verdachtsstrafe oft fälschlicherweise mit der poena extraordinaria gleichgesetzt wird, stellt *Schaffstein* in ZStW 101 (1989) 493 ff. dar. *Carpzov* hat zur Verbreitung der außerordentlichen Strafen maßgeblich beigetragen. Er beschränkte diese jedoch nicht nur auf Fälle, in denen der vollständige Beweis nicht geführt werden konnte, sondern ließ diese auch zu, wenn eine Tat in den Gesetzen zwar nicht als strafbar bezeichnet worden war, sondern lediglich vom Gericht als strafwürdig befunden wurde; *Ignor*, Geschichte,

Zudem gab es zu dieser Zeit schon Anhaltspunkte für den Gebrauch der sog. absolutio ab instantia.[22] Diese kann als „Mitteldíng" zwischen Verurteilung und Freispruch betrachtet werden, wenn nach den strengen Beweisregeln die gegen den Beschuldigten sprechenden Verdachtsgründe für eine Verurteilung nicht ausreichten, man aufgrund der gegen ihn sprechenden Indizien diesen aber auch nicht definitiv freisprechen wollte. Vornehmlich verfolgte man damit das Ziel, im Falle des Auffindens neuer Indizien oder Beweise gegen den Beschuldigten erneut vorzugehen.[23] In der Carolina war die absolutio ab instantia noch nicht zu finden, sondern entwickelte sich vorerst nur in der Praxis.[24]

Vorschriften hinsichtlich Rechtskraft oder Rechtsmittel waren in der Carolina ebenfalls nicht vorgesehen. Zwar sollte nach deren ersten Entwurf auch in peinlichen Sachen eine Appellation[25] an das Reichskammergericht als obersten Gerichtshof möglich sein. Dieser Vorschlag wurde allerdings im zweiten Entwurf bereits wieder verworfen. Wenngleich dadurch eine Appellation an ein höheres

---

S. 106 f. Zur Lehre Carpzov's: *Allmann*, Außerordentliche Strafe, S. 38 ff.; *Schwarplies*, Rechtsgeschichtliche Entwicklung, S. 44; *Zopfs*, In dubio pro reo, S. 138 f. Zu den weiteren Anwendungsfeldern der poena extraordinaria nach *Carpzov*: *Sellert / Rüping*, Studien- und Quellbuch, Bd. 1, S. 245 f.

22 Laut *Zachariä* wurde die absolutio ab instantia in der mailändischen Praxis unter dem Namen absolutio stantibus rebus oder rebus stantibus prout stant schon in der zweiten Hälfte des Sechzehnten Jahrhunderts angewendet, wenn die Unschuld des Angeklagten nicht vollständig erwiesen war. Von *Carpzov* wird sie nur am Rande erwähnt. Die Bezeichnung dieses Instituts variiert sehr, so dass sich auch „Instanzentbindung" oder „Lossprechung von der Instanz" findet, wobei jedoch auch diese beiden Begriffe, wie sich insbesondere bei der Darstellung des Zweiten Teils des Bayerischen StGB von 1813 zeigen wird, unterschiedlich verwendet, an verschiedene Voraussetzungen geknüpft und diesbezüglich jeweils andere Rechtsfolgen angeordnet wurden. Zunächst glaubte man, die absolutio ab instantia sei identisch mit der im römischen Recht gebräuchlichen ampliatio. Darin war jedoch nur eine Vertagung zu sehen. Dem kanonischen Recht war die absolutio ab instantia unbekannt; *Zachariä*, AdC 1839, 371 (372); *ders.* Grundlinien, S. 258.

23 *Elben*, Entbindung von der Instanz, S. 39, 52; *Rheingans*, Rechtskraftlehre, S. 16; *Schwarplies*, Rechtsgeschichtliche Entwicklung, S. 45.

24 Teilweise wurde in Art. 99 und 201 der Carolina eine gesetzliche Grundlage der absolutio ab instantia gesehen. Diese Sichtweise wird aber weit überwiegend unter Hinweis darauf abgelehnt, dass diese wenigen Worte für die Begründung dieses neuen Instituts der Instanzentbindung nicht ausreichend seien, insbesondere deshalb, da es auch der früheren Praxis nicht bekannt war; *Elben*, Entbindung von der Instanz, S. 16; *Rheingans*, Rechtskraftlehre, S. 18 f.

25 Das ordentliche Rechtsmittel der Appellation (auch als Provokation oder Berufung bezeichnet) war im Akkusationsprozess allgemein anerkannt und stand beiden Parteien, dem Ankläger sowie dem Angeklagten zu. Diese musste innerhalb einer Frist von 10 Tagen erfolgen und hatte Suspensiv- und Devolutiveffekt; *Zachariä*, Handbuch 2, S. 580 ff.

Landesgericht nicht ausdrücklich ausgeschlossen wurde, sondern lediglich nicht an das Reichskammergericht erfolgen sollte, setzte sich zunächst verbreitet die Meinung durch, dass eine Appellation in peinlichen Sachen grundsätzlich ausgeschlossen sei.[26] Zur Argumentation gegen die Zulässigkeit der Appellation wurde vielfach auch auf die Unvereinbarkeit mit der Natur des Inquisitionsprozesses abgestellt und als Argument angeführt, dass im Inquisitionsverfahren ein Ankläger fehle und sich nicht wie im Akkusationsverfahren zwei Parteien gegenüberstünden, sondern vielmehr neben dem Beschuldigten nur eine einzige Person existiere, die einerseits als Richter fungiere und andererseits mit der Strafverfolgung die Rechte des Staates zu wahren hätte.[27] Zudem waren in vielen Gebieten keine „Obergerichte“ vorhanden, so dass es schlicht an einem zuständigen Gericht fehlte.[28] Daraufhin wurde in zahlreichen Landesgesetzen die Appellation ausdrücklich für unzulässig erklärt. Dem Inquisiten wurde jedoch zu seinen Gunsten gegen eine Verurteilung häufig eine „weitere Verteidigung“[29] zugebilligt, die weder einen Devolutiveffekt hatte noch an Fristen gebunden war.[30]

In der Zeit der Wende des Achtzehnten zum Neunzehnten Jahrhundert fanden sich schließlich mehr und mehr Befürworter der Appellation im Inquisitionsverfahren.[31]

---

26 Ob im Inquisitionsprozess ein ordentliches Rechtsmittel mit Devolutiveffekt stattfinden sollte, war schon im Sechzehnten Jahrhundert sehr umstritten. Die Diskussion wurde im Siebzehnten Jahrhundert insbesondere von *Carpzov* geprägt, der behauptete, die Appellation sei durch langjährigen Gerichtsgebrauch abgeschafft, was er darin bestätigt sah, dass diese an das Reichskammergericht ausdrücklich ausgeschlossen war; hierzu mit entsprechenden Textnachweisen: *Behr*, Rechtsmittel, S. 9 ff. Eine ausführliche Darstellung der vertretenen Meinungen findet sich bei *Weber*, Appellation, S. 24 ff.; einen kurzen Überblick gibt *Zachariä*, Handbuch 2, S. 575 ff.

27 *Behr*, Rechtsmittel, S. 8.

28 Vgl. hierzu die Anlage 1 betreffend die Berufungsinstanz in Strafsachen zu den Motiven des Entwurfs einer Deutschen Strafprozeß-Ordnung, abgedruckt in *Hahn*, Materialien S. 304.

29 Als Begründer der sog. weiteren Verteidigung gilt *Carpzov*. Diese ermöglichte dem Inquisiten, nach Verkündung des End- oder Zwischenurteils eine Verteidigungsschrift bei Gericht einzureichen, um entweder neue Ermittlungen anzuregen oder auf eine Abänderung des Urteils hinzuwirken; *Ignor*, Geschichte, S. 138.

30 *Zachariä*, Handbuch 2, S. 577 f.

31 Für die Appellation plädierte insbesondere *Weber*, Appellation, S. 32 ff.; *Behr*, Rechtsmittel, S. 12 f.; *Zachariä*, Handbuch 2, S. 578 dort Fn. 27 m.w.N. hinsichtlich der Befürworter.

Mangels zuständigen Organs war diese gegen einen Freispruch jedoch weiterhin nicht anerkannt.[32]

Aufgrund der fehlenden Vorschriften bezüglich Rechtsmittel und Rechtskraft griff man auf das neben der Carolina und den Partikulargesetzen subsidiär geltende römische Recht zurück.[33] Im Allgemeinen hielt man sich in der älteren deutschen Praxis zwar an die römischen Vorschriften, entwickelte aber aufgrund der unterschiedlichen Verfahrensarten und des Gerichtsgebrauchs zahlreiche Ausnahmen und Beschränkungen.[34]

Eine Wiederaufnahme zum Nachteil des Angeschuldigten war dem römischen Recht fremd.[35] In der Lehre des gemeinen Rechts entwickelte sich schließlich der Grundsatz, dass freisprechende Urteile sofort, verurteilende dagegen niemals in Rechtskraft ergehen sollten.[36] Begründet wurde dies wie im Falle der Appellation damit, dass im Inquisitionsprozess der Inculpat die einzige Partei sei und es somit an einem zuständigen Organ fehle, das gegen das freisprechende Urteil vorgehen könne. Darüber hinaus wurde mit dem Gesetz argumentiert, in welchem man für den Fall, dass eine Anfechtung eines freisprechenden Urteils im Interesse des Staates gewollt gewesen wäre, auch ein zuständiges Organ hätte vorsehen müssen.[37]

Dass freisprechende Urteile jedoch nicht ohne Ausnahme in Rechtskraft erwuchsen, zeigt sich beispielsweise an § 14, cap. 10, 2. Teil des Codex Juris Bavarici von 1751: Demnach sollte in „Criminalibus“ eine Appellation zwar nicht statthaft sein, sondern das Erkenntnis nach der Verkündung sofort in „rem iudicatam“ ergehen. Angeordnet war aber weiterhin, dass in „Absolutionibus“ weder von dem nämlichen noch einem anderen Richter ohne neue hinlängliche Indizien, welche sich von vorherigen völlig unterschieden, sondern für sich selbst stark genug waren, um den peinlichen Prozess wieder aufzunehmen, das Erkenntnis „umgestoßen“ werden konnte. Somit war es möglich, aufgrund neuer, bisher nicht benutzter Indizien oder Beweise eine erneute gerichtliche Verhandlung zum Nachteil des Inquisiten durchzuführen. Die dem ersten Urteil

32 Vgl. hierzu die Anlage 1 betreffend die Berufungsinstanz in Strafsachen zu den Motiven des Entwurfs einer Deutschen Strafprozeß-Ordnung, abgedruckt in *Hahn*, Materialien S. 304.

33 Zum römischen Recht *Remeis*, Wiederaufnahme, S. 32 f.; *Rheingans*, Rechtskraftlehre S. 5 ff.

34 *Remeis*, Wiederaufnahme, S. 32.

35 *Arnold*, GS 1851 Bd. 1, 52.

36 *Remeis*, Wiederaufnahme, S. 32; *Rheingans*, Rechtskraftlehre, S. 5.

37 Vgl. hiezu und weiterführend: *Remeis*, Wiederaufnahme, S. 32 f.

zu Grunde liegenden Beweise sollten jedoch mit dem erfolgten Freispruch „erlöschen“, so dass bei keinem Gericht aufgrund der vormals verwendeten Beweise ein erneuter Strafprozess stattfinden konnte. Als neu galten die Beweise auch dann, wenn mit ihnen die Falschheit eines zu Gunsten des Freigesprochenen verwendeten Beweismittels nachgewiesen werden konnte. Diese weite Auslegung der „Neuheit“ bedeutete für den Beschuldigten, dass es trotz des eigentlich geltenden Grundsatzes zahlreiche Möglichkeiten gab, um gegen ihn erneut eine Untersuchung einzuleiten.[38]

Mit Kabinettsorder vom 3. Juni 1740 schuf Friedrich II. von Preußen die Folter weitgehend ab, wobei die meisten Territorien sich in den folgenden Jahrzehnten dem preußischen Vorbild anschlossen und diese ebenfalls beseitigten.[39] Da an den oben geschilderten strengen Beweisvorschriften jedoch festgehalten wurde, gestaltete sich eine Verurteilung aufgrund eines – nunmehr nicht mehr so einfach zu erreichenden – Geständnisses als schwierig. Zunächst versuchte man in manchen Territorien diesem als Übel empfundenen Zustand durch andere Einrichtungen wie die Einführung sog. Lügenstrafen abzuhelfen.[40] Auch die Verhängung der Verdachtsstrafe nahm vorübergehend zu, gegen welche sich jedoch alsbald auch die Forderungen der Aufklärungsphilosophie, die bereits zur Abschaffung der Folter geführt hatten, richteten.[41]

Da man den Beschuldigten, gegen welchen ein Verdacht übriggeblieben war, aber nicht definitiv freisprechen wollte, ihn aber auch nicht verurteilen konnte, wurde immer häufiger auf Entbindung von der Instanz erkannt, so dass diese zu Beginn des Neunzehnten Jahrhunderts schließlich in allgemeiner Übung war und Eingang in die partikularrechtlichen Kodifikationen fand.[42]

Da diese Einrichtung eine wichtige Rolle bei der Beurteilung der Frage spielt, wie mit einem bereits abgeschlossenen Verfahren umgegangen werden kann, werden die diesbezüglichen gesetzlichen Regelungen und insbesondere die Frage, wie in diesem Fall ein erneutes Verfahren zum Nachteil des Beschuldigten erneut angestrengt werden konnte, neben den Vorschriften zur Wiederaufnahme nach erfolgtem Freispruch thematisiert.

---

38 *Remeis*, Wiederaufnahme, S. 34 ff.

39 Der Codex iuris Bavrici criminalis von 1751 sah die Folter noch vor, da man sie für die Gewinnung eines Geständnisses erforderlich hielt und sie zudem lang gehegte Tradition sei. Sie wurde schließlich am 7. Juli 1806 von Innenminister *Montgelas* verboten; hierzu und weiterführend *Schmoekel*, Humanität, S. 19, 65, 73.

40 *Vormbaum*, Strafrechtsgeschichte, S. 34 f.

41 *Schaffstein*, ZStW 101 (1989) 493 (496, 504).

42 *Zachariä*, Grundlinien, S. 258 ff.

Drittes Kapitel: Reformdiskussion und Gesetzgebung in den Partikularstaaten im Neunzehnten Jahrhundert

In diesem Kapitel wird die Reformgesetzgebung ausgewählter Partikularstaaten (Bayern, Baden, Preußen, Sachsen und Württemberg) im Neunzehnten Jahrhundert einer ausführlichen Betrachtung unterzogen. Die Auswahl der dargestellten Staaten beruht zum einen auf deren politischer Bedeutung und ist zum anderen dem Umstand geschuldet, dass in diesen Ländern zahlreiche Reformbemühungen stattfanden, anhand derer der jeweilige Zeitgeist zum Ausdruck kommt. Bei den ausgewählten Partikularstaaten wird nicht nur deren Gesetzgebung, sondern auch die jeweilige gesellschaftspolitische Entwicklung erläutert. Eine vollständige Darstellung aller Partikularstaaten würde den Rahmen dieser Arbeit sprengen. Auf die Regelungen anderer Partikularstaaten wird teilweise in den Fußnoten eingegangen.

Der Darstellung liegt eine systematische Gliederung zu Grunde, die eine Einteilung in drei Abschnitte vornimmt:

Die Abschnitte sind dadurch gekennzeichnet, dass die jeweiligen Länder die Wiederaufnahme zum Nachteil eines Freigesprochenen bzw. Verurteilten ab der Mitte des Neunzehnten Jahrhunderts in unterschiedlich weiter Ausprägung zuließen bzw. diese vollständig ausschlossen. Bei der Kategorisierung wurde in der gegenständlichen Untersuchung insbesondere deshalb auf die Mitte des Neunzehnten Jahrhunderts abgestellt, weil das Jahr 1848 gesellschaftspolitisch von Revolutionen und Aufständen geprägt war, die das Strafverfahrensrecht insgesamt stark beeinflussten. In dieser Zeit lässt sich besonders gut erkennen, wie sich liberale Strömungen auf das Wiederaufnahmerecht auswirkten.

Die Untersuchung beginnt mit der Entwicklung im Königreich Bayern. Dort beseitigte man in der Mitte des Neunzehnten Jahrhunderts in Anlehnung an die Bestimmungen des französischen Rechts die Wiederaufnahme zuungunsten des Angeklagten vollständig. Die Darstellung dieser Entwicklung und insbesondere der politischen Einflüsse hierauf mit einem Exkurs auf das französische Recht bildet den Gegenstand des ersten Abschnitts.

Im zweiten Abschnitt werden die Länder Baden und Preußen zusammengefasst. Während man sich in Baden schon sehr früh dafür entschied, die Wiederaufnahme zum Nachteil des Beschuldigten in eng umgrenzten Ausnahmefällen zuzulassen und sich dies bis zur Einführung der RStPO fortsetzte, verlief die preußische Entwicklung nicht derart geradlinig. Dort beseitigte man im Jahr 1849

https://doi.org/10.1515/9783110751703-004

die Wiederaufnahme zuungunsten des Beschuldigten vollständig, so dass Ähnlichkeit zur bayerischen Entwicklung besteht, man entschied sich jedoch später wieder dafür, die Wiederaufnahme zu Lasten des Angeklagten in wenigen, eng umgrenzten Fällen zu gestatten. Die Gemeinsamkeit der Länder Baden und Preußen besteht daher darin, dass sie die Wiederaufnahme zum Nachteil des Angeklagten grundsätzlich zulassen wollten, hierfür aber nur konkrete Fälle vorsahen.

Die Vorschriften Württembergs und Sachsens hingegen enthielten auch in der als besonders liberal geltenden Zeit um 1848 eine Wiederaufnahme zuungunsten des Beschuldigten in besonders ausgedehnter Form. Die Beschreibung der Entwicklung in diesen Ländern ist Gegenstand des dritten Abschnitts.

Innerhalb der jeweiligen Abschnitte erfolgt die Darstellung chronologisch.

I. Bayern

Kurfürst Maximilian IV. Joseph von Bayern, der im Januar 1806 schließlich mit dem Titel „*König Maximilian I. von Bayern*" erster bayerischer König wurde, hielt Reformen der Gesetzgebung schon kurz nach seinem Regierungsantritt als Herzog von Bayern im Jahre 1799 für dringend erforderlich.[1] Während man sich bezüglich des Zivilrechts dem Druck ausgesetzt sah, das französische Recht in Gestalt des „Code Napoléon" übernehmen zu müssen, war dies für die Reformen des Strafverfahrensrechts weniger ausschlaggebend. Hierfür war vielmehr entscheidend, dass das bislang praktizierte materielle Strafrecht und das Prozessrecht auf mittelalterlichen Vorstellungen basierte und daher nicht mehr als zeitgemäß galt.[2] Hinzu kam, dass zwischen 1803 und 1816 dem bisherigen bayerischen Staatsgebiet neue Landesteile einverleibt wurden, auf welchen unterschiedliche Rechtstraditionen Anwendung fanden. Da *Montgelas,* der zeitweise die Ministerien des Auswärtigen, des Innern und der Finanzen in Personalunion inne hatte,[3] glaubte, dass das „neue Bayern" nur durch Reformen dauerhaften Bestand haben könne, wurden die erforderlichen Arbeiten in Auftrag gegeben, wobei das Strafrecht als eines der ersten Projekte in Angriff genommen wurde.[4]

---

1 *Heydenreuter*, Kriminalgeschichte Bayerns, S. 270; *Kotulla*, Deutsches Verfassungsrecht Bd. 2, S. 10.

2 Hierzu und insbesondere zu den zivilrechtlichen Reformen *Kotulla*, Deutsches Verfassungsrecht Bd. 2, S. 65 ff.

3 *Huber*, Verfassungsgeschichte Bd. 1, S. 320.

4 *Heydenreuter*, Kriminalgeschichte Bayerns, S. 270; *Kotulla*, Deutsches Verfassungsrecht Bd. 2, S. 20.

1. Die ersten Reformversuche durch Kleinschrod

Im Januar 1800 wurde *Gallus Aloys Kleinschrod* der Auftrag erteilt, ein vollständig neues peinliches Gesetzbuch für den bayerischen Staat zu entwerfen. Bereits im Juni 1801 wurde von diesem ein entsprechender Entwurf vorgelegt.[5] Nachdem der Entwurf zunächst vom damaligen Rate des obersten Justizhofes *Schieber* und dem geistlichen Rate und Professor *Socher* überarbeitet wurde, übersandte man diesen anschließend unter Auslobung von Preisen an sämtliche Justiz- und administrativen Kollegien und Universitäten, um Anmerkungen und Verbesserungsvorschläge einzureichen. Nachdem zahlreiche Schriften und Gutachten eingereicht worden waren, kam man zu der Ansicht, dass der Entwurf einer größeren Umarbeitung bedürfe, wenn er zum Gesetz werden sollte.[6]

Kritisiert wurde am Entwurf insbesondere die Unverständlichkeit und die enorme Anzahl von 1.563 Paragraphen, die allein der erste Teil des Entwurfs – ohne die Vorschriften über das Verfahren in peinlichen Sachen – umfasste.[7] Der zweite Teil, in welchem die Verfahrensvorschriften enthalten waren, bestand wiederum aus 1.409 Paragraphen.

a) Anfechtung eines lossprechenden Urteils

Im sog. Kleinschrodschen Entwurf waren die interessierenden Vorschriften – wenn auch noch nicht als Wiederaufnahme bezeichnet – unter die Rechtsmittel gegen peinliche Urteile einsortiert. Im Hinblick auf die Anfechtung eines lossprechenden Urteils wurde danach differenziert, ob diese „binnen zehn Tagen" oder „nach dem Verlaufe von zehn Tagen" vorgenommen wurde. Nach dem Verlauf von zehn Tagen sollte ein gänzlich lossprechendes Urteil gemäß § 2770 rechtskräftig werden. *Kleinschrod* wandte sich, wie sich aus seinem Beitrag im Archiv des Criminalrechts ergibt, mit dieser zehntägigen Frist ganz entschieden gegen den bis dahin in der gemeinen Lehre geltenden Grundsatz, dass freisprechende Urteile sofort in Rechtskraft übergehen sollten.[8]

Vor Ablauf dieser Zehn-Tages-Frist konnte das lossprechende Urteil von dem Ankläger oder „von jedem Unterthan" angefochten werden (§ 2769), wobei im Entwurf keine weiteren Voraussetzungen hierfür genannt wurden.

---

5 Anmerkungen zum bay. StGB v. 1813, Bd. 1, S. 10.

6 Anmerkungen zum bay. StGB v. 1813, Bd. 1, S. 10 f.

7 *Feuerbach*, Kritik, S. 13 f; 20 ff.

8 *Kleinschrod*, AdC 1800, S. 23.

In § 2771 des Entwurfs folgte schließlich die Vorschrift, wann ein bereits rechtskräftig gewordenes Urteil angefochten werden konnte: Erforderlich war der Beweis, dass der Beschuldigte nach den vorhandenen Beweisen nicht hätte losgesprochen werden dürfen oder dem lossprechenden Urteil ein „nichtiges Verfahren“[9] oder „Partheylichkeit des Richters“ zugrunde lag. Weitere Regelungen bezüglich des hierzu vorgesehenen Verfahrens waren nicht enthalten. Ebenso fehlte eine gesetzliche Bestimmung, von wem ein bereits rechtskräftig gewordenes lossprechendes Urteil angefochten werden konnte.

Auch ein Kapitel zuvor, das mit „Von der Entscheidung peinlicher Fälle“ umschrieben war, fanden sich Vorschriften, die der Wiederaufnahme des Verfahrens zuzuordnen sind. Hinsichtlich eines definitiven Freispruchs sah § 2709 vor, dass sich ein solcher nur auf diejenigen Beweise erstreckten sollte, die in dem geführten Prozess vorgekommen waren. Demgegenüber konnten gem. § 2710 „neu entstehende Beweise“ eine neue Untersuchung begründen.

b) Verfahren nach Lossprechung von der Instanz

Neben dem definitiven Freispruch war in den §§ 2714-2718 die Lossprechung von der Instanz vorgesehen. Diese konnte einerseits dann erfolgen, wenn ein nicht zuständiger Richter die Untersuchung vorgenommen hatte (§ 2714) oder in der Untersuchung „eine Nichtigkeit begangen“ wurde, welche von wesentlichem Einfluss auf die Entscheidung war. Während im zuerst genannte Fall die Sache lediglich an den zuständigen Richter übergeben werden musste (§ 2715), konnte im zweiten Fall die Nichtigkeit dadurch beseitigt werden, dass die entsprechende Handlung auf rechtmäßige Art und Weise wiederholt wurde (§ 2717).

Im Hinblick auf die Folgen ist jedoch hier der in § 2718 genannte Anwendungsfall der Lossprechung von der Instanz der interessanteste: Demnach wurde auf diese erkannt, wenn „kein hinlänglicher Beweis da ist, um eine Strafe erkennen zu können, und auf der andern Seite eine gänzliche Lossprechung nicht gedenkbar ist, weil der vorhandene Verdacht nicht kann gehoben werden.“ Die Lossprechung sollte nicht zur „Entkräftung“ der vorhandenen Beweise führen (§ 2726), sondern sollten für den Fall des Auftauchens neuer Verdachtsmomente

---

9 Wann ein „nichtiges Verfahren“ i. S. d. § 2771 vorlag, wurde an dieser Stelle nicht weiter ausgeführt. Den Vorschriften, die die Nichtigkeitsbeschwerde zum Gegenstand haben, kann aber entnommen werden, wann von einem nichtigen Verfahren ausgegangen wurde: Gemäß § 2747 musste die Beschwerdeschrift eine Nichtigkeit bescheinigen, „welche entweder die Person des Richters, oder die Besetzung des Gerichts, oder die vorgeschriebene Form des Verfahrens bey der Untersuchung, oder die Abfassung des Urtheils selbst betreffen.“

in Verbindung mit den vorherigen Beweisen eine neue Untersuchung rechtfertigen (§ 2727). Dies bedeutet, dass gegen eine irgendwie verdächtig gebliebene Person eine erneute Untersuchung unter geringen Voraussetzungen möglich sein sollte, was für diese die negative Folge mit sich brachte, jederzeit einer erneuten Untersuchung ausgesetzt werden zu können.

c) Zusammenfassung

Hinsichtlich des Kleinschrodschen Entwurfs ist einerseits hervorzuheben, dass bereits zu dieser Zeit eine gesetzliche Regelung vorgesehen war, wann ein lossprechendes Urteil nach damaligem Verständnis rechtskräftig werden sollte und andererseits eine Wiederaufnahme nach rechtskräftigem Freispruch offenbar auch aufgrund von Verfahrensmängeln hätte durchgeführt werden können. Zudem zeigt der nicht unter die Rechtsmittel einsortierte § 2710, dass aufgrund neu entdeckter, in der bisherigen Untersuchung nicht vorgekommener Beweise auch nach erfolgtem definitiven Freispruch jederzeit eine neue Untersuchung stattfinden sollte. Noch einfacher war es, gegen einen von der Instanz Losgesprochenen erneut vorzugehen, da hierzu schon ein neuer Verdacht ausreichend sein sollte.

2. Feuerbachs Strafgesetzbuch von 1813

Im Jahre 1804 hatte *Paul Anselm von Feuerbach* seine „Kritik des Kleinschrodischen Entwurfs“[10] veröffentlicht, was zur Folge hatte, dass er den Auftrag erhielt, unter Berücksichtigung der neuesten Gesetzbücher einen weiteren Entwurf zu erarbeiten. Hierzu wurden ihm sämtliche zum Entwurf *Kleinschrods* erstellten Vorarbeiten einschließlich der vorgelegten Gutachten übergeben.[11]

Während der erste Teil des Strafgesetzbuchs über Verbrechen und Strafen bereits im Dezember 1807 vorgelegt wurde und nach Verbesserung durch die Kommission 1810 in den Druck kam, ließ der Entwurf des zweiten Teils auf sich warten.[12] Aus diesem Grund wurden die für besonders dringlich gehaltenen prozessualen Mängel zunächst mittels Verordnung beseitigt und so beispielsweise der Gebrauch von Rechtsmitteln gegen Kriminalurteile eingeführt.[13] Die Folter war zwischenzeitlich durch Verordnung vom 7. Juli 1806 abgeschafft worden.[14]

---

10 *Feuerbach*, Kritik des Kleinschrodischen Entwurfs zu einem peinlichen Gesetzbuche für die Chur-Pfalz-Bayrischen Staaten.

11 Vgl. hierzu: Einleitung zu den Anmerkungen zum bay. StGB v. 1813, Bd. 1, S. 12 ff.

12 Einleitung zu den Anmerkungen zum bay. StGB v. 1813, Bd. 1, S. 13 ff.

13 Einleitung zu den Anmerkungen zum bay. StGB v. 1813, Bd. 1, S. 16.

14 *Heydenreuter*, Kriminalgeschichte Bayerns, S. 270.

Als schließlich der Entwurf des zweiten Teils, der die Strafprozessordnung enthielt, fertig gestellt wurde, setzte der König eine besondere geheime Ratskommission, aus den Sektionen der Justiz und des Innern bestehend, ein, die in zahlreichen Sitzungen beginnend am 10. September 1810 bis Ende Dezember 1812 den Entwurf prüfte und überarbeitete. Dieser verbesserte Entwurf wurde schließlich dem König vorgetragen und nach nochmaligen Änderungen und Verbesserungen am 16. Mai 1813 öffentlich bekannt gemacht.[15]

a) Grundlagen des Gesetzes von 1813

Nach dem zweiten Teil des Strafgesetzbuchs für das Königreich Baiern beruhte das Strafverfahren auf den Grundlagen des Inquisitionsverfahrens und sah einen schriftlichen und nicht öffentlichen Prozess vor.[16] Eine freie richterliche Beweiswürdigung wurde durch positive Beweisvorschriften, welche die erforderliche Anzahl und Beschaffenheit der Beweismittel vorschrieben, vollständig unmöglich gemacht.[17]

b) Ordentliche Rechtsmittel

Die „Wiederaufnahme der Untersuchung" erhielt im fünften Titel, welcher mit „Von dem Urtheile" umschrieben war, neben den Rechtsmitteln wider Kriminalerkenntnisse nunmehr ein eigenständiges Kapitel.

Zu Lasten des Angeschuldigten konnte der Vorstand des Kriminalgerichts gem. Art. 368 das Rechtsmittel der „Revision" einlegen.[18] Damit der Gerichtsvorstand von diesem Recht Gebrauch machen konnte, musste er sich unmittelbar nach Abfassung des Urteils diesbezüglich zu Protokoll erklären, wobei es ihm vorbehalten blieb, seine Gründe innerhalb von vier bis acht Tagen schriftlich auszuführen (Art. 369).

---

15 Vgl. die Einleitung zu den Anmerkungen zum bay. StGB v. 1813, Bd. 1, S. 12 ff.

16 Mit der Idee, die Vorzüge des öffentlichen Verfahrens mit denen des bisherigen Untersuchungsverfahrens zu kombinieren, konnte sich *Feuerbach* in den Beratungen nicht durchsetzen; vgl. hierzu: *Dollmann*, Gesetzgebung Bayerns, S. 5; Oldenburg hat 1814 das bayerische Strafverfahrensrecht weitgehend übernommen, vgl. hierzu *Schulz* / FS OLG Oldenburg, S. 196 ff.

17 *Krieter*, Prinzip der freien Beweiswürdigung, S. 40.

18 Hierfür waren in Art. 368 folgende drei Gründe vorgesehen: (1) wegen Unförmlichkeit derjenigen Gerichtsverhandlung, auf welche das Urtheil gegründet worden ist, so ferne der Angeschuldete durch solche Unförmlichkeiten gesetzwidrig begünstigt erscheint; (2) wenn der Angeschuldete gesetzwidrig losgesprochen oder von der Instanz entlassen worden ist; (3) wenn derselbe in eine gelindere Strafe verurtheilt worden ist, als er gemäß der Beschaffenheit seiner Handlung verschuldet hat.

Eine ausdrückliche gesetzliche Regelung, wann das Urteil rechtskräftig werden sollte – wie sie noch im Kleinschrodschen Entwurf vorgesehen war – existierte hier nicht. Einzige Bestimmung, die von Rechtskraft sprach und eine Unterscheidung zwischen ordentlichen Rechtsmitteln und der Wiederaufnahme zuließ, war folgende:

> Art. 372
>
> Nach geschehener rechtsgültiger Entsagung, oder wenn nach Verlaufe der gesetzlichen Bedenkzeit, die Revision für den Angeschuldeten nicht ausdrücklich eingewendet worden ist, auch der Gerichtsvorstand sich dieses Rechtsmittels nicht bedient hat; so geht das Erkenntnis unmittelbar in Rechtskraft über, vorbehaltlich dessen, was rücksichtlich der Wiederaufnahme der Untersuchung im Kap. V. des gegenwärtigen Titels verordnet ist.

Während der Gerichtsvorstand, wie oben aufgezeigt, unmittelbar nach Abfassung des Urteils von seinem Recht zur Einlegung der Revision Gebrauch machen musste, war der Beschuldigte gem. Art. 371 sofort nach Verlesung des Urteils über die ihm zustehenden Rechtsmittel zu unterrichten und zu fragen, ob er sich eines solchen bedienen wolle, wobei ihm, seinem Verteidiger oder Verwandten eine Bedenkzeit von 24 Stunden gewährt werden konnte. Die Anfechtung eines Freispruchs durch den Gerichtsvorstand konnte daher nur sofort erfolgen, wohingegen die Revision durch den Angeschuldigten gegen eine Verurteilung noch nach 24 Stunden erhoben werden durfte. Es galten somit verschiedene Anfechtungszeitpunkte je nachdem, ob ein Freispruch oder eine Verurteilung erfolgt war. Wenn sich nach Ablauf dieser Zeitpunkte keiner eines Rechtsmittels bedient hatte, sollte Rechtskraft eintreten. Dass die Rechtskraft aber nicht ausnahmslos gelten sollte, sondern lediglich die Unanfechtbarkeit mittels ordentlicher Rechtsmittel gemeint war, zeigt der letzte Halbsatz des Art. 372, der im Falle der Rechtskraft einer Entscheidung ausdrücklich Raum für die Wiederaufnahme des Verfahrens lässt.

c) Möglichkeiten der Wiederaufnahme zuungunsten des Beschuldigten

Je nach Art der erfolgten gerichtlichen Entscheidung war die Wiederaufnahme des Verfahrens an verschiedene Voraussetzungen geknüpft. Hinsichtlich der hier interessierenden Vorschriften zum Nachteil des Beschuldigten – welche in diesem Gesetz schon aufgrund ihrer Anzahl die weitaus bedeutendere Rolle spielten – war ein ausdifferenziertes System an freisprechenden Urteilen mit unterschiedlich strengen Anforderungen an die Wiederaufnahme des Verfahrens vorgesehen. Gesetzlich geregelt waren drei Formen freisprechender Urteile, die von einem Unschuldserkenntnis über die Lossprechung bis hin zu einer Entbindung von der Instanz reichten.

Die Entwicklung dieser verschiedenen Arten freisprechender Urteile stand laut *Mittermaier* mit der Folter in Zusammenhang.[19] Insbesondere für den Fall, dass ein Verdächtiger die Folter ohne zu gestehen überstanden hatte, hielt man es für erforderlich, „den nur wegen Mangel vollen Beweises Losgesprochenen von demjenigen zu unterscheiden, gegen welchen kein Verdacht zurückgeblieben war".[20] Wie die Aufnahme in das Gesetz von 1813 zeigt, betrachtete man diese Unterscheidung offenbar auch nach Abschaffung der Folter weiterhin für notwendig.

aa) Wiederaufnahme nach Unschuldserkenntnis

Wurde durch direkten Beweis vollständig dargetan, dass der Angeklagte das Verbrechen nicht begehen konnte oder nicht begangen habe oder lag eine sog. „alle Strafbarkeit aufhebende Einrede"[21] vor, so wurde ein Unschuldserkenntnis ausgesprochen (Art. 353).

Als Beweis dafür, dass der Beschuldigte das Verbrechen nicht begangen haben konnte, diente die sog. „exceptio alibi"[22]. Demgegenüber konnte durch den Nachweis, dass die „Anschuldigungszeugen" bestochen waren, der Beweis dahingehend geführt werden, dass der Beschuldigte das Verbrechen nicht begangen habe.[23]

Für den Fall, dass der Beschuldigte ein Unschuldserkenntnis erhalten hatte, wurde in Art. 387[24] S. 1 hinsichtlich der Wiederaufnahme zunächst der Grundsatz aufgestellt, dass gegen einen auf diese Art Freigesprochenen aufgrund derselben Handlung, die Gegenstand des Urteils gewesen ist, die Untersuchung nie-

19 *Mittermaier*, Strafverfahren, S. 531.

20 *Mittermaier*, Strafverfahren, S. 531.

21 Unter eine in der heutigen Dogmatik nicht mehr bekannten „alle Strafbarkeit aufhebenden Einrede" wurde beispielsweise die Einrede der Verjährung, der Notwehr oder des Notstandes gefasst; *Bauer*, Lehrbuch, § 99; zu weiteren Einreden *Jagemann / Brauer*, Criminallexikon, S. 233.

22 Hierbei wurde aus der Abwesenheit des Angeschuldigten die Unmöglichkeit gefolgert, dass von diesem das Verbrechen verübt worden sei; *Bauer*, Lehrbuch, § 172 Fn. a).

23 *Mittermaier*, Strafverfahren, S. 533.

24 „Art. 387. Nach erhaltenem Unschuldserkenntnisse kann gegen den Freigesprochenen wegen derselben Handlung, über welche geurtheilt worden, die Untersuchung niemals wieder aufgenommen werden, ausgenommen, wenn sich neue, vorhin nicht bekannte Umstände und Beweise hervorthun, aus welchen sich die Falschheit derjenigen Beweismittel ergiebt, auf welche die Unschuld erkannt worden ist, wie wenn sich z. B. offenbart, daß die Urkunden verfälscht, die Vertheidiungszeugen meineidig oder ihr Zeugnis auf einem wesentlichen Irrthume in Ansehung der Person, der Handlung, des Orts oder der Zeit gegründet gewesen sey."

mals wieder aufgenommen werden dürfe. Eine Ausnahme von diesem Grundsatz sah man jedoch für den Fall vor, dass sich neue, zuvor nicht bekannte Umstände und Beweise ergaben, welche belegten, dass die zum Beweis der Unschuld gebrauchten Beweismittel falsch waren. In Art. 387 S. 2 wurde sodann exemplarisch aufgezählt, dass dies der Fall sein könne, wenn Urkunden gefälscht, die Verteidigungszeugen meineidig oder deren Aussage auf einem wesentlichen Irrtum basierte.

Zum Schutz des auf diese Weise Freigesprochenen konnte eine Wiederaufnahme nur dann erfolgen, wenn vorab über deren Zulässigkeit eine Entscheidung durch das Oberappellationsgericht erfolgt war (Art. 389).[25]

Für den Beschuldigten hatte der Erhalt eines Unschuldserkenntnisses große Bedeutung: Der für ihn wichtigste Vorteil bestand darin, dass gegen ihn das Verfahren lediglich in eng umgrenzten Fällen wieder aufgenommen werden konnte. Zudem brachte ein erteiltes Unschuldserkenntnis für den Beschuldigten den positiven Effekt mit sich, dass er gemäß Art. 386 „in alle Rechte vollkommener bürgerlicher Ehre“ wieder eintrat und alle Nachteile endeten, die mit Erhebung der Anschuldigung verbunden waren.

bb) Wiederaufnahme nach Lossprechung

Neben dem Unschuldserkenntnis kannte das bayerische StGB von 1813 die Lossprechung (Art. 354). Auf diese sollte erkannt werden, wenn zwar die Unschuld nicht bewiesen, die vorhandenen Verdachtsgründe jedoch aufgehoben oder zumindest so weit geschwächt wurden, dass diese nicht hinreichen würden, um eine Spezialinquisition[26] einzuleiten. Darüber hinaus konnte die Lossprechung erfolgen, wenn eine die Strafbarkeit aufhebende Einrede des Angeschuldigten zwar nicht vollständig erwiesen, aber zumindest bis zur Wahrscheinlichkeit gebracht war. Letzteres war beispielsweise dann der Fall, wenn „Nothwehr nur bis zur Wahrscheinlichkeit dargethan“ wurde.[27]

Kleinschrod umschrieb die Lossprechung damit, dass diese nichts anderes sei als die Erklärung, dass keine Beweise vorhanden seien, um den Betroffenen zu verurteilen.[28] Da aber nur derjenige vollständig freigesprochen werden könne,

---

25 Zu der Entscheidung durch das Oberappellationsgericht auch *Henke*, Handbuch Bd. 4 § 123.

26 Gemäß Art. 93 des bayerischen StGB v. 1813 konnte die Spezialinquisition durchgeführt werden, wenn bestimmte Gründe vorhanden waren, die es zumindest wahrscheinlich machten, dass die strafbare Tat geschehen und die betroffene Person Täter oder Teilnehmer derselben sei.

27 *Mittermaier*, Strafverfahren, S. 533.

28 *Kleinschrod*, NAdC 1822, S. 7.

der seine Unschuld durch „direkten Beweis“ dargetan habe, man andernfalls von dessen Unschuld nicht überzeugt sei, sei es zweckmäßig auf Lossprechung als „Mittelweg“ zwischen der völligen Erklärung der Unschuld und der Entbindung von der Instanz zu erkennen.[29]

Wann nach erfolgter Lossprechung das Verfahren wieder aufgenommen werden konnte, war in Art. 388 geregelt:

> Art. 388.
>
> Nach erfolgter Lossprechung (Art. 354.) kann wegen derselben Handlung die Untersuchung wieder aufgenommen werden, nicht nur unter den in dem Art. 387. enthaltenen Voraussetzungen, sondern auch wegen neu aufgefundener Beweise der Schuld, jedoch mit folgenden Einschränkungen:
>
> War gegen den Losgesprochenen noch ein, wiewohl zu einer Specialinquisition unzureichender, entfernter Verdacht übrig geblieben, so kann die Untersuchung wieder aufgenommen werden, wenn neue Anzeigungen oder Beweise sich hervorthun, welche so stark sind, daß sie entweder für sich allein, oder in Verbindung mit den vorigen hinreichen, um gegen eine Person zur Specialinquisition zu schreiten.
>
> Ausser dem vorerwähnten Falle aber findet eine Wiederaufnahme der Untersuchung nach erfolgtem lossprechenden Erkenntnisse nur alsdann Statt, wenn neue Beweismittel sich hervorgethan haben, welche für sich allein hinreichend sind, um hierauf gegen den Angeschuldeten ein Straferkenntnis zu gründen.

Wie sich aus Art. 388 ergibt, konnte eine Wiederaufnahme des Verfahrens aufgrund derselben Handlung gegen einen Losgeprochenen nicht nur dann erfolgen, wenn erwiesen war, dass der Unschuldsbeweis falsch war, sondern auch aufgrund neu aufgefundener Beweise der Schuld, wobei bezüglich der weiteren Voraussetzungen zwischen zwei Fällen unterschieden wurde:

War gegen den Losgesprochenen noch ein – zur Spezialinquisition zwar nicht ausreichender – entfernter Verdacht übrig geblieben, konnte die Untersuchung dann wieder aufgenommen werden, wenn sich neue Beweise ergaben, die entweder für sich allein oder in Verbindung mit den früheren hinreichten, um eine erneute Untersuchung einzuleiten. War hingegen gegen den Beschuldigten kein Verdacht übriggeblieben, mussten die neu aufgefundenen Beweismittel für sich allein ausreichend sein, um darauf ein Straferkenntnis zu stützen.[30] Auch in die-

---

29 *Kleinschrod*, NAdC 1822, S. 2 f. Wie Kleinschrod ausführt, wollte man auf Entlassung von der Instanz (Art. 356) nicht in allen Fällen, in denen die Unschuld nicht bewiesen war, erkennen, da diese aufgrund der negativen Folgen, wie das Auferlegen einer Kautionsleistung oder das Stellen unter Polizeiaufsicht als zu hart empfunden wurde.

30 Vgl. hierzu auch *Kleinschrod*, NAdC 1822, S. 7.

sem Fall sollte der Beschuldigte dadurch geschützt werden, dass die Wiederaufnahme des Verfahrens erst nach vorläufiger Entscheidung des Oberappellationsgerichts zulässig sein sollte (Art. 389).

Für den Beschuldigten war es daher gerade im Hinblick auf die Wiederaufnahme des Verfahrens von großer Bedeutung, ob er ein Unschuldserkenntnis oder eine Lossprechung erhalten hatte. Während nach erfolgtem Unschuldserkenntnis – wie oben ausgeführt – die Untersuchung nur dann wieder aufgenommen werden konnte, wenn erwiesen war, dass die zum Beweis der Unschuld verwendeten Beweismittel falsch waren, konnte im Falle der Lossprechung eine erneute Untersuchung auch im Falle des Vorliegens neuer Beweise angestrengt werden. Dies hatte für den Losgesprochenen zur Folge, dass er sich – zumindest solange das Verbrechen noch nicht verjährt[31] war – stets in einer ungewissen Situation befand.

cc) Wiederaufnahme nach Entlassung von der Instanz

Die dritte und für den Angeschuldigten folgenschwerste Art eines lossprechenden Erkenntnisses war die Entlassung von der Instanz (Art. 356). Diese wurde ausgesprochen, wenn die gegen den Beschuldigten aufgefundenen Verdachtsgründe und Beweise für eine Verurteilung nicht ausreichten, diese aber auch nicht mittels Verteidigungsbeweis entkräftet wurden oder trotz eines vorhandenen Verteidigungsbeweises noch so viel Verdacht übrigblieb, um gegen den Angeschuldigten eine Spezialinquisition durchzuführen. Teilweise findet sich auch die Bezeichnung als „Einstellung“[32] des Verfahrens, welche „eine Verlängerung

---

31 Hinsichtlich der Verjährung waren im StGB v. 1813 folgende zwei Artikel vorgesehen: „Art. 139. Der Ablauf einer bestimmten Zeit ist für sich allein kein Rechtsgrund, um das Verbrechen und dessen Strafe zu tilgen. Wenn jedoch der Thäter dem Gericht unbekannt geblieben, oder die erforderliche Untersuchung oder Entscheidung aus Schuld des Richters unterlassen worden ist, und von dem Augenblicke der begangenen Uebertretung die in dem nachfolgenden Art. 140 festgesetzten Zeiträume verflossen sind, überdieß aber der Uebertreter während ihres Laufes eine ununterbrochen gute Aufführung bezeigt hat, dann soll derselbe von der Strafe frei gesprochen werden, vorbehaltlich des Rechts der Betheiligung auf Privatgenugthuung. Art. 140. Die in dem vorstehenden Art. 139 bemerkten Zeiträume sind: 1) bei Uebertretungen, welche nur Gefängnis oder eine geringere Strafe zur Folge haben, zwei Jahre; 2) bei Verbrechen, welche das Arbeitshaus verdienen, fünf Jahre; 3) bei solchen, die dem Zuchthause, jedoch nicht mehr, als zwölf Jahre unterworfen sind, 10 Jahre; 4) bei Verbrechen, wodurch eine längere Zuchthausstrafe oder der Tod verwirkt worden, zwanzig Jahre angerechnet von der Begehung des Verbrechens.“

32 *Bandel*, Katechismus, S. 271; *Walther*, Lehrbuch, S. 45.

des Anklagestandes auf unbestimmte Zeit" bewirke.[33] Geläufiger war es zu dieser Zeit jedoch, von einer „absolutio ab instantia" zu sprechen.

Gekennzeichnet war diese Art der Lossprechung insbesondere aufgrund der Härte der daran geknüpften Folgen für den Beschuldigten: Der auf diese Weise von der Instanz Entbundene wurde nicht aus dem Arrest entlassen, bevor er nicht eine ausreichende Kaution gestellt hatte.[34] Zudem durfte ohne Mitteilung an das Gericht der zugewiesene Aufenthaltsort nicht verlassen werden. Wenn der Betroffene zur Sicherheitsleistung nicht im Stande war, wurde er unter besondere Polizeiaufsicht gestellt (Art. 390). Staatsdiener wurden so lange vom Dienst suspendiert, bis sie entweder ein vollständig lossprechendes oder verurteilendes Erkenntnis erhalten hatten.[35] Diese nachteiligen Folgen sollten spätestens nach fünf Jahren enden, wobei die Polizeiaufsicht auch verlängert werden konnte, wenn der von der Instanz Entlassene den Eindruck der andauernden Gefährlichkeit erweckt hatte.[36]

Darüber hinaus konnte die Wiederaufnahme gegen einen von der Instanz Entbundenen im Vergleich zu den beiden oben geschilderten Fällen aufgrund wesentlich geringerer Anforderungen erfolgen:

Gem. Art. 395 durfte die Untersuchung wieder aufgenommen werden, wenn sich neue Verdachtsgründe ergaben oder neue Beweise entdeckt wurden, die allein oder in Verbindung mit den vorherigen zur Überführung geeignet erschienen oder auf ein Geständnis hoffen ließen. Eine vorherige Entscheidung über die Zulässigkeit der Wiederaufnahme durch das Oberappellationsgericht musste im Falle einer Entbindung von der Instanz nicht erfolgen, so dass auch diese Hürde hier nicht vorgesehen war.

---

33 *Walther*, Lehrbuch, S. 45.

34 Ausführlich zu den nachteiligen Folgen der absolutio ab instantia *Zachariä*, AdC 1839, S. 392 f.

35 *Mittermaier* stellte sogar die Befürchtung auf, dass gegen jemanden, den man beispielsweise nicht in der Ständeversammlung haben wollte, eine Untersuchung angestrengt wurde, um diesen aus dem politischen Amt fern zu halten; *Mittermaier*, Strafverfahren, S. 537 Fn. 21.

36 Art. 392 bestimmte diesbezüglich die konkreten Fristen: „(...) und alle übrigen nachteiligen Folgen der bloßen Entlassung von der Instanz hören auf, wenn vom Tage der erlangten Freiheit, oder falls er seiner Freiheit während der Untersuchung nie beraubt gewesen, vom Tage des rechtskräftigen Erkenntnisses angerechnet fünf Jahre, und wenn er wegen des angeschuldeten Verbrechens nur zum Arbeitshaus hätte verurtheilt werden können, zwei Jahre verflossen sind."

dd) Wiederaufnahme nach Verurteilung

Neben der Wiederaufnahme gegen freisprechende Erkenntnisse war auch die Wiederaufnahme zum Nachteil eines bereits Verurteilten möglich. Hierfür enthielt Art. 399[37] drei Gründe:

Für den Fall, dass der Betroffene lediglich aufgrund eines Vergehens verurteilt worden war, sich später jedoch so erschwerende Beweise ergaben, dass sich die Tat als Verbrechen darstellte, aufgrund dessen eine Zuchthaus- oder schwerere Strafe verhängt werden hätte können, konnte der bereits Verurteilte aufgrund derselben Handlung erneut in Untersuchung gezogen werden (Art. 399 Nr. 1). Darüber hinaus konnte nach Art. 399 Nr. 2 die Wiederaufnahme der Untersuchung auch dann angeordnet werden, wenn der Beschuldigte zu einer Kriminalstrafe verurteilt worden war und erst im Anschluss daran ein neues, vorher nicht bekanntes Verbrechen derselben oder verschiedener Gattung entdeckt wurde. Dasselbe galt für den Fall, dass ein solches Verbrechen beim ersten Urteil schon bekannt war, jedoch der Inquisit nur von der Instanz entlassen wurde (Art. 399 Nr. 3).

Die Voraussetzungen und Folgen des Art. 399 Abs. 2 wurden durch Reskript vom 8. November 1816 konkretisiert.[38] Hierin wurde einerseits betont, dass das neu entdeckte Verbrechen nicht nur im Hinblick auf die Dauer, sondern zugleich hinsichtlich der Strafgattung eine härtere Kriminalstrafe mit sich bringen müsse. Wurde das Verfahren nach Art. 399 Abs. 2 wieder aufgenommen und der bereits

37 „Art. 399

Auch zum Nachtheile des Verurtheilten kann auf Verfügung des Kriminalgerichts die Untersuchung wieder aufgenommen werden, jedoch nur in folgenden Fällen:

1) wenn derselbe bloß wegen eines Vergehens verurtheilt worden, sich aber nachher die Beweise solcher beschwerender Eigenschaften derselben Handlung offenbaren, vermöge welcher sie in ein Verbrechen übergeht, weshalb auf Zuchthaus- oder auf noch schwerere Strafe erkannt werden könnte;

2) wenn derselbe zu einer Kriminalstrafe verurtheilt worden ist, nachher aber ein neues, vorher nicht bekanntes Verbrechen derselben oder verschiedener Gattung sich entdeckt, weswegen, wenn es früher sich geoffenbart hätte, Inquisit, gemäß den Gesezen über den Zusammenschluß der Verbrechen (Theil I. Art. 105 f.) entweder zur Todes- oder Kettenstrafe, oder in eine sowohl rücksichtlich der Art als Dauer schwerere Freiheitsstrafe verurtheilt worden wäre; gleiches ist

3) unter denselben Voraussetzungen der Fall, wenn solche Verbrechen zwar beim ersten Urtheile bereits bekannt gewesen sind, jedoch Inquisit deshalb nur von der Instanz entlassen worden ist, und sich gemäß Art. 388 neue Anzeigungen offenbaren, weshalb die Untersuchung wieder aufgenommen werden kann."

38 Das Rescript vom 8. November 1816 zu Art. 399 findet sich in *Doppelmayr*, Sammlung Rescripte, S. 221.

Verurteilte zu einer weiteren Freiheitsstrafe verurteilt, so musste die bereits erstandene Strafzeit verhältnismäßig abgezogen werden.[39]

Durch ein zuvor erlassenes Reskript vom 29. August 1815 wurde zudem angeordnet, dass vor der Wiederaufnahme der Untersuchung aufgrund von Art. 399 ebenso wie in den Fällen der Wiederaufnahme nach Erhalt eines Unschuldserkenntnisses bzw. einer Lossprechung die Entscheidung des Appellationsgerichts einzuholen war.[40]

3. *Reformversuche in der Zeit des Vormärz*

Schon bald zeigte sich der Wunsch nach einer Reform des Strafgesetzbuches von 1813. Insbesondere auf dem Gebiet des Strafverfahrensrechts richtete man zunehmend den Blick auf das französische Recht, welches auch in der 1815 zu Bayern gelangten Rheinpfalz Anwendung fand und schon in weiten Teilen den liberalen Forderungen des Bürgertums nachkam, die insbesondere in einem öffentlich und mündlichen Verfahren mit Geschworenengerichten bestanden.[41] *Feuerbach* selbst leistete zudem mit seinem 1821 erschienen Werk „Betrachtungen über die Öffentlichkeit und Mündlichkeit“ einen entschiedenen Beitrag zu den Reformforderungen.[42]

In der Folge wurde das heimliche, schriftliche Inquisitionsverfahren mit seiner strengen Beweistheorie mehr und mehr beklagt. Dies führte dazu, dass im Jahr 1828 von dem Ministerialrat *v. Schmidtlein* der Entwurf eines Gesetzbuches über das Verfahren in Strafsachen erarbeitet wurde.[43] Dieser basierte jedoch noch zu sehr auf den Prinzipien des Inquisitionsverfahrens und gestattete lediglich am Schluss des Verfahrens eine Zuhörerschaft, sah jedoch noch keine unbeschränkte Öffentlichkeit des Verfahrens vor.[44] Als der Entwurf 1830 in der vom König eingesetzten Kommission geprüft wurde, ließ man nach dem Vortrag *v. Grandauers* – dessen Inhalt nicht näher bekannt ist – von diesem Entwurf ab. *V. Grandauer* erstellte daraufhin einen neuen Entwurf, der 1831 den Kammern vorgelegt wurde.[45]

---

39 *Doppelmayr*, Sammlung Rescripte, S. 221.

40 *Doppelmayr*, Sammlung Rescripte, S. 221.

41 *Heydenreuter*, Kriminalgeschichte Bayerns, S. 283.

42 *Walther*, Lehrbuch, S. 46.

43 *Mittermaier*, Mündlichkeit, S. 126.

44 *Rudhart*, Entwurf, S. 16.

45 *Dollmann*, Gesetzgebung Bayerns, S. 8 f.; *Mittermaier*, Mündlichkeit, S. 126.

a) Gesellschaftspolitischer Hintergrund des E-1831

Die französische Julirevolution des Jahres 1830 führte in Frankreich zum Sturz des Bourbonen *Karl X.*, der aufgrund seiner restaurativen Politik und insbesondere der am 25. Juli 1830 erlassenen „Vier Ordonanzen", die zur Aufhebung der Pressefreiheit, zur Auflösung der eben erst gewählten Abgeordnetenkammer und zur Verringerung der Anzahl der Abgeordneten führten und das Wahlrecht an die Steuerleistung auf Grundbesitz knüpften, in Missgunst gefallen war.[46] Daraufhin bestieg der als „Bürgerkönig" bezeichnete *Louis Philippe von Orléans* den Thron. In der Folge wurden die Rechte des Königs durch die vom Großbürgertum geschaffene Ordnung beschränkt.[47]

Die Aufstände griffen schon kurz nach den Ereignissen in Frankreich auf die Niederlande, Teile der Schweiz und Gebiete des Deutschen Bundes über. Wenngleich die Revolution im Königreich Bayern nicht ein derartiges Ausmaß erreichte wie in Braunschweig, Kurhessen oder Sachsen, befürchtete König *Ludwig I.* auch hierzulande den Ausbruch einer Revolution.[48] Hintergrund der Unruhen im Königreich Bayern war insbesondere die zunehmende Unzufriedenheit der Bevölkerung mit der wirtschaftlichen, sozialen und politischen Lage, was einerseits an der wachsenden Verarmung und andererseits an der Beschränkung bürgerlicher Rechte und Freiheiten lag.[49] Hinzu kam, dass im Januar 1831 die Zweite Kammer neu gewählt wurde, wobei die oppositionellen Liberalen gegenüber den Regierungstreuen die Mehrheit erhielten.[50] Der König weigerte sich daraufhin, einigen Liberalen die Bewilligung zum Eintritt in die Kammer zu erteilen. Die bis dahin als maßvoll geltende Politik *Ludwig I.* wurde aufgegeben. Dies zeigte sich insbesondere in der Verschärfung der Pressezensur und der Verfolgung Oppositioneller, welche der König allein mittels des ihm zustehenden Mittels der Verordnung durchsetzte.[51] Die erlassenen Verordnungen nahm der König zwar kurze Zeit später wieder zurück, was an den Auseinandersetzungen mit dem Landtag jedoch nichts änderte.[52]

---

46 *Langewiesche*, Restauration und Revolution, S. 47 f.

47 *Gebhardt*, Handbuch, S. 423 f.

48 Hierzu und insbesondere zu den Reaktionen des bayerischen Königs: *Kotulla*, Deutsches Verfassungsrecht Bd. 2, S. 257; zu den Unruhen in Bayern *Mayring*, Bayern nach der Französischen Julirevolution, S. 10 ff.

49 *Mayring*, Bayern nach der Französischen Julirevolution, S. 39.

50 *Kotulla*, Deutsches Verfassungsrecht Bd. 2, S. 257.

51 *Kotulla*, Deutsches Verfassungsrecht Bd. 2, S. 258.

52 *Gebhardt*, Handbuch, S. 444.

Obwohl der Ständeversammlung zu dieser Zeit eine immense Anzahl an Gesetzesentwürfen vorlagen, waren die meisten nicht von Erfolg gekrönt, da sie entweder von den Kammern abgelehnt, von der Regierung vorzeitig zurückgezogen oder vom König nicht genehmigt wurden.[53] Ende des Jahres 1831 kam es schließlich zur Auflösung des aus Sicht des Königs „längsten und schlechtesten Landtages".[54]

b) Reformkonzepte des E-1831

Der Entwurf eines Gesetzbuches über das Verfahren in Strafsachen von 1831 zeichnete sich insbesondere dadurch aus, dass dort die Anklage durch einen Staatsanwalt und ein mündliches und öffentliches Verfahren vorgesehen war. Dieses sollte vor neun Richtern stattfinden, wobei fünf für die Entscheidung der Tatfrage und vier Richter für die Entscheidung der Rechtsfrage zuständig waren.[55] Bei diesen neun Richtern sollte es sich allesamt um Berufsrichter handeln. Auf die Einführung von Geschworenengerichten wurde hingegen bewusst verzichtet, da man das Volk durch die Einführung eines öffentlichen Verfahrens erst mit dem Rechts- und Gerichtsleben vertraut machen wollte. Das Geschworenengericht ohne Vorbereitung des Volkes einzuführen, hielt man für ein „gewagtes Experiment".[56]

Von den strengen positiven Beweisvorschriften wich man nun ab und knüpfte die „Schuldig-Sprechung" stattdessen an gewisse negative Beweisvorschriften:[57] Die fünf Richter, die über die Tatfrage zu entscheiden hatten, sollten lediglich an ihr Gewissen und ihre Überzeugung gebunden sein, wobei sie das „schuldig" weder auf ein nicht feierlich in der Audienz abgelegtes und durch andere Beweismittel nicht unterstütztes Geständnis noch auf die von anderen Beweismittel nicht unterstützte Aussage eines einzigen Zeugen gründen durften.[58]

Aufgrund der geänderten Beweisvorschriften sah man sich nunmehr in der Lage, auf die Einrichtung der Entbindung von der Instanz verzichten zu können. Diese

53 Zum Ganzen und weiterführend *Kotulla*, Deutsches Verfassungsrecht Bd. 2, S. 257 ff.

54 *Gebhardt*, Handbuch, S. 444.

55 Vgl. hierzu die Art. 138 f. des E-1831.

56 Vgl. hierzu die Motive des Entwurfs von 1831, S. 141 f.

57 Ausführlich hierzu *Krieter*, Prinzip der freien Beweiswürdigung, S. 41 f.; Dass der Schritt zu einer freien Beweiswürdigung noch nicht getan werden könne, wurde damit begründet, dass gewisse Sicherheitsmechanismen vorhanden sein müssen, damit nicht vorschnell die Überzeugung von der Schuld ausgesprochen werde; vgl. hierzu die Motive des Entwurfs v. 1831, S. 141.

58 Art. 168 des Entwurfs von 1831.

Entscheidung wurde auf die Überlegung gestützt, dass aufgrund der bisher geltenden positiven Beweisregeln häufig Zweifel an der Unschuld des Beschuldigten bestanden hatten, man diesen mangels eindeutigen Beweises (erforderlich waren ja zwei Zeugen oder ein Geständnis) nicht verurteilen konnte und den Angeschuldigten aber nicht vollständig freisprechen wollte.[59] Da nun von diesen positiven Beweisvorschriften Abstand genommen wurde, konnte eine Verurteilung auch dann vorgenommen werden, wenn die Richter von der Schuld überzeugt waren.

c) Ordentliche Rechtsmittel und Wiederaufnahme nach dem E-1831

Gegen die Entscheidung über die Tatfrage ließ der E-1831 die Berufung nicht zu und gestattete für diesen Fall lediglich die Nichtigkeitsbeschwerde, wenn das Erkenntnis auf unzulässige Beweismittel gestützt wurde (Art. 179[60]). Dies wurde damit begründet, dass eine Berufung über die Tatfrage bei Beseitigung der objektiven Beweistheorie nicht in Betracht komme, da es über eine Gewissensentscheidung keine höhere Instanz gebe.[61] Darüber hinaus sei es unmöglich, das Verfahren vor dem Berufungsrichter in derselben Art und Weise wie es ursprünglich stattgefunden hatte, zu wiederholen. Selbst wenn man alles schriftlich festhielte, sei „alles Leben abgestreift" und daher nicht zu beurteilen, welche körperlichen Reaktionen die Aussage eines Zeugen beispielsweise begleiteten.[62] Daher sei kein Grund vorhanden, warum das Urteil eines in zweiter Tatsacheninstanz urteilenden Richters gründlicher sei als das des erstinstanzlich entscheidenden.[63] Im Hinblick auf die Entscheidung über die Rechtsfrage konnte die Berufung hingegen sowohl durch den Angeklagten als auch durch den Staatsanwalt vorgenommen werden (Art. 180).

Die Wiederaufnahme der Untersuchung zum Nachteil des Betroffenen erhielt im IV. Titel, der „Außerordentliche Rechtsmittel gegen Erkenntnisse" zum Gegenstand hatte, ein eigenes Kapitel. Im daran anschließenden Kapitel folgten die Vorschriften zugunsten des Betroffenen, welche man als „Wiedereinsetzung in den vorigen Stand" bezeichnete.

---

59 Motive des Entwurfs v. 1831, S. 141.

60 Art. 179 lautet: „Art. 179. (Rechtsmittel gegen Erkenntnisse über die Thatfrage) Gegen das Erkenntniss über die Thatfrage findet keine Berufung, sondern nur Nichtigkeitsbeschwerde statt, wenn auf unzulässige Beweismittel gegen Art. 168 gesprochen wurde (...)".

61 Motive des Entwurfs v. 1831, S. 148.

62 Motive des Entwurfs v. 1831, S. 148 f.

63 Motive des Entwurfs v. 1831, S. 149.

Art. 287[64] des E-1831 gestattete dem Staatsanwalt aufgrund neuer Anschuldigungsgründe eine erneute Anklage einzuleiten, wenn „nicht auf Anklage erkannt“ oder ein „Nichtschuldig“ ausgesprochen worden war. Man differenzierte hinsichtlich der Wiederaufnahme somit noch nicht danach, ob bereits von der Anklageerhebung abgesehen oder erst nach durchgeführter Hauptverhandlung ein „Nichtschuldig“ ausgesprochen wurde. In beiden Fällen reichten neue Anschuldigungsgründe für eine Wiederaufnahme des Verfahrens. Diese war lediglich an gesetzlich festgelegte Fristen gebunden, die von der jeweiligen Straferwartung abhingen (Art. 287 Nr. 1-3).

Wurde nach erfolgter Wiederaufnahme des Verfahrens erneut ein „nicht schuldig“ ausgesprochen, so konnte innerhalb der in Art. 287 vorgegebenen Fristen eine dritte Anklage des Beschuldigten erfolgen (Art. 289).

Darüber hinaus konnte für den Fall, dass ein „schuldig“ ausgesprochen wurde, der Staatsanwalt aufgrund neuer Anschuldigungsgründe wegen desselben Verbrechens ein neues Verfahren anstreben, wenn eine Verurteilung aufgrund einer höheren Strafgattung zu erwarten war (Art. 290 des E-1831[65]).

Wann Anschuldigungsgründe als neu galten erfuhr im Gegensatz zu den Vorschriften zugunsten des Verurteilten, welche explizit festhielten, wann Verteidigungsbeweise als neu anzusehen waren und wann diese als ausreichend galten[66], keine entsprechende gesetzliche Regelung. Gemäß Art. 293 des E-1831 sind als neu „jene Vertheidigungsbeweise zu betrachten, welche weder in den Akten des Vorverfahrens lagen, noch in der Audienz von dem Verurtheilten und seinem

---

64 „Art. 287

(Wiederaufnahme der Untersuchung)

Wurde nicht auf Anklage erkannt oder Nichtschuldig ausgesprochen, so kann der Staatsanwalt auf den Grund neuer Anschuldigungsgründe,

1) wenn die Frage von einer sechsjährigen Freyheitsstrafe oder Dienstentsetzung ist, binnen fünf Jahren nach dem erlassenen Erkenntnisse;

2) wenn die Frage von einer zweyjährigen Freyheitsstrafe oder Dienstentlassung ist, binnen vier Jahren;

3) und endlich bey geringeren Strafen binnen drey Jahren eine abermalige Anklage gegen den Angeschuldigten einleiten.“

65 Art. 290. (Fortsetzung) Wurde im ersten Verfahren ein Schuldig ausgesprochen, so kann der Staatsanwalt vor und während des Vollzugs der Strafe nur in so fern ein neues Verfahren verlangen, als er auf eine höhere Strafgattung, nicht aber auf einen höhern Strafgrad aus neuen Anschuldigungsgründen hinsichtlich des nämlichen Verbrechens antragen zu müssen glaubt. – Ist bereits auf bürgerlichen Tod erkannt, so hat ein Gesuch um Wiederaufnahme der Sache zu dem Zwecke, um den physischen Tod zu erkennen, nicht statt.

66 Art. 293 f. des E-1831.

Vertheidiger gebraucht wurden". Diese Vorschrift wurde durch Art. 294 fortgesetzt, indem dieser klarstellte, dass hinsichtlich des Urteils über die Tatfrage nur solche Gegenbeweise gelten, welche die Anschuldigungsbeweise aufheben, nicht aber solche, welche diese nur schwächen. Dass dem Staatsanwalt im Gegensatz zum Verurteilten nicht vorgeschrieben wurde, welchen Gehalts die neuen Beweise sein mussten, kritisierte Oberappellationsrat *v. Hinsberg* in seinen *„Erinnerungen über die beiden Entwürfe eines Gesetzbuches für das Verfahren in Strafsachen und eines Strafgesetzbuchs für das Königreich Bayern vom Jahr 1831"*, da die Gefahr bestehe, dass die erneute Anklage auf schwache und offenbar unzulängliche Beweise gestützt werde, während man vom Angeklagten nur die Vorlage solcher Gegenbeweise ausreichen lasse, die die Anschuldigungsbeweise aufheben.[67] Anschaulich beschrieb er die Situation mit dem Bild, dass hier der Ankläger dem Angeklagten wie ein Kämpfer dem anderen gegenüber stehe, dem die rechte Hand auf den Rücken gebunden sei. Zudem betonte er, dass es in dieser Situation ohne Rechtsgleichheit keine Gerechtigkeit gäbe und der Staat „schwerer durch ein dem Angeschuldigten zugefügtes Unrecht, als durch eine Nachläßigkeit in Ausforschung einer strafbaren Handlung verletzt" werde.[68]

d) Behandlung des Entwurfs in der Zweiten Kammer

Der Entwurf gelangte an die Zweite Kammer und wurde dort vom Gesetzgebungsausschuss geprüft. Berichterstatter in diesem Ausschuss wurde *v. Rudhart,* dessen Vortrag Jahre später aus seinem Nachlass veröffentlicht wurde.[69]

Rudhart wies zur Begründung des nunmehrigen Wegfallens der Entbindung von der Instanz darauf hin, dass sich diese nicht mit der Theorie des Anklageprozesses vertrage, da der Angeklagte so lange als nicht schuldig gelte, bis der Ankläger den Anschuldigungsbeweis führen könne.[70]

Hinsichtlich der Rechtfertigung der Wiederaufnahme des Verfahrens zuungunsten des Angeklagten führte er aus, dass es angemessen sei, diese aufgrund neuer Anschuldigungsgründe zuzulassen, da das Urteil einerseits nur auf die vorgebrachten Beweise gegründet werde und es andererseits Aufgabe der Regierung

67 *Hinsberg*, Erinnerungen, S. 57.

68 *Hinsberg*, Erinnerungen, S. 57.

69 Der Bericht ist im Original in den Akten zum Entwurf von 1831 im Hauptstaatsarchiv München enthalten, BayHStA, Landtag 3403.

70 *Rudhart*, Entwurf, S. 225.

sei, die Geltung des Gesetzes aufrecht zu erhalten und Verbrechen gerichtlich zu bestrafen.[71]

In sprachlicher Hinsicht befand es *Rudhart* nun aufgrund der Abkehr vom Untersuchungsprozess für notwendig, nicht mehr von der „Wiederaufnahme der Untersuchung", sondern von der „Wiederaufnahme des Verfahrens" zu sprechen, da die frühere Bezeichnung für den Anklageprozess unpassend sei.[72]

Da – wie oben aufgezeigt – hinsichtlich der Wiederaufnahme zum Nachteil des für nicht schuldig Erklärten keine Vorschrift vorgesehen war, wann Anschuldigungsgründe als neu galten, warf *Rudhart* die Frage auf, was unter dem Begriff der „neuen Anschuldigungsgründe" zu verstehen sei. Seiner Ansicht nach seien Rechtsgründe nicht geeignet, sondern Tatsachen, wobei bezüglich der Neuheit auf den oben erwähnten Art. 293 zurückzugreifen sei, der im Rahmen des Kapitels bezüglich der Wiedereinsetzung in den vorigen Stand Auskunft über die Neuheit der Beweismittel gab. Demnach sollten jene Anschuldigungsgründe als neu betrachtet werden, welche weder in den Akten des Vorverfahrens lagen noch in der Audienz von dem Staatsanwalt oder Kläger gebraucht wurden.[73]

Nach der Prüfung im Ausschuss der Zweiten Kammer, erfolgte keine weitergehende Beratung dieses Entwurfs. Wie oben schon angesprochen zeigte sich die Politik *Ludwigs I.* ab 1831 nicht nur konservativ, sondern reaktionär, was darin zum Ausdruck kam, dass er Verhältnisse anstrebte, die hinter der Verfassung zurückblieben und mit der Zweiten Kammer keine konstruktive Zusammenarbeit mehr erfolgte.[74]

4. Reformen in der Revolutionszeit 1848

Im Jahre 1837 wurde der streng antiliberale und katholisch-konservative *Karl von Abel* neuer leitender bayerischer Minister, der alles daran setzte, die Opposition und die Bedeutung des Parlaments zu schwächen.[75] Von besonderer Wichtigkeit war ihm, den seit Ende des Achtzehnten Jahrhunderts einsetzenden Modernisierungsprozess rückgängig zu machen.[76] *Von Abel* blieb bis 1847 im

71 *Rudhart*, Entwurf, S. 225 f.

72 *Rudhart*, Entwurf, S. 226.

73 *Rudhart*, Entwurf, S. 226.

74 *Götschmann*, Bayerischer Parlamentarismus, S. 477.

75 *Gebhardt*, Handbuch, S. 523 f.

76 *Götschmann*, Bayerischer Parlamentarismus, S. 479.

Amt.[77] Dies macht erklärbar, warum es fast zwei Jahrzehnte dauerte, bis es erneut zu Reformen zur Liberalisierung des Strafverfahrensrechts kam.

Die Forderungen nach einer tiefgreifenden Reform des Strafverfahrens zur Beseitigung der Prinzipien des gemeinen Inquisitionsverfahrens ließen jedoch nicht nach. Zu einer Reform kam es schließlich jedoch erst nach den Ereignissen im März 1848.

a) Politische Rahmenbedingungen

In Bayern war die innenpolitische Situation bereits seit einiger Zeit angespannt. Insbesondere die Affäre um die Tänzerin *Lola Montez*, die *Ludwig I.* 1846 zur Mätresse erhoben hatte, führte zu öffentlichem Unmut und Protesten gegen den König.[78] Die als Reaktion auf die Unruhen erfolgte Schließung der Universität musste der König letztendlich nach heftigem Aufruhr in der Münchner Bürgerschaft zurücknehmen und der Ausweisung *Lola Montez* zustimmen.[79] Damit siegten die Konservativen zwar gegen den König, erhielten ihre politische Macht jedoch nicht zurück, da sich der König nunmehr vehement weigerte, dem Druck der Öffentlichkeit nachzugeben.[80] Die Monarchie war daher schon vor Ausbrechen der Märzrevolution geschwächt. Als man Ende Februar 1848 vom Sturz des französischen Königs erfuhr, kam es auch in Bayern zur Revolution.[81]

Die Wirtschaftskrise hatte zunehmend zur Verarmung der Bevölkerung geführt und den Unmut über die gesellschaftlichen, politischen und wirtschaftlichen Verhältnisse noch verstärkt. Der König weigerte sich zwar zunächst, den Forderungen der Bürger nachzugeben, musste aber aufgrund des erstarkenden Volkszorns, der mit dem Sturm der Münchner Bürger auf das Zeughaus und die Residenz seinen Höhepunkt erreicht hatte, Zugeständnisse machen.[82] Hierunter fiel auch die Zusage, die Öffentlichkeit und Mündlichkeit der Gerichtsverfahren und Geschworenengerichte einzuführen und zu diesem Zweck dem Landtag entsprechende Gesetze vorzulegen.[83] Nach diesen Zusagen kam es vorerst zu keinen weiteren Unruhen, bis am 16. März die Rückkehr *Lola Montez* bekannt wurde

---

77 Zu den Hintergründen seines Rücktritts im Jahre 1847 *Gebhardt*, Handbuch, S. 523 f.

78 *Gebhardt*, Handbuch, S. 524.

79 *Götschmann*, Bayerischer Parlamentarismus, S. 785; *Körner*, Geschichte Bayerns, S. 105.

80 *Götschmann*, Bayerischer Parlamentarismus, S. 785.

81 *Götschmann*, Bayerischer Parlamentarismus, S. 786.

82 *Götschmann*, Bayerischer Parlamentarismus, S. 786 f.

83 *Götschmann*, Bayerischer Parlamentarismus, S. 787.

und dieses Ereignis sofort neue Proteste auslöste. Daraufhin entschied Innenminister *Thon-Dittmer* eigenmächtig, die Einbürgerung *Montez* zu annullieren.[84] *Ludwig I.* hielt seine königliche Prärogative und Entscheidungsfreiheit für in unzumutbarer Weise eingeschränkt und sah sich daher nicht mehr in der Lage, weiter zu regieren.[85] Als er am 20. März 1848 abdankte und daraufhin sein Sohn völlig unvorbereitet als *Maximilian II.* seine Nachfolge angetreten hatte, war es dessen Aufgabe, die liberalen Reformforderungen gesetzlich umzusetzen.[86]

b) Inhalt der strafprozessualen Reformgesetze

Um die revolutionären Wogen zu glätten, nahm man sogleich die Revision einiger Gesetze in Angriff, wozu auch das StGB von 1813 zählte.[87] Dass die Einführung eines mündlichen und öffentlichen Verfahrens mit Anklagebehörde erfolgen sollte, war inzwischen zur allgemeinen Meinung geworden, während man über das Geschworenengericht umfassend diskutierte.[88] Im Jahr 1848 erschienen sodann mehrere Gesetze, die schließlich zu einer Abänderung der Vorschriften des Strafgesetzbuches von 1813 führen sollten.[89] Das zuerst erlassene Gesetz vom 12. Mai 1848 hatte lediglich die Umbildung des Strafverfahrens durch unverzüglich zu entwerfende Gesetze, welche notwendig erschienen, um ein mündlich-öffentliches Verfahren mit Schwurgerichten einzuführen,[90] zum Gegenstand und ordnete die Bildung besonderer Ausschüsse an. Das zweite Gesetz vom 4. Juni 1848 sah in Art. 16 vor, dass das strafrechtliche Verfahren im Wesentlichen nach dem Vorbild der auf dem linken Rheinufer bestehenden Gesetzgebung geordnet werden sollte, wobei in den folgenden Artikeln bestimmte umzusetzende Grundsätze festgehalten wurden. Hierzu zählten die Anklage, eine mündliche und öffentliche Verhandlung vor den urteilenden Richtern und der Ausspruch der Geschworenen über Schuld oder Nichtschuld. Diese Gesetze

---

84 *Götschmann*, Bayerischer Parlamentarismus, S. 788.

85 *Hummel*, München in der Revolution, S. 24.

86 *Heydenreuter*, Kriminalgeschichte Bayerns, S. 287.

87 *Götschmann*, Bayerischer Parlamentarismus, S. 814.

88 *Dollmann*, Gesetzgebung Bayerns, S. 11.

89 Gesetz vom 12. Mai 1848, einige Abänderungen des Strafgesetzbuches vom Jahre 1813 und andere Strafbestimmungen betreffend; Gesetz vom 4. Juni 1848, die Grundlagen der Gesetzgebung über die Gerichtsorganisation, über das Verfahren in Civil- und Strafsachen und über das Strafrecht betreffend; Gesetz, die Abänderung einiger Bestimmungen des zweiten Theiles des Strafgesetzbuches betreffend vom 10. November 1848.

90 Art. 1 des Gesetzes vom 12. Mai 1848.

bringen deutlich zum Vorschein, dass zunächst die von der Revolution aufgeheizten Gemüter beruhigt werden sollten, bevor man schließlich zur Abänderung der bestehenden Gesetze selbst schritt.

Aufgrund der gesetzlichen Anordnung, dass die Vorschriften des linken Rheinufers, auf welchen der französische Code d'instruction criminelle von 1808 Anwendung fand, zum Vorbild für die neuen Gesetze genommen werden sollten, werden im Folgenden die Entwicklung und die Grundsätze des französischen Strafverfahrensrechts kurz dargestellt.

c) Exkurs: Die Entwicklung des Strafverfahrensrechts in Frankreich

In Frankreich wurden bereits Ende des Achtzehnten Jahrhunderts wesentliche Reformen zur Liberalisierung des Strafprozessrechts vorgenommen. Veranlasst durch Aufklärungsdenker wie *Voltaire*, *Becceria* oder *Rousseau* wurde im Jahr 1789 die Allgemeine Erklärung der Menschen- und Bürgerrechte erlassen, welche kurze Zeit später in die Verfassung integriert wurde.[91] Ein Dekret über den Strafprozess aus dem selben Jahr führte für den herkömmlichen Inquisitionsprozess eine öffentliche Verhandlung in Anwesenheit des Angeklagten ein. Zudem sah das aus dem Jahr 1791 stammende Strafverfahrensgesetz Geschworenengerichte und einen öffentlichen Ankläger vor.[92] Da in diesen Vorschriften die Freiheit der Bürger gesetzlich ihren Niederschlag gefunden habe, galt das Gesetz als modern und vorbildlich.[93]

Die als „révision" bezeichnete Wiederaufnahme des Verfahrens wurde im Jahr 1792 völlig abgeschafft.[94] Dies hatte verschiedene Gründe: Einerseits hielt man das Jury-System für unfehlbar[95] und glaubte, durch die neu eingeführten Verfahrensprinzipien Justizirrtümern die Grundlage entzogen zu haben, so dass eine Wiederaufnahme des Verfahrens schlicht nicht mehr notwendig sei. Andererseits zählte die Wiederaufnahme zur Justizhoheit des Königs und war daher dessen Willkür unterworfen, welche gerade durch die Revolution bekämpft wurde.[96]

Wie *Grebing* in seinem Landesbericht über die Wiederaufnahme in Frankreich aufzeigt, stellte sich bereits in der Diskussion des Strafverfahrensgesetzes von

---

91 *Vormbaum*, Strafrechtsgeschichte, S. 67.

92 *Rüping / Jerouschek*, Strafrechtsgeschichte, Rn. 237.

93 *Dettmar*, Legalität und Opportunität, S. 20.

94 Hierzu ausführlich: *Grebing*, Wiederaufnahme in Frankreich, S. 303 f. und dort in den Fußnoten.

95 *Arnold*, GS 1851 Bd. 1, S. 53; *Goltdammer*, GA 1858, S. 527.

96 *Grebing*, Wiederaufnahme in Frankreich, S. 304.

1791 in der Nationalversammlung die Frage nach der Vereinbarkeit der neu eingeführten Mündlichkeit des Verfahrens mit der Wiederaufnahme der Untersuchung.[97] Eine Begründung hierfür findet sich jedoch nicht. Diese Frage war jedoch – wie unten noch aufgezeigt wird – häufig auch Gegenstand der Diskussionen in den deutschen Staaten, so dass der Zusammenhang zwischen Mündlichkeit und der Wiederaufnahme des Verfahrens an späterer Stelle noch klarer herausgearbeitet wird.

Als weiterer Grund für die Abschaffung der Wiederaufnahme wurde einerseits die stärkere Achtung der Rechtskraft und andererseits die Orientierung des revolutionären Gesetzgebers an dem englischen Recht, welches keine Wiederaufnahme kannte, genannt.[98]

Arnold begründet die „neuen" Vorschriften des französischen Wiederaufnahmerechts damit, dass diese mit der Einführung der Jury notwendig einher gingen.[99] Dies beruhe auf der Tatsache, dass die Geschworenen keine Entscheidungsgründe geben, die darauf schließen ließen, in welcher Art sie den Schuldbeweis für geliefert erachteten. Aus diesem Grunde könne bei Vorliegen neuer Beweise nicht darauf geschlossen werden, dass die Jury, wenn sie die neu vorgelegten Beweismittel gekannt hätte, den Anschuldigungsbeweis nicht für vollständig geliefert erachtet hätte.[100]

Schon bald mehrten sich aber Klagen über Irrtümer und Ungerechtigkeiten, so dass durch das Gesetz vom 15. Mai 1793 für den Fall der Unvereinbarkeit zweier Urteile die Wiederaufnahme gestattet wurde.[101] Demnach durfte die „révision" erfolgen, wenn ein Angeklagter wegen eines Verbrechens verurteilt und ein anderer Angeklagter als Urheber desselben Verbrechens durch ein anderers Urteil ebenfalls für schuldig erklärt wurde, sich diese Urteile jedoch nicht miteinander vereinigen ließen, so dass zwangsläufig einer der beiden unschuldig sein müsse. In einem solchen Fall sollte der Cassationshof auf Antrag des Generalprokurators beide Urteile aufheben und die Sache an einen anderen Gerichtshof überweisen.[102]

Kurz darauf wurden zwei weitere Fälle der Wiederaufnahme zu Gunsten des Angeklagten an die bisherige Bestimmung angefügt.[103] Die „révision" konnte

97 *Grebing*, Wiederaufnahme in Frankreich, S. 304.
98 *Grebing*, Wiederaufnahme in Frankreich, S. 304.
99 *Arnold*, GS 1851 Bd. 1, 53.
100 *Arnold*, GS 1851 Bd. 1, 53.
101 *Arnold*, GS 1851 Bd. 1, 54.
102 *Arnold*, GS 1851 Bd. 1, 54.
103 *Arnold*, GS 1851 Bd. 1, 55.

daher erfolgen, wenn Schriftstücke vorgelegt wurden, aus denen hervorging, dass die angeblich getötete Person noch lebe oder, wenn wegen einem der Verurteilung zu Grunde liegenden falschen Zeugnis der entsprechende Zeuge entweder zur Verantwortung gezogen, Anklage erhoben oder Haftbefehl erlassen wurde. Diese Bestimmungen fanden schließlich in dieser Reihenfolge und mit selbigem Inhalt Einzug in Art. 443-445 des Code d'instruction criminelle von 1808,[104] der zusammen mit dem Code pénale 1811 in Kraft trat.[105] In den Beratungen des Code d'instruction criminelle wurden zwar die Prinzipienlosigkeit und Lückenhaftigkeit dieser Vorschriften bemängelt, dagegen jedoch angeführt, dass im Hinblick auf die Geschworenengerichte jede weitere Ausdehnung schädlich sei und man sich daher gegen eine Erweiterung entscheide.[106]

Die „révision" war im französischen Code ausschließlich zugunsten des Verurteilten zugelassen. Hinsichtlich eines freisprechenden Urteils war in Art. 360 bestimmt: „Toute personne acquittée légalement ne pourra plus être reprise ni accusée à raison du même fait." Eine Ausnahme von dieser Regel war gesetzlich nicht vorgesehen.[107]

Wie „raison du même fait" auszulegen sei, wurde jedoch bald vielfach diskutiert.[108] Der Streit drehte sich um die Frage, ob eine erneute Anklage ausgeschlossen war, wenn diese auf dieselben Tatsachen, welche bereits Gegenstand der ersten Anklage waren, gestützt werden sollte oder ob „même fait" so interpretiert werden konnte, dass eine erneute Anklage möglich war, wenn sich dieselbe Tat unter einen neuen strafrechtlichen Gesichtspunkt bringen ließe.[109] Hierbei sollten beispielsweise Fälle erfasst sein, die sich um die Frage drehten, ob jemand, der wegen Mordes angeklagt und für nicht schuldig erklärt worden war, später aufgrund fahrlässiger Tötung erneut angeklagt werden konnte.[110] Der französische Cassationshof war – nachdem er zuvor gegenteiliger Ansicht war – vermehrt dazu übergegangen, „même fait" auf die erhobene Anklage zu

104 *Arnold*, GS 1851 Bd. 1, 55; *Goltdammer*, GA 1858, S. 526 f.

105 Diese franz. Wiederaufnahmevorschriften haben vielfach Kritik erfahren. Hier ist insbesondere auf *Schwarze*, AdC 1851, 554 ff. hinzuweisen, der einerseits die strenge Voraussetzung der Verurteilung des meineidigen Zeugen und andererseits die fehlende Erfassung meineidiger Sachverständiger, falscher Urkunden oder bestochener Richter oder Geschworener bemängelte und daher diese Regelung für unzulänglich und prinzipienlos hielt. Ebenso: *Arnold*, GS 1851 Bd. 1, 53 ff.

106 *Remeis*, Wiederaufnahme, S. 49 f.

107 *Zachariä*, Handbuch 2, S. 667.

108 Zu diesem Streit *Mittermaier*, AdC 1850, S. 497 ff.; *Zachariä*, Handbuch 2, S. 666 ff.; aus der neueren Literatur *Grünewald*, ZStW 120 (2008), 545 (559 f.).

109 Vgl. hierzu *Remeis*, Wiederaufnahme, S. 50 f.

110 Vgl. hierzu ausführlich *Mittermaier*, AdC 1850, S. 497 ff.

beschränken und die erneute Anklage wegen „anderer juristischer Qualifikation“ zuzulassen.[111] Mit „anderer juristischer Qualifikation“ war gemeint, wie das tatsächliche Geschehen strafrechtlich bewertet werden konnte. Diese Deutung des „même fait“ setzte sich schließlich durch.[112] Die Änderung der Rechtsprechung des Cassationshofes wurde anhand des Wandels im System der Fragestellung an die Geschworenen begründet.[113] So sollten nach dem Gesetz von 1795 die Geschworenen umfassend, auch nach Umständen, die in der Anklage nicht genannt waren, befragt werden und dann ganz allgemein das „non coupable“ aussprechen. Ihr Ausspruch galt daher als umfassende Entscheidung, die jede weitere Verfolgung aufgrund derselben Handlung ausschloss.[114] Nach Ansicht des Cassationshofes sollte der später erlassene Code das System dahingehend geändert haben, dass die Geschworenen nur über eine Frage, die aus der Anklageschrift hervorging, entscheiden sollten, nämlich ob die Anklage begründet sei oder nicht. Über andere Umstände, die nicht aus der Anklage hervorgingen und welche dazu führten, dass die Handlung strafrechtlich anders zu bewerten wäre, würden die Geschworenen nicht gefragt, so dass auch ihr Ausspruch sich darauf nicht beziehen könne.[115] Konnte die Handlung in der Folge unter ein anderes Strafgesetz subsumiert werden, so machen sich weiterhin Interessen der Gesellschaft an der Strafverfolgung geltend, weshalb in diesem Fall der Freigesprochene nicht mehr geschützt sei.[116] Wie später berichtet wurde, spielte diese Auslegung vor allem bei politisch motivierten Taten eine große Rolle. So sei es häufig vorgekommen, dass jemand von den Geschworenen wegen Hochverrats freigesprochen worden war, später aber wegen sog. Aufruhrs, Majestätsbeleidigung oder Gewalttätigkeit erneut verfolgt und verurteilt wurde.[117] Daneben gab es zahlreiche weitere Fälle, in denen durch weite Auslegung des „même fait“ zu einer erneuten Anklage geschritten werden konnte; so sei dies möglich gewesen bei: absichtlicher oder fahrlässiger Verwundung, bei Kindsmord oder fahrlässiger Tötung und bei Giftmord oder Abtreibung der Leibesfrucht.[118]

111 *Mittermaier*, AdC 1850, S. 500; *Remeis*, Wiederaufnahme, S. 51.

112 *Mittermaier*, AdC 1850, S. 500.

113 *Küßner*, Archiv 1855, S. 200; *Mittermaier*, AdC 1850, S. 500.

114 *Mittermaier*, AdC 1850, S. 507.

115 *Mittermaier*, AdC 1850, S. 508. Dass es sich hierbei um ein einen „sehr ungenügenden Rechtfertigungsgrund“ handle, wurde später auch von *Zachariä*, Handbuch 2, S. 668 festgestellt.

116 *Mittermaier*, AdC 1850, S. 508.

117 Dies wurde im Bericht der Gesetzgebungskommission Badens von 1863 zu deren StPO-Entwurf dargestellt; Commissionsbericht zu § 406, abgedruckt in: Verhandlungen der Zweiten Kammer 1861/63 Beilagen Band 6,2 S. 693.

118 *Schwarze*, AdC 1851, 574.

Dies zeigt, dass freisprechende Urteile nach der gesetzlichen Regelung zwar grundsätzlich ohne Einschränkung rechtskräftig werden sollten, man durch Auslegung diese Bestimmung in der Praxis aber umging und so der Rechtskraft nicht die eigentlich gewollte unbeschränkte Geltung verschaffte.[119] *Mittermaier* brachte dies mit folgenden Worten zum Ausdruck: „die Folge davon ist, daß der scheinbar so freisinnig ausgesprochene Grundsatz der Unumstößlichkeit in der Wirklichkeit soviele Ausnahmen erhält, daß auf einen sicheren Schutz des Angeklagten und von den Geschworenen als nichtschuldig Erklärten nicht gerechnet werden kann.“[120]

d) Geltung französischen Rechts auf dem linken Rheinufer

Auf dem linken Rheinufer galt, wie oben bereits angedeutet, französisches Recht seit es mit dem Friedensvertrag von Lunéville im Jahr 1801 an Frankreich abgetreten worden war.[121] Auf dem Wiener Kongress (1814/1815) wurden nach der Niederlage Napoleon Bonapartes die Grenzen Europas festgelegt und die Länder am Rhein neu verteilt:[122] Das bis dahin französische Departement Donnersberg wurde 1816 zwischen dem Großherzogtum Hessen und dem Königreich Bayern aufgeteilt und zu Rheinhessen und der Rheinpfalz umbenannt. Der größte Teil der rheinischen Gebiete fiel an Preußen. Andere Partikularstaaten erhielten kleinere Territorien.[123]

Der französische code d'instruction criminelle von 1808 galt in diesen linksrheinischen Gebieten – teilweise mit einigen Abänderungen – auch nach deren Wiedererlangung bis zur Einführung der Reichsstrafprozessordnung fort, so dass diese Gebiete in der weiteren Rechtsentwicklung eine Sonderstellung einnahmen.[124] Die oben aufgezeigte Auslegung des „même fait“ wurde auch vom Rheinischen Cassationshof übernommen, so dass hinsichtlich der Wiederaufnahme des Verfahrens die selben Grundsätze wie in Frankreich Anwendung fanden.[125]

e) Das Gesetz vom 10. November 1848 für das Königreich Bayern

Das wichtigste der im Jahr 1848 erlassenen Gesetze war das Gesetz vom 10. November 1848 „die Abänderung des zweiten Theiles des Strafgesetzbuches vom

119 So auch *Grünewald*, ZStW 120 (2008), 545 (560).

120 *Mittermaier*, AdC 1850, S. 498.

121 *Becker*, JuS 1985, 339.

122 Zum Wiener Kongress und seinen Hintergründen *Gebhardt*, Handbuch, S. 95 ff.

123 *Becker*, JuS 1985, 340.

124 Hierzu und weiterführend: *Becker*, JuS 1985, 338 ff.

125 *Mittermaier*, AdC 1850, S. 501; *Zachariä*, Handbuch 2, S. 667.

Jahre 1813 betreffend", mit welchem die Öffentlichkeit und Mündlichkeit sowie die Staatsanwaltschaft bei den Kollegialgerichten eingeführt wurde. Darüber hinaus wurden nunmehr auch die gewünschten Geschworenengerichte, die für alle Verbrechen, die mit Todes-, Ketten- oder Zuchthausstrafe bedroht waren und für alle Verbrechen und Vergehen nach dem „Preßgesetz" Anwendung finden sollten, eingeführt.[126]

aa) Die Abschaffung der Instanzentbindung

Als weiterer Grund für die Reformbedürftigkeit des Strafverfahrensrechts war häufig auch die große Zahl an Lossprechungen von der Instanz genannt worden, welche aufgrund des Gesetzes von 1813 erfolgt waren.[127] Diese Art der Lossprechung sei nach *Mittermaier* vor allem deshalb ungerecht, da aufgrund der Pflicht, die Prozesskosten zu tragen und Sicherheitsleistungen zu erbringen, dem Losgesprochen einerseits schwere finanzielle Belastungen drohten und andererseits dessen Ruf und politische Rechte geschmälert würden.[128] Solange keine umfassende Reform durchgeführt wurde, war man jedoch der Meinung, auf die Entbindung von der Instanz nicht verzichten zu können, ohne dass die öffentliche Ordnung in hohem Grad gefährdet werden würde.[129] In Zusammenhang mit dieser Überlegung stand insbesondere die als „mangelhaft" empfundene gesetzliche Beweistheorie, welche noch im StGB von 1813 vorgesehenen war. Diese machte eine freie richterliche Beweiswürdigung unmöglich und ließ eine Verurteilung des Beschuldigten, auch wenn nach logischen Grundsätzen dessen Schuld evident war, nicht zu.[130] Für diesen Fall hielt man die Einrichtung der Instanzentbindung für zwingend erforderlich.

Im Gesetz vom 10. November 1848 entschied man sich dafür, auch im Hinblick auf die Beweisvorschriften dem französischen Vorbild zu folgen und bei allen Verbrechens- und Vergehensfällen die Anwendung einer gesetzlichen Beweistheorie vollständig auszuschließen.[131] Aufgrund dieser Reform konnte auch die als „unzweckmäßig" bezeichnete Entbindung von der Instanz mit ihren schwe-

---

126 *Heydenreuter*, Kriminalgeschichte Bayerns, S. 287.

127 In den Jahren 1845/46 gab es 1617 Verurteilungen, 515 Unschuldserkenntnisse und Freisprechungen und 1327 Entbindungen von der Instanz, wobei hinsichtlich letzterer in neun von zehn Fällen die Richter moralisch von der Schuld überzeugt waren, aufgrund der strengen Beweisvorschriften den Beschuldigten aber nicht verurteilen konnten, vgl. die Verhandlungen der Kammer der Reichsräthe d. Kgr. Bayern, 1848, 1. BB, S. 205.

128 *Mittermaier*, Strafverfahren, S. 537.

129 *Molitor*, Zeitschrift für deutsches Strafverfahren Bd. 3 (1842), S. 54.

130 *Molitor*, Blätter für Rechtsanwendung 1841, S. 306

131 *Krieter*, Prinzip der freien Beweiswürdigung, S. 44.

ren Folgen aus dem Strafprozessrecht entfernt und die diese Einrichtung beinhaltenden Art. 390-394 des zweiten Teils des StGB von 1813 aufgehoben werden.[132]

bb) Ordentliche Rechtsmittel und Wiederaufnahme des Verfahrens nach dem Gesetz von 1848

Bevor das Gesetz vom 10. November 1848 erging, wurden von dem königlichen Staatsminister der Justiz *Heinz* den Ausschüssen mehrere einzelne Gesetzesentwürfe vorgelegt, die jeweils bestimmte Aspekte des Strafverfahrens zum Gegenstand hatten. Darunter befand sich auch der „Gesetz-Entwurf, die Rechtsmittel gegen die von dem Assisenhofe erlassenen Urtheile betreffend“[133], welcher die Wiederaufnahme des Strafverfahrens in seiner dritten Abteilung beinhaltete.

Das System der Rechtsmittel wurde als „ganz neu und von dem bisherigen Rechte wesentlich verschieden“ bezeichnet, was eine notwendige Folge der Umgestaltung des Gerichtswesens sei.[134] Über eine Sache, über welche von einem Geschworenengericht geurteilt wurde, könne in ihrem ganzen Umfang nach nur in ganz außerordentlichen Fällen noch einmal entschieden werden, wobei für diese Fälle die zwingende Regel gelte, dass ein anderes Geschworenengericht die erneute Entscheidung zu fällen habe, jedoch niemals ein Kollegium, welches lediglich aus Staatsrichtern bestehe.[135] Gegen schwurgerichtliche Entscheidungen wurde daher neben der Wiederaufnahme des Verfahrens lediglich die Nichtigkeitsbeschwerde als ordentliches und die „Beschwerde zur Wahrung der Gesetze“ als ein außerordentliches Rechtsmittel zugelassen. Mit der Nichtigkeitsbeschwerde konnte jedoch keine vollumfängliche Überprüfung des Erkenntnisses begehrt, sondern nur eine Verletzung des Gesetzes gerügt und aus diesem Grunde die Aufhebung des Urteils erwirkt werden.[136] Mit der „Beschwerde zur Wahrung des Gesetzes“ konnte zwar ebenfalls die Verletzung des Gesetzes gerügt werden, diese diente jedoch nicht dem Zweck, das Urteil aufzuheben, sondern dazu, künftig dieselbe Verletzung des Gesetzes zu vermeiden

---

132 Vgl. hierzu den Vortrag des Abgeordneten *Habermann* über den Gesetzentwurf die Rechtsmittel gegen die an dem Assisenhofe erlassenen Urtheile betreffend, abgedruckt in: Verhandlungen des ständigen Gesetzgebungsausschusses der Kammer der Abgeordneten des Königreichs Bayern im Jahre 1848, 2. BB S. 187.

133 Abgedruckt in: Verhandlungen des ständigen Gesetzgebungsausschusses der Kammer der Abgeordneten des Königreichs Bayern im Jahre 1848, 1. BB, S. 353-369.

134 *Scheurl*, Anmerkungen, S. 129.

135 *Scheurl*, Anmerkungen, S. 129 f.

136 *Scheurl*, Anmerkungen, S. 133. Über die Nichtigkeitsbeschwerde und das bei dieser zu beachtende Verfahren waren im Gesetz 24 Artikel vorgesehen (Art. 230-253).

und eine einheitliche Anwendung der Gesetze bei allen Gerichten des Landes zu erreichen.[137] Die Berufung war hingegen lediglich gegen Urteile der Kreis- oder Stadtgerichte statthaft, nicht aber gegen eine Entscheidung des Geschworenengerichts.[138]

Hinsichtlich der Wiederaufnahme zum Nachteil eines vom Geschworenengericht für nicht schuldig Erklärten bzw. Freigesprochenen war in Art. 34[139] ausdrücklich bestimmt, dass aufgrund derselben Tat, welche bereits Gegenstand der Anklage war, das Strafverfahren niemals wieder aufgenommen werden könne. Ausnahmen von diesem Grundsatz waren im Entwurf nicht vorgesehen.

Die Motive gaben ausdrücklich an, dass nunmehr eine bewusste Abkehr von den bisherigen Wiederaufnahmevorschriften zum Nachteil eines Freigesprochenen erfolgen sollte.[140] Dies wurde einerseits damit begründet, dass die Ansicht, die eine Wiederaufnahme zuungunsten eines Freigesprochenen zuließ und Eingang in die Partikulargesetzgebungen fand, stetiger Anfechtung unterlag und mit der ursprünglich geltenden Doktrin, dass ein freisprechendes Urteil niemals wieder angefochten werden könne, nicht im Einklang stehe.[141] Zudem mache sich in einem Strafverfahren, das mündlich und öffentlich erfolge und eine Anklage durch den Staatsanwalt sowie Schwurgerichte vorsehe, der Grundsatz des „non bis in idem" in seiner ganzen Stärke geltend.[142] Daher sollten die französischen Bestimmungen des Code d'instruction criminelle von 1808 (Art. 360, 443 ff.) zum Vorbild genommen werden. Diese hielt man dem Prinzip des „non bis in idem" am besten entsprechend.[143]

Wie der Wortlaut des hier vorgeschlagenen Art. 34 des Entwurfs zeigt, orientiert sich dieser ganz offensichtlich an dem oben aufgezeigten Art. 360 des Code d'instruction criminelle. Auf eine umfassendere Angabe von Motiven zu den Wiederaufnahmevorschriften sah man bewusst aus dem Grund ab, da man der

137 *Scheurl*, Anmerkungen, S. 144.

138 *Scheurl*, Anmerkungen, S. 130.

139 „Art. 34.
Ist ein Angeklagter von den Geschworenen für nicht schuldig erklärt worden, oder hat ein denselben von der Strafe freisprechendes Urteil die Rechtskraft bestritten, so kann in Ansehung derselben That, welche den Gegenstand der Anklage bildete, das Strafverfahren niemals wieder aufgenommen werden."

140 Motive zu dem Gesetzentwurfe: die Rechtsmittel gegen die von dem Assisenhofe erlassenen Urtheile betr.; abgedruckt in: Verhandlungen des ständigen Gesetzgebungsausschusses der Kammer der Abgeordneten d. Kgr. Bayern 1848, 1. BB S. 373.

141 Motive, S. 373.

142 Motive, S. 373.

143 Motive, S. 373 f.

Wiederaufnahme des Verfahrens gegen Urteile der Schwurgerichte nur eine sehr geringe praktische Bedeutung zusprach.[144]

Darüber hinaus spielte – wie in den Ausführungen zu der Entwicklung in Frankreich bereits angedeutet – die Einführung des Geschworenengerichts in der Diskussion der Wiederaufnahmevorschriften eine bedeutende Rolle:

Zu den Rechtsmitteln an sich wurde in den Motiven betont, dass diese im Falle des Mitwirkens Geschworener eine andere Stellung erhalten müssten als für den Fall der Urteilsfällung durch Rechtsgelehrte.[145] Zur Begründung wurde angeführt, dass das Geschworenengericht ein Volksgericht sei, welches sein Urteil auf der Grundlage einer rein subjektiven Gewissheit, d.h. ohne positive Beweisvorschriften und ohne Angabe von Gründen spreche, weshalb eine Prüfung oder Berichtigung dieses Wahrspruches durch eine höhere Autorität mit dem Prinzip der Jury im Widerspruch stehe.[146] Dies sei der Grund dafür, dass sämtliche denkbare Rechtsmittel, wie die Appellation, der Rekurs, die Revision etc., welche den Zweck haben, den Fall erneut in rechtlicher und tatsächlicher Hinsicht zu überprüfen, in einem System mit Geschworenen keinen Bestand haben könnten.[147]

Die Idee des Geschworenengerichts bestand darin, dass über die Frage der Schuld oder Nichtschuld „Männer aus dem Volke" entscheiden sollten und den rechtsgelehrten Richtern bei der Urteilsfällung nur dasjenige vorbehalten sein sollte, was zwingend Kenntnisse des Rechts verlange.[148] Die wichtigste Entscheidung sollte hingegen von den mit dem Angeklagten auf gleicher Stufe stehenden „Männern des Volkes" gefällt werden, von welchen man glaubte, dass diese weniger schnell Vorurteilen unterliegen würden als ständige Richterkollegien. Von der Einführung der Geschworenengerichte erwartete man, dass das Vertrauen des Volkes zu den Gerichten gestärkt werde.[149] Aus diesem Grunde hielt man es für so wichtig, dass den Urteilen der Geschworenen Bestandskraft

---

144 Motive, S. 390; Auch in den im Hauptstaatsarchiv München vorhandenen Akten zu den einzelnen Entwürfen aus dem Jahr 1848 waren keine weiteren Begründungen auffindbar.

145 Motive, S. 370.

146 Motive, S. 370.

147 Motive, S. 370 f.

148 Vgl. hierzu den Vortrag des Abgeordneten *Scheurl* über den Entwurf eines Gesetzes die Einführung der Schwurgerichte betreffend, abgedruckt in: Verhandlungen des ständigen Gesetzgebungsausschusses der Kammer der Abgeordneten des Königreichs Bayern im Jahre 1848, 1. BB, S. 39.

149 Vgl. hierzu den Vortrag des Abgeordneten *Scheurl* über den Entwurf eines Gesetzes die Einführung der Schwurgerichte betreffend, abgedruckt in: Verhandlungen des ständigen Gesetzgebungsausschusses der Kammer der Abgeordneten des Königreichs Bayern im Jahre 1848, 1. BB, S. 39.

zukomme und diese nicht durch eine weitere Instanz, welche ausschließlich mit rechtsgelehrten Richtern besetzt war, überprüft werden können.

Die einzelnen Gesetzentwürfe, welche schließlich zu einem Gesamtentwurf zusammengeführt werden sollten, wurden zunächst in den Ausschüssen der ersten und zweiten Kammer separat beraten. Im ständischen Gesetzgebungsausschuss der Kammer der Abgeordneten fand die Beratung des Entwurfs, die Rechtsmittel gegen die vom Assisenhof erlassenen Urteile betreffend, am 23. September 1848 statt, wobei der oben dargestellte Art. 34 unverändert angenommen wurde.[150] Sodann wurde der Entwurf an den Gesetzgebungsausschuss der Kammer der Reichsräte übergeben und dort am 11. und 12. Oktober 1848 beraten und Art. 34 auf Antrag des Referenten *Maurer* ohne Diskussion einstimmig angenommen.[151]

Art. 35 des Entwurfs, der die Wiederaufnahmegründe zugunsten eines Verurteilten enthielt, wurde hingegen im Gesetzgebungsausschuss der Kammer der Reichsräte einer näheren Beratung unterzogen. *Arnold*[152] hatte eine Ausdehnung der Vorschrift vorgeschlagen, welche im Gesetzgebungsausschuss mit Argumenten bekämpft wurde, die auch die Abschaffung der Wiederaufnahme zuungunsten des Freigesprochenen erklärbar machen. So wurde von Justizminister *Heinz* betont, dass, wenn man Geschworenengerichte einführen möchte, deren Urteile so hoch als möglich zu stellen seien, da in den Geschworenengerichten schließlich das Volk durch seine Vertreter repräsentiert werde. Der Ausspruch des Volkes müsse so unanfechtbar als nur möglich sein. Deshalb könne – entsprechend dem französischen Recht – nur in eng begrenzten Ausnahmefällen die Wiederaufnahme gestattet werden.[153]

Am 14. Oktober 1848 folgte die gemeinschaftliche Beratung der vereinigten Gesetzgebungsausschüsse der Kammer der Reichsräte und der Kammer der Abgeordneten, wobei Art. 34 des Entwurfs nicht mehr zur Sprache kam.[154] Der Inhalt

---

150 Verhandlungen des Ständischen Gesetzgebungsausschusses der Kammer der Abgeordneten d. Kgr. Bayern 1848, 1. Protokollband S. 216.

151 Verhandlungen des Gesetzgebungsausschusses der Kammer der Reichsräthe, 1848, 3. Band S. 193.

152 Verhandlungen des Gesetzgebungsausschusses der Kammer der Reichsräthe, 1848, 3. Band S. 194-200.

153 Gemeint war hier nur die Wiederaufnahme zugunsten des Verurteilten; vgl. die Verhandlungen des Gesetzgebungsausschusses der Kammer der Reichsräthe, 1848, 3. Band S. 200 f.

154 Protokoll über die gemeinschaftliche Beratung vom 14. Oktober 1848, abgedruckt in: Verhandlungen des Ständischen Gesetzgebungsausschusses der Kammer der Abgeordneten d. Kgr. Bayern 1848, 1. Protokollband S. 314 ff.

der einzelnen Gesetzentwürfe wurde anschließend systematisiert und in einem Gesamtentwurf zusammengefasst.[155] Art. 34 des Entwurfs fand schließlich textgleich Eingang in Art. 263 des Gesetzes vom 10. November 1848.

Die im StGB von 1813 vorgesehenen Wiederaufnahmevorschriften wurden durch Art. 368 des Gesetzes vom 10. November 1848, welcher nicht nur für die Urteile der Geschworenengerichte, sondern auch für die vor den Kreis- und Stadtgerichten durchgeführten Verfahren Anwendung fand, ausdrücklich abgeschafft. Dies bedeutet, dass die Wiederaufnahme zum Nachteil des Beschuldigten nicht nur vor den Geschworenengerichten abgeschafft wurde, sondern auch für die für geringere Vergehen und Verbrechen zuständigen Kreis- und Stadtgerichte. Für diese Verfahren sollten die Art. 263 ff. des Gesetzes vom 10. November 1848 in analoger Anwendung gelten (Art. 366), so dass auch gegen einen von den Kreis- oder Stadtgerichten erklärten rechtskräftigen Freispruch aufgrund derselben Tat das Strafverfahren niemals wieder aufgenommen werden durfte. Die in Art. 264 des Gesetzes vom 10. November 1848 niedergeschriebenen Wiederaufnahmegründe regelten ausschließlich die Wiederaufnahme zu Gunsten des Verurteilten und entsprachen im Wesentlichen dem französischen Vorbild.[156]

Die Bestimmung des Art. 263 wurde in der Folge teilweise heftig kritisiert: Jede Wiederaufnahme gegen einen von der Anklage Freigesprochenen zu verbieten, könne nicht Aufgabe einer mit dem Zweck des Kriminalprozesses zu vereinbarenden Humanität sein.[157] Der Zweck des Strafprozesses bestehe darin, durch Erforschung der Wahrheit die Herrschaft des Gesetzes zu befestigen und durch Bestrafung des Schuldigen den Schutz des Nichtschuldigen zu bewirken. Der Ausschluss der Wiederaufnahme zuungunsten des Freigesprochenen erscheine als eine Begünstigung des Verbrechens.[158] Insbesondere da ein Freispruch durch die Geschworenen schon dann erfolgen könne, wenn von den zwölf Geschwo-

---

155 *Dollmann*, Gesetzgebung Bayerns, S. 14 f.

156 Art. 444 des Code d'instruction criminelle wurde dahingehend erweitert, dass nicht bewiesen werden musste, dass die angeblich getötete Person noch fortdauernd am Leben sei, sondern generell der Nachweis des Weiterlebens nach dem angeblichen Tode ausreiche. *Arnold* betonte in GS 1851 Bd. 1, S. 61 hierzu, dass die bayerische Regelung die französische sehr verbessert habe. Zum Verfahren bei der Wiederaufnahme zugunsten des Verurteilten: *Scheurl*, Anmerkungen, S. 147 ff; der Entwurf eines Schwurgerichtsgesetzes Oldenburgs aus dem Jahr 1850 beschränkte die Wiederaufnahmegründe auch auf die im französischen Recht angegebenen Fälle (Art. 224) und sah keine Wiederaufnahme zuungunsten des Angeklagten vor.

157 *Friedreich*, Bemerkungen, S. 35.

158 *Friedreich*, Bemerkungen, S. 35.

renen nicht mehr als sieben ihn für schuldig befunden haben, sei es problematisch, vollständig auf eine Wiederaufnahme zuungunsten des Freigesprochenen zu verzichten.[159]

5. Reformvorhaben bis zur Einführung der Reichsstrafprozessordnung

Da das Gesetz vom 12. Mai 1848 bestimmte, dass die von den ständischen Ausschüssen erarbeiteten Gesetze nur bis zur Einführung einer neuen allgemeinen Strafgesetzgebung wirksam sein und der Revision einer künftigen Ständeversammlung unterstellt sein sollten,[160] wurde am 13. April 1850 dem Landtag der „Entwurf eines Gesetzes, die Revision des Strafprozess-Gesetzes vom 10. November 1848 betreffend“[161] übergeben.[162]

a) Der Entwurf von 1850

Art. 261 des E-1850 entsprach dem Art. 263 des Gesetzes von 1848, so dass die Wiederaufnahme des Verfahrens gegen einen von den Geschworenen für nicht schuldig Erklärten wegen derselben Tat weiterhin niemals stattfinden durfte.

Eine Diskussion dieser Vorschrift in den Kammern fand nicht statt. In der Beratung des ersten Ausschusses der Kammer der Reichsräte wurde zwar von *Arnold* eine Erweiterung der Wiederaufnahme zugunsten des Verurteilten vorgeschlagen, die Wiederaufnahme zum Nachteil des Angeklagten kam jedoch nicht zur Sprache.[163] Zu einer weiteren Beratung des Entwurfs kam es nicht.

In einem Aufsatz aus dem Jahre 1851 nahm *Arnold* auch zu der Wiederaufnahme zum Nachteil des Freigesprochen Stellung und betonte, dass die Gesetzgebung sich hüten solle, gegen einen Freigesprochenen eine weitere Rechtsverfolgung zuzulassen.[164] Hierin erkannte er zwar grundsätzlich an, dass die Gerechtigkeit es verlange, Verbrechen zu bestrafen und in der Konsequenz ein rechtskräftiges Urteil auch zum Nachteil eines Freigesprochen anfechtbar sein müsste, wies jedoch auch darauf hin, dass dadurch die Gefahr erzeugt würde, einen Unschuldigen zu verurteilen und aufgrund des Strebens nach materieller

159 *Friedreich*, Bemerkungen, S. 35.

160 Art. 1 des Gesetzes vom 12. Mai 1848.

161 Abgedruckt in: Verhandlungen der Kammer der Reichsräthe d. Kgr. Bayern 1850, 4. BB S. 131-410.

162 *Dollmann*, Gesetzgebung Bayerns, S. 22.

163 Verhandlungen der Kammer der Reichsräthe d. Kgr. Bayern 1850, 6. BB S. 277 ff.; der Antrag *Arnolds* findet sich auf S. 299.

164 *Arnold*, GS 1851, Bd. 1 S. 50.

Wahrheit gerade das materielle Recht zu verletzen.[165] Zur Verdeutlichung seiner Argumentation griff er auf Aspekte zurück, die seiner Meinung nach auch die Verjährung einer Straftat notwendig machen. So könne es sein, dass nach längerer Zeit Urkunden verloren gingen oder vernichtet werden würden, Zeugen die Erinnerung an den genauen Ablauf verlören und zudem für den Betroffenen selbst die Schwierigkeit bestehen könne, sich selbst an Zeugen oder Umstände, die zu seiner Entlastung dienen könnten, zu erinnern.[166] Die Verjährung werde von Beginn der Untersuchungshandlung an bis zum erfolgten Freispruch unterbrochen und beginne erst nach der Freisprechung wieder zu laufen, was zur Folge habe, dass eine Wiederaufnahme zum Nachteil des Freigesprochenen noch erfolgen könne, während gegen denjenigen, gegen den nie ermittelt wurde, keine Untersuchung mehr vorgenommen werden könne.[167]

b) Die weitere Entwicklung bis zum Entwurf von 1870

Zwischenzeitlich hatte die Staatsregierung die Ausarbeitung eines vollständigen Strafprozessgesetzes beschlossen, welches für das gesamte Königreich gelten und die einzelnen Quellen des Strafverfahrensrechts zu einem Ganzen verbinden sollte. Im Jahre 1851 legte der damalige Staatsminister der Justiz *Kleinschrod* die ersten sechs Abteilungen eines Entwurfs vor.[168] Vorschriften hinsichtlich Rechtsmittel waren darin nicht enthalten. Der E-1851 wurde nicht mehr vervollständigt und in der Folge vom Gesetzgebungsausschuss nicht weiter berücksichtigt. Ebenso wurden einige Entwürfe der folgenden Jahre nicht Gesetz.[169]

In der Sitzung der Kammer der Abgeordneten vom 6. November 1867 erklärte sich die Staatsregierung bereit, eine allgemeine Revision des Strafverfahrens in Angriff zu nehmen.[170] Ein Bedürfnis hierfür wurde insbesondere aufgrund des Fortbestehens einiger noch auf der gemeinrechtlichen Theorie beruhender Bestimmungen, die sich nur schwer in das neue System integrieren ließen, gesehen. Die Motive führten hierbei nicht näher aus, auf welche Bestimmungen damit Bezug genommen wurde.[171] Zudem wurden in den fast 20 Jahren seit dem Gesetz von 1848 zahlreiche Gesetze[172] erlassen, die zu einer Abänderung der Vor-

165 *Arnold*, GS 1851, Bd. 1 S. 48.

166 *Arnold*, GS 1851, Bd. 1 S. 48 f.

167 *Arnold*, GS 1851, Bd. 1 S. 49.

168 *Dollmann*, Gesetzgebung Bayerns, S. 23.

169 *Dollmann*, Gesetzgebung Bayerns, S. 25.

170 Motive zu E-1870 S. 135.

171 Vgl. Motive zu E-1870 S. 135 f.

172 Beispielsweise das Gerichtsverfassungsgesetz von 1861.

schriften und dadurch zu einer Fragmentierung der bayerischen Strafprozessgesetzgebung führten.[173] Im Jahre 1870 – ein Jahr vor Gründung des Deutschen Reiches – wurde schließlich noch der „Entwurf eines Strafprozeßgesetzbuches für das Königreich Bayern“ vorgelegt.

In den im Rahmen der Motive vorgenommenen einführenden Erläuterungen wurde zwar auf die in der (nicht näher bezeichneten) Theorie vorgeschlagenen Erweiterungen des Instituts der Wiederaufnahme des Strafverfahrens abgestellt, welche jedoch nur die Wiederaufnahme zugunsten eines Verurteilten betrafen. Gegen einen rechtskräftig Freigesprochenen ließ der E-1870 die Wiederaufnahme wegen derselben Tat wiederum ausdrücklich nicht zu (Art. 462). Die Motive enthielten diesbezüglich keine weiteren Ausführungen, sondern verwiesen lediglich auf diejenigen des Gesetzes aus dem Jahre 1848.[174] Zugunsten des rechtskräftig Verurteilten wurden die Wiederaufnahmegründe hingegen im Vergleich zu denjenigen des Gesetzes von 1848 erweitert, wobei man sich jedoch bewusst dafür entschied, diese an bestimmte Voraussetzungen zu knüpfen und nicht allgemein aufgrund neuer Beweismittel zuzulassen.[175]

Zum Gesetz wurde dieser Entwurf nicht mehr erhoben, da schon bald die Bearbeitung der Reichsstrafprozessordnung in Angriff genommen werden sollte.

6. Zusammenfassung

Die Wiederaufnahme einer Untersuchung zum Nachteil des Freigesprochenen war zu Beginn des Neunzehnten Jahrhunderts grundsätzlich möglich. Hierfür waren jedoch gewisse Voraussetzungen vorgesehen, die dann am strengsten waren, wenn ein Unschuldserkenntnis ausgesprochen wurde. War hingegen eine bloße Entbindung von der Instanz erfolgt, war die Wiederaufnahme der Untersuchung unter wesentlich geringeren Anforderungen möglich. Hierfür mussten sich lediglich neue Verdachtsgründe oder Beweise ergeben haben, die zur Überführung des Betroffenen geeignet erschienen.

---

173 Motive zu E-1870 S. 135 f.

174 Motive zu E-1870 S. 206.

175 Dass kein Bedürfnis für einen allgemeinen Wiederaufnahmegrund aufgrund neuer Beweismittel zugunsten des Betroffenen bestehe wurde damit begründet, dass der Entwurf das ordentliche Rechtsmittel der Berufung nicht vollständig beseitigt habe, sondern diese gegen Urteile der Stadt- und Landgerichte und die von den Bezirksgerichten in erster Instanz erlassenen Urteile zuließ und man daher auf die Ausdehnung der Wiederaufnahmegründe verzichten könne. Die Wiederaufnahme sei in diesem Fall für den Verurteilten im Hinblick auf die wiederholte Verhandlung mit negativeren Folgen verbunden als die Berufung, da die Wiederaufnahme an keine Frist gebunden war; vgl. hierzu die Motive zu E-1870 S. 207.

Nach dem in dem Jahre 1831 vorgelegten Entwurf sollte zwar auf die sog. Entbindung von der Instanz verzichtet werden, jedoch die Wiederaufnahme zum Nachteil eines für „nicht schuldig“ Erklärten auch aufgrund neuer Anschuldigungsbeweise erfolgen können. Dies hatte zur Folge, dass nicht nur derjenige, der den gegen ihn streitenden Verdacht nicht ausräumen konnte und nach dem Gesetz von 1813 lediglich von der Instanz entbunden wurde mit einer jederzeitigen Wiederaufnahme des Verfahrens rechnen musste, sondern diese Folge auch denjenigen treffen sollte, der für nicht schuldig erklärt wurde.

In der Mitte des Neunzehnten Jahrhunderts orientierte man sich an den französischen Vorschriften des Code d'instruction criminelle von 1808. Dies führte zu einer radikalen Kehrtwende im System der Wiederaufnahme: Durch das in der Folge der Märzrevolution erlassene Gesetz vom 10. November 1848 war ausdrücklich vorgesehen, dass das Verfahren gegen einen Angeklagten, der von den Geschworenen für nicht schuldig erklärt worden oder ein denselben von der Strafe freisprechendes Urteil in Rechtskraft erwachsen war, wegen derselben Tat, die den Gegenstand der Anklage bildete, niemals wieder aufgenommen werden konnte. Dies galt auch für Urteile, welche nicht vom Geschworenengericht erlassen worden waren. Während in den dreißiger Jahren des Neunzehnten Jahrhunderts noch eine Ausdehnung der ungünstigen Wiederaufnahme angedacht war, hob man nun die Vorschriften des Gesetzes von 1813 auf und ließ die Wiederaufnahme zum Nachteil eines Freigesprochenen überhaupt nicht mehr zu.

In den rechtsrheinischen Landesteilen waren bis zur Schaffung der Reichsstrafprozessordnung das Gesetz vom 10. November 1848 und Bruchstücke des zweiten Teiles des Strafgesetzbuches von 1813, die aber für das Wiederaufnahmerecht keine Bedeutung entfalteten, in Geltung. In den linksrheinischen Landesteilen galt der französische Code d'instruction criminelle von 1808 mit einigen Abänderungen.[176] Somit war sowohl in den rechtsrheinischen Gebieten als auch in der Pfalz die Wiederaufnahme zum Nachteil eines Freigesprochenen bis zur Einführung der Reichsstrafprozessordnung nicht gestattet.

II. Baden, Preußen

Die Wiederaufnahmevorschriften Badens und Preußens, welche in den Jahren vor der Einführung der Reichsstrafprozessordnung eine Wiederaufnahme des Verfahrens zum Nachteil des Angeklagten grundsätzlich zuließen, stimmen insbesondere in dem Punkt überein, als sie diese nur in konkreten Fällen gestatteten

176 Motive zum Entwurf einer Deutschen Strafprozessordnung 1873, S. 1.

und keinen allgemeinen Wiederaufnahmegrund aufgrund neuer Tatsachen oder Beweise zulasten des Angeklagten vorsahen.

1. Baden

Bis zum Jahr 1803 galt die Markgrafschaft Baden, welche im Jahre 1771 aus Baden-Baden und Baden-Durlach hervorging, als unbedeutender Kleinstaat im Heiligen Römischen Reich Deutscher Nation.[177] In Folge des Reichsdeputationshauptschlusses von 1803 kamen zahlreiche Gebiete hinzu, so dass sich bis zum Jahr 1810 das Landesgebiet mehr als vervierfachte und die Einwohnerzahl beinahe verfünffachte.[178] Neben den Gebietserweiterungen stand dem Markgrafen *Karl Friedrich* nach § 31 des Reichsdeputationshauptschlusses auch die Kurwürde zu.[179] Die Regierung des nunmehrigen Kurfürsten von Baden stand im Jahre 1803 daher vor der Aufgabe, die neu hinzugekommenen Gebiete in die staatlichen Strukturen der bisherigen Markgrafschaft zu integrieren und insbesondere den Staats- und Verwaltungsaufbau zu vereinheitlichen, wobei die Rechtsverhältnisse der neu hinzugekommenen Gebiete ebenfalls Berücksichtigung finden sollten.[180] Den Geheimen Rat *Nikolaus Friedrich Brauer* beauftragte man daher, sofort mit den Reformen zu beginnen. In der Folge erschienen dreizehn Organisationsedikte, wozu auch das Achte Edikt über die Verwaltung der Strafgerechtigkeitspflege (sog. Strafedikt) vom 4. April 1803 zählte.[181]

a) Das Strafedikt von 1803

Bei diesem Strafedikt[182] handelte es sich nicht um eine neue, umfassende Kriminalgesetzgebung, sondern dieses sollte – wie in der Vorrede des Edikts festgehalten – ein „provisorisches Normativ" darstellen und daher im Wesentlichen lediglich Abänderungen und Zusätze zu den Vorschriften der Carolina enthalten.[183]

§ 18 des Edikts sah vor, dass bei lossprechenden Urteilen ausgedrückt werden müsse, ob der Beschuldigte für „schuldlos", „straflos" oder für „klagfrei" erklärt

177 *Kotulla*, Deutsches Verfassungsrecht Bd. 1, S. 369.

178 *Kotulla*, Deutsches Verfassungsrecht Bd. 1, S. 369.

179 *Kotulla*, Deutsches Verfassungsrecht Bd. 1, S. 370.

180 *Kotulla*, Deutsches Verfassungsrecht Bd. 1, S. 370.

181 *Kotulla*, Deutsches Verfassungsrecht Bd. 1, S. 370 f.; auf S. 371 findet sich eine Auflistung der weiteren Edikte.

182 Das Strafedikt nebst Einleitung ist abgedruckt bei *Rhenanus*, Straf-Edikt.

183 Einleitung des Straf-Edikts, S. 3; hierzu auch *Hettinger*, Fragerecht, S. 19; *Schweickert*, Strafedikt, S. 12; *Zopfs*, In dubio pro reo, S. 209.

wurde. Letzteres wurde erteilt, wenn unter Zuhilfenahme aller gesetzlichen Erforschungsmittel sich keine Beweise ergaben, die für ein ordentliches Straferkenntnis erforderlich gewesen wären und hatte für den Beschuldigten zur Folge, dass beim Auffinden neuer Verdachtsgründe jederzeit eine erneute Untersuchung eingeleitet werden konnte. Sie entsprach damit der zu dieser Zeit geläufigen „absolutio ab instantia“. Der Beschuldigte wurde für schuldlos erklärt, wenn erwiesen war, dass er die Tat nicht begangen hatte oder diese nicht auf einer freien Handlung des Beschuldigten beruhte. Für straflos wurde er hingegen erklärt, wenn ein Entschuldigungsgrund (beispielsweise Notwehr) vorlag.[184] In diesen beiden Fällen sollte der Beschuldigte „für immer frei und vorwurfslos“ gemacht werden, solange die vorherige Untersuchung nicht beispielsweise aufgrund einer stattgefundenen Bestechung des Untersuchungsrichters „kassiert“ werden konnte.[185] Dies bedeutet, dass auch im Falle einer „straflos-“ bzw. „schuldlos-Erklärung“ die Untersuchung wieder aufgenommen werden konnte, wenn diese aufgrund einer strafbaren Handlung zustande kam.

b) Reformen in der Zeit des Vormärz

Ab dem Jahr 1819 dominierten die Liberalen die Zweite Kammer des ersten badischen Landtags, welche in zahlreichen Gesetzesinitiativen Reformen forderten,[186] die auch die Einführung des aus Frankreich bekannten Geschworenengerichts beinhalteten.[187] In den zwanziger Jahren des Neunzehnten Jahrhunderts nahmen die Konflikte zwischen den Kammern und der Regierung derart zu,[188] dass es von Seiten der Regierung zu massiven Wahlbeeinflussungen kam, um den Landtag mit regierungsfreundlich eingestellten Abgeordneten zu besetzen.[189] Die Situation veränderte sich erst ab dem Zeitpunkt, als die Großherzogwürde am 30. März 1830 an *Leopold* gefallen war.[190] Dieser wollte das Volk durch eine liberale Politik stärker an die Dynastie binden.[191] Die konservativen Minister behielt er zwar zunächst im Amt, woran auch die Juli-Revolution des

184 *Rhenanus*, Straf-Edikt, S. 28 f.

185 *Rhenanus*, Straf-Edikt, S. 29.

186 *Nipperdey*, Deutsche Geschichte, S. 350.

187 *Kotulla*, Deutsches Verfassungsrecht Bd. 1, S. 409; *Nipperdey*, Deutsche Geschichte, S. 350.

188 *Nipperdey*, Deutsche Geschichte, S. 350.

189 *Kotulla*, Deutsches Verfassungsrecht Bd. 1, S. 411; *Nipperdey*, Deutsche Geschichte, S. 350.

190 *Kotulla*, Deutsches Verfassungsrecht Bd. 1, S. 411.

191 *Gebhardt*, Handbuch, S. 442.

Jahres 1830 nichts änderte, entließ diese aber schließlich ein Jahr später.[192] Die Zweite Kammer des im Jahr 1831 ohne Wahlbeeinflussung[193] neu gewählten Landtages bestand wieder mehrheitlich aus Liberalen.[194] Nunmehr gelang es, die reaktionären Verfassungsänderungen aus dem Jahre 1825 und die Zensur für die Veröffentlichung des innenpolitischen Geschehens aufzuheben.[195] Im November 1831 wurden schließlich durch Gesetz die letzten noch verbliebenen Reste der Folter und die Wahrheitserforschungsmittel wie der Reinigungseid abgeschafft und Ende Dezember 1831 für „Preßsachen" ein öffentliches und mündliches Anklageverfahren mit Staatsanwaltschaft eingeführt.[196]

aa) Der Entwurf von 1835

Von der Regierung wurde schließlich – mehr als dreißig Jahre nach Erscheinen des Strafedikts von 1803 – eine umfassende Reform der Strafprozessgesetzgebung in Angriff genommen und am 16. Januar 1834 durch das Großherzogliche Staatsministerium die Gesetzgebungskommission beauftragt, ein Gesetz über Gerichtsverfassung und Strafverfahren zu erarbeiten.[197] Die Erstellung des Entwurfs oblag *Mittermaier*,[198] welcher am 11. Januar 1835 einen entsprechenden Entwurf[199], worin das öffentlich-mündliche Verfahren mit Staatsanwaltschaft vorgeschlagen wurde, dem Staatsministerium vorlegte.[200]

(1) Grundlagen des Entwurfs von 1835

Bei Erstellung des Entwurfs war man bedacht, den Strafprozess auf den Grundlagen des Anklageprinzips, der Mündlichkeit und der Öffentlichkeit aufzubauen und bewusst auf die Einführung des Geschworenengerichts zu verzichten, sodass weiterhin rechtsgelehrte Richter über die Sache urteilen sollten.[201] Von der

---

192 *Fenske* in: Schwarzmaier, Handbuch, S. 84 f.; *Kotulla*, Deutsches Verfassungsrecht Bd. 1, S. 414.

193 *Nipperdey*, Deutsche Geschichte, S. 350.

194 *Gebhardt*, Handbuch, S. 442 f.; *Kotulla*, Deutsches Verfassungsrecht Bd. 1, S. 412.

195 Hierzu und weiterführend *Gebhardt*, Handbuch, S. 443; *Kotulla*, Deutsches Verfassungsrecht Bd. 1, S. 415.

196 *Ammann*, GVG und StPO Badens, S. 5.

197 *Krieter*, Prinzip der freien Beweiswürdigung, S. 28.

198 *Mittermaier*, Mündlichkeit, S. 131 Fn. 1.

199 Der Entwurf ist abgedruckt in: Entwurf der Strafproceßordnung für das Großherzogthum Baden, Karlsruhe 1835.

200 *Krieter*, Prinzip der freien Beweiswürdigung, S. 28; Begründung des Entwurfs von 1862, abgedruckt in: Verhandlungen der Ständeversammlung des Großherzogtums Baden 1861/63 Beilagen Band 4,2 S. 897.

201 *Mittermaier*, Mündlichkeit, S. 131.

bisherigen gesetzlichen Beweistheorie wurde abgewichen und der Überzeugung des Richters eine größere Bedeutung zugesprochen, wobei der Beweis des objektiven Tatbestandes weiterhin durch Zeugen, Geständnis oder Augenschein unterstützt werden musste.[202]

Mittermaier hielt ausdrücklich fest, dass man bei der Entwurfserstellung zwar die Gesetzgebung anderer Länder zum Vorbild nehmen konnte, diese Vorschriften aber notwendigerweise dann modifiziert werden mussten, wenn sie in Verbindung zum Geschworenengericht standen.[203] Man sah sich daher vor der Aufgabe, die aus anderen Ländern bekannten Vorschriften, welche man für nachahmungsbedürftig hielt, an die Urteilsfällung durch rechtsgelehrte Richter und die aktuellen wissenschaftlichen Entwicklungen anzupassen.[204] Daher war der Entwurf laut *Mittermaier* keine Nachahmung der französischen Strafprozessordnung, sondern eine eigenständige Gesetzgebungsarbeit.[205]

(2) Ordentliche Rechtsmittel und Wiederaufnahme des Verfahrens nach dem E-1835

Die §§ 469-499 des Entwurfs regelten die Appellation gegen Endurteile des Kriminalgerichts, welche sowohl vom Verurteilten als auch von dem Staatsanwalt erhoben werden konnte. Diese war jedoch nicht als Appellation im herkömmlichen Sinne zu verstehen, sondern entsprach im Wesentlichen einer Nichtigkeitsbeschwerde.[206] Eine Berufung über die Tatfrage war hingegen ausgeschlossen.[207]

In der Gesetzgebungskommission wurde zwar noch der Antrag gestellt, die Berufung im Hinblick auf die Tatfrage zuzulassen, man entschied sich jedoch dazu, diesen Antrag zu verwerfen.[208] Die im Entwurf vorgeschlagenen Beweisvorschriften in Verbindung mit dem neuen mündlichen Verfahren sprächen gegen eine zweite Tatsacheninstanz.[209] Ließe man die Berufung im Hinblick auf die Tatfrage an einen höheren und damit anderen Richter zu, der in der ursprünglichen Verhandlung nicht zugegen war, so sei dieser mit schlechteren Mitteln „zur Erkennung der Wahrheit“ ausgestattet als der Richter der ersten Instanz. Ohne

202 *Krieter*, Prinzip der freien Beweiswürdigung, S. 29.

203 *Mittermaier*, Mündlichkeit, S. 131 f.

204 *Mittermaier*, Mündlichkeit, S. 132.

205 *Mittermaier*, Mündlichkeit, S. 132.

206 *Behr*, Rechtsmittel, S. 68.

207 *Behr*, Rechtsmittel, S. 68.

208 *Mittermaier*, Mündlichkeit, S. 137.

209 Beschluss der Kommission, abgedruckt in: Entwurf der Strafproceßordnung v. 1835, S. 12 f.

„unleidliche Vermehrung der Kosten“ und „großen Beschwerden für die Zeugen“ könne man das mündliche Verfahren daher in zweiter Instanz nicht wiederholen.[210]

Der Entwurf gelangte zwar zunächst nicht an die Stände, da aber darin bereits Wiederaufnahmegründen zum Nachteil des Freigesprochenen und des Verurteilten vorgesehen waren, die teilweise noch in der gegenwärtigen Fassung des § 362 StPO zu finden und Grundlage für die weitere Entwicklung in Baden, insbesondere den Entwurf von 1843, geworden sind, soll auf diese Vorschriften unter Angabe ihres Wortlauts kurz eingegangen werden:

> § 502. Nach erfolgtem lossprechenden Urtheil kann auf Antrag des Staatsanwalts gegen den Freigesprochenen wegen der nämlichen That nur unter folgenden Bedingungen das Strafverfahren wieder aufgenommen werden.
>
> wenn in der Folge durch gerichtliches Strafurtheil hergestellt ist, daß Urkunden, welche als Mittel des Entschuldigungsbeweises gebraucht und berücksichtigt wurden, falsch oder verfälscht, oder daß Zeugen, welche zu Gunsten des Angeklagten ausgesagt haben, meineidig, oder daß einer oder mehrere derselben, oder der urtheilenden Richter, bestochen gewesen sind; oder
>
> wenn der Freigesprochene später selbst gerichtlich oder außergerichtlich ein Geständnis des Verbrechens oder Vergehens abgelegt hat; oder
>
> wenn in der Folge andere Personen wegen des nämlichen Verbrechens oder Vergehens verurtheilt werden und in dem Verfahren gegen dieselben sich Beweismittel ergeben haben, von welchen mit Grund zu erwarten ist, daß sie die Ueberweisung des früher Losgesprochenen als deren Mitschuldigen begründen werden.
>
> § 503. Was in dem § 500 Nr. 1, § 501 und § 502 Nr. 1 in Ansehung von Zeugen und deren Aussagen bestimmt ist, gilt in gleicher Weise auch von Sachverständigen.
>
> § 504. Nach erfolgten verurtheilenden Erkenntnissen, die den Anträgen des Staatsanwalts gemäß gestellt wurden, findet die Wiederaufnahme auf den Antrag des Staatsanwalts in allen Fällen Statt, wenn sich in der Folge neue Thatumstände ergeben, wonach die That, welche als ein Vergehen bestraft wurde, als Verbrechen, oder wenn sie als ein zur Zuständigkeit des Amtsrichters gehöriges Vergehen betrachtet wurde, jetzt als ein zur Zuständigkeit des Bezirksgerichts gehöriges Vergehen erscheint.
>
> § 505. Nach erfolgtem verutheilenden Erkenntnisse findet eine Wiederaufnahme des Verfahrens auf Antrag des Staatsanwalts ferner unter den Voraussetzungen des § 502 in folgenden Fällen Statt:

---

210 Beschluss der Kommission, abgedruckt in: Entwurf der Strafproceßordnung v. 1835, S. 13.

Im Falle der Bestechung eines der urtheilenden Richter, wenn ein milderes Straferkenntnis gefällt wurde, als worauf der Staatsanwalt angetragen hatte.

In den übrigen Fällen aber nur dann, wenn

auf den Grund der falschen oder verfälschten Urkunden, oder der Aussagen meineidiger oder bestochener Zeugen ein milderes Straferkenntnis gefällt wurde, als worauf der Staatsanwalt angetragen hatte, oder wenn der Staatsanwalt durch jene Beweismittel veranlasst wurde, auf ein milderes Straferkenntnis anzutragen; oder wenn

in den Fällen des § 502, Nr. 2 und 3, das spätere Geständnis oder die neuen Beweismittel die That, welche als ein Vergehen bestraft wurde, als Verbrechen, oder wenn sie als ein zur Zuständigkeit der Amtsrichter gehöriges Vergehen betrachtet worden, als ein von dem Bezirksgerichte zu bestrafendes Vergehen darstellen, ohne Unterschied, ob das frühere Straferkenntnis den Anträgen des Staatsanwalts gemäß gestellt wurde oder nicht.

Auf Antrag der Staatsanwaltschaft konnte das Verfahren sowohl gegen einen Freigesprochenen als auch gegen einen bereits Verurteilten wieder aufgenommen werden. § 502 enthielt in drei Ziffern Gründe, in denen das Verfahren gegen einen Freigesprochenen wegen derselben Tat wieder aufgenommen werden konnte. Dies war einerseits der Fall, wenn nach dem erfolgten Freispruch durch gerichtliches Urteil festgestellt wurde, dass Urkunden, welche zur Entlastung des Angeklagten benutzt worden waren, gefälscht, Zeugen, welche zugunsten des Angeklagten ausgesagt hatten, meineidig oder einer bzw. mehrere erkennende Richter bestochen waren (§ 502 Nr. 1). Für Sachverständige, welche zugunsten des Angeklagten ausgesagt hatten, galt dies entsprechend (§ 503). Andererseits konnte das Verfahren wieder aufgenommen werden, wenn der Freigesprochene später gerichtlich oder außergerichtlich ein Geständnis ablegte (§ 502 Nr. 2). Ebenso sollte die Wiederaufnahme erfolgen können, wenn sich in dem Verfahren gegen andere derselben Tat Beschuldigte Beweismittel ergaben, die begründet dafür sprachen, dass der Freigesprochene als Tatbeteiligter überführt werden wird (§ 502 Nr. 3).

Die §§ 504 f. des Entwurfs enthielten Wiederaufnahmegründe gegen einen zu milde Verurteilten: Wenn die Verurteilung des Angeklagten den Anträgen der Staatsanwaltschaft entsprach, konnte das Verfahren wieder aufgenommen werden, wenn sich neue Tatumstände ergaben, wonach die Tat nicht als Vergehen sondern als Verbrechen oder wonach die Tat nicht als in den Zuständigkeitsbereich des Amtsrichters gehörendes Vergehen, sondern als ein zur Zuständigkeit des Bezirksgerichts gehörendes Vergehen eingestuft wurde (§ 504).

In modifizierter Form konnte auch gegen einen Verurteilten aufgrund der in § 502 vorgesehenen Gründe die Wiederaufnahme erfolgen: Im Falle der Bestechung eines Richters war die Wiederaufnahme nur dann möglich, wenn dieser ein milderes Urteil ausgesprochen hatte, als dies vom Staatsanwalt beantragt worden war (§ 505 I). War eine zugunsten des Angeklagten verwendete Urkunde falsch oder gefälscht oder ein Zeuge meineidig oder bestochen, so konnte die Wiederaufnahme zu Lasten des Verurteilten nur stattfinden, wenn ein milderes Urteil gefällt wurde als der Staatsanwalt beantragt hatte oder der Staatsanwalt aufgrund der gefälschten Urkunde oder des meineidigen Zeugen einen milderen Antrag als eigentlich angemessen gestellt hatte (§ 505 II Nr. 1). Auch aufgrund eines späteren Geständnisses sollte die Wiederaufnahme zum Nachteil eines bereits Verurteilten erfolgen, wenn dieser lediglich aufgrund eines Vergehens verurteilt worden war, sich die Tat aber aufgrund des Geständnisses als Verbrechen darstellte oder statt eines Vergehens, welches zur Zuständigkeit des Amtsgerichts gehörte als solches, welches zur Zuständigkeit des Bezirksgerichts gehört (§ 505 II Nr. 2).

Sowohl die in § 502 Nr. 1 und § 503 genannten Wiederaufnahmegründe propter falsa als auch das von einem Freigesprochenen abgelegte außergerichtliche oder gerichtliche Geständnis finden sich – wenn auch in leicht veränderter Fassung – noch in der gegenwärtigen Vorschrift.

In zeitlicher Hinsicht war die Wiederaufnahme des Verfahrens auf Antrag des Staatsanwalts begrenzt und diesbezüglich an die Verjährungszeit geknüpft, die gem. § 508 des E-1835 von der Zeit des begangenen Verbrechens an berechnet werden sollte. Etwas anderes sollte für den Fall gelten, dass der Angeklagte selbst die Fälschung oder Bestechung begangen oder daran teilgenommen hatte. Die Verjährungsfrist sollte dann von dem Tag der Verkündung des Urteils an, gegen welches die Wiederaufnahme begehrt wurde, zu laufen beginnen (§ 509 des E-1835).

Schon allein die Tatsache, dass die Wiederaufnahme zum Nachteil eines Freigesprochenen überhaupt gesetzlich gestattet war, unterscheidet die badischen Vorschriften deutlich von denen des französischen Code d'instruction criminelle von 1808, was die Aussage *Mittermaiers*, dass hier eine eigenständige Gesetzgebungsarbeit und keine Nachahmung der französischen Bestimmungen erfolgt sei, bestätigt.

Eine nähere Begründung zu den die Wiederaufnahme des Verfahrens betreffenden Paragrafen findet sich nicht. Dass die Wiederaufnahme auf konkrete Fälle beschränkt wurde und kein allgemeiner Wiederaufnahmegrund aufgrund neuer

Tatsachen oder Beweise vorgesehen war, lässt sich jedoch auch ohne ausdrückliche Begründung mit der oben bereits angesprochenen Argumentation zu den ordentlichen Rechtsmitteln erklären:

Das reformierte Beweisrecht und die Mündlichkeit des Verfahrens, welche mit einer zweiten Tatsacheninstanz unvereinbar seien, können auch als Gründe gegen ein ausgedehntes Wiederaufnahmeverfahren angeführt werden. Da im Wiederaufnahmeverfahren die Richter auch nicht im erstinstanzlichen Verfahren anwesend waren, wären sie hier ebenso mit schlechteren Mitteln „zur Erkennung der Wahrheit" ausgestattet und könnten nicht beurteilen, ob vermeintliche neue Tatsachen oder Beweismittel früher schon vorgelegen hatten.

bb) Das Gesetz vom 6. März 1845

Dass es nach dem Entwurf von 1835 noch ein Jahrzehnt dauerte bis Baden endlich eine neue Strafprozessordnung erhielt, beruhte auch auf den politischen Entwicklungen:

Als Außenminister *Türkheim* Ende des Jahres 1835 sein Amt aufgab, folgte ihm der entschieden konservative *Friedrich Karl Freiherr von Blittersdorf* nach und trat zugleich an die Spitze der Regierung.[211] Von dort aus setzte er sich für die Stärkung der konservativen Kräfte ein und ging vermehrt dazu über, auf polizeistaatliche Mittel zurückzugreifen, um gegen die liberale Opposition im Land anzukämpfen.[212] Ebenso kam es in den folgenden Jahren zwischen der Regierung und der Zweiten Kammer zu heftigen Spannungen, da die Regierung auch dort versuchte, die Opposition zu brechen, indem man beispielsweise den der Zweiten Kammer angehörigen Beamten den für die Mandatsausübung erforderlichen Urlaub verweigerte und Ersatzwahlen anordnete, was wiederum von der Zweiten Kammer für verfassungswidrig erklärt wurde.[213] Der andauernde Streit führte 1842 dazu, dass der Landtag aufgelöst wurde. Obwohl die daraufhin erfolgten Neuwahlen massiv durch die Regierung beeinflusst wurden, erhielten die Liberalen wiederum die Mehrheit in der Zweiten Kammer.[214] Ende Oktober 1843 trat *von Blittersdorf* schließlich zurück. Als daraufhin *Böckh* an die Regierungsspitze trat, besserte sich das Verhältnis zwischen Landtag und Regierung, so dass daraufhin wieder eine konstruktive Zusammenarbeit erfolgte.[215] *Böckh* war der Meinung, dass man sich gegen neue Gesetze nicht sperren dürfe, wenn

211 *Fenske* in: Schwarzmaier, Handbuch, S. 88, zur Ära *Blittersdorf* S. 91 ff.

212 *Kotulla*, Deutsches Verfassungsrecht Bd. 1, S. 416 f.

213 Hierzu ausführlich *Kotulla*, Deutsches Verfassungsrecht Bd. 1, S. 417.

214 *Kotulla*, Deutsches Verfassungsrecht Bd. 1, S. 418.

215 *Kotulla*, Deutsches Verfassungsrecht Bd. 1, S. 418.

diese eine zeitgemäße Verbesserung darstellten.[216] Dies fand darin seinen Niederschlag, dass nunmehr grundlegende Justizgesetze wie das Strafgesetzbuch, die Strafprozessordnung und das Gerichtsverfassungsgesetz zu Stande kamen.[217]

(1) Grundlagen des Gesetzes

Am 4. September 1843 hatte die beauftragte Reformkommission dem Großherzoglichen Staatsministerium einen neuen StPO-Entwurf vorgelegt, der nach erteilter Genehmigung der Ständeversammlung übergeben und am 6. März 1845 als Gesetz[218] verkündet wurde. Man orientierte sich bei Erstellung des Entwurfs stark an dem Entwurf von 1835, wobei die vorgenommenen Änderungen vielfach auf Reformen der Gerichtsverfassung zurückzuführen waren.[219] Vorgesehen war – wie auch im E-1835 – ein öffentliches und mündliches Anklageverfahren, jedoch ohne Geschworenengerichte. Es verblieb bei einer negativen Beweistheorie, die zwar nicht vorschrieb, „daß und wann der Richter eine Thatsache als erwiesen annehmen müsse, sondern nur, wann er sie nicht als erwiesen annehmen dürfe".[220] Wenn dieses Minimum vorhanden sei, so trete das Ermessen des Richters ein, wobei er nach seiner Überzeugung entscheide, ob er eine Tatsache für wahr oder nicht wahr erkenne.[221]

Von *Schwarze* wurde die Strafprozessordnung vom 6. März 1845 insgesamt als „aus einem sehr tüchtigen Entwurfe" hervorgegangen, an deren Beratung „die bedeutensten Juristen des Landes mit Eifer und Hingebung sich betheiligten" und welche „einen allgemeinen Beifall sich errang und bei den späteren Processordnungen bis in die neueste Zeit vielfach benutzt worden ist", beschrieben.[222]

---

216 *Fenske* in: Schwarzmaier, Handbuch, S. 95.

217 *Kotulla*, Deutsches Verfassungsrecht Bd. 1, S. 418.

218 Abgedruckt in: *Haeberlin*, Strafprozeßordnungen, S. 370-421.

219 Zu den Neuerungen im E-1843 *Mittermaier*, Mündlichkeit, S. 138 ff.

220 Motive zu dem Entwurf einer Strafprozeß-Ordnung, abgedruckt in: Verhandlungen der 2. Kammer 1843/44, 9. BB S. 111.

221 Motive zu dem Entwurf einer Strafprozeß-Ordnung, abgedruckt in: Verhandlungen der 2. Kammer 1843/44, 9. BB S. 111; eine knappe Zusammenfassung der Motive und der Kammerverhandlungen zu der negativen Beweistheorie findet sich bei *Krieter*, Prinzip der freien Beweiswürdigung, S. 29 ff.

222 *Schwarze*, Jahrbücher Bd. 10 1864, S. 156.

Auch *Nöllner* schrieb über den Entwurf, dass dieser eine „bedeutungsvolle Erscheinung der Zeit" sei[223] und „Deutschland (...) in der jetzigen Krise der Legislation das erste Werk eines verbesserten Strafverfahrens" erhalten habe.[224] Lobend wurde hinsichtlich dieses Gesetzes auch erwähnt, dass es das erste sei, das keine „absolutio ab instantia" mehr kenne.[225]

(2) Ordentliche Rechtsmittel und Wiederaufnahme des Verfahrens im Allgemeinen

Als ordentliches Rechtsmittel gegen Erkenntnisse in Strafsachen war im Gesetz von 1845 der – im Entwurf von 1835 noch als Appellation bezeichnete – Rekurs vorgesehen. Mit diesem konnten einerseits „Nichtigkeiten des Verfahrens" wie die Unzuständigkeit des Gerichts oder die Verletzung wesentlicher Verfahrensvorschriften gerügt werden (§ 291). Andererseits ermöglichte der Rekurs nunmehr auch eine Entscheidung über die Tatfrage in zweiter Instanz, gegen welche man sich im Entwurf von 1835 noch bewusst entschieden hatte. Gegen Erkenntnisse der für leichtere Vergehen zuständigen Amtsgerichte stand dem Staatsanwalt kein Recht zum Rekurs zu (§ 273), wobei jedoch eine Ausnahme für den Fall bestand, dass das Amtsgericht in einer Sache geurteilt hatte, die seinen Zuständigkeitsbereich überschritt (§ 275).

Wie die Motive zeigen, sah man sich aufgrund der einzuführenden Mündlichkeit des Verfahrens erneut (wie auch schon bei Erarbeitung des E-1835) vor der Schwierigkeit, wie die erstinstanzliche mündliche Verhandlung vor dem Rekursgericht ohne größere Mühen und höhere Kosten für die Zeugen wiederholt werden sollte.[226] Eine entscheidende Rolle spielte dabei die Erwägung, dass das Rekursgericht nicht weniger gut vom Sachverhalt unterrichtet sein sollte als das erstinstanzlich damit befasste Gericht. Während keine Bedenken bestünden, wenn das Rekursgericht das erstinstanzliche Urteil lediglich bestätigte oder es sich um eine bloße Frage der Auslegung oder Anwendung des Gesetzes handelte, sei es problematisch, wenn das erstinstanzliche Erkenntnis im Hinblick auf die Tatfrage abgeändert werden sollte, da hierbei „nach den vielfachen Umständen des einzelnen Falles eine vollkommene Ueberzeugung von der Wahrheit der Thatsache" erforderlich sei.[227] Um Abhilfe gegen diese Bedenken zu

223 *Nöllner*, Zeitschrift für deutsches Strafverfahren 1844 Bd. 1, 86 (89).

224 *Nöllner*, Zeitschrift für deutsches Strafverfahren 1844 Bd. 2, 204 (243).

225 *Elben*, Entbindung von der Instanz, S. 44.

226 Motive zu dem Entwurf einer Strafprozeß-Ordnung, abgedruckt in: Verhandlungen der 2. Kammer 1843/44, 9. BB S. 113.

227 Motive zu dem Entwurf einer Strafprozeß-Ordnung, abgedruckt in: Verhandlungen der 2. Kammer 1843/44, 9. BB S. 114.

schaffen, entschied man sich für ein sog. „doppeltes Verfahren“, welches nach dem Gegenstand des Rekurses differenzierte und dann, wenn zur vollständigen Überzeugung des Rekursgerichts im Hinblick auf die Tatfrage Zeugen oder Sachverstände erneut gehört werden mussten, diese im Bedarfsfalle vorgeladen werden konnten.[228]

Hinsichtlich der Wiederaufnahme des Verfahrens zum Nachteil des Betroffenen einigte man sich schließlich nach langen Verhandlungen in den Kammern auf drei Vorschriften, welche die Wiederaufnahmegründe zum Nachteil des Betroffenen enthielten. Hierbei differenzierte man nun danach, ob das Verfahren eingestellt, der Angeschuldigte „auf gepflogene Verhandlung“ freigesprochen oder verurteilt wurde.

Wurde das Verfahren vom sog. Untersuchungsrichter eingestellt oder sah das Gericht wegen Mangels an Beweis von einer weiteren gerichtlichen Verfolgung ab, konnte das Verfahren auf Antrag der Staatsanwaltschaft wieder aufgenommen werden, wenn neue unmittelbare Beweismittel oder solche neuen Beweismittel vorgelegt wurden, die geeignet waren, um sich eine sichere Überzeugung zu bilden (§ 301[229]). Wie *Bekk* in seinem Kommentar zu einem späteren Entwurf ausführte, wurde von einer Wiederaufnahme im Sinne dieser Vorschrift nur dann gesprochen, wenn schon gegen eine bestimmte Person als Angeschuldigte ermittelt worden war.[230] Wurden hingegen keine Spuren hinsichtlich der Täterschaft einer bestimmten Person gefunden, so war keine Wiederaufnahme des Verfahrens im Sinne dieser Vorschrift erforderlich, sondern es konnte das Verfahren jederzeit fortgesetzt werden, ohne dass hierfür bestimmte Voraussetzungen erfüllt werden hätten müssen.[231] Was man unter „unmittelbaren Beweismitteln“ verstand, wird sogleich im Rahmen der Diskussion der Vorschrift im Gesetzgebungsverfahren aufgezeigt.

Demgegenüber erfuhr ein „auf gepflogene Verhandlung“ Freigesprochener größeren Schutz, indem die Wiederaufnahme zu seinem Nachteil nur in den in

---

228 Ausführlich zu diesem „doppelten Verfahren“ *Thilo*, Strafgesetzgebung Badens, S. 223.

229 „§ 301. In Fällen, wo das Verfahren (nach § 62) eingestellt wurde oder wo das Gericht nach Vorschrift des § 206 wegen Mangels an Beweis ausgesprochen hat, dass eine weitere gerichtliche Verfolgung nicht stattfinden soll, kann das Verfahren später auf Antrag des Staatsanwaltes wieder aufgenommen werden, wenn neue unmittelbare Beweismittel (§ 248) zur Kenntnis des Richters kommen, oder solche neue Beweismittel, welche dringende Anzeigungen in rechtliche Gewissheit zu setzen geeignet sind.“

230 *Bekk*, Anmerkungen, S. 108 in der Fußnote.

231 *Bekk*, Anmerkungen, S. 108 in der Fußnote.

§ 302[232] enthaltenen Fällen und nur auf Antrag des Staatsanwalts vorgenommen werden konnte. Die Wiederaufnahmegründe entsprachen weitgehend denen des E-1835. § 302 Nr. 1 regelte die Wiederaufnahme für den Fall, dass der Freispruch durch Urkundenfälschung, Falschaussage eines Zeugen oder Bestechung zu Stande kam und dies auch durch Urteil bewiesen wurde. Dabei ging § 302 Nr. 1 über die Bestimmung in E-1835 hinaus, indem die Wiederaufnahme auch erfolgen konnte, wenn der Freispruch durch eine andere, nicht näher konkretisierte strafbare Handlung herbeigeführt wurde. Die Ziffern 2 und 3 des § 302 entsprachen denjenigen des § 502 E-1835.

Gegen einen zu milde Verurteilten konnte die Wiederaufnahme ebenfalls aufgrund der in § 302 vorgesehenen Gründe erfolgen, die jedoch in § 303[233] eine Einschränkung erfuhren: Kam die zu milde Verurteilung aufgrund einer strafbaren Handlung zu Stande, konnte Wiederaufnahme nur erfolgen, wenn das tatsächlich verübte Verbrechen mit einer höheren Strafart bedroht war als dasjenige wegen dem der Angeklagte verurteilt worden war (§ 303 Nr. 2). Die in § 302 Nr. 2 und Nr. 3 vorgesehenen Wiederaufnahmegründe wurden hinsichtlich eines bereits Verurteilten dahingehend modifiziert, dass in diesen Fällen die Wiederaufnahme nur erfolgen konnte, wenn sich aus dem nachträglichen Geständnis oder den in einem anderen Verfahren aufgefundenen Beweismitteln

---

232 „§ 302. Ist der Angeschuldigte auf gepflogene Verhandlung freigesprochen, so findet eine Wiederaufnahme des Verfahrens nur auf Antrag des Staatsanwalts in folgenden Fällen statt:

1. wenn durch gerichtliches Strafurtheil hergestellt ist, dass die Freisprechung durch Fälschung, falsches Zeugniss, Bestechung oder durch eine andere strafbare Handlung herbeigeführt wurde;
2. wenn der Freigesprochene später selbst gerichtlich oder außergerichtlich ein Geständnis des Verbrechens abgelegt hat;
3. wenn in der Folge andere Personen wegen des nämlichen Verbrechens verurteilt worden sind und sich bei dieser Gelegenheit Beweismittel ergeben haben, welche die Überweisung des früher Losgesprochenen als Mitschuldigen zu begründen geeignet sind."

233 „§ 303. In den Fällen des § 302 findet die Wiederaufnahme des Verfahrens auf Antrag des Staatsanwalts auch gegen ein verurtheilendes Erkenntnis statt:

1. wenn sich aus den unter Nr. 2 und 3 des § 302 erwähnten Geständnissen oder Beweismitteln ergibt, dass das Verbrechen eine schwerere Eigenschaft habe, als im früheren Urtheile angenommen war;
2. wenn in der strafbaren Handlung (§ 302 Nr. 1) die Veranlassung lag, warum ein milderes Erkenntnis erfolgte; in beiden Fällen jedoch nur unter der Voraussetzung, dass das Gesetz das wirklich verübte Verbrechen mit einer höheren Strafart bedroht, als dasjenige, wegen dessen der Angeschuldigte verurtheilt ist."

ergab, dass das Verbrechen eine „schwerere Eigenschaft“ aufwies als in dem früheren Urteil angenommen worden war.

Bei Vergehen, die in den Zuständigkeitsbereich der Amtsgerichte fielen, sollte eine Wiederaufnahme aufgrund oben geschilderter Fälle nicht stattfinden, was in § 309 des Gesetzes niedergelegt war. Ebenfalls in § 309 des Gesetzes fand sich die Regelung, dass die Wiederaufnahme des Verfahrens nur bis zum Eintritt der Verjährung stattfinden könne, die – wie schon in § 509 E-1835 – entweder mit dem Tage der Begehung des Verbrechens zu laufen oder, wenn im Falle des § 302 Nr. 1 der Freigesprochene an der strafbaren Handlung selbst teilgenommen hatte, mit der Verkündung des Urteils beginnen sollte.

In der Wissenschaft wurden die oben dargestellten Vorschriften hinsichtlich der Wiederaufnahme des Verfahrens vor allem von *Zachariä* sehr gelobt, der die §§ 301 f. „im Ganzen in sehr treffender Weise aufgestellt“ bezeichnete.[234] Auch er war der Meinung, dass eine Wiederaufnahme – wie zutreffend vom Gesetzgeber aufgestellt – nur „unter gewissen Bedingungen“ und „nur innerhalb der gesetzlichen Verjährungszeit“ gestattet werden dürfe.[235]

Die hier vorgenommene ausdrückliche gesetzliche Differenzierung zwischen Einstellung des Verfahrens und Freispruch nach „gepflogener“ Verhandlung fand sich so zuvor nicht in den Gesetzen und hängt, wie die Motive und die in den Kammern hierzu erfolgte Diskussion zeigt und sogleich näher ausgeführt wird, mit den grundlegenden Reformen des Strafprozessrechts zusammen.

(3) Notwendigkeit der Beschränkung der ungünstigen Wiederaufnahme

Dass die Wiederaufnahme nach erfolgtem Freispruch in Baden stärker beschränkt war, als es zu dieser Zeit in den Gesetzgebungen anderer Länder üblich war, wurde nun ausdrücklich damit begründet, dass sich die Wiederaufnahme des Verfahrens mit dem neu eingeführten öffentlich-mündlichen Verfahren weniger vertrage als mit dem bisherigen schriftlichen.[236] Wie oben im Rahmen der Darstellung der ordentlichen Rechtsmittel schon erörtert, sah man insbesondere in der Mündlichkeit des Verfahrens das Problem, wie das Verfahren vor einem anderen Richter, der in erster Instanz nicht zugegen war, wiederholt werden könne bzw. wie dieser beurteilen solle, ob Beweise neu waren oder diese bereits Gegenstand der erstinstanzlichen Entscheidung waren. Aufgrund der fehlenden

---

234 *Zachariä*, Gebrechen, S. 299 und dort in der Fußnote 1.

235 *Zachariä*, Gebrechen, S. 299.

236 Commissionsbericht der ersten Kammer über den Entwurf einer Strafproceßordnung, Beilage Nr. 270, abgedruckt in: Verhandlungen der Stände-Versammlung des Großherzogthums Baden im Jahre 1843-44, 3. Beilagenheft S. 228.

schriftlichen Nachweise habe man „keine Grundlage für eine weitere Prüfung des Urtheils im Falle des Rekurses oder einer Wiederaufnahme des Verfahrens“[237].

Abhilfe versuchte man deshalb dadurch zu schaffen, dass man ein ausführliches Sitzungsprotokoll erstellen ließ, da das eigentliche Problem – wie man in den Motiven ausführte – nicht in der Mündlichkeit des Verfahrens, sondern in der mangelnden Protokollierung liege. Deshalb sollte versucht werden, dass aus dem Sitzungsprotokoll in Verbindung mit den Vorakten das tatsächliche Geschehen so hervorgehe, wie man es von dem bisherigen schriftlichen Verfahren gewohnt war.[238] Aufgrund neuer Tatsachen oder Beweise ließ man die Wiederaufnahme des Verfahrens nach einem erfolgten Freispruch aber dennoch nicht zu, sondern beschränkte diese auf konkrete Fälle.

(4) Diskussion der Wiederaufnahme nach Einstellung des Verfahrens

Die Motive geben Aufschluss darüber, dass man bei einem Freispruch, der nach mündlicher Verhandlung erging, es nicht mehr für denkbar erachtete, den Freigesprochenen im Falle des Vorliegens neuer Beweise jederzeit erneut vor Gericht bringen zu können.[239] Für die bisherige „Klagfreisprechung“ blieb damit nach Durchführung einer Hauptverhandlung kein Raum mehr. Vielmehr sollte hinsichtlich der Wiederaufnahme des Strafverfahrens zwischen der „Freisprechung auf gepflogene Verhandlung“ und den Fällen unterschieden werden, in welchen ohne Hauptverhandlung von der gerichtlichen Verfolgung abgesehen wurde. Bei letzterem sei die Fortsetzung und Beendigung des Verfahrens für den Fall des Vorliegens neuer Beweise gewissermaßen vorbehalten.[240] Eine Einstellung der Verfahrens erfolgte entweder durch den Untersuchungsrichter[241] oder durch das Bezirksgericht, wenn dieses einen hinreichenden Tatverdacht verneinte.[242] Gemeinsam war diesen Einstellungsmöglichkeiten jedenfalls, dass sie

---

237 Motive zu dem Entwurf einer Strafprozeß-Ordnung, abgedruckt in: Verhandlungen der 2. Kammer 1843/44, 9. BB S. 95.

238 Motive zu dem Entwurf einer Strafprozeß-Ordnung, abgedruckt in: Verhandlungen der 2. Kammer 1843/44, 9. BB S. 95.

239 Motive zu dem Entwurf einer Strafprozeß-Ordnung, abgedruckt in: Verhandlungen der 2. Kammer 1843/44, 9. BB S. 110.

240 Motive zu dem Entwurf einer Strafprozeß-Ordnung, abgedruckt in: Verhandlungen der 2. Kammer 1843/44, 9. BB S. 110.

241 Diese Einstellungsmöglichkeit war in § 62 StPO (1845) enthalten. Hier war allerdings nicht näher bestimmt, unter welchen Voraussetzungen konkret von dieser Einstellung Gebrauch gemacht werden konnte.

242 Vgl. hierzu § 206 StPO (1845).

vor Durchführung eines mündlichen und öffentlichen Hauptverfahrens zur Anwendung kamen.

Dass hinsichtlich der Voraussetzungen der Wiederaufnahme des Verfahrens nunmehr eine Abkehr vom bisherigen System stattfinden und zukünftig danach differenziert werden sollte, ob eine Verfahrenseinstellung vor Durchführung einer Hauptverhandlung oder ein Freispruch nach durchgeführter Hauptverhandlung erfolgt war, war zunächst nicht allen Abgeordneten bewusst. Wie die sogleich folgende Diskussion in der Zweiten Kammer zeigt, wurden gegen die Wiederaufnahme nach Verfahrenseinstellung Argumente angeführt, die eigentlich gegen die Wiederaufnahme nach Freispruch, welcher nach durchgeführter Hauptverhandlung erfolgte, sprachen:

Der § 276[243] des Entwurfs (§ 301 des Gesetzes) sei dem Abgeordneten *Hecker* zu Folge nichts anderes als die bisherige Klagfreisprechung, gegen welche sich unzählige Juristen und Nichtjuristen ausgesprochen hätten. Er plädierte deshalb in der am 3. Mai 1844 stattfindenden Verhandlung der Zweiten Kammer dafür, diesen vollständig zu streichen: Derjenige der bereits eine Untersuchung erlitten habe, solle nicht sein ganzes Leben der Möglichkeit einer weiteren Untersuchung ausgesetzt sein.[244] Beigepflichtet wurde ihm sogleich von dem Abgeordneten *Baum*, der in diesem Paragrafen die bisherige Klagfreisprechung nur in einer anderen Form beibehalten sah, welche seiner Meinung nach mit einer ordentlichen Gerechtigkeitspflege nicht zu vereinbaren sei.[245] Der Abgeordnete *Weller* unterstütze ebenfalls den Antrag *Heckers* und führte hinsichtlich desselben Paragrafen weiter aus, dass eine Klagfreierklärung keinen Bestand haben könne, sobald die Prozessordnung eine Anklage durch den Staatsanwalt vorsehe, „denn wo die Staatsgewalt die förmliche Anklage des Angeschuldigten einleitet, soll sie auch dafür sorgen, daß ihre Staatsanwälte solche nicht auf's Gerathewohl leichtsinnig erheben."[246] Wenn Anklage erhoben und daraufhin ein

243 § 276 des Entwurfs, welcher als Beilage Nr. 7 zum Protokoll der 5. öffentlichen Sitzung der Zweiten Kammer vom 29. November 1843 vorgelegt wurde, lautete: „In Fällen, wo das Verfahren (nach § 55) eingestellt wurde, oder wo das Gericht nach der Vorschrift des § 188 wegen Mangel an Beweis ausgesprochen hat, daß eine weitere gerichtliche Verfolgung nicht stattfinden soll, kann das Verfahren später wieder aufgenommen werden, wenn neue Beweismittel zur Kenntnis des Richters kommen, welche solche Thatsachen, deren Beweis die Verurtheilung des Angeschuldigten bedingt, unmittelbar darthun, oder wenigstens hierauf bezügliche dringende Anzeigungen in rechtliche Gewißheit setzen."

244 Verhandlungen der zweiten Kammer, abgedruckt in: Ständeversammlung des Großherzogthums Baden 1843/44, 4. Protokollheft S. 307 f.

245 Verhandlungen der zweiten Kammer, abgedruckt in: Ständeversammlung des Großherzogthums Baden 1843/44, 4. Protokollheft S. 309.

246 Verhandlungen der zweiten Kammer, abgedruckt in: Ständeversammlung des Großherzogthums Baden 1843/44, 4. Protokollheft S. 309 f.

Freispruch erteilt wurde, solle der Freigesprochene auch für immer freigesprochen sein. Ließe man die Klagfreierklärung auch dann zu, wenn die Anklage durch den Staatsanwalt vorgesehen sei, so kombiniere man die Härte des alten Inquisitionsverfahrens mit der „Schärfe der Anklage" und verzichte auf Garantien zum Schutz des Angeschuldigten wie das Geschworenengericht, die andere Gesetzgebungen zuließen.[247]

Auch in der am 18. Dezember 1844 stattfindenden Sitzung fordert *Weller* erneut, „den vorliegenden Schandfleck aus unserem Strafprozeß zu streichen", woraufhin er von anderen Abgeordneten mehrfach darauf hingewiesen wurde, dass seine Aussage nicht zu dem gegenständlichen Paragrafen passe, sondern seine Argumente vielmehr nur dann von Relevanz seien, wenn der Angeklagte auf gepflogene Verhandlung freigesprochen wurde.[248] Dem setzte *Weller* wiederum entgegen, dass in diesem Kapitel alles zusammen hänge.[249]

Gegen die Streichung des § 276 des Entwurfs (§ 301 des Gesetzes) und für dessen Beibehaltung wurde von *Weizel* ausgeführt, dass „die Gerechtigkeit zu Grabe getragen" werden würde, da man damit „jedem Verbrecher einen Freibrief" gebe. Etwas ganz anderes sei es jedoch dann, wenn ein förmlicher Freispruch nach öffentlicher Verhandlung erfolgt sei. In diesem Fall seien Beschränkungen erforderlich, die der § 277 des Entwurfs (§ 302 des Gesetzes) enthalte und die der Rechtskraft in genügendem Umfang Rechnung tragen.[250]

Bekk betonte, dass im Falle des § 276 des Entwurfs ja gerade keine „Versetzung in den Anklagestand" stattfand und für diesen Fall auch die Gesetzgebungen anderer Länder, wie etwa die französische, vorsahen, dass die Untersuchung ohne Beschränkung von neuem begonnen werden könne, man hier jedoch als Einschränkung verlange, dass die neuen Beweise „direkte Beweise der That" seien oder „neue dringende Anzeigungen" vorlägen. Hierfür müsse beispielsweise ein Zeuge beigebracht werden, der gesehen hat, dass die Tat verübt worden war.[251]

---

247 Verhandlungen der zweiten Kammer, abgedruckt in: Ständeversammlung des Großherzogthums Baden 1843/44, 4. Protokollheft S. 310.

248 Verhandlungen der zweiten Kammer, abgedruckt in: Ständeversammlung des Großherzogthums Baden 1843/44, 10. Protokollheft S. 233.

249 Verhandlungen der zweiten Kammer, abgedruckt in: Ständeversammlung des Großherzogthums Baden 1843/44, 10. Protokollheft S. 233.

250 Verhandlungen der zweiten Kammer, abgedruckt in: Ständeversammlung des Großherzogthums Baden 1843/44, 4. Protokollheft S. 311.

251 Verhandlungen der zweiten Kammer, abgedruckt in: Ständeversammlung des Großherzogthums Baden 1843/44, 4. Protokollheft S. 308.

Für die Beibehaltung des § 276 des Entwurfs (§ 301 des Gesetzes) wurde weiterhin darauf hingewiesen, dass insbesondere bei Kapitalverbrechen zunächst die Spuren verwischt werden würden, sich später aber zur Überführung des Angeschuldigten geeignete Beweise ergeben könnten. Wenn nun aber die Richter wüssten, dass nach der ersten Klagfreisprechung die Untersuchung für immer beendet sei, so bestehe die Gefahr, dass diese die Untersuchung so lange wie nur möglich hinauszögern, um Beweismittel aufzufinden und dies für den Betroffenen ebenso eine bedrückende Situation sei.[252]

Der Antrag *Heckers* zur Streichung des § 276 des Entwurfs wurde daraufhin verworfen.[253]

Im weiteren Verlauf des Gesetzgebungsverfahrens wollte die Erste Kammer den § 276 des Entwurfs dahingehend erweitern, dass das Verfahren wieder aufgenommen werden sollte, wenn die neuen Beweismittel von der Art waren, dass sie für sich allein oder in Verbindung mit den früheren, eine Überführung des Angeschuldigten zu bewirken geeignet waren.[254] Im Entwurf der Zweiten Kammer waren noch solche neuen Beweismittel verlangt, welche die Verurteilung des Beschuldigten „unmittelbar darthun" bzw. mussten „dringende Anzeigungen" gegen diesen vorliegen. Daraufhin entbrannte in der Kammerverhandlung vom 18. Dezember 1844 eine hitzige Diskussion darüber, welcher der Vorschläge dem Schutz des Angeschuldigten besser gerecht werde.[255] Hinsichtlich des Vorschlags der Ersten Kammer wurde die Befürchtung laut, dass jeder kleine neue Umstand, der geeignet erschien, im Rahmen der wieder aufgenommenen Untersuchung die Überführung des Angeschuldigten zu begründen, ausreichend sei, um die Untersuchung wieder aufzunehmen.[256] Wie der Vortrag *Bekks* in der Verhandlung der Zweiten Kammer zeigt, war es jedoch die Absicht beider Kammern, dass „die Wiederaufnahme des Verfahrens gegen den Angeschuldigten keineswegs kurzer Hand auf bloße Notizen hin, daß irgendwo weitere Beweismittel aufgefunden worden seyen," erfolgen sollte können.[257]

252 Verhandlungen der zweiten Kammer, abgedruckt in: Ständeversammlung des Großherzogthums Baden 1843/44, 4. Protokollheft S. 312.

253 Verhandlungen der zweiten Kammer, abgedruckt in: Ständeversammlung des Großherzogthums Baden 1843/44, 4. Protokollheft S. 313.

254 *Thilo*, Strafgesetzgebung Badens, S. 248.

255 Vgl. hierzu die Verhandlungen der zweiten Kammer zu § 276, abgedruckt in: Ständeversammlung des Großherzogthums Baden 1843/44, 10. Protokollheft S. 232-244.

256 *Thilo*, Strafgesetzgebung Badens, S. 248.

257 Verhandlungen der zweiten Kammer zu § 276, abgedruckt in: Ständeversammlung des Großherzogthums Baden 1843/44, 10. Protokollheft S. 238.

Man einigte sich schließlich darauf, den ursprünglichen Entwurf der Zweiten Kammer zur Klarstellung um den Vorschlag *Bekks* zu ergänzen und die Passage „wenn neue unmittelbare Beweismittel zur Kenntniß des Richters kommen, oder solche Beweismittel, welche dringende Anzeigungen in rechtliche Gewißheit zu setzen geeignet sind" einzufügen. Unter „unmittelbaren Beweismitteln" seien nach den Ausführungen *Bekks* solche zu verstehen, welche die Tat direkt bezeugen, während Anzeigungen lediglich Tatsachen seien, die zwar auch durch unmittelbare Beweismittel dargetan werden, die aber nicht selbst das Verbrechen ausmachen, sondern aus denen man erst auf das Verbrechen bzw. auf die Schuld des Angeschuldigten schließen könne.[258]

Die Diskussion zeigt, dass man nunmehr sehr bemüht war, einerseits die mit der herkömmlichen Klagfreierklärung verbundenen negativen Folgen zu beseitigen und andererseits den Angeschuldigten, der schon einmal in Untersuchung war, mehr zu schützen, indem man auch im Falle der Einstellung des Verfahrens, ohne dass eine Verhandlung erfolgte, die Wiederaufnahme eingrenzte und diese im Falle des Auftauchens wenig aussagekräftiger Beweismittel nicht zuließ. Erfolgte hingegen eine Anklage, so war in § 244 des Gesetzes festgehalten, dass für den Fall, dass beispielsweise der Angeklagte nicht überführt werden konnte, das Urteil immer lauten müsse, „daß der Angeklagte von der Anklage freigesprochen werde". Die herkömmliche „absolutio ab instantia" war damit abgeschafft.[259]

(5) Wiederaufnahme nach Freispruch „auf gepflogene Verhandlung"

Nicht nur im Hinblick auf oben aufgezeigten § 301 des Gesetzes, sondern auch bezüglich des § 302 des Gesetzes (§ 277 des Entwurfs) der die Wiederaufnahme zum Nachteil des „auf gepflogene Verhandlung" Freigesprochenen enthielt, gab es in den Kammern Bestrebungen, diesen vollständig abzuschaffen:

Der Abgeordnete *Hecker* verzichtete diesbezüglich zwar auf seinen eigentlich geplanten Abschaffungsantrag, wies jedoch auf die Gefahren hin, die diese aus „übertriebener Furcht" vor dem Entkommen des Verbrechers in das Gesetz aufgenommene „barbarische Bestimmung" mit sich bringe.[260] Einerseits sei gerade die Aufnahme des außergerichtlichen Geständnisses in das Gesetz bedenklich, da der Fall durchaus denkbar sei, dass „zwei boshafte rachsüchtige Todtfeinde"

---

258 Verhandlungen der zweiten Kammer zu § 276, abgedruckt in: Ständeversammlung des Großherzogthums Baden 1843/44, 10. Protokollheft S. 238.

259 Vgl. hierzu *Zachariä*, Gebrechen, S. 297 f.

260 Verhandlungen der zweiten Kammer, abgedruckt in: Ständeversammlung des Großherzogthums Baden 1843/44, 4. Protokollheft S. 313 ff.

erklären, der Freigesprochene habe ein außergerichtliches Geständnis abgelegt.[261]

Andererseits hielt er auch die in Nr. 3 vorgesehene Bestimmung für fragwürdig, da auch in diesem Falle andere Personen den Freigesprochenen als Mitschuldigen bezichtigen könnten.[262]

Lediglich die Nummer 1 des § 302 erfuhr in den Kammerverhandlungen keinen Widerstand, da man allgemein der Ansicht war, dass dem Verbrecher seine eigene strafbare Handlung nicht zum Vorteil gereichen sollte und daher in einem solchen Fall die Wiederaufnahme zu seinem Nachteil vorgesehen sein müsse.[263] Dass man die in den Nummern 2 und 3 vorgesehenen Gründe in das Gesetz aufnehmen müsse, wurde in den Motiven mit der Befürchtung begründet, dass es zum öffentlichen Ärgernis komme, wenn man dies nicht tue.[264]

In besonderem Maße umstritten war in den Kammern das in Nummer 2 des § 277 E-1843 (§ 302 des Gesetzes) vorgesehene außergerichtliche Geständnis. Befürchtet wurde von der Kommission der Zweiten Kammer, dass vorschnell auf Wiederaufnahme der Untersuchung entschieden werden könnte, wenn sich der Freigesprochene lediglich aufgrund von „Plaudereien oder Großsprechereien" einer Tat rühme, die er nie begangen habe.[265] Das außergerichtliche Geständnis sei als neu hinzukommendes Beweismittel zu werten, das ebenso abzulehnen sei wie andere neu auftauchende Beweismittel.[266] Andererseits hatte man jedoch große Bedenken, wenn sich der Freigesprochene öffentlich der Tat rühmen könnte und damit sowohl die Gesetze als auch die Gerichte verhöhnen und die Justiz lächerlich machen würde.[267] Dem wurde jedoch entgegen gehalten,

261 Verhandlungen der zweiten Kammer, abgedruckt in: Ständeversammlung des Großherzogthums Baden 1843/44, 4. Protokollheft S. 314.

262 Verhandlungen der zweiten Kammer, abgedruckt in: Ständeversammlung des Großherzogthums Baden 1843/44, 4. Protokollheft S. 314.

263 Vgl. hierzu beispielsweise die Aussage des Abgeordneten *Bekk* in den Verhandlungen der Zweiten Kammer, abgedruckt in: Ständeversammlung des Großherzogthums Baden 1843/44, 4. Protokollheft S. 320.

264 Motive zu dem Entwurf einer Strafprozeß-Ordnung, abgedruckt in: Verhandlungen der 2. Kammer 1843/44, 9. BB S. 116.

265 Commissions-Bericht (Nr. 4) der Zweiten Kammer über den Entwurf der Strafprozeßordnung, abgedruckt in: Verhandlungen der Stände-Versammlung des Großherzogthums Baden im Jahre 1843/44, 11. Beilagenheft S. 69.

266 *Thilo*, Strafgesetzgebung Badens, S. 253.

267 Commissions-Bericht (Nr. 4) der Zweiten Kammer über den Entwurf der Strafprozeßordnung, abgedruckt in: Verhandlungen der Stände-Versammlung des Großherzogthums Baden im Jahre 1843/44, 11. Beilagenheft S. 69.

dass der Freigesprochene auch bei Aufnahme des außergerichtlichen Geständnisses in die Vorschrift ausreichend geschützt sei und gleichzeitig betont, dass dieser nur dann erneut in den Stand der Anklage versetzt werden könne, wenn hierfür die gesetzlichen Voraussetzungen, die die rechtliche Gewissheit hinsichtlich des Vorhandenseins von Anschuldigungstatsachen erfordern, erfüllt seien.[268]

Als Argument für die Zulässigkeit der Wiederaufnahme im Falle eines außergerichtlichen Geständnisses wurde zudem ein Vergleich mit den Vorschriften anderer Länder angestrengt, die zu dieser Zeit noch wesentlich weiter gefasst waren (in Bayern galt beispielsweise noch die Regelung aus dem StGB von 1813). Die Humanität fordere zwar eine grundsätzliche Beschränkung der Wiederaufnahme, diese jedoch noch weiter zu beschränken verstoße gegen die Pflicht des Staates zum Schutz seiner Bürger vor Verbrechern, weshalb auf die Aufnahme des außergerichtlichen Geständnisses nicht verzichtet werden sollte. Um aber befürchteten Missbräuchen vorzubeugen, sollte zunächst die Passage „unter Umständen, welche den Ernst desselben darthun“ in die gesetzliche Regelung eingefügt werden.[269] In den Verhandlungen der Zweiten Kammer einigte man sich daraufhin, den Antrag des Abgeordneten *Bekk* anzunehmen und stattdessen in die Nummer 2 aufzunehmen, dass die Wiederaufnahme im Falle eines außergerichtlichen Geständnisses zwar stattfinden solle, aber nur wenn aufgrund desselben in Verbindung mit den früher erhobenen Beweisen eine Verurteilung des Freigesprochenen wahrscheinlich sei.[270] In die Fassung, die schließlich Gesetz werden sollte, wurde aber auch diese Passage nicht aufgenommen.

Das in Nummer 2 ebenfalls vorgesehene gerichtliche Geständnis des Freigesprochenen wurde hingegen nicht für problematisch empfunden, da es die freie Entscheidung des Freigesprochenen sei, ein gerichtliches Geständnis abzulegen und er damit die erneute Untersuchung gewissermaßen selbst verlange.[271]

---

268 Commissions-Bericht (Nr. 4) der Zweiten Kammer über den Entwurf der Strafprozeßordnung, abgedruckt in: Verhandlungen der Stände-Versammlung des Großherzogthums Baden im Jahre 1843/44, 11. Beilagenheft S. 69.

269 Commissions-Bericht (Nr. 4) der Zweiten Kammer über den Entwurf der Strafprozeßordnung, abgedruckt in: Verhandlungen der Stände-Versammlung des Großherzogthums Baden im Jahre 1843/44, 11. Beilagenheft S. 69.

270 Verhandlungen der Zweiten Kammer, abgedruckt in: Ständeversammlung des Großherzogthums Baden 1843/44, 4. Protokollheft S. 323; der Entwurf nach den Beschlüssen der Zweiten Kammer findet sich in: Verhandlungen der Stände-Versammlung des Großherzogthums Baden im Jahre1843/44, 2. Beilagenheft S. 41-80.

271 *Thilo*, Strafgesetzgebung Badens, S. 253.

Für andere hingegen ging die in Baden vorgeschlagene Vorschrift der Wiederaufnahme des Verfahrens gegen einen „auf gepflogene Verhandlung" Freigesprochenen nicht weit genug, weshalb der Abgeordnete *Böhme* für die Streichung der Nr. 2 und Nr. 3 des Entwurfs votierte und diese durch einen allgemeinen Wiederaufnahmegrund zum Nachteil des Freigesprochenen ersetzt haben wollte.[272] Die Wiederaufnahme des Verfahrens zuungunsten des Freigesprochenen sollte demnach erfolgen können, wenn neue Beweismittel entdeckt wurden, von welchen zu erwarten war, dass sie in Verbindung mit den früher erhobenen Beweisen oder für sich allein die Überweisung des Freigesprochenen begründen. Ohne diese Bestimmung sei die richterliche Gewalt zu sehr beschränkt, was mit dem Zweck des Strafverfahrens unvereinbar sei. Der Verbrecher müsse seine verdiente Strafe bekommen, um die Sicherheit und den Schutz der Gesellschaft zu erhalten. Zur Begründung wies er zudem auf die in den anderen Ländern geltende Vorschrift hin, die eine entsprechende Regelung vorsähen.[273] Unterstützt wurde seine Ansicht von dem Abgeordneten *Litschgi,* der ebenfalls der Meinung war, das Recht der Wiederaufnahme zum Nachteil des Betroffenen sei zu sehr beschränkt.[274] Zur Verdeutlichung führte er zwei Fälle auf: Einerseits könnten kurz nach einem erfolgten Freispruch Beweise aufgefunden werden, die einen vollständigen Beweis der Tat liefern. So sei der Fall denkbar, dass der Leichnam und das verwendete Tatwerkzeug im Nachhinein (also nach erfolgtem Freispruch) auftauchten, die eindeutig die Täterschaft des Freigesprochenen belegen. Andererseits könnten Zeugen, deren Existenz zwar bekannt, ihr Aufenthaltsort jedoch unbekannt war, später wieder in Erscheinung treten.[275]

Diese Problematik war auch Diskussionsgegenstand in den Verhandlungen der Ersten Kammer. Da jedoch nach den vorgeschlagenen Bestimmungen für den Fall, dass das Verfahren noch vor Erhebung der Anklage eingestellt worden war, das Verfahren aufgrund neu aufgefundener Beweismittel wieder aufgenommen werden konnte und man die Fälle, in denen das Verfahren vollständig durchgeführt wurde, sich die vorhandenen Beweismittel jedoch nicht erforschen ließen, für höchst selten hielt, verzichtete man auf die diesbezügliche Erweiterung der Vorschrift und stellte fest, dass „noch so wichtige, direkte, die Schuld des An-

272 Verhandlungen der Zweiten Kammer, abgedruckt in: Ständeversammlung des Großherzogthums Baden 1843/44, 4. Protokollheft S. 315 f.

273 Verhandlungen der Zweiten Kammer, abgedruckt in: Ständeversammlung des Großherzogthums Baden 1843/44, 4. Protokollheft S. 315 f.

274 Verhandlungen der Zweiten Kammer, abgedruckt in: Ständeversammlung des Großherzogthums Baden 1843/44, 4. Protokollheft S. 316 f.

275 Verhandlungen der Zweiten Kammer, abgedruckt in: Ständeversammlung des Großherzogthums Baden 1843/44, 4. Protokollheft S. 316 f.

geklagten klar darstellende neue Beweismittel (...) völlig unberücksichtigt bleiben" müssen.[276] Wenn nach dem erfolgten Freispruch Zeugen in Erscheinung treten, die den Freispruch unrechtmäßig erscheinen ließen, sei dies nach der Ansicht des Staatsrats *Jolly* ein Hinweis darauf, „daß die Gerichte oder der Staatsanwalt ihre Pflicht nicht erfüllt hätten".[277] Sollte sich bei den Ermittlungen bereits der Verdacht der Existenz von Zeugen ergeben haben, müsse die Aburteilung mit der Hoffnung auf Vernehmung der Zeugen vertagt werden. Zu einer erneuten Untersuchung eines auf gepflogene Verhandlung Freigesprochenen dürfe man ohne die erheblichen Gründe nicht schreiten.[278] Man entschied sich schließlich dazu, die Wiederaufnahme zulasten eines Freigesprochenen nicht zu erweitern und blieb bei den konkreten Wiederaufnahmegründen.

(6) Wiederaufnahme nach Verurteilung

Hinsichtlich des § 303 des Gesetzes, der die Wiederaufnahme zum Nachteil eines bereits Verurteilten zum Gegenstand hatte, war insbesondere dessen Nr. 1 umstritten, während Nr. 2 kaum kritisiert wurde, da in diesem Fall ebenso wie im Falle des § 302 Nr. 1 des Gesetzes die mildere Verurteilung aufgrund einer strafbaren Handlung zustande kam und daher der Betroffene die nachteilige Wiederaufnahme sozusagen verdient habe.[279] Die Mehrheit der Kommission der zweiten Kammer befürwortete hingegen die Streichung der Nummer 1. In dem „bloßen Unterschied einer mehr oder minder schweren Qualifikation des Verbrechens" sei keine Veranlassung zu sehen, gegen einen bereits rechtskräftig Verurteilten erneut vorzugehen.[280] Die Erste Kammer stimmte jedoch mit dem Argument, dass der Verurteilte im Vergleich zu anderen Strafprozessordnungen, die eine Wiederaufnahme zu seinem Nachteil auch dann gestatteten, wenn sich

---

276 Commissions-Bericht (Nr. 4) der Zweiten Kammer über den Entwurf der Strafprozeßordnung, abgedruckt in: Verhandlungen der Stände-Versammlung des Großherzogthums Baden im Jahre 1843/44, 11. Beilagenheft S. 69; Commissionsbericht der Ersten Kammer über den Entwurf einer Strafproceßordnung, Beilage Nr. 270, abgedruckt in: Verhandlungen der Stände-Versammlung des Großherzogthums Baden im Jahre 1843-44, 3. Beilagenheft S. 228.

277 Verhandlungen der Ersten Kammer, abgedruckt in: Stände-Versammlung des Großherzogthums Baden 1843-45, 3. Protokollheft S. 230.

278 Verhandlungen der Ersten Kammer, abgedruckt in: Stände-Versammlung des Großherzogthums Baden 1843-45, 3. Protokollheft S. 230.

279 Commissions-Bericht (Nr. 4) der Zweiten Kammer über den Entwurf der Strafprozeßordnung, abgedruckt in: Verhandlungen der Stände-Versammlung des Großherzogthums Baden im Jahre 1843/44, 11. Beilagenheft S. 70.

280 Commissions-Bericht (Nr. 4) der Zweiten Kammer über den Entwurf der Strafprozeßordnung, abgedruckt in: Verhandlungen der Stände-Versammlung des Großherzogthums Baden im Jahre 1843/44, 11. Beilagenheft S. 70.

gegen ihn Beweismittel irgendeiner Art ergeben haben, die von solcher Eigenschaft waren, dass entweder auf eine höhere Strafart erkannt oder die ausgesprochene Strafe namhaft erhöht werden konnte, schon genug begünstigt sei.[281] Nach der hier vorgelegten Regelung sei immerhin erforderlich, dass der Verurteilte ein Geständnis abgelegt hat bzw. bei einem späteren Verfahren gegen andere Tatbeteiligte überführt werde.[282]

c) Entwicklung nach dem Gesetz von 1845

Die Strafprozessordnung wurde 1845 im Regierungsblatt als Gesetz verkündet. Hierbei hatte man jedoch auf die Bekanntgabe eines Einführungsdatums verzichtet, um Zeit für die notwendigen Vorbereitungen zum Vollzug des neuen Strafverfahrensgesetzes zu gewinnen. Das Gesetz kam also zunächst nicht zur Anwendung. Hintergrund dessen war insbesondere, dass die Einführung der neuen Strafprozessordnung von der Änderung der bestehenden Gerichtsverfassung abhängig war und diese aufgrund der ablehnenden Haltung der Regierung gegenüber Geschworenengerichten zunächst nicht zu Stande kam.[283] Der Rechtszustand verblieb so, bis das Volk von der französischen Februarrevolution des Jahres 1848 erfahren hatte, welche innerhalb kürzester Zeit auf Baden übergriff und dort vor allem in den Städten Mannheim und Karlsruhe zu teilweise gewaltsamen Unruhen führte.[284]

aa) Die ersten Reformen in der Revolutionszeit 1848/49

Die Liberalen und Radikalen forderten übereinstimmend eine Reformgesetzgebung.[285] Insbesondere in der Zweiten Kammer wurden die im Volk sich verstärkt ausbreitenden Forderungen laut.[286] Neben dem Verlangen nach dem Ende der Zensur, Volksbewaffnung und einem deutschen Nationalparlament nahm die Forderung nach der Einführung von Geschworenengerichten, welche schon auf den ersten beiden badischen Landtagen 1819 und 1822/23 beantragt und in

---

281 Commissionsbericht der Ersten Kammer über den Entwurf einer Strafproceßordnung, Beilage Nr. 270, abgedruckt in: Verhandlungen der Stände-Versammlung des Großherzogthums Baden im Jahre 1843-44, 3. Beilagenheft S. 229.

282 Commissionsbericht der Ersten Kammer über den Entwurf einer Strafproceßordnung, Beilage Nr. 270, abgedruckt in: Verhandlungen der Stände-Versammlung des Großherzogthums Baden im Jahre 1843-44, 3. Beilagenheft S. 229.

283 Vgl. hierzu: *Mittermaier*, Strafverfahren, S. 17; *Schweickert*, Strafedikt, S. 30; *Wohlers*, Staatsanwaltschaft, S. 109.

284 *Fenske* in: Schwarzmaier, Handbuch, S. 107; *Kotulla*, Deutsches Verfassungsrecht Bd. 1, S. 419.

285 *Fenske* in: Schwarzmaier, Handbuch, S. 108.

286 Hierzu und weiterführend: *Kotulla*, Deutsches Verfassungsrecht Bd. 1, S. 419 ff.

späteren Landtagen wiederholt worden war,[287] stetig zu.[288] Nun konnte sich die Regierung der Einführung letzterer nicht mehr verwehren.[289]

Bereits am 9. März 1848 bildete der Großherzog aus den liberalen Parteiführern eine neue Regierung, die die Umsetzung der Märzforderungen übernahm.[290] Am 5. April fasste die Zweite Kammer schließlich einstimmig den Entschluss, die Staatsregierung um Erstellung eines Gesetzentwurfs, die Einführung der Geschworenengerichte betreffend, zu ersuchen.[291] Daraufhin wurde am 13. Mai 1848 ein entsprechender Gesetzentwurf vorgelegt.[292] Eigentlich hätten in Folge dessen sowohl das Strafverfahrensrecht als auch das materielle Strafrecht einer umfassenden Reform unterzogen werden müssen, was jedoch aufgrund der zunehmenden Forderungen aus dem Volk und des damit einhergehenden zeitlichen Drucks unmöglich war.[293] Daher wurde lediglich beschlossen, das Schwurgerichtsgesetz an die Vorschriften der Strafprozessordnung von 1845 anzupassen und nötigenfalls einzelne Paragraphen der Strafprozessordnung abzuändern.[294] Dies betraf vor allem die Beweisvorschriften, da man diese für unvereinbar mit dem Geschworenengericht hielt. Fortan sollte neben den Geschworenen auch für Bezirks- und Amtsrichter das Prinzip der freien richterlichen Beweiswürdigung gelten.[295] Der Entwurf war insgesamt sehr knapp und beinhaltete lediglich 39 Paragrafen.

Laut § 36 des Entwurfs sollten Straferkenntnisse, die unter Mitwirkung von Geschworenen zu Stande kamen, nur im Wege der Nichtigkeitsbeschwerde angefochten werden können. Eine Bestimmung über die Wiederaufnahme des Verfahrens ist im Entwurf nicht zu finden. In den Motiven war jedoch festgehalten,

---

287 *Ammann*, GVG und StPO Badens, S. 9.

288 *Krieter*, Prinzip der freien Beweiswürdigung, S. 34; *Nipperdey*, Deutsche Geschichte, S. 595.

289 *Nipperdey*, Deutsche Geschichte, S. 595 f.

290 *Nipperdey*, Deutsche Geschichte, S. 596.

291 Vgl. hierzu den Commissions-Bericht *Mittermaiers*, abgedruckt in: Verhandlungen der Zweiten Kammer 1847/49, 7. Beilagenheft, S. 385.

292 Der Entwurf ist abgedruckt in: Verhandlungen der Zweiten Kammer 1847/49, 7. Beilagenheft, S. 245ff.

293 Vgl. hierzu den Commissions-Bericht vom 21. Juli 1848, abgedruckt in: Verhandlungen der Zweiten Kammer 1847/49, 7. Beilagenheft, S. 386.

294 Vgl. hierzu den Commissions-Bericht vom 21. Juli 1848, abgedruckt in: Verhandlungen der Zweiten Kammer 1847/49, 7. Beilagenheft, S. 386.

295 Vgl. hierzu § 39 des Entwurfs und Commissions-Bericht vom 21. Juli 1848 zu § 39, abgedruckt in: Verhandlungen der Zweiten Kammer 1847/49, 7. Beilagenheft, S. 408 f.

dass die Wiederaufnahme des Verfahrens noch nebenbei zulässig erscheine und dies keiner weiteren Ausführung bedürfe.[296]

Dieser bloße Hinweis in den Motiven wurde von der Kommission als nicht ausreichend gerügt und vielmehr gefordert, dass diesbezüglich eine ausdrückliche Regelung in das Gesetz aufgenommen werden müsse.[297] In der Sitzung vom 14. Oktober 1848 beschloss die Zweite Kammer sodann die endgültige Fassung des Gesetzes.[298] § 46 des Gesetzes enthielt eine Aufzählung, in welchen Punkten die Strafprozessordnung von 1845 abgeändert wurde. Die Wiederaufnahmevorschriften zu Ungunsten des auf gepflogene Verhandlung Freigesprochenen waren hier ebenfalls zu finden:

§ 302 Nr. 1[299] des Gesetzes von 1845 sollte nunmehr so gefasst werden, dass die Wiederaufnahme zwar weiterhin möglich war, wenn durch gerichtliches Urteil festgestellt wurde, dass eine falsche Urkunde oder ein falsches Zeugnis vorgebracht worden war, Bestechung oder eine andere strafbare Handlung vorgelegen hatte, als zusätzliche Voraussetzung verlangte man aber, dass die zuvor genannten Handlungen einen wesentlichen Einfluss auf den Freispruch hatten.

Darüber hinaus wurde in § 302 Nr. 2 das außergerichtliche Geständnis gestrichen, so dass die Wiederaufnahme des Verfahrens nur noch erfolgen konnte, wenn der Freigesprochene ein gerichtliches Geständnis abgelegt hatte.

Vollständig aufgehoben wurden § 302 Nr. 3 und § 303 des Gesetzes von 1845. Dies hatte zur Folge, dass zum einen eine Wiederaufnahme zuungunsten eines Freigesprochenen nicht mehr möglich war, wenn sich in einem weiteren Verfahren gegen einen anderen Beschuldigten Beweismittel ergeben haben, die zu begründen geeignet waren, dass der Freigesprochene Tatbeteiligter gewesen ist. Zum anderen konnte die Wiederaufnahme auch gegen einen bereits Verurteilten nicht mehr stattfinden. Eine Begründung dieser Entscheidung ist weder in den Protokollen der Kammern noch in den Kommissionsberichten zu finden.

---

296 Motive zum Entwurf vom 13. Mai 1848, abgedruckt in: Verhandlungen der Zweiten Kammer 1847/49, 7. Beilagenheft, S. 258.

297 Commissions-Bericht vom 21. Juli 1848, abgedruckt in: Verhandlungen der Zweiten Kammer 1847/49, 7. Beilagenheft, S. 385.

298 Beilage Nr. 4 zum Protokoll der 81. Sitzung vom 14. Oktober 1848, abgedruckt in: Verhandlungen der Zweiten Kammer 1847/49, Protokolle Bd. 6, S. 297 ff.

299 In § 46 war bestimmt: Der § 302 Nr. 1 ist auf folgende Weise zu fassen:

„wenn durch gerichtliches Strafurtheil festgestellt ist, daß in dem vorigen Verfahren falsche Urkunden oder falsche Zeugnisse vorgebracht wurden, oder Bestechung oder eine andere strafbare Handlung vorkam, und nach den Umständen anzunehmen ist, daß die zuvor genannten Handlungen einen wesentlichen Einfluß auf die erfolgte Freisprechung hatten."

Der Entwurf wurde schließlich am 17. Februar 1849 als Gesetz verkündet.

Bereits Ende Februar desselben Jahres wurde jedoch in der Zweiten Kammer der Wunsch laut, ein einheitliches Gesetz zur Regelung des Strafverfahrens zu erlassen, so dass die „neue Gesetzgebung als ein Ganzes erscheine".[300] Aus diesem Grunde wurde bereits am 22. März 1849 der „Entwurf einer revidierten Strafprozeßordnung für das Großherzogtum Baden"[301] vorgelegt, wonach die Strafprozessordnung von 1845 und das Gesetz über das Geschworenengericht vom 17. Februar 1849 aufgehoben werden sollten und die Strafprozessordnung in neuer Fassung in Kraft treten sollte.[302]

Hinsichtlich der Wiederaufnahmevorschriften wurde wiederum wie im Gesetz von 1845 danach differenziert, ob das Verfahren eingestellt oder das Gericht wegen Mangels an Beweisen ausgesprochen hatte, dass eine weitere gerichtliche Verfolgung nicht stattfinden solle oder ob der Angeschuldigte auf „gepflogene Verhandlung" freigesprochen wurde. Bei den beiden erstgenannten Möglichkeiten handelte es sich um Einstellungen vor Durchführung einer Hauptverhandlung. Eine Regelung zum Nachteil eines bereits Verurteilten existierte nicht mehr.

Wurde das Verfahren eingestellt oder der Angeschuldigte wegen Unzulänglichkeit der Beweise nicht weiter verfolgt, sollte gemäß § 313 des E-1849 die Wiederaufnahme des Verfahrens durch den Staatsanwalt angeordnet werden können, wenn neue erhebliche Beweismittel zur Kenntnis des Richters gelangten.

Zuungunsten des „auf gepflogene Verhandlung" Freigesprochenen erhielt § 314[303] die bereits im E-1848 durch Abänderung des Gesetzes von 1845 hergestellte Fassung: Es waren lediglich mehr zwei Nummern vorhanden. Ziffer 1 sah

---

300 Vgl. hierzu den Commissions-Bericht des Abgeordneten *v. Stockhorn,* abgedruckt in: Verhandlungen der Zweiten Kammer 1847/49, 10. Beilagenheft, S. 65.

301 Der Entwurf ist abgedruckt in: Verhandlungen der zweiten Kammer 1847/49, 10. Beilagenheft, S. 1 ff.

302 Vgl. hierzu Art. 1 Gesetzentwurfs vom 22./26. März 1849, abgedruckt in: Verhandlungen der zweiten Kammer 1847/49, 10. Beilagenheft, S. 51.

303 „§ 314. Ist der Angeschuldigte auf gepflogene Verhandlung freigesprochen, so findet eine Wiederaufnahme des Verfahrens nur auf Antrag des Staatsanwalts in folgenden Fällen statt:

1. wenn durch gerichtliches Strafurteil festgestellt ist, daß in dem vorigen Verfahren falsche Urkunden oder falsche Zeugnisse vorgebracht wurden, oder Bestechung oder eine andere strafbare Handlung vorkam, und nach den Umständen anzunehmen ist, dass die zuvor genannten Handlungen einen wesentlichen Einfluss auf die erfolgten Freisprechungen hatten.
2. wenn der Freigesprochene später selbst gerichtlich ein Geständnis des Verbrechens abgelegt hat."

die Wiederaufnahme weiterhin vor, wenn durch gerichtliches Strafurteil festgestellt wurde, dass in dem vorherigen Verfahren falsche Urkunden oder falsche Zeugnisse gebraucht, Bestechung oder andere strafbare Handlungen vorgenommen worden waren, die einen wesentlichen Einfluss auf den Freispruch hatten. Nach § 314 Nr. 2 konnte die Wiederaufnahme dann stattfinden, wenn der Freigesprochene später ein gerichtliches Geständnis ablegte.

Die Neufassung wurde von der Zweiten Kammer zwar noch genehmigt, kam jedoch aufgrund des am 12. Mai 1849 ausbrechenden Aufstandes nicht zur Geltung.[304] Die Situation hatte sich in Baden derart zugespitzt, dass der Großherzog mit Familie und der Regierung in der Nacht vom 13. auf den 14. Mai 1849 außer Landes ins Exil floh.[305] Die Revolution endete erst am 23. Juli 1849, als die Festung Rastatt mit ihrer 6.000 Mann umfassenden Besatzung bedingungslos kapitulierte.[306] Nach dem Scheitern der Revolution kam es zunächst zu einem vollständigen politischen Stillstand.[307]

Anfang des Jahres 1850 fanden schließlich Ersatz- und Ergänzungswahlen statt, woraufhin die Zweite Kammer am 6. März 1850 wieder zusammentrat.[308]

bb) Das Gesetz von 1851

Im Jahr 1850 wurden den Kammern erneut Entwürfe zur Einführung des Schwurgerichtsverfahrens und der Strafprozessordnung vorgelegt und im Februar 1851 als Gesetz „die Einführung des Strafgesetzbuchs, des neuen Strafverfahrens und die Schwurgerichte betreffend“[309] verkündet.

Das Schwurgerichtsverfahren wurde vorerst nur für schwerere Verbrechen eingeführt. Im Übrigen wurde die Strafprozessordnung von 1845 wirksam und der neuen Gerichtsverfassung angepasst[310], so dass sich das neue Strafverfahren aus alten und neuen Bausteinen zusammensetzte.[311] So wurden beispielsweise gemäß § 124 des Gesetzes von 1851 die §§ 306-309 der Strafprozessordnung von

---

304 *Krieter*, Prinzip der freien Beweiswürdigung, S. 36 f; ausführlich zu dieser sog. Mai-Revolution *Fenske* in: Schwarzmaier, Handbuch, S. 116 ff.

305 *Kotulla*, Deutsches Verfassungsrecht Bd. 1, S. 424.

306 *Fenske* in: Schwarzmaier, Handbuch, S. 107; *Kotulla*, Deutsches Verfassungsrecht Bd. 1, S. 430.

307 Ko*tulla*, Deutsches Verfassungsrecht Bd. 1, S. 431.

308 Ko*tulla*, Deutsches Verfassungsrecht Bd. 1, S. 431.

309 Abgedruckt in: *Haeberlin*, Strafprozeßordnungen, S. 422-446.

310 *Bekk*, Anmerkungen, S. III.

311 Dies ergibt sich aus der Begründung zu E-1863, abgedruckt in: Verhandlungen der Zweiten Kammer 1861/63, Beilagenband 4,2.

1845 wirksam. Für die Wiederaufnahme zum Nachteil des Angeschuldigten war dies vor allem deshalb relevant, da § 309 des Gesetzes von 1845 einerseits die zeitlichen Grenzen der nachteiligen Wiederaufnahme binnen der Verjährungszeit festlegte und andererseits die Wiederaufnahme des Verfahrens bei Vergehen, die in die Zuständigkeit der Amtsgerichte fielen, nicht zuließ.

Die Wiederaufnahmegründe zuungunsten des Beschuldigten (§§ 118[312], 122[313] des Gesetzes v. 1851) entsprachen inhaltlich denen des Gesetzes vom 17. Februar 1849 bzw. denen des nicht mehr Gesetz gewordenen Entwurfs vom 22. März 1849.[314]

Da die Bestimmungen des Gesetzes nahezu alle bereits Gegenstand früherer Entwürfe oder Gesetze waren, wurde zu dem neuen Gesetz lediglich eine allgemeine Begründung gegeben, auf Ausführungen zu den einzelnen Paragrafen jedoch verzichtet.[315]

Im Kommissionsbericht des Abgeordneten *Trefurt* zum Entwurf von 1850 wurde in sehr knapper Form der Grund für die Streichung des im Gesetz von 1845 noch in § 302 Nr. 3 enthaltenen Wiederaufnahmegrundes (wenn später andere Personen wegen desselben Verbrechens verurteilt wurden und sich in diesem Verfahren Beweismittel ergaben, welche geeignet waren, den Freigesprochenen als Mitschuldigen zu überführen) erläutert: Wie *Trefurt* ausführt, sei es zwar eine „unwillkommene Erscheinung in der Strafrechtsverwaltung", wenn

---

312 § 118 lautete: „Ist das Verfahren eingestellt, oder ist wegen Unzulänglichkeit der Beweise verfügt worden, dass kein Grund zur weiteren gerichtlichen Verfolgung vorhanden sei, so kann die Wiederaufnahme des Verfahrens angeordnet werden, wenn neue erhebliche Beweise vorgefunden werden."

313 „§ 122. Ist der Angeschuldigte auf gepflogene Verhandlung freigesprochen, so findet eine Wiederaufnahme des Verfahrens nur auf Antrag des Staatsanwalts in folgenden Fällen statt:

1. wenn durch gerichtliches Strafurteil festgestellt ist, dass in dem vorigen Verfahren falsche Urkunden oder falsche Zeugnisse vorgebracht wurden, oder Bestechung oder eine andere strafbare Handlung vorkam, und nach den Umständen anzunehmen ist, dass diese Handlungen einen wesentlichen Einfluss auf die erfolgten Freisprechungen hatten;
2. wenn der Freigesprochene später selbst gerichtlich ein Geständnis des Verbrechens abgelegt hat."

314 *Bekk* verfasste knappe Anmerkungen zum Gesetz von 1851. Bezüglich Ziffer 1 des § 122 führte er aus, dass die Wiederaufnahme gegen den Freigesprochenen erst dann erfolgen könne, wenn zuvor durch ein selbstständiges Strafverfahren festgestellt wurde, dass der Freispruch aufgrund einer strafbaren Handlung herbeigeführt worden war. Dieses Strafurteil könne dann im Anschluss als Grundlage für das Wiederaufnahmeverfahren dienen; *Bekk*, Anmerkungen, S. 109.

315 Vgl. hierzu die knappe Begründung zum Entwurf eines Schwurgerichtsgesetzes, abgedruckt in: Verhandlungen der Zweiten Kammer 1850/51, 7. Beilagenheft S. 152 f.

einer der am selben Verbrechen Beteiligten aufgrund eines früher ergangenen Freispruches auch später nicht mehr in Untersuchung gezogen werden könne, wenn sich im Verfahren gegen die anderen Beteiligten herausstellt, dass er an der Tat beteiligt war. Dieser „Uebelstand dürfte jedoch nicht von dem Belang sein", um eine Ausnahme von der nunmehr geltenden Regel, dass ein freisprechendes Urteil den Freigesprochenen vor einer erneuten Verfolgung schütze, wenn lediglich einfache neue Beweise aufgefunden wurden, zu machen.[316] Eine weitergehende Begründung enthielt der Kommissionsbericht nicht.

d) Reformen bis zum Inkrafttreten der Reichsstrafprozessordnung – Die StPO von 1864

Der mit dem Gesetz von 1851 in Geltung getretene Rechtszustand wurde bald als äußerst unbefriedigend empfunden.[317] Darüber hinaus sollte endlich auch ein neues Gerichtsverfassungsgesetz eingeführt und der provisorische Rechtszustand aufgehoben werden. Am 10. Februar 1863 wurde daher der Entwurf einer neuen Strafprozessordnung den Ständen vorgelegt.[318] Mehr als ein Jahr später trat die neue StPO am 18. März 1864 schließlich in Kraft. Mit dieser sollte die Reform des Strafverfahrensrechts endgültig zum Abschluss gebracht werden.

aa) Ordentliche Rechtsmittel

Hinsichtlich der ordentlichen Rechtsmittel wurde zwischen solchen gegen Urteile der Schwurgerichte und der Strafkammern einerseits und solchen gegen Urteile der Amtsgerichte andererseits unterschieden. Während gegen erstere nur die Nichtigkeitsbeschwerde statthaft war, konnte gegen letztere der Rekurs (Berufung) erfolgen, wobei hierbei eine Wiederholung der in erster Instanz stattgefundenen Beweisaufnahme nicht zwingend erforderlich war.[319]

bb) Wiederaufnahme des Verfahrens

Die Wiederaufnahme des Verfahrens war nunmehr auch gegen amtsgerichtliche Erkenntnisse möglich. Dies ist darauf zurückzuführen, dass mit diesem Gesetz

316 Commissions-Bericht zum Entwurf des Geschworenengesetzes, abgedruckt in: Verhandlungen der Zweiten Kammer 1850/51, 7. Beilagenheft S. 220.

317 Begründung des Entwurfs von 1862, abgedruckt in: Verhandlungen der Zweiten Kammer, 1861/63 Beilagen Band 4,2 S. 897.

318 Der Entwurf ist abgedruckt in: Verhandlungen der Zweiten Kammer, 1861/63 Beilagenband 4,2 S. 806 ff.

319 Vgl. hierzu § 393 des Gesetzes; weiterführend insbesondere zur Abschaffung der zweiten Tatsacheninstanz gegen Urteile der Strafkammern *Behr*, Rechtsmittel, S. 149 ff.

auch für Strafverfahren vor den Amtsgerichten das Anklageverfahren eingeführt wurde, für welche bisher noch das Inquisitionsverfahren Anwendung fand.[320]

Wurde das Verfahren gegen einen bestimmten Beschuldigten wegen Mangels an Beweisen vor Durchführung einer Hauptverhandlung eingestellt, so sah § 400[321] der StPO von 1864 wie die bisherige Bestimmung vor, dass die Wiederaufnahme des Verfahrens aufgrund neuer erheblicher Beweise erfolgen könne. Ausführlicher geregelt war allerdings nunmehr, von wem die Wiederaufnahme betrieben werden konnte. Neben dem Staatsanwalt war gem. § 400 auch die Person oder Behörde, welche die Einleitung des Verfahrens veranlasst hatte, antragsberechtigt.

§ 405[322] enthielt die Wiederaufnahme gegen einen auf gepflogene Verhandlung Freigesprochenen und – was neu war – auch wenn eine Einstellung aufgrund von § 206 Nr. 1 oder 3 erfolgt war. Gemäß § 206 konnte die sog. „Raths- und Anklagekammer" mit dem Ausspruch, „daß der Angeschuldigte von der Anschuldigung zu entbinden sei", das Verfahren einstellen, wenn sie zu dem Ergebnis gelangte, dass 1. die Tat durch kein Strafgesetz verboten war, 2. eine erforderliche Anklage oder Anzeige durch den Verletzten oder die zuständige Behörde oder die vorgeschriebene Zustimmung oder Ermächtigung einer Behörde nicht vorlag oder 3. Tatsachen vorhanden waren, welche die Straflosigkeit des Angeschuldigten begründeten. Wie sich aus den §§ 202[323], 204[324] der StPO

320 Commissionsbericht zu § 401, abgedruckt in: Verhandlungen der Zweiten Kammer 1861/63 Beilagen Band 6,2 S. 691.

321 „§ 400. Ist das Verfahren wegen Unzulänglichkeit des Beweises gegen einen bestimmten Angeschuldigten eingestellt worden, so kann auf Antrag des Staatsanwalts oder der Person oder Behörde, welche die Einleitung des Verfahrens veranlasst hat, die Wiederaufnahme desselben erfolgen, wenn neue erhebliche Beweise vorgefunden werden.

Ueber die Zulässigkeit der Wiederaufnahme entscheidet dasjenige Gericht, welches das Verfahren eingestellt hatte."

322 „§ 405. Ist der Angeklagte auf gepflogene Verhandlung freigesprochen oder ist das Verfahren gegen ihn aus einem der in § 206 Ziff. 1 und 3 bezeichneten Gründe eingestellt worden, so findet die Wiederaufnahme des Verfahrens auf Antrag des Staatsanwalts oder des Privatanklägers statt:

1. wenn einer der in § 401 Ziff. 3 bezeichneten Fälle vorliegt;

2. wenn der Freigesprochene später gerichtlich ein Geständnis des Verbrechens abgelegt hat."

323 „§ 202. Nach geschlossener Voruntersuchung theilt der Untersuchungsrichter, wenn nicht eine Privatanklage vorliegt, die Akten dem Staatsanwalt am Kreisgericht mit. (...)."

324 „§ 204. Der Staatsanwalt hat die Akten in allen Fällen, in welchen eine bestimmte Person angeschuldigt und das Verfahren nicht eingestellt ist, dem Kreisgerichte (§ 199) mit schriftlichem Antrage vorzulegen. (...)."

von 1864 ergibt, war die „Raths- und Anklagekammer“ als Teil des Kreisgerichts erst nach geschlossener Voruntersuchung zuständig. Diese findet sich im Kapitel „Von der Raths- und Anklagekammer und von den Vorbereitungen zur Hauptverhandlung“, so dass es sich um eine Einstellung nach Abschluss des Ermittlungsverfahrens außerhalb der Hauptverhandlung handelte. § 206 enthielt in Ziffer 4 auch noch die Möglichkeit der Verfahrenseinstellung aufgrund des fehlenden hinreichenden Tatverdachts. Auf diese wurde in § 405 bezüglich der Wiederaufnahme allerdings nicht verwiesen. Da es sich hierbei um eine Einstellung wegen Mangels an Beweisen handelte, ist bezüglich der Wiederaufnahme davon auszugehen, dass sich diese nach § 400 richten sollte.

In Ziff. 1 des § 405 war weiterhin die Wiederaufnahme aufgrund strafbarer Handlungen vorgesehen, wobei diese dort nicht mehr aufgezählt wurden, sondern auf § 401 Ziff. 3[325], welcher Wiederaufnahmegründe zugunsten des Verurteilten beinhaltete, verwiesen wurde. In § 401 Ziff. 3 waren die strafbaren Handlungen konkret genannt. Erfasst war einerseits, dass Zeugen oder Sachverständige wissentlich erheblich falsch aussagten oder erhebliche Urkunden falsch oder verfälscht worden waren oder andererseits ein Richter, Geschworener oder Schöffe, welcher am Urteil mitgewirkt hatte, oder der Verteidiger oder Staatsanwalt bestochen war. Dass die strafbare Handlung durch ein selbstständiges Urteil festgestellt werden musste, war als Voraussetzung nicht mehr vorgesehen.

§ 405 Ziff. 2 hatte weiterhin die Wiederaufnahme gegen einen Freigesprochenen zum Gegenstand, wenn dieser später ein gerichtliches Geständnis abgelegte.

Grundsätzlich solle gem. § 406 – wie dies auch schon in der Strafprozessordnung von 1845 vorgesehen war – der Lauf der Verjährung mit dem Tag der Begehung des Verbrechens beginnen, wobei – wiederum wie in der StPO von 1845 – eine Ausnahme für den Fall des § 401 Ziff. 3 gelten sollte: Hatte der Angeklagte seine Freisprechung durch ein dort genanntes Verbrechen bewirkt oder daran teilgenommen, so sollte die Verjährung erst mit dem Tag der Verkündung des deswegen ergangenen Urteils zu laufen beginnen. Im Kommissionsbericht wurde ausdrücklich festgehalten, dass diese besondere Berechnung der Verjährungsfrist eine Strafe für den Verbrecher darstellen solle.[326]

325 § 401 Ziff. 3 bestimmte: „Wenn der Verutheilte darthut, daß ein oder mehrere Sachverständige oder Zeugen zu seinem Nachtheile erhebliche Aussagen wissentlich falsch gemacht haben, oder daß eine oder mehrere erhebliche Urkunden, welche in dem früheren Verfahren als Beweismittel gegen ihn gebraucht wurden, falsch oder verfälscht sind, oder daß ein Richter, Geschworener oder Schöffe, welcher zu dem Urtheil mitgewirkt hat, oder daß der Staatsanwalt oder der Vertheidiger bestochen gewesen ist.“

326 Commissionsbericht zu § 407, abgedruckt in: Verhandlungen der Zweiten Kammer 1861/63 Beilagen Band 6,2 S. 694.

cc) Begründung der Wiederaufnahmegründe

Dass die Wiederaufnahme gegen einen Freigesprochenen nur aufgrund der in § 405 genannten Fälle stattfinden sollte, war – wie die Motive zeigen – eine bewusste Entscheidung des Gesetzgebers.[327] Im Übrigen sollte dem „ne bis in idem-Grundsatz" größtmögliche Geltung eingeräumt werden. Die Kommission betonte, dass diejenigen Tatsachen, welche bereits Gegenstand der Verhandlung und Entscheidung waren, später nicht mehr Gegenstand einer neuen Verhandlung und Aburteilung werden durften, selbst dann nicht, wenn die Tat unter einem anderen strafrechtlichen Gesichtspunkt als früher gestellt werden könnte. Dieser Grundsatz sollte – ohne dass sich die Gesetzgebungskommission veranlasst sah, eine entsprechende Vorschrift in das Gesetz aufzunehmen – ausdrücklich in Baden Geltung entfalten.[328] Die Kommission ging dabei ganz selbstverständlich davon aus, dass die Gerichtshöfe Badens die Rechtsregel des „ne-bis-in-idem" in diesem Sinne bereits in der Vergangenheit auslegten und zukünftig auslegen werden.[329]

Die Bedeutung des „ne bis in idem-Grundsatzes" wurde in der Gesetzgebungskommission gerade vor dem Hintergrund der bereits erwähnten französischen Auslegung des „même fait" erörtert. Diese ging so weit, dass ein freisprechendes Urteil gegen eine neue Strafverfolgung wegen derselben Tat nicht schützte, wenn die Tat juristisch anders „qualifiziert" wurde, also beispielsweise der wegen vorsätzlicher Tötung Freigesprochene später wegen fahrlässiger Tötung angeklagt wurde. Die Kommission stellte sich auf die Seite der Gegner dieser Auslegung und betonte, dass mit der in Frankreich vorgenommenen Auslegung der Grundsatz des „ne-bis-in-idem" geradezu aufgehoben werde.[330] Wie in der Kommission weiter ausgeführt wurde, hätten sich deutsche Kriminalisten mit Recht gegen diese Interpretation gestellt, da ansonsten „der Rechtskraft der Strafurtheile Hohn gesprochen, das Ansehen der Schwurgerichte untergraben und die Justiz der Strafrichter in Mißkredit" gebracht werde.[331] Dass der „ne-

---

327 Begründung des Entwurfs von 1862, abgedruckt in: Verhandlungen der Ständeversammlung des Großherzogtums Baden 1861/63 Beilagen Band 4,2 S. 925.

328 Commissionsbericht zu § 406, abgedruckt in: Verhandlungen der Zweiten Kammer 1861/63 Beilagen Band 6,2 S. 693 f.

329 Commissionsbericht zu § 406, abgedruckt in: Verhandlungen der Zweiten Kammer 1861/63 Beilagen Band 6,2 S. 694.

330 Commissionsbericht zu § 406, abgedruckt in: Verhandlungen der Zweiten Kammer 1861/63 Beilagen Band 6,2 S. 693.

331 Commissionsbericht zu § 406, abgedruckt in: Verhandlungen der Zweiten Kammer 1861/63 Beilagen Band 6,2 S. 693.

bis-in-idem-Grundsatz“ in Baden aber auch ohne ausdrückliche gesetzliche Verankerung gelte, zeige – wie der Kommissionsbericht weiter ausführt – schon die Tatsache, dass in einigen Paragrafen des Strafgesetzbuches und der Strafprozessordnung die Rechtskraft der Strafurteile ausdrücklich anerkannt und bestimmt sei, dass ein ergangenes Urteil nur im Wege der Nichtigkeitsbeschwerde, des Rekurses oder der Wiederaufnahme des Verfahrens angefochten werden könne.[332]

Der Kommissionsbericht gibt außerdem Aufschluss darüber, warum man bezüglich der Wiederaufnahme aufgrund einer strafbaren Handlung auf das in § 122 Ziff. 1 des Gesetzes von 1851 noch vorgesehene Erfordernis der gerichtlichen Feststellung einer entsprechenden strafbaren Handlung vor einer Wiederaufnahme verzichtete. Diese Voraussetzung sei nach dem Abgeordneten *Prestinari* eine spezifisch französische Anschauung, die keine Nachahmung verdiene und auch in anderen neueren Gesetzen und Entwürfen nicht auftauche.[333] Vielmehr könne der Beweis eines Verbrechens auch erst mit dem Gesuch um Wiederaufnahme geliefert werden. Zweckmäßig erscheine es allerdings, die Wiederaufnahme bis zur Erledigung des Strafverfahrens gegen den Zeugen, Sachverständigen oder Richter auszusetzen, da ansonsten doppelte Arbeit und Mühe verursacht werde.[334] Das Erfordernis einer Verfahrensaussetzung legte man schließlich in § 408 nieder. Wenn die gerichtliche Verfolgung einer dieser Personen nicht mehr möglich sei, so sei der Beweis allerdings auch auf anderem gerichtlichen Wege zulässig.[335] Was sich *Prestinari* hierunter konkret vorstellte, erörterte er nicht.

dd) Regelung der Zuständigkeit im Wiederaufnahmeverfahren

Wie die Entwurfsbegründung zeigt, entschied man sich bewusst dafür, das Gericht, das ursprünglich über die Sache geurteilt hatte, auch über das Wiederaufnahmegesuch erkennen zu lassen. Dies wurde einerseits damit begründet, dass dieses Rechtsmittel nicht den Vorwurf eines Fehlers gegen den früheren Richter enthalte und dass andererseits der frühere Richter, dem die Verhandlung noch im Gedächtnis sein könnte, besser beurteilen könne, ob es sich tatsächlich um

---

332 Commissionsbericht zu § 406, abgedruckt in: Verhandlungen der Zweiten Kammer 1861/63 Beilagen Band 6,2 S. 693.

333 Commissionsbericht zu § 406, abgedruckt in: Verhandlungen der Zweiten Kammer 1861/63 Beilagen Band 6,2 S. 694.

334 Commissionsbericht zu § 406, abgedruckt in: Verhandlungen der Zweiten Kammer 1861/63 Beilagen Band 6,2 S. 694 f.

335 Commissionsbericht zu § 406, abgedruckt in: Verhandlungen der Zweiten Kammer 1861/63 Beilagen Band 6,2 S. 694 f.

Neuheiten handle und ob diese erheblich genug sind, um eine Wiederaufnahme zu begründen.[336] Dies zeigt, dass man ebenso wie bei der Frage nach einer zweiten Tatsacheninstanz nach Möglichkeiten gesucht hatte, wie das mündliche Verfahren der ersten Instanz wiederholt werden konnte, ohne dass der später urteilende Richter weniger gut informiert wäre als derjenige der ersten Instanz.

e) Zusammenfassung

In Baden zeichnete sich die Idee, die Wiederaufnahme zum Nachteil des Freigesprochenen auf bestimmte Fälle zu beschränken, bereits in den Dreißigerjahren des Neunzehnten Jahrhunderts ab und setzte sich über die folgenden Gesetze fort. Schon vor Ausbruch der Revolution 1848 entschied man sich dafür, auf die hier als „Klagfreisprechung" bezeichnete „absolutio ab instantia" mit deren schwerwiegenden Folgen für den Betroffenen zu verzichten, wodurch das Gesetz von 1845 zum ersten wurde, das eine solche nicht mehr vorsah. Man nahm nunmehr eine Differenzierung danach vor, ob vor Erhebung der Anklage eine Einstellung des Verfahrens erfolgte oder der Angeklagte „auf gepflogene Verhandlung" freigesprochen wurde und legte hinsichtlich letzterer strengere Voraussetzungen für die Wiederaufnahme des Verfahrens fest. Während das außergerichtliche Geständnis zunächst bereits im Entwurf von 1835 und in der Strafprozessordnung von 1845 enthalten war, verzichtete man ab dem Gesetz vom Februar 1849 schließlich darauf, da man – wie schon in den Beratungen zum Gesetz von 1845 – eine vorschnelle Wiederaufnahme zum Nachteil eines Freigesprochenen befürchtete. Zudem verzichtete man ab dem Gesetz über das Geschworenengericht vom Februar 1849 auf den in der Strafprozessordnung von 1845 noch vorgesehenen dritten Wiederaufnahmegrund, der diese gestattete, wenn sich im Verfahren gegen einen anderen Beweise ergeben hatten, die den vormals Freigesprochenen als Tatbeteiligten erscheinen ließen. Zudem war ab dem Gesetz von 1849 eine Wiederaufnahme zum Nachteil eines bereits Verurteilten nicht mehr vorgesehen.

Dies zeigt, dass in Baden einerseits die Wiederaufnahme zum Nachteil des Angeklagten grundsätzlich stets – also auch nach Einführung der Geschworenengerichte – für erforderlich gehalten, andererseits aber an bestimmte Voraussetzungen geknüpft wurde, die für den Fall, dass der Angeklagte auf gepflogene Verhandlung freigesprochen wurde, strenger waren als wenn lediglich eine Einstellung des Verfahrens erfolgt war. Die Voraussetzungen der Wiederaufnahme zu Lasten eines Freigesprochenen erfuhren zudem über die Jahre hinweg konti-

336 Begründung des Entwurfs von 1862, abgedruckt in: Verhandlungen der Ständeversammlung des Großherzogtums Baden 1861/63 Beilagen Band 4,2 S. 925.

nuierlich Einschränkung auf gewisse – vor allem auch mit Blick auf die Reaktionen im Volk – für unabdingbar gehaltenen Fälle, die dem „ne-bis-in-idem-Grundsatz“ ausreichend Rechnung tragen sollten.

2. Preußen

In Preußen existierte mit der Kriminalordnung von 1717 bereits ein erstes umfassenderes Gesetzgebungswerk, welches für den größten Teil des Staatsgebiets galt. Der Strafprozess war als Inquisitionsverfahren mit Folter und Reinigungseid ausgestaltet.[337]

Noch unter der Regierung *Friedrich Wilhelm II.* wurde eine Überarbeitung dieser Kriminalordnung in Angriff genommen. Zuvor hatte sowohl das Zivilrecht als auch das materielle Strafrecht im Allgemeinen Landrecht von 1794 eine zeitgemäße Kodifikation erfahren.[338] 1796 wurden *Suarez* und *Gossler*, die auch schon am Allgemeinen Landrecht mitgearbeitet hatten, mit der Erarbeitung eines Entwurfs beauftragt. *Suarez* verstarb jedoch bereits nach kurzer Zeit, ebenso *Friedrich Wilhelm II.*[339] Unter *Friedrich Wilhelm III.* wurden mehrere Entwürfe[340] vorgelegt, die jedoch zahlreiche Umarbeitung erfahren hatten. Daraufhin wurde die Aussetzung der Reform beschlossen bis ein neues Strafgesetzbuch erarbeitet worden war. Da man aber bald erkannte, dass die Erstellung eines neuen StGB sehr viel Zeit in Anspruch nahm, entschied man sich schließlich doch dafür, zunächst lediglich die Kriminalordnung zu veröffentlichen.[341]

a) Die Kriminalordnung von 1805

Mit dem Publikations-Patent vom 11. Dezember 1805 wurde in der preußischen Monarchie die neue Kriminalordnung eingeführt. Diese hielt noch streng an den Prinzipien des gemeinen Inquisitionsprozesses fest und zeichnete sich durch ein schriftliches, nicht öffentliches Verfahren mit strengen Beweisregeln aus.[342] Der Reinigungseid wurde zwar ausdrücklich abgeschafft (§ 392), die Möglichkeit

---

337 *Fels*, Criminal-Ordnung, S. 1.

338 *Fels*, Criminal-Ordnung, S. 1 ff.

339 *Fels*, Criminal-Ordnung, S. 1 ff.

340 Weiterführend zu diesen Entwürfen die Vorerinnerung der Motive zu dem von dem Revisor vorgelegten Ersten Entwurfe der Strafprozeßordnung von 1828, S. 1-4, abgedruckt in: *Schubert/Regge*, Gesetzrevision, Abt. 1 Bd. 2 S. 697-700.

341 Ausführlich zur Entstehungsgeschichte der Kriminalordnung *Fels*, Criminal-Ordnung, S. 3 ff.

342 *Fels*, Criminal-Ordnung, S. 7 f.

der Verhängung einer außerordentlichen Strafe bestand demgegenüber noch (§ 391).

Vorschriften, welche die Voraussetzungen der Wiederaufnahme des Verfahrens zuungunsten des Beschuldigten enthielten, fanden sich in dem Abschnitt „Von der Wirkung der Beweise und Vermuthungen in peinlichen Sachen". Die Voraussetzungen unterschieden sich hier ebenso wie in den anderen Staaten je nach der Art des erfolgten freisprechenden Urteiles. Die Kriminalordnung beschränkte sich auf zwei Formen der sog. Lossprechung:

Konnte der eigentliche Hergang der Sache nicht aufgeklärt werden und der Verdächtige den gegen ihn streitenden Verdacht nicht ausräumen, so wurde dieser lediglich vorläufig freigesprochen.[343] In diesem Fall konnte die Untersuchung jederzeit wieder eröffnet werden, wenn später erhebliche Umstände oder Beweismittel bekannt wurden, die in der bisherigen Untersuchung nicht vorgekommen waren.[344] Die Tatsache, dass hierbei vorausgesetzt wurde, dass es sich um erhebliche Umstände oder Beweise handeln musste und darüber hinaus diese in der bisherigen Verhandlung nicht vorgekommen sein durften, gibt Aufschluss darüber, dass die Wiederaufnahme gegen einen vorläufig Losgesprochenen nicht völlig schrankenlos möglich war, sondern im Vergleich zu den Vorschriften anderer Staaten wie der des erst acht Jahre später erlassenen bayerischen StGB von 1813 einerseits deutlich stärker begrenzt und andererseits präziser gefasst war.

War hingegen entweder die völlige Unschuld „ausgemittelt" oder konnte die strafbare Handlung gegen den Verdächtigen nicht erwiesen werden, wurde dieser gänzlich freigesprochen.[345] Bezüglich der Wiederaufnahme des Verfahrens differenzierte man wiederum danach, warum der vollständige Freispruch erteilt wurde: Wurde der Beschuldigte vollständig freigesprochen, weil seine Unschuld bewiesen werden konnte, war gesetzlich statuiert, dass diese Art der Freisprechung „jederzeit eine Befreiung von der Untersuchung wegen eben desselben Verbrechens" bewirke (§ 414[346] Alt 1). Eine Wiederaufnahme der Untersuchung war somit nicht möglich. Auf diese Weise wurde dem „ne bis in idem-Grund-

343 § 409 der Criminalordnung von 1805.

344 § 411 der Criminalordnung von 1805.

345 § 413 der Criminalordnung von 1805.

346 „§ 414. Die völlige Freisprechung, welche sich auf den vollen Beweis der Unschuld gründet, bewirkt jederzeit eine Befreiung von der Untersuchung wegen eben desselben Verbrechens. Gründet sie sich aber auf den Mangel an Beweisen; so findet eine Erneuerung derselben statt, wenn dazu eine neue rechtlich begründete Veranlassung vorhanden ist."

satz“ in vollem Umfang Rechnung getragen. Derjenige, der seine Unschuld beweisen konnte, war damit am besten vor einer Wiederaufnahme des Verfahrens geschützt; besser sogar, als dies beispielsweise nach dem bayerischen Gesetz von 1813 der Fall war, da dort Ausnahmen für den Fall vorgesehen waren, in denen nachträglich zum Vorschein kam, dass das zum Beweis der Unschuld gebrauchte Beweismittel „falsch“ war.

Gründete sich die „völlige Freisprechung“ hingegen auf den Mangel an Beweisen, konnte eine erneute Untersuchung stattfinden, wenn eine „neue rechtlich begründete Veranlassung“ vorhanden war (§ 414 Alt. 2). Weitere Voraussetzungen waren gesetzlich nicht vorgesehen. Auch fehlte hier die Einschränkung, dass es sich um erhebliche neue Umstände oder Beweise handeln müsse, wie dies im Falle der Lossprechung verlangt wurde, so dass bei Auslegung des Gesetzeswortlauts die Voraussetzungen der Wiederaufnahme sogar weniger streng waren als im Falle einer bloßen vorläufigen Lossprechung.

Eine Wiederaufnahmevorschrift zum Nachteil eines bereits Verurteilten war in der Kriminalordnung nicht vorgesehen. In den Abschnitt „Von dem Rechtsmittel der weiteren Vertheidigung“ war für den Verurteilten oder vorläufig Freigesprochenen die Möglichkeit der Wiederaufnahme zu seinen Gunsten geregelt (§ 532).

b) Die ersten Reformversuche

Im Jahre 1811 stellte Justizminister *v. Kircheisen*, der selbst einen bedeutenden Anteil an der Redaktion der Kriminalordnung von 1805 hatte, fest, dass die „Criminaljustizpflege“ einer Änderung bedürfe; sie sei zu schwerfällig und zu langsam.[347] Einerseits war zunächst eine Reform des Strafverfahrens angedacht, die an den Grundlagen des Inquisitionsprozesses festhalten sollte. Andererseits richtete man zunehmend den Blick auf das linksrheinische Gebiet, auf welchem der oben erläuterte französische Code d’instruction criminelle von 1808 galt und somit das Strafverfahren bereits in einem öffentlich und mündlichen Anklageverfahren mit Schwurgerichten bestand.[348]

Im Jahre 1816 wurde eine Kommission eingesetzt, die das Strafverfahrensrecht des linken Rheinufers einer ausführlichen Prüfung unterziehen sollte. Die Kö-

347 Zitat enthalten in den Vorerinnerungen des Entwurfs von 1828 S. 6, abgedruckt in: *Schubert/Regge*, Gesetzrevision, Abt. 1 Bd. 2 S. 702.

348 *Krieter*, Freie Beweiswürdigung, S. 20.

niglich Preußische Immediat-Justizkommission legte daraufhin 1819 das Gutachten über das Geschworenengericht vor, in welchem für dieses und die Einführung einer freien richterlichen Beweiswürdigung votiert wurde.[349]

1828 wurde schließlich vom Revisor ein erster Entwurf[350] der Strafprozessordnung für die Preußischen Staaten vorgelegt.[351] Auf die Einführung von Geschworenengerichten sollte zu diesem Zeitpunkt noch verzichtet werden, da man der Meinung war, dass der Kulturzustand des Landes die allgemeine Einführung der Geschworenengerichte nicht gestatte.[352] Die positiven Beweisvorschriften sollten jedoch aufgehoben werden.[353]

aa) Wiederaufnahme nach dem E-1828

Die Bestimmungen hinsichtlich der Wiederaufnahme des Verfahrens nach einem lossprechenden Urteil waren wiederum in den Abschnitt „Von der Wirkung der Beweise und Anzeigungen" einsortiert, während die Regelung, welche die Wiederaufnahme zugunsten des Verurteilten enthielt und hier als Restitution bezeichnet wurde, sich erst im Dritten Teil der Kriminalordnung unter dem Titel „Von dem außerordentlichen Strafprozesse" fand.

Die Wiederaufnahmevorschrift zum Nachteil eines vollständig Freigesprochenen[354] wurde im Vergleich zu derjenigen der Kriminalordnung von 1805 dahingehend geändert, dass man nicht mehr danach unterschied, ob der vollständige Freispruch aufgrund bewiesener Unschuld oder wegen Mangels an Beweisen erfolgt war. § 414[355] sah ohne Ausnahme vor, dass ein vollständiger Freispruch für alle Zeit eine Befreiung von der Untersuchung wegen derselben Handlung bewirke.

Wie die Motive zeigen, befürchtete man, dass der Grundsatz, dass niemand verpflichtet sei, seine Unschuld zu beweisen, ins Gegenteil verkehrt werde, wenn

---

349 Vgl. hierzu: *Krieter*, Freie Beweiswürdigung, S. 20.

350 Abgedruckt in: *Schubert / Regge*, Gesetzrevision, Abt. 1 Bd. 2 S. 553 ff.

351 Der Entwurf nebst Motiven wurde von dem Oberlandesgerichtsrat *Scheller* allein erstellt. *Scheller* bezieht sich dabei jedoch ausdrücklich auf den von *Sack* im Jahr 1814 vorgelegten Entwurf einer Strafprozessordnung; vgl. hierzu: *Schubert / Regge*, Gesetzrevision, Abt. 1 Bd. 1 S. XXXVI und die Motive zu E-1828 S. 5.

352 Vgl. hierzu die Motive zu E-1828, S. 18, abgedruckt in: *Schubert / Regge*, Gesetzrevision, Abt. 1 Bd. 2 S. 714.

353 Hierzu ausführlich: *Krieter*, Freie Beweiswürdigung, S. 20 ff.

354 Eine völlige Freisprechung fand gemäß § 413 statt, „wenn die Unschuld des Angeschuldigten gänzlich ausgemittelt, oder doch die strafbare Handlung nicht erwiesen worden und kein Verdacht gegen ihn zurückgeblieben" war.

355 „§ 414. Die völlige Freisprechung bewirkt jederzeit eine Befreiung von der Untersuchung wegen eben derselben Handlung."

man den Angeschuldigten nur dann mit der Wirkung, dass die Untersuchung niemals wieder aufgenommen werden dürfe, freispreche, wenn dieser seine Unschuld bewiesen habe.[356] Der Angeschuldigte sei vielmehr berechtigt, den Beweis seiner Schuld zu verlangen. Aus diesem Grunde verzichtete man auf die Differenzierung und statuierte, dass die völlige Freisprechung jederzeit die Befreiung von der Untersuchung wegen derselben Handlung bewirke.[357]

War der Beschuldigte lediglich vorläufig losgesprochen worden, so konnte – wie dies auch die Kriminalordnung von 1805 vorsah – die Untersuchung jederzeit wieder eröffnet werden, sobald erhebliche Umstände oder Beweismittel bekannt wurden, die in der bisherigen Untersuchung nicht vorgekommen waren (§ 412 E-1828).

bb) Wiederaufnahme nach dem E-1829

Der E-1828 wurde in der Gesetzrevisionskommission beraten und dort zum Entwurf von 1829 umgearbeitet.

Im E-1829 waren – wie dies schon aus dem Bayerischen StGB von 1813 bekannt war – nun drei Arten lossprechender Urteile[358] vorgesehen, so dass es neben der vollständigen und vorläufigen Lossprechung noch eine Entbindung von der Untersuchung geben sollte.

Während die vorläufige Lossprechung – wie schon in der Kriminalordnung von 1805 – erfolgen sollte, „wenn der Hergang der Sache nicht völlig hat aufgeklärt werden, und der gegen den Inquisiten streitende Verdacht nicht hat widerlegt werden können“ (§ 243), war die Entbindung von der Untersuchung für den Fall vorgesehen, in welchem zwar die gegen den Inquisiten streitenden Verdachtsgründe widerlegt, dessen Unschuld jedoch nicht nachgewiesen wurde (§ 242).

In beiden Fällen konnte unter denselben Voraussetzungen die Untersuchung wieder eröffnet werden, sobald erhebliche, in der bisherigen Untersuchung nicht vorgekommene Umstände oder Beweismittel auftauchten. Für denjenigen, der seine Unschuld nicht nachweisen konnte, aber jeder gegen ihn streitende Verdacht ausgeräumt war, bedeutete dies einen Rückschritt und damit eine Schlechterstellung gegenüber dem Entwurf von 1828.

---

356 Motive zu E-1828 S. 170, abgedruckt in: *Schubert / Regge*, Gesetzrevision, Abt. 1 Bd. 2 S. 866.

357 Vgl. hierzu die Motive zu E-1828 S. 170, abgedruckt in: *Schubert / Regge*, Gesetzrevision, Abt. 1 Bd. 2 S. 866.

358 §§ 241-243 des E-1829; abgedruckt in: *Schubert / Regge*, Gesetzrevision, Abt. 1 Bd. 2 S. 985.

Ein vollständiger Freispruch sollte hingegen nur dann erfolgen, wenn die Unschuld des Inquisiten vollständig nachgewiesen wurde. Für diesen Fall war in Art. 414 des E-1828 noch niedergelegt, dass wegen derselben Tat keine weitere Untersuchung mehr stattfinden dürfe. Diese gesetzliche Verankerung des „ne bis in idem-Grundsatzes" fehlt im E-1829.

cc) Schicksal des Entwurfs und weitere Reformversuche

Der E-1829 wurde dem Staatsministerium zur Beratung übersandt, blieb dort aber zunächst liegen bis die Revisionsarbeiten schließlich formell ausgesetzt wurden.[359]

Preußen blieb von den europäischen Ereignissen der Jahre 1830/31, welche ausgehend von der französischen Julirevolution die Reformforderungen immer lauter werden ließen, weitgehend verschont.[360] Im August 1830 kam es zwar in einigen Städten, u.a. in Aachen aufgrund von Arbeitslosigkeit, schlechten Arbeitsbedingungen und Preissteigerungen zu sozialen Protesten, welche jedoch schnell durch den Einsatz des Militärs und der Bürgerwehr niedergeschlagen wurden.[361] Auch die im September in Berlin stattfindenden Unterschichtenproteste schafften es nicht, die bestehende Ordnung zu gefährden und den König zu einer Kooperation mit dem Bürgertum zu bewegen. Anders als in zahlreichen anderen Ländern stand in Preußen ein Systemwechsel nicht zur Debatte.[362] Vielmehr waren hier die konservativen Kräfte stark genug, um liberale Forderungen zurückzuweisen und das alte politische System aufrecht zu erhalten.[363]

Als im Jahr 1840 *Friedrich Wilhelm IV.* den Thron bestieg, glaubte man zwar, dass Preußen nunmehr eine Verfassung erhalten sollte, erfuhr jedoch bald, dass dieser strikt gegen eine moderne Verfassung war, die ihn an den Willen von Volksrepräsentanten binden sollte.[364]

Erst mehr als zehn Jahre nach den letzten Entwürfen einer Strafprozessordnung nahm man die Reformarbeiten hinsichtlich des Strafverfahrensrechts wieder auf. Der für Gesetzesrevision zuständige Minister *v. Kamptz* hatte zunächst die Revision des materiellen Strafrechts abgeschlossen. Erst im Anschluss daran widmete er sich der Reform des Prozessrechts und legte im Jahr 1841 einen Entwurf

359 Vgl. hierzu die chronologische Übersicht über die Reformen in Preußen bei: *Schubert / Regge*, Gesetzrevision, Abt. 1 Bd. 1 S. XXXVI.

360 *Gebhardt*, Handbuch, S. 428 f; *Mieck* in: Büsch Handbuch, S. 194.

361 *Gebhardt*, Handbuch, S. 429; *Mieck* in: Büsch Handbuch, S. 193.

362 *Gebhardt*, Handbuch, S. 429.

363 *Mieck* in: Büsch Handbuch, S. 199.

364 *Gebhardt*, Handbuch, S. 512.

vor, der sich an den E-1829 anlehnte. Dieser sah weder ein öffentliches und mündliches Verfahren mit Staatsanwaltschaft noch eine freie richterliche Beweiswürdigung vor.[365]

Dass in diesem Entwurf an den bisherigen Grundsätzen festgehalten wurde, zeigt sich auch im Hinblick auf die vorgesehenen Arten lossprechender Urteile, die nach wie vor die oben bereits dargestellte Dreiteilung erfahren hatten und nur dann die Untersuchung nicht wieder aufgenommen werden sollte, wenn der Angeschuldigte seine Unschuld bewiesen hatte. In den anderen Fällen, sollte gemäß § 280 des Entwurfs die Untersuchung wieder eröffnet werden, wenn erhebliche, in der bisherigen Untersuchung nicht vorgekommene Umstände oder Beweismittel vorhanden waren. Mit der Begründung, dass der vorläufig Losgesprochene bzw. aus Mangel an Beweisen Freigesprochene nur augenblicklich keinen Beweis der Schuld gegen sich habe, sollten erhebliche neue Umstände oder Beweismittel eine künftige Untersuchung wegen derselben Tat nicht ausschließen.[366]

c) Der Wendepunkt in der Preußischen Strafprozessgesetzgebung

Wie der Entwurf aus dem Jahre 1841 zeigt, verschloss man sich in Preußen bis in die vierziger Jahre des Neunzehnten Jahrhundert weitgehend Reformen auf dem Gebiet des Strafverfahrensrechts.[367] Dies änderte sich, als im Jahr 1842 Justizminister *v. Kamptz* durch den reformfreudigen *v. Müher* abgelöst wurde.[368] Zusammen mit dem „Minister der Gesetzes-Revision" *Savigny*[369] versuchte dieser, die „Übelstände der Rechtsprechung der Strafgerichte", welche auf das immer noch geltende Inquisitionsverfahren zurückgeführt wurden, zu beseitigen. Im Jahr 1843 fanden sodann erste Verhandlungen über die Einführung der Staatsanwaltschaft statt.[370] Welche Kompetenzen dieser neu einzuführenden Behörde zukommen sollten, war zunächst umstritten:

Am 19. März 1844 beschloss das Staatsministerium, die Staatsanwaltschaft lediglich mit der Aufgabe einzuführen, für den Staat das Rechtsmittelrecht gegen Entscheidungen erster und zweiter Instanz auszuüben. Unter dieser Maßgabe

---

365 Vgl. hierzu die chronologische Übersicht über die Reformen in Preußen bei: *Schubert / Regge*, Gesetzrevision, Abt. 1 Bd. 1 S. XXXVIII.

366 Motive zu dem revidierten Entwurf der StPO v. 1841, S. 107.

367 Zur Kritik an diesem Entwurf *Ignor*, Geschichte, S. 265 f; *Wohlers*, Staatsanwaltschaft, S. 101.

368 *Wohlers*, Staatsanwaltschaft, S. 101.

369 Zum Wirken Savignys *Ignor*, Geschichte, S. 267 f.

370 *Otto*, Staatsanwaltschaft, S. 8.

sollte durch *v. Savigny* ein entsprechender Entwurf erarbeitet werden.[371] *Savigny* wich jedoch davon ab und betraute in seinem Entwurf die Staatsanwaltschaft mit umfassenderen Aufgaben. Im Anschluss daran erfolgte eine langwierige Diskussion über die Aufgaben und Funktion der Staatsanwaltschaft, so dass eine neue Strafprozessordnung zunächst noch auf sich warten ließ.[372]

Im Jahr 1846 veröffentlichte *von Savigny* die Denkschrift „Die Prinzipienfragen in Beziehung auf eine neue Strafprozeß-Ordnung", in welcher er sich für ein mündliches und öffentliches Verfahren mit Staatsanwaltschaft, jedoch ohne Schwurgerichte aber mit freier richterlicher Beweiswürdigung aussprach.[373] Als es im selben Jahr zu einem Aufstand polnischer Nationalisten gegen die preußische Fremdherrschaft kam und man in Folge dessen 254 „Verschwörer", die des Hochverrats bezichtigt wurden, festgenommen hatte, sah man sich vor dem Problem, dass sich eine Aburteilung unter den immer noch geltenden Prinzipien des Inquisitionsprozesses als langwieriges Unterfangen gestaltete, das sich möglicherweise über Jahre hinweg erstrecken könnte.[374] Dies führte dazu, dass man zunächst für das Kammer- und Kriminalgericht in Berlin, welches für die Aburteilung dieser Prozesse zuständig war, ein mündliches Anklageverfahren einführte[375]. Darin, dass die neuen Verfahrensprinzipien vorerst nur in Berlin eingeführt wurden, sah man den weiteren Vorteil, dass das „neue Verfahren" zunächst versuchsweise getestet werden konnte bevor es für ganz Preußen gelten sollte.[376]

---

371 *Otto*, Staatsanwaltschaft, S. 22; *Wohlers*, Staatsanwaltschaft, S. 102; abweichend hierzu wird die Rolle *Savignys* bei *Ignor*, Geschichte, S. 269 ff. dargestellt, wonach es *Savigny* gewesen sei, der in einem Entwurf die Staatsanwaltschaft lediglich mit der Aufgabe betraute, Rechtsmittel gegen missliebige Urteile einzulegen und es vielmehr *Heinrich Friedberg* gewesen sei, der, dem Wunsch des Königs entsprechend, die Staatsanwaltschaft als „allgemeinen Wächter des Gesetzes" qualifizierte.

372 Ausführlich hierzu *Wohlers*, Staatsanwaltschaft, S. 102.

373 Vgl. hierzu die chronologische Übersicht über die Reformen in Preußen bei: *Schubert / Regge*, Gesetzrevision, Abt. 1 Bd. 1 S. XL.

374 *Dettmar*, Legalität und Opportunität, S. 36 in Fn. 160; *Ignor*, Geschichte, S. 272 f.; *Otto*, Staatsanwaltschaft, S. 52 f; *Wohlers*, Staatsanwaltschaft, S. 106.

375 Gesetz vom 17. Juli 1846 „betreffend das Verfahren in den bei dem Kammergericht und dem Kriminalgericht zu Berlin zu führenden Untersuchungen"; das Gesetz ist abgedruckt in: *Schubert / Regge*, Gesetzrevision, Abt. 1 Bd. 6 Teil 2, S. 1489-1512.

376 Vgl. hierzu das Schreiben der Minister *v. Bodelschwingh* und *Uhden* vom 22. April 1846 an den König, S. 1 abgedruckt in *Schubert / Regge*, Gesetzrevision, Abt. 1 Bd. 6 Teil 2, S. 1354.

aa) Das Gesetz für das Kammer- und Kriminalgericht zu Berlin von 1846

Neben dem mündlichen Anklageverfahren mit Staatsanwaltschaft führte das Gesetz von 1846 auch eine teilweise[377] Öffentlichkeit ein und setzte die bisherigen positiven Beweisvorschriften außer Kraft. Stattdessen sollte nunmehr die freie richterliche Beweiswürdigung gelten (§ 19 des Gesetzes). In dem selben Paragrafen wurde darüber hinaus ausdrücklich festgehalten, dass auf eine vorläufige Lossprechung nicht mehr erkannt werden sollte. Dieser gesetzlichen Bestimmung war eine ausführliche Diskussion vorausgegangen:

(1) Die Diskussion über die vorläufige Lossprechung

In den Beratungen des Entwurfs war man sich im Hinblick auf die Abschaffung der vorläufigen Lossprechung nicht einig: Die Meinungen reichten von der Beibehaltung bis zur Abschaffung, wobei teilweise zwar keine vollständige Beseitigung der Vorschrift, sondern eine Modifikation gefordert wurde.[378]

Noch vor Eröffnung der Diskussion wurde vom Referenten darauf hingewiesen, dass die Majorität des Königlichen Staatsministeriums sich für die Beibehaltung der vorläufigen Lossprechung ausgesprochen habe.[379] In der daran anschließenden Diskussion führte man für die Beibehaltung an, dass derzeit keine vollständige neue Strafprozessordnung angefertigt werde, sondern man den Zweck verfolge, die Kriminalordnung lediglich an den Stellen abzuändern, an welchen dies die Einführung des mündlichen Verfahrens zwingend verlange.[380] Hieraus folge nur das Erfordernis, die positiven Beweisvorschriften und in Folge dessen auch die außerordentlichen Strafen zu beseitigen, nicht jedoch die Beseitigung der vorläufigen Freisprechung. Da sich auch in einem mündlichen Verfahren der Fall denken lasse, dass ein Sachverhalt nicht genügend aufgeklärt werden und der Angeschuldigte den gegen ihn streitenden Verdacht nicht ausräumen könne, gäbe es keinen Grund für die Notwendigkeit der Abschaffung.[381] Ließe man in

377 Zutritt hatten zunächst lediglich Justizbeamte, Justizkommissare, Referendare und Auskultatoren (Praktikanten), wobei die Öffentlichkeit durch Verordnung vom 1. April 1847 auf alle Männer erweitert wurde; vgl. hierzu *Ignor*, Geschichte, S. 280.

378 Vgl. hierzu die Verhandlung der Staatsraths-Kommission vom 19. Mai 1846 S. 15, abgedruckt in: *Schubert / Regge*, Gesetzrevision, Abt. 1 Bd. 6 Teil 2, S. 1409.

379 Verhandlung der Staatsraths-Kommission vom 19. Mai 1846 S. 15, abgedruckt in: *Schubert / Regge*, Gesetzrevision, Abt. 1 Bd. 6 Teil 2, S. 1409.

380 Verhandlung der Staatsraths-Kommission vom 19. Mai 1846 S. 15, abgedruckt in: *Schubert / Regge*, Gesetzrevision, Abt. 1 Bd. 6 Teil 2, S. 1409.

381 Verhandlung der Staatsraths-Kommission vom 19. Mai 1846 S. 15, abgedruckt in: *Schubert / Regge*, Gesetzrevision, Abt. 1 Bd. 6 Teil 2, S. 1409.

diesem Fall keine vorläufige Lossprechung zu, so müsse der Richter denjenigen vollständig freisprechen und für schuldlos erklären und damit gegen seine Überzeugung urteilen.[382] Darüber hinaus wurde betont, dass die Lossprechung das Mittel sei, um verdächtige Personen aus der Versammlung der Stadtverordneten sowie aus anderen Vorständen fern zu halten und es sich gerade im Hinblick auf diese Wirkung der Lossprechung nicht rechtfertigen lasse, wenn in einer Stadt andere Grundsätze gelten würden als in der restlichen Monarchie.[383]

Für die Abschaffung der vorläufigen Freisprechung wurde hingegen angeführt, dass diese im Inquisitionsprozess entstanden sei, im Anklageprozess, wie er nun vorgesehen war, es der Staatsanwalt in der Hand habe, eine unsubstantiierte Anklage nicht zu erheben und stattdessen den Zeitpunkt abzuwarten, in welchem er eine bessere Begründung liefern könne.[384] Diese passe also einerseits nicht mehr in das neue Prozesssystem und sei darüber hinaus auch schon an sich aufgrund der mit ihr einhergehenden Nachteile, wie das Stellen unter Polizeiaufsicht oder der Pflicht zum Tragen der Prozesskosten, welche einer außerordentlichen Strafe nahe kämen, abzulehnen.[385]

Zudem wurde im Rahmen dieser Diskussion ausdrücklich der Rechtssicherheit Bedeutung zugesprochen, indem man betonte, dass es vom Angeklagten zu viel verlangt sei, wenn dieser seine Unschuld zu beweisen habe, um vor einer weiteren Verfolgung geschützt zu sein und dieser für den Fall, dass ihm dies nicht gelinge, fortwährend der Gefahr ausgesetzt sei, dass erneut eine Untersuchung gegen ihn stattfinden könne.[386]

Am Ende des ersten Verhandlungstages wurde sowohl die Frage nach der vollständigen Abschaffung als auch die hinsichtlich der Beibehaltung der vorläufigen Lossprechung verneint und stattdessen für deren Modifikation votiert, wobei man sich über die konkrete gesetzliche Ausgestaltung der Reform zunächst

---

382 Verhandlung der Staatsraths-Kommission vom 19. Mai 1846 S. 16, abgedruckt in: *Schubert / Regge*, Gesetzrevision, Abt. 1 Bd. 6 Teil 2, S. 1410.

383 Verhandlung der Staatsraths-Kommission vom 19. Mai 1846 S. 16, abgedruckt in: *Schubert / Regge*, Gesetzrevision, Abt. 1 Bd. 6 Teil 2, S. 1410.

384 Verhandlung der Staatsraths-Kommission vom 19. Mai 1846 S. 16, abgedruckt in: *Schubert / Regge*, Gesetzrevision, Abt. 1 Bd. 6 Teil 2, S. 1410.

385 Verhandlung der Staatsraths-Kommission vom 19. Mai 1846 S. 16, abgedruckt in: *Schubert / Regge*, Gesetzrevision, Abt. 1 Bd. 6 Teil 2, S. 1410.

386 Verhandlung der Staatsraths-Kommission vom 19. Mai 1846 S. 17, abgedruckt in: *Schubert / Regge*, Gesetzrevision, Abt. 1 Bd. 6 Teil 2, S. 1411.

nicht einig war.[387] Die als Vorteil angesehene Folge der vorläufigen Freisprechung, aufgrund neu entdeckter Beweise eine neue Untersuchung einzuleiten, wollte man zugunsten des Staates beibehalten. Andererseits wollte man jedoch auf die mit dieser Einrichtung verbundenen „reellen Strafübel", welche in der Verpflichtung zur Zahlung der Untersuchungskosten und in der Möglichkeit der Verhängung von Polizeiaufsicht gesehen wurden, verzichten.[388] Aus diesem Grunde einigte man sich darauf, dass eine vorläufige Freisprechung zu dem Zweck, eine neue Untersuchung stets zuzulassen, weiterhin möglich sein sollte, während man auf deren weitere negativen Folgen verzichteten wollte.[389]

Um die mit der vorläufigen Lossprechung einhergehende „Anrüchigkeit" zukünftig zu verhüten und zum Ausdruck zu bringen, dass diese nicht mehr mit weiteren negativen Folgen verbunden war, sollte diese fortan als „Entbindung von der Anklage" bezeichnet werden.[390] Obwohl sogleich von einigen Mitgliedern der Versammlung darauf aufmerksam gemacht wurde, dass die „bisherige Anrüchigkeit" sich auch an einen solchen Richterspruch knüpfen werde, einigte man sich schließlich dennoch auf die neue Terminologie.[391]

(2) Das „neue" Institut der Entbindung von der Anklage

Unter welchen Voraussetzungen eine solche „Entbindung von der Anklage" in dem neuen Prozesssystem, in welchem die Gerichte die Untersuchung grundsätzlich nur noch nach einem Antrag der Staatsanwaltschaft durchführen durften und nach Anklageerhebung ein mündliches Verfahren vor dem erkennenden Gericht erfolgen musste,[392] eintreten sollte, war im Gesetz nicht näher bestimmt. Da man lediglich die negativen Folgen der Lossprechung beseitigen wollte, ist davon auszugehen, dass eine Entbindung von der Anklage unter denselben Voraussetzungen eintreten sollte wie die bisherige Lossprechung.

---

387 Vgl. hierzu die Verhandlung der Staatsraths-Kommission vom 19. Mai 1846 S. 18 und die Verhandlung vom 26. Mai 1846 S. 30, abgedruckt in: *Schubert / Regge*, Gesetzrevision, Abt. 1 Bd. 6 Teil 2, S. 1412 und 1424.

388 Verhandlung der Staatsraths-Kommission vom 19. Mai 1846 S. 17, abgedruckt in: *Schubert / Regge*, Gesetzrevision, Abt. 1 Bd. 6 Teil 2, S. 1411.

389 Verhandlung der Staatsraths-Kommission vom 19. Mai 1846 S. 18, abgedruckt in: *Schubert / Regge*, Gesetzrevision, Abt. 1 Bd. 6 Teil 2, S. 1412.

390 Vgl. die Verhandlung vom 19. und 23. Mai 1846, S. 17 ff., abgedruckt in: *Schubert / Regge*, Gesetzrevision, Abt. 1 Bd. 6 Teil 2, S. 1411 ff.

391 Verhandlung der Staatsraths-Kommission vom 19. Mai 1846 S. 17 f. und vom 23. Mai 1846 S. 20, abgedruckt in: *Schubert / Regge*, Gesetzrevision, Abt. 1 Bd. 6 Teil 2, S. 1411 f.; 1414.

392 *Wohlers*, Staatsanwaltschaft, S. 106.

In § 19 des Gesetzes von 1846, in welchem die nunmehr geltende freie richterliche Beweiswürdigung geregelt war, wurde lediglich festgehalten, dass der erkennende Richter „fortan nach genauer Prüfung aller Beweise, für die Anklage und Vertheidigung nach seiner freien, aus dem Inbegriff der vor ihm erfolgten Verhandlungen geschöpften Ueberzeugung zu entscheiden (habe): ob der Angeklagte schuldig, oder nicht schuldig, oder ob derselbe von der Anklage zu entbinden sei“. Die im letzten Halbsatz vorgenommene Aufzählung zeigt, dass man die „Entbindung von der Anklage“ gleichrangig neben der „Schuldig- bzw. Unschuldigerklärung“ ansah, welche beide erst nach durchgeführter Hauptverhandlung erfolgen sollten und noch keine Differenzierung zwischen der Verfahrenseinstellung aufgrund des Mangels an Beweisen im Ermittlungsverfahren und einem Freispruch durch Urteil nach durchgeführter Hauptverhandlung vorgenommen wurde. Während man in Baden – wie die Diskussion über die Klagfreisprechung zu dem Gesetz von 1845 gezeigt hat – der Frage, ob gegen den Angeschuldigten bereits Anklage erhoben worden war und dieser „auf gepflogene Verhandlung“ freigesprochen wurde oder ob ohne Schlussverhandlung von der weiteren Verfolgung abgesehen wurde, große Bedeutung im Hinblick auf die Wiederaufnahmemöglichkeit zugesprochen hatte, kam diese Unterscheidung zwischen Einstellung vor Anklageerhebung und einem Endurteil nach durchgeführten Hauptverhandlung in der preußischen Diskussion nicht zur Sprache.

§ 22 Abs. 2 des Gesetzes sah vor, dass ein von der Anklage Entbundener erneut angeklagt werden konnte, wenn neue Tatsachen oder Beweismittel angeführt wurden und die Verjährung noch nicht eingetreten war.[393]

Dass im § 19 des Gesetzes von 1846 statuiert war, dass auf eine vorläufige Lossprechung nicht mehr erkannt werden sollte, hatte für den Beschuldigten daher nur insofern Bedeutung, als die bisher mit der vorläufigen Lossprechung einhergehenden nachteiligen Folgen nicht mehr eintreten sollten. Die in diesem Gesetz als „Entbindung von der Anklage“ bezeichnete Form der Freisprechung war jedoch nichts anderes als eine vorläufige Lossprechung mit der Wirkung der jederzeitigen Wiederaufnahmemöglichkeit des Verfahrens unter Beseitigung der übrigen negativen Folgen.

---

393 Andererseits war es nach § 22 Abs. 3 möglich, erneut Anklage zu erheben, wenn die frühere Anklage von dem Staatsanwalt zurückgenommen oder dessen Antrag auf Eröffnung der Untersuchung vom Gericht zurückgewiesen worden war. Neue Tatsachen oder Beweismittel waren zur erneuten Anklage nach § 22 Abs. 3 nicht erforderlich.

(3) Gesetzliche Verankerung des „ne bis in idem“ und Restitution

Der für nicht schuldig Erklärte sollte hingegen gegen eine Wiederaufnahme des Verfahrens am besten geschützt werden. Daher statuierte man in § 22 Abs. 1, dass dieser wegen derselben Handlung nicht wieder „unter Anklage gestellt“ werden dürfe.[394]

Wann jemand für nicht schuldig erklärt werden sollte, war im Gesetz nicht näher ausgeführt. In den Verhandlungen des Staatsrates wurde jedoch besonders hervorgehoben, dass künftig in beiden Fällen der §§ 413, 414 der Kriminalordnung von 1805 jede neue Untersuchung ausgeschlossen sein sollte.[395] Wie oben bereits ausgeführt, war gemäß § 414 Alt. 1 der Kriminalordnung nur derjenige, dessen Unschuld bewiesen war, wegen desselben „Verbrechens“ vor einer erneuten Untersuchung geschützt, während gegen denjenigen, der wegen Mangels an Beweisen freigesprochen wurde gemäß § 414 Alt. 2 aufgrund einer „rechtlich begründeten Veranlassung“ eine neue Untersuchung stattfinden konnte. Es kann daher davon ausgegangen werden, dass der Beschuldigte in den Fällen für nicht schuldig erklärt werden sollte, in denen er bisher „gänzlich freigesprochen“ wurde, wobei nunmehr in jedem dieser Fälle eine erneute Anklage ausgeschlossen sein sollte.

Die sog. Restitution[396] gegen ein rechtskräftiges Urteil war aber dennoch möglich. Antragsberechtigt waren gem. § 98[397] sowohl der Angeklagte[398] als auch der Staatsanwalt, wenn die Tat noch nicht verjährt war und das Urteil auf einer falschen Urkunde oder der Aussage eines meineidigen Zeugen basierte.

---

394 In der Staatsrats-Kommission gab es zwar Erwägungen, diese Vorschrift bei denjenigen über die als Restitution bezeichnete Wiederaufnahme des Verfahrens – angelehnt an die §§ 301-303 des Gesetzes von 1845 für das Großherzogtum Baden – anzubringen. Letztlich entschied man sich im Gesetz von 1846 ohne Begründung dagegen und beließ die Vorschrift im vorderen Teil des Gesetzes; Verhandlung der Staatsraths-Kommission vom 23. Mai 1846 S. 20, abgedruckt in: *Schubert / Regge*, Gesetzrevision, Abt. 1 Bd. 6 Teil 2, S. 1414.

395 Verhandlung der Staatsraths-Kommission vom 19. Mai 1846 S. 17, abgedruckt in: *Schubert / Regge*, Gesetzrevision, Abt. 1 Bd. 6 Teil 2, S. 1411.

396 Als ordentliches Rechtsmittel war die Appellation vorgesehen, welche gegen jedes in erster Instanz ergangene Urteil sowohl durch den Angeklagten als auch durch den Staatsanwalt innerhalb einer Frist von zehn Tagen eingelegt werden konnte (§ 72).

397 „§ 98. Gegen ein rechtskräftiges Urtheil kann der Angeklagte zu jeder Zeit, der Staatsanwalt aber nur so lange, als das Verbrechen noch nicht verjährt ist, das Rechtsmittel der Restitution einwenden, wenn er darzuthun vermag, daß das Urtheil auf eine falsche Urkunde oder auf die Aussage eines meineidigen Zeugen gegründet ist.“

398 Die Restitution durch den Angeklagten hatte mit diesem Gesetz eine starke Einschränkung erfahren. Vgl. hierzu und weiterführend *Goltdammer*, GA 1858 Bd. 6, 515 (532 f.).

Da § 98 lediglich von der Restitution gegen ein rechtskräftiges Urteil sprach und diese sowohl durch den Angeklagten als auch die Staatsanwaltschaft erhoben werden konnte, bestand zunächst Unsicherheit, ob die Staatsanwaltschaft die Wiederaufnahme überhaupt zuungunsten des Angeklagten betreiben konnte oder hier nur diejenige zugunsten des Angeklagten erfasst war. Dass § 98 – trotz des nicht ganz eindeutigen Wortlauts – auch die Wiederaufnahme zum Nachteil eines Freigesprochenen regelte, begründete *Abegg* wie folgt:

Aufgrund der Tatsache, dass im Gesetz die Wiederaufnahme durch den Staatsanwalt ausdrücklich an die Verjährung geknüpft wurde, könne hier nicht der Fall gemeint sein, dass der Staatsanwalt von der Unschuld des Verurteilten überzeugt sei und nun im Wege der Restitution die Wiedergutmachung des Unrechts beantragen wollte, so dass die im Gesetz festgeschriebene Wiederaufnahme durch den Staatsanwalt nur gegen ein zu Unrecht freisprechendes Urteil zulässig sein könne und hier nicht lediglich die Wiederaufnahme zugunsten eines unrechtmäßig Verurteilten durch den Staatsanwalt vorgesehen war.[399]

Zudem wurde in der „Denkschrift zu dem Entwurf einer Verordnung über das beim Kriminal- und Kammergericht zu Berlin einzuführende Straf-Prozeßverfahren"[400] eigens hervorgehoben, dass in Bezug auf das außerordentliche Rechtsmittel der Restitution zwischen dem Angeklagten und dem Staate volle Rechtsgleichheit herrschen sollte und daher eine für den Angeklagten nachteilige Wiederaufnahme des Verfahrens aus denselben Gründen erfolgen sollte wie diejenige zu seinen Gunsten. Die Regelung habe man bewusst so getroffen.[401]

Während im Entwurf zum Gesetz von 1846[402] noch der Klammerzusatz vorhanden war, dass die falsche Urkunde auch berücksichtigt sein bzw. die Zeugen etwas Wesentliches ausgesagt haben mussten, verzichtete man hierauf letztlich im Gesetz. Begründet wurde dieser ursprünglich vorhandene Klammerzusatz damit, dass ansonsten die Gefahr bestehe, dass die falsche Urkunde oder die Falschaussage eines Zeugen auf das Urteil keinen Einfluss hatte und in diesem Fall die Zulässigkeit der Restitution nicht gerechtfertigt erscheine.[403] Da aber aufgrund des Wegfalls der positiven Beweisvorschriften befürchtet wurde, dass

399 *Abegg*, AdC 1847, S. 180 f.

400 Die Denkschrift ist abgedruckt in: *Schubert / Regge*, Gesetzrevision, Abt. 1 Bd. 6 Teil 2, S. 1371 ff.

401 Denkschrift S. 4, abgedruckt in: *Schubert / Regge*, Gesetzrevision, Abt. 1 Bd. 6 Teil 2, S. 1374.

402 Der Entwurf ist abgedruckt in: *Schubert / Regge*, Gesetzrevision, Abt. 1 Bd. 6 Teil 2, S. 1359-1370.

403 Vgl. hierzu die Denkschrift zu dem Entwurf der Verordnung, S. 19, abgedruckt in: *Schubert / Regge*, Gesetzrevision, Abt. 1 Bd. 6 Teil 2, S. 1389.

sich schwer nachweisen lasse, ob und wenn ja welchen Einfluss eine Zeugenaussage oder ein Dokument auf die Entscheidung des Gerichts hatte, verzichtete man schließlich auf dieses Erfordernis.[404] Derjenige, der die Urkundenfälschung bzw. den Meineid begangen hatte, musste jedoch gem. § 100 des Gesetzes rechtskräftig verurteilt worden sein, bevor einem Restitutionsgesuch stattgegeben werden konnte.

Obwohl in der Gesetzgebungsdiskussion nicht näher darauf eingegangen wurde, kann schon aus der systematischen Stellung der Vorschrift im Gesetz (nach dem ordentlichen Rechtsmittel) geschlossen werden, dass § 98 Anwendung finden sollte, wenn das Verfahren vollständig abgeschlossen und ein rechtskräftiges Urteil erfolgt war, während die in § 22 Abs. 2 enthaltene Entbindung von der Anklage eher einer Einstellung des Verfahrens aufgrund des Mangels an Beweisen entsprach, ohne dass ein rechtskräftiges Urteil erging.

Ob die Restitution gegen ein zu milde empfundenes Urteil hier ebenfalls möglich sein sollte, ist dem Wortlaut des § 98 nicht eindeutig zu entnehmen. Aus dem Zusammenspiel der §§ 98-102 und § 22 meinte *Abegg* jedoch schließen zu können, dass der Fall der Wiederaufnahme des Verfahrens gegen einen zu milde Verurteilten nicht erfasst sein sollte.[405]

bb) Die Verordnung vom 3. Januar 1849

Die preußische Rheinprovinz wurde im März 1848 schon frühzeitig von der von Frankreich ausgehenden Revolution erfasst, welche sich über die Städte im Westen der Monarchie auf das Königreich ausbreitete.[406] Die bürgerlichen Reformbewegungen und Proteste der Arbeiter und Unterschichten bewirkten schließlich einen Wandel des politischen Systems:[407] Nachdem sich die Situation in Berlin bedrohlich zugespitzt hatte, war König *Friedrich Wilhelm IV.* zu Konzessionen an das Volk bereit. Hierzu zählte die Einberufung eines Vereinigten Landtages und eine preußische Verfassung.[408] Bis die Verfassung jedoch zu Stande kam, dauerte es noch einige Zeit.[409] Zudem erging die Verfassung

404 Vgl. hierzu die Denkschrift zu dem Entwurf der Verordnung, S. 19, abgedruckt in: *Schubert / Regge*, Gesetzrevision, Abt. 1 Bd. 6 Teil 2, S. 1389.

405 *Abegg*, AdC 1847, S. 180.

406 *Gebhardt*, Handbuch, S. 550; *Nipperdey*, Deutsche Geschichte, S. 598 f.

407 *Gebhardt*, Handbuch, S. 547.

408 *Gebhardt*, Handbuch, S. 551; *Nipperdey*, Deutsche Geschichte, S. 598.

409 Ausführlich zum weiteren Verlauf der Revolution und der Gegenrevolution *Gebhardt*, Handbuch, S. 551 ff.; *Mieck* in: Büsch Handbuch, S. 229 ff.; *Nipperdey*, Deutsche Geschichte, S. 647 ff.

schließlich nicht – wie ursprünglich vorgesehen – in Zusammenarbeit zwischen König und Nationalversammlung, sondern wurde vom König oktroyiert.[410]

(1) Hintergrund und Grundlagen der Verordnung von 1849

In der preußischen Verfassungsurkunde vom 5. Dezember 1848 war festgelegt, dass die Verhandlung vor dem erkennenden Gericht öffentlich sein sollte (Art. 92) und bei schweren bzw. politischen Verbrechen und „Preßvergehen" die Entscheidung über die Schuld des Angeklagten durch Geschworene erfolgen sollte (Art. 93). Da ein ordentliches Gesetzgebungsverfahren zur Umsetzung der entsprechenden Reformen unter Mitwirkung der Kammern lange Zeit in Anspruch genommen hätte, wurden diese auf dem Gebiet des Strafverfahrensrechts mittels der „Verordnung vom 3. Januar 1849 über die Einführung des mündlichen und öffentlichen Verfahrens mit Geschworenen in Untersuchungssachen" umgesetzt und von der Regierung ohne vorherige Beratung in den Kammern erlassen.[411] Entsprechend der gesetzlichen Vorschrift wurde die Verordnung jedoch noch im selben Jahr an die Kammern übergeben.[412] Da die Sitzungsperiode jedoch bereits zu Ende war, fand dort keine Beratung mehr statt.[413]

Die Vorschriften der Verordnung vom 3. Januar 1849 entsprachen im Wesentlichen denjenigen des für das Kammer- und Kriminalgericht in Berlin geltenden Gesetzes von 1846. Neu war, – wie der Gesetzestitel schon besagt – dass nunmehr Geschworenengerichte eingeführt wurden. Mit dieser Verordnung hob man alle ihr entgegenstehenden Vorschriften insoweit auf, als diese sich mit den neuen Bestimmungen nicht vereinbaren ließen. Im Übrigen sollte die Kriminalordnung von 1805 weiterhin Geltung entfalten.

(2) Endgültige Beseitigung der vorläufigen Lossprechung

In § 22 Abs. 3 der Verordnung, der dem § 19 des Gesetzes von 1846 entsprach, fand sich wiederum die Bestimmung, dass auf vorläufige Lossprechung nicht mehr erkannt werden sollte. In § 22 Abs. 2, der die Abschaffung der positiven

---

410 *Mieck* in: Büsch Handbuch, S. 273; *Nipperdey*, Deutsche Geschichte, S. 650.

411 Einleitung zu den vollständigen Materialien zu der Verordnung vom 3. Januar 1849, S. V; hierzu auch *Wohlers*, Staatsanwaltschaft, S. 114.

412 Nach Art. 105 der preußischen Verfassung von 1848 konnte in dringenden Fällen eine Verordnung mit Gesetzeskraft unter Verantwortung des gesamten Staatsministeriums auch ohne Beteiligung der Kammern erlassen werden. Die Verordnung musste aber den Kammern bei deren nächstem Zusammentritt zur Genehmigung vorgelegt werden; vgl. hierzu die Einleitung zu den vollständigen Materialien zu der Verordnung vom 3. Januar 1849, S. V und die Motive zu der Verordnung vom 3. Januar 1849, S. 28.

413 Einleitung zu den vollständigen Materialien zu der Verordnung vom 3. Januar 1849, S. V.

Beweisvorschriften und nunmehrige Geltung der freien richterlichen Beweiswürdigung beinhaltete, wurde angeordnet, dass der Richter zu entscheiden habe, ob der Angeklagte schuldig oder nicht schuldig sei. Die Entbindung von der Anklage wurde an dieser Stelle nicht mehr erwähnt. Ebenso fehlte eine Vorschrift bezüglich der Verfahrensfortsetzung im Falle einer Instanzentbindung. Es ist daher davon auszugehen, dass mit der Verordnung von 1849 nicht nur die negativen Folgen der vorläufigen Lossprechung beseitigt waren, sondern auch die mit dieser verbundene Möglichkeit der jederzeitigen Wiederaufnahme des Verfahrens.

Warum man sich letztendlich für die vollständige Abschaffung dieser im Gesetz von 1846 als Entbindung von der Anklage bezeichneten vorläufigen Lossprechung entschieden hatte, wurde nicht begründet. Die Motive zu der Verordnung waren insgesamt sehr knapp gehalten, da man nur ein Bedürfnis dafür sah, die leitenden Grundsätze darzustellen, hingegen nicht alle Änderungen im Einzelnen begründen wollte.[414]

(3) Ordentliche Rechtsmittel

Gegen Urteile der Einzelrichter und der Gerichtsabteilungen für Verbrechen konnte sowohl die Staatsanwaltschaft als auch der Angeklagte innerhalb von zehn Tagen das Rechtsmittel der Appellation einlegen (§ 126). Aufgrund der nunmehr geltenden freien richterlichen Beweiswürdigung hielt man es für erforderlich, die Appellation insoweit zu beschränken, dass der von dem ersten Richter angenommene Sachverhalt nur mittels neuer Tatsachen oder Beweismittel angefochten werden konnte.[415] Gegen Urteile des Geschworenengerichts hingegen war lediglich die Nichtigkeitsbeschwerde gestattet, weil man andere ordentliche Rechtsmittel als unvereinbar mit der Natur der Erkenntnisse der Geschworenen betrachtete.[416]

(4) Die Restitution

§ 151 der Verordnung enthielt die Restitution gegen ein rechtskräftiges Urteil. Hier fand sich jedoch ein wesentlicher Unterschied zu der Vorschrift von 1846: Die Möglichkeit der Restitution durch den Staatsanwalt war nicht mehr vorgesehen. Wie die Motive in sehr knapper Ausführung zeigen, entschied man sich in der Verordnung von 1849 bewusst dafür, dem Staatsanwalt die ihm im Gesetz

414 Motive zu der Verordnung vom 3. Januar 1849, S. 34.

415 Motive zu der Verordnung vom 3. Januar 1849, S. 33 f.

416 Motive zu der Verordnung vom 3. Januar 1849, S. 34.

von 1846 in gleicher Art und Weise wie dem Verurteilten eingeräumte Restitutionsmöglichkeit nicht mehr zu gestatten. Dies wurde auf die Erwägung gestützt, dass es angemessen erscheine, ein zugunsten des Angeklagten ergangenes rechtskräftiges Urteil weiterer Anfechtung zu entziehen, während einem unrechtmäßig Verurteilten hingegen jedes zulässige Mittel gewährt werden müsse, damit dieser seine Unschuld dartun könne.[417] Eine weitere Begründung für die Abschaffung der Restitution durch den Staatsanwalt wurde nicht gegeben. Obwohl man offenbar dem „ne bis in idem-Grundsatz“ nunmehr ausnahmslos Geltung verschaffen wollte, war in der Verordnung von 1849 die im Gesetz von 1846 noch vorhandene Regelung, welche den „ne bis in idem-Grundsatz“ ausdrücklich enthielt, nicht mehr vorhanden.

Der Verurteilte konnte hingegen gem. § 151 gegen jedes rechtskräftige Urteil zu jeder Zeit Restitution erheben, wenn er darlegen konnte, dass das Urteil auf eine falsche Urkunde oder die Aussage eines meineidigen Zeugen gegründet war. Die in der Kriminalordnung vorgesehenen Restitutionsvorschriften zugunsten des Verurteilten oder vorläufig Losgesprochenen, welche diese aufgrund neuer Beweismittel zuließ, wurden ausdrücklich durch § 156 der Verordnung von 1849 mit der Begründung aufgehoben, dass diese durch die neuen Vorschriften überflüssig seien.[418]

Auch wenn in den Motiven nicht ausdrücklich erläutert wurde, warum man weitere Wiederaufnahmegründe für überflüssig hielt, kann aus den zu den Rechtsmitteln angeführten Motiven und der Diskussion in den anderen Ländern geschlossen werden, dass man gerade aufgrund der Geschworenengerichte, die man anfangs – wie schon zur Entwicklung in Frankreich erläutert – für unfehlbar hielt, kein Bedürfnis für eine Erweiterung der günstigen Wiederaufnahmegründe sah.[419]

(5) Reaktionen der Wissenschaft auf die Abschaffung der nachteiligen Restitution durch den Staatsanwalt

Dass mit dieser Verordnung die Wiederaufnahme zulasten des Angeklagten vollständig ausgeschlossen wurde, blieb in der Wissenschaft nicht unkritisiert: In mehreren seiner Veröffentlichungen rügte *Abegg* die Entscheidung, die für

417 Motive zu der Verordnung vom 3. Januar 1849, S. 34.

418 Motive zu der Verordnung vom 3. Januar 1849, S. 34.

419 Ausführlich zu der Restitution zugunsten des Angeklagten *Schwedhelm*, Wiederaufnahme, S. 92 ff. Kritisch zu der hier vorgenommenen Beschränkung der Restitution *Hagens*, Das neue preuß. Strafverfahren, S. 148 f. Für eine Erweiterung der Restitutionsgründe zugunsten des Angeklagten *Abegg*, AdC 1849 Beilagenheft, S. 166 ff.

den Angeklagten nachteilige Wiederaufnahme durch den Staatsanwalt nicht zuzulassen.[420] Zur Begründung führte er an, dass die in der Verordnung vorgenommene „Schonung des Angeklagten" sich nicht gegen die Gerechtigkeit geltend machen dürfe, deren Verwirklichung Aufgabe des Staates sei.[421] Die Gerechtigkeit sei in dem Fall, wenn ein Schuldiger der verdienten Strafe aufgrund eines Urteils entgehe, das auf unrichtige Voraussetzungen gestützt wurde, nicht minder beeinträchtigt als dann, wenn ein Unschuldiger zu Unrecht verurteilt wurde.[422] Beiden Fällen sei gemeinsam, „daß das Recht, wie es im Staate verwirklicht werden soll nicht zu seiner vollständigen Geltung gelangt ist (...)".[423] Die Beschränkung der Wiederaufnahme auf Fälle zugunsten des Angeklagten sei weder eine Folgerichtigkeit noch die Wahrnehmung der Interessen des Staates. Vielmehr sei es gerecht, die Wiederaufnahme des Verfahrens auch gegen einen Freigesprochenen oder zu milde Verurteilten zuzulassen, wofür jedoch zum Schutz des Angeklagten gewisse Beschränkungen vorgesehen sein müssten, damit diese Vorschriften nicht missbräuchlich angewendet werden könnten. Es müsse ein entsprechender Erfolg des Wiederaufnahmeverfahrens vorhersehbar sein und man dürfe ein solches Verfahren nur in schweren Straffällen zulassen, da ansonsten das Rechtsgefühl verletzt werde.[424] Rechtsvergleichend verwies er auf die §§ 302, 303 der Badischen StPO aus dem Jahr 1845, welche seiner Ansicht nach mit Recht die Wiederaufnahme des Verfahrens gegen einen Schuldigen gestatteten und daher der Gerechtigkeit mehr entsprächen als hiesige Vorschriften.[425] Zudem sei es zwingend erforderlich, die Wiederaufnahme nur innerhalb der Verjährungsfrist zu gestatten, da alles weitere gegen die Gerechtigkeit verstoße.[426]

Das Fehlen der Wiederaufnahme durch die Staatsanwaltschaft in der Verordnung von 1849 versuchte *Abegg* mit der nunmehrigen Einführung von Geschworenengerichten erklärbar zu machen, welche im Gesetz von 1846 noch nicht vorgesehen waren.[427] Da die Geschworenen einerseits keine Erklärung abgeben, worauf sie den Ausspruch des „schuldig" bzw. „nicht schuldig" stützten und andererseits an keine Beweisvorschriften gebunden seien, werde von der

420 Zu der Verodnung von 1849 *Abegg*, AdC 1849 Beilagenheft, S. 168 ff.; zu dem Entwurf von 1851 *Abegg*, Entwurf, S. 226 ff.

421 *Abegg*, AdC 1849 Beilagenheft, S. 169 f.

422 *Abegg*, Entwurf, S. 226.

423 *Abegg*, Entwurf, S. 228.

424 *Abegg*, Entwurf, S. 228.

425 *Abegg*, AdC 1849 Beilagenheft, S. 169; *Abegg*, Entwurf, S. 228.

426 *Abegg*, AdC 1849 Beilagenheft, S. 170.

427 *Abegg*, Entwurf, S. 226 f.

„Unumstößlichkeit des Verdikts“ ausgegangen. Da diese Erwägung aber ebenso gegen die Zulässigkeit der Wiederaufnahme zugunsten des Verurteilten sprechen würde, könne dies seiner Ansicht nach nicht als Argument für die Abschaffung der nachteiligen Wiederaufnahme durch die Staatsanwaltschaft gewertet werden und stehe einer Aufnahme einer entsprechenden Vorschrift in das Gesetz nicht entgegen.[428]

Tippelskirch schlug vor, die Wiederaufnahme auch gegen einen rechtskräftigen Freispruch zu gestatten, wenn der Freispruch durch ein falsches Zeugnis oder eine falsche Urkunde veranlasst und durch den Angeklagten beigebracht wurde [429] Dies begründete er damit, dass es keine Seltenheit sei, dass der Angeklagte versuche, mittels falscher Zeugen seine Freisprechung zu bewirken. In diesem Fall könne es nicht im Sinne der Gerechtigkeit sein, denjenigen vor einem erneuten Verfahren zu schützen, der sich aufgrund einer weiteren strafbaren Handlung der Verurteilung entzogen habe.[430] Zudem plädierte *Tippelskirch* dafür, die Bestechung eines Richters oder Geschworenen, welcher an der Entscheidung mitgewirkt hat, als weiteren Wiederaufnahmegrund aufzunehmen.[431]

cc) Der Entwurf von 1851

Im Jahr 1850 begann die Staatsregierung auf Wunsch der ersten Kammer mit der Erarbeitung einer neuen Strafprozessordnung, die nun endlich für die ganze Monarchie gelten sollte. Die Beratung der Verordnung von 1849, welche der Ersten Kammer in der neuen Sitzungsperiode wiederum zur Beratung vorgelegt worden war, wurde zunächst vertagt.[432] Der Entwurf einer Strafprozessordnung für die Preußischen Staaten, welcher eng an das französische Verfahren angelehnt war,[433] wurde schließlich 1851 im Justizministerialblatt[434] veröffentlicht.

Unter dem Dreißigsten Titel, welcher mit „Von der Wiederaufnahme einer Untersuchung“ umschrieben war, wurde nunmehr zwischen der „Wiederaufnahme der Voruntersuchung“ und der „Wiederaufnahme einer durch ein rechtskräftiges Endurteil beendigten Untersuchung“ differenziert. Während ein eingestelltes

---

428 *Abegg*, Entwurf, S. 226 f.

429 *Tippelskirch* GA 1858, 754 (766).

430 *Tippelskirch* GA 1858, 754 (766).

431 *Tippelskirch* GA 1858, 754 (766).

432 Bericht der Kommission für Rechtspflege der Ersten Kammer, Nr. 159 in den Akten des GStA PK, I. HA Rep. 84a, Nr. 8064 Bl. 283 ff.

433 *Krieter*, Prinzip der freien Beweiswürdigung, S. 26.

434 Justizministerialblatt für die preußische Gesetzgebung und Rechtspflege 1851, S. 86 ff.

Verfahren jederzeit fortgesetzt (§ 500) bzw. die Untersuchung gegen einen bestimmten Beschuldigten, welcher aus Mangel an Beweisen durch die sog. Rathskammer[435] außer Verfolgung gesetzt worden war, aufgrund neuer Anzeigen wieder aufgenommen werden konnte (§ 501),[436] war die Wiederaufnahme des Verfahrens im Falle eines rechtskräftigen Endurteils nur zulässig, wenn einer der in § 503[437] genannten vier Wiederaufnahmegründe vorlag. Ob dort die Wiederaufnahme nur zugunsten des Verurteilten vorgesehen war oder diese auch zu dessen Nachteil erfolgen konnte, geht aus dessen Wortlaut nicht eindeutig hervor. In § 503 war statuiert, dass die Untersuchung in den Fällen, „wo ein rechtskräftiges Urteil ergangen ist", wieder aufgenommen werden kann, wenn zwei oder mehrere Personen wegen derselben Tat durch verschiedene Erkenntnisse verurteilt wurden, diese jedoch im Vergleich zueinander die Unschuld einer der beiden Personen ergaben (§ 503 Nr. 1) oder wenn jemand wegen Tötung verurteilt worden war und sich später herausstellte, dass die vermeintlich getötete Person noch lebte oder zum Zeitpunkt der Verurteilung noch am Leben war (§ 503 Nr. 2), oder wenn ein in der Sache vernommener Zeuge später wegen Falschaussage verurteilt wurde (§ 503 Nr. 3) oder wenn der Beschuldigte oder ein Dritter in

---

435 Die Rathskammer war, wie sich aus § 253 ergibt, u.a. für die Entscheidung zuständig, ob das Verfahren nach beendeter Voruntersuchung eingestellt oder, ob das Hauptverfahren eröffnet wurde.

436 Die Vorschriften lauteten: „§ 500: Wenn eine Voruntersuchung, in welcher ein bestimmter Beschuldigter nicht bezeichnet war, eingestellt worden ist (§ 261), so kann die Staatsanwaltschaft jederzeit die Fortsetzung der Untersuchung beantragen. § 501: Gegen einen Beschuldigten, welcher wegen Mangels hinreichender Anzeigen außer Verfolgung gesetzt ist (§ 262), kann wegen der nämlichen That die Untersuchung nicht wieder aufgenommen werden, wenn sich nicht neue Anzeigen ergeben. Als neue Anzeigen werden die später hervorgetretenen Beweismittel betrachtet, welche geeignet sind, die zu schwach befundenen Beweise zu verstärken, oder zur Entdeckung der Wahrheit zu führen."

437 „§ 503: In den Fällen, wo ein rechtskräftiges Endurteil ergangen ist, kann die Untersuchung nur unter folgenden Voraussetzungen wieder aufgenommen werden:

1) wenn zwei oder mehrere Personen wegen der nämlichen strafbaren Handlung durch zwei verschiedene Erkenntnisse verurteilt worden, welche miteinander dergestalt unvereinbar sind, dass aus der Vergleichung derselben die Unschuld einer der verurtheilten Personen hervorgeht;

2) wenn Jemand wegen Tödtung verurtheilt worden ist, später beigebrachte Beweise aber es wahrscheinlich machen, dass die angeblich getötete Person noch am Leben ist, oder zur Zeit der Verurtheilung noch am Leben war;

3) wenn einer oder mehrere Zeugen, welche in der Sache vernommen worden, demnächst wegen eines in dieser Sache abgelegten falschen Zeugnisses rechtskräftig verurtheilt worden sind;

4) wenn wegen Fälschung einer Urkunde oder wegen wissentlichen Gebrauches einer falschen Urkunde, welche in der Sache als Beweismittel vorgelegt worden ist, eine Verurtheilung, es sei gegen den Beschuldigten oder gegen einen Dritten, erfolgt ist."

der Folge wegen Urkundenfälschung oder wissentlichen Gebrauchs einer falschen Urkunde verurteilt wurde (§ 503 Nr. 4).

Dass die Wiederaufnahme des Verfahrens grundsätzlich auch durch den Staatsanwalt betrieben werden konnte, folgt mittelbar aus § 505, der vorsah, dass sowohl der Antrag auf Wiederaufnahme des Verurteilten als auch der der Staatsanwaltschaft dem Ober-Tribunale vorgelegt werden müsse. Ob damit jedoch eine für den Freigesprochenen bzw. Verurteilten ungünstige Wiederaufnahme gemeint war oder der Staatsanwalt nur zugunsten des rechtskräftig Verurteilten die Wiederaufnahme beantragen konnte, ergibt sich nicht aus dem Gesetz. In Frage käme die für den Angeklagten nachteilige Wiederaufnahme allenfalls aufgrund der in § 503 Nr. 3 und Nr. 4 vorgesehenen Wiederaufnahmegründe, da die Ziffern 1 und 2 lediglich für die Wiederaufnahme zugunsten des Verurteilten passen.

Abegg führte zu § 503 des Entwurfs aus, dass bei der dort gestatteten Wiederaufnahme nur mittelbar das Ergebnis eintreten könne, dass „der wahre Schuldige mit der verwirkten Strafe belegt werde“, aber selbst dies aufgrund der Fassung des § 503 zweifelhaft sei.[438] Er wiederholte daher seine großteils schon zu der Verordnung von 1849 geführte Argumentation und kam wiederum zu dem Ergebnis, dass sowohl eine Wiederaufnahmevorschrift zu Lasten eines Freigesprochenen als auch eine solche gegen einen zu milde Verurteilten in das Gesetz aufgenommen werden sollte.[439] Schon aus dieser Argumentation kann geschlossen werden, dass man offensichtlich schon damals der Ansicht war, dass die Wiederaufnahme zum Nachteil eines Freigesprochenen bzw. Verurteilten von § 503 des Entwurfs von 1851 nicht erfasst war.

dd) Das Gesetz vom 3. Mai 1852

Nach der Einholung von Gutachten[440] zu dem Entwurf von 1851 nahm die Regierung von der Vorlegung einer neuen Strafprozessordnung zunächst Abstand.[441] In der Folge wurde – statt einen weiteren Entwurf zu erstellen – die Verordnung von 1849 den Kammern erneut zur Beratung überwiesen. Die zuerst beratende Zweite Kammer nahm einige Änderungen und Ergänzungen der Vorschriften der Verordnung von 1849 vor und genehmigte diese im Übrigen nachträglich. Anschließend wurde dieser Gesetzentwurf von der Ersten Kammer

438 *Abegg*, Entwurf, S. 220.

439 *Abegg*, Entwurf, S. 228 ff.

440 Diese Gutachten finden sich in den Akten des GStA PK I. HA Rep. 84a Nr. 8069-8072.

441 Vgl. hierzu die Einleitung der Materialien zu der Verordnung vom 3. Januar 1849, S. V und die einleitenden Vorbemerkungen zu E-1865, S. 2.

ebenfalls genehmigt und am 3. Mai 1852 in der Gesetzessammlung veröffentlicht.[442]

Die Wiederaufnahmevorschriften hatten keine Änderung erfahren, so dass es im Gesetz von 1852 bei den Regelungen der Verordnung von 1849 verblieb. Sowohl im Kommissionsbericht der Ersten als auch in dem der Zweiten Kammer wurde lediglich eine Begründung für die weiterhin als erforderlich angesehene Beschränkung der Restitution zugunsten des Verurteilten geliefert.[443] Die Begrenzung dieses außerordentlichen Rechtsmittels beruhe auf der veränderten Beweistheorie und darauf, dass bei einem mündlichen Verfahren nicht aktenkundig werde, woraus der erkennende Richter seine Überzeugung geschöpft habe.[444] Zudem wies man darauf hin, dass eine Ausdehnung der Restitution gegen rechtskräftige Erkenntnisse mehr Nachteile herbeiführe als diese Vorteile mit sich bringe und betonte gleichzeitig ausdrücklich, dass die Autorität eines rechtskräftigen Urteiles aufrecht erhalten werden müsse.[445] Diese Begründung kann – auch wenn dies in den Kommissionsberichten nicht ausdrücklich erfolgt ist – ebenso als Erklärung für den vollständigen Ausschluss der für den Angeklagten nachteiligen Wiederaufnahme durch den Staatsanwalt herangezogen werden.

ee) Strafprozessordnung von 1867 für die neuen Landesteile

Bei dem Gesetz von 1852 verblieb es zunächst einige Zeit. Erst im Jahr 1860 begann man erneut mit der Reform des Strafverfahrensrechts. Auslöser hierfür war die Idee der Badischen Regierung und des Hessischen Justizministers, auf die Herbeiführung eines gemeinsamen deutschen Strafprozesses hinzuwirken.[446] Nachdem sich *Wilhelm I.* damit einverstanden erklärt und die Einsetzung einer entsprechenden Gesetzgebungskommission genehmigt hatte, begann diese

---

442 Einleitung der Materialien zu der Verordnung vom 3. Januar 1849, S.VI.

443 Vgl. hierzu den Kommissionsbericht der Zweiten Kammer zu §§ 151-156, abgedruckt in Vollständige Materialien zu der Verordnung vom 3. Januar 1849 und dem Gesetze vom 3. Mai 1852, S. 166 f. und den Kommissionsbericht der Ersten Kammer zu §§ 151-156, abgedruckt in Vollständige Materialien zu der Verordnung vom 3. Januar 1849 und dem Gesetze vom 3. Mai 1852, S. 783 f.

444 Kommissionsbericht der Zweiten Kammer zu §§ 151-156, abgedruckt in Vollständige Materialien zu der Verordnung vom 3. Januar 1849 und dem Gesetze vom 3. Mai 1852, S. 166.

445 Kommissionsbericht der Zweiten Kammer zu §§ 151-156, abgedruckt in Vollständige Materialien zu der Verordnung vom 3. Januar 1849 und dem Gesetze vom 3. Mai 1852, S. 167.

446 Vgl. hierzu die chronologische Übersicht über die Reformen in Preußen in: *Schubert / Regge*, Gesetzrevision, Abt. 1 Bd. 1 S. XLIV f.

1861 mit den entsprechenden Vorarbeiten. Hierbei wurde insbesondere an den nicht Gesetz gewordenen Entwurf von 1851 und die hierzu ergangenen Gutachten angeknüpft.[447] 1865 wurde der „Entwurf einer Strafprozeß-Ordnung für den Preußischen Staat" vorgelegt, welcher es allerdings nicht schaffte, zum Gesetz zu werden.

Als zahlreiche Gebiete[448] mit der preußischen Monarchie vereinigt wurden, entstand das Bedürfnis, für diese eine neue Strafprozessordnung zu erlassen. Hierbei griff man auf den Entwurf von 1865 zurück. In der Folge wurde 1867 die „Strafprozeß-Ordnung für die durch das Gesetz vom 20.9.1866 und die beiden Gesetze vom 24.12.1866 mit der Monarchie vereinigten Landestheile" verkündet.

(1) Ordentliche Rechtsmittel

Gegen erstinstanzliche Urteile konnte mit Ausnahme derjenigen, welche vom Schwurgericht erlassen worden waren, binnen zehn Tagen das ordentliche Rechtsmittel der Berufung eingelegt werden (§ 364). Dieses stand sowohl dem Beschuldigten als auch der Staatsanwaltschaft zu (§ 365). Gegen Urteile des Schwurgerichtshofs war lediglich die Nichtigkeitsbeschwerde statthaft.

Es war eine bewusste Entscheidung des preußischen Gesetzgebers – entgegen anderer neuerer Strafprozessordnungen wie derjenigen Badens von 1864 – die Berufung auch über die Tatfrage zuzulassen. Dies wurde damit begründet, dass man sich bei deren Abschaffung gezwungen sähe, die Wiederaufnahmevorschriften auf die vormals von der Berufung abgedeckten Fälle zu erweitern und diese auch aufgrund von nova zuzulassen.[449] Da das Restitutionsverfahren aber keine Frist vorsehe, befürchtete man, dass die Vorteile einer rechtskräftigen Entscheidung vollständig aufgehoben werden würden und entschied sich daher für die Beibehaltung der zweiten Tatsacheninstanz.[450]

---

447 Vgl. hierzu die chronologische Übersicht über die Reformen in Preußen in: *Schubert / Regge*, Gesetzrevision, Abt. 1 Bd. 1 S. XLV.

448 Dies waren: Das Königreich Hannover, das Kurfürstentum Hessen, das Herzogtum Nassau, die freie Stadt Frankfurt, ehemals bayerische und Großherzoglich hessische Landesteile und die Herzogtümer Holstein und Schleswig; vgl. hierzu die chronologische Übersicht über die Reformen in Preußen in: *Schubert / Regge*, Gesetzrevision, Abt. 1 Bd. 1 S. XLV.

449 Vgl. hierzu die Vorbemerkungen zu dem Sechzehnten Titel „Von den Rechtsmitteln der Berufung und der Nichtigkeitsbeschwerde" des Entwurfs von 1865, S. 164.

450 Vorbemerkungen zu dem Sechzehnten Titel „Von den Rechtsmitteln der Berufung und der Nichtigkeitsbeschwerde" des Entwurfs von 1865, S. 165 f.

(2) Wiederaufnahme des Verfahrens

Dass man grundsätzlich an der Rechtskraft eines Urteils festhalten und nur im Ausnahmefall eine Wiederaufnahme des Verfahrens zulassen wollte, wurde in § 419[451] gesetzlich festgehalten. Demnach durfte das Ergebnis eines durch rechtskräftiges Urteil beendeten Verfahrens wegen derselben Tat niemals wieder in Frage gestellt werden, soweit nicht die in den folgenden Paragrafen aufgezählten Bestimmungen eine Ausnahme enthielten.

Während man in Preußen im Jahre 1849 noch bewusst davon Abstand nahm, die Wiederaufnahme zum Nachteil durch den Staatsanwalt zuzulassen, entschied man sich in den 60er Jahren des Neunzehnten Jahrhunderts nun doch wieder für die Einführung einer für den Angeklagten nachteiligen Wiederaufnahmevorschrift. Diese war in fast wortgleicher Fassung auch schon Gegenstand des Entwurfs aus dem Jahr 1865. Gemäß § 421[452] StPO-1867 fand die Wiederaufnahme zum Nachteil eines früheren Angeklagten auf Antrag der Staatsanwaltschaft statt, wenn in dem früheren Verfahren entweder der Angeklagte oder in dessen Interesse sein Verteidiger eine in § 420 Nr. 1[453] bezeichnete strafbare Handlung (Ablegen eines unwahren eidlichen Zeugnisses, Gebrauchen einer falschen oder verfälschten Urkunde als Beweismittel oder strafbare Pflichtverletzung eines Verteidigers, Richters, Geschworenen, Schöffen oder Staatsanwalts) begangen, hierzu angestiftet oder daran teilgenommen hatte.[454]

In § 420 Nr. 1 fand im Vergleich zum E-1865 lediglich eine Erweiterung des Täterkreises der möglichen strafbaren Handlung um Schöffen oder Beamte der

---

451 „§ 419. Das Ergebnis einer durch rechtskräftiges Urtheil beendigten Untersuchung darf gegen den nämlichen Beschuldigten in Ansehung der nämlichen That (§ 4) niemals wieder in Frage gestellt werden, insoweit nicht ausdrückliche gesetzliche Bestimmungen, insbesondere die nachfolgenden, eine Ausnahme begründen."

452 „§ 421. Zum Nachtheil eines früheren Angeklagten findet die Wiederaufnahme der Untersuchung auf Antrag der Staatsanwaltschaft nur dann statt, wenn in dem früheren Verfahren entweder der Angeklagte selbst, oder in dessen Interesse der Vertheidiger ein Verbrechen der im § 420 Nr. 1 bezeichneten Art begangen, dazu verleitet oder sonst daran Theil genommen hat."

453 § 420 Nr. 1 hatte zum Gegenstand:

„1. wenn zum Nachtheile des Verurtheilten in dem früheren Verfahren ein unwahres eidliches Zeugnis abgelegt, eine falsche oder verfälschte Urkunde als Beweismittel vorgelegt, oder von dem Vertheidiger, einem Richter, Geschworenen, Schöffen, oder Beamten der Staatsanwaltschaft eine in den gemeinen Strafgesetzen vorgesehene Pflichtverletzung begangen worden ist;"

454 In Hannover existierte zuvor schon eine ähnliche Vorschrift: Die StPO vom 8. November 1850 und die revidierte StPO vom 5. April 1859 ließen die Wiederaufnahme gegen ein freisprechendes Urteil nur zu, wenn der Freigesprochene die Straftat, auf welcher sein Freispruch beruhte, selbst begangen oder dazu angestiftet hatte.

Staatsanwaltschaft statt. Im Vergleich zu dem Gesetz von 1846 wurde auch der Kreis der möglichen strafbaren Handlungen um die Pflichtverletzung durch den Verteidiger, Richter, Geschworenen, Schöffen oder Beamten der Staatsanwaltschaft erweitert. Dabei nahm man sich – wie aus den Vorbemerkungen zu den Wiederaufnahmevorschriften ausdrücklich hervorgeht – die Vorschriften anderer deutscher Staaten, beispielsweise diejenigen Badens aus dem Jahre 1864 zum Vorbild.[455]

Auch wurde nunmehr präzisiert, von wem die strafbare Handlung begangen sein konnte und dass es ausreichend war, wenn der Angeklagte oder dessen Verteidiger lediglich Teilnehmer dieser Tat waren (§ 421). Dem Gesuch um Wiederaufnahme des Verfahrens durfte erst dann stattgegeben werden, wenn aufgrund des behaupteten Verbrechens eine rechtskräftige Verurteilung erfolgt war (§ 424).

Man wollte mit der gegenständlichen Vorschrift zwar bewusst an der Entscheidung festhalten, dass der Staatsanwaltschaft die Befugnis, zum Nachteil des früheren Angeklagten Restitution einzulegen, im Allgemeinen nicht zustehen solle, hielt aber eine Ausnahme für den Fall erforderlich, bei welchem der Angeklagte selbst in verbrecherischer Weise auf den Ausgang der Untersuchung eingewirkt hatte. Damit sollte der Grundsatz zum Ausdruck kommen, dass „Niemand aus seinem sträflichen Verhalten Vortheile ziehen dürfe".[456] Dass dies auch für den Verteidiger, wenn dieser im Interesse des Angeklagten gehandelt habe, gelten müsse, ergäbe sich aus der Natur der Stellung des Verteidigers.[457] Die Tatsache, dass zum Nachteil eines Angeklagten die Wiederaufnahme einer Untersuchung nur dann gestattet werde, wenn der Angeklagte oder dessen Verteidiger im früheren Verfahren ein Verbrechen begangen habe, bezeichnete *Sundelin* in seinen Anmerkungen zu dem Entwurf von 1865 als Verbesserung gegenüber dem bisherigen Recht.[458]

d) Zusammenfassung

Nach der Kriminalordnung von 1805 war derjenige, dessen Unschuld erwiesen war, am besten gegen eine Wiederaufnahme des Verfahrens geschützt, da eine solche in diesem Fall vollständig ausgeschlossen war. Blieb jedoch ein Verdacht

---

455 Vgl. hierzu die Vorbemerkungen zu dem Achtzehnten Titel „Von der Wiederaufnahme der Untersuchung" zu E-1865, S. 213 f.

456 Vorbemerkungen zu dem Achtzehnten Titel „Von der Wiederaufnahme der Untersuchung" zu E-1865, S. 214.

457 Vorbemerkungen zu dem Achtzehnten Titel „Von der Wiederaufnahme der Untersuchung" zu E-1865, S. 214.

458 *Sundelin*, Deutsche Strafrechtszeitung 1865, 346 (357).

bestehen und war der Freispruch in Folge dessen lediglich aufgrund Mangels an Beweisen erfolgt, so konnte die Untersuchung wieder aufgenommen werden, wenn neue erhebliche Beweismittel oder Umstände bekannt wurden.

Bis in die Mitte des Neunzehnten Jahrhunderts wurde in Preußen am gemeinen Inquisitionsverfahren festgehalten. Dies änderte sich erst durch den sog. Polenprozess, aufgrund dessen man sich zur Abschaffung des alten schriftlichen Inquisitionsverfahrens entschied und im Jahre 1846 für das Kammer- und Kriminalgericht zu Berlin ein mündliches Verfahren mit Anklage durch die Staatsanwaltschaft einführte. Eine Reform des für die gesamte Monarchie geltenden Strafverfahrensrechts erfolgte hingegen erst nach der Revolutionszeit im Jahr 1849. Obwohl man die meisten Vorschriften des Gesetzes von 1846 in die Verordnung von 1849 übernommen hatte, verzichtete man auf die Restitution zum Nachteil des Angeklagten durch den Staatsanwalt, welche in dem Gesetz für das Kammer- und Kriminalgericht zu Berlin von 1846 noch vorgesehen war. Bei diesem Zustand verblieb es auch im Gesetz von 1852.

Nach vielfacher Kritik in der Wissenschaft über die zu begrenzte Ausgestaltung der Wiederaufnahmevorschriften war die Wiederaufnahme zum Nachteil des Angeklagten schließlich wieder Gegenstand des Entwurfs einer Strafprozessordnung für den Preußischen Staat aus dem Jahr 1865, welcher zwar nicht zum Gesetz wurde, jedoch der im Jahr 1867 für die neuen Landesteile erlassenen Strafprozessordnung zum Vorbild diente. Vergleichbar mit der Regelung Badens war die Wiederaufnahme des Verfahrens zum Nachteil eines früher Angeklagten nicht allgemein aufgrund neuer Tatsachen oder Beweismittel möglich, sondern nur dann, wenn der Angeklagte selbst oder in dessen Interesse sein Verteidiger eines der genannten Verbrechen begangen, angestiftet oder sonst daran teilgenommen hatte. Im Unterschied zu Baden war in Preußen die Wiederaufnahme aufgrund eines gerichtlichen Geständnisses nicht zugelassen.

Diese neue Strafprozessordnung galt jedoch nur für die neu mit Preußen vereinigten Landesteile. In der Rheinprovinz galt noch die sog. „Rheinische Strafprozessordnung“ (der Code d'instruction criminelle von 1808 mit einigen Abänderungen) und in den übrigen alten preußischen Landesteilen fand die Verordnung von 1849 mit dem Zusatzgesetz von 1852 Anwendung, wobei zudem noch einzelne Teile der Kriminalordnung von 1805 in Geltung waren. In Neuvorpommern wiederum galt eine eigene Verordnung aus dem Jahr 1839.[459] Das preußische Strafverfahrensrecht beruhte somit kurz vor Einführung der

459 Vgl. hierzu die chronologische Übersicht über die Reformen in Preußen in: *Schubert / Regge*, Gesetzrevision, Abt. 1 Bd. 1 S. XLVI.

Reichsstrafprozessordnung auf vielen unterschiedlichen Gesetzen, die die Wiederaufnahme zuungunsten des Angeklagten zum Teil ausschlossen und zum Teil aufgrund konkreter Fälle zuließen.

III. Sachsen, Württemberg

1. Sachsen

Die sächsische Staatsregierung sah die Reform des Strafverfahrens schon zu Beginn des Neunzehnten Jahrhunderts als dringendes Bedürfnis an.[460] In den ersten Jahrzehnten wurden zwar mehrere Entwürfe[461] erarbeitet, die Reformarbeiten gerieten jedoch immer wieder ins Stocken, was teilweise auf politische Ereignisse, wie die Aufstände der Jahre 1830/31, welche die sächsische Monarchie in eine schwere politische Krise stürzten,[462] zurückgeführt werden kann.

1824 war ein Entwurf eines Kriminalgesetzbuches vorgelegt worden, welcher auch eine Strafprozessordnung enthielt. Demnach sollte die Wiederaufnahme zum Nachteil des Beschuldigten stattfinden, wenn ein neues Beweismittel entdeckt oder durch den Beschuldigten ein Geständnis abgelegt worden ist, welches eine neue Untersuchung begründet (§ 1789 Nr. 1 E-1824) oder „in Gewissheit gesetzt wurde“, dass Zeugnisse oder Urkunden, welche zum Freispruch des Betroffenen führten, falsch waren (§ 1789 Nr. 2 E-1824). In beiden Fällen durfte noch keine Verjährung eingetreten sein (§ 1789 Nr. 3).

Da bis in das Jahr 1836 noch keine allgemeine Strafprozessordnung erarbeitet worden war, legte die Staatsregierung zumindest einen Entwurf wegen Abänderung einiger Vorschriften im Strafverfahren vor, welcher schließlich am 30. März 1838 als Gesetz verkündet wurde.[463] Dieses hob die außerordentlichen Strafen und die strengen Beweisregeln auf.[464]

a) Der Entwurf einer Strafprozessordnung von 1842

Der Entwurf einer allgemeinen Strafprozessordnung folgte schließlich im Jahr 1842.[465] Dieser beruhte noch auf den Grundsätzen des Inquisitionsverfahrens und sah weder ein mündliches noch ein öffentliches Verfahren vor, sondern

---

460 *Schwarze*, Commentar, S. 5.

461 Zu diesen Entwürfen *Schwarze*, Commentar, S. 5 f.; *Schwedhelm*, Wiederaufnahme, S. 287 ff.

462 Ausführlich zu den Aufständen in Sachsen *Gebhardt*, Handbuch, S. 430 f.

463 *Schwarze*, Commentar, S. 6.

464 *Krieter*, Freie Beweiswürdigung, S. 12 f.; *Schwedhelm*, Wiederaufnahme, S. 289.

465 Der Entwurf ist abgedruckt in: Landtags-Acten 1842, 1. Abt. 1. Bd, S. 3 ff.

wollte das bisherige System verbessern, indem einzelne „missbräuchliche Regelungen“ beseitigt wurden.[466] In den Motiven des Entwurfs wurden zwar sowohl die Verfahrensprinzipien der Mündlichkeit und Öffentlichkeit als auch der Anklageprozess und Geschworenengerichte einer ausführlichen Betrachtung unterzogen, man gelangte jedoch nach jedem Abschnitt zu dem Ergebnis, dass so viele Argumente gegen die jeweilige Reform sprächen, weshalb man derzeit keine Veranlassung sah, von dem bisherigen Verfahren abzuweichen.[467]

Die Wiederaufnahme zuungunsten des Beschuldigten konnte nach dem E-1842 sowohl nach erfolgtem Freispruch als auch nach einer Verurteilung vorgenommen werden und war an geringe Voraussetzungen geknüpft. Gemäß § 164 S. 1[468] konnte im Falle eines Freispruchs die Untersuchung wegen derselben Tat wieder aufgenommen werden, wenn sich neue Verdachtsgründe ergaben. Wurde der Betroffene verurteilt, so konnte gemäß § 164 S. 2 die Untersuchung wieder aufgenommen werden, wenn Umstände bekannt wurden, nach welchen sich die Tat als schwerwiegender darstellte. In diesem Fall war vorgesehen, dass die bereits verbüßte Strafe angerechnet werden musste.

Die früher auch in Sachsen vorgenommene Unterscheidung zwischen Freisprechung von der Instanz und völliger Freisprechung gab man nun auf, da man diese aufgrund des Wegfalls der strengen Beweistheorie für nicht mehr erforderlich hielt.[469] Es existierte daher im E-1842 nur eine einzige Form des Freispruchs. Auf die Wiederaufnahme des Verfahrens hatte dies jedoch keine Auswirkung, da diese – wie § 164 zeigt – weiterhin aufgrund neuer Verdachtsgründe möglich war, so dass es für den Betroffenen bezüglich der Verfahrensfortsetzung keinen Unterschied machte, auf welche Art und Weise das Verfahren gegen ihn beendet wurde.

Aus den Motiven des Entwurfs geht hervor, dass man zwar die vorläufige Lossprechung beseitigen wollte, auf deren bedeutendste Folge, der jederzeitigen Wiederaufnahmemöglichkeit, aber nicht verzichtet werden sollte. Nach den Motiven sollte anderen Ländern, welche die Wiederaufnahme nach Abschaffung

466 *Mittermaier*, Mündlichkeit, S. 117; *Schwarze*, Commentar, S. 6.

467 *Mittermaier*, Mündlichkeit, S. 117.

468 „§ 164 (Wiederaufnahme der Untersuchung)

Ist eine Freisprechung erfolgt, so kann die Untersuchung wegen desselben Verbrechens nur in dem Falle wieder aufgenommen werden, wenn sich neue Verdachtsgründe ergeben. Auch nach ausgesprochener Strafe ist eine Untersuchung wieder aufzunehmen, wenn Umstände bekannt werden, nach welchen das Verbrechen als ein größeres sich darstellt. Bei der sodann etwa zu erkennenden anderweiten Strafe ist jedoch eine bereits verbüßte Strafe in Abrechnung zu bringen.“

469 Motive zu E-1842, abgedruckt in: Landtags-Acten 1842, 1. Abt. 1. Bd. S. 154.

der „absolutio ab instantia“ aufgrund neuer Beweismittel oder Tatsachen beseitigten oder stark einschränkten, nicht gefolgt werden.[470]

Die für die Vorberatung des Gesetzentwurfs gewählte Deputation der Zweiten Kammer kritisierte die Vorschrift des § 164, da diese „im Allgemeinen und selbst nicht einmal vom Standpunct des Inquisitionsprozesses aus“ gebilligt werden könne. Diese sei eine „Maasregel“, die weder das römische oder französische Recht noch das kanonische Recht vorsähe und sei deshalb abzulehnen.[471]

Der Entwurf scheiterte schließlich insgesamt an der Zweiten Kammer, welche die Erarbeitung einer Strafprozessordnung wünschte, die ein öffentliches und mündliches Anklageverfahren vorsehe.[472] Die erste Kammer hatte sich hingegen mit den Grundlagen dieses Entwurfs einverstanden erklärt.[473] Mittels Dekret an die Stände vom 25. Januar 1843 wurde der Entwurf der Strafprozessordnung von König *Friedrich August* schließlich wieder zurückgenommen.[474]

b) Reformen bis zur StPO von 1855

Im Jahr 1845 sagte die Regierung einen neuen Entwurf einer Strafprozessordnung zu, welcher ein mündliches Anklageverfahren enthalten sollte.[475] Hierzu wurde 1847 noch eine Kommission eingesetzt, zur Fertigstellung eines Entwurfs kam es jedoch aufgrund des 1848 ausbrechenden Aufstandes nicht mehr.[476] Als Reaktion auf die Revolutionsforderungen wurden am 18. November 1848 für schwere Verbrechen und gewisse politische Vergehen Geschworenengerichte eingeführt.[477]

Nachdem der Dresdner Maiaufstand 1849 niedergeschlagen worden war, machte das von *König Friedrich August II.* berufene konservative Ministerium *Zschinsky* die Errungenschaften der Märzrevolten jedoch in weitem Umfang rückgängig.[478] Im Jahr 1850 erließ der König mehrere Verordnungen, welche

470 Motive zu E-1842, abgedruckt in: Landtags-Acten 1842, 1. Abt. 1. Bd. S. 154.

471 Bericht der Deputation der Zweiten Kammer vom 5. November 1842, abgedruckt in: Landtags-Acten 1842/43, Beilagen, 1. Sammlung S. 165.

472 *Schwarze*, Commentar Bd. 1, S. 6.

473 *Schwarze*, Commentar Bd. 1, S. 6.

474 Vgl. hierzu das Decret an die Stände, abgedruckt in: Landtags-Acten 1843, 1. Abt. 2. Bd. S. 155.

475 *Schwarze*, Commentar, S. 7.

476 *Schwarze*, Commentar, S. 7.

477 *Schwarze*, Commentar, S. 7.

478 *Huber*, Verfassungsgeschichte Bd. 3, S. 204.

die Vereins- und Versammlungsfreiheit sowie die Pressefreiheit aufhoben.[479] Auch gegen die Geschworenengerichte wurden vielfache Bedenken erhoben, so dass auch diese schließlich wieder aufgehoben wurden.[480] Darüber hinaus schloss man die Mitwirkung der Staatsanwaltschaft vollständig aus.[481]

c) Die StPO von 1855

Zur Erarbeitung einer neuen Strafprozessordnung hatte die Staatsregierung *Schwarze* den Auftrag erteilt,[482] welcher 1853 dem Landtag einen entsprechenden Entwurf vorlegte. Dieser entsprach nunmehr den in den Kammern wiederholt gestellten Anträgen auf Einführung der Mündlichkeit, Öffentlichkeit und des Anklageverfahrens mit Staatsanwaltschaft.[483] Die zwei Jahre später verkündete Strafprozessordnung vom 11. August 1855 führte schließlich zu einer umfassenden Neuregelung des Strafverfahrens, wobei man auf Geschworenengerichte weiterhin verzichtete.[484]

aa) Ordentliche Rechtsmittel

Für ausführliche Diskussionen im Gesetzgebungsverfahren sorgte die Frage, ob die neue Strafprozessordnung eine zweite Tatsacheninstanz enthalten solle.[485] Für Urteile des für leichte Kriminalität zuständigen Einzelrichters war der Einspruch das vorgesehene Rechtsmittel, welcher auch dem Staatsanwalt zustand.[486] Dass dieser zulässig sei, begründete man damit, dass das Verfahren vor dem Einzelrichter überwiegend schriftlich verlaufe und eine Entscheidung nach Aktenlage erfolge.[487]

Die Berufung gegen bezirksgerichtliche Urteile hatte *Schwarze* jedoch mit dem reformierten Strafverfahren, insbesondere der mündlichen Hauptverhandlung, welche unmittelbar vor den erkennenden Richtern durchgeführt werden sollte und der gleichzeitigen Abkehr von den positiven Beweisvorschriften, für unver-

479 *Huber*, Verfassungsgeschichte Bd. 3, S. 204.

480 *Schwarze*, Commentar, S. 7.

481 *Wohlers*, Staatsanwaltschaft, S. 149.

482 *Schwarze*, Commentar, S. 7.

483 Zu den Grundlagen des Entwurfs *Schwarze*, Grundzüge, S. 1 ff.; hierzu auch *Wohlers*, Staatsanwaltschaft, S. 150.

484 *Behr*, Rechtsmittel, S. 84.

485 Ausführlich hierzu *Behr*, Rechtsmittel, S. 111 ff.

486 Ausführlich hierzu *Drews*, Berufung, S. 54 f.

487 *Drews*, Berufung, S. 77.

einbar erklärt und schloss im Entwurf die Berufung gegen Urteile der Bezirksgerichte aus.[488] Dies sorgte in den Deputationen der Ersten und Zweiten Kammer für heftigen Widerstand,[489] so dass man sich schließlich doch darauf einigte, die zweite Tatsacheninstanz in beschränktem Maße und ausschließlich zugunsten des Angeklagten einzuführen.[490]

bb) Wiederaufnahme des Verfahrens

Die Wiederaufnahme zuungunsten des Angeklagten war in Art. 386[491] enthalten. Schon allein die Länge dieser Vorschrift deutet darauf hin, dass die Wiederaufnahme in zahlreichen Fällen gestattet war. Die Vorschrift enthielt sowohl die

---

488 Vgl. hierzu die Motive zu E-1853, S. 284 f.

489 *Schwarzes* Vorschlag zur Abschaffung der zweiten Tatsacheninstanz löste auch in der Literatur einen heftigen Meinungsstreit aus, hierzu ausführlich *Behr*, Rechtsmittel, S. 122 ff.

490 *Behr*, Rechtsmittel, S. 113 f.

491 „Art. 386 (364)

Die Staatsanwaltschaft kann die Wiederaufnahme des Strafverfahrens gegen den Angeklagten beantragen:

1. wenn nach erfolgter Einstellung des Strafverfahrens (Art. 125, Art. 235) oder nach erfolgter Straf- oder Klagfreisprechung des Angeklagten (Art. 302) sich ergiebt, dass die eine oder die andere durch falsches Zeugniss, Fälschung, Bestechung oder eine sonstige strafbare Handlung des Angeklagten oder einer dritten Person herbeigeführt worden ist;

2. wenn das Verfahren wegen Mangels ausreichender Beweismittel nach Art. 125 oder Art. 235 eingestellt worden ist, und neue Thatsachen oder Beweismittel beigebracht werden, welche entweder schon vorhandene Verdachtsgründe verstärken oder neue Verdachtsgründe darbieten oder Entschuldigungsthatsachen, welche der erfolgten Einstellung unterlegen haben, beseitigen;

3. wenn nach einer Klagfreisprechung (Art. 302) der Angeklagte gerichtlich oder außergerichtlich ein Geständniss der ihm beigemessenen That ablegt, oder wenn andere neue Thatsachen oder Beweismittel sich ergeben, welche schon an sich und ohne dass es eines Zurückgehens auf die Ergebnisse der früheren Beweisaufnahme in Betreff des Beweises der Thäterschaft gegen den Angeklagten bedarf, die Ueberführung des Letzteren, dass er die ihm beigemessene That begangen habe, zu begründen geeignet sind;

4. wenn der Verurteilte nach dem Enderkenntnis gerichtlich oder außergerichtlich ein Geständniss ablegt, oder andere neue Thatsachen sich ergeben, aus welchen hervorgeht, dass die Handlung desselben nach einem härteren Strafgesetze oder einem höheren gesetzlichen Strafsatze zu beurtheilen gewesen wäre. Es soll jedoch die Wiederaufnahme nicht stattfinden, wenn es sich nur um die Wahl einer höheren Strafe innerhalb des gesetzlichen Strafmasses handelt.

Erfolgte die Einstellung oder Freisprechung, weil ein unrichtiger Antragsteller aufgetreten war, so kann die Untersuchung wieder aufgenommen werden, wenn der wirklich zum Antrage Berechtigte solches verlangt oder neue Umstände sich ergeben, welche zeigen, daß die Handlung, welche auf Antrag des Verletzten zur Untersuchung gezogen worden, von Amtswegen zu untersuchen sei.

Wiederaufnahme zuungunsten des Betroffenen nach Einstellung des Verfahrens als auch nach Straf- oder Klagfreisprechung oder Verurteilung.

Wenn sich nachträglich herausstellte, dass die Einstellung des Verfahrens, die Straf- oder Klagfreisprechung durch eine strafbare Handlung (falsches Zeugnis, Fälschung oder Bestechung) des Angeklagten oder einer dritten Person herbeigeführt worden war, konnte die Staatsanwaltschaft die Wiederaufnahme beantragen (Art. 386 Abs. 1 Nr. 1). Eine Klagfreisprechung sollte gemäß Art. 302 Abs. 1 eintreten, wenn das Gericht die tatsächlichen Ergebnisse der Hauptverhandlung nicht für ausreichend erachtet hatte, um den Angeklagten für schuldig zu erklären oder es die Anklage für tatsächlich widerlegt ansah. Eine Straffreisprechung erfolgte hingegen, wenn das Gericht der Meinung war, dass der Strafantrag rechtlich unzulässig gewesen sei (Art. 302 Abs. 3). Ob das Verfahren bloß eingestellt oder eine Straf- oder Klagfreisprechung erfolgt war, sollte in diesem Fall bezüglich der Wiederaufnahme keinen Unterschied machen, da die Wiederaufnahme, wie die Motive angeben, in jedem Fall zu gestatten sei, wenn das Enderkenntnis durch ein Verbrechen herbeigeführt worden war. Im Gegensatz zur günstigen Wiederaufnahme sei bei der für den Angeklagten ungünstigen Wiederaufnahme jedoch zusätzlich zu verlangen, dass das Verbrechen „die wirkende Ursache des Erkenntnisses" war.[492]

War das Verfahren wegen Mangels an Beweisen eingestellt worden und ergaben sich später neue Tatsachen oder Beweismittel, welche entweder schon vorhandene Verdachtsgründe bestärkten oder neue Verdachtsgründe darstellten, so konnte ebenfalls Wiederaufnahme des Verfahrens beantragt werden (Art. 386 Abs. 1 Nr. 2).

Darüber hinaus konnte nach Art. 386 Abs. 1 Nr. 3 im Falle einer Klagfreisprechung sowohl bei einem nachträglich gerichtlichen oder außergerichtlichen Geständnis der Tat als auch bei anderen neuen Tatsachen oder Beweismitteln, welche schon an sich und ohne dass auf das Ergebnis der früheren Beweisaufnahme abgestellt werden musste, geeignet waren, die Überführung des Freigesprochen zu begründen, die Wiederaufnahme des Verfahrens beantragt werden.[493] Im Unterschied zur Verfahrenseinstellung reichten hier Beweismittel, die lediglich

---

Außer diesen Fällen können zum Nachtheile des Angeklagten dieselben Thatsachen, welche schon Gegenstand der Verhandlung und Entscheidung waren, nicht nochmals Gegenstand der Verhandlung und rechtlichen Aburtheilung werden und zwar auch dann nicht, wenn die That einer anderen rechtlichen Auffassung als früher geschehen, unterzogen werden könnte."

492 Motive zu E-1853 S. 307, 312.

493 Der Entwurf des Großherzogtums Hessen aus dem Jahr 1860 enthielt in Art. 455 Nr. 2 eine entsprechende Vorschrift.

schon vorhandene Verdachtsgründe bestärkten, nicht, sondern es musste das neu auftauchende Beweismittel allein und ohne dass es eines Zurückgehens auf die Ergebnisse der früheren Beweisaufnahme bedurfte, zur Überführung des Freigesprochenen geeignet sein.[494] Diese Differenzierung wurde laut den Motiven darauf zurückgeführt, dass sich Einstellungsbeschlüsse stets auf schriftliche Akten bezögen, ein Freispruch hingegen nach einer mündlichen und unmittelbar vor dem erkennenden Richter stattfindenden Verhandlung erfolgt sei und daher die Neuheit einer Tatsache bzw. eines Beweismittels nicht sicher festgestellt werden könne.[495]

Im Entwurf von 1853 war die Wiederaufnahme nach erfolgter Klagefreisprechung noch in beschränkterem Umfang vorgesehen und sollte nur nach gerichtlichem oder außergerichtlichem Geständnis der Tat erfolgen können.[496] *Walther* kritisierte diese Bestimmung, da sie einerseits zu weit, andererseits zu eng sei.[497] Zu eng sei die Vorschrift, da die Schuld des Angeklagten auch durch andere neue Beweismittel, welche dieselbe Beweiskraft aufweisen wie ein Geständnis, dargetan werden könne. Zu weit sei die Bestimmung hingegen, da nähere Voraussetzungen nicht niedergeschrieben seien.[498] Für die außerordentliche Deputation der Ersten Kammer war die im Entwurf niedergelegte Regelung ebenfalls zu eng und wurde von dieser als nicht ausreichend angesehen.[499] Zur Verdeutlichung, dass ein Bedürfnis für die Erweiterung bestehe, führte man den Fall an, dass ein Angeklagter „klagfrei" gesprochen worden war, später ein Zeuge der Tat, der vor der Untersuchung beispielsweise nach Amerika ausgewandert war,

494 Eine noch weitergehende Vorschrift existierte in Kurhessen. Das Gesetz zur Umbildung des Strafverfahrens vom 31. Oktober 1848 (§§ 418 ff.) und das Straf-Prozeß-Gesetz vom 28. Oktober 1863 (§§ 203 ff.) ließen die Wiederaufnahme allgemein aufgrund neu entdeckter Tatsachen oder Beweismittel gegen verurteilende oder freisprechende Erkenntnisse zu. Als Schranke war lediglich vorgesehen, dass der Antrag auf Wiederaufnahme seitens des öffentlichen Anklägers zulasten des Angeklagten binnen einer Notfrist von 60 Tagen ab Entdeckung der neuen Beweismittel zu stellen war und, dass seit der Verübung der Straftat die Verjährung noch nicht abgelaufen sein durfte.

495 Vgl. hierzu den Bericht der außerordentlichen Deputation der 1. Kammer, abgedruckt in Mittheilungen über die Verhandlungen des außerordentlichen Landtags im Königreich Sachsen 1854, Zweite Kammer S. VI und die Motive zu E-1853 S. 312.

496 Art. 364 Nr. 3 des E-1853.

497 *Walther*, Rechtsmittel, S. 176.

498 *Walther*, Rechtsmittel, S. 176.

499 Bericht der außerordentlichen Deputation der 1. Kammer, abgedruckt in Mittheilungen über die Verhandlungen des außerordentlichen Landtags im Königreich Sachsen 1854, Zweite Kammer S. LI.

zurückkehre und nunmehr sich über die Tat glaubhaft äußern könne.[500] Wenn dieser Zeuge allein die Schuld des Angeklagten nachweise und somit die frühere Beweisaufnahme nicht gegen die Angeklagten verwendet werden müsse, spräche weder die Mündlichkeit der Hauptverhandlung noch der Grundsatz der Unmittelbarkeit gegen die Wiederaufnahme des Verfahrens.[501] Um möglichst alle Fälle dieser oder ähnlicher Art erfassen zu können, erweiterte man daher die Ziffer 3 des Art. 386 umfassend, so dass die Wiederaufnahme zum Nachteil des Freigesprochenen auch aufgrund neuer Tatsachen oder Beweismittel erfolgen konnte, wenn diese an sich zur Überführung des Freigesprochenen geeignet waren.[502]

Zum Nachteil eines Verurteilten konnte die Staatsanwaltschaft die Wiederaufnahme beantragen, wenn dieser nachträglich ein gerichtliches oder außergerichtliches Geständnis ablegte oder sich aufgrund anderer Tatsachen ergab, dass die Handlung nach einem härteren Strafgesetz zu bestrafen sei. Ausdrücklich nicht zugelassen war jedoch die Wiederaufnahme, wenn es sich lediglich um eine andere Strafe innerhalb des gesetzlichen Strafmaßes handelte (Art. 386 Abs. 1 Nr. 4). Als Beispiel für den Fall, dass ein bereits Verurteilter härter zu bestrafen sei, wurde in den Motiven angeführt, dass zwei Personen zunächst wegen Raubes verurteilt wurden und sich später herausstellte, dass eine weitere Person daran beteiligt gewesen ist. In diesem Falle sollte eine Wiederaufnahme zum Nachteil der bereits Verurteilten erfolgen und diese nunmehr wegen schweren Raubes verurteilt werden können.[503]

Außerdem war in Art. 386 Abs. 2 vorgesehen, dass die Wiederaufnahme des Verfahrens erfolgen konnte, wenn das Verfahren eingestellt bzw. der Betroffene freigesprochen worden war, weil ein unrichtiger Antragsteller aufgetreten war und der tatsächlich Antragsberechtigte später die Wiederaufnahme verlangte oder sich neue Umstände ergaben, welche die Tat als Offizialdelikt qualifizierten.

Abschließend bestimmte Art. 386 Abs. 3, dass diejenigen Tatsachen, welche schon Gegenstand der Verhandlung und Entscheidung waren, außer in den hier

500 Bericht der außerordentlichen Deputation der 1. Kammer, abgedruckt in Mittheilungen über die Verhandlungen des außerordentlichen Landtags im Königreich Sachsen 1854, Zweite Kammer S. LI.

501 Bericht der außerordentlichen Deputation der 1. Kammer, abgedruckt in Mittheilungen über die Verhandlungen des außerordentlichen Landtags im Königreich Sachsen 1854, Zweite Kammer S. LI.

502 Bericht der außerordentlichen Deputation der 1. Kammer, abgedruckt in Mittheilungen über die Verhandlungen des außerordentlichen Landtags im Königreich Sachsen 1854, Zweite Kammer S. LI.

503 Motive zu E-1853 S. 311.

genannten Fällen nicht noch einmal Gegenstand einer Verhandlung werden durften und zwar auch dann nicht, wenn die Tat einer anderen rechtlichen Beurteilung unterzogen werden konnte. Wie ausdrücklich im Bericht[504] der Deputation der Ersten Kammer dargelegt wurde, wollte man hiermit die Geltung des „ne bis in idem-Grundsatzes" zum Ausdruck bringen und den im französischen Recht existierenden Streit über die Auslegung des „même fait" vermeiden.[505]

Zudem wollte man gesetzlich statuieren, wann Tatsachen und Beweismittel als neu galten.[506] Hierzu bestimmte Art. 390, dass dies der Fall sei, wenn der Antragsteller diese in der mündlichen Verhandlung noch nicht gekannt hatte. Zudem war in Abs. 2 festgehalten, dass solche Tatsachen oder Beweismittel nicht als neu geltend gemacht werden konnten, welche der Antragsteller zwar nach dem Urteil aber noch vor Ablauf der Berufungs- bzw. Einspruchsfrist in Erfahrung gebracht hatte.

Ungewöhnlich für ein Wiederaufnahmeverfahren war, dass der Antrag auf Wiederaufnahme zum Nachteil des Angeklagten gemäß Art. 391 an eine achtwöchige Frist gebunden war. Im Entwurf von 1853 war noch eine vierwöchige Frist vorgesehen.[507] Diese Beschränkung sei ausweislich der Motive einerseits zweckmäßig und habe andererseits keine Nachteile, da die Frist von dem Zeitpunkt der Kenntniserlangung von den neuen Tatsachen bzw. Beweismitteln, von der strafbaren Handlung oder von dem Geständnis an und daher von dem Zeitpunkt an berechnet werde, von dem an der Antrag mit Erfolg gestellt werden könne.[508]

cc) Leitgedanken der Wiederaufnahmebestimmungen

Im Hinblick auf die Zulässigkeit der Wiederaufnahme des Verfahrens nach einer Verfahrenseinstellung vor Durchführung einer Hauptverhandlung sah man sich im Gesetzgebungsverfahren keinen Begründungsschwierigkeiten ausgesetzt, da einerseits eine Verfahrenseinstellung lediglich aufgrund der schriftlichen Akten erfolgte und daher sicher festgestellt werden könne, ob neu vorliegende Verdachtsgründe tatsächlich neu seien und andererseits ein Einstellungsbeschluss ohnehin nur von provisorischer Natur sei, da dieser keinen Ausspruch über die

504 Bericht der außerordentlichen Deputation der 1. Kammer, abgedruckt in Mittheilungen über die Verhandlungen des außerordentlichen Landtags im Königreich Sachsen 1854, Zweite Kammer S. LI.

505 *Schwarze*, GS 1873, S. 395 (406).

506 Vgl. hierzu die Motive zu E-1853 S. 314.

507 Art. 369 des E-1853.

508 Motive zu E-1853 S. 314.

Schuldfrage enthalte, sondern nur darüber, dass die bisher vorliegenden Verdachtsgründe an sich zur weiteren Untersuchung nicht ausreichten.[509]

Schwieriger gestalte sich der Fall jedoch dann, wenn nach vorheriger Hauptverhandlung ein Urteil erfolgt sei. Gegen eine uneingeschränkte Zulassung der Wiederaufnahme nach einem Freispruch spräche einerseits, dass das Ansehen der Strafjustiz leide, wenn Urteile jederzeit mit geringem Aufwand umgestoßen werden könnten und andererseits Beweismittel, welche erstinstanzlich gebraucht wurden, im Laufe der Zeit verloren gingen.[510] Aufgrund der mündlichen Verhandlung und des geltenden Unmittelbarkeitsgrundsatzes lasse sich nicht ermitteln, ob Tatsachen oder Beweismittel tatsächlich als nova zu behandeln seien und ob die Richter das vermeintliche novum als entscheidungserheblich betrachtet hätten, wenn es früher schon vorgelegen hätte.[511] Die Gründe, welche gegen eine zweite Tatsacheninstanz sprächen, seien im Hinblick auf die Wiederaufnahme des Verfahrens dieselben.[512] Da in Sachsen aber jedenfalls keine Geschworenengerichte vorgesehen waren, wurde ausdrücklich betont, dass hier zumindest das in anderen Ländern verwendete Argument der nicht erfolgten Abgabe von Entscheidungsgründen durch die Geschworenen, aufgrund dessen nicht beurteilt werden könne, ob tatsächlich neue Verdachtsgründe vorlägen, nicht greifen könne.[513]

Ein vollständiger Ausschluss der Wiederaufnahme zum Nachteil eines Freigesprochenen komme jedenfalls nicht in Betracht, da dies „leicht zu offenbaren Verletzungen des höchsten Princips der Rechtspflege führen könnte".[514] Was hiermit gemeint war, wurde in den Motiven zwar nicht näher ausgeführt. Es ging hier wohl um das Prinzip der materiellen Wahrheit.[515]

Dass auch das außergerichtliche Geständnis des Freigesprochenen zu einer Wiederaufnahme des Verfahrens führen könne, wurde hier – im Gegensatz zu der im Großherzogtum Baden stattfindenden Diskussion – nicht kritisiert, sondern lediglich die Gründe dafür dargelegt, warum auch in diesem Fall die Wiederaufnahme erfolgen müsse. Man befürchtete, dass sich der Freigesprochene „überall

509 Vgl. hierzu die Ausführungen *Schwarzes* zu den Grundlagen des Entwurfs in *Schwarze*, Grundzüge, S. 28 und die Motive zu E-1853 S. 306.

510 Motive zu E-1853 S. 307.

511 *Schwarze*, Grundzüge, S. 28.

512 Motive zu E-1853 S. 310.

513 Motive zu E-1853 S. 307.

514 Motive zu E-1853 S. 307.

515 Dass das Wesen des Inquisitionsprozesses durch die Reformen nicht verloren gehen und das Prinzip der materiellen Wahrheit weiterhin gelten sollte, beschreibt auch *Ignor*, Geschichte, S. 231 f.

ungescheut und furchtlos seiner Schuld rühmen und hierdurch die Justiz verhöhnen" dürfe.[516] Zudem spräche im Falle eines Geständnisses für eine Wiederaufnahmemöglichkeit, dass der Freigesprochene allein aufgrund seiner eigenständigen Handlung Anlass gebe, das Verfahren wieder aufzugreifen.[517]

d) Revidierte Strafprozessordnung von 1868

Der Erlass der revidierten Strafprozessordnung vom 1. Oktober 1868 und auf diese sich beziehender Nebengesetze bildete schließlich den Abschluss der sächsischen Reformgesetzgebung. Nunmehr wurden auch hier Geschworenengerichte eingeführt, auf welche in der Strafprozessordnung von 1855 noch verzichtet worden war.

aa) Abschaffung der zweiten Tatsacheninstanz

Im Hinblick auf die ordentlichen Rechtsmittel bewirkte die revidierte Strafprozessordnung eine zentrale Änderung: Die Berufung wurde für Verfahren vor den Bezirksgerichten weitgehend abgeschafft.[518] Begründet wurde diese Entscheidung wiederum mit den schon vor Erlass der StPO von 1855 vorgetragenen Bedenken. Insbesondere die neu eingeführte Mündlichkeit des Verfahrens spräche gegen eine zweite Tatsacheninstanz. Während man sich im Jahr 1855 noch dafür entschied, die Berufung beizubehalten, um dem Angeklagten nicht wesentliche Verfahrensgarantien zu entziehen, sah man nun die Unvereinbarkeit der Berufung mit der Mündlichkeit des Verfahrens als gewichtigeres Argument an.[519] Aufgrund des reformierten Strafverfahrens, insbesondere der Einführung von Schöffen im bezirksgerichtlichen Verfahren, seien bereits erstinstanzlich ausreichend Garantien zum Schutz des Angeklagten vorgesehen, so dass eine zweite Tatsacheninstanz nicht mehr erforderlich sei.[520]

bb) Wiederaufnahme des Verfahrens

Obwohl man in den Motiven zu E-1853[521] noch ausdrücklich hervorhob, dass die Argumente, die gegen eine zweite Tatsacheninstanz sprächen, auch gegen die Wiederaufnahme des Verfahrens herangezogen werden können, schuf man

---

516 Motive zu E-1853 S. 311.

517 Motive zu E-1853 S. 311.

518 *Behr*, Rechtsmittel, S. 157.

519 Vgl. hierzu das Schreiben des sächsischen Justizministeriums, dessen Wortlaut sich auszugsweise bei *Drews*, Berufung, S. 77 findet.

520 *Behr*, Rechtsmittel, S. 158.

521 Motive zu E-1853 S. 310.

diese nicht ab, sondern ließ die Wiederaufnahme zum Nachteil des Angeklagten weiterhin in weitem Umfang zu.

Unverändert blieb die Ziffer 1 des Art. 386, welche die Wiederaufnahme vorsah, wenn die Einstellung bzw. die Straf- oder Klagfreisprechung aufgrund einer strafbaren Handlung erfolgt war. Eine geringe Veränderung hatte hingegen die Ziffer 3 erfahren. Dort stand die Wiederaufnahme nach einer Klagfreisprechung aufgrund eines gerichtlichen oder außergerichtlichen Geständnisses nunmehr nicht mehr gleichrangig neben den neuen Tatsachen und Beweismitteln, sondern galt als Unterfall der neuen Tatsachen.[522] Anlass für diese Änderung gab die als falsch empfundene Anwendung der bisherigen Regelung in der Praxis, welche das nachträgliche Geständnis anders als den Fall, in welchem sich der neue Beweis auf andere Tatsachen oder Beweismittel stützte, behandelt hatte.[523]

Die Wiederaufnahme zulasten eines Verurteilten blieb wie in der StPO von 1855 ebenfalls in weitem Umfang zulässig.

e) Zusammenfassung

Im Königreich Sachsen waren die Wiederaufnahmegründe zuungunsten des Beschuldigten deutlich weiter gefasst als in den übrigen bisher dargestellten Partikularstaaten. Selbst die revolutionären Ereignisse der Jahre 1848/49, die in anderen Staaten teilweise zur vollständigen Abschaffung der nachteiligen Wiederaufnahmevorschriften geführt hatten, bewirkten hier keine Beschränkung. Nach sog. Klagfreisprechung durfte die Wiederaufnahme zwar nur erfolgen, wenn das neue Beweismittel an sich und ohne dass es eines Zurückgehens auf das Ergebnis der früheren Beweisaufnahme bedurfte, geeignet war, den Freigesprochenen zu überführen, was aber für den Betroffenen ein hohes Maß an Rechtsunsicherheit bedeutete. War das Verfahren eingestellt worden, war es für die Wiederaufnahme ausreichend, wenn das neue Beweismittel zusammen mit den bisherigen die Überführung des Täters begründen konnte.

Untypisch war es jedoch, dass die Wiederaufnahme zuungunsten des Beschuldigten ab dem E-1853 an eine Frist geknüpft wurde. Hiermit versuchte man offenbar, die Wiederaufnahme zum Nachteil des Beschuldigten zumindest nicht für unbestimmte Zeit zuzulassen und die aufgrund des Wiederaufnahmegrundes der neuen Tatsachen oder Beweismittel mögliche Vielzahl an zugelassenen Fäl-

522 Hierzu auch *Schwedhelm*, Wiederaufnahme, S. 306.

523 *Schwarze*, Strafprozessgesetze Bd. 1, S. 320.

len auf diese Art und Weise zu beschränken. Da jedoch die Frist erst mit Kenntniserlangung der neuen Tatsachen bzw. Beweise zu laufen begann, stellte diese eine wenig bedeutende Beschränkung dar.

In der revidierten Strafprozessordnung von 1868 reformierte man die Wiederaufnahme lediglich aufgrund falsch empfundener Anwendung durch die Praxis in geringem Maße und behielt die weit gefassten Vorschriften ansonsten vollumfänglich bei.

2. *Württemberg*

Im Königreich Württemberg existierte bis in die vierziger Jahre des Neunzehnten Jahrhunderts keine umfassende gesetzliche Regelung des Strafverfahrensrechts.[524] Rechtsquellen waren zunächst einerseits das gemeine Recht und andererseits einzelne eigene Gesetze und Verordnungen, wobei aufgrund der Lückenhaftigkeit der vorhandenen Bestimmungen häufig der Gerichtsgebrauch maßgebend war.[525] Mit dem Ziel, ein eigenständiges Strafverfahrensrecht zu erhalten, hatte die württembergische Regierung den Kammern ab dem Jahr 1820 einige Entwürfe vorgelegt:[526]

a) Die ersten Reformversuche

Im Mai 1820 übergab der mit der Erarbeitung einer Strafprozessordnung beauftragte Obertribunalrat *Weber* einen entsprechenden Entwurf dem Justizministerium.[527] Diesem diente das bayerische StGB von 1813 ausdrücklich als Vorbild,[528] was im Hinblick auf die im Entwurf vorgesehenen Arten freisprechender Urteile und der entsprechenden Wiederaufnahmevorschriften deutlich zu erkennen ist: Wie die bayerischen Bestimmungen unterschied der Entwurf in Unschulds-Erkenntnis (Art. 380), Lossprechung (Art. 381) und Entlassung von der Instanz (Art. 383), wobei die Voraussetzungen der Wiederaufnahme der Untersuchung denen des bayerischen Gesetzes entsprachen (Art. 427, 428, 434) und daher an dieser Stelle nicht näher ausgeführt werden. Der Entwurf erhielt in der

524 *Krieter*, Freie Beweiswürdigung, S. 45.

525 *Krieter*, Freie Beweiswürdigung, S. 45.

526 *Wohlers*, Staatsanwaltschaft, S. 78.

527 Vgl. hierzu die Allgemeinen Erörterungen zu dem Entwurf von 1843, abgedruckt in: Verhandlungen der Kammer der Abgeordneten des Königreichs Württemberg auf dem Landtage 1841-43, Vierzehnter Band, 1. Beilagenheft S. 163.

528 Wie das bayerische StGB von 1813 hielt auch dieser Entwurf an den Prinzipien des Inquisitionsverfahrens fest, sah aber hinsichtlich schwerwiegender Delikte ein öffentliches Schlussverfahren vor; vgl. hierzu die Allgemeinen Erörterungen zu dem Entwurf von 1843, abgedruckt in: Verhandlungen der Kammer der Abgeordneten des Königreichs Württemberg auf dem Landtage 1841-43, Vierzehnter Band, 1. Beilagenheft S. 163.

Folge von den Kammern keine Zustimmung, so dass er nicht zum Gesetz wurde.[529]

Im Jahr 1828 wurde ein neuer Entwurf erstellt. In diesem existierten lediglich zwei Artikel betreffend freisprechende Urteile. Art. 303 enthielt die „völlige Freisprechung", wenn entweder bewiesen worden war, dass der Beschuldigte die Tat nicht begangen hatte (Alternative 1) oder die gegen diesen vorliegenden Beweise durch Gegenbeweis aufgehoben worden waren (Alternative 2). Die „vorläufige Freisprechung" bzw. „Entbindung von der Instanz" fand sich in Art. 304. Diese sollte stattfinden, wenn die gegen den Beschuldigten aufgefundenen Beweise und Verdachtsgründe zur Verurteilung nicht ausreichten, ein Verteidigungsbeweis aber nicht vorhanden war oder trotz eines Verteidigungsbeweises noch ein zur Einleitung einer Untersuchung genügender Verdacht übrig blieb .

Die Voraussetzungen der Wiederaufnahme nach völliger Freisprechung unterschieden sich danach, aufgrund welcher Alternative diese erfolgt war:

War der Angeschuldigte freigesprochen worden, weil Beweismittel vorhanden waren, welche seine Unschuld darlegten (Art. 303 Alt. 1), konnte eine Wiederaufnahme nur erfolgen, wenn sich später ergab, dass diese Beweismittel falsch waren. Exemplarisch wurden hier die Fälle angeführt, dass sich nachträglich ergab, dass die Urkunde gefälscht, die Zeugen meineidig oder ihr Zeugnis auf einem wesentlichen Irrtum beruhte (Art. 367[530] Nr. 1). Erfolgte der Freispruch

529 *Wohlers*, Staatsanwaltschaft, S. 78.

530 „Art. 367

Wieder-Aufnahme der Untersuchung

I. Bei lossprechenden Erkenntnissen

Nach erfolgtem lossprechenden Erkenntnisse kann gegen den Freigesprochenen wegen derselben Handlung, über welche geurtheilt worden, nur unter folgenden Bedingungen die Untersuchung wieder aufgenommen werden:

1) war der Angeschuldigte deswegen freigesprochen worden, weil Beweis-Mittel für seine Unschuld vorlagen, so findet eine Wieder-Aufnahme der Untersuchung niemals statt, außer wenn die Falschheit jener Beweis-Mittel dargethan ist, z. B. wenn sich ergeben hat, daß die Urkunden verfälscht, die Zeugen meineidig, oder ihr Zeugnis auf einem wesentlichen Irrthum gegründet gewesen.

2) war die Lossprechung nicht auf Beweis der Unschuld, sondern nur darum erfolgt, weil die gegen den Angeschuldigten vorhanden gewesenen Verdachtsgründe oder Beweis-Mittel durch Verteidigungsbeweis aufgehoben worden, so hat eine Wieder-Aufnahme der Untersuchung auch dann statt, wenn sich neue Umstände oder Beweise ergeben haben, welche überhaupt hinreichend sind, um gegen eine Person Untersuchung vorzukehren."

hingegen, weil die gegen den Beschuldigten vorhanden gewesenen Verdachtsgründe durch Gegenbeweis aufgehoben worden waren (Art. 303 Alt. 2), konnte die Wiederaufnahme auch aufgrund neuer Umstände oder Beweise stattfinden (Art. 367 Nr. 2). Diese mussten gem. Art. 367 Nr. 2 S. 2 grundsätzlich hinreichend sein, um gegen eine Person Ermittlungen vornehmen zu dürfen. Dies bedeutete, dass das neu aufgefundene Beweismittel für sich allein geeignet sein musste, um den Betroffenen zu überführen.[531] War der Betroffene lediglich von der Instanz entbunden, so konnte aufgrund aller neuer Verdachtsgründe oder Beweise die Untersuchung fortgesetzt werden (Art. 369).

Wurde der Beschuldigte vollständig freigesprochen, so durfte der Untersuchungsrichter erst nachdem er die Entscheidung des Gerichts, welches den Beschuldigten freigesprochen hatte, einholte, das Verfahren wieder aufnehmen (Art. 368 Abs.1). Eine Ausnahme bestand bei Gefahr in Verzug (Art. 368 Abs. 2). War der Beschuldigte hingegen von der Instanz entbunden worden, so war eine vorherige gerichtliche Entscheidung nicht erforderlich (Art. 369).

Darüber hinaus konnte durch Verfügung des Gerichts, welches das Urteil erlassen hatte, zum Nachteil eines Verurteilten die Untersuchung wieder aufgenommen werden (Art. 374), wenn entweder sich später Beweise ergaben, aufgrund derer auf eine höhere Strafart erkannt oder die verhängte Freiheitsstrafe zumindest um sechs Monate hätte verlängert werden müssen (Art. 374 Nr. 1) oder wenn später eine weitere, vor dem Urteil begangene Tat entdeckt wurde, wegen der eine Straferhöhung wie nach Ziffer 1 vorzunehmen wäre (Art. 374 Nr. 2).

Der E-1828 wurde zwei Jahre später nach Einholung mehrerer Gutachten und nachdem er einer Revision unterzogen worden war, bei den Ständen als E-1830 eingereicht. Das Wiederaufnahmerecht war von der Revision nicht betroffen.[532]

In den Ständen fand keine Beratung des Entwurfs mehr statt.[533] Hintergrund dessen war die politische Entwicklung, da auch das Königreich Württemberg von den Auswirkungen der Revolution der Jahre 1830/31 – wenngleich in geringerem Maße als andere Staaten – betroffen wurde.[534] In den 1831 stattfindenden Landtagswahlen bildete sich eine liberale und regierungskritische Mehrheit, weshalb *Wilhelm I.* mit der Einberufung dieses Landtages zunächst zögerte.[535]

---

531 Vgl. hierzu auch *Schwedhelm*, Wiederaufnahme, S. 199 f.

532 *Schwedhelm*, Wiederaufnahme, S. 202.

533 Vgl. hierzu die Allgemeinen Erörterungen zu dem Entwurf von 1843, abgedruckt in: Verhandlungen der Kammer der Abgeordneten des Königreichs Württemberg auf dem Landtage 1841-43, Vierzehnter Band, 1. Beilagenheft S. 164.

534 *Mann* in: Schwarzmaier, Handbuch, S. 294.

535 *Mann* in: Schwarzmaier, Handbuch, S. 294.

Erst im Januar 1833 kam es zur Eröffnung des sog. „vergeblichen Landtags“, welcher schon im Frühjahr desselben Jahres vom König wieder aufgelöst wurde.[536] Bei den folgenden Wahlen erhielten – trotz Einflussnahme der Regierung auf die Wähler – die Liberalen wiederum die Mehrheit. *Wilhelm I.* verweigerte daraufhin den Staatsbediensteten die Freistellung für die Kammertätigkeit. Die Landtage der dreißiger Jahre des Neunzehnten Jahrhunderts waren geprägt durch eine konservative Modernisierungspolitik der Regierung.[537]

b) Reformversuche bis zur Einführung der provisorischen Strafprozessordnung von 1843

Im Jahr 1834 wurde durch höchsten Befehl angeordnet, den zuletzt den Ständen vorgelegten Entwurf von 1830 einer erneuten Revision zu unterziehen. Da der Entwurf eines Strafgesetzbuchs bereits fertig gestellt worden war, erschien die Anpassung der Strafprozessordnung erforderlich.[538] Die entsprechenden Reformanträge, welche sich nur auf die durch den Entwurf eines StGB notwendig gewordenen Reformen beschränkten, wurden durch die Kommission[539] 1836 dem Justizministerium vorgetragen. Im Dezember 1839 übergab man schließlich einen Entwurf an die ständischen Ausschüsse.[540]

aa) Der Entwurf von 1839

Im E-1839 unterschied man weiterhin zwischen völliger (Art. 323) und vorläufiger Freisprechung (Art. 324). Der Wortlaut dieser Vorschriften entsprach jeweils dem des E-1828. Hinsichtlich der Voraussetzungen der Wiederaufnahme nach einem vollständigen Freispruch wurde nun aber nicht mehr danach unterschieden, warum dieses erfolgt war:

Gemäß Art. 408 konnte nach erfolgtem lossprechenden Erkenntnis die Untersuchung wieder aufgenommen werden, wenn dargelegt wurde, dass das zur Verteidigung benutzte Beweismittel falsch war (Art. 408 Nr. 1) oder wenn neue Beweise oder Umstände hervortraten, welche entweder für sich allein oder in Ver-

---

536 *Mann* in: Schwarzmaier, Handbuch, S. 296.

537 Hierzu ausführlich *Mann* in: Schwarzmaier, Handbuch, S. 297.

538 Vgl. hierzu die Allgemeinen Erörterungen zu dem Entwurf von 1843, abgedruckt in: Verhandlungen der Kammer der Abgeordneten des Königreichs Württemberg auf dem Landtage 1841-43, Vierzehnter Band, 1. Beilagenheft S. 164 f.

539 Die Kommission bestand aus dem provisorischen Chef des Justiz-Departements *v. Schwab* und den Obertribunalräten *v. Steck*, *v. Hufnagel*, *v. Gmelin* und *v. Prieser*.

540 Allgemeine Erörterungen zu dem Entwurf von 1843, abgedruckt in: Verhandlungen der Kammer der Abgeordneten des Königreichs Württemberg auf dem Landtage 1841-43, Vierzehnter Band, 1. Beilagenheft S. 165.

bindung mit den schon erhobenen Beweisen hinreichend waren, um eine Untersuchung gegen eine bestimmte Person einzuleiten (Art. 408 Nr. 2). Demnach sollte auch für den Fall, dass im Ausgangsverfahren bewiesen worden war, dass der Beschuldigte die Tat nicht begangen hatte, die Wiederaufnahme aufgrund neuer Beweise oder Umstände erfolgen können. Im Gegensatz zum E-1828 mussten die neuen Beweise oder Umstände nun auch nicht mehr für sich allein zur Überführung des Losgesprochenen ausreichen, so dass der Unterschied zur Wiederaufnahme nach Lossprechung von der Instanz nur noch darin bestand, dass zur Wiederaufnahme nach völliger Freisprechung der Untersuchungsrichter zunächst die Entscheidung des Ausgangsgerichts einholen musste (Art. 409). Diese Voraussetzung war zur Wiederaufnahme der Untersuchung gegen einen von der Instanz Entbundenen nicht erforderlich, da in diesem Fall „der Anschuldigungsstand als fortdauernd zu betrachten" und daher auch kein förmlicher Beschluss des Untersuchungsrichters erforderlich sei.[541] Bevor das Gericht die Wiederaufnahme des Verfahrens nach erfolgtem freisprechenden Erkenntnis zuließ, sollte es hingegen sorgfältig prüfen, ob mit Wahrscheinlichkeit erwartet werden könne, dass durch die neue Verhandlung eine Verurteilung oder wenigstens eine Entbindung von der Instanz erfolgen werde.[542]

Darüber hinaus konnte zulasten eines bereits Verurteilten das Gericht, welches das Urteil gefällt hatte, auch von Amts wegen die Wiederaufnahme der Untersuchung anordnen, wenn sich solche Beweise ergaben, aufgrund derer auf eine höhere Strafart erkannt oder die zuvor erkannte Strafe namhaft erhöht werden konnte (Art. 415).

bb) Die Behandlung und Diskussion des E-1839

In den Kammern war man hinsichtlich des E-1839 in seiner Gesamtheit geteilter Meinung:[543] Der Streit drehte sich insbesondere um die Frage der Ausdehnung des mündlichen und öffentlichen Verfahrens und die Stellung und Funktion der Staatsanwaltschaft im Strafverfahren.[544] Während anfangs im Entwurf noch vorgesehen war, dass dem Staatsanwalt das Recht zustehen solle, als Organ der Staatsregierung das Rechtsmittel des Rekurses zu ergreifen, beschränkte man dessen Aufgaben in der endgültigen Fassung so sehr, dass das Amt des öffentlichen Anklägers als Nebenamt einem Mitglied des Zivilsenats des Kreisgerichts

541 *Knapp*, Anmerkungen, S. 227.

542 *Knapp*, Anmerkungen, S. 225 f.

543 *Krieter*, Freie Beweiswürdigung, S. 47; *Mittermaier*, Mündlichkeit, S. 103.

544 *Mittermaier*, Mündlichkeit, S. 103.

oder einem Bezirksrichter übertragen werden sollte und auch das ihm zustehende Rekursrecht beseitigt wurde.[545]

Die Staatsregierung wehrte sich darüber hinaus gegen die Einführung der Mündlichkeit des Verfahrens und votierte vehement für die Schriftlichkeit. Dies wurde unter anderem damit begründet, dass Rechtsmittel mit einem mündlich durchgeführten Verfahren nicht verträglich seien.[546] Eine öffentliche Schlussverhandlung sollte nur in schweren Kriminalfällen erfolgen.[547] Die positiven Beweisvorschriften sollten hingegen abgeschafft werden und stattdessen negative Beweisregeln in das Gesetz aufgenommen werden.[548]

Für die Zulassung der Wiederaufnahme zuungunsten des Freigesprochen entschied man sich bewusst:

Nach dem Bericht der Kommission wurde in den Verhandlungen ausdrücklich ins Auge gefasst, dass sowohl nach römischem als auch nach kanonischem Recht ein Freigesprochener wegen desselben Verbrechens nicht wieder in Untersuchung gezogen werden könne und dies auch der derzeitige Zustand nach französischem Recht sei.[549] Hierbei wies man auch ausdrücklich auf das für diesen Rechtszustand sprechende Argument des Schutzes des Bürgers hin, der „schon einmal alle Qualen der Untersuchung überstanden" habe, setzte dem aber sofort entschieden entgegen, dass im Interesse des Staates der wahre Verbrecher zu bestrafen sei und diese „Ausmittlung der Wahrheit" an keine Zeit gebunden sein könne.[550] Als sich von selbst verstehend wurde jedoch vorausgesetzt, dass die Wiederaufnahme zum Nachteil des Beschuldigten nur dann stattfinden könne, wenn die Verjährungsfrist noch nicht abgelaufen war.[551] Wie der Kommissionsbericht zeigt und den Anmerkungen zu dieser Strafprozessordnung entnommen werden kann, sollte die Verjährungsfrist „von der letzten gerichtlichen

545 *Mittermaier*, Mündlichkeit, S. 104.

546 *Mittermaier*, Mündlichkeit, S. 105.

547 *Behr*, Rechtsmittel, S. 66.

548 Ausführlich hierzu *Krieter*, Freie Beweiswürdigung, S. 47 f.

549 Verhandlung der Kammer der Abgeordneten des Königreichs Württemberg, 1841/1843, Bd. 14, 1. Beilagenheft, S. 811.

550 Verhandlung der Kammer der Abgeordneten des Königreichs Württemberg, 1841/1843, Bd. 14, 1. Beilagenheft, S. 811.

551 Verhandlung der Kammer der Abgeordneten des Königreichs Württemberg, 1841/1843, Bd. 14, 1. Beilagenheft, S. 813.

Handlung an, d. h. von Eröffnung des rechtskräftigen Erkenntnisses an" bestimmt werden.[552]

Nachdem die Staatsregierung eine erneute Redaktion des Entwurfs vorgenommen und den Vorschlag gemacht hatte, diesen zumindest vorläufig anzunehmen, wurde der Entwurf von den Kammern endlich gebilligt und die provisorische Strafprozessordnung am 22. Juni 1843 eingeführt.[553] Die Geltungsdauer dieser Strafprozessordnung wurde zunächst auf sechs Jahre begrenzt. Die Staatsregierung hatte sich hierbei eigens vorbehalten, nach Ablauf dieses Zeitraums, die Frage des der Staatsanwaltschaft zustehenden Rechtsmittelrechts erneut zu debattieren.[554]

cc) Die StPO von 1843

Die positiven Beweisvorschriften waren in der StPO von 1843 beseitigt und stattdessen negative vorgesehen.[555] Eine öffentliche Schlussverhandlung existierte nur bei schwerwiegenden Delikten. Im Übrigen hielt man an den Prinzipien des Inquisitionsverfahrens fest.[556] Das Kapitel, welches die „Wiederaufnahme der Untersuchung" enthielt, begann mit der Wiederaufnahme, wenn eine Voruntersuchung nach Art. 76 eingestellt worden war. In diesem Fall konnte die Untersuchung von dem Untersuchungsrichter schon allein aufgrund neuer Verdachtsgründe wieder aufgenommen werden, solange keine Verfolgungsverjährung eingetreten war (Art. 410).

In den folgenden Artikeln war die Wiederaufnahme geregelt, wenn ein gerichtliches Erkenntnis erfolgt war. Wie man in Art. 411 niederlegte, durfte nach gerichtlichem Erkenntnis die Wiederaufnahme nur aufgrund der nachfolgenden Artikel vorgenommen werden. Art. 412[557] enthielt die Wiederaufnahme nach

552 *Knapp*, Anmerkungen, S. 225; Verhandlung der Kammer der Abgeordneten des Königreichs Württemberg, 1841/1843, Bd. 14, 1. Beilagenheft, S. 814.

553 *Krieter*, Freie Beweiswürdigung, S. 47; *Mittermaier*, Mündlichkeit, S. 103.

554 *Wohlers*, Staatsanwaltschaft, S. 80.

555 Ausführlich hierzu *Krieter*, Freie Beweiswürdigung, S. 47 f.

556 *Schwedhelm*, Wiederaufnahme, S. 204 bezeichnet die württembergische StPO von 1843 als „zaghaften Versuch" einer Reform und als „kleinen Schritt vorwärts".

557 „Art. 412. Nach erfolgtem freisprechenden Erkenntnisse kann gegen den Freigesprochenen wegen derselben Handlung, über welche geurtheilt worden, die Untersuchung wieder aufgenommen werden:

1) wenn die Falschheit der Beweismittel, auf welchen die Freisprechung beruht, dargethan ist, z. B. wenn sich ergeben hat, dass die Urkunden verfälscht, die Zeugen meineidig, oder ihr Zeugniss auf einem wesentlichen Irrthum gegründet gewesen, vorausgesetzt übrigens, dass noch zu einer Versetzung in den Anschuldigungsstand genügende Verdachtsgründe vorliegen;

freisprechendem Urteil. Dieser hatte gegenüber Art. 408 des E-1839 nur geringfügige Änderung erfahren. So waren in Art. 412 Nr. 2 lediglich mehr neue Beweismittel als Wiederaufnahmegrund vorgesehen, die „neuen Umstände" fehlten hingegen.

Weiterhin in der StPO enthalten war die Entbindung von der Instanz mit der Folge, dass die Untersuchung wieder aufzunehmen war, wenn sich neue Beweismittel ergaben, die entweder für sich allein oder in Verbindung mit der früher benutzten die Überführung des Betroffenen bewirkten (Art. 414). Obwohl die Mehrheit der Kommission schon erkannt hatte, dass die Entbindung von der Instanz „ein an sich nicht zu billigendes Institut" sei, welches als Folge der zu engen Beweistheorie in das Gesetz aufgenommen worden war, wurde diese noch nicht beseitigt.[558] Dies wurde hauptsächlich damit begründet, dass der Abschaffung der Instanzentbindung die Verfassungsurkunde entgegen stehe, da mit der Entbindung von der Instanz gewisse Rechtsnachteile verknüpft seien, welche in der Verfassung niedergelegt worden waren.[559] Um eine Verfassungsänderung zu vermeiden, stimmte man daher zunächst noch für die Beibehaltung der Entbindung von der Instanz.

c) Entwicklung in der Revolutionszeit 1848/49

Nachdem auch das Königreich Württemberg von der Märzrevolution und deren liberalen Reformforderungen nicht verschont geblieben war,[560] wurden nach kurzer Zeit erste Reformen des Strafverfahrensrechts in Angriff genommen. Am 25. Juli 1848 wurde die „Verordnung, betreffend ein mündliches und öffentliches Anklageverfahren in Pressprocesssachen"[561] erlassen, welche für Pressedelikte Mündlichkeit und Öffentlichkeit einführte und die Entbindung von der Instanz beseitigte (Art. 19).

---

2) wenn neue Beweismittel an den Tag kommen, welche für sich allein oder in Verbindung mit den in der früheren Untersuchung erhobenen hinreichend sind, um eine Versetzung in den Anschuldigungsstand zu beschliessen."

558 Verhandlung der Kammer der Abgeordneten des Königreichs Württemberg, 1841/1843, Bd. 14, 1. Beilagenheft, S. 703 f.

559 *Elben*, Entbindung von der Instanz, S. 74.

560 Zu der Revolution in Württemberg *Mann* in: Schwarzmaier, Handbuch, S. 300 ff.

561 Die Verordnung ist abgedruckt in: *Sundelin*, Sammlung, S. 191-194. Gemäß Art. 1 der Verordnung fand diese Anwendung auf „Verbrechen und Vergehen, welche durch Ausgeben von Druckschriften oder von bildlichen auf mechanischem Wege vervielfältigten Darstellungen begangen werden".

Wie in den übrigen Staaten zählte neben Mündlichkeit und Öffentlichkeit des Verfahrens auch die Einführung von Geschworenengerichten zu den Forderungen des Volkes. Um Reformen möglichst rasch vornehmen zu können, sollte zunächst weder eine vollständig neue Strafprozessordnung noch ein Gerichtsverfassungsgesetzes erstellt, sondern die bestehenden Vorschriften teilweise abgeändert werden.[562]

Aus diesem Grund erging am 13. August 1849 das nur 48 Artikel enthaltende Gesetz, „betreffend die Abänderung einiger Bestimmungen des Strafgesetzbuches und der Strafprocess-Ordnung[563]. Dieses verwies teilweise auf bestimmte Artikel der Verordnung betreffend die „Pressprocesssachen“. Ausdrücklich aufgehoben wurde die Entbindung von der Instanz für sämtliche Strafsachen (Art. 46). Hinsichtlich des Rechtsmittelrechts wurde hingegen auf die die Pressedelikte betreffende Verordnung verwiesen, welche eine wesentliche Reform enthielt: Der Staatsanwaltschaft stand nunmehr das Rechtsmittel des Rekurses gegen ein freisprechendes Urteil oder gegen das Strafmaß im Falle einer Verurteilung zu (Art. 23). Hinsichtlich der Wiederaufnahme des Verfahrens waren weder im Gesetz von 1849 Bestimmungen enthalten noch wurde auf die Verordnung verwiesen.

Einen Tag nach Erlass des Gesetzes vom 13. August 1849 erging das „Gesetz über das Verfahren in Strafsachen, welche vor die Schwurgerichtshöfe gehören“[564]. Dieses enthielt im Titel X. Vorschriften, welche die Wiederaufnahme der Untersuchung beinhalteten. Geregelt war hier ausschließlich die Wiederaufnahme zugunsten eines Verurteilten, die sich an den Bestimmungen des französischen Code d'instruction criminelle orientierte.[565] Eine für den Angeklagten nachteilige Wiederaufnahme war hingegen gegen schwurgerichtliche Erkenntnisse nicht möglich.

Für alle anderen Strafverfahren, welche nicht in den Zuständigkeitsbereich[566] der Schwurgerichte fielen und keine Pressedelikte darstellten, wurde die Gel-

562 Vgl. hierzu den Vortrag des Ministeriums der Justiz an die Ständeversammlung bezüglich des Gesetzentwurfs über die Geschworenengerichte, abgedruckt in: Verhandlungen der Württembergischen Kammer der Abgeordneten, 1849, 1. Beilagenband S. 242.

563 Das Gesetz ist abgedruckt in: *Sundelin*, Sammlung, S. 194-195.

564 Das Gesetz ist abgedruckt in: *Haeberlin*, Strafprozeßordnungen, S. 600-636.

565 Vgl. hierzu *Schwedhelm*, Wiederaufnahme, S. 210 f.

566 Welche Taten konkret in den Zuständigkeitsbereich der Schwurgerichtshöfe fallen sollten war in Art. 1 des Gesetzes bestimmt. Genannt sind hier beispielsweise bestimmte politische Verbrechen, Gefangenenmeuterei, Meineid, Mord, Vergiftung, Totschlag, Raub, Erpressung etc.

tung der provisorischen Strafprozessordnung vom 22. Juni 1843 mittels Gesetz[567] vom 1. April 1852 verlängert, so dass das Verfahren weiterhin schriftlich und geheim durchgeführt wurde. Hinsichtlich der Wiederaufnahme des Verfahrens zum Nachteil des Freigesprochenen bedeutete dies, dass diese auch aufgrund neuer Beweismittel erfolgen konnte und daher weiterhin in sehr weitem Umfang gestattet war.

d) Die Strafprozessordnung vom 17. April 1868

In den sechziger Jahren des Neunzehnten Jahrhunderts wollte man nicht länger „in einem unhaltbaren Zustand der Gesetzgebung", welcher aufgrund der Fortgeltung der StPO von 1843 für eine Vielzahl an Verfahren noch ein schriftliches und geheimes Verfahren vorsah, verharren.[568] Ein erster Entwurf einer neuen Strafprozessordnung wurde daher im Jahr 1863 von *v. Bezzenberger* vorgelegt. In diesem war ein öffentliches und mündliches Verfahren vorgesehen. Darüber hinaus sollte das Prinzip der freien Beweiswürdigung Anwendung finden.[569] Der Entwurf wurde als eine „in jeder Beziehung tüchtige und beachtenswerthe Arbeit" bezeichnet.[570] Letztlich wurde der Entwurf zwar nicht zum Gesetz, jedoch übergab die königliche Regierung mittels Note vom 6. Dezember 1866 dem ständischen Ausschuss einen weiteren Entwurf einer Strafprozessordnung, der im Hinblick auf die hier interessierenden Vorschriften mit denjenigen des E-1863 nahezu vollständig übereinstimmte.

Das ordentliche Rechtsmittel der Berufung war vollständig ausgeschlossen. Gegen erstinstanzliche Urteile aller Gerichte konnte lediglich die Nichtigkeitsbeschwerde an den Kassationshof erfolgen.[571] Die Wiederaufnahme des Verfahrens war sowohl zugunsten als auch zulasten des Angeklagten unter denselben Voraussetzungen möglich.

Gemäß Art. 464[572] E-1866 (Art. 456 des E-1863) konnte ein durch rechtskräftiges Urteil beendetes Strafverfahren auf Antrag des Verurteilten oder zu seinen

567 Das Gesetz ist abgedruckt in: *Sundelin*, Sammlung, S. 196.

568 Vgl. hierzu den Bericht der Gesetzgebungskommission über den Entwurf, abgedruckt in: Verhandlungen der Württembergischen Kammer der Abgeordneten in den Jahren 1866 bis 68, 1. BB, 1. Abt. S. 365.

569 Hierzu und zu den Grundlagen des Entwurfs von 1863 *Schwarze*, Jahrbücher Bd. 10 1864, S. 160.

570 *Schwarze*, Jahrbücher Bd. 10 1864, S. 160.

571 *Behr*, Rechtsmittel, S. 151; *Schwarze*, Jahrbücher Bd. 10 1864, S. 162.

572 „Art. 464. Ein durch rechtskräftiges Urtheil beendigtes Strafverfahren kann auf den Antrag des Verurtheilten oder des Staatsanwalts, des letzteren als klagenden Theils, wieder aufgenommen werden, wenn Thatsachen oder Beweismittel, welche entweder erst jetzt

Lasten durch den Staatsanwalt wieder aufgenommen werden, wenn Tatsachen oder Beweismittel entweder erst nach Abschluss des Verfahrens zum Vorschein kamen oder vom Antragsteller nicht benutzt werden konnten, die entweder für sich allein oder in Verbindung mit den bereits gewürdigten geeignet waren, den Freigesprochenen zu verurteilen bzw. den zu milde Verurteilten strenger zu bestrafen. Anschließend war in Art. 464 aufgezählt, welche Fälle hierunter insbesondere fallen sollten. Die Aufzählung war nicht abschließend. Es handelte sich lediglich um Beispiele. Genannt war hier unter 1., wenn mehrere Personen wegen derselben Tat durch verschiedene Erkenntnisse verurteilt worden waren, welche jedoch miteinander unvereinbar erschienen, da ein Vergleich der Urteile die Unschuld einer der verurteilten Personen ergab. Hierbei handelte es sich um einen Wiederaufnahmegrund, der lediglich zugunsten des Verurteilten in Betracht kam. In Ziffer 2 war geregelt, dass Beweismittel dafür vorgelegt wurden, wonach Urkundenfälschung oder eine Falschaussage von vereideten oder unvereideten Zeugen, von Mitbeschuldigten oder Sachverständigen getätigt oder andere Verbrechen begangen wurden, welche zur Verurteilung bzw. zum Frei-

---

zum Vorschein gekommen sind oder in dem früheren Verfahren seitens des Antragstellers nicht benützt werden konnten, für sich allein oder in Verbindung mit den früher gewürdigten die Freisprechung des Verurtheilten von der ihm zur Last gelegten That oder in Betreff einen höheren Strafgrad begründender Umstände derselben oder die Verurtheilung des in jener oder dieser Hinsicht Freigesprochenen, beziehungsweise bisher nicht gerichtlich Verfolgten, herbeizuführen geeignet sind.

Hierher gehört insbesondere:

1) wenn zwei oder mehr Personen wegen der nämlichen strafbaren Handlung durch verschiedene Erkenntnisse verurtheilt worden sind, welche dergestalt unvereinbar erscheinen, daß die Vergleichung derselben jedenfalls die Unschuld einer der verurtheilten Personen darlegt;

2) wenn Beweismittel dafür beigebracht sind, daß Urkundenfälschung, von vereideten oder unvereideten Zeugen, von Mitbeschuldigten oder Sachverständigen fälschlich gemachte Aussagen oder andere Verbrechen zu der Verurtheilung oder Freisprechung mitgewirkt haben oder

3) daß Richter, Geschworene, Dolmetscher, der Staatsanwalt oder der Vertheidiger bestochen waren;

4) wenn das gerichtlich abgelegte Geständnis, auf welchem die Verurtheilung wesentlich beruht, ganz oder teilweisezurückgenommen und der Widerruf mit Thatsachen begründet, oder wenn seitens des ganz oder teilweise Freigesprochenen oder bisher nur theilweise gerichtlich Verfolgten (vergl. Abs. 1) vor Gericht oder außergerichtlich ein Geständnis abgelegt wird.

Ist bei nur auf Antrag strafbaren Handlungen die Freisprechung erfolgt, weil der Antrag nicht von dem wirklich Berechtigten gestellt worden war, so kann Letzterer die Wiederaufnahme des Verfahrens verlangen. Auch ist diese zulässig, wenn es sich erst später zeigt, daß von Amts wegen ein Strafurteil gefällt werden konnte.“

spruch beitrugen. In Ziffer 3 fand sich der Wiederaufnahmegrund, dass ein Richter, Geschworener, Dolmetscher, der Staatsanwalt oder der Verteidiger bestochen worden war und in Ziffer 4, wenn das gerichtlich abgelegte Geständnis, auf welchem die Verurteilung wesentlich beruhte, ganz oder zum Teil zurückgenommen und der Widerruf mit Tatsachen begründet wurde oder wenn durch den Freigesprochenen bzw. zu milde Verurteilten gerichtlich oder außergerichtlich ein Geständnis abgelegt wurde. Wurde der Beschuldigte vom Untersuchungsrichter oder von der sog. Raths- und Anklagekammer mangels hinreichenden Tatverdachts noch vor Durchführung einer Hauptverhandlung „außer Verfolgung" gesetzt, mussten die in Art. 464 E-1866 genannten Voraussetzungen ebenso erfüllt sein, damit das Verfahren wieder aufgenommen werden konnte (Art. 264 E-1866). Dies bedeutet, dass hinsichtlich der Anforderungen an eine Wiederaufnahme nicht danach unterschieden wurde, ob das Verfahren vor Durchführung eines Hauptverfahrens eingestellt wurde oder ob ein Freispruch nach mündlicher und öffentlicher Hauptverhandlung erfolgte.

In den Motiven wurde betont, dass die im Schwurgerichtsgesetz vom 14. August 1849 vorgenommene Beschränkung der Wiederaufnahme auf die im französischen Recht vorgesehenen Fälle zugunsten des Verurteilten und damit die Abschaffung der Wiederaufnahme zuungunsten unhaltbar sei.[573] Die Wiederaufnahme sowohl zugunsten als auch zuungunsten in dem gleichen Umfang zu gestatten, sei durch den Zweck des Strafverfahrens, welcher an dieser Stelle in den Motiven nicht näher ausgeführt wurde, gerechtfertigt.[574]Als neue Tatsachen und Beweismittel sollten nur solche gelten, welche vor dem Urteil nicht bekannt waren oder nicht benutzt werden konnten. Dabei wurde betont, dass es nicht gerechtfertigt wäre, auch solche Tatsachen und Beweismittel zuzulassen, welche nicht zur Sprache gekommen, jedoch zuvor schon bekannt und gleichwohl nicht benutzt worden waren, da hierdurch einerseits ein Missbrauch des Rechtsmittels möglich wäre und andererseits sich die Partei, welche absichtlich Beweismittel unbenutzt gelassen hatte, später nicht beklagen könne, dass diese nicht mehr zugelassen werden.[575]

573 Motive zu dem Entwurf einer Strafprozessordnung v. 1866, S. 279, abgedruckt in: Verhandlungen der Württembergischen Kammer der Abgeordneten in den Jahren 1866 bis 68, 1. BB, 1. Abt.

574 Motive zu dem Entwurf einer Strafprozessordnung v. 1866, S. 279, abgedruckt in: Verhandlungen der Württembergischen Kammer der Abgeordneten in den Jahren 1866 bis 68, 1. BB, 1. Abt.

575 Motive zu dem Entwurf einer Strafprozessordnung v. 1866, S. 279, abgedruckt in: Verhandlungen der Württembergischen Kammer der Abgeordneten in den Jahren 1866 bis 68, 1. BB, 1. Abt.

aa) Beratung in der Gesetzgebungskommission

In der Justizgesetzgebungskommission war man der Meinung, dass der in Art. 464 E-1866 vorgesehene allgemein gefasste Wiederaufnahmegrund aufgrund neuer Tatsachen oder Beweismittel zu weit gehe.[576] Darüber hinaus war es der Kommission ein Anliegen, die Voraussetzungen der Wiederaufnahme zum Nachteil des Beschuldigten getrennt von denjenigen der günstigen Wiederaufnahme zu behandeln.[577]

Für die grundsätzliche Beibehaltung der Wiederaufnahme zuungunsten des Angeklagten entschied man sich bewusst. Die Kommission wies darauf hin, dass rechtskräftigen richterlichen Urteilen grundsätzlich zwar eine „Festigkeit" zukomme, sprach diesem Argument aber keine besondere Bedeutung zu, da für den Fall, dass sich der Inhalt des Urteils als materiell ungerecht erweisen lasse, „die Festigkeit des richterlichen Urtheils nicht als ein so absolutes Bedürfnis erscheine, daß hieran auch festgehalten werden müßte".[578] Ein Unterschied zwischen der Wiederaufnahme des Verfahrens zugunsten und derjenigen zuungunsten des Beschuldigten müsse jedoch gemacht werden, da freisprechende Urteile nicht nur aufgrund der richterlichen Autorität möglichst aufrecht zu erhalten seien, sondern auch, weil in diesem Fall ein möglicherweise Unschuldiger einem neuen Verfahren unterworfen werden sollte, in welchem diesem die Verteidigung aufgrund der langen Zeitspanne erschwert sein könnte.[579]

Eigens angeführt und befürwortet wurden in diesem Zusammenhang die Ausführungen im Ausschussbericht des Großherzogtums Hessens, in welchem dargelegt wurde, dass die Wiederaufnahme der Untersuchung zum Nachteil des Angeschuldigten nur unter solchen Umständen gerechtfertigt erscheine, unter welchen die Straflosigkeit des Freigesprochenen ein öffentliches Ärgernis darstellen und das Ansehen der Justiz und des Strafgesetzes in der öffentlichen Meinung herabsetzen würde. Unter Berücksichtigung dieser Erwägungen seien die

576 Bericht der Gesetzgebungskommission über den Entwurf, abgedruckt in: Verhandlungen der Württembergischen Kammer der Abgeordneten in den Jahren 1866 bis 68, 1. BB, 1. Abt. S. 608.

577 Bericht der Gesetzgebungskommission über den Entwurf, abgedruckt in: Verhandlungen der Württembergischen Kammer der Abgeordneten in den Jahren 1866 bis 68, 1. BB, 1. Abt. S. 609.

578 Bericht der Gesetzgebungskommission über den Entwurf, abgedruckt in: Verhandlungen der Württembergischen Kammer der Abgeordneten in den Jahren 1866 bis 68, 1. BB, 1. Abt. S. 607.

579 Bericht der Gesetzgebungskommission über den Entwurf, abgedruckt in: Verhandlungen der Württembergischen Kammer der Abgeordneten in den Jahren 1866 bis 68, 1. BB, 1. Abt. S. 607 f.

in Art. 464 Nr. 2, 3 und 4 des E-1866 aufgezählten Beispiele nicht zu beanstanden, sondern lediglich die Erfassung der neuen Tatsachen und Beweise.[580] Wie die Kommission weiter darlegt, könne auch die sächsische Regelung nicht als Vorbild dienen, da sie zu weit gefasst sei. Diese lasse zwar als neue Beweise nur solche genügen, welche an sich und ohne dass es eines Zurückgehens auf die frühere Beweisaufnahme bedürfe, zur Überführung geeignet sind.[581] Damit sei der Vorteil verbunden, dass ein Zurückgehen auf das Ausgangsverfahren eben gerade nicht erforderlich ist und die Vorschrift daher mit dem mündlichen Verfahren besser zu vereinbaren sei. Wenn man aber dem Richter aufgebe, die frühere Beweisaufnahme außer Acht zu lassen, sei dies nach den Ausführungen der württembergischen Kommission ein „Ansinnen an den Richter, welches derselbe kaum zu erfüllen im Stande ist". Es handle sich hierbei um eine „unnatürliche Schranke", welche der Richter zu durchbrechen suche.[582]

Die Kommission schlug daher vor, den Art. 464 E-1866 künftig so zu fassen, dass die Wiederaufnahme durch den Staatsanwalt gegen ein rechtskräftig freisprechendes oder verurteilendes Erkenntnis vorgenommen werden kann, wenn eine der bisher in Art. 464 Ziffer 2 aufgezählten strafbaren Handlungen zum Freispruch bzw. der zu geringen Bestrafung beitrugen (Art. 464 Nr. 1), ein Richter, Geschworener oder der Staatsanwalt bestochen war (Art. 464 Nr. 2), wenn der Freigesprochene bzw. zu milde Verurteilte ein außergerichtliches oder gerichtliches Geständnis ablegte (Art. 464 Nr. 3) oder wenn später andere Personen wegen derselben Tat verurteilt wurden und sich hierbei Beweise dafür ergaben, dass der früher Freigesprochene bzw. zu milde Verurteilte daran beteiligt war (Art. 464 Nr. 4).

Mit Ausnahme der Ziffer 4 erfolgte der Vorschlag der Neufassung des Art. 464 einstimmig. Das Kommissionsmitglied *v. Schad* wollte jedoch weiterhin die Wiederaufnahme zum Nachteil des Beschuldigten in größerem Umfang gestatten. Er stützte sich hierbei auf die sächsische Vorschrift und wollte entgegen der übrigen Kommissionsmitglieder in Ziffer 4 des Art. 464 die Wiederaufnahme aufgrund solcher neuen Beweise zulassen, welche schon an sich und ohne, dass es eines Zurückgehens auf die früheren Beweise bedürfe, die Überführung zu

580 Bericht der Gesetzgebungskommission über den Entwurf, abgedruckt in: Verhandlungen der Württembergischen Kammer der Abgeordneten in den Jahren 1866 bis 68, 1. BB, 1. Abt. S. 608.

581 Bericht der Gesetzgebungskommission über den Entwurf, abgedruckt in: Verhandlungen der Württembergischen Kammer der Abgeordneten in den Jahren 1866 bis 68, 1. BB, 1. Abt. S. 608.

582 Bericht der Gesetzgebungskommission über den Entwurf, abgedruckt in: Verhandlungen der Württembergischen Kammer der Abgeordneten in den Jahren 1866 bis 68, 1. BB, 1. Abt. S. 608.

begründen geeignet sind. Wenn der Wiederaufnahmegrund so formuliert sei und man lediglich solche Beweise zulasse, welche für sich allein geeignet seien, könne sich der Beschuldigte nicht beschweren, da diese früher noch nicht gewürdigt wurden.[583]

In der Gesetzgebungskommission wurden hierzu keine weiteren Ausführungen oder Anmerkungen gemacht. Man ging anschließend sofort zur Beratung der günstigen Wiederaufnahme über.

bb) Endgültige Fassung der Vorschrift auf Anraten des Justizdepartements

Im Januar 1868 teilte der „Chef des Justizdepartements" seine Ansichten über den Bericht der Gesetzgebungskommission mit. Darin brachte er hinsichtlich der Wiederaufnahme zum Nachteil des Betroffenen zum Ausdruck, dass er wünsche, an die Stelle der von der Kommission vorgeschlagenen Ziffer 4 einen allgemeinen Wiederaufnahmegrund zu setzen, der dem oben erwähnten Antrag des Kommissionsmitglieds *v. Schad* weitgehend entsprach und lediglich um das Vorliegen neuer Tatsachen erweitert wurde.[584] Die neuen Tatsachen oder Beweismittel mussten für sich allein und ohne, dass es eines Zurückgehens auf die Ergebnisse der früheren Beweisaufnahme bedurfte, geeignet sein, die Überführung des Beschuldigten zu begründen. Die schon in der Kommission geäußerte Befürchtung, dass der Richter nicht dazu im Stande sei, die neuen Beweismittel allein für sich zu betrachten und von dem früheren Verfahren zu abstrahieren, wurden auch in dem Bericht des sog. Justizdepartementchefs noch einmal laut.[585] Da man jedoch glaubte, dass dann, wenn eine solche Bestimmung einmal Gesetz sei, sich die Richter auch streng daran halten werden, stellte man den Antrag auf Aufnahme der vorgeschlagenen Ziffer 4 in das Gesetz.[586] In Folge dessen wurden die Ziffern 1 bis 3 so gefasst, wie sie die Gesetzgebungskommission vorgeschlagen hatte und in Ziffer 4 obigen Wunsch entsprochen und die

---

583 Vgl. hierzu den Antrag *von Schads* in dem Bericht der Gesetzgebungskommission über den Entwurf, abgedruckt in: Verhandlungen der Württembergischen Kammer der Abgeordneten in den Jahren 1866 bis 68, 1. BB, 1. Abt. S. 609.

584 Nachträglicher Bericht der Justizgesetzgebungskommission, abgedruckt in: Verhandlungen der Württembergischen Kammer der Abgeordneten in den Jahren 1866 bis 68, 1. BB, 3. Abt. S. 1629.

585 Nachträglicher Bericht der Justizgesetzgebungskommission, abgedruckt in: Verhandlungen der Württembergischen Kammer der Abgeordneten in den Jahren 1866 bis 68, 1. BB, 3. Abt. S. 1629.

586 Nachträglicher Bericht der Justizgesetzgebungskommission, abgedruckt in: Verhandlungen der Württembergischen Kammer der Abgeordneten in den Jahren 1866 bis 68, 1. BB, 3. Abt. S. 1629.

Wiederaufnahme aufgrund neuer Tatsachen und Beweise geregelt. In der Strafprozessordnung von 1868 wurde die Vorschrift in Art. 470[587] eingestellt.

e) Zusammenfassung

Das Königreich Württemberg hatte erst mit der Strafprozessordnung von 1843 eine umfassende Kodifikation des Strafverfahrensrechts erhalten, welche allerdings noch weitgehend auf den Prinzipien des Inquisitionsprozesses beruhte. Die Wiederaufnahme des Verfahrens zu Lasten eines vollständig Losgesprochenen war aufgrund dieses Gesetzes nicht nur möglich, wenn dem Freispruch eine strafbare Handlung zu Grunde lag, sondern auch im Falle des Vorliegens neuer Beweismittel. In der Kommission hatte man zwar erkannt, dass der Bürger grundsätzlich vor einer erneuten Strafverfolgung aufgrund derselben Tat geschützt werden müsse, man entschied sich jedoch dennoch dafür, dem Strafverfolgungsinteresse des Staates und der Ermittlung der Wahrheit größeres Gewicht zukommen zu lassen und gestattete die Wiederaufnahme zulasten eines Freigesprochenen in ausgedehntem Maße. Darüber hinaus war die Entbindung von der Instanz weiterhin – trotz vielfach geübter Kritik – in diesem Gesetz vorgesehen. Diese ließ die Wiederaufnahme der Untersuchung ebenfalls zu, wenn sich neue Beweismittel ergaben, so dass die Grenze zwischen der Wiederaufnahme nach Instanzentbindung und nach vollständigem Freispruch mehr und mehr verwischt wurde und der einzige Unterschied noch darin bestand, dass vor einer Wiederaufnahme gegen ein freisprechendes Urteil, das Gericht, welches den Beschuldigten freigesprochen hatte, über die Zulässigkeit der Wiederauf-

587 „Art. 470 Der Staatsanwalt kann gegenüber von rechtskräftigen freisprechenden oder verurtheilenden Erkenntnissen, bei letzteren wegen einen höheren Strafgrad begründender Umstände die Wiederaufnahme des Strafverfahrens beantragen:

1) wenn Beweismittel dafür beigebracht sind, daß Urkundenfälschung, von vereideten oder unvereideten Zeugen, von Mitbeschuldigten oder Sachverständigen fälschlich gemachte Aussagen oder andere Verbrechen zu der Freisprechung oder zu der Verurtheilung oder Verfolgung wegen eines geringeren Strafgrades mitgewirkt haben, oder

2) daß Richter, Geschworene oder der Staatsanwalt bestochen waren;

3) wenn seitens des ganz oder theilweise Freigesprochenen oder bisher nur theilweise gerichtlich Verfolgten vor Gericht oder außergerichtlich ein Geständnis abgelegt wird;

4) wenn andere neue Thatsachen oder Beweismittel zum Vorschein kommen, welche für sich allein und ohne daß es eines Zurückgehens auf die Ergebnisse der früheren Beweisaufnahme in Betreff der Thäterschaft des Beschuldigten bedarf, geeignet sind, die Ueberführung des Letzteren zu begründen.

Ist bei nur auf Antrag strafbaren Handlungen die Freisprechung erfolgt, weil der Antrag nicht von dem wirklich Berechtigten gestellt worden war, so kann Letzterer die Wiederaufnahme des Verfahrens verlangen. Auch ist diese zulässig, wenn es sich erst später zeigt, daß von Amtswegen ein Strafurteil gefällt werden konnte."

nahme entscheiden musste. Wie in den anderen Staaten führten die revolutionären Ereignisse der Jahre 1848/49 zu Reformen, welche im Königreich Württemberg allerdings wesentlich begrenzter erfolgten als in den übrigen dargestellten Staaten. Für Delikte, welche nicht in den Zuständigkeitsbereich der Schwurgerichte fielen und keine Pressedelikte waren, verlängerte man die Fortgeltung der einst provisorisch eingeführten Strafprozessordnung von 1843. Dies hatte zur Folge, dass bei diesen Delikten weiterhin ein geheimes und schriftliches Inquisitionsverfahren durchgeführt wurde. Mit Einführung der Schwurgerichte wurde gegen deren Urteile die Wiederaufnahme zuungunsten des Beschuldigten abgeschafft und ausschließlich die Wiederaufnahme zugunsten des Verurteilten gestattet. Während beispielsweise das Königreich Bayern zugleich mit der Abschaffung der Wiederaufnahme gegen schwurgerichtliche Erkenntnisse die Wiederaufnahme zum Nachteil des von den Kreis- oder Stadtgerichten Freigesprochenen beseitigte, war im Königreich Württemberg aufgrund der Fortgeltung der provisorischen Strafprozessordnung von 1843 die Wiederaufnahme zum Nachteil eines Freigesprochenen weiterhin auch aufgrund neuer Beweismittel zugelassen. In der Strafprozessordnung von 1868 entschied man sich schließlich auf Anraten des sog. Chefs des Justizdepartements weiterhin bewusst dafür, die Wiederaufnahme gegen Freisprüche auch aufgrund neuer Tatsachen oder Beweismittel zu gestatten. Wie in Sachsen versuchte man diesen Wiederaufnahmegrund jedoch dadurch zu beschränken, dass man nur solche neuen Tatsachen und Beweismittel erfasste, welche für sich allein geeignet waren, die Überführung des Beschuldigten zu begründen.[588]

---

588 Wie das Königreich Württemberg und das Königreich Sachsen ließ auch das Kaiserreich Österreich in der Strafprozessordnung vom 17. Januar 1850 die Wiederaufnahme des Verfahrens gegen ein freisprechendes Urteil in weitem Umfang zu: Diese war möglich, wenn ganz neue Beweismittel vorgefunden wurden, welche die Verurteilung des Angeklagten erwarten ließen (§ 393). Darüber hinaus war die Wiederaufnahme zulasten eines bereits Verurteilten gestattet, wenn sich durch später auftauchende ganz neue Beweismittel ergab, dass das Verbrechen oder Vergehen eine schwerere Eigenschaft hatte (§ 394). In der Strafprozessordnung v. 23. Mai 1873 beinhaltete § 355 die Wiederaufnahme gegen einen Freigesprochenen. Diese konnte einerseits erfolgen, wenn der rechtskräftige Freispruch auf einer strafbaren Handlung beruhte oder andererseits der Angeklagte später gerichtlich oder außergerichtlich ein Geständnis der Tat abgelegt oder andere neue Tatsachen oder Beweismittel sich ergeben hatten, welche allein oder in Verbindung mit den früheren geeignet erschienen, die Überführung des Angeklagten zu begründen. Im Unterschied zur württembergischen StPO von 1868 und der sächsischen StPO aus demselben Jahr, war die österreichische Bestimmung weiter gefasst, da hier die neuen Tatsachen und Beweise nicht für sich allein und ohne, dass es seines Zurückgehens auf die frühere Beweisaufnahme bedurfte, zur Überführung des Betroffenen geeignet sein mussten.

Viertes Kapitel:
Bis zur Reichsstrafprozessordnung vom 1. Februar 1877

Nachdem es im August 1866 zwischen Preußen und siebzehn Verbündeten zur Gründung des Norddeutschen Bundes gekommen war,[1] wurde schon kurz nach Aufnahme der parlamentarischen Arbeiten des Reichstags von den nationalliberalen Abgeordneten *Plank* und *Wagner* im Reichstag der Antrag gestellt, den Bundeskanzler aufzufordern, Entwürfe eines gemeinsamen Strafrechts und einer gemeinsamen Strafprozessordnung baldmöglich erarbeiten zu lassen.[2] Ein Bedürfnis hierfür wurde insbesondere aufgrund der Rechtszersplitterung in Preußen gesehen. Zudem wurde die Strafprozessordnung von 1867, welche für die mit Preußen neu vereinten Landesteile eingeführt worden war, vor allem in Hannover und Nassau als rückschrittlich empfunden.[3] Reichstag und Bundesrat nahmen den Antrag *Planks* und *Wagners* an. Am 12. Juli 1869 wurde der preußische Justizminister *Leonhardt* von Bundeskanzler *Bismarck* schließlich gebeten, den Entwurf einer Strafprozessordnung aufstellen zu lassen.[4]

I. Die ersten Entwürfe einer Strafprozessordnung für den Norddeutschen Bund

Mit der Ausarbeitung des Entwurfs hatte man *Heinrich Friedberg*[5] betraut, der zuvor bereits den Auftrag zur Erstellung eines StGB-Entwurfs erhalten hatte.[6] Bereits kurze Zeit später legte dieser den ersten handschriftlichen Entwurf[7] einer

1 Ausführlich zu diesem sog. Augustbündnis *Huber*, Verfassungsgeschichte Bd. 3, S. 644 f.

2 Antrag vom 30. März 1868; *John*, Strafproceßordnung Bd. 6, S. 3; *Schubert / Regge*, Entstehung und Quellen, S. 4 f.

3 *Schubert / Regge*, Entstehung und Quellen, S. 5.

4 *Dochow*, in: Holtzendorff, Handbuch, S. 106; *John*, Strafproceßordnung Bd. 6, S. 3 f.; *Schubert / Regge*, Entstehung und Quellen, S. 6; der Schriftwechsel zwischen dem Bundeskanzler und dem Justizminister Leonhardt ist abgedruckt in: Schub*ert / Regge*, Entstehung und Quellen, S. 47 f.; die handschriftlichen Originale finden sich in BA R 1401/569 Bl.11 ff.

5 Ausführlich zur Rolle *Friedbergs* bei Erarbeitung des Gesetzes für das Kammer- und Kriminalgericht zu Berlin von 1846, *Ignor*, Geschichte, S. 270 ff.

6 Unterstützt wurde *Friedberg* von dem Appellationsgerichtsrath *Löwe*, dem Gerichts-Assessor *Erler* und vorübergehend von dem Obergerichtsrath *v. Lenthe*; vgl. hierzu: *Dochow*, in: Holtzendorff, Handbuch, S. 106.

7 Dieser befindet sich der Akte BA R 1401/573.

https://doi.org/10.1515/9783110751703-005

Strafprozessordnung für den Norddeutschen Bund, welcher mit keiner Datumsangabe versehen worden war, im preußischen Justizministerium vor.

Dieser enthielt die Wiederaufnahme der Untersuchung gegen den Angeklagten in § 437[8], welcher in drei Ziffern untergliedert war:

Gegen den rechtskräftig Freigesprochen durfte die Wiederaufnahme nur stattfinden, wenn Urkunden, welche zu seinen Gunsten vorgebracht und berücksichtigt worden waren, falsch oder verfälscht waren oder wenn Sachverständige oder Zeugen, welche zu seinen Gunsten ausgesagt hatten, sich des Meineids schuldig gemacht hatten oder wenn ein Richter, Geschworener oder Schöffe, welcher an dem Urteil mitgewirkt hatte, bestochen worden war (§ 437 Ziff. 1), oder wenn ein Freigesprochener ein gerichtliches Geständnis seiner Schuld abgelegt hatte (§ 437 Ziff. 2) oder wenn andere Personen wegen derselben strafbaren Handlung verurteilt worden waren und sich bei dieser Veranlassung Beweise für die Mitschuld des Freigesprochenen ergaben (§ 437 Ziff. 3).

Im ebenfalls nicht veröffentlichten revidierten Entwurf[9] war die Wiederaufnahme zuungunsten des freigesprochenen Angeklagten schließlich in § 364[10] zu finden. Dieser entsprach inhaltlich dem § 337[11] des im Jahr 1870 veröffentlichten Entwurfs[12]:

Die im ersten handschriftlichen Entwurf noch vorgenommene Unterteilung in drei Ziffern wurde aufgegeben und die bisherigen Ziffern 1 und 2 zu Absatz 1 und 2 des § 337 E-1870 deklariert. Die bisherige Ziffer 3, welche die Wiederaufnahme enthielt, wenn sich im Verfahren gegen eine andere Person aufgrund derselben Tat Beweise für die Mitschuld des Freigesprochenen ergaben, wurde

---

8 BA R 1401/573 Bl. 142.

9 BA R 1401/574.

10 Nach einer weiteren Revision fand sich die Wiederaufnahme zu Ungunsten des Freigesprochenen dann in § 366. Eine inhaltliche Änderung hat nicht mehr stattgefunden. Hierzu die Akte BA R 1401/575 Bl. 72.

11 „§ 337. Die Wiederaufhebung eines den Angeklagten freisprechenden rechtskräftigen Urtheils kann von der Staatsanwaltschaft beantragt werden, wenn eine in der Hauptverhandlung zu Gunsten des Angeklagten vorgebrachte Urkunde falsch oder verfälscht gewesen ist, oder wenn ein Zeuge oder Sachverständiger, welcher zu Gunsten des Angeklagten ausgesagt hat, einen Meineid begangen, oder endlich, wenn ein Richter, Geschworener oder Schöffe bestochen gewesen ist.

Desgleichen findet der Antrag auf Wiederaufhebung des Urtheils statt, wenn der Freigesprochene ein gerichtliches Geständnis seiner Schuld ablegt.“

12 Hinsichtlich der ordentlichen Rechtsmittel gestattet der Entwurf vom November 1870 lediglich das ordentliche Rechtsmittel der Nichtigkeitsbeschwerde (§ 311 ff.). Eine zweite Tatsacheninstanz, über welche in der Folge noch eine heftige Diskussion erfolgen sollte, war hingegen nicht vorgesehen.

nun – ohne auffindbare Begründung – ersatzlos gestrichen. Die Wiederaufnahme zuungunsten eines Freigesprochenen sollte demnach möglich sein, wenn eine Urkunde, welche zu Gunsten des Angeklagten vorgebracht wurde, falsch oder verfälscht war, ein Zeuge bzw. Sachverständiger, welcher zu Gunsten des Angeklagten ausgesagt hatte, einen Meineid beging oder wenn ein Richter, Geschworener oder Schöffe bestochen wurde (§ 337 Abs. 1). Wenn der Freigesprochene ein gerichtliches Geständnis seiner Schuld abgelegt hatte, konnte nach § 337 Abs. 2 die Wiederaufnahme des Verfahrens angeordnet werden.

II. Entwurf einer Deutschen Strafprozeß-Ordnung vom Januar 1873

Der E-1870 wurde in der Folge einer kleinen Gruppe preußischer Juristen vertraulich zur Beratung übergeben.[13] Nachdem diese ihre Gutachten vorgelegt und man sich hinsichtlich der Gerichtsorganisation geeinigt hatte, wurde der Entwurf von einer Ministerialkommission unter dem Vorsitz *Leonhardts* einer Umarbeitung unterzogen.[14] Der Druck dieses überarbeiteten Entwurfs erfolgte schließlich im Januar 1873.[15]

Zwischenzeitlich war in Folge der Novemberverträge[16] des Jahres 1870 mit Baden, Hessen, Bayern und Württemberg der vormalige Norddeutsche Bund zum Deutschen Bund erweitert und auf Initiative des bayerischen Königs, welcher hierzu von *Bismarck* veranlasst worden war, beschlossen worden, dass der Deutsche Bund zukünftig Deutsches Reich heißen solle.[17]

Justizminister *Leonhardt*[18] übergab den Entwurf, der nunmehr den Titel „Entwurf einer Deutschen Strafprozeß-Ordnung“[19] trug, noch im Januar 1873 dem Reichskanzler, welcher diesen dem Bundesrat überwies.[20]

---

13 *Schubert / Regge*, Entstehung und Quellen, S. 8.

14 *Schubert / Regge*, Entstehung und Quellen, S. 8.

15 *Schubert / Regge*, Entstehung und Quellen, S. 8.

16 Ausführlich zu den Verfassungsverträgen vom November 1870 *Huber*, Verfassungsgeschichte Bd. 3, S. 735 ff.

17 *Kotulla*, Verfassungsgeschichte, S. 523 f.

18 Das Schreiben *Leonhardts* an den Reichskanzler vom 8. Januar 1873 ist abgedruckt in: *Schubert / Regge*, Entstehung und Quellen, S. 111 f.

19 Der Entwurf ist abgedruckt in: *Schubert / Regge*, Entstehung und Quellen, S. 113 ff.

20 *Schubert / Regge*, Entstehung und Quellen, S. 9.

Dem Entwurf wurden umfangreiche Motive mit Anlagen[21] beigefügt. Aus diesen geht hervor, dass man sich hinsichtlich der Strafprozessordnung bewusst dafür entschied, einen neuen, von bisherigen Gesetzgebungen unabhängigen Entwurf zu erstellen und sich nicht – wie dies bei Erstellung des StGB-Entwurfs geschehen war – an eine bereits bestehende Gesetzgebung anschließen wollte.[22] Als Begründung wurde hier einerseits angeführt, dass zwar auch nicht daran zu denken sei, etwas völlig Neues zu erschaffen, jedoch hielt man auf dem Gebiet des Strafverfahrensrechts durchgreifendere und einschneidendere Reformen für erforderlich als im materiellen Strafrecht. Zudem mangle es laut der Motive an einer Strafprozessordnung, die geeignet sei, als Grundlage für den Entwurf zu dienen.[23] Insbesondere da in Preußen keine einheitliche Strafprozessordnung existierte und den Erstellern des Entwurfs die Gesetze der übrigen Staaten nicht geeignet erschienen, weil diese auf nicht zu vereinheitlichenden Sondergerichtsverfassungen der Einzelstaaten beruhten, gab es keine bestehende Strafprozessordnung, auf deren Grundlage man ein neues Gesetz aufbauen wollte.[24]

Den Entwurfserstellern kam es aber dennoch darauf an, sich nicht durch „Streben nach Originalität" auszuzeichnen, sondern sich das in anderen Gesetzen vorhandene „Gute" anzueignen und das „neue Werk als eine Fortbildung und einen Ausbau des Bestehenden" erscheinen zu lassen.[25]

1. Grundlagen des E-1873

Der E-1873 enthielt zahlreiche Paragrafen weniger als der E-1870. Dies war dem Umstand geschuldet, dass man nun auf die im E-1870 noch vorgesehenen Schwurgerichte verzichtete.[26] Die erstinstanzlichen Strafurteile sollten künftig unter Mitwirkung von Schöffen gefällt werden, welche das Richteramt in gleichberechtigter Stellung wie die rechtsgelehrten Richter ausüben sollten.[27] Mit dieser Reform bezweckte man, von einer fremden, von auswärts kommenden Insti-

21 Die Anlage 2 enthielt eine Zusammenstellung der Wiederaufnahmevorschriften in den Gesetzgebungen der einzelnen Staaten. Diese ist abgedruckt in *Hahn*, Materialien, S. 378 ff. Als weitere Anlagen wurde Material hinsichtlich der Berufungsinstanz (Anl. 1), der Untersuchungshaft (Anl. 3), der Privatklage (Anl. 4), die Rechtsfindung im Geschworenengericht (Anl. 5) und das englische Gesetz über die gerichtliche Voruntersuchung (Anl. 6) beigefügt.

22 Vgl. hierzu die Motive zu dem Entwurf vom Juli 1873, S. 5.

23 Vgl. hierzu die Motive zu dem Entwurf vom Juli 1873, S. 5.

24 Vgl. hierzu die Motive zu dem Entwurf vom Juli 1873, S. 5.

25 Vgl. hierzu die Motive zu dem Entwurf vom Juli 1873, S. 5.

26 *Schubert / Regge*, Entstehung und Quellen, S. 7 f.

27 *Dochow*, in: Holtzendorff, Handbuch, S. 109.

tution zu einer solchen zurückzukehren, „welche den deutschen Rechtsanschauungen entspricht und sich den Einrichtungen des älteren deutschen Rechts nähert“.[28] Die dem französischen Recht nachgebildete Institution der Schwurgerichte weise mit ihrer unnatürlichen Trennung in Tat- und Rechtsfrage dem Laienelement eine Aufgabe zu, welche eine in sich unlösbare sei.[29] Anders sei dies bei dem durch das Gerichtsverfassungsgesetz neu eingeführten Schöffengericht, da hier keine Arbeitsteilung zwischen rechtsgelehrten Richtern und Laienrichtern vorgesehen sei, sondern diese ein gemeinsames Urteil über Tat- und Rechtsfrage fällen sollen.[30] Vor allem in diesem Zusammenhang wurde in den Motiven vehement betont, dass sich der Strafprozess des deutschen Reiches „von den aus dem französischen Recht ihm eingeimpften Elementen wieder frei machen“ wolle.[31]

2. Ordentliche Rechtsmittel

Als ordentliche Rechtsmittel waren die Beschwerde und die Revision vorgesehen.[32] Die Berufung sollte hingegen – wie dies auch schon im E-1870 der Fall war – nicht stattfinden. Wie die Motive und die mehr als 70 Seiten umfassende Anlage zur „Berufungsinstanz im Strafverfahren“[33] zeigen, wurde die Abschaffung der zweiten Tatsacheninstanz als die entscheidende Neuerung im System der Rechtsmittel betrachtet.[34]

Wichtigstes Argument hierfür war – welches auch in den partikularrechtlichen Verhandlungen schon mehrmals auftauchte – die Einführung einer mündlichen Verhandlung und einer nicht mehr auf positiven Beweisvorschriften, sondern einer auf einer freien Beweiswürdigung beruhenden Urteilsfällung, die mit einer Appellation grundsätzlich unvereinbar sei.[35] Die Motive betonten, dass nur derjenige Gesetzgeber, welcher die Appellation vollständig beseitige, die volle Konsequenz aus der Mündlichkeit des Verfahrens ziehe.[36]

---

28 Motive zu E-1873, S. 10.

29 Motive zu E-1873, S. 10.

30 Motive zu E-1873, S. 10.

31 Motive zu E-1873, S. 11.

32 §§ 234-267 des E-Januar 1873.

33 Die Anlage findet sich in *Hahn*, Materialien, S. 303-377.

34 Motive zu E-1873, S. 206.

35 Motive zu E-1873, S. 206.

36 Motive zu E-1873, S. 206.

3. Wiederaufnahme der Untersuchung

Während in § 337 E-1870 noch von „Wiederaufhebung eines den Angeklagten freisprechenden rechtskräftigen Urtheils“ gesprochen wurde, enthielt § 271 E-1873 die Formulierung „Wiederaufhebung eines rechtskräftigen Urtheils zum Nachtheil des Angeklagten“. In den Materialien wurde zwar nicht näher erläutert, warum man diese terminologische Änderung vornahm. Aus dieser kann aber geschlossen werden, dass man die Wiederaufnahme nicht nur zum Nachteil eines Freigesprochenen zulassen wollte, sondern auch zuungunsten eines zu milde Verurteilten.[37]

Die strafbaren Handlungen, welche im E-1870 noch allesamt in Absatz 1 enthalten waren, wurden nunmehr in die Ziffern 1 bis 3 des § 271[38] eingestellt. Demnach fand die Wiederaufnahme statt, wenn eine in der Hauptverhandlung gebrauchte Urkunde gefälscht war (Ziff. 1) oder wenn sich ein Zeuge oder Sachverständiger zugunsten des Angeklagten eines vorsätzlichen oder fahrlässigen Meineids schuldig gemacht hatte (Ziff. 2) oder wenn ein Richter, Schöffe oder Dolmetscher am Verfahren mitgewirkt und sich hierbei einer strafbewehrten Amtspflichtsverletzung schuldig gemacht hatte (Ziff. 3).[39] Hierbei wurde der Dolmetscher neu in den Personenkreis aufgenommen. Die Wiederaufnahme aufgrund eines gerichtlichen Geständnisses war hingegen nicht mehr vorgesehen.

---

37 Durch diese Reform ist jedenfalls die auch in der Literatur zum geltenden Recht noch kritisierte sprachliche Ungenauigkeit (Wiederaufnahme zum Nachteil des Angeklagten) entstanden. Dass der Betroffene zum Zeitpunkt der Wiederaufnahme nicht mehr Angeklagter ist, sondern entweder freigesprochen oder verurteilt wurde, versuchte man offenbar unter diesem Oberbegriff zusammenzufassen, da es sich schließlich in jedem Fall um einen vormals Angeklagten handelte; vgl. hierzu *Ziemba*, Wiederaufnahme, S. 80 f.

38 „§ 271. Die Wiederaufhebung eines rechtskräftigen Urtheils zum Nachtheil des Angeklagten findet statt:

1) wenn eine in der Hauptverhandlung zu Gunsten des Angeklagten vorgebrachte Urkunde fälschlich angefertigt oder verfälscht war;

2) wenn durch Beeidigung eines zu Gunsten desselben abgelegten Zeugnisses oder abgegebenen Gutachtens der Zeuge oder Sachverständige sich einer vorsätzlichen oder fahrlässigen Verletzung der Eidespflicht schuldig gemacht hat;

3) wenn bei dem Urtheil ein Richter oder Schöffe oder in dem Verfahren ein Dolmetscher mitgewirkt hat, welcher sich in Beziehung auf die Sache einer Verletzung seiner Amtspflichten schuldig gemacht hat, sofern diese Verletzung mit einer im Wege des gerichtlichen Strafverfahrens zu verhängenden öffentlichen Strafe bedroht ist.“

39 Gemäß § 272 sollte ein auf eine strafbare Handlung gestützter Wiederaufnahmeantrag erst zulässig sein, wenn aufgrund der behaupteten Tat eine rechtskräftige Verurteilung erfolgt war.

In den Motiven führte man zwar zunächst in sehr knapper Form Gründe gegen die grundsätzliche Zulässigkeit der Wiederaufnahme zuungunsten des Angeklagten an, entschied sich aber letztendlich für die Aufnahme einer nachteiligen Wiederaufnahmevorschrift.[40] Erwähnt wurde hierbei, dass einzelne Gesetzgebungen die Wiederaufnahme zuungunsten des Angeklagten bisher vollständig ausgeschlossen hatten und in der Wissenschaft teilweise vertreten wurde, dass der „ne bis in idem-Grundsatz“ volle Geltung haben müsse, da man annehmen müsse, dass die Mehrzahl der Freigesprochenen tatsächlich unschuldig sei. Die Gestattung der ungünstigen Wiederaufnahme führe zur Aufhebung der vollen Geltung des „ne bis in idem-Grundsatzes“. Hierdurch werde gegen die tatsächlich Unschuldigen eine Ungerechtigkeit begangen und zudem das Ansehen der Richtersprüche untergraben.[41] Weiter wurde ausgeführt, dass dieselben Gründe, welche zur Abschaffung der „absolutio ab instantia“ geführt hatten und aus den Erwägungen, auf welche die Verjährung im Strafrecht sich gründe, die Wiederaufnahme zuungunsten des Beschuldigten eigentlich ausgeschlossen werden müsse.[42] Argumente, welche diese Ausführungen belegen sollten, wurden allerdings nicht angeführt.

Man ging sogleich dazu über, den aus Sicht der Entwurfsersteller eindeutig für die Zulässigkeit einer nachteiligen Wiederaufnahme sprechenden Grund aufzuzeigen: Wenn der Beschuldigte durch ein eigenes Verbrechen, wie beispielsweise die Bestechung von Zeugen, seinen Freispruch herbeigeführt habe, dürfe er nicht die Früchte seiner strafbaren Handlung genießen.[43] Einige Gesetzgebungen hätten dies bisher jedoch zu streng geregelt und lediglich eigene Verbrechen des Freigesprochenen erfasst. Eine Wiederaufnahme sollte nun auch dann möglich sein, wenn der Freispruch durch ein im Interesse des Angeklagten begangenes Verbrechen herbeigeführt wurde, da die Vorschrift praktischen Bedürfnissen ansonsten nicht entspräche.[44] Erfahrungsgemäß erfolge die Zeugenbestechung nämlich ebenso oft durch Angehörige oder Bekannte des Angeklagten wie durch ihn selbst, da ein Großteil der Angeklagten, welche sich in Untersuchungshaft befänden, ohnehin aufgrund dieser an der Zeugenbestechung gehindert seien. Ließe man die Wiederaufnahme in diesen Fällen nicht zu, könne sich

40 Motive zu E-1873, S. 238.
41 Motive zu E-1873, S. 238.
42 Motive zu E-1873, S. 238 f.
43 Motive zu E-1873, S. 239.
44 Motive zu E-1873, S. 239.

der „Verbrecher der verwirkten Strafe durch die Begehung eines neuen Verbrechens“ entziehen, was allerdings gegen die Fundamentalsätze des Strafrechts verstoße.[45]

Warum man die Wiederaufnahme aufgrund eines gerichtlichen Geständnisses nicht mehr im Entwurf vorsah, wurde in den Motiven nicht konkret erläutert. Ausdrücklich festgehalten wurde dort lediglich, dass man sich bewusst gegen einen allgemeinen Wiederaufnahmegrund zum Nachteil des Angeklagten entschied und die Wiederaufnahme aufgrund neuer Tatsachen in keinem Fall zugelassen werden sollte.[46] Wenngleich dies nicht ausdrücklich gesagt wurde, kann aus der Formulierung, dass die Wiederaufnahme *in keinem Fall* aufgrund neuer Tatsachen zugelassen werden sollte, geschlossen werden, dass man das Geständnis als Unterfall der neuen Tatsachen betrachtete.

III. Die Beratungen der Kommission und der revidierte Entwurf vom Juli 1873

Nachdem der Entwurf den Bundesrat noch im Januar 1873 erreicht hatte, beschloss dieser am 13. März 1873 auf Vorschlag des Justizausschusses, den Entwurf an eine aus elf angesehenen Juristen zu bildende Kommission[47] zur Vorberatung zu überweisen, welche unter dem Vorsitz *Friedbergs* am 17. April 1873[48] zum ersten Mal zusammentrat.[49] Bis zum 3. Juli 1873 erfolgten insgesamt 39 Sitzungen, in welchen der Entwurf in drei Lesungen beraten wurde.[50] Als die Beratungen der Kommission abgeschlossen waren, veröffentlichte man den revidierten Entwurf[51] erneut zusammen mit den überarbeiteten Motiven.[52]

---

45 Motive zu E-1873, S. 239.

46 Motive zu E-1873, S. 240.

47 Die Kommission bestand aus folgenden elf Mitgliedern: Heinrich Friedberg, Friedrich von Binder, Adrian Alois Philipp Heinrich Bingner, Franz August Alexander Foerster, August Mager, Otto Samuel Ludwig Mittelstädt, Julius Ritter von Staudinger, Oskar Friedrich von Schwarze, Heinrich Wiener, Heinrich Albert Zachariä, Otto Zentgraf; die Lebensläufe der Kommissionsmitglieder sind abgedruckt in: Schubert/Regge, Entstehung und Quellen, S. 10 ff.

48 Die Protokolle der Kommission sind in BA R 1401/582 enthalten.

49 *Schubert / Regge*, Entstehung und Quellen, S. 9.

50 Vgl. hierzu die Motive zu dem Entwurf vom Juli 1873, S. 4; zum chronologischen Ablauf der drei Lesungen *Dochow*, in: Holtzendorff, Handbuch, S. 111.

51 Der Entwurf nach den Beschlüssen der Kommission ist abgedruckt in: *Schubert / Regge*, Entstehung und Quellen, S. 293 ff.

52 *Schubert / Regge*, Entstehung und Quellen, S. 15.

Die Grundlagen und das System des Entwurfs blieben im Wesentlichen unverändert.[53] Die Berufung wurde weiterhin nicht zugelassen.[54]

Die Wiederaufnahmegründe zum Nachteil des Angeklagten fand sich nun in § 278, welcher mit § 271 des Entwurfs vor den Kommissionsberatungen übereinstimmte. Auch die Motive blieben hinsichtlich der Wiederaufnahme zuungunsten des Angeklagten unverändert. Wenngleich man die ungünstigen Wiederaufnahmegründe inhaltlich nicht revidierte, fand in der Kommission dennoch eine Diskussion hierüber statt. Die über die Beratungen der Kommission angefertigten Protokolle sind jedoch sehr knapp und enthalten lediglich die Anträge und die Ergebnisse der gefassten Beschlüsse.[55]

1. Anträge auf Einschränkung der Wiederaufnahme zum Nachteil des Angeklagten

Das Kommissionsmitglied *Wiener* stellte den Antrag, den gesamten die nachteiligen Wiederaufnahmegründe enthaltenden § 271 zu streichen.[56] Den Antrag hat er laut der Protokolle anschließend wieder zurückgezogen,[57] wobei sich weder Argumente, die seiner Ansicht nach für die Streichung sprachen, noch eine Begründung dafür, warum er den Antrag zurückgezogen hat, finden.

Der von *Wiener* ebenfalls gestellte Antrag, die Wiederaufnahme auf freisprechende Urteile zu begrenzen, die fahrlässige Verletzung der Eidespflicht durch Zeugen oder Sachverständige zu streichen und in die Vorschrift aufzunehmen, dass der Angeschuldigte sich an den in Betracht kommenden strafbaren Handlungen als Täter, Anstifter oder Gehilfe beteiligt hat oder sich im Falle der Nummer 3 einer Bestechung schuldig gemacht hat,[58] wurde zunächst nur insofern angenommen, als man in § 271 von der Wiederaufnahme zum Nachteil des *freigesprochenen* Angeklagten sprach und die weiteren Anträge für abgelehnt und erledigt erklärt hat.[59] Auch für diese Anträge ist keine weitere Begründung in den Protokollen zu finden.

---

53 Es wurde lediglich im Sechsten Buch das bei der Einziehung zu beachtende Verfahren mit aufgenommen, vgl. hierzu *Dochow*, in: Holtzendorff, Handbuch, S. 111.

54 *Drews*, Berufung, S. 86.

55 *Schubert / Regge*, Entstehung und Quellen, S. 10.

56 Antrag *Wieners* (No. 346) in BA R 1401/578 Bl. 100 f.

57 Vgl. hierzu das Protokoll der 23. Sitzung vom 21. Mai 1873 zu § 271, abgedruckt in: *Schubert / Regge*, Entstehung und Quellen, S. 224.

58 Der Vorschlag zur Fassung des § 271 findet sich in BA R 1401/578 Bl. 100 f.

59 Vgl. hierzu das Protokoll der 23. Sitzung vom 21. Mai 1873 zu § 271, abgedruckt in: *Schubert / Regge*, Entstehung und Quellen, S. 224.

In der 36. Sitzung wurde diese Änderung schließlich wieder rückgängig gemacht und das Wort „freigesprochenen“ gestrichen, so dass die Wiederaufnahme nach dem Wortlaut des Gesetzes grundsätzlich auch zum Nachteil eines zu milde Verurteilten erfolgen konnte.[60]

2. Aufnahme des Wiederaufnahmegrundes des gerichtlichen oder außergerichtlichen Geständnisses und gesetzliche Verankerung des „ne bis in idem-Grundsatzes“

Schwarze hatte vorgeschlagen, dem § 271 eine Ziffer 4 anzufügen und die Wiederaufnahme zuungunsten des Freigesprochenen somit auch dann zuzulassen, wenn dieser gerichtlich oder außergerichtlich ein Geständnis abgelegt hat, durch welches seine Verurteilung begründet wird.[61]

Darüber hinaus wollte er – wie er dies auch in einer Veröffentlichung[62] zur Wiederaufnahme im Strafverfahren vorgeschlagen hatte – gesetzlich festhalten, dass außer in den in § 271 statuierten Fällen zum Nachteil des Angeklagten dieselben Tatsachen, welche schon Gegenstand der Verhandlung und Aburteilung waren, nicht noch einmal Gegenstand der Verhandlung und Aburteilung werden können und zwar auch dann nicht, wenn die Tat einer anderen rechtlichen Auffassung unterstellt werden könnte.[63] Dies sollte Eingang in einen dem § 271 neu anzufügenden Absatz 2 finden.

Diese Anträge wurden zum Teil zurückgezogen und zum Teil in der Kommission abgelehnt.[64] Eine Begründung dafür, warum die Anträge zurückgezogen bzw. abgelehnt wurden, findet sich in den Protokollen ebenfalls nicht.

---

60 Protokoll der 36. Sitzung vom 18. Juni 1873 zu § 271, abgedruckt in: *Schubert / Regge*, Entstehung und Quellen, S. 263.

61 Antrag *Schwarzes* (No. 362) in BA R 1401/578 Bl. 107.

62 *Schwarze*, GS 1873, S. 395 ff.

63 Antrag *Schwarzes* (No. 362) in BA R 1401/578 Bl. 107.

64 Protokoll der 23. Sitzung vom 21. Mai 1873 zu § 271, abgedruckt in: *Schubert / Regge*, Entstehung und Quellen, S. 224.

IV. Verhandlungen im Justizausschuss des Bundesrates 1874

Der nach den Beschlüssen der Kommission erstellte Entwurf gelangte schließlich im Herbst 1873 an den Bundesrat, welcher ihn an den Justizausschuss[65] überwies.[66]

Bereits Ende des Jahres 1873 hatte sich gezeigt, dass die durchgehende Schöffengerichtsverfassung nicht durchsetzbar war, da sich insbesondere Bayern und Württemberg gegen die Abschaffung der Schwurgerichte gewehrt hatten.[67] In der am 27. Februar 1874 stattfindenden Sitzung beschäftigte man sich daher zunächst ausführlich mit Ausgestaltung der Laienbeteiligung im Strafverfahren. Dort einigte man sich schließlich auf den Kompromiss, als Strafgerichte höchster Ordnung Schwurgerichte vorzusehen, bei den Gerichten unterster Ordnung Schöffengerichte zu bilden und bei der Entscheidung über mittelschwere Strafsachen das Laienelement ganz zu beseitigen.[68]

In derselben Sitzung nahm man hinsichtlich der Wiederaufnahme des Verfahrens zunächst eine Änderung der Terminologie vor, indem man auf Antrag Preußens[69] beschloss, zukünftig nicht mehr von der „Wiederaufhebung eines rechtskräftigen Urtheils" zu sprechen, sondern von der „Wiederaufnahme eines durch rechtskräftiges Urtheil geschlossenen Verfahrens".[70]

Inhaltlich bedeutend für die Ausgestaltung der Wiederaufnahmevorschriften zuungunsten des Angeklagten war der Antrag Württembergs auf Aufnahme des vom Freigesprochenen vor Gericht oder außergerichtlich abgelegten Geständnisses.[71] Diesem Antrag war als knappe Begründung beigefügt worden, dass

---

65 Der Justizausschuss bestand aus dem preußischen Justizminister *Leonhardt*, dem bayerischen Justizminister *v. Fäustle*, dem sächsischen Justizminister *Abeken*, dem württembergischen Justizminister *v. Mittnacht*, dem hessisch-darmstädtischen Ministerialrat *Finger*, dem braunschweigischen Geheimen Rat *v. Liebe* und dem Minister-Resident *Dr. Krüger* für die Hansestädte.

66 *Schubert / Regge*, Entstehung und Quellen, S. 16.

67 Obwohl es in der Wissenschaft mit *Schwarze* und *Zachariä* einige Anhänger des Schöffengerichts gab, überwogen zunächst noch die Stimmen, die sich für Geschworenengerichte einsetzten. So hatte sich auch der Juristentag in Frankfurt 1872 für das Schwurgericht ausgesprochen; vgl. hierzu ausführlich *Landau*, in: FS-Reichsjustizamt, S. 174 f.

68 Vgl. hierzu das Protokoll der 4. Sitzung vom 27. Februar 1874, abgedruckt in: *Schubert / Regge*, Entstehung und Quellen, S. 364.

69 Die Änderungsvorschläge Preußens finden sich in BA R 1401/584.

70 Vgl. hierzu die Anlage D zu den Protokollen der Beratungen im Justizausschuss des Bundesrates zu § 278, abgedruckt in: *Schubert / Regge*, Entstehung und Quellen, S. 389.

71 Vgl. hierzu die Beratungen im Justizausschuss des Bundesrates zu § 278, abgedruckt in: *Schubert / Regge*, Entstehung und Quellen, S. 390.

dem Prinzip der Rechtskraft und dem „non bis in idem-Grundsatz“ eine zu große Bedeutung beigemessen werde, wenn man diesen Wiederaufnahmegrund nicht in das Gesetz aufnehmen würde. Dies würde eine „Nichtachtung einer unzweifelhaften Forderung der Gerechtigkeit“ bedeuten und die Gefahr begründen, dass das Rechtsgefühl des Volkes empfindlich verletzt werde.[72] Der Antrag Württembergs wurde schließlich einstimmig angenommen.[73]

Die Beratungen im Justizausschuss wurden am 8. Mai 1874 abgeschlossen, nachdem die Vorschläge der eingesetzten Subkommission[74] im Wesentlichen gebilligt wurden.[75] Der Entwurf wurde am 12. Mai 1874 dem Bundesrat vorgelegt und im Juni 1874 im Plenum behandelt.[76] Dort wurden nur wenige Anträge gestellt und der Entwurf lediglich geringfügig verändert, wovon die Wiederaufnahme des Verfahrens jedoch nicht betroffen war.[77]

Nach den Beschlüssen des Justizausschusses und des Plenums des Bundesrats erhielt § 278 die Paragrafenzählung § 323[78]. Im Vergleich zu der Fassung des vorherigen Entwurfs blieben die Nummern 1 und 2 unverändert, während in die

72 Vgl. hierzu die Beratungen im Justizausschuss des Bundesrates zu § 278, abgedruckt in: *Schubert / Regge*, Entstehung und Quellen, S. 390.

73 Protokoll der 4. Sitzung vom 27. Februar 1874 zu Antrag No. 46, abgedruckt in: *Schubert / Regge*, Entstehung und Quellen, S. 366.

74 Die Subkommission hatte eine Vorlage über die „Hauptverhandlung vor den Schwurgerichten“ erstellt, welche jedoch keine Vorschriften hinsichtlich der Rechtsmittel enthielt. Diese Vorlage ist als Anlage Z abgedruckt in: *Schubert / Regge*, Entstehung und Quellen, S. 418 ff.

75 *Schubert / Regge*, Entstehung und Quellen, S. 18.

76 Vgl. hierzu das Protokoll der Bundesratssitzung vom 16. Juni 1874, abgedruckt in: *Schubert / Regge*, Entstehung und Quellen, S. 449 ff.

77 Protokoll der Bundesratssitzung vom 16. Juni 1874, abgedruckt in: *Schubert / Regge*, Entstehung und Quellen, S. 450.

78 „§ 323. Die Wiederaufnahme eines durch rechtskräftiges Urtheil geschlossenen Verfahrens zum Nachtheile des Angeklagten findet statt:

1. wenn eine in der Hauptverhandlung zu seinen Gunsten als echt vorgebrachte Urkunde fälschlich angefertigt oder verfälscht war;

2. wenn durch Beeidigung eines zu seinen Gunsten abgelegten Zeugnisses oder abgegebenen Gutachtens der Zeuge oder Sachverständige sich einer vorsätzlichen oder fahrlässigen Verletzung der Eidespflicht schuldig gemacht hat;

3. wenn bei dem Urtheile ein Richter, Geschworener oder Schöffe oder in dem Verfahren ein Dolmetscher mitgewirkt hat, welcher sich in Beziehung auf die Sache einer Verletzung seiner Amtspflichten schuldig gemacht hat, sofern diese Verletzung mit einer im Wege des gerichtlichen Strafverfahrens zu verhängenden öffentlichen Strafe bedroht ist;

4. wenn von dem Freigesprochenen vor Gericht oder außergerichtlich ein Geständniß abgelegt wird.“

Nummer 3 nunmehr aufgrund der geänderten Gerichtsverfassung die Geschworenen erneut Eingang gefunden haben. Vollständig neu hinzu kam hingegen die Nummer 4, welche die Wiederaufnahme zuließ, wenn der Freigesprochene gerichtlich oder außergerichtlich ein Geständnis abgelegt hatte.

In dieser Fassung wurde der Entwurf dem Reichstag zur Beschlussfassung vorgelegt.[79] Die dem Entwurf beigefügten Motive zu den Wiederaufnahmevorschriften stimmten zum Großteil mit denjenigen, welche zu den vorherigen Entwürfen abgegeben wurden, überein. Den Motiven angefügt wurde jedoch eine knappe Begründung für den in Nummer 4 neu aufgenommenen Wiederaufnahmegrund des gerichtlichen oder außergerichtlichen Geständnisses des Freigesprochenen:

Einerseits sei dieser Wiederaufnahmegrund in einer beträchtlichen Zahl der deutschen Strafgesetze (Sachsen, Württemberg, Lübeck und den Thüringischen Staaten bzw. zumindest aufgrund des gerichtlichen Geständnisses in Baden, Bremen und Hamburg) vorhanden, andererseits glaubte man, ein Übergehen dieses Wiederaufnahmegrundes bedeute die Nichtachtung einer Forderung der materiellen Gerechtigkeit.[80] Es stehe im freien Willen des Freigesprochenen, ob er nach erfolgtem Freispruch ein Geständnis der Tat ablegen wolle oder nicht. Deshalb sei mit dieser Vorschrift keine Gefährdung seiner Interessen verbunden. Hingegen könnte das Rechtsbewusstsein des Volkes beeinträchtigt werden, wenn ein Verbrecher, der aufgrund des Mangels an Beweisen freigesprochen worden war, sich selbst ungestraft des Verbrechens bezichtigen oder sogar rühmen dürfte.[81]

V. Behandlung des Entwurfs im Reichstag und im Bundesrat

Mit der Beratung der Reichsjustizgesetze (Gerichtsverfassungsgesetz, Zivil- und Strafprozessordnung) wurde im Plenum des Reichstages am 24. November 1874 begonnen.[82]

---

79 Durch Schreiben vom 29. Oktober 1874 des Reichskanzlers *Bismarck*; abgedruckt in: *Hahn*, Materialien, S. 3.

80 Motive der Reichstagsvorlage von 1874 zu § 323, abgedruckt in: *Hahn*, Materialien, S. 265.

81 Motive der Reichstagsvorlage von 1874 zu § 323, abgedruckt in: *Hahn*, Materialien, S. 265.

82 Protokoll der ersten Beratung im Plenum des Reichstages vom 24. November 1874, *Hahn*, Materialien, S. 497.

1. Beratung der StPO-Vorlage im Plenum des Reichstags

Die Mehrheit der Abgeordneten hielt den Entwurf – wenngleich dies außer *Windthorst*[83] keiner ausdrücklich sagte – in der vorgelegten Fassung für nicht annehmbar.[84] Für umfassende Diskussion sorgte vor allem das gegenwärtige Rechtsmittelsystem, welches lediglich die Beschwerde und die Revision vorsah, die Berufung hingegen nicht zuließ: *Windthorst* betonte vehement, dass er eine Kriminalprozessordnung ohne Berufung niemals akzeptieren könne.[85] Andere glaubten, dass man entweder die Berufung zulassen müsse oder andernfalls die Rechte des Beschuldigten vor Eröffnung des Ermittlungsverfahrens stärken oder als Ausgleich für die fehlende Berufungsinstanz die Wiederaufnahme des Verfahrens in ausgedehntem Maße gestatten müsse.[86]

Da – wie *Dochow* es beschreibt – zu einer „Annahme en bloc" nicht die geringste Aussicht vorhanden war und von keiner Seite das Gerichtsverfassungsgesetz und die Strafprozessordnung befürwortet worden seien,[87] beantragte der Abgeordnete *Gneist*, zunächst eine Kommission zur Vorberatung dieser Entwürfe zu ernennen.[88] Am 26. November 1874 überwies der Reichstag daher den Entwurf einer Strafprozessordnung an eine aus 28 Mitgliedern[89] bestehende Kommission, welche ab dem 11. Juni 1875 unter dem Vorsitz *Miquéls* über den Entwurf in erster Lesung beriet.[90]

2. Erste Lesung in der Reichstagskommission

Im Hinblick auf die ordentlichen Rechtsmittel ergab sich bereits in erster Lesung eine entscheidende Neuerung: Die Berufung gegen Urteile der Schöffengerichte

---

83 Die Äußerung *Windthorsts* findet sich in *Hahn*, Materialien, S. 541.

84 *Schubert / Regge*, Entstehung und Quellen, S. 20.

85 Protokoll der ersten Beratung, *Hahn*, Materialien, S. 543. Man begann zunächst mit der Beratung des Gerichtsverfassungsgesetzes. Am 26. November 1874 folgte die erste Beratung der Strafprozessordnung.

86 Vgl. hierzu den Vortrag *Windthorsts* im Protokoll der ersten Beratung, *Hahn*, Materialien, S. 543.

87 *Dochow*, in: Holtzendorff, Handbuch, S. 117.

88 Ausführlich hierzu und insbesondere zu dem für die Bildung der Kommission erforderlichen Gesetz *Dochow*, in: Holtzendorff, Handbuch, S. 117 ff.

89 Kurzbiografien der Mitglieder der Kommission finden sich in *Schubert / Regge*, Entstehung und Quellen, S. 22 ff.

90 *Schubert / Regge*, Entstehung und Quellen, S. 25.

und der Strafkammern sollte künftig zugelassen werden, jedoch nur dem Angeklagten zustehen.[91]

Hinsichtlich der nachteiligen Wiederaufnahmegründe fand lediglich eine knappe Diskussion statt, die sich im Wesentlichen auf zwei Aspekte konzentrierte:

a) Beschränkung auf die Wiederaufnahme zuungunsten eines Freigesprochenen?

Der Abgeordnete *Herz* wollte zunächst die Frage geklärt wissen, ob die Wiederaufnahme des Verfahrens zum Nachteil des Beschuldigten nur im Fall eines erfolgten Freispruches oder auch nach einer Verurteilung zulässig sei, da dies aus der vorgeschlagenen Vorschrift nicht eindeutig ersichtlich sei. Um diesbezüglich Klarheit zu schaffen, stellte er den Antrag, zukünftig im Gesetz von der Wiederaufnahme zum Nachteil des freigesprochenen Angeklagten zu sprechen.[92] Seiner Ansicht nach entspreche sein Antrag den Absichten des Entwurfs, was zumindest aus dessen Motiven zu schließen sei und darüber hinaus in einem früheren Entwurf[93] ausdrücklich auch so geregelt gewesen sei.[94]

Dagegen sprach sich der Abgeordnete *Wolffson* aus, welcher den Antrag *Herzs* weder für übereinstimmend mit der Intention des Entwurfs noch an sich für richtig hielt.[95] Wenn sich herausstelle, dass jemand, welcher wegen einer geringeren Tat verurteilt worden war, eine schwerere begangen habe, so müsse auf diese erkannt werden dürfen. So sei es geboten, für den Fall, dass jemand, der einen Totschlag begangen habe, aufgrund falscher Zeugnisse aber nur wegen Körperverletzung verurteilt wurde, eine Abänderung des Urteils im Wege der Wiederaufnahme zu ermöglichen.[96] *Wolffson* war jedoch wichtig, dass eine Wiederauf-

---

91 Vgl. hierzu die vergleichende Zusammenstellung der Beschlüsse der Kommission, *Hahn*, Materialien, S. 2302.

92 Protokolle der Kommission, 1. Lesung, S. 623, abgedruckt in: *Hahn*, Materialien, S. 1061 ff.

93 Gemeint war hier offensichtlich der E-1870.

94 Protokolle der Kommission, 1. Lesung, S. 623, abgedruckt in: *Hahn*, Materialien, S. 1062.

95 Protokolle der Kommission, 1. Lesung, S. 623, abgedruckt in: *Hahn*, Materialien, S. 1062.

96 Protokolle der Kommission, 1. Lesung, S. 623, abgedruckt in: *Hahn*, Materialien, S. 1062.

nahme nicht lediglich zum Zwecke der Erhöhung des Strafmaßes innerhalb desselben Strafgesetzes stattfinden könne. Deshalb beantragte er, dies ausdrücklich gesetzlich klarzustellen.[97]

Den Antrag *Herzs* zur Eingrenzung auf die Wiederaufnahme zum Nachteil eines Freigesprochenen lehnte man in der Folge ab und gab stattdessen dem Antrag *Wolffsons* statt.[98] Die Wiederaufnahme zuungunsten eines bereits Verurteilten blieb möglich. Es wurde aber § 323a[99] angefügt, welcher festhielt, dass eine Wiederaufnahme des Verfahrens zum Zwecke der Erhöhung der Strafe innerhalb des Strafmaßes desselben Strafgesetzes nicht stattfindet.

b) Die Diskussion des § 323 Ziff. 4 E-1874

Während man die Ziffern 1-3 des die nachteiligen Wiederaufnahmegründe enthaltenden § 323 E-1874 in erster Lesung ohne weitere Diskussion annahm, war man sich über die konkrete Ausgestaltung der Ziffer 4 zunächst nicht einig. Man versuchte, den neuen Wiederaufnahmegrund präziser und weniger weit zu fassen:

aa) Streichung des außergerichtlichen Geständnisses

Der Abgeordnete *Grimm* wollte das außergerichtliche Geständnis gestrichen haben, da die meisten bestehenden Gesetzgebungen auf dieses verzichteten und es zudem nicht oft vorkomme, dass sich jemand außergerichtlich nach seinem Freispruch der Tat rühme.[100] Die im Entwurf bisher vorgesehene Reglung, welche das außergerichtliche Geständnis enthalte, führe leicht zu einer Verletzung des „ne bis in idem-Grundsatzes".[101]

---

97 Protokolle der Kommission, 1. Lesung, S. 623, abgedruckt in: *Hahn*, Materialien, S. 1062.

98 Protokolle der Kommission, 1. Lesung, S. 623, abgedruckt in: *Hahn*, Materialien, S. 1062.

99 „§ 323a. Eine Wiederaufnahme des Verfahrens zum Zwecke der Erhöhung der Strafe innerhalb des Strafmaßes eines und desselben Strafgesetzes findet nicht statt."

100 Protokolle der Kommission, 1. Lesung, S. 623, abgedruckt in: *Hahn*, Materialien, S. 1062.

101 Protokolle der Kommission, 1. Lesung, S. 623, abgedruckt in: *Hahn*, Materialien, S. 1062.

Hingegen war *Hanauer* der Meinung, es dürfe nicht verlangt werden, dass das Geständnis gerichtlich abgelegt worden sei.[102] Wer sich außergerichtlich der Tat „berühme“ dürfe nicht freigesprochen bleiben.[103]

Der Antrag *Grimms* wurde schließlich abgelehnt[104] und das außergerichtliche Geständnis beibehalten.

bb) Voraussetzung eines glaubwürdigen Geständnisses bzw. eines Geständnisses seiner Schuld

Der Abgeordnete *Becker* wollte als zusätzliche Voraussetzung in Ziffer 4 eingefügt haben, dass es sich um ein *glaubwürdiges* Geständnis gehandelt habe, während die Abgeordneten *Klotz, Eysoldt* und *Herz* beantragten, es müsse ein Geständnis *seiner Schuld* erfolgt sein, damit, wie *Eysoldt* erklärte, leere Redensarten nicht als Geständnis angesehen werden würden.[105]

Der Abgeordnete *Reichensperger* legte dar, dass der Begriff „Geständnis“ dehnbar erscheine. Genügen dürfe für die Annahme eines Geständnisses jedenfalls nicht, wenn jemand sich über die möglicherweise von ihm begangene Tat in einer Weise äußere, welche „auf bloßer Ruhmredigkeit beruhen könne“.[106] *Hanauer* pflichtete der Aussage bei, indem er hervor hob, dass unter einem Geständnis nicht „vage Redensarten“ gedacht seien, sondern nur solche Erklärungen, welche nach Art ihrer Abgabe als wirkliches Geständnis aufgefasst werden können.[107]

Ein glaubwürdiges Geständnis zu verlangen, passe aber laut *Schwarze* nicht in den § 323, welcher die Wiederaufnahme nur von äußerlich erkennbaren Tatsachen abhängig mache.[108] Dass dem Gericht eine materielle Prüfung der Erheb-

---

102 Protokolle der Kommission, 1. Lesung, S. 623 f., abgedruckt in: *Hahn*, Materialien, S. 1062.

103 Protokolle der Kommission, 1. Lesung, S. 623 f., abgedruckt in: *Hahn*, Materialien, S. 1062.

104 Protokolle der Kommission, 1. Lesung, S. 624, abgedruckt in: *Hahn*, Materialien, S. 1063.

105 Protokolle der Kommission, 1. Lesung, S. 623 f., abgedruckt in: *Hahn*, Materialien, S. 1062.

106 Protokolle der Kommission, 1. Lesung, S. 623, abgedruckt in: *Hahn*, Materialien, S. 1062.

107 Protokolle der Kommission, 1. Lesung, S. 623 f., abgedruckt in: *Hahn*, Materialien, S. 1062.

108 Protokolle der Kommission, 1. Lesung, S. 624, abgedruckt in: *Hahn*, Materialien, S. 1063.

lichkeit des neuen Vorbringens zustehe, werde nicht im Rahmen der Wiederaufnahmegründe relevant, sondern erst bei § 332, welcher die Prüfung der Begründetheit zum Gegenstand habe.[109] In ähnlicher Hinsicht führte der Abgeordnete *Bähr* aus, dass die Frage nach einem glaubwürdigen Geständnis erst bei der neuen materiellen Entscheidung maßgeblich werde.[110]

Schwarze sprach sich jedoch ausdrücklich für den Vorschlag aus, ein Geständnis *seiner Schuld* zu verlangen, da ansonsten der Eindruck entstehen könnte, dass das Geständnis der Tat, selbst wenn es „mit strafausschließenden Exzeptionen verbunden" sei, ausreichend sei. Vielmehr müsse die Schuldfrage völlig erschöpft sein.[111]

Letztendlich wurden beide Anträge angenommen,[112] so dass nunmehr ein *glaubwürdiges Geständnis seiner Schuld* zur Erfüllung der Ziffer 4 verlangt wurde.

3. Beratung im Justizausschuss des Bundesrats (April 1876)

Entgegen der Beschlüsse der Reichstagskommission beantragte Württemberg, § 323 Ziff. 4 in der Fassung der Regierungsvorlage wiederherzustellen,[113] welche dahingehend lautete:

> 4. wenn von dem Freigesprochenen vor Gericht oder außergerichtlich ein Geständniß abgelegt wird.

Der Antrag auf Wiederherstellung der Entwurfsfassung wurde vom Referenten damit begründet, dass nicht mehr als die äußere Tatsache der Ablegung eines Geständnisses zu fordern sei.[114] Die Feststellung, ob dem Geständnis volle Beweiskraft zukomme oder die Würdigung eines dem Geständnis beigefügten Umstandes, welches die Strafbarkeit ausschließen könnte, falle erst dem weiteren

109 Protokolle der Kommission, 1. Lesung, S. 624, abgedruckt in: *Hahn*, Materialien, S. 1063.

110 Protokolle der Kommission, 1. Lesung, S. 624, abgedruckt in: *Hahn*, Materialien, S. 1063.

111 Protokolle der Kommission, 1. Lesung, S. 624, abgedruckt in: *Hahn*, Materialien, S. 1063.

112 Protokolle der Kommission, 1. Lesung, S. 624, abgedruckt in: *Hahn*, Materialien, S. 1063.

113 Protokolle der Kommission, 1. Lesung, S. 624, abgedruckt in: *Hahn*, Materialien, S. 1063.

114 Die Anträge des Referenten sind zu finden in Anlage H zu den Protokollen der Beratung im Bundesrat, abgedruckt in: *Schubert / Regge*, Entstehung und Quellen, S. 514.

Verfahren anheim.[115] Die Kommission nahm den Antrag daraufhin einstimmig an.[116]

4. Zweite Lesung in der Reichstagskommission

Bevor man zur erneuten Beratung der Wiederaufnahmevorschriften schritt, beschäftigte man sich in der 152. Sitzung am 17. Juni 1876 zunächst mit der Frage der Gestattung der Berufung im Strafverfahren.

a) Zulassung der Berufung?

Auf Antrag des Abgeordneten *Struckmann* ließ man die Berufung entgegen dem Vorschlag nach erster Lesung nur noch gegen Urteile der Schöffengerichte zu, nicht mehr hingegen gegen Urteile der Strafkammern und gestattete diese darüber hinaus sowohl dem Verurteilten als auch der Staatsanwaltschaft.[117]

Im Bericht der Kommission wurde betont, dass die Lösung der Berufungsfrage zu den Aufgaben gehört habe, bei welchen eine Verständigung unter den Mitgliedern der Kommission nur schwer zu erreichen gewesen sei.[118] Einigkeit herrschte lediglich darüber, dass die Entscheidung der Tatfrage in Schwurgerichtssachen durch die Berufung nicht angefochten werden könne.[119]

Nachdem man sich dafür entschieden hatte, die Strafkammern lediglich mit rechtsgelehrten Richtern zu besetzen, war der Grund, welcher vornehmlich gegen die Berufung angeführt wurde, eigentlich weggefallen. Dennoch entschied sich die Kommission dafür, die Berufung nicht zuzulassen, was sie einerseits mit der Mündlichkeit des Strafverfahrens, welche sich nicht mit einer Berufungsinstanz vertrage, begründete und andererseits die gute Erfahrung in denjenigen Ländern, welche die Berufung abgeschafft hatten, anführte.[120] Das ist der Hauptverhandlung mündlich vorgetragene Material könne nicht so genau und

---

115 Anlage G zu den Protokollen der Beratung im Bundesrat, abgedruckt in: *Schubert / Regge*, Entstehung und Quellen, S. 514.

116 Damit hatte sich zugleich der nicht näher begründete Antrag Preußens auf Streichung des Zusatzes „der Schuld" in Nr. 4 des § 323 erledigt; Protokoll der 5. Sitzung vom 10. April 1876, abgedruckt in: *Schubert / Regge*, Entstehung und Quellen, S. 475.

117 Protokolle der Kommission, 2. Lesung, S. 1011 f., abgedruckt in: *Hahn*, Materialien, S. 1409.

118 Bericht der Kommission zum Dritten Buch (Rechtsmittel), S. 86, abgedruckt in: *Hahn*, Materialien, S. 1599.

119 Bericht der Kommission zum Dritten Buch (Rechtsmittel), S. 86, abgedruckt in: *Hahn*, Materialien, S. 1599.

120 Bericht der Kommission zum Dritten Buch (Rechtsmittel), S. 86, abgedruckt in: *Hahn*, Materialien, S. 1599 f.

vollständig im Protokoll fixiert werden, um es so wie es sich vor dem erstinstanzlichen Gericht tatsächlich zugetragen hatte, dem Appellationsgericht vorzulegen.[121] Selbst wenn man die Beweise erneut vollständig erheben würde, könne damit nicht unbedingt dasselbe Ergebnis gewährt werden, welches die erstinstanzliche Beweisaufnahme geliefert habe. Deshalb könne der Appellationsrichter nicht die Entscheidung erster Instanz aufgrund des dieser zugrunde liegenden Beweismaterials überprüfen, sondern dieser könne nur das Beweismaterial zu einer anderweiten Entscheidung verwenden.[122]

Zudem wurde befürchtet, dass Zeugen, welche vor dem erstinstanzlichen Gericht ausgesagt und später von den Aussagen der weiteren Zeugen Kenntnis erhalten hatten, ihre Aussagen sowohl bewusst als auch unbewusst ändern könnten, was insbesondere bei ängstlichen oder unsicheren Zeugen möglich sei.[123] Die Zeugenaussage werde aber auch dadurch beeinträchtigt, dass bereits längere Zeit seit der betreffenden Wahrnehmung vergangen sei. Diesbezüglich habe die Vergangenheit bewiesen, dass im Berufungsverfahren wichtige Änderungen und erhebliche Abweichungen in den Zeugenaussagen vorgekommen seien.[124]

Wenn man für eine Appellationsinstanz die vollständige Reproduktion der Beweise verlange, so entstehe eine außerordentliche Belastung für Zeugen und Sachverständige, welche beispielsweise gezwungen wären, in die Stadt zu reisen, in welcher das Appellationsgericht seinen Sitz habe. Dies bedeute zudem eine fast unbezwingbare Arbeitslast für die Gerichte. Würde man hingegen lediglich eine teilweise Beweisaufnahme zulassen, so bestehe die Gefahr, dass sich ein verzerrtes Bild ergebe.[125]

b) Wiederaufnahme des Verfahrens

In der zweiten Lesung der Reichstagsvorlage wurden in der 153. Sitzung am 19. Juni 1876 zu § 323 insgesamt fünf Anträge gestellt.[126] Diese waren nicht neuen

---

121 Bericht der Kommission zum Dritten Buch (Rechtsmittel), S. 87, abgedruckt in: *Hahn*, Materialien, S. 1600.

122 Bericht der Kommission zum Dritten Buch (Rechtsmittel), S. 86 f., abgedruckt in: *Hahn*, Materialien, S. 1600.

123 Bericht der Kommission zum Dritten Buch (Rechtsmittel), S. 86 f., abgedruckt in: *Hahn*, Materialien, S. 1600.

124 Bericht der Kommission zum Dritten Buch (Rechtsmittel), S. 86 f., abgedruckt in: *Hahn*, Materialien, S. 1600.

125 Bericht der Kommission zum Dritten Buch (Rechtsmittel), S. 88, abgedruckt in: *Hahn*, Materialien, S. 1601.

126 Protokolle der Kommission, 2. Lesung, S. 1038 f., abgedruckt in: *Hahn*, Materialien, S. 1432.

Inhalts, sondern zum Teil bereits in erster Lesung bzw. in der vom Bundesrat eingesetzten Kommission gestellt worden.

Der in erster Lesung neu eingefügte § 323a wurde hingegen ohne Diskussion angenommen.[127]

aa) Begrenzung auf den freigesprochenen Angeklagten

Der Abgeordnete *Herz* beantragte erneut, die Wiederaufnahme auf den freigesprochenen Angeklagten zu begrenzen und führte hierzu dieselbe Begründung an, wie er dies bereits in erster Lesung tat.[128] Hiergegen sprach sich wiederum eine große Zahl an Abgeordneten aus:[129] *Herzs* Antrag sei zu weitgehend.[130] Das Postulat der Gerechtigkeit stehe höher als die Rücksicht auf den Angeklagten. Dieses müsse auch der Anklage zu Gute kommen, da Strafmaße von „sehr großer Latitüde" in Frage kommen könnten.[131]

Die angeführten Gegenargumente wurden schließlich als überwiegend angesehen, so dass der Antrag *Herzs* wiederum abgelehnt wurde.[132]

bb) Begrenzung des § 323 Nr. 2 auf die vorsätzliche Verletzung der Eidespflicht?

Um rechtskräftige Urteile einem stärkeren Schutz zu unterstellen, stellte der Abgeordnete *Gneist* den Antrag, eine fahrlässige Verletzung der Eidespflicht durch einen Zeugen oder Sachverständigen nicht ausreichen zu lassen, um das Verfahren zum Nachteil des Angeklagten wieder aufzunehmen.[133]

Dem setzte der Abgeordnete *Bähr* entgegen, dass die Frage, ob der Eid vorsätzlich oder fahrlässig verletzt sei, bei der Wiederaufnahme des Verfahrens keine Rolle spielen könne. Die Wiederaufnahme solle aus dem Grund stattfinden, da

127 Protokolle der Kommission, 2. Lesung, S. 1042, abgedruckt in: *Hahn*, Materialien, S. 1435.

128 Protokolle der Kommission, 2. Lesung, S. 1038 ff., abgedruckt in: *Hahn*, Materialien, S. 1432 ff.

129 Vgl. hierzu die Rede der Abgeordneten *Lasker, Schwarze, Herz* und *Klotz* in: Protokolle der Kommission, 2. Lesung, S. 1039 ff., abgedruckt in: *Hahn*, Materialien, S. 1433 f.

130 So der Abgeordnete *Lasker,* Protokolle der Kommission, 2. Lesung, S. 1039, abgedruckt in: *Hahn*, Materialien, S. 1433.

131 *Schwarze* in: Protokolle der Kommission, 2. Lesung, S. 1040, abgedruckt in: *Hahn*, Materialien, S. 1433.

132 Protokolle der Kommission, 2. Lesung, S. 1041, abgedruckt in: *Hahn*, Materialien, S. 1434.

133 Protokolle der Kommission, 2. Lesung, S. 1038, abgedruckt in: *Hahn*, Materialien, S. 1432.

der Zeuge die Unwahrheit gesagt habe, ganz gleich ob der Eid vorsätzlich gebrochen oder ein fahrlässiger Falscheid vorliege.[134] Der Unterschied zwischen vorsätzlicher und fahrlässiger Verletzung der Eidespflicht sei ganz gleichgültig, da durch die Wiederaufnahme dem materiellen Recht zur Wahrheit verholfen werden solle.[135] Dem schloss sich der Abgeordnete *Lasker* an, da seiner Ansicht nach sowohl im Falle einer vorsätzlichen als auch im Falle einer fahrlässigen Verletzung der Eidespflicht eine „Befleckung des Zeugnisses selbst“ vorliege, was allein wesentlich sei.[136] *Becker* pflichtete dem bereits Gesagten bei und führte weiter aus, dass die Wiederaufnahme stattfinden müsse, wenn das Urteil als materiell ungerechtfertigt erscheine, weil das Fundament, auf welches es gestützt worden war, sich später als unrichtig herausstellte.[137] Dies treffe sowohl auf vorsätzliche als auch auf fahrlässige Verletzungen der Eidespflicht zu. In diesem Falle müsse sogar im Interesse des Angeklagten eine neue Entscheidung erfolgen, weil dieser ansonsten mit dem Makel, aufgrund eines Falscheides freigesprochen zu sein, behaftet bleibe.[138] Darüber hinaus sei zu bedenken, dass der Angeklagte selbst den Falscheid veranlasst haben könnte.[139] Nach *Hanauer* liege kein Grund vor, warum der fahrlässige Falscheid im Falle der Wiederaufnahme zu Ungunsten des Angeklagten beseitigt werden sollte, zu Gunsten des Angeklagten dieser aber beibehalten wurde.[140]

Es blieb schließlich bei der ursprünglichen Fassung des § 323 Nr. 2, so dass die fahrlässige Verletzung der Eidespflicht durch einen Zeugen oder Sachverständigen beibehalten wurde.

cc) Die Diskussion des § 323 Nr. 4

Für ausführliche Diskussion sorgte erneut die Frage, wie die Nr. 4 des § 323 zu fassen sei. Einigkeit bestand lediglich darüber, dass im Falle eines gerichtlichen

134 Protokolle der Kommission, 2. Lesung, S. 1039, abgedruckt in: *Hahn*, Materialien, S. 1432.

135 Protokolle der Kommission, 2. Lesung, S. 1039, abgedruckt in: *Hahn*, Materialien, S. 1432.

136 Protokolle der Kommission, 2. Lesung, S. 1039, abgedruckt in: *Hahn*, Materialien, S. 1433.

137 Protokolle der Kommission, 2. Lesung, S. 1040, abgedruckt in: *Hahn*, Materialien, S. 1433.

138 Protokolle der Kommission, 2. Lesung, S. 1040, abgedruckt in: *Hahn*, Materialien, S. 1433.

139 Protokolle der Kommission, 2. Lesung, S. 1040, abgedruckt in: *Hahn*, Materialien, S. 1433.

140 Protokolle der Kommission, 2. Lesung, S. 1040, abgedruckt in: *Hahn*, Materialien, S. 1434.

Geständnisses eine Wiederaufnahme zum Nachteil des Freigesprochenen erfolgen solle.

(1) Streichung des außergerichtlichen Geständnisses?

Ebenso wie *Gneist* seinen Antrag auf Streichung der fahrlässigen Verletzung der Eidespflicht durch einen Zeugen oder Sachverständigen in Nr. 2 des § 323 begründete, argumentierte er auch bezüglich der Beseitigung des außergerichtlichen Geständnisses: Freisprechende Erkenntnisse sollten möglichst geschützt werden. Daher dürfe eine Wiederaufnahme des Verfahrens nur aufgrund eines gerichtlichen Geständnisses stattfinden.[141] Bei Geltung des Legalitätsprinzips sei mit Aufnahme des außergerichtlichen Geständnisses in das Gesetz der Freigesprochene keinen Tag sicher vor einem erneuten Strafverfahren im Wege der Wiederaufnahme.[142] Es bestehe die Gefahr, dass gegen den Freigesprochenen wegen jeder gelegentlichen, möglicherweise aus dem Zusammenhang gerissenen Äußerung das Verfahren wieder aufgenommen werden könne.[143] Bei einem außergerichtlichen Geständnis stelle sich zudem die Frage, wie mit diesem verfahren werden sollte, wenn es nicht gerichtlich bestätigt oder widerrufen wurde. Müsse man nun zunächst ein Beweisverfahren über die Ernstlichkeit einleiten?[144] Gegen die Aufnahme des außergerichtlichen Geständnisses spreche weiterhin, dass im Gegensatz zu einem vor Gericht abgelegten Geständnis, hier nicht allgemein zu vermuten sei, „daß der Betreffende der Wahrheit die Ehre geben wolle“.[145] Die feierliche Ablegung des Geständnisses vor Gericht hingegen beweise, dass es dem Gestehenden ernst sei und er wirklich gegen sich selbst ein Zeugnis ablegen wolle.[146] Solche Fälle kämen vor, da es Menschen gebe, die eine Sühne vor ihrem Gewissen suchen und sich daher gedrungen fühlen, ein Geständnis abzulegen. Wer aus dieser Absicht handle, werde das Geständnis vor

141 Protokolle der Kommission, 2. Lesung, S. 1039, abgedruckt in: *Hahn*, Materialien, S. 1432.

142 Protokolle der Kommission, 2. Lesung, S. 1039, abgedruckt in: *Hahn*, Materialien, S. 1432.

143 Rede des Abgeordneten *Klotz*, abgedruckt in: Protokolle der Kommission, 2. Lesung, S. 1041, abgedruckt in: *Hahn*, Materialien, S. 1434.

144 Rede des Abgeordneten *Klotz*, abgedruckt in: Protokolle der Kommission, 2. Lesung, S. 1041, abgedruckt in: *Hahn*, Materialien, S. 1434.

145 Rede des Abgeordneten *Lasker*, abgedruckt in: Protokolle der Kommission, 2. Lesung, S. 1039, abgedruckt in: *Hahn*, Materialien, S. 1433.

146 Rede des Abgeordneten *Lasker*, abgedruckt in: Protokolle der Kommission, 2. Lesung, S. 1039, abgedruckt in: *Hahn*, Materialien, S. 1433.

Gericht ablegen oder dieses bestätigen.[147] Hingegen dürfe nicht jedes Tagesgeschwätz Anlass zu einer Wiederaufnahme aufgrund eines angeblichen Geständnisses geben.[148]

Größeres Gewicht sprach man jedoch schließlich den Argumenten zu, welche gegen eine Streichung des außergerichtlichen Geständnisses aufgeführt wurden: Die Vorstellung, dass jemand, der außergerichtlich die Tat gestanden hatte und jeder wisse, was er getan habe, später frei herumlaufe, sei nicht zu ertragen.[149] In diesem Falle habe der Formalismus gegenüber der materiellen Wahrheit keine Berechtigung.[150] Wer sich nach der Freisprechung öffentlich der Tat rühme, müsse im öffentlichen Interesse auch wieder „gepackt" werden können.[151] Das gegen die Aufnahme des außergerichtlichen Geständnisses angeführte Argument, jeder böswillige Mensch könne den Freigesprochenen wieder in Untersuchung bringen, passe nicht, denn ein Böswilliger könne überhaupt jederzeit jedem ein Verbrechen nachsagen.[152] Zudem habe das außergerichtliche Geständnis auch im ersten Verfahren sehr wesentliche Bedeutung, da der Richter unter Umständen auf ein solches hin den Angeklagten verurteilen könne.[153]

(2) Verzicht auf ein „glaubwürdiges" Geständnis

Gegen die Aufnahme des Wortes „glaubwürdig" in § 323 Nr.4 wurde – wie dies bereits in erster Lesung geschehen war – angeführt, dass dies nicht hierher passe, da man dadurch eine materielle Prüfung einführe, es sich hier aber um die formellen Voraussetzungen der Wiederaufnahme handle.[154] Mit der Aufnahme dieser Voraussetzung sei weiterhin nichts Greifbares gesagt.[155] Ob ein Geständnis

147 Rede des Abgeordneten *Lasker*, abgedruckt in: Protokolle der Kommission, 2. Lesung, S. 1039, abgedruckt in: *Hahn*, Materialien, S. 1433.

148 Rede des Abgeordneten *Lasker*, abgedruckt in: Protokolle der Kommission, 2. Lesung, S. 1039, abgedruckt in: *Hahn*, Materialien, S. 1433.

149 Protokolle der Kommission, 2. Lesung, S. 1039, abgedruckt in: *Hahn*, Materialien, S. 1433.

150 Protokolle der Kommission, 2. Lesung, S. 1039, abgedruckt in: *Hahn*, Materialien, S. 1433.

151 Rede des Oberregierungsrats *Hanauer*, abgedruckt in: Protokolle der Kommission, 2. Lesung, S. 1040 f., abgedruckt in: *Hahn*, Materialien, S. 1434.

152 Protokolle der Kommission, 2. Lesung, S. 1039, abgedruckt in: *Hahn*, Materialien, S. 1433.

153 Rede des Oberregierungsrats *Hanauer*, abgedruckt in: Protokolle der Kommission, 2. Lesung, S. 1040 f., abgedruckt in: *Hahn*, Materialien, S. 1434.

154 Hierzu die Rede des Abgeordneten *Bähr*, abgedruckt in: Protokolle der Kommission, 2. Lesung, S. 1039, abgedruckt in: *Hahn*, Materialien, S. 1433.

155 Rede des Abgeordneten *Klotz*, abgedruckt in: Protokolle der Kommission, 2. Lesung, S. 1041, abgedruckt in: *Hahn*, Materialien, S. 1434.

glaubwürdig sei oder nicht, müsse der Richter ohnehin prüfen. Wenn man das Wort Geständnis richtig interpretiere, so liege das Postulat der Glaubwürdigkeit ohnehin darin, denn ohne Glaubwürdigkeit könne es materiell nicht als Geständnis gelten.[156]

Man entschied sich entgegen dieser Vorträge dafür, die Voraussetzung eines „glaubwürdigen" Geständnisses beizubehalten.[157]

(3) Kritik am Erfordernis eines Geständnisses „der Schuld"

Der Zusatz Geständnis „der Schuld" sei nach dem Oberregierungsrat *Hanauer* einerseits selbstverständlich, andererseits zu eng. Als zu eng sah er diese Voraussetzung aus dem Grund an, da hiernach missverständlich angenommen werden könnte, ein Geständnis liege nur dann vor, wenn der Freigesprochene nicht nur erklärt habe, er habe die Tat begangen, sondern er sich schuldig fühle. Er befürchtete, dass die Wiederaufnahme ausgeschlossen wäre, wenn kein ausdrückliches Schuldbekenntnis beigefügt worden war.[158]

Man entschied sich schließlich aber weiterhin dafür, die Voraussetzung „der Schuld" beizubehalten[159] und hielt im Bericht der Kommission fest, dass das Gericht bei der diesem nach § 332 Abs. 1 obliegenden Vorprüfung zu untersuchen und festzustellen habe, ob alle Voraussetzungen des § 323 Nr. 4 im Einzelfall gegeben seien.[160]

Der Vorschlag des Bundesrats, Nr. 4 des § 323 in der Fassung der Reichstagsvorlage wiederherzustellen, wurde in der Justizkommission des Reichstages damit abgelehnt.[161]

156 Protokolle der Kommission, 2. Lesung, S. 1041, abgedruckt in: *Hahn*, Materialien, S. 1434.

157 Protokolle der Kommission, 2. Lesung, S. 1041 f., abgedruckt in: *Hahn*, Materialien, S. 1434.

158 Rede des Oberregierungsrats *Hanauer*, abgedruckt in: Protokolle der Kommission, 2. Lesung, S. 1040 f., abgedruckt in: *Hahn*, Materialien, S. 1434.

159 Protokolle der Kommission, 2. Lesung, S. 1041 f., abgedruckt in: *Hahn*, Materialien, S. 1434.

160 Bericht der Kommission zu § 323, abgedruckt in: *Hahn*, Materialien, S. 1609.

161 Vgl. hierzu auch Nr. 101 der Zusammenstellung der Beschlüsse des Bundesrats und der Justizkommission des Reichstages, abgedruckt in: *Schubert / Regge*, Entstehung und Quellen, S. 599.

5. Beratung durch den Justizausschuss des Bundesrats im Oktober 1876

In der Sitzung vom 23. Oktober 1876 erklärte sich lediglich Württemberg bereit, dem Beschluss der Justizkommission nachzugeben, während die weiteren Mitglieder des Bundesrates darauf bestanden, die Nummer 4 des § 323 in der Fassung der Reichstagsvorlage wiederherzustellen.[162]

6. Wiederholte Beratung in der Justizkommission des Reichstages

In der erneuten Beratung der Kommission wurde in der 173. Sitzung am 13. November 1876 wiederum Ziffer 4 des § 323 diskutiert und eine Vielzahl an Anträgen gestellt, wie die Beschaffenheit des Geständnisses konkretisiert werden könnte:[163]

a) Ersetzung des Geständnisses „der Schuld"?

Hanauer führte erneut an, dass der Ausdruck „Geständnis der Schuld" Anlass zu Missverständnissen gebe, da man für den Fall, dass der Freigesprochene nachträglich erkläre, er habe die Tat getan, sich aber nicht schuldig fühle, ein Geständnis im Sinne der Ziffer 4 ausgeschlossen sein könnte.[164] Unter einem Geständnis sei nichts anders zu verstehen als das Geständnis, diejenige Handlung begangen zu haben, welche dem Freigesprochenen zur Last gelegt worden war.[165] Das Gestehen eines Tatumstandes, aus welchem die Schuld gefolgert werden könne, sei hingegen kein Geständnis; wenn aber der vormals Freigesprochene sage, er sei der Täter, so liege darin zwar kein Eingeständnis der Schuld, sehr wohl aber ein Geständnis.[166]

---

162 Protokoll der Sitzung vom 23. Oktober 1876, abgedruckt in: *Schubert / Regge*, Entstehung und Quellen, S. 625.

163 Vgl. hierzu die Protokolle der Kommission, abgedruckt in: *Hahn*, Materialien, S. 1668 f.

164 Rede des Abgeordneten *Hanauer* in der wiederholten Beratung der Kommission, abgedruckt in: Protokolle der Kommission, Wiederholte Beratung, S. 12, abgedruckt in: *Hahn*, Materialien, S. 1668.

165 Rede des Abgeordneten *Hanauer* in der wiederholten Beratung der Kommission, abgedruckt in: Protokolle der Kommission, Wiederholte Beratung, S. 12, abgedruckt in: *Hahn*, Materialien, S. 1668.

166 Rede des Abgeordneten *Hanauer* in der wiederholten Beratung der Kommission, abgedruckt in: Protokolle der Kommission, Wiederholte Beratung, S. 12, abgedruckt in: *Hahn*, Materialien, S. 1668.

Der Abgeordnete *Bähr* hielt das Erfordernis eines „Geständnisses der Schuld" sogar für gefährlich.[167] Die Schuld werde nur in den allerseltensten Fällen nachträglich eingestanden werden. Wenn jemand ein Geständnis ablege, so gestehe dieser die Tat. Deshalb sei seiner Ansicht nach das Wort „Tat" an die Stelle des Wortes „Schuld" zu setzen.[168]

Der Abgeordnete *Lasker* hielt zwar die von *Hanauer* befürchtete Auslegung für fernliegend, da seiner Meinung nach der Sinn völlig zweifellos feststehe und man ein rein formales Schuldgeständnis nicht kenne.[169] Um zu verdeutlichen, dass das Geständnis die Tat umfassen müsse, das Geständnis eines einzelnen Tatumstandes selbst dann nicht reiche, wenn aus diesem die ganze Schuldhandlung gefolgert werden könnte, stellte er den Antrag, statt von einem Geständnis der „Schuld" von einem Geständnis der „strafbaren Handlung" zu sprechen.[170] *Klotz* sprach sich ebenso hierfür aus, da dieser Ausdruck am meisten der Absicht des Gesetzes entspreche.[171] Er betonte, dass das Geständnis den vollen Tatbestand der strafbaren Handlung in sich begreifen müsse, es dürfe nicht in der Weise getrennt, geteilt oder beschränkt werden, dass man nur die dem Angeklagten ungünstigen Momente herausgreife und die ihm günstigen nicht berücksichtige.[172]

Hanauer befürchtete hingegen, dass der Ausdruck „strafbare Handlung" in der Sache nicht viel ändern würde und hielt diesen deckungsgleich mit dem Begriff der „Schuld", da, sobald der Betreffende ein Moment beifüge, durch welches die Strafbarkeit ausgeschlossen werde, wie beispielsweise Notwehr, so gestehe

---

167 Rede des Abgeordneten *Bähr* in der wiederholten Beratung der Kommission, abgedruckt in: Protokolle der Kommission, Wiederholte Beratung, S. 12, abgedruckt in: *Hahn*, Materialien, S. 1669.

168 Rede des Abgeordneten *Bähr* in der wiederholten Beratung der Kommission, abgedruckt in: Protokolle der Kommission, Wiederholte Beratung, S. 12, abgedruckt in: *Hahn*, Materialien, S. 1669.

169 Rede des Abgeordneten *Lasker* in der wiederholten Beratung der Kommission, abgedruckt in: Protokolle der Kommission, Wiederholte Beratung, S. 12, abgedruckt in: *Hahn*, Materialien, S. 1668.

170 Rede des Abgeordneten *Lasker* in der wiederholten Beratung der Kommission, abgedruckt in: Protokolle der Kommission, Wiederholte Beratung, S. 13, abgedruckt in: *Hahn*, Materialien, S. 1669.

171 Rede des Abgeordneten *Klotz* in der wiederholten Beratung der Kommission, abgedruckt in: Protokolle der Kommission, Wiederholte Beratung, S. 13, abgedruckt in: *Hahn*, Materialien, S. 1669.

172 Rede des Abgeordneten *Klotz* in der wiederholten Beratung der Kommission, abgedruckt in: Protokolle der Kommission, Wiederholte Beratung, S. 13, abgedruckt in: *Hahn*, Materialien, S. 1669.

er die Strafbarkeit nicht ein.[173] Deshalb erschien es *Hanauer* geeigneter, die Passage „der ihm zur Last gelegten Tat" in das Gesetz einzufügen.

In ähnlicher Weise wollte *Oehlschläger* formulieren: „wenn er die That in dem Umfange eingesteht, in welchem sie ihm zur Last gelegt wird."[174] Diese Formulierung wurde wiederum bemängelt, da der Ausdruck „zu Last legen" nicht passe, wenn gegen den Betroffenen bereits ein Urteil ergangen sei.[175]

Zum Abschluss der Beratung bekräftigte der Abgeordnete *Struckmann*, dass der Ausdruck „strafbare Handlung" zu keinem Missverständnis Anlass gebe. Man verstehe darunter die objektive Handlung, welche Gegenstand der Untersuchung gewesen war. Wenn der Betroffene sage, er habe die Tat getan, sich aber aus irgendwelchen Gründen für berechtigt halte, so liege darin ein Geständnis der objektiven strafbaren Handlung, während es auf seine subjektive Meinung nicht ankomme.[176]

Mit einem sehr knappen Ergebnis von 13 gegen 12 Stimmen wurde schließlich *Laskers* Antrag angenommen und „strafbare Handlung" in § 323 Nr. 4 eingefügt.[177]

b) Beibehaltung des Wortes „glaubwürdig"?

Auch auf das Erfordernis eines „glaubwürdigen" Geständnisses ging man erneut kurz ein. Diesbezüglich wurde von dem Abgeordneten *Becker* betont, er lege großes Gewicht auf diese Voraussetzung. Es gebe Umstände, in denen man auf das gesprochene Wort keinen großen Wert legen dürfe. Daher müsse der Richter

173 Rede des Oberregierungsrats *Hanauer* in der wiederholten Beratung der Kommission, abgedruckt in: Protokolle der Kommission, Wiederholte Beratung, S. 13, abgedruckt in: *Hahn*, Materialien, S. 1669.

174 Rede des Geh. Justizrats *Oehlschläger* in der wiederholten Beratung der Kommission, abgedruckt in: Protokolle der Kommission, Wiederholte Beratung, S. 13, abgedruckt in: *Hahn*, Materialien, S. 1669.

175 So der Abgeordnete *Wolffson* in der wiederholten Beratung der Kommission, abgedruckt in: Protokolle der Kommission, Wiederholte Beratung, S. 13, abgedruckt in: *Hahn*, Materialien, S. 1669.

176 Rede des Abgeordneten *Struckmann* in der wiederholten Beratung der Kommission, abgedruckt in: Protokolle der Kommission, Wiederholte Beratung, S. 13, abgedruckt in: *Hahn*, Materialien, S. 1669.

177 Protokolle der Kommission, Wiederholte Beratung, S. 13, abgedruckt in: *Hahn*, Materialien, S. 1669.

nach den konkreten Umständen beurteilen, ob das Geständnis glaubwürdig sei.[178]

Gegenargumente wurden in dieser Beratung nicht mehr angeführt. Man entschied sich sodann für die Aufnahme des Wortes „glaubwürdig" in das Gesetz.[179]

7. Beratung im Plenum des Reichstages

Die Annahme des die nachteiligen Wiederaufnahmegründe enthaltenden § 323 nach den Beschlüssen der Kommission wurde schließlich im Plenum des Reichstages festgestellt.[180]

Insgesamt blieb das endgültige Zustandekommen der Justizgesetze jedoch einer weiteren Beratung vorbehalten.[181] Zwischenzeitlich war das Scheitern der Justizgesetze befürchtet worden, wogegen jedoch einige Mitglieder des Reichstages durch zahlreiche Anträge vorzugehen versuchten. Das Rechtsmittelrecht war hiervon nicht betroffen. Es gelang schließlich, das Scheitern der Gesetze zu verhindern.[182]

Am 21. Dezember 1876 wurde der Wiederaufnahme zuungunsten des Angeklagten, welche zwischenzeitlich eine andere Paragrafenzählung erhalten hatte und fortan unter § 402 zu finden war, im Plenum des Reichstages die Zustimmung erteilt.[183]

VI. Die Reichsstrafprozessordnung vom 1. Februar 1877

Nachdem auch der Bundesrat zugestimmt hatte, wurde die Reichsstrafprozessordnung am 1. Februar 1877 im Reichsgesetzblatt[184] verkündet und trat am 1. Oktober 1879 in Kraft.

---

178 Rede des Abgeordneten *Becker* in der wiederholten Beratung der Kommission, abgedruckt in: Protokolle der Kommission, Wiederholte Beratung, S. 13, abgedruckt in: *Hahn*, Materialien, S. 1669.

179 Protokolle der Kommission, Wiederholte Beratung, S. 13, abgedruckt in: *Hahn*, Materialien, S. 1669.

180 Zweite Beratung im Plenum S. 560, abgedruckt in: *Hahn*, Materialien, S. 1994.

181 *Dochow*, in: Holtzendorff, Handbuch, S. 125.

182 *Dochow*, in: Holtzendorff, Handbuch, S. 126 f.

183 Dritte Beratung im Plenum S. 990, abgedruckt in: *Hahn*, Materialien, S. 2116.

184 RGBl. I, S. 253-346.

Zu Beginn des die ordentlichen Rechtsmittel umfassenden Kapitels wurde festgelegt, dass alle zulässigen Rechtsmittel gegen gerichtliche Entscheidungen sowohl der Staatsanwaltschaft als auch dem Beschuldigten zustehen sollen (§ 338). Neben der Beschwerde und der Revision war auch die Berufung vorgesehen, wobei letztere, wie in der zweiten Lesung der Reichstagskommission beschlossen worden war, lediglich gegen Urteile der Schöffengerichte gestattet wurde (§ 354).

Gemäß § 402[185] fand die Wiederaufnahme zuungunsten des Angeklagten statt, wenn 1. eine in der Hauptverhandlung zu seinen Gunsten als echt vorgebrachte Urkunde fälschlich angefertigt oder verfälscht war; 2. durch Beeidigung eines zu seinen Gunsten abgelegten Zeugnisses oder abgegebenen Gutachtens der Zeuge oder Sachverständige sich einer vorsätzlichen oder fahrlässigen Verletzung der Eidespflicht schuldig machte; 3. bei dem Urteil ein Richter, Geschworener oder Schöffe mitwirkte, welcher sich bezüglich der Sache einer Verletzung seiner Amtspflichten schuldig gemacht hatte, sofern diese Verletzung mit einer im Wege des gerichtlichen Strafverfahrens zu verhängenden öffentlichen Strafe bedroht war; 4. von dem Freigesprochenen vor Gericht oder außergerichtlich ein glaubwürdiges Geständnis der strafbaren Handlung abgelegt wurde.

In § 403[186] wurde klargestellt, dass eine Änderung des Strafmaßes innerhalb desselben Strafgesetzes nicht stattfindet.

Gemäß § 404 war der Antrag auf Wiederaufnahme des Verfahrens, welcher auf die Behauptung einer strafbaren Handlung gegründet werden sollte, nur dann zulässig, wenn wegen dieser Handlung eine rechtskräftige Verurteilung erfolgt war oder wenn die Einleitung und Durchführung eines Strafverfahrens aus anderen Gründen als wegen Mangels an Beweisen nicht erfolgen konnte. Wurde

---

185 „§ 402. Die Wiederaufnahme eines durch rechtskräftiges Urtheil geschlossenen Verfahrens zu Ungunsten des Angeklagten findet statt:

1. wenn eine in der Hauptverhandlung zu seinen Gunsten als echt vorgebrachte Urkunde fälschlich angefertigt oder verfälscht war;

2. wenn durch Beeidigung eines zu seinen Gunsten abgelegten Zeugnisses oder abgegebenen Gutachtens der Zeuge oder Sachverständige sich einer vorsätzlichen oder fahrlässigen Verletzung der Eidespflicht schuldig gemacht hat;

3. wenn bei dem Urtheil ein Richter, Geschworener oder Schöffe mitgewirkt hat, welcher sich in Beziehung auf die Sache einer Verletzung seiner Amtspflichten schuldig gemacht hat, sofern diese Verletzung mit einer im Wege des gerichtlichen Strafverfahrens zu verhängenden öffentlichen Strafe bedroht ist;

4. wenn von dem Freigesprochenen vor Gericht oder außergerichtlich ein glaubwürdiges Geständniß der strafbaren Handlung abgelegt wird."

186 „§ 403. Eine Wiederaufnahme des Verfahrens zum Zwecke der Aenderung der Strafe innerhalb des durch dasselbe Gesetz bestimmten Strafmaßes findet nicht statt."

der Antrag auf § 402 Nr. 1 oder 2 gestützt, durfte zudem nicht ausgeschlossen sein, dass die bezeichnete Handlung Einfluss auf die Entscheidung hatte, da ansonsten der Antrag ohne mündliche Verhandlung als unbegründet verworfen werde (§ 410).

VII. Zusammenfassung

Seit dem ersten handschriftlichen Entwurf *Friedbergs* bestand weitgehend Einigkeit darüber, dass die Wiederaufnahme zuungunsten des Angeklagten jedenfalls dann stattfinden solle, wenn das rechtskräftige Urteil auf einer strafbaren Handlung basierte. Über das „ob" einer Wiederaufnahme zuungunsten des Angeklagten wurde hingegen im Gesetzgebungsverfahren nicht mehr diskutiert. Lediglich am Rande wurde erwähnt, dass in der 1873 eingesetzten Kommission eines der Mitglieder die vollständige Abschaffung der Wiederaufnahme zuungunsten des Angeklagten beantragte, diesen Antrag aber später zurückzog. Eine Begründung hierfür wurde nicht gegeben. In den Motiven führte man zwar zunächst einige Argumente an, welche grundsätzlich gegen eine Wiederaufnahme zum Nachteil des Angeklagten sprächen, pflichtete aber den für diese sprechenden Argumenten das größere Gewicht bei. Im Vordergrund stand, dass insbesondere derjenige, welcher den Freispruch durch eine strafbare Handlung selbst herbeigeführt hatte oder in dessen Interesse eine strafbare Handlung begangen worden war, nicht „die Früchte" dieser Tat genießen dürfe. Auf dieser Erwägung beruhten die schließlich in Ziffer 1 bis 3 des § 402 RStPO verankerten Wiederaufnahmegründe. Während die ersten handschriftlichen Entwürfe die Wiederaufnahme nur nach freisprechenden Urteilen zuließen, erweiterte man diese in den folgenden Entwürfen auch auf den zu milde Verurteilten.

Hinsichtlich § 402 Nr. 4 erfolgte in den verschiedenen Gremien eine ausgiebigere Diskussion, da man insbesondere im Falle eines außergerichtlichen Geständnisses eine vorschnelle Wiederaufnahme zu Lasten eines rechtskräftig Freigesprochenen befürchtete. Weniger kritisiert wurde das gerichtliche Geständnis. Dieses war bereits im Entwurf von 1870 enthalten, fehlte jedoch dann im Entwurf von 1873. Eine Begründung hierfür wurde nicht gegeben.

In der 1873 eingesetzten Kommission stellte *Schwarze* den Antrag, das gerichtliche oder außergerichtliche Geständnis als weiteren Wiederaufnahmegrund in den Entwurf aufzunehmen. Dieser war jedoch zunächst nicht von Erfolg gekrönt. Erst auf Antrag Württembergs beschloss der Bundesrat die Aufnahme einer entsprechenden Ziffer 4, welche man dann in der Reichstagskommission zu präzisieren versuchte. In dieser Diskussion dominierte wiederum die Befürchtung, dass gegen einen Freigesprochenen vorschnell zur Wiederaufnahme des Verfahrens geschritten werden könnte.

Ein etwaiger allgemeiner Wiederaufnahmegrund aufgrund neuer Tatsachen oder Beweise, wie ihn beispielsweise die Strafprozessordnungen Württembergs und Sachsens vorsahen, kam in den Gesetzgebungsarbeiten hingegen nicht weiter zur Sprache. Die Motive hielten diesbezüglich lediglich ohne Begründung fest, dass die Wiederaufnahme aufgrund neuer Tatsachen in keinem Fall zugelassen werden sollte.

Insgesamt kann daher festgestellt werden, dass sich die Gesetzgeber der Reichsstrafprozessordnung dafür entschieden hatten, die Wiederaufnahme zuungunsten des Angeklagten zwar grundsätzlich zuzulassen, diese aber an enge Voraussetzungen knüpften, um dem „ne bis in idem-Grundsatz“ gerecht zu werden und nur in wenigen, klar umgrenzten Ausnahmefällen der materiellen Gerechtigkeit Vorrang vor der formellen Gerechtigkeit einzuräumen.

VIII. Vorschläge in der Literatur im Vorfeld der RStPO

Soweit ersichtlich, wurde auch in der Wissenschaft über die grundsätzliche Gestattung einer Wiederaufnahme zuungunsten des Angeklagten nicht diskutiert. Zu finden waren aber Stimmen, welche Bedeutung und Reichweite des „ne bis in idem- Grundsatzes“ zum Schutz des Betroffenen gesetzlich statuieren wollten. Demgegenüber sprachen sich manche für die Erweiterung der in den Entwürfen zur RStPO vorgesehenen Wiederaufnahmegründe zuungunsten des Angeklagten aus:

1. Gesetzliche Verankerung des „ne bis in idem“- Grundsatzes

Heffter befürchtete, dass die Anerkennung des von ihm als „Non bis in idem“-bezeichneten Grundsatzes im E-1873 nicht hinreichend ausgedrückt sei.[187]

Die Kernbedeutung des „Non bis in idem“ bestehe darin, dass, wenn einmal in einem geordneten strafrechtlichen Verfahren eine Entscheidung erfolgt sei, welche nicht weiter im gesetzlichen Wege angefochten oder geändert werden könne, eine damit „identische neue Procedur“ schlechterdings ausgeschlossen bleiben müsse.[188]

187 *Heffter*, Non bis in idem, S. 28 f.

188 *Heffter*, Non bis in idem, S. 14.

Dass die Verfasser des Entwurfs den „non bis in idem"- Grundsatz zwar grundsätzlich anerkannt hatten, komme zwar an einer Stelle der Motive[189] zum Ausdruck, jedoch fehle eine ausdrückliche gesetzliche Regelung.[190] Es verstehe sich nicht von selbst, dass dieser Grundsatz auf dem „jungfräulichen Rechtsboden des neuen deutschen Reiches" unbedingte Annahme gefunden habe.[191] Darüber hinaus sei der Begriff der Rechtskraft im Strafprozessrecht kein so allgemein entwickelter und feststehender wie hinsichtlich der Zivilurteile.[192]

Rechtskräftig sei ein Urteil im Allgemeinen zwar dann, wenn es keiner weiteren Anfechtung unterliege und es hinsichtlich der entschiedenen Frage sein Bewenden haben müsse.[193] Daraus folge aber nur von selbst, dass die in der Anklage bezeichnete und in der Verhandlung weiter entwickelte Handlung aus dem vom Richter genommenen strafrechtlichen Gesichtspunkt nicht noch einmal zum Gegenstand einer Anklage benutzt werden könne und bewirke keineswegs die „Consumtion" aller anderen daneben noch möglichen strafrechtlichen Wirkungen der materiellen Handlung.[194] *Heffter* befürchtete insbesondere, dass die französische Auslegung des „ne bis in idem" in die deutsche Rechtspraxis übernommen werden könnte.[195] Im Anschluss an dessen Ausführungen betonte *Schwarze*, dass die Meinung, welche auf die rechtliche Qualifizierung der Tat abstelle und damit eine auf dieselben Tatsachen gestützte Anklage ohne ein novum zulasse, unhaltbar sei.[196] Es sei Aufgabe der Anklage, die Tat nach allen rechtlichen Beziehungen, welche in Betracht kommen könnten, zu prüfen und zu erschöpfen.[197] Diese erschöpfende Verhandlung und Aburteilung lasse eine Wiederaufnahme, welche sich nur auf eine andere rechtliche Qualifizierung der Tat berufe, nicht zu.[198]

Heffter empfahl daher zur Vermeidung von Auslegungsschwierigkeiten zu Beginn des Kapitels, welches die Wiederaufnahme des Verfahrens zum Gegenstand hatte, zu statuieren, dass derjenige, welcher durch strafrichterliches Urteil

---

189 Hierbei bezog er sich auf die Motive zu § 214 des E-1873 S. 190. § 214 bestimmt, dass Gegenstand der Urteilsfindung die in der Anklageschrift bezeichnete Tat ist, wie sich dieselbe nach dem Inbegriff der in der Hauptverhandlung ermittelten Umstände darstellt.

190 *Heffter*, Non bis in idem, S. 28 f.

191 *Heffter*, Non bis in idem, S. 29.

192 *Heffter*, Non bis in idem, S. 29.

193 *Heffter*, Non bis in idem, S. 29.

194 *Heffter*, Non bis in idem, S. 29.

195 *Heffter*, Non bis in idem, S. 29 f.

196 *Schwarze*, GS 1873, S. 395 (402).

197 *Schwarze*, GS 1873, S. 395 (402).

198 *Schwarze*, GS 1873, S. 395 (403).

freigesprochen oder verurteilt und welches bereits formell rechtskräftig wurde, wegen derselben Handlung, welche Gegenstand des Erkenntnisses war, auch aus anderen darin nicht berücksichtigten Rechtsgründen zu keiner weiteren strafgerichtlichen Verantwortlichkeit gezogen werden könne.[199]

Schwarze führte bezogen auf den E-1873 zwar aus, dass man, obwohl eine Bestimmung über das „ne bis in idem" im Gesetzesentwurf nicht erteilt worden sei, per argumentum e contrario folgern könne, dass dieser Grundsatz trotzdem in vollem Maße anerkannt wurde, da die Fälle, in welchen die Wiederaufnahme zuungunsten des Angeklagten gestattet werden, eine ausdehnende Anwendung nicht zuließen und sich dort kein Satz befinde, der mit dem „ne bis in idem"-Grundsatz in Widerspruch stünde.[200] Gleichwohl sprach er sich, wie sogleich dargelegt wird, für eine gesetzliche Verankerung des „ne bis in idem" aus.

2. Einführung eines allgemeinen Wiederaufnahmegrundes aufgrund neuer Tatsachen und Beweismittel zuungunsten des Angeklagten

Schwarze empfahl entsprechend der sächsischen Regelung, die Wiederaufnahme zuungunsten des Angeklagten auch aufgrund neuer Tatsachen und Beweise zuzulassen, welche an sich und ohne dass es eines Zurückgehens auf die frühere Beweisaufnahme bedürfe, zur Überführung des Freigesprochenen bzw. zu milde Verurteilten geeignet waren. Darüber hinaus sollte statuiert werden, dass außer in diesen gesetzlich festgelegten Fällen dieselben Tatsachen, welche schon Gegenstand der Verhandlung und Entscheidung waren, nicht nochmals Gegenstand der Verhandlung und rechtlichen Aburteilung werden dürfen und zwar auch dann nicht, wenn die Tat einer anderen rechtlichen Auffassung als früher unterzogen werden könnte.[201] Mit dieser Regelung beseitige man einerseits die im französischen Recht geführte Kontroverse für die deutsche Rechtsanwendung und beschränke andererseits gleichzeitig die Zulässigkeit der Wiederaufnahme wegen etwaiger nova auf ein sehr kleines Anwendungsgebiet.[202]

Eine Unterscheidung zwischen Wiederaufnahmegründen zugunsten und zuungunsten des Angeklagten müsse laut *Schwarze* insbesondere aus dem Grund erfolgen, da ein Freispruch meist mit der einfachen Begründung erfolge, dass die Beweismomente zur Schuldannahme nicht ausgereicht hatten.[203] Daher lasse sich nicht mit Sicherheit behaupten, ob der frühere Richter in dem novum, wenn

199 *Heffter*, Non bis in idem, S. 29 f.
200 *Schwarze*, GS 1873, S. 395 (426).
201 *Schwarze*, GS 1873, S. 395 (406).
202 *Schwarze*, GS 1873, S. 395 (406).
203 *Schwarze*, GS 1873, S. 395 (410 f.).

dieses schon früher bekannt gewesen wäre, die Ergänzung des Schuldbeweises gesehen und den Angeklagten verurteilt hätte.[204] Etwas anderes müsse aber dann gelten, wenn der Beweis der Schuld auf die nova allein und ohne Bezugnahme auf die früher bereits vorgebrachten Beweise der Täterschaft gestützt werden soll. Fälle dieser Art seien zwar höchst selten, könnten aber vorkommen.[205]

Ortloff ging dieser Vorschlag nicht weit genug: Die sächsische Strafprozessordnung habe im Vergleich zu den anderen deutschen Staaten zwar am vollständigsten bestimmte Kategorien an Wiederaufnahmegründen aufgestellt, welchen der Satz gemeinsam sei, dass eine Wiederaufnahme dann zulässig sei, wenn neu entstandene und früher nicht gekannte Tatsachen und Beweismittel das Urteil als ein ungerechtes erscheinen lassen.[206] Dieser Regelung sei aber die Beschränkung beigefügt, dass die nova schon an sich und ohne dass es eines Zurückgehens auf die Ergebnisse der früheren Beweisaufnahme bedürfe, die Überführung desselben zu begründen geeignet sein sollen und dass die Wiederaufnahme nicht stattfinden solle, wenn es sich nur um die Wahl einer höheren Strafe innerhalb des gesetzlichen Strafrahmens handle.[207]

Dem Streben nach materieller Wahrheit, welches nicht nur im bisherigen Inquisitionsverfahren vorherrschte, sondern auch im neueren Strafprozess erhalten bleiben sollte, entspräche es jedoch mehr, wenn nicht einzelne Wiederaufnahmegründe, welche von Einseitigkeit und Formalismus geprägt seien, aufgestellt werden, sondern wenn ein allgemeiner Satz Eingang in das Gesetz finde, nämlich, dass die Wiederaufnahme schlechthin aufgrund neuer erheblicher Tatsachen und Beweismittel, welche eine Änderung in den faktischen Prämissen des gefällten Urteils herbeizuführen geeignet erscheinen, zu gestatten sei.[208]

Die Strafrechtspflege könne nicht ruhen, weil sie dazu bestimmt sei, das Prinzip der absoluten Gerechtigkeit zu verwirklichen, sobald ein wirkliches Unrecht zu Tage trete.[209] Deshalb sei ein materiell ungerechtes Strafurteil von Seiten der zur Wahrung der Gerechtigkeit berufenen Organe nicht zu dulden, sondern es müsse sowohl ein unbegründeter Freispruch als auch eine ungerechte Verurteilung stets aufgehoben werden dürfen, wenn sich eine andere Wahrheit herausstelle.[210]

---

204 *Schwarze*, GS 1873, S. 395 (411).

205 *Schwarze*, GS 1873, S. 395 (413).

206 *Ortloff*, GS 1871, S. 184 (196).

207 *Ortloff*, GS 1871, S. 184 (196).

208 *Ortloff*, GS 1871, S. 184 (196).

209 *Ortloff*, GS 1871, S. 184 (188).

210 *Ortloff*, GS 1871, S. 184 (188 ff.).

Die Wiederaufnahme sei das universellste Mittel zur Verbesserung ungerechter Strafrechtspflege.[211] Der Unterschied zur Appellation bestehe darin, dass durch Wiederaufnahme eine neue Untersuchung bewirkt werde, in welcher die erste Instanz entscheide, gleich als ob ihr die Untersuchung zum ersten Mal zur Aburteilung vorgelegt werde. Dies sei eine vollständig und völlig neue Untersuchung und keine Entscheidung über die Rechtsbeständigkeit und Richtigkeit eines von einem anderen Gericht erteilten Urteils in zweiter Instanz.[212] Zu Schwierigkeiten könnte es zwar in den Fällen kommen, welche von Schwurgerichten verhandelt worden waren.[213] Wenn man aber im Wiederaufnahmeverfahren eine Beweiserhebung vornähme, die sich auf frühere und neuere Beweise erstrecke und eine gänzlich neue Hauptverhandlung durchführe, so sei es nicht notwendig, dass das ursprüngliche Geschworenengericht über die Sache entscheide, sondern es könne jedes beliebige Geschworenengericht die Untersuchung durchführen.[214] Man könne in das Ermessen des Gerichts stellen, ob lediglich eine Ergänzung der früheren Beweisaufnahme durch Vorbringen neuer Tatsachen oder Beweise oder eine vollständig neue Hauptverhandlung notwendig sei. Dadurch könnte man eine bedeutende Vereinfachung des Rechtsmittelsystems herbeiführen und auf andere Rechtsmittel neben der Wiederaufnahme verzichten.[215]

IX. Beurteilung des § 402 RStPO im Schrifttum

Die Wiederaufnahme zuungunsten des Angeklagten hat nach Erlass der Reichsstrafprozessordnung in der Literatur nur wenig Echo erfahren. Die Kommentare, Hand- und Lehrbücher beschränkten sich im Wesentlichen darauf, das in den Verhandlungen Gesagte in knapper Form wiederzugeben und enthielten allenfalls kurze eigene Stellungnahmen.[216]

---

211 *Ortloff*, GS 1871, S. 184 (190).

212 *Ortloff*, GS 1871, S. 184 (205).

213 *Ortloff*, GS 1871, S. 184 (206).

214 *Ortloff*, GS 1871, S. 184 (206 f.).

215 *Ortloff*, GS 1871, S. 184 (207).

216 Vgl. hierzu die Ausführungen bei *Bennecke / Beling*, Lehrbuch, S. 601 ff.; *Binding*, Grundriss, § 124; Löwe, StPO, § 402; *Dochow*, Reichsstrafprozess, S. 271 ff.; *Geyer*, Lehrbuch, S. 844 ff.; *Puchelt*, StPO, S. 660 ff.; *Schwarze*, Commentar RStPO, S. 552 ff.; *Schwarze*, in Holtzendorff Handbuch, S. 341 ff.; *Ullmann*, Lehrbuch, § 148.

1. Zulässigkeit der Wiederaufnahme zum Nachteil des Verurteilten?

Nahezu einheitlich war man der Meinung, § 402 finde – abgesehen von Nr.4 – auch zum Nachteil des Verurteilten, welcher mit zu geringer Strafe belegt worden sei, Anwendung.[217] Hierfür sprächen schon die einleitenden Worte in § 402, in welchen die Rede von der Wiederaufnahme zuungunsten des Angeklagten sei.[218] Allein *Voitus* bestritt die Anwendbarkeit der Wiederaufnahme zulasten eines Verurteilten.[219] Er stellt zwar zunächst fest, es sei nicht zweifelhaft, dass die Justizkommission den Freispruch des Angeklagten nicht als Voraussetzung der Wiederaufnahme ansehen wollte, hielt es aber für nicht unbedenklich, den Paragrafen in diesem Sinne auszulegen.[220] Als Beweis für seine These führte er die Motive an, welche hinsichtlich aller Entwürfe stets von freisprechenden Urteilen sprächen.[221] Insbesondere fehlen seiner Meinung nach in den Motiven Ausführungen dazu, dass eine unterschiedliche Behandlung der Nr. 4, welche ausdrücklich nur vom Freigesprochenen spräche und den übrigen Nummern beabsichtigt gewesen sei. Aus der Aufnahme des Wortes „freigesprochenen" in die Nr. 4 sei deshalb zu folgern, dass sich der ganze Paragraf nur auf Freigesprochene habe beziehen wollen.[222]

Hiergegen wurde jedoch angeführt, dass man in der Justizkommission bewusst die Beschränkung auf den freigesprochenen Angeklagten aufgegeben habe[223], man sehr wohl auf die verschiedene Behandlung der einzelnen Nummern des § 402 hingewiesen habe und auch im Bericht der Kommission davon die Rede sei.[224] Zudem spreche eindeutig für die Anwendbarkeit der nachteiligen Wiederaufnahme auf den Verurteilten die Vorschrift des § 403.[225] Dieser Paragraf habe in den ersten Entwürfen noch gefehlt und sei bewusst in systematischer Hinsicht nach der nachteiligen Wiederaufnahmevorschrift in das Gesetz aufgenommen worden.[226] Würde sich dieser lediglich auf den § 399 beziehen, wäre er vor die Vorschrift der Wiederaufnahme zuungunsten des Angeklagten gestellt

---

217 *Binding*, Grundriss, § 124; *Kries*, GA 1878, 169 (184); *Schwarze*, in Holtzendorff Handbuch, S. 341; *Ullmann*, Lehrbuch, § 148.

218 *Kries*, GA 1878, 169 (184).

219 *Voitus*, Kommentar, S. 416.

220 *Voitus*, Kommentar, S. 416.

221 *Voitus*, Kommentar, S. 417.

222 *Voitus*, Kommentar, S. 417.

223 *Schwarze*, in Holtzendorff Handbuch, S. 341.

224 *Kries*, GA 1878, 169 (185) und dort in der Fn. 1.

225 In § 403 war bestimmt, dass eine Änderung des Strafmaßes innerhalb desselben Strafgesetzes nicht stattfindet.

226 *Kries*, GA 1878, 169 (185) und dort in der Fn. 1.

worden, wie dies auch bei den übrigen Vorschriften, welche sich nur auf den § 399 bezögen, der Fall sei.[227] *Voitus* entgegnete dem, dass sich der § 403 auch nur auf § 399 beziehen könne. Der § 403 passe insbesondere deshalb nicht auf den § 402, da im Falle der Nr. 4 von einer Änderung der Strafe überhaupt nicht die Rede sein könne.[228]

2. Lücke in § 402 Nr. 3

Im Hinblick auf den in § 402 Nr. 3 verankerten Wiederaufnahmegrund der strafbaren Amtspflichtverletzung eines Richters, Geschworenen oder Schöffen wurde kritisiert, dass dort die Pflichtverletzung des Staatsanwalts nicht enthalten war[229] und konstatiert, dass die Strafprozessordnung daher eine Lücke aufweise.[230] Der Staatsanwalt könne, wenn eine gerichtliche Voruntersuchung nicht stattgefunden habe, die hauptsächlichen Belastungsbeweise unbenutzt lassen, um so den Freispruch herbeizuführen.[231] Wenn dieser somit absichtlich seine Pflicht nicht getan habe, sei dies ein gerechtfertigter und notwendiger Wiederaufnahmegrund zum Nachteil des Angeklagten. Man könne dies insbesondere dann nicht in Abrede stellen, wenn der Angeklagte selbst den Staatsanwalt zu diesem Verhalten durch Bestechung oder in sonstiger Weise veranlasst habe.[232]

3. Beschaffenheit des Freispruchs und des Geständnisses im Sinne von § 402 Nr. 4

Einigkeit bestand bezüglich § 402 Nr. 4[233] aufgrund des eindeutigen Wortlauts zwar darin, dass dieser lediglich im Falle eines erfolgten Freispruchs anwendbar sein sollte, umstritten war jedoch, ob hierfür erforderlich war, dass der Angeklagte vollständig freigesprochen worden war oder ob ein sog. „teilweiser Freispruch" gegenüber dem Eröffnungsbeschluss oder den in der Hauptverhandlung gestellten Anträgen genügen sollte:

---

227 *Kries*, GA 1878, 169 (185) und dort in der Fn. 1.

228 *Voitus*, Kommentar, S. 418.

229 *Kries*, GA 1878, 169 (171); Löwe, StPO, § 402 Nr. 3.

230 *Kries*, GA 1878, 169 (171).

231 *Kries*, GA 1878, 169 (171).

232 *Kries*, GA 1878, 169 (171).

233 Einigkeit bestand darüber hinaus auch in der Hinsicht, dass das Geständnis nach dem Freispruch abgelegt werden musste und somit ein später bekanntwerdendes früheres Geständnis nicht für eine Wiederaufnahme des Verfahrens ausreicht. Ein solches Geständnis habe lediglich die Bedeutung eines neuen Beweismittels, aufgrund dessen jedoch keine Wiederaufnahme zuungunsten des Freigesprochenen erfolgen dürfe; *Kries*, Lehrbuch, S. 708; Löwe, StPO, § 402 Nr. 4; *Schwarze*, in Holtzendorff Handbuch, S. 343.

Von manchen wurde für ausreichend gehalten, dass der Angeklagte teilweise freigesprochen und in der Hauptsache verurteilt wurde.[234] Gemeint war hiermit, dass der Angeklagte bezüglich der angeklagten Tat aufgrund eines weniger schwerwiegenden Delikts verurteilt wurde als angeklagt war. Eine Wiederaufnahme sollte zu dessen Nachteil also dann stattfinden, wenn er nachträglich eine straferhöhende Tatsache gestand.[235] Das Reichsgericht[236] und einige Stimmen in der Literatur[237] hielten hingegen einen vollständigen Freispruch für erforderlich, da das Gesetz nur eine völlige Freisprechung kenne und eine teilweise diesem fremd sei.[238] Wenn in der Hauptverhandlung für die im Eröffnungsbeschluss bezeichnete Tat der Beweis nicht geführt werden konnte, dagegen eine minder schwere Tat als erwiesen erachtet wurde, erfolge nicht ein Freispruch von der schwereren und die Verurteilung wegen der minder schweren Tat.[239] Hier ging es insbesondere um den Fall, dass der vormals wegen Mordes Angeklagte, welcher in der Folge nur wegen Körperverletzung mit Todesfolge verurteilt wurde, im Anschluss daran gestand, in Tötungsabsicht gehandelt zu haben.[240]

---

234 *Schwarze*, Commentar RStPO, S. 554; *ders.*, in Holtzendorff Handbuch, S. 343.

235 *Schwarze*, Commentar RStPO, S. 554.

236 RGSt III, 399 ff.

237 *Bennecke / Beling*, Lehrbuch, S. 601 Fn. 19; Löwe, StPO, § 402 Nr. 4 m.w.N.

238 RGSt III, 399 (400).

239 RGSt III, 399 (400).

240 Löwe, StPO, § 402 Nr. 4.

Fünftes Kapitel: Bis zum Ersten Weltkrieg

Bereits kurze Zeit nach Inkrafttreten der Reichsstrafprozessordnung wurde diese als nicht geglückter Kompromiss zwischen der liberalen Reichstagsmehrheit und den verbündeten Regierungen als den Repräsentanten obrigkeitsstaatlichen Denkens kritisiert.[1] Insbesondere das darin vorgesehene Rechtsmittelsystem, welches die Berufung gegen erstinstanzliche Urteile der Strafkammern nicht gestattete, war auf heftigen Widerstand gestoßen.[2]

I. Reformanträge in den Reichstagen in den Jahren 1883 bis 1905

Die Abgeordneten *Munckel*, *Meibauer* und *Lenzmann* brachten 1883 im Reichstag einen Entwurf zur Abänderung der Strafprozessordnung[3] ein, welcher die Einführung der Berufung gegen die in erster Instanz ergangenen Urteile der Strafkammern verlangte und gleichzeitig die Wiederaufnahme zugunsten des Verurteilten beschränken wollte, indem nur solche Tatsachen oder Beweismittel beigebracht werden durften, welche der Verurteilte in dem früheren Verfahren einschließlich der Berufungsinstanz nicht gekannt hatte oder ohne Verschulden nicht geltend machen konnte.[4] Die Wiederaufnahme zuungunsten des Angeklagten war von dem Antrag hingegen nicht betroffen.

Der Entwurf kam im Reichstag nicht zur Beratung, wurde aber 1884 erneut eingebracht.[5] Da seit Inkrafttreten der Reichsstrafprozessordnung erst kurze Zeit vergangen war, hielt die mit dem Antrag betraute Kommission ein abschließendes Urteil über die gewünschten Änderungen noch nicht für möglich.[6]

---

1 *Vormbaum*, Lex Emminger, S. 44 f. m.w.N.

2 Vgl. hierzu die Begründung zu E-1909, S. 5, abgedruckt in *Schubert*, Entwürfe einer StPO, S. 379; *Beling*, JZ 1904, S. 912 (916); *Bolder*, Versuch einer Reform, S. 6 ff.

3 DruckS. des Reichstages, 5. Legislaturperiode, 2. Session 1882/83, Anlage Nr. 117.

4 Siehe hierzu die §§ 354 (Berufung) und 399 (Wiederaufnahme zugunsten des Verurteilten) des Entwurfs.

5 Vgl. hierzu und zur weiteren Behandlung dieses Gesetzesvorschlags die Begründung zu E-1909, S. 6 ff., abgedruckt in *Schubert*, Entwürfe einer StPO, S. 380 ff.

6 Mündlicher Bericht der Kommission, Drucks. des Reichstages, 5. Legislaturperiode, 4. Session 1884, Anlage Nr. 149. Im Mai 1885 wurde von Reichskanzler Bismarck ein weiterer Entwurf vorgelegt, mit welchem Verbesserungen an der RStPO vorgenommen werden sollten. Diese betrafen hauptsächlich die Tätigkeit der Geschworenen; vgl. hierzu

https://doi.org/10.1515/9783110751703-006

In den folgenden Jahren wurden zahlreiche Anträge,[7] welche auf Zulassung der Berufung abzielten, im Reichstag eingebracht. Zu einer Reform der RStPO kam es jedoch nicht.

1899 hatte eine vom Reichstag eingesetzte Kommission[8] über den von den verbündeten Regierungen vorgelegten „Entwurf eines Gesetzes, betreffend Aenderungen der Civilprozeßordnung und der Strafprozeßordnung sowie die Bestrafung falscher uneidlicher Aussagen"[9] zu beraten. Diesmal ging es zwar nicht um die Frage der Berufung, jedoch waren die Wiederaufnahmegründe von diesem Reformvorhaben betroffen. Da man mit diesem Entwurf die Strafbarkeit falscher uneidlicher Aussagen einführen wollte, hielt man eine Anpassung sowohl des § 402 Ziffer 2[10] als auch des § 399 Ziffer 2 für notwendig,[11] so dass die Wiederaufnahme auch im Falle einer wissentlich falschen uneidlichen Aussage eines Zeugen möglich sein sollte.

Dieser Vorschlag wurde von der Kommission zwar noch einstimmig angenommen,[12] eine weitere Beratung des Entwurfs im Plenum des Reichstages erfolgte allerdings nicht mehr.[13]

Entwurf eines Gesetzes, betreffend Aenderungen und Ergänzungen des Gerichtsverfassungsgesetzes und der Strafprozessordnung, Drucks. des Reichstages, 6. Legislaturperiode, 1. Session 1884/85, Anlage Nr. 399.

7 Hier seien genannt: Drucks. des Reichstages, 9. Legislaturperiode, 3. Session 1894/95, Anlage Nr. 15; Drucks. des Reichstages, 9. Legislaturperiode, 4. Session 1895/96, Anlage Nr. 73; Drucks. des Reichstages, 9. Legislaturperiode, 5. Session 1897/98, Anlage Nr. 33; Drucks. des Reichstages, 9. Legislaturperiode, 5. Session 1897/98, Anlage Nr. 67. Ausführlich zu den Anträgen und deren Behandlung im Reichstag und im Bundesrat die Begründung zu E-1909, S. 6 f., abgedruckt in *Schubert*, Entwürfe einer StPO, S. 380 f. Eine Zusammenfassung der Reformbemühungen und der daran geübten Kritik findet sich bei *Bolder*, Der Versuch einer Reform des Strafverfahrens und der Gerichtsverfassung in den Jahren 1885, 1894 und 1895.

8 Die Kommission bestand aus 21 Mitgliedern unter dem Vorsitz des Abgeordneten *Rintelen*.

9 Drucks. des Reichstages, 10. Legislaturperiode, 1. Session 1898/99, Anlage Nr. 108.

10 § 402 Ziffer 2 sollte dann lauten: „wenn durch ein zu seinen Gunsten abgelegtes Zeugnis oder abgegebenes Gutachten der Zeuge oder Sachverständige sich einer vorsätzlichen oder fahrlässigen Verletzung der Eidespflicht oder einer wissentlich falschen uneidlichen Aussage schuldig gemacht hat;"

11 Begründung zu §§ 399, 402, Drucks. des Reichstages, 10. Legislaturperiode, 1. Session 1898/99, Anlage Nr. 108.

12 Bericht der Kommission, Drucks. des Reichstages, 10. Legislaturperiode, 1. Session 1898/99, Anlage Nr. 203.

13 Begründung zu E-1909, S. 9, abgedruckt in *Schubert*, Entwürfe einer StPO, S. 383.

Im April 1902 ersuchte der Reichstag schließlich die Regierungen, diesem baldmöglichst einen Entwurf, betreffend die Änderung des Gerichtsverfassungsgesetzes und der Strafprozessordnung im Sinne der Wiedereinführung der Berufung vorzulegen.[14] Diese Reform sollte nicht auf das Rechtsmittelsystem beschränkt sein, sondern auf breiter Grundlage erfolgen.[15] Da das BGB nunmehr veröffentlicht war, hatte das Reichsjustizamt Kapazität, sich der Strafprozessordnung umfassend zu widmen.[16]

Um die als grundlegend empfundenen Fragen des Strafprozesses zweckmäßig behandeln zu können, setzte man eine aus Vertretern der Wissenschaft und Praxis bestehende Kommission[17] ein, welche im Februar 1903 zum ersten Mal zusammentrat und bis April 1905 über eine entsprechende Reform des Strafverfahrens beriet.[18] Das Reichsjustizamt hatte für deren Beratung einen umfangreichen Fragebogen, gegliedert in die Titel A-V,[19] aufgestellt, welcher die Reformvorschläge zusammenfasste. Der Titel M dieses Fragenkatalogs war der Wiederaufnahme des Verfahrens gewidmet. Die darin aufgestellten Fragen[20] betrafen jedoch lediglich das bei der Wiederaufnahme zu beachtende Verfahren, nicht aber die Wiederaufnahmegründe zugunsten oder zuungunsten des Angeklagten.

In der Beratung der Wiederaufnahmevorschriften, mit welcher die Kommission am 19. Januar 1904 begann, wurden zwar über den Fragenkatalog hinausgehende Anträge gestellt. Die Wiederaufnahmegründe zuungunsten des Angeklagten kamen jedoch weder in erster noch in zweiter Lesung zur Sprache.[21]

---

14 Begründung zu E-1909, S. 9, abgedruckt in *Schubert*, Entwürfe einer StPO, S. 383.

15 Begründung zu E-1909, S. 9, abgedruckt in *Schubert*, Entwürfe einer StPO, S. 383.

16 *Schubert*, Protokolle 1903-1905 Bd. 1, S. X*.

17 Kurzbiographien der 21 Kommissionsmitglieder finden sich im Vorwort der Protokolle der Kommission, abgedruckt in *Schubert*, Protokolle 1903-1905 Bd. 1, S. IV f.

18 Begründung zu E-1909, S. 10, abgedruckt in *Schubert*, Entwürfe einer StPO, S. 384.

19 Die Fragen finden sich in den Protokollen der Kommission, *Schubert*, Protokolle 1903-1905 Bd. 1, S. 1 ff.

20 Die Fragen lauteten: I. Ist für das die Wiederaufnahme betreffende Verfahren die eidliche Vernehmung der Zeugen und Sachverständigen vorzuschreiben? II. Empfiehlt es sich: 1. Zu bestimmen, daß nicht nur hinsichtlich der verstorbenen, sondern auch hinsichtlich der in Geisteskrankheit verfallenen Verurteilten das Gericht ohne Erneuerung der Hauptverhandlung auf Freisprechung zu erkennen oder den Antrag auf Wiederaufnahme abzulehnen hat? 2. Für alle anderen Fälle die Freisprechung ohne Erneuerung der Hauptverhandlung auszuschließen?

21 Protokolle der Ersten Lesung, *Schubert*, Protokolle 1903-1905 Bd. 1, S. 270 ff.; Protokolle der Zweiten Lesung, *Schubert*, Protokolle 1903-1905 Bd. 2, S. 258 ff.

II. Die Bundesratsvorlage (1908) und die Reichstagsvorlage (1909) einschließlich der Kommissionsberatungen

Die Erarbeitung eines StPO-Entwurfs wurde vom königlichen Staatsministerium nicht so rasch erledigt, wie dies seitens der Regierung gewünscht gewesen wäre. Im Mai 1908 forderte der Reichskanzler die Staatsminister zur Abgabe von Voten auf, damit alsbald dem Bundesrat ein StPO-Entwurf vorgelegt werden könne.[22]

Nachdem die Voten[23] vorlagen, wurde dem Bundesrat ein auf diesen und den Beratungen und Beschlüssen der Kommission von 1905 und der daran insbesondere in juristischen Vereinigungen und Fachzeitschriften geübten Kritik basierender „Entwurf einer Strafprozessordnung"[24] überwiesen.[25]

Am 26. März 1909 wurde der Entwurf dem Reichstag[26] vorgelegt, wo er aufgrund des Sessionswechsels zunächst unerledigt blieb.[27] Im November 1909 wurde der Entwurf mittels Schreiben des neuen Reichskanzlers *von Bethmann Hollweg* erneut im Reichstag eingebracht.[28] Dort fand im Januar 1910 schließlich die erste Beratung im Plenum statt, welche mit Überweisung des Entwurfs an eine aus 28 Mitgliedern bestehende Kommission endete.[29] Nachdem sich diese konstituiert und den Abgeordneten *Wellstein* zum Vorsitzenden gewählt hatte, wurde ab März 1910 in zwei Lesungen über den Entwurf beraten.

1. Ordentliche Rechtsmittel

Die (ordentlichen) Rechtsmittel und die Wiederaufnahme des Verfahrens hatte man im E-1908 bzw. E-1909 im Dritten Buch zusammengefasst. Die Berufung

22 Schreiben des Reichskanzlers in BA R 3001/5300 Bl. 176.

23 Die Voten der Ministerien finden sich in BA R 3001/5300; Streitpunkte waren hier insbesondere das Verfahren gegen Jugendliche, die Einschränkung des Legalitätsprinzips und der Umfang der Beweisaufnahme.

24 Der Entwurf von 1908 findet sich in *Schubert*, Entwürfe einer StPO, S. 13 ff.

25 Schreiben *Fürst von Bülows* vom 9. Juli 1908 in BA R 3001/5301 Bl. 1 ff.

26 Übergabe mittels Schreiben des Reichskanzlers *Fürst von Bülow* vom 26. März 1909 an den Reichstag, Aktenstück Nr. 1310 der Verhandlungen des Reichstages, XII. Legislaturperiode, I. Session, Band 254, Anlagen zu den Stenographischen Berichten; Originalschreiben in den Akten des Reichsjustizamtes BA R 3001/5302.

27 Vgl. hierzu das Sachregister zu den stenographischen Berichten der XII. Legislaturperiode, Band 238 S. 9784.

28 Aktenstück Nr. 7, Anlagen zu den stenographischen Berichten der Verhandlung des Reichstags, XII. Legislaturperiode, II. Session, Band 270; Originalschreiben in BA R 3001/5303.

29 Sten. Berichte der XII. Legislaturperiode, II. Session, Bd. 258 S. 506 ff.

sollte sowohl gegen Urteile der Amtsgerichte als auch gegen erstinstanzliche Urteile der Landgerichte zulässig sein.[30]

2. Wiederaufnahme des Verfahrens

Allein das äußere Erscheinungsbild der Wiederaufnahmevorschriften offenbart deren bedeutendste Reform:

Die Trennung in Wiederaufnahmegründe zugunsten des Verurteilten und derjenigen zuungunsten des Angeklagten in zwei selbstständige Paragrafen wurde aufgegeben. Wiederaufnahmegründe zum Nachteil des Angeklagten waren nunmehr in den §§ 352, 353 und § 355 E-1908 bzw. E-1909 zu finden.[31] Der § 354 hatte hingegen ausschließlich die Wiederaufnahme zugunsten des Verurteilten zum Gegenstand.

Mit dieser Reform wollte man bewusst vom bisherigen Aufbau der Wiederaufnahmegründe abweichen, da dieser laut der Entwurfsbegründung „kein glücklicher" sei und sich auch im Einzelnen zahlreiche Mängel und Widersprüche fänden und somit eine Neuordnung der Voraussetzungen der Wiederaufnahme erforderlich sei.[32] Worin man konkret diese Widersprüche sah, wurde in der Begründung nicht näher ausgeführt.

a) Wiederaufnahme aufgrund strafbarer Amtspflichtverletzung eines Richters, Schöffen oder Geschworenen

In § 352[33] war der in § 402 Nr. 3 (und § 399 Nr. 3) RStPO niedergelegte Fall zu finden, dass sich ein Richter, Schöffe oder Geschworener, welcher an dem Urteil mitgewirkt hatte, einer mit Strafe bedrohten Amtspflichtverletzung schuldig gemacht hat. Ohne Unterschied sollte in diesem Fall die Wiederaufnahme sowohl

30 § 315 E-1908 bzw. E-1909.

31 Die Wiederaufnahmegründe des E-1908 bzw. E-1909 waren zwar in denselben Paragrafen enthalten, deren Wortlaut wich jedoch geringfügig von einander ab.

32 Begründung zu E-1908, abgedruckt in *Schubert*, Entwürfe einer StPO, S. 159.

33 § 352 E-1909 lautete: „Das Verfahren wird wiederaufgenommen, wenn rechtskräftig feststeht, daß sich ein Richter, Schöffe oder Geschworener, der bei der Aburteilung mitgewirkt hat, in der Sache einer strafbaren Verletzung seiner Amtspflicht schuldig gemacht hat; der rechtskräftigen Feststellung bedarf es nicht, wenn ein gerichtliches Strafverfahren aus anderen Gründen als wegen Mangels an Beweis nicht eingeleitet oder nicht durchgeführt werden kann." Der Wortlaut des § 352 E-1908 unterschied sich geringfügig: „§ 352. Die Wiederaufnahme ist von der Staatsanwaltschaft zu beantragen, sobald im Wege eines gerichtlichen Strafverfahrens rechtskräftig festgestellt ist, daß ein Richter, Schöffe oder Geschworener, der bei dem Urteile mitgewirkt hat, sich in der Sache einer mit öffentlicher Strafe bedrohten Verletzung seiner Amtspflichten schuldig gemacht hat; (...)".

zugunsten als auch zuungunsten des Angeklagten erfolgen. Dass die Amtspflichtverletzung rechtskräftig festgestellt werden musste, bevor zur Wiederaufnahme geschritten werden konnte, wurde nunmehr auch in § 352 festgehalten. Dieses Erfordernis fand sich in der Reichsstrafprozessordnung bezüglich aller Wiederaufnahmegründe, die auf die Behauptung einer Straftat gestützt wurden, in § 404.

Dass sich das in § 352 genannte strafbare Verhalten tatsächlich auf das Urteil ausgewirkt hat, sollte nicht zur Voraussetzung gemacht werden, da bei strafbewehrter Amtspflichtverletzung das Verfahren gleichgültig, ob das Urteil durch das rechtswidrige Verhalten beeinflusst wurde, unter allem Umständen wieder aufgenommen werden müsse.[34]

Während der Wortlaut des § 352 im Entwurf von 1908 noch damit begann, dass die Wiederaufnahme in den folgenden Fällen von der Staatsanwaltschaft zu beantragen ist, hieß es in § 352 E-1909: „Das Verfahren wird wiederaufgenommen, wenn (...)“. Damit sollte allerdings – wie aus der Entwurfsbegründung hervorgeht – an der Beantragungspflicht der Staatsanwaltschaft nichts geändert werden. Die Begründung zu E-1909 hob vielmehr hervor, dass man den Eintritt der Wiederaufnahme besonders gesichert habe, indem über das Antragsrecht der sonstigen Prozessbeteiligten hinaus eine Antragspflicht der Staatsanwaltschaft begründet worden sei.[35] Diese Antragspflicht wurde nunmehr in § 356 des E-1909 festgehalten.

In der Kommission wurden die Voraussetzungen des § 352 teilweise als zu eng gerügt, so dass dort der Antrag[36] auf Aufnahme eines weiteren Satzes gestellt wurde. Demnach sollte in § 352 angefügt werden:

> „oder wenn lediglich wegen mangelnden Dolus Freisprechung erfolgt ist.“

Damit sollte die Wiederaufnahme auch dann erfolgen können, wenn der objektive Tatbestand einer Amtspflichtverletzung gegeben war, der Richter, Schöffe oder Geschworene jedoch mangels Vorsatzes freigesprochen wurde. Da in diesem Fall jedoch von keiner strafbaren Handlung auszugehen sei, wurde der Antrag abgelehnt und § 352 von der Kommission unverändert angenommen.[37]

---

34 Begründung zu E-1908, abgedruckt in *Schubert*, Entwürfe einer StPO, S. 160.

35 Begründung zu E-1909, abgedruckt in *Schubert*, Entwürfe einer StPO, S. 562.

36 Bericht der 7. Kommission zu § 352, XII. Legislaturperiode, II. Session Nr. 638, abgedruckt in *Schubert*, Protokolle 1910/11, S. 332.

37 Bericht der 7. Kommission zu § 352, XII. Legislaturperiode, II. Session Nr. 638, abgedruckt in *Schubert*, Protokolle 1910/11, S. 332.

b) Wiederaufnahme aufgrund einer Falschaussage bzw. Urkundenfälschung

Die bisher in § 402 Nr. 1 und Nr. 2 der Reichsstrafprozessordnung enthaltenen Wiederaufnahmegründe wurden mit denjenigen des § 399 Nr. 1 und Nr. 2 in § 353 des E-1908[38] bzw. E-1909[39] zusammengefasst.

Während es in § 353 E-1908 noch hieß, dass die Wiederaufnahme beantragt werden kann, wenn (...) und damit der Staatsanwaltschaft ein Ermessensspielraum zukam, ließ § 353 E-1909 kein Ermessen mehr zu, sondern es war das Verfahren wieder aufzunehmen, wenn das Urteil auf dem Inhalt einer fälschlich angefertigten oder verfälschten Urkunde oder einem vorsätzlich falsch oder unter Verletzung der Eidespflicht fahrlässig falsch abgegebenem Zeugnis bzw. Gutachten beruhte. Nach § 353 Abs. 2 musste vor der Wiederaufnahme aufgrund einer in § 353 Abs. 1 genannten Straftat zunächst rechtskräftig festgestellt werden, dass eine solche tatsächlich vorlag.

Voraussetzung der Wiederaufnahme war nicht mehr, dass sich der Zeuge bzw. Sachverständige einer Verletzung der Eidespflicht schuldig gemacht hat. Die vorsätzliche Abgabe eines falschen Zeugnisses oder Gutachtens genügte. Diese Reform hielt man für erforderlich, da mit diesem Entwurf zugleich in einer Viel-

---

38 In E-1908 lautete § 353: „Die Wiederaufnahme kann beantragt werden, wenn eine fälschlich angefertigte oder verfälschte Urkunde in der Hauptverhandlung als Beweismittel benutzt worden ist oder wenn ein Zeuge oder Sachverständiger, dessen Aussage oder Gutachten in der Hauptverhandlung abgegeben oder verlesen worden ist, falsch ausgesagt hat, sofern nach Lage der Sache anzunehmen ist, daß der Inhalt der Urkunde oder der Aussage Einfluß auf die Entscheidung ausgeübt hat.

Behauptet der Antragsteller oder muß dem Antrage nach Lage der Sache die Behauptung entnommen werden, daß durch die Benutzung der falschen Urkunde oder durch die falsche Aussage eine strafbare Handlung begangen worden ist, so muß der Antrag darauf gestützt werden, daß wegen der Handlung der Täter rechtskräftig verurteilt ist, es sei denn, daß ein Strafverfahren aus anderen Gründen als wegen Mangels an Beweis nicht eingeleitet oder nicht durchgeführt werden kann."

39 § 353 lautete in E-1909: „Das Verfahren wird auch dann wiederaufgenommen, wenn das Urteil auf dem Inhalt einer fälschlich angefertigten oder verfälschten Urkunde oder auf einem Zeugnis oder Gutachten beruht, das vorsätzlich falsch oder unter Verletzung der Eidespflicht fahrlässig falsch abgegeben ist.

Wird behauptet oder muß nach Lage der Sache dem Antrag die Behauptung entnommen werden, daß durch die Benutzung der falschen Urkunde oder durch die falsche Aussage eine strafbare Handlung begangen sei, so kann das Verfahren erst wiederaufgenommen werden, wenn die Begehung der Tat rechtskräftig feststeht; der rechtskräftigen Feststellung bedarf es nicht, wenn ein gerichtliches Strafverfahren aus anderen Gründen als wegen Mangels an Beweis nicht eingeleitet oder nicht durchgeführt werden kann."

zahl von Fällen gestattet wurde, von einer Vereidigung von Zeugen und Sachverständigen abzusehen.[40] Fahrlässige Falschaussagen bzw. Gutachten, welche nicht unter Verletzung der Eidespflicht getätigt wurden, wurden hingegen bewusst vom Anwendungsbereich des § 353 ausgeschlossen.[41] Um dies zu verdeutlichen, präzisierte man den Gesetzestext des § 353 Abs. 1, der in E-1908 noch allgemein davon sprach, dass ein Zeuge oder Sachverständiger falsch aussagte. In § 353 Abs. 1 des E-1909 hieß es dann, dass das Gutachten oder Zeugnis vorsätzlich falsch oder unter Verletzung der Eidespflicht fahrlässig falsch abgegeben wurde.[42]

In den Beratungen der Kommission wurde diesbezüglich wiederum ein Antrag auf Änderung in „das unter Verletzung der Pflicht des Zeugen oder Sachverständigen falsch abgegeben ist" gestellt, da es bei der Wiederaufnahme nach § 353 nur darauf ankomme, dass das dem Urteil zugrunde liegende Zeugnis oder Gutachten falsch sei, wobei gleichgültig sein müsse, ob dies vorsätzlich oder fahrlässig falsch abgegeben wurde. Die Wiederaufnahme dürfe auch bei der fahrlässigen Falschaussage nicht von der Verletzung der Eidespflicht abhängig gemacht werden, da eine Vereidigung von Zeugen und Sachverständigen nicht mehr obligatorisch sei.[43] Dass der E-1909 zwar bei einem vorsätzlich falsch abgegebenen Zeugnis oder Gutachten die Wiederaufnahme zulasse, bei fahrlässigen Falschaussagen jedoch an die Verletzung der Eidespflicht anknüpfe, sei nicht nachvollziehbar und völlig unberechtigt.[44] Aus der Mitte der Kommission wurde allerdings darauf hingewiesen, dass mit dieser Änderung die Stellung des Angeklagten verschlechtert werde.[45] Nach der in E-1909 vorgesehenen Regelung könne die Wiederaufnahme wegen einer fahrlässigen Falschaussage lediglich aufgrund des § 354, also nur zugunsten des Verurteilten erfolgen. Erweitere man jedoch den § 353 um die fahrlässige Falschaussage, so werde die Wiederaufnahme zuungunsten des Angeklagten durch die Staatsanwaltschaft erweitert. Die Regierungsvertreter erklärten sich ebenfalls gegen eine Ausdehnung der Vorschrift auf fahrlässige uneidliche Aussagen, da dies schon aus praktischen

40 Begründung zu E-1908, abgedruckt in *Schubert*, Entwürfe einer StPO, S. 160.

41 Der unverschuldete Irrtum oder eine bloß fahrlässige Bekundung sollten für eine Wiederaufnahme zugunsten des Verurteilten jedoch im Rahmen von § 354 Berücksichtigung finden; Begründung zu E-1909, abgedruckt in *Schubert*, Entwürfe einer StPO, S. 563.

42 Begründung zu E-1909, abgedruckt in *Schubert*, Entwürfe einer StPO, S. 563.

43 Bericht der 7. Kommission zu § 353, XII. Legislaturperiode, II. Session Nr. 638, abgedruckt in *Schubert*, Protokolle 1910/11, S. 332.

44 Bericht der 7. Kommission zu § 353, XII. Legislaturperiode, II. Session Nr. 638, abgedruckt in *Schubert*, Protokolle 1910/11, S. 332.

45 Bericht der 7. Kommission zu § 353, XII. Legislaturperiode, II. Session Nr. 638, abgedruckt in *Schubert*, Protokolle 1910/11, S. 332.

Gründen nicht erwünscht sei. Darüber hinaus fehle bei fahrlässig falschen uneidlichen Aussagen jede Möglichkeit der Bestrafung, so dass in diesem Fall der Schutz vor einer unberechtigten Wiederaufnahme des Verfahrens, welcher durch das Erfordernis einer rechtskräftigen Verurteilung in Abs. 2 des § 353 gewährt werden soll, unterlaufen werde.[46]

In der Folge entschied sich die Kommission dafür, dem gestellten Abänderungsantrag zu entsprechen und die Wiederaufnahme zuzulassen, wenn das Urteil auf einem Zeugnis oder Gutachten beruht, „das vorsätzlich oder fahrlässig falsch abgegeben ist".[47]

Auch gegen die in § 353 Abs. 2 aufgestellte Voraussetzung der rechtskräftigen Verurteilung des Zeugen oder Sachverständigen vor einer Wiederaufnahme wurden in der Kommission Bedenken laut, da diese die Wiederaufnahme grundlos verzögere und dem Grundgedanken des Abs. 1 widerspräche, der darin bestehe, dass die Wiederaufnahme stets zulässig sei, wenn die Grundlage des Urteils falsch sei.[48] Zudem verhindere die Vorschrift die Wiederaufnahme, wenn nicht festzustellen sei, dass durch das Verwenden der falschen Urkunde bzw. die Abgabe der Falschaussage eine Straftat begangen worden sei.[49] Dass die Abschaffung des Abs. 2 aber die Wiederaufnahme zuungunsten des Angeklagten erleichtern würde, wurde in der Kommission – soweit dies deren Bericht zu entnehmen ist – nicht gerügt. Dort wurde lediglich ausgeführt, dass im Interesse einer geordneten Rechtspflege, welches nicht weiter begründet wurde, nicht auf Abs. 2 verzichtet werden soll.[50] Wenngleich in zweiter Lesung der Antrag auf Streichung des § 353 Abs. 2 erneut gestellt wurde, entschied sich die Kommission weiterhin dafür, diesen bestehen zu lassen.[51]

Den erforderlichen Zusammenhang zwischen Urteil und Urkundenfälschung bzw. Falschaussage hob man in § 353 E-1909 deutlicher als in E-1908 hervor, indem man verlangte, dass das Urteil auf dem Inhalt der Urkunde bzw. des

46 Bericht der 7. Kommission zu § 353, XII. Legislaturperiode, II. Session Nr. 638, abgedruckt in *Schubert*, Protokolle 1910/11, S. 332.

47 Bericht der 7. Kommission zu § 353, XII. Legislaturperiode, II. Session Nr. 638, abgedruckt in *Schubert*, Protokolle 1910/11, S. 332.

48 Bericht der 7. Kommission zu § 353, XII. Legislaturperiode, II. Session Nr. 638, abgedruckt in *Schubert*, Protokolle 1910/11, S. 332.

49 Bericht der 7. Kommission zu § 353, XII. Legislaturperiode, II. Session Nr. 638, abgedruckt in *Schubert*, Protokolle 1910/11, S. 332.

50 Bericht der 7. Kommission zu § 353, XII. Legislaturperiode, II. Session Nr. 638, abgedruckt in *Schubert*, Protokolle 1910/11, S. 332.

51 Bericht der 7. Kommission zu § 353, XII. Legislaturperiode, II. Session Nr. 638, abgedruckt in *Schubert*, Protokolle 1910/11, S. 332 f.

Zeugnisses beruhte. E-1908 setzte noch voraus, dass nach Lage der Sache anzunehmen ist, dass der Inhalt der Urkunde oder der Aussage Einfluss auf die Entscheidung ausübte. Wie aus der Begründung zu E-1908 hervorgeht, sollte jedenfalls vermieden werden, dass es zu einer Wiederaufnahme kommt, wenn aus dem Urteil hervorgeht, dass der Richter dem Beweismittel keine Bedeutung beigemessen habe, da in diesem Fall der Wiederaufnahmegrund jeder Bedeutung für das Urteil entbehre und daher nicht zu dessen Aufhebung führen könne.[52]

c) Wiederaufnahme aufgrund eines glaubwürdigen Geständnisses

Während § 354 die Wiederaufnahme zugunsten des Verurteilten aufgrund neuer Tatsachen oder Beweismittel regelte, war zuungunsten des Angeklagten ein solch allgemeiner Wiederaufnahmegrund nicht vorgesehen.

Aufgrund von § 355[53] E-1909 sollte die Wiederaufnahme erfolgen, wenn der Angeklagte ein glaubwürdiges Geständnis ablegte, nachdem das Urteil verkündet bzw. der Ausspruch der Geschworenen mitgeteilt worden war.

Ob das Geständnis vor Gericht abgelegt werden musste oder auch außergerichtlich erfolgen konnte, war dem Wortlaut des Gesetzes nicht ausdrücklich zu entnehmen und wurde auch in der Begründung des Entwurfs nicht näher erläutert. Da aber einerseits die Entwurfsbegründung keine Ausführungen über eine etwaige Reform enthält und der Wortlaut des Gesetzes keine Begrenzung auf das gerichtliche Geständnis vornimmt, ist davon auszugehen, dass weiterhin sowohl ein gerichtliches als auch ein außergerichtliches Geständnis erfasst sein sollte.

Eine Reform wurde hier aber insofern vorgenommen, als die Vorschrift nun nicht mehr ein Geständnis des Freigesprochenen verlangt, sondern an den Angeklagten anknüpft, welcher als Oberbegriff sowohl für den Freigesprochenen als auch für den Verurteilten gelten sollte. Damit wollte man – wie in der Begründung ausgeführt wird – den als Missstand empfundenen Zustand beseitigen, der sich daraus ergeben habe, dass der erste Satz des § 402 RStPO zwar vom Angeklagten spreche, in Ziffer 4 allerdings lediglich die Rede vom Freigesprochenen sei.[54] Dies führe zu dem die materielle Gerechtigkeit verletzenden Ergebnis, dass eine Person, die in dem ersten Verfahren zu einer Freiheitsstrafe

52 Begründung zu E-1908, abgedruckt in *Schubert*, Entwürfe einer StPO, S. 160.

53 § 355 E-1909: „Endlich wird das Verfahren wiederaufgenommen, wenn der Angeklagte ein glaubwürdiges Geständnis abgelegt hat, nachdem das Urteil verkündet oder der Spruch der Geschworenen kundgegeben war." In E-1908 lautete § 355: „Die Wiederaufnahme kann endlich auch dann beantragt werden, wenn der Angeklagte nach dem Eintritte der Rechtskraft des Urteils ein glaubwürdiges Geständnis der von ihm begangenen Tat abgelegt hat."

54 Begründung zu E-1908, abgedruckt in *Schubert*, Entwürfe einer StPO, S. 161.

verurteilt worden war und nachträglich in glaubhafter Weise gestand, einen Mord begangen zu haben, der verdienten Strafe entgehe, weil das Reichsgericht die Wiederaufnahme nach dem Wortlaut des § 402 Ziff. 4 für unzulässig erachte.[55]

Die Zeitpunkte, wann das Geständnis abgelegt sein musste, waren in den Entwürfen von 1908 und 1909 verschieden. Während ersterer an den Eintritt der Rechtskraft anknüpfte, verlagerte man den Zeitpunkt in E-1909 vor, indem man auf die Urteilsverkündung bzw. die Bekanntgabe der Entscheidung der Geschworenen abstellte. Dies ist auf die in der Wissenschaft geübte Kritik zurückzuführen, die darlegte, dass es zu vollkommen ungerechtfertigten Ergebnissen kommen könne, wenn unmittelbar nach Verkündung des Urteils und vor Eintritt der Rechtskraft ein Geständnis abgelegt werde.[56] Wie aus der Begründung des E-1909 hervorgeht, sollte mit der Neufassung der Zeitpunkt gewählt werden, in welchem das abgelegte Geständnis das Urteil nicht mehr beeinflussen konnte.[57]

d) Antrag auf Aufnahme eines § 354a

Nach einem weiteren in der Kommission gestellten Antrag sollten die Wiederaufnahmegründe noch erweitert werden und zwei weitere Wiederaufnahmegründe als § 354a[58] in das Gesetz aufgenommen werden. Während lit. a des § 354a laut der Begründung des Antrags explizit § 399 Nr. 4 der Reichsstrafprozessordnung ersetzen und damit lediglich für die Wiederaufnahme zugunsten des Verurteilten gelten sollte[59], war dies bezüglich lit. b nicht eindeutig. Der vorgeschlagene § 354a lit. b sah die Wiederaufnahme vor, wenn bei dem Urteil ein Richter oder Geschworener mitgewirkt hat, welcher später in Geisteskrank-

55 Begründung zu E-1908, abgedruckt in *Schubert*, Entwürfe einer StPO, S. 161.

56 *Rosenblatt*, ZStW 1909, 490.

57 Begründung zu E-1909, abgedruckt in *Schubert*, Entwürfe einer StPO, S. 565.

58 „§ 354a.

a) Das Verfahren wird auch dann wieder aufgenommen, wenn ein zivilgerichtliches Urteil, auf welches das Strafurteil gegründet ist, durch ein anderes rechtskräftig gewordenes Urteil aufgehoben ist.

b) Das Verfahren wird ferner wieder aufgenommen, wenn bei dem Urteil ein Richter oder ein Geschworener mitgewirkt hat, welcher später in Geisteskrankheit verstorben oder wegen Geisteskrankheit gerichtlich entmündigt worden ist, sofern glaubhaft gemacht wird, daß sich derselbe bereits zur Zeit der Fällung des Urteils im Zustande der Geisteskrankheit befunden hat."

59 Bericht der 7. Kommission zu § 354a, XII. Legislaturperiode, II. Session Nr. 638, abgedruckt in *Schubert*, Protokolle 1910/11, S. 334.

heit verstorben oder wegen Geisteskrankheit gerichtlich entmündigt wurde, sofern glaubhaft gemacht wurde, dass sich derselbe bereits zur Zeit der Urteilsfällung im Zustand der Geisteskrankheit befand.

Auch aus dem Bericht der Kommission geht nicht eindeutig hervor, ob § 354a lit. b für die Wiederaufnahme zuungunsten des Angeklagten Anwendung finden sollte. Aufgrund der in diesem Entwurf nicht vorgenommenen Trennung in eigenständige Paragrafen, welche entweder nur die Wiederaufnahme zugunsten und oder diejenige zuungunsten des Angeklagten enthalten, ist aber nicht auszuschließen, dass auch die Wiederaufnahme zuungunsten des Angeklagten erfasst sein sollte.

Die Regierungsvertreter erklärten sich entschieden gegen diesen Vorschlag, da hier lediglich ein einziges Problem herausgegriffen werde, welches für die Aufnahme in eine gesetzliche Regelung nicht geeignet sei.[60]

Auch aus der Mitte der Kommission wurden ebenfalls große Bedenken gegen diese Vorschrift laut, da neben der Geisteskrankheit auch andere ähnliche Fälle denkbar seien, deren Aufnahme in das Gesetz eine uferlose Ausweitung befürchten ließe.[61] Was sei in dem Falle, dass der Richter in der Verhandlung geschlafen habe, betrunken war oder nicht zugehört habe, zu tun? Wohin werde das führen?[62]

3. Schicksal des Entwurfs nach der Kommissionsberatung

Am 18. Januar 1911 wurde von der Kommission Bericht über die Vorberatung erstattet.[63] Im Plenum des Reichstages begann man daraufhin im Februar 1911 noch mit der zweiten Beratung des Entwurfs, wobei jedoch lediglich mehr das GVG zur Sprache kam.[64]

In den Sommermonaten des Jahres 1911 verbreitete sich über die Tagespresse vielfach die Information, dass der Reichstag plane, von der Weiterberatung des

60 Bericht der 7. Kommission zu § 354a, XII. Legislaturperiode, II. Session Nr. 638, abgedruckt in *Schubert*, Protokolle 1910/11, S. 334.

61 Bericht der 7. Kommission zu § 354a, XII. Legislaturperiode, II. Session Nr. 638, abgedruckt in *Schubert*, Protokolle 1910/11, S. 334.

62 Bericht der 7. Kommission zu § 354a, XII. Legislaturperiode, II. Session Nr. 638, abgedruckt in *Schubert*, Protokolle 1910/11, S. 334.

63 Bericht der 7. Kommission, XII. Legislaturperiode, II. Session Nr. 638, abgedruckt in *Schubert*, Protokolle 1910/11, S. 71 ff.

64 Vgl. hierzu die Protokolle der Sitzungen im Plenum, abgedruckt in *Schubert*, Protokolle 1910/11, 704 ff.

Entwurfs im Herbst abzusehen.[65] Um das Scheitern des Entwurfs zu verhindern, legte Justizrat *Mamroth* im August noch einen Vermittlungsvorschlag zur Reform des Strafverfahrens vor.[66] Dies änderte jedoch nichts daran, dass man im Herbst 1911 schließlich vor der Frage stand, ob es möglich und zweckmäßig sei, in der im Oktober desselben Jahres beginnenden Session die Vorlage noch zum Abschluss zu bringen. Dies hielt man insbesondere deshalb für fraglich, da einerseits nur noch wenig Zeit zur Verfügung stand und andererseits die politische Lage aufgrund der im Januar 1912 bevorstehenden Wahlen zum 13. Deutschen Reichstag angespannt war.[67] Darüber hinaus war man nunmehr der Ansicht, dass die Reform des materiellen Strafrechts vor der des Strafprozessrechts erfolgen müsse.[68] Letzteres führte schließlich dazu, dass die Vorlage auch in den Jahren 1912/1913 nicht erneut im Reichstag eingebracht wurde.[69]

III. Reaktionen auf die Entwürfe

Die Reform der Wiederaufnahmevorschriften hat abermals nur wenig Echo in der Wissenschaft und in der Tagespresse erfahren.[70] Dies mag einerseits daran liegen, dass man sich zu dieser Zeit der Diskussion anderer Themen[71] widmete und andererseits die im Entwurf vorgesehene Änderung der Wiederaufnahmebestimmungen als eine solche einstufte, welche „nicht prinzipieller, sondern untergeordneter, mehr formeller Natur"[72] war.

---

65 Vgl. hierzu das Schreiben des Rechtsanwalts *Siehr* in der Akte BA R 3001/5339 Bl. 22 ff.

66 Dieser findet sich in BA R 3001/5339 Bl. 26a ff. Bezüglich der Wiederaufnahme des Verfahrens zuungunsten des Angeklagten war keine Änderung vorgesehen.

67 *Hegler*, ZStW 1912, 115 f.

68 *Hegler*, ZStW 1912, 115 f.

69 Im Dezember 1913 wurde von den Abgeordneten *Bassermann* und *Schiffer* im Reichstag der Antrag (XIII. Legislaturperiode, Aktenstück Nr. 1218) gestellt, den Reichskanzler zu ersuchen, das Reichsrecht daraufhin einer Untersuchung zu unterziehen, ob nicht vor einer umfassenden Neugestaltung einzelne, besonders dringliche Bestimmungen einer Reform unterzogen werden sollten. Genannt waren hier beispielsweise die Einschränkung des Legalitätsprinzips und die Ausdehnung der schöffengerichtlichen Zuständigkeit. Die Wiederaufnahme des Verfahrens war hier nicht aufgeführt. Dieser Antrag scheiterte wiederum.

70 Vgl. hierzu die Sammlung der zum Entwurf ergangenen Veröffentlichungen in BA R 3001/5337.

71 Hier ging es vor allem um die Besetzung der Strafgerichte unter Berücksichtigung der Einführung der Berufung, das Legalitätsprinzip und die Voruntersuchung, vgl. hierzu *Hegler*, ZStW 1912, 115 ff.

72 So *Rosenblatt*, ZStW 1909, 485.

Der Berliner Anwaltverein veröffentlichte 1909 Änderungsvorschläge[73] zum Entwurf der Strafprozessordnung, welche die Wiederaufnahmegründe zuungunsten des Angeklagten allerdings nur insofern betrafen, als dort § 353 Abs. 2, welcher das Erfordernis der rechtskräftigen Verurteilung eines Zeugen oder Sachverständigen enthielt, nicht mehr vorgesehen war.[74] Auch der Deutsche Anwaltverein gab Änderungsvorschläge[75] ab, die wiederum lediglich § 353 betrafen. § 352 und § 355 sollten hingegen unverändert beibehalten werden. Bezüglich § 353 wollte man im Hinblick auf die fahrlässige Falschaussage nicht auf die Verletzung der Eidespflicht abstellen, sondern lediglich voraussetzen, dass das Zeugnis oder Gutachten vorsätzlich oder fahrlässig falsch abgegeben wurde.[76] Darüber hinaus sollte nach dem Vorschlag des Deutschen Anwaltvereins § 354a eingefügt werden, welcher wie der in der Kommission vorgeschlagene § 354a lit. b die Wiederaufnahme des Verfahrens vorsah, wenn bei dem Urteil ein Richter oder Geschworener mitgewirkt hatte, welcher später in Geisteskrankheit verstarb oder gerichtlich entmündigt wurde, sofern glaubhaft gemacht wurde, dass er sich bereits im Zeitpunkt der Urteilsfällung im Zustand der Geisteskrankheit befunden hatte.[77]

Hervorzuheben ist an dieser Stelle auch das von *Winkler* im Gerichtssaal[78] erschiene Werk zur Reform des Wiederaufnahmeverfahrens, welches einen eigenen Gegenentwurf mit Begründung enthielt, allerdings im Hinblick auf die Wiederaufnahme zuungunsten des Angeklagten nur wenig Veränderung vorsah:

Der Vorschlag *Winklers* erging vor dem Hintergrund eines die Bevölkerung sehr bewegenden Falles aus der Rechtsprechung (sog. Meineidsprozess Schröder und Genossen), in welchem im Wiederaufnahmeverfahren erst nach 16 Jahren der Freispruch der damals Verurteilten erfolgte.[79] *Winkler* ging es dabei hauptsächlich darum, dass „im Interesse eines kräftigeren Rechtsschutzes der Verurteilten“ die Wiederaufnahmevorschriften noch „erhebliche Verbesserungen erfahren“,[80] so dass die Wiederaufnahmevorschriften zuungunsten des Angeklagten nicht im Zentrum seiner Bemühungen standen. Sein Gegenentwurf[81] war eng an

73 Die Änderungsvorschläge sind enthalten in BA R 3001/5338.

74 Änderungsvorschläge des Berliner Anwaltvereins, S. 72 f.

75 Diese finden sich ebenfalls in BA R 3001/5338.

76 Änderungsvorschläge des Deutschen Anwaltvereins, S. 99.

77 Änderungsvorschläge des Deutschen Anwaltvereins, S. 99 f.

78 *Winkler*, GS 1911 (Jg. 78), 331 ff.

79 *Winkler*, GS 1911 (Jg. 78), 338.

80 *Winkler*, GS 1911 (Jg. 78), 338.

81 Die Vorschriften des Gegenentwurfs *Winklers* finden sich zu Beginn der Darstellung, *Winkler*, GS 1911 (Jg. 78), 331-338.

die in den Entwürfen von 1908 bzw. 1909 vorgesehenen Bestimmungen angelehnt, wobei das System der Wiederaufnahmegründe und deren geplante Anordnung derjenigen der Entwürfe entsprach, so dass die äußere Trennung in Wiederaufnahmegründe zugunsten und Wiederaufnahmegründe zuungunsten nicht vorgenommen wurde, obwohl von anderer Seite bereits befürchtet worden war, dass dies „zu ganz ungerechtfertigten und unannehmbaren Konsequenzen“[82] führen werde und zur Klarheit des Gesetzes nicht beitrage.[83]

Während § 352 gegenüber den Entwürfen von 1908 bzw. 1909 unverändert blieb, sollte § 353[84] nach dem Vorschlag *Winklers* dahingehend erweitert werden, als ein „mitberuhen“ des Urteils auf dem Inhalt einer fälschlich angefertigten oder verfälschten Urkunde oder einem falsch abgegebenen Zeugnis oder Gutachten für ausreichend erachtet werden sollte.[85] Auch die Reform, die § 355[86] erfahren sollte, war gering. Hier wurde lediglich bezüglich des glaubwürdigen Geständnisses als weitere Voraussetzung eingefügt, dass dieses den Antrag zu begründen geeignet war.

IV. Zusammenfassung

Obwohl das äußere Erscheinungsbild der in E-1908 bzw. E-1909 vorgesehenen Wiederaufnahmegründe auf den ersten Blick auf eine umfassende Reform hindeutet, so kann zumindest hinsichtlich der Wiederaufnahmegründe zuungunsten des Angeklagten festgestellt werden, dass es sich im Vergleich zu den Vorschriften der Reichsstrafprozessordnung inhaltlich lediglich um geringfügige Änderungen handelte. Die vormals in § 402 Ziff. 1 und Ziff. 2 niedergeschriebenen Wiederaufnahmegründe fasste man in § 353 zusammen und erweiterte diese nach den Kommissionsberatungen lediglich insofern, als nicht mehr verlangt wurde, dass sich der Zeuge oder Sachverständige einer Verletzung der Eidespflicht schuldig gemacht hatte. Ohne inhaltliche Änderung zu § 402 Ziff. 3 der Reichsstrafprozessordnung sollte nach § 352 die Wiederaufnahme stattfinden, wenn bei dem Urteil ein Richter, Geschworener oder Schöffe mitgewirkt und sich einer Amtspflichtsverletzung schuldig gemacht hatte. Aufgrund eines

82 *Rosenblatt*, ZStW 1909, 488.

83 *Rosenblatt*, ZStW 1909, 488.

84 § 353 Abs. 1 sollte lauten: „Das Verfahren wird auch dann wieder aufgenommen, wenn das Urteil auf dem Inhalt einer fälschlich angefertigten oder verfälschten Urkunde oder auf einem falsch abgegebenen Zeugnis oder Gutachten beruht oder mitberuht.“

85 *Winkler*, GS 1911 (Jg. 78), 332.

86 § 355 sollte lauten: „Endlich wird das Verfahren wieder aufgenommen, wenn der Angeklagte ein den Antrag zu begründen geeignetes glaubwürdiges Geständnis abgelegt hat, nachdem das Urteil verkündet oder der Spruch der Geschworenen kundgegeben war.“

glaubwürdigen (gerichtlichen oder außergerichtlichen) Geständnisses erweiterte man die Wiederaufnahme nunmehr auch auf den zu milde Verurteilten und hielt darüber hinaus fest, dass das Geständnis nach Urteilsverkündung abgegeben werden musste.

Sechstes Kapitel: Weimarer Republik

Während des Ersten Weltkrieges hatte das Strafverfahrensrecht bis auf wenige Einzelthemen[1] keine bedeutende Veränderung erfahren. Noch am 10. April 1919 berichtete *Goldschmidt* im Berliner Anwaltverein zum Stand der Reform des Strafverfahrens:

„Wer denkt bei diesem Thema nicht an gescheiterte Regierungsentwürfe, an im Sande verlaufene Initiativanträge, an fruchtlose Kommissionsberatungen, vergebliche Studienreisen und an eine unübersehbare Menge gelehrter und ungelehrter, jedenfalls aber erfolglos gebliebener Schriften und Aufsätze."[2]

Bereits einen Tag später stellte das Reichsjustizministerium in der 35. Sitzung der Deutschen Nationalversammlung[3] eine Novelle zum Gerichtsverfassungsgesetz und zur Strafprozessordnung in Aussicht, welche innerhalb weniger Wochen erarbeitet werden sollte.[4]

Nach der sog. Novemberrevolution von 1918/1919[5] hatte sich das Bedürfnis gezeigt, das Strafverfahren in seiner Gesamtheit neu zu konzipieren und den veränderten staatsrechtlichen und politischen Bedingungen der Republik[6] anzupassen, was notfalls auch vor der Reform des materiellen Strafrechts erfolgen sollte.[7] Da nunmehr der wilhelminische Obrigkeitsstaat beseitigt worden war, hoffte man auf eine umfassende Reform des Strafprozessrechts, welche nicht mehr – wie die 1908/1909 beabsichtigte – eine bloße Scheinreform sein sollte.[8]

---

1 Hierzu zählten die Verordnung des Bundesrats über die Zulassung von Strafbefehlen bei Vergehen gegen Vorschriften über wirtschaftliche Maßnahmen vom 4. Juni 1915 und das Gesetz, betreffend die Vereinfachung der Rechtspflege vom 21. Oktober 1917, vgl. hierzu *Vormbaum*, Strafrechtsgeschichte, S. 146 f. m.w.N.

2 *Goldschmidt*, Zur Reform des Strafverfahrens, S. 1.

3 Die Wahlen zur Deutschen Nationalversammlung wurden am 19. Januar 1919 durchgeführt. Diese beendeten die revolutionäre Phase der deutschen Staatsentwicklung nach dem Ersten Weltkrieg. Ausführlich hierzu *Huber*, Verfassungsgeschichte Bd. 5, S. 1066.

4 Vgl. hierzu das von *Delbrück* gezeichnete Schreiben des Reichsjustizministeriums vom 7. Mai 1919 an die Regierungen sämtlicher deutscher Freistaaten betreffend den Entwurf eines Gesetzes zur Neuordnung der Strafgerichte und des Strafverfahrens, abgedruckt in: *Schubert*, E-1919/20, S. 1.

5 Ausführlich hierzu *Huber*, Verfassungsgeschichte Bd. 5, S. 673 ff.

6 Zur Proklamation der Republik *Huber*, Verfassungsgeschichte Bd. 5, S. 690 ff.

7 *Vormbaum*, Lex Emminger, S. 46.

8 *Goldschmidt*, Zur Reform des Strafverfahrens, S. 1.

https://doi.org/10.1515/9783110751703-007

I. Reformversuche 1919

Im Juli 1919, nur drei Monate nach Ankündigung der StPO-Reform, wurde der „Entwurf von Vorschriften zur Änderung der Strafprozeßordnung“ und der „Entwurf von Vorschriften zur Änderung der Gesetze, deren Neufassung sich im Zusammenhang mit der Neuordnung der Strafgerichte und des Strafverfahrens als notwendig erweist“ durch das Reichsjustizministerium an sämtliche deutsche Freistaaten übersandt.[9] Die Bekanntmachung des StPO-Entwurfs erfolgte zunächst ohne nähere Begründung der einzelnen Vorschriften.

Die Wiederaufnahmegründe zum Nachteil des Angeklagten stimmten inhaltlich weitgehend mit denjenigen der Vorlage von 1909 nach den Beschlüssen der Kommission überein. Diese waren nunmehr in §§ 400, 401 und 403 enthalten.[10] Die einzige Änderung erfolgte im Hinblick auf die Wiederaufnahme aufgrund einer Falschaussage bzw. Urkundenfälschung. Hier war nun nicht mehr erforderlich, dass der Zeuge oder Sachverständige rechtskräftig verurteilt wurde, bevor die Wiederaufnahme erfolgen konnte (vorheriger § 353 Abs. 2 E-1909).

Nachdem im Oktober 1919 *Eugen Schiffer* die Nachfolge *Otto Landsbergs* als Reichsjustizminister angetreten hatte, schrieb er am 21. Oktober 1919 an sämtliche Landesregierungen, dass von dem ursprünglichen Entwurf zahlreiche Gebiete des Strafverfahrens, welche ebenfalls eine Reform erfahren sollten, um auf Dauer eine befriedigende Regelung zu erreichen, nicht erfasst waren und daher ein vollständig neues Gesetz und nicht bloß eine Novelle, ausgearbeitet werden müsse.[11]

---

9 Das von *Delbrück* in Vertretung gezeichnete Übergabeschreiben vom 10. Juli 1919 findet sich in *Schubert*, E-1919/20, S. 5.

10 „§ 400. Das Verfahren wird wieder aufgenommen, wenn rechtskräftig feststeht, daß sich ein Richter, Schöffe oder Geschworener, der bei der Aburteilung mitgewirkt hat, in der Sache einer strafbaren Verletzung seiner Amtspflicht schuldig gemacht hat; der rechtskräftigen Feststellung bedarf es nicht, wenn ein gerichtliches Strafverfahren aus anderen Gründen als wegen Mangels an Beweis nicht eingeleitet oder nicht durchgeführt werden kann. § 401. Das Verfahren wird auch dann wieder aufgenommen, wenn das Urteil auf dem Inhalt einer fälschlich angefertigten oder verfälschten Urkunde oder auf einem Zeugnis oder Gutachten beruht, das vorsätzlich oder fahrlässig falsch abgegeben ist. § 403. Endlich wird das Verfahren wieder aufgenommen, wenn ein Angeklagter ein glaubwürdiges Geständnis abgelegt hat, nachdem das Urteil verkündet oder der Spruch der Geschworenen kundgegeben war.“

11 Das Schreiben *Schiffers* ist abgedruckt in *Schubert*, E-1919/20, S. 27.

Das Reichsjustizministerium setzte daraufhin eine Arbeitsgruppe[12] ein, welche ab dem 23. Oktober 1919 in sieben Sitzungen über einen neuen Entwurf beriet und den hieraus hervorgegangenen „Entwurf eines Gesetzes über den Rechtsgang in Strafsachen" (sog. Goldschmidt[13]-Entwurf) am 29.12.1919 im Reichsrat[14] einbrachte.[15]

Wie in der Begründung zu den Entwürfen zum Gerichtsverfassungsgesetz und zur Strafprozessordnung hervorgehoben wurde, hielt man die Durchführung einer Reform des Strafverfahrensrechts für dringender denn je geboten, da Volk und Recht in „enge Fühlung" gebracht werden und daher das Volk in weitem Umfang an der Rechtsprechung teilnehmen sollte.[16]

Dem StPO-Entwurf hatte man wiederum die Beschlüsse der 7. Kommission des Reichstags von 1909 in großem Umfang zu Grunde gelegt, wollte darüber hinaus aber das Strafverfahren von dem ihm noch anhaftenden Resten des Inquisitionsverfahrens[17] befreien.[18] Die Einführung der Berufung gegen alle Urteile galt nunmehr als politische Notwendigkeit.[19] Zuungunsten des Angeklagten sollte diese durch die Staatsanwaltschaft jedoch nur eingelegt werden können, wenn ein offenbarer Fehlspruch vorlag.[20]

Die Wiederaufnahmegründe zuungunsten des Angeklagten hatten im Vergleich zum Entwurf vom Juli 1919 keine inhaltliche Umarbeitung erfahren. Lediglich die Paragrafenzählung wurde verändert (§§ 346-363 sollten nunmehr die Wiederaufnahme des Verfahrens beinhalten). Wie schon im Entwurf vom Juli 1919 sollte die Bestimmung des § 404 RStPO, welcher im Hinblick auf die Wiederaufnahme aufgrund einer strafbaren Handlung die rechtskräftige Verurteilung des Täters vor der Wiederaufnahme verlangte, beseitigt werden. Hierbei handle

---

12 Dieser Arbeitsgruppe gehörten an: *Joel, Bumke, Goldschmidt, Knoth, Kiesow* und in der Endphase auch *Schiffer* und *Delbrück*; eine Biographie der Mitglieder der Arbeitsgruppe findet sich bei *Schubert*, E-1919/20, S. XIV.

13 *Goldschmidt* war, wie er auch selbst betonte, wohl nicht der alleinige Verfasser des Entwurfs, hat aber diesen zumindest entscheidend mitgeprägt; *Schubert*, E-1919/20, S. XIII. Ausführlich zur Rolle *Goldschmidts Rentzel-Rothe*, Goldschmidt-Entwurf, S. 56 ff.

14 Drs. Nr. 296 des Reichsrats von 1919.

15 *Schubert*, E-1919/20, S. XIII.

16 Begründung zu den Entwürfen, abgedruckt in *Schubert*, E-1919/20, S. 146.

17 Es ging hier um die schriftlichen, geheimen, inquisitorischen gerichtlichen Voruntersuchungen, um das Einwirken der Ergebnisse des Vorverfahrens auf die Hauptverhandlung und die inquisitorische Gestaltung der Hauptverhandlung selbst; Begründung des Entwurfs, *Schubert*, E-1919/20, S. 155.

18 Vgl. die Begründung des Entwurfs, abgedruckt in *Schubert*, E-1919/20, S. 155.

19 *Eb. Schmidt,* Geschichte, S. 417.

20 § 307 Abs. 1 des Entwurfs.

es sich, wie die Ersteller des Entwurfs ausführten, um eine „der Wiederaufnahme besonders hinderliche Vorschrift“.[21] Nähere Ausführungen enthielt die Begründung nicht. Dass mit Abschaffung des Erfordernisses der vorherigen rechtskräftigen Verurteilung nicht nur die Wiederaufnahme zugunsten, sondern auch die Wiederaufnahme zuungunsten des Angeklagten erleichtert werden sollte, hat in der Entwurfsbegründung keine ausdrückliche Kritik erfahren. Auch in der Literatur ging man sehr verhalten mit dieser Reform um. Die Abschaffung des § 404 wurde in äußerst knapper Form begrüßt, wobei keine Differenzierung zwischen Wiederaufnahme zugunsten und zuungunsten des Angeklagten vorgenommen wurde.[22] Da es hier vordergründig eher darum ging, die Wiederaufnahme zugunsten des Verurteilten zu erleichtern, ist zu vermuten, dass überhaupt nicht bedacht wurde, dass man mit Abschaffung des § 404 RStPO gleichzeitig die Wiederaufnahme zuungunsten des Angeklagten ausdehnte.[23] Lediglich *Ebermayer* wies darauf hin, dass es nicht unbedenklich sei, wenn an der Voraussetzung des § 404 nicht mehr festgehalten werde, wobei er dies nicht weiter begründete.[24]

Nachdem die Entwürfe bereits im Reichsrat Widerstand erfahren hatten und deren Beratung in der Nationalversammlung zunächst mehrmals verschoben worden war, teilte *Schiffer* den Ländern am 16. August 1921 mit, dass es sich nicht empfehle, das Strafverfahren vor dem Strafgesetzbuch zu reformieren.[25] Ein kleiner Teil der auf dem Gebiet des Strafprozessrechts angedachten Reformen war ohnehin bereits im März 1921 durch das Gesetz zur Entlastung der Gerichte[26] erfolgt.[27]

---

21 Begründung des Entwurfs, abgedruckt in *Schubert*, E-1919/20, S. 168, 209.

22 *Goldschmidt*, JW 1920, 236; *Hippel*, ZStW 1920, 366 f.

23 So auch *Ziemba*, Wiederaufnahme, S. 63 Fn. 1.

24 *Ebermayer*, JW 1920, 241.

25 *Schubert*, E-1919/20, S. XV.

26 RGBl. 1921, S. 229 ff. Dieses Gesetz sollte hauptsächlich der Entlastung der Kollegialgerichte und der bei diesen bestehenden Staatsanwaltschaften dienen; ausführlich hierzu *Schubert*, E-1919/20, S. XV.

27 Zur Verfolgung von Kriegsverbrechen und Kriegsvergehen war am 18. Dezember 1919 ein eigenständiges Gesetz (RGBl. 1919, 2125 f.) erlassen worden. Dieses wurde durch das Gesetz vom 24. März 1920 (RGBl. 1920, 341) um weitere Vorschriften ergänzt, welche die Wiederaufnahme des Verfahrens zum Nachteil des Beschuldigten auf Antrag des Oberreichsanwalts nahezu schrankenlos zuließen: Ausreichend war, dass der Beschuldigte, welcher in dem früheren Verfahren rechtskräftig freigesprochen worden war, hinreichend verdächtig war (§ 2 Abs. 2 Alt. 1 des Gesetzes vom 24. März 1920). Dies galt auch dann, wenn der Beschuldigte zwar verurteilt worden war, die Strafe jedoch zur Schwere der Tat in offensichtlichem Missverhältnis stand (§ 2 Abs. 2 Alt. 2 des Gesetzes vom 24. März 1920).

Spätestens dieses Schreiben *Schiffers* machte deutlich, dass die Gesamtreform des Strafverfahrens erneut gescheitert war.[28]

II. Reformen in den Jahren 1922 bis 1924

Ab Mai 1919 kam es in der Weimarer Republik zu einer rapiden Geldentwertung.[29] Kurzzeitig stabilisierte sich die Lage zwar, jedoch begann ab August 1921 der Außenwert der Mark erneut zu sinken bis es im Herbst 1922 zur Hyperinflation kam, welche im folgenden Jahr ihren Höhepunkt erreichte.[30]

Der finanzielle Notstand wirkte sich auch auf die Reformen des Strafverfahrensrechts und des Gerichtsverfassungsgesetzes aus:[31] Man versuchte einerseits anhand des im Januar 1922 unter Justizminister *Radbruch* erstellten Entwurfs[32] eines Gesetzes zur Neuordnung der Strafgerichte[33] durch Erweiterung der Zuständigkeit des Schöffengerichts und Ausdehnung des Strafbefehlsverfahrens die steigende Geschäftsbelastung der Gerichte zu verringern und wollte andererseits mit der auf dem Ermächtigungsgesetz[34] vom 8. Dezember 1923 beruhenden Verordnung über Gerichtsverfassung und Strafrechtspflege vom 4. Januar 1924 (sog. Lex Emminger) die Strafrechtspflege „bis an die Grenzen des im Interesse der Rechtspflege noch Erträglichen“ vereinfachen und verbilligen.[35] Letztere führte zu einer Veränderung der Gerichtszuständigkeiten und bewirkte eine Lockerung des Legalitätsprinzips.[36] Die Wiederaufnahmevorschriften waren von diesen Reformen hingegen nicht betroffen.

Durch § 43 der Verordnung vom 4. Januar 1924 wurde dem Reichsjustizminister die Ermächtigung erteilt, den Text des Gerichtsverfassungsgesetzes und der Strafprozessordnung mit den Vorschriften der Verordnung zu vereinheitlichen

---

28 *Schubert*, E-1919/20, S. XV.

29 Ausführlich zu den Hintergründen und Auswirkungen der Inflation *Winkler*, Weimar, S. 143 ff.

30 *Winkler*, Weimar, S. 143.

31 *Eb. Schmidt,* Geschichte, S. 418.

32 Ausführlich zu den Zielen und dem Fortgang des Entwurfs *Vormbaum*, Lex Emminger, S. 49 ff.

33 Der Entwurf ist abgedruckt in *Schubert*, E-1919/20, S. 330 ff.

34 Die für den Erlass der Verordnung notwendige Rechtsgrundlage ermächtigte die Reichsregierung, Maßnahmen zu treffen, die sie im Hinblick auf die Not von Volk und Reich für erforderlich und dringend erachtet. Ausführlich zu Rechtscharakter, Entstehung und Inhalt dieser Verordnung, *Vormbaum*, Lex Emminger, S. 15 f.; 21 ff.; 30 ff.; 44 ff.

35 *Eb. Schmidt,* Geschichte, S. 418.

36 *Vormbaum*, Lex Emminger, S. 38 ff.; zur Entwicklung der Opportunitätsvorschriften *Dettmar*, Legalität und Opportunität, S. 195 ff.

und diese daraufhin im Reichsgesetzblatt neu bekannt zu machen.[37] Von diesem Recht machte *Emminger* am 28. März 1924 durch Verkündung der Texte des Gerichtsverfassungsgesetzes und der Strafprozessordnung Gebrauch.[38] Ohne inhaltliche Veränderung waren die Wiederaufnahmegründe zuungunsten des Angeklagten nunmehr in § 362 Nr. 1-4 zu finden.

III. Entwurf eines Einführungsgesetzes zum Allgemeinen Deutschen Strafgesetzbuch und zum Strafvollzugsgesetz (1930)

Mit der Verordnung vom 4. Januar 1924 und der auf dieser beruhenden Bekanntmachung vom 22. März 1924 war dem langjährigen Streit über die Reform des Strafverfahrens kein Ende gesetzt.[39]

1. Intention des Entwurfs

Der Entwurf eines Einführungsgesetzes zum Allgemeinen Deutschen Strafgesetzbuch und zum Strafvollzugsgesetz, mit dessen Vorarbeiten bereits Mitte 1925 begonnen worden war, ging über ein herkömmliches Einführungsgesetz weit hinaus[40] und sollte auch die Strafprozessordnung reformieren. Diese wollte man einerseits an den Sprachgebrauch des neuen Strafgesetzbuchs anpassen und andererseits Vorschriften prozessualer Natur, welche bisher im Strafgesetzbuch enthalten waren, in die Strafprozessordnung einarbeiten.[41] Darüber hinaus sollten auch einige Reformen an der Strafprozessordnung unabhängig von den Vorschriften des Strafgesetzbuchs durchgeführt werden.[42] Gegen die Erstellung eines umfassenden neuen StPO-Entwurfs hatte man sich hingegen bewusst entschieden, da das vorrangige Ziel darin bestand, erst die Reform des materiellen Strafrechts abzuschließen, welches man nicht zu erreichen fürchtete, wenn man gleichzeitig eine umfassende Neugestaltung des Strafverfahrensrechts durchführen wollte.[43] Daher sollten hinsichtlich des Strafprozessrechts zunächst lediglich solche Verbesserungen des bestehenden Rechtszustandes herbeigeführt werden, die sich ohne Schwierigkeiten und ohne Zeitverlust in das bestehende System integrieren ließen.[44]

---

37 *Vormbaum*, Lex Emminger, S. 42.

38 RGBl. I 1924, 299 ff.

39 *Dettmar*, Legalität und Opportunität, S. 225.

40 *Schubert*, Weimarer Republik Bd. 5, S. XVI.

41 Begründung der Reichstagsvorlage v. 20. Mai 1930, 2. Titel, S. 34.

42 Begründung der Reichstagsvorlage v. 20. Mai 1930, 2. Titel, S. 34.

43 Begründung des Entwurfs, 2. Titel, S. 34 f.

44 Begründung des Entwurfs, 2. Titel, S. 34 f.

Um für besonders wichtig erachtete Reformvorschläge mit den Landesjustizverwaltungen klären zu können, schrieb Justizminister *Koch-Weser* im September 1928 an diese und lud zu einer gemeinsamen Besprechung ein.[45] Zu den sieben Themenkomplexen, welche Gegenstand der Besprechung sein sollten, zählte auch die Wiederaufnahme des Verfahrens, wobei es jedoch laut der dem Schreiben beigefügten Ankündigung lediglich um die Frage einer möglichen Erweiterung der Wiederaufnahme zugunsten des Verurteilten gehen sollte.[46]

2. Reform der Wiederaufnahme in der Vorlage vom 11. April 1929

Obwohl eine Reform der Wiederaufnahme zuungunsten des Angeklagten zunächst nicht angestrebt war, hatte diese in der am 11. April 1929 dem Reichsrat überwiesenen Vorlage dennoch sowohl eine Umgestaltung in systematischer als auch in inhaltlicher Hinsicht erfahren:[47]

Die Wiederaufnahme aufgrund eines glaubwürdigen Geständnisses, welche bisher in Ziff. 4 des § 402 RStPO (= § 362 nach Neubekanntmachung der StPO) vorgesehen war, wurde nunmehr einerseits an die Spitze der Vorschrift gestellt

---

45 Das Schreiben ist abgedruckt in *Schubert*, Weimarer Republik Bd. 5, S. 199.

46 Konkret sollte darüber diskutiert werden, ob es sich empfiehlt, die Wiederaufnahme zugunsten des Verurteilten durch Streichung der §§ 364 und 359 Nr. 2 RStPO zu erweitern; vgl. hierzu die Anlage (Ziff. 5) zu dem Schreiben *Koch-Wesers*, abgedruckt in *Schubert*, Weimarer Republik Bd. 5, S. 200.

47 Art. 67 Ziffer 193 der Reichsratsvorlage v. 11. April 1929 enthielt die Wiederaufnahmegründe: § 362 sollte demnach folgende Fassung erhalten: „Die Wiederaufnahme eines durch rechtskräftiges Urteil geschlossenen Verfahrens zu ungunsten des Angeklagten findet statt:

1. Wenn der Angeklagte ein glaubwürdiges Geständnis abgelegt hat, nachdem das Urteil verkündet war;

2. Wenn das Urteil auf dem Inhalt einer fälschlich angefertigten oder verfälschten Urkunde oder auf einem Zeugnis oder Gutachten beruht, durch dessen Abgabe eine nach den §§ 183a bis 186a des Allgemeinen Deutschen Strafgesetzbuchs strafbare Handlung begangen worden ist;

3. Wenn bei dem Urteil ein Richter, Geschworener oder Schöffe mitgewirkt hat, der sich in der Sache einer strafbaren Verletzung seiner Amtspflicht schuldig gemacht hat. Ein Antrag auf Wiederaufnahme des Verfahrens, der auf die Behauptung einer strafbaren Tat gegründet werden soll, ist nur dann zulässig, wenn die Begehung der Tat rechtskräftig festgestellt ist; der rechtskräftigen Feststellung bedarf es nicht, wenn ein gerichtliches Strafverfahren aus anderen Gründen als wegen Mangels an Beweisen nicht eingeleitet oder durchgeführt werden kann.

Ist der Angeklagte durch rechtskräftigen Strafbefehl verurteilt, so findet die Wiederaufnahme auch dann statt, wenn nach Erlaß des Strafbefehls neue Tatsachen bekannt werden, aus denen sich ergibt, daß die als Übertretung abgeurteilte Tat ein Verbrechen oder Vergehen oder die als Vergehen abgeurteilte Tat ein Verbrechen ist und daß die deswegen zu erwartende Strafe außer allem Verhältnis zu erkannten Strafe steht.

und andererseits um den zu milde Verurteilten erweitert. Wie schon in der Begründung der Entwürfe von 1908/1909 ausgeführt worden war, befürchtete man, dass die bestehende Vorschrift, welche lediglich das Geständnis des Freigesprochenen erfasste, zu Missständen führe und – wie ein Fall aus der Rechtsprechung gezeigt hätte[48] – auch bereits geführt habe.[49] Zudem sollte der Zeitpunkt, wann das Geständnis abgelegt sein musste, damit die Wiederaufnahme des Verfahrens auf dieses gestützt werden konnte – wie dies ebenfalls im Entwurf von 1909 schon angedacht war – zukünftig im Gesetz statuiert werden. Durch den neu angefügten Halbsatz wurde der Wiederaufnahmegrund daher konkreter bestimmt und ausdrücklich festgehalten, dass das Geständnis nach Verkündung des Urteils erfolgt sein musste, während der Eintritt der Rechtskraft nicht erforderlich war. In der Literatur hielt man diesen Zeitpunkt für falsch gewählt, da ein Geständnis schließlich auch unmittelbar im Anschluss an die Hauptverhandlung in der Beratungspause vor Urteilsverkündung abgelegt werden könne, so dass das Gericht davon keine Kenntnis mehr erhielte.[50] Der richtige Zeitpunkt sei daher „nach dem Schluß der Hauptverhandlung".[51]

Die zuvor in § 362 Ziff. 1 und Ziff. 2 enthaltenen Wiederaufnahmegründe wurden in Ziff. 2 des § 362 zusammengefasst. Hier wurde – wie ebenfalls in E-1909 schon vorgeschlagen – als weitere Voraussetzung verlangt, dass das Urteil tatsächlich auf der in Frage stehenden Urkunde, dem Zeugnis oder dem Gutachten beruhte. Hinsichtlich eines strafbar abgegebenen Zeugnisses bzw. Gutachtens wurde nunmehr direkt in das StGB verwiesen und die Wiederaufnahme zugelassen, wenn durch Abgabe eines Zeugnisses bzw. Gutachtens eine Straftat im Sinne der §§ 183a-186a des Allgemeinen Deutschen Strafgesetzbuchs begangen worden war.

Da man die Vorschrift des bisherigen § 404 RStPO (= § 364 nach Neubekanntmachung der StPO), welche die Zulässigkeit der Wiederaufnahme aufgrund einer strafbaren Handlung an eine rechtskräftige Verurteilung knüpfte, weiterhin

---

48 Hier wurde wiederum auf den Fall angespielt, in welchem eine Person zu einer Freiheitsstrafe verurteilt worden war und später glaubwürdig gestanden hatte, dass sie einen Mord begangen habe, wegen dieses Mordes später aber nicht mehr zur Verantwortung gezogen werden konnte, da das Reichsgericht die Wiederaufnahme des Verfahrens für nicht zulässig erklärt hat, vgl. hierzu die Begründung zu Ziffer 193 (§§ 362, 363) der Reichsratsvorlage v. 11. April 1929, S. 82, abgedruckt in *Schubert*, Weimarer Republik Bd. 5, S. 382.

49 Begründung zu Ziffer 193 (§§ 362, 363) der Reichsratsvorlage v. 11. April 1929, S. 82, abgedruckt in *Schubert*, Weimarer Republik Bd. 5, S. 382.

50 *Mayer*, GS 1930, 341.

51 *Mayer*, GS 1930, 341.

beseitigt haben wollte, nunmehr aber – worauf man in der Begründung[52] ausdrücklich hinwies – erkannt hatte, dass man mit Abschaffung dieser Vorschrift nicht nur die Wiederaufnahme zugunsten des Angeklagten erweitere, sondern auch diejenige zuungunsten, übernahm man den Gesetzestext des § 404 RStPO in § 362 Abs. 2 des Entwurfs. Demnach war ein Antrag auf Wiederaufnahme, der auf die Behauptung einer strafbaren Handlung gestützt wurde, nur dann zulässig, wenn die Begehung der Tat rechtskräftig festgestellt wurde, es sei denn, das Strafverfahren konnte aus anderen Gründen als wegen Mangels an Beweisen nicht eingeleitet oder durchgeführt werden.

In Absatz 3 des § 362 sollte ein in den vorherigen Entwürfen nicht zu findender Wiederaufnahmegrund statuiert werden, welchen man dem österreichischen Gesetz[53] nachgebildet hatte: Zuungunsten desjenigen, welcher durch einen Strafbefehl rechtskräftig verurteilt worden war, sollte demnach die Wiederaufnahme auch dann erfolgen können, wenn neue Tatsachen bekannt wurden, aus denen sich ergab, dass es sich bei der Tat, die als Übertretung eingestuft worden war, um ein Vergehen bzw. Verbrechen handelte oder die als Vergehen behandelt worden war, in Wirklichkeit ein Verbrechen darstellte und daher die eigentlich zu verhängende Strafe außer Verhältnis zu der gegebenen stand. Laut der Entwurfsbegründung sei die Wiederaufnahme aufgrund neuer Tatsachen hier deswegen erforderlich, da es bei dem summarischen Strafbefehlsverfahren nicht immer möglich sei, die Tat bis in alle Einzelheiten zu untersuchen.[54] Für die Aufnahme dieser Vorschrift sprachen zudem zwei weitere Gründe:

Zum einen war das Strafbefehlsverfahren durch das Gesetz zur Entlastung der Gerichte von 1921 und die Verordnung über Gerichtsverfassung und Strafrechtspflege vom 4. Januar 1924 ausgeweitet worden[55], zum anderen war die Aufnahme dieses Absatzes 3 in § 362 dem Umstand geschuldet, dass man Strafbefehle rechtskräftigen Urteilen gleichstellte und man daher nicht – wie es bisher in der Praxis üblich war – jederzeit eine neue Anklage erheben konnte.[56]

---

52 Begründung zu Ziffer 193 (§§ 362, 363) der Reichsratsvorlage v. 11. April 1929, S. 83, abgedruckt in *Schubert*, Weimarer Republik Bd. 5, S. 383.

53 Hierbei handelte es sich um § 356 der österreichischen Strafprozessordnung; Begründung zu Art. 67 (Änderung der Strafprozeßordnung) der Reichsratsvorlage v. 11. April 1929, S. 36, abgedruckt in *Schubert*, Weimarer Republik Bd. 5, S. 336.

54 Begründung zu Ziffer 193 (§§ 362, 363) der Reichsratsvorlage v. 11. April 1929, S. 83, abgedruckt in *Schubert*, Weimarer Republik Bd. 5, S. 383.

55 Vgl. hierzu *Elobied*, Strafbefehl, S. 101.

56 Zuvor war gesetzlich geregelt, dass der nicht rechtzeitig angefochtene Strafbefehl die Wirkung eines rechtskräftigen Urteils erlange. Dies führte dazu, dass man die Wiederaufnahme des Verfahrens für nicht anwendbar hielt, da der Strafbefehl zwar die Wirkung

§ 362 Abs. 3 des Entwurfs beinhaltete daher zwar einen neuen Wiederaufnahmegrund, bewirkte jedoch keine Ausdehnung der Wiederaufnahme zum Nachteil des Angeklagten an sich, sondern führte vielmehr zu einem besseren Schutz des durch einen Strafbefehl Verurteilten, indem er die Wiederaufnahme an konkrete Voraussetzungen band und diese nicht in willkürlichem Umfang zuließ. Diese Regelung passt auch zur generellen Intention des Entwurfs, die Rechtsstellung des Beschuldigten zu verbessern.[57]

3. Die Wiederaufnahmegründe zuungunsten des Angeklagten in der Reichstagsvorlage von 1930

Am 25. April 1929 wurde der Entwurf den Vereinigten Ausschüssen des Reichsrats überwiesen, welche am 2. Juli 1929 einen Unterausschuss (bestehend aus den Ländern Preußen, Sachsen, Bayern, Württemberg und Baden) einsetzten.[58]

Auf Vorschlag Preußens sollte die Wiederaufnahme aufgrund einer strafbaren Handlung sowohl zugunsten als auch zuungunsten des Angeklagten unter denselben Bedingungen[59] erfolgen können, was zur Folge hatte, dass man sich im Unterausschuss darauf einigte, die Wiederaufnahme aufgrund einer rechtskräftig festgestellten strafbaren Verletzung der Amtspflichten eines Richters, Schöffen oder Geschworenen sowohl zugunsten als auch zuungunsten des Angeklagten in § 359[60] festzuhalten und diesen an die Spitze der Wiederaufnahmevorschriften zu stellen.

---

eines rechtskräftigen Urteils erlange, aber kein rechtskräftiges Urteil sei. Die Praxis behalf sich in diesen Fällen damit, dass sie die Erhebung einer neuen Anklage zuließ; vgl. die Begründung zu Ziffer 193 (§§ 362, 363) und 213 (§ 410) der Reichsratsvorlage v. 11. April 1929, S. 83, 89, abgedruckt in *Schubert*, Weimarer Republik Bd. 5, S. 383, 389.

57 *Schubert*, Weimarer Republik Bd. 5, S. XIX.

58 *Schubert*, Weimarer Republik Bd. 5, S. XX.

59 Die Anpassung der Voraussetzungen der Wiederaufnahme zugunsten und zuungunsten hatte vor allem für die Wiederaufnahme zugunsten des Verurteilten Bedeutung, da letztere bisher noch in § 359 Nr. 3 verlangt hatte, dass die Amtspflichtsverletzung des Richters, Geschworenen oder Schöffen nicht vom Verurteilten selbst veranlasst worden war, hierauf jedoch im Entwurf nach den Beratungen des Unterausschusses des Reichsrats verzichtet werden sollte. Ein unrichtiges Urteil sollte unabhängig davon, ob der Verurteilte selbst Schuld an dem Fehlurteil hatte oder nicht, richtig gestellt werden; vgl. die Begründung zur Reichstagsvorlage vom 20. Mai 1930 zu Artikel 70 Ziffer 195 (§§ 359 bis 364) S. 95.

60 § 359 sollte lauten: „Ein durch rechtskräftiges Urteil geschlossenes Verfahren ist wieder aufzunehmen, wenn rechtskräftig festgestellt ist, daß sich ein Richter, Schöffe oder Geschworener, der bei dem Urteil mitgewirkt hat, in der Sache einer strafbaren Verletzung seiner Amtspflicht schuldig gemacht hat. Der rechtskräftigen Feststellung bedarf es

Dem § 359 sollten zwei Vorschriften (§ 360 und § 360a) nachfolgen, welche ausschließlich die Wiederaufnahme zugunsten des Verurteilten zum Gegenstand hatten. In § 361[61] befanden sich die weiteren Wiederaufnahmegründe zuungunsten des Angeklagten, welche durch den Unterausschuss geringfügig erweitert, hauptsächlich aber redaktionell verändert wurden, indem die Untergliederung in Ziffern entfallen sollte und man die einzelnen Wiederaufnahmegründe beginnend mit dem nach Urteilsverkündung abgelegten glaubhaften Geständnis in einem Absatz zusammenfasste.

Laut der Begründung des Entwurfs musste bei dem Wiederaufnahmegrund der Urkundenfälschung und des falschen Zeugnisses lediglich den Änderungen des Urkundenbegriffs im materiellen Recht und bei dem falschen Zeugnis den geänderten Bestimmungen über den Eid Rechnung getragen werden, während die Bestimmung ansonsten im Wesentlichen den bisherigen Nummern 1 und 2 des § 362 entspräche.[62] Die Wiederaufnahme zuungunsten des Angeklagten sollte aber nach der im Entwurf vorgesehenen Bestimmung nicht nur stattfinden, wenn das Urteil auf dem Inhalt einer fälschlich angefertigten oder verfälschten Urkunde beruhte, sondern auch wenn dieses auf der Benutzung eines fälschlich angefertigten oder verfälschten Beweismittels anderer Art oder einer unrichtigen Beurkundung bzw. Urkundenfälschung und Unterdrückung im Amt (§ 132 AStGB), unrichtiger Beglaubigung bzw. Verfälschung und Unterdrückung öffentlicher Beglaubigungszeichen im Amt (§ 133 AStGB), mittelbarer unrichtiger Beurkundung (§ 204) oder mittelbarer unrichtiger Beglaubigung beruhte. Entgegen der knappen Begründung bedeutete dies sehr wohl eine Erweiterung der Wiederaufnahme zuungunsten des Angeklagten.

Der in § 361 vorgesehene Absatz 2 enthielt einen Verweis auf die Bestimmung des § 360 Abs. 4, welcher die vorherige Verurteilung aufgrund einer in § 361

---

nicht, wenn ein gerichtliches Strafverfahren aus anderen Gründen als wegen Mangels an Beweisen nicht eingeleitet oder durchgeführt werden kann."

61 § 361 der Reichstagsvorlage bestimmte: „Zuungunsten des Angeklagten findet die Wiederaufnahme eines durch rechtskräftiges Urteil geschlossenen Verfahrens statt, wenn der Angeklagte, nachdem das Urteil verkündet war, ein glaubhaftes Geständnis abgelegt hat, oder wenn das Urteil auf dem Inhalt einer fälschlich angefertigten oder verfälschten Urkunde oder auf der Benutzung eines fälschlich angefertigten oder verfälschten Beweismittels anderer Art oder auf einer nach den §§ 132, 133, 204, 207 des Allgemeinen Deutschen Strafgesetzbuchs strafbaren unrichtigen Beurkundung oder Beglaubigung oder auf einem Zeugnis oder Gutachten beruht, durch dessen Abgabe eine nach den §§ 183a bis 186a des Allgemeinen Deutschen Strafgesetzbuchs strafbare Handlung begangen worden ist.

§ 360 Abs. 4 gilt entsprechend."

62 Begründung zur Reichstagsvorlage vom 20. Mai 1930 zu Art. 70 Ziffer 195 (§§ 359 bis 364), S. 96.

Abs. 1 genannten strafbaren Handlung nicht mehr zur Voraussetzung machte. Mit der neugefassten Vorschrift des § 360 Abs. 4 sollte dem Gericht, das über die Wiederaufnahme zu entscheiden hat, die Befugnis gegeben werden, seine Entscheidung bis zur Erledigung des wegen der strafbaren Handlung eingeleiteten Verfahrens auszusetzen.[63] Wenn dieses Verfahren beendet war, sollte es Aufgabe des Wiederaufnahmegerichts sein, selbstständig zu prüfen, ob unter Würdigung des gesamten zur Verfügung stehenden Materials einschließlich desjenigen, was sich aus den Ermittlungen aufgrund der in Frage stehenden strafbaren Handlung ergeben hatte, die Voraussetzungen der Wiederaufnahme des Verfahrens gegeben sind, wobei es möglich war, dass das Wiederaufnahmegericht zu einer abweichenden Entscheidung kommt.[64] Dies führte jedoch wiederum nicht nur zu einer Erleichterung der Wiederaufnahme zugunsten des Verurteilten, sondern auch derjenigen zuungunsten des Angeklagten.

Nachdem der Entwurf des Einführungsgesetzes am 16. April 1930[65] vom Reichsrat verabschiedet worden war, wurde dieser am 20. Mai 1930 im Reichstag eingebracht.[66] Dort sollte die Beratung des Entwurfs zunächst so lange vertagt werden, bis man die Arbeiten am materiellen Strafrecht abgeschlossen hatte, wozu es jedoch nicht mehr kam.[67]

IV. Diskussion auf dem Sechsunddreißigsten Deutschen Juristentag 1931

Auf dem Sechsunddreißigsten Deutschen Juristentag in Lübeck beschäftigte man sich ausführlich mit der Frage, inwieweit es einer Änderung der gesetzlichen Bestimmungen über das Wiederaufnahmeverfahren im Strafprozess bedürfe.[68] Hierzu lagen zum einen Gutachten von *Rosenfeld*[69] und *Graf von*

---

63 Begründung zur Reichstagsvorlage vom 20. Mai 1930 zu Art. 70 Ziffer 195 (§§ 359 bis 364), S. 96.

64 Begründung zur Reichstagsvorlage vom 20. Mai 1930 zu Art. 70 Ziffer 195 (§§ 359 bis 364), S. 96.

65 Begründung zur Reichstagsvorlage vom 20. Mai 1930, S. 4.

66 Mittels Schreiben des Reichsministers der Justiz *Bredt* vom 20. Mai 1930, Materialien Bd. VII.

67 *Schubert*, Weimarer Republik Bd. 5, S. XXII; zu den politischen Verhältnissen sogleich unten unter VI.

68 Vgl. hierzu die Protokolle der zweiten Sitzung der zweiten Abteilung für Strafrecht vom 11. September 1931, abgedruckt in Verhandlungen des 36. Deutschen Juristentages, 2. Band, S. 222 ff.

69 Verhandlungen des 36. Deutschen Juristentages, 1. Band, 4. Lieferung, S. 1141 ff.

Pestalozza[70] vor, zum anderen wurden von den Referenten *Hellwig* und *Höpler* zahlreiche Leitsätze über die Reform des Wiederaufnahmerechts vorgestellt.

Einig war man sich über die Grundrichtung der anzustrebenden Gesetzesänderungen: Die Reform solle die Wiederaufnahme des Verfahrens gegenüber dem geltenden Recht erweitern.[71] Umstritten war jedoch, ob hiervon auch die Wiederaufnahme zuungunsten des Angeklagten erfasst sein sollte.

Rosenfeld befürwortete zwar grundsätzlich die Entscheidung des Gesetzgebers, die Wiederaufnahme aufgrund eines Geständnisses über den Freigesprochenen hinaus auf Verurteilte zu erstrecken, kritisierte aber die „einschneidende Erweiterung", welche in § 361 des Entwurfs von 1930 gemacht worden war, indem man dort einerseits den Fall angefügt hatte, dass das Urteil auf der Benutzung eines fälschlich angefertigten oder verfälschten Beweismittels anderer Art beruhte und andererseits sowohl die Fälle der unmittelbaren und mittelbaren Falschbeurkundung als auch der unmittelbaren und mittelbaren Falschbeglaubigung als Grundlage einer Wiederaufnahme angeführt hatte.[72] Diese bedeutende Ausdehnung sei einerseits nicht ausreichend in den Motiven begründet worden und führe andererseits dazu, dass eine uferlose Ausweitung der Wiederaufnahme zuungunsten des Angeklagten und damit eine Erschütterung des rechtskräftigen Freispruchs zu befürchten sei.[73] Wenn man einmal so weit gehe, sei kein Halten mehr geboten. Deshalb sei lediglich an den klassischen Fällen der falsa (Urkundenfälschung, Falscheid bzw. falsche Versicherung) festzuhalten.[74]

Die vollständige Aufgabe der Unterscheidung in Wiederaufnahme zugunsten und zuungunsten des Angeklagten, wie es in Österreich und Norwegen der Fall sei und die damit einhergehende Gestattung der Wiederaufnahme zuungunsten des Angeklagten aufgrund neuer Tatsachen und Beweismittel, sei nicht zu befürworten, da dies dazu führe, dass kein Freispruch definitiv, sondern lediglich vorläufiger Natur sei und daher einer „absolutio ab instantia" des gemeinen Rechts gleichkomme.[75]

Die von den Referenten, Landgerichtsdirektor *Hellwig* und Professor *Höpler* aus Wien vorgelegten Leitsätze stimmten zwar inhaltlich nicht vollständig überein,

---

70 Verhandlungen des 36. Deutschen Juristentages, 1. Band, 4. Lieferung, S. 1182 ff.

71 Vgl. hierzu den Vortrag *Hellwigs*, Protokolle der zweiten Sitzung der zweiten Abteilung für Strafrecht vom 11. September 1931, abgedruckt in Verhandlungen des 36. Deutschen Juristentages, 2. Band, S. 229.

72 Verhandlungen des 36. Deutschen Juristentages, 1. Band, 4. Lieferung, S. 1156 f.

73 Verhandlungen des 36. Deutschen Juristentages, 1. Band, 4. Lieferung, S. 1157.

74 Verhandlungen des 36. Deutschen Juristentages, 1. Band, 4. Lieferung, S. 1157.

75 Verhandlungen des 36. Deutschen Juristentages, 1. Band, 4. Lieferung, S. 1157 f.

gingen aber beide in konträre Richtung zu dem Gutachten *Rosenfelds* und sollten zu einer starken Ausdehnung der Wiederaufnahme zuungunsten des Angeklagten führen:[76]

Nach dem Vorschlag *Hellwigs* sollte die Wiederaufnahme zum einen stattfinden, wenn der aufgrund eines Verbrechens oder Vergehens Freigesprochene ein glaubhaftes Geständnis ablegte, nachdem das Urteil verkündet worden war oder das Geständnis dem Gericht erst nach Urteilsverkündung bekannt wurde (§ 361[77] Abs. 1). Zum anderen wollte er die Wiederaufnahme gegen einen von einem Verbrechen Freigesprochenen zulassen, wenn Tatsachen oder Beweismittel beigebracht wurden, die dem erkennenden Gericht noch nicht bekannt waren und diese geeignet erschienen, zur Verurteilung zu führen (§ 361 Abs. 2 S. 1). Dasselbe sollte gemäß § 361 Abs. 2 S. 2 gelten, wenn die Tatsachen oder Beweismittel geeignet erschienen, die Verurteilung nach einem schwereren Strafgesetz oder den Ausspruch von Maßnahmen der Besserung oder Sicherung herbeizuführen.

Während die Wiederaufnahme aufgrund eines glaubhaften Geständnisses sowohl gegen einen von einem Verbrechen als auch gegen einen von einem Vergehen Freigesprochenen erfolgen konnte, sollte die Wiederaufnahme aufgrund neuer Tatsachen oder Beweismittel immerhin auf diejenigen Fälle begrenzt sein, in denen der Angeklagte von einem Verbrechen freigesprochen worden war. Die Wiederaufnahme zuungunsten des Angeklagten grundsätzlich zuzulassen, wenn sich neue Tatsachen oder Beweismittel ergaben, die eine andere Verurteilung rechtfertigen, sei nach dem Vortrag *Hellwig*s besonders wünschenswert, da die geständigen Verbrecher noch die „verhältnismäßig harmloseren Typen“ seien.

---

76 *Hellwig* legte 17, *Höpler* 7 Leitsätze zur Reform der Wiederaufnahmevorschriften der StPO vor. Es folgten weitere zur Reform der Entschädigung für unschuldig Verurteilte; Protokolle der zweiten Sitzung der zweiten Abteilung für Strafrecht vom 11. September 1931, abgedruckt in Verhandlungen des 36. Deutschen Juristentages, 2. Band, S. 222 ff.

77 § 361 sollte lauten: „Zuungunsten des von der Anklage eines Verbrechens oder Vergehens rechtskräftig freigesprochenen Angeklagten findet die Wiederaufnahme des Verfahrens statt, wenn der Angeklagte, nachdem das Urteil verkündet war, ein glaubhaftes Geständnis abgelegt hat oder das Geständnis dem Gericht erst nach der Urteilsverkündung bekanntgeworden ist.

Ist der Angeklagte rechtskräftig von der Anklage eines Verbrechens freigesprochen worden, so findet die Wiederaufnahme des Verfahrens zu seinen Ungunsten auch dann statt, wenn Tatsachen oder Beweismittel beigebracht werden, die dem erkennenden Gericht noch nicht bekannt waren, falls sie geeignet erscheinen, zur Verurteilung zu führen. Das gleiche gilt, wenn sie geeignet erscheinen, die Verurteilung nach einem schwereren Strafgesetz oder den Ausspruch von Maßnahmen der Besserung oder Sicherung herbeizuführen.“

Es genüge jedoch, die Wiederaufnahme aufgrund neuer Tatsachen oder Beweismittel nur in den schweren Fällen zuzulassen, in denen ein Freispruch von einem Verbrechen erfolgt war. [78]

Höpler wollte die Wiederaufnahme zulasten eines Freigesprochen „propter nova reperta“[79], hingegen jedoch nicht „propter nova producta“[80] zulassen und § 361 damit an das österreichische Recht angleichen.[81] Zur Begründung seines Vorschlags führte er ein Beispiel aus seiner praktischen Erfahrung an, wobei nicht zum Vorschein kam, ob sich dieser Fall tatsächlich so zugetragen hatte oder dieser ausgedacht war: Eine Frau war wegen Mordes angeklagt, weil sie ihren Ehemann im Schlaf erschossen haben sollte. Aufgrund eines Alibibeweises wurde sie daraufhin freigesprochen. Ein Jahr später meldete sich der tatsächliche Mörder, welcher der Geliebte der Frau war und gibt an, von dieser angestiftet worden zu sein, was anhand vorgelegter Liebesbriefe eindeutig zu beweisen sei. Während nach österreichischem Recht in diesem Fall eine Wiederaufnahme des Verfahrens stattfinden könne, sei diese nach deutschem Recht trotz des „klarsten Urkundenbeweises“ nur möglich, wenn die Frau ein Geständnis ablege.[82] Dieses Beispiel zeige, dass die deutsche Gesetzgebung zu Ungerechtigkeiten führen könne, die als untragbar empfunden werden müssen.[83] Gerade in diesen Fällen dürfe der „Staatsgedanke“ nicht ganz zurückgestellt werden.[84] Was konkret an dieser Stelle mit „Staatsgedanke“ gemeint war, wurde in der Begründung nicht näher ausgeführt. Aus dem Gesamtzusammenhang kann jedoch geschlossen werden, dass man es als die Aufgabe des Staates ansah, auf die Verwirklichung der Gerechtigkeit hinzuwirken und von seinem Strafanspruch Gebrauch zu machen.

Eine zumindest teilweise Einschränkung müsse die Wiederaufnahme propter nova reperta nach dem Vortrag *Höplers* jedoch erfahren, indem man diese entweder nur gegen Freisprüche oder nach erfolgter Verurteilung lediglich dann zuließ, wenn die als Übertretung abgeurteilte Tat ein Verbrechen oder Vergehen

---

78 Begründung zu Leitsatz 5, Verhandlungen des 36. Deutschen Juristentages, 2. Band, S. 238 f.

79 Gemeint sind hier Tatsachen und Beweismittel, die schon in der Eingangsinstanz existent waren.

80 Damit sind solche Tatsachen und Beweismittel gemeint, die erst nach der mündlichen Verhandlung in erster Instanz entstanden sind.

81 Ziffer 3 der von *Höpler* vorgelegten Leitsätze, Verhandlungen des 36. Deutschen Juristentages, 2. Band, S. 227; Begründung zu § 361, S. 260.

82 Begründung zu § 361, Verhandlungen des 36. Deutschen Juristentages, 2. Band, S. 260.

83 Begründung zu § 361, Verhandlungen des 36. Deutschen Juristentages, 2. Band, S. 261.

84 Begründung zu § 361, Verhandlungen des 36. Deutschen Juristentages, 2. Band, S. 261.

oder die als Vergehen abgeurteilte Tat ein Verbrechen ist und deswegen die zu erwartende Strafe außer Verhältnis zu der gegebenen Strafe steht.[85]

Die von *Rosenfeld* in seinem Gutachten vorgebrachten Bedenken versuchte *Höpler* einerseits mit den in Österreich gemachten Erfahrungen auszuräumen und diese andererseits dadurch kleinzureden, dass die Wiederaufnahme dennoch an bestimmte Voraussetzungen gebunden sei, da die behaupteten Tatsachen auch für die die Wiederaufnahme begehrende Seite neu sein müssen, sie der „Kläger" also nicht gekannt habe oder ohne sein Verschulden nicht geltend machen konnte.[86]

In der Folge erhoben sich mehrere Redner verschiedener Berufsfelder, welche entschieden gegen die Erweiterung der Wiederaufnahme zuungunsten des Angeklagten eintraten:

Reichsgerichtsrat *Hartung* hielt eine Erweiterung der Wiederaufnahme zuungunsten des Angeklagten nach österreichischem Vorbild für indiskutabel und schloss sich den Ausführungen *Rosenfelds* an.[87] Privatdozent *Drost* erinnerte zuerst an die Gründe, welche den Gesetzgeber dazu veranlasst hatten, die Wiederaufnahme zuungunsten des Angeklagten an konkrete Voraussetzungen zu binden. Es könne nicht angehen, dass der Urteilsspruch des Gerichts ständig wieder in Frage gestellt werde und so die Rechtssicherheit des Bürgers wegen jeder neuen Tatsache aufs Spiel gesetzt werden könne.[88] Dieser Zustand sei bedenklich, da die Staatsanwaltschaft von wechselnden politischen Instanzen abhängig sei und sie eine Person nicht nur einmal, sondern beliebig häufig durch die Behauptung neuer Tatsachen in den Anklagestand versetzen könne.[89]

Wie *Rosenfeld* erinnerte auch *Drost* an den im gemeinen Recht geführten Kampf gegen die „absolutio ab instantia", welcher schließlich nicht umsonst gewesen sein dürfe.[90] Die Rechtssicherheit des Bürgers gegenüber den Exekutivorganen dürfe nicht wieder so wenig zählen, wie zu damaliger Zeit, als die Lossprechung von der Instanz noch Bestand hatte.[91]

---

85 Begründung zu § 361, Verhandlungen des 36. Deutschen Juristentages, 2. Band, S. 261.

86 Begründung zu § 361, Verhandlungen des 36. Deutschen Juristentages, 2. Band, S. 261.

87 Rede *Hartungs*, Verhandlungen des 36. Deutschen Juristentages, 2. Band, S. 282.

88 Rede *Drosts*, Verhandlungen des 36. Deutschen Juristentages, 2. Band, S. 288 f.

89 Rede *Drosts*, Verhandlungen des 36. Deutschen Juristentages, 2. Band, S. 288 f.

90 Rede *Drosts*, Verhandlungen des 36. Deutschen Juristentages, 2. Band, S. 289.

91 Rede *Drosts*, Verhandlungen des 36. Deutschen Juristentages, 2. Band, S. 289; diese Ausführungen wiederholt *Drost* noch einmal in ZStW 1931, 852 f.

In die selbe Richtung führte Rechtsanwalt *Morgenstern* aus: „Wie wenn es tatsächlich ein Fortschritt wäre, daß die Wiederaufnahme zuungunsten des Angeklagten und gar in jener Weise, wie es in beiden Referaten verlangt wird, Gesetz würde".[92] Da *Morgenstern* wie der Referent *Höpler* aus Österreich war, konnte er aus seiner dort gemachten Erfahrung berichten, welche allerdings nicht besonders positiv war. Von einer Gleichheit der Parteien könne im österreichischen Recht nicht gesprochen werden, da die Praxis dort dazu übergegangen sei, bereitwillig die Wiederaufnahme zuungunsten des Angeklagten zu bewilligen, während diejenige zugunsten des Angeklagten eher zurückhaltend gestattet werde.[93] Bei der Wiederaufnahme zuungunsten des Angeklagten werde ohne Weiteres für zureichend befunden, wenn Indizienbeweise über weithergeholte Umstände vorgelegt werden, wohingegen bei der Wiederaufnahme zugunsten des Angeklagten die Zulassung direkter Beweise, insbesondere neuer Sachverständigenbeweise, mit größter Rigorosität verweigert werde.[94]

Lediglich Oberstaatsanwalt *Ackermann* sprach sich Bezug nehmend auf das von *Höpler* ausgeführte Fallbeispiel dafür aus, die Wiederaufnahme zuungunsten des Angeklagten in gleichem Umfang zu ermöglichen wie zugunsten des Verurteilten.[95]

In einer vorgezogenen Abstimmung, in welcher auf Vorschlag des Vorsitzenden lediglich drei Leitsätze Gegenstand waren, wurde schließlich mit 14 zu 5 Stimmen[96] dafür gestimmt, entgegen der Referenten die Wiederaufnahme zum Nachteil des Angeklagten wegen neuer Tatsachen oder Beweismittel nicht neu einzuführen.[97]

V. Reformen bis zum Zerfall der Weimarer Republik

Gegen Ende der Weimarer Republik wirkte sich die mit dem Zusammenbruch der New Yorker Börse am 24. Oktober 1929 einsetzende Weltwirtschaftskrise zunehmend auf das soziale und politische Leben der Bürger aus. Zur Bekämp-

92 Rede *Morgensterns*, Verhandlungen des 36. Deutschen Juristentages, 2. Band, S. 292.

93 Rede *Morgensterns*, Verhandlungen des 36. Deutschen Juristentages, 2. Band, S. 292.

94 Rede *Morgensterns*, Verhandlungen des 36. Deutschen Juristentages, 2. Band, S. 293.

95 Rede *Ackermanns*, Verhandlungen des 36. Deutschen Juristentages, 2. Band, S. 295.

96 Im Bericht über die strafrechtliche Abteilung hieß es später, dass die Abstimmung mit 13 zu 7 Stimmen erfolgt war, Verhandlungen des 36. Deutschen Juristentages, 2. Band, S. 816 f.

97 Verhandlungen des 36. Deutschen Juristentages, 2. Band, S. 304 f.

fung dieser Krise wurde mit der sog. Notverordnung ein flexibles Regelungsinstrument des Reichspräsidenten geschaffen.[98] Der Reichstag war weitgehend funktionsunfähig bzw. zeitweise sogar aufgelöst.[99] Die in den Jahren 1930-1932 amtierenden Reichskanzler *Brüning*, *v. Papen* und *v. Schleicher* regierten mit sog. Präsidialkabinetten[100]. Es ergingen nur noch vereinzelt formelle Gesetze, während in diesen zwei Jahren 109 Notverordnungen durch den Reichspräsidenten erlassen wurden.[101]

Die Verordnung über Maßnahmen auf dem Gebiet der Rechtspflege und Verwaltung vom 14. Juni 1932 führte zu umfangreichen Änderungen auf dem Gebiet des Strafverfahrensrechts.[102] Das Rechtsmittelrecht wurde einer starken Einschränkung unterzogen.[103] So durfte gegen Urteile des Amtsrichters und des Schöffengerichts lediglich ein Rechtsmittel eingelegt werden, nämlich nach Wahl des Berechtigten die Berufung an das Landgericht oder die Revision an das Oberlandesgericht (Art. 2 § 1 Ziff. 1 der Verordnung). Indem man den Zuständigkeitsbereich der großen Strafkammern als erstinstanzliche Gerichte erweiterte, bewirkte man ebenfalls eine Begrenzung der Rechtsmittel, da gegen die Urteile der Strafkammern keine zweite Tatsacheninstanz vorgesehen war.[104] Das Wiederaufnahmerecht war von dieser Notverordnung hingegen nicht betroffen.

---

98 *Vormbaum*, Strafrechtsgeschichte, S. 174; zum politischen Hintergrund der Notverordnungen *Nobis*, Strafprozessgesetzgebung, S. 7 ff.

99 *Vormbaum*, Strafrechtsgeschichte, S. 174.

100 Diese wurden nicht auf eine Mehrheit im Reichstag gestützt, sondern waren allein vom Vertrauen des Reichspräsidenten *Hindenburg* abhängig; *Nobis*, Strafprozessgesetzgebung, S. 1.

101 *Nobis*, Strafprozessgesetzgebung, S. 14.

102 *Nobis*, Strafprozessgesetzgebung, S. 31.

103 Zu den weiteren mit dieser Verordnung bewirkten Reformen *Nobis*, Strafprozessgesetzgebung, S. 31 ff.

104 *Nobis*, Strafprozessgesetzgebung, S. 36.

Siebtes Kapitel: NS-Zeit

Nachdem *Adolf Hitler* am 30. Januar 1933 durch Reichspräsident *Paul von Hindenburg* zum Reichskanzler ernannt worden war,[1] war dem parlamentarisch-demokratischen System endgültig ein Ende gesetzt.[2] Durch das am 24. März 1933 erlassene Gesetz zur Behebung der Not von Volk und Reich[3] (sog. Ermächtigungsgesetz) wurde die Gesetzgebungsbefugnis auf die Reichsregierung übertragen, so dass diese nicht mehr von der Zustimmung des Reichstags und -rats abhängig war. Die Gewaltenteilung war damit aufgehoben.[4]

Wie Reichsjustizminister *Gürtner* in der Sitzung des Reichskabinetts vom 22. April 1933 betonte, sollte die Reform des Strafverfahrens neben der des materiellen Strafrechts als vordringliche Aufgabe behandelt werden.[5]

Mit Schreiben vom 25. September 1933 an *Hans Frank* und die Justizminister Preußens, Bayerns und Sachsens bat *Gürtner* um Benennung von Kommissionsmitgliedern zur Erarbeitung einer neuen Strafprozessordnung.[6]

Die daraufhin eingesetzte (sog. Kleine) Strafprozesskommission nahm schließlich ab dem 2. November 1933 unter dem Vorsitz des Ministerialdirektors *Schäfer* ihre Arbeit auf.[7] Ihre Aufgabe bestand zunächst darin, die Grundlagen der Reform des Strafprozessrechts anhand eines Fragebogens zu erarbeiten.

---

1 Ausführlich zu den Hintergründen *Gebhardt*, Handbuch Bd. 19, S. 47 ff.; *Winkler*, Weimar, S. 592 ff.

2 *Gebhardt*, Handbuch Bd. 19, S. 49; *Vormbaum*, Strafrechtsgeschichte, S. 176.

3 RGBl. I 1933, 141.

4 Diese „Selbstentmachtung" des Reichstags kam dadurch zu Stande, dass man oppositionelle Abgeordnete in Haft nahm, einschüchterte oder Versprechen tätigte, welche nicht eingehalten wurden; *Gebhardt*, Handbuch Bd. 19, S. 55; *Gruchmann*, Justiz, S. 749.

5 *Gruchmann*, Justiz, S. 981.

6 *Schubert*, Abt. III Bd. 1, S. VIII.

7 Weitere Mitglieder dieser Kommission waren: Der Ministerialdirektor *Crohne*, der Landgerichtsrat *Doerner*, die Ministerialräte *Dörffler* und *Lehmann*, der Regierungsrat *Schafheutle*, der bayerische Ministerialdirektor *Dürr*, der preußische Generalstaatsanwalt *Parey* und der sächsische Generalstaatsanwalt *Weber* (bis 1935), später auch der württembergische Landgerichtsrat *Cuhorst*, der hamburgische Landgerichtsdirektor *Detlefs* und Oberregierungsrat *Schraut* als Beauftragter des Reichsjustizkommissars *Frank*; *Gruchmann*, Justiz, S. 981.

https://doi.org/10.1515/9783110751703-008

Anschließend sollten die Ergebnisse in einer Generaldebatte diskutiert werden, so dass auf deren Basis ein Gesetzentwurf erstellt werden konnte.[8]

Wie die Kommission in der Einleitung zum später vorgelegten Entwurf ausführte, sah sie sich zu Beginn ihrer Arbeiten vor der Aufgabe, auf sich selbst gestellt einen Vorschlag zu entwerfen, da sie die Entwürfe der Vor- und Nachkriegszeit als „in solchem Maße von liberalistischen Gedankengängen beherrscht" ansah, dass diese lediglich in sehr beschränktem Umfang und allenfalls in technischen Fragen verwendet werden könnten.[9]

Mit der nunmehrigen Reform wollte die Kommission im Wesentlichen vier Hauptziele erreichen: Die nationalsozialistische Strafrechtspflege sollte schnell, gerecht, autoritär und volksverbunden werden.[10]

I. Gesetz zur Änderung von Vorschriften des Strafverfahrens und des Gerichtsverfassungsgesetzes von 1935

Noch ehe eine umfassende Reform des Strafverfahrensrechts erfolgte, wurden einzelne Bestimmungen mittels des Gesetzes zur Änderung von Vorschriften des Strafverfahrens und des Gerichtsverfassungsgesetzes vom 28. Juni 1935[11] revidiert. Dieses führte gerade hinsichtlich des Rechtsmittelrechts zu einer deutlichen Schlechterstellung des Angeklagten:

Sowohl für die ordentlichen Rechtsmittel als auch für die Wiederaufnahme zugunsten des Verurteilten hob man das Verbot der reformatio in peius auf und ließ eine Abänderung des Urteils zum Nachteil des Angeklagten auch dann zu, wenn zu seinen Gunsten ein Rechtsbehelf eingelegt wurde (§ 331 und § 373 Abs. 2 des Gesetzes). Wenn ein solches Urteil nicht abgeändert werden könne, schwäche dies nach der Gesetzesbegründung dessen Überzeugungskraft und schädige damit das Ansehen der Rechtsprechung.[12] Auf diese Weise sollte in der Rechtsmittelinstanz ein Urteil gefällt werden können, das „wahrer Gerechtigkeit" entspräche.[13]

8 Vgl. hierzu die Niederschrift über die erste Sitzung der Strafprozesskommission vom 2. November 1933 in der Akte BA R 3001/5390 Bl. 3.

9 Einführung zu den Entwürfen vom 27. Februar 1936, abgedruckt in *Schubert*, Abt. III Bd. 1, S. 5.

10 Vgl. hierzu die Niederschrift über die erste Sitzung der Strafprozesskommission vom 2. November 1933 in der Akte BA R 3001/5390 Bl. 3.

11 RGBl. I 1935, 844 ff.

12 Begründung zu dem Gesetz vom 28. Juni 1935, S. 56.

13 Begründung zu dem Gesetz vom 28. Juni 1935, S. 55.

Da die Einlegung eines Rechtsmittels für den Angeklagten daher stets mit dem Risiko verbunden war, dass das Urteil zu seinem Nachteil abgeändert werden könnte, hoffte man, eine Vielzahl von Angeklagten von vornherein vom Gebrauch eines Rechtsmittels abzuhalten, womit auch dem Reformziel der „schnellen Justiz“ gedient werden sollte.[14]

Wenngleich man zu dieser Zeit, wie im Folgenden sogleich aufgezeigt wird, in der Strafprozesskommission schon angedacht hatte, auch die Wiederaufnahme zuungunsten des Angeklagten zu erleichtern, um dem Ziel einer „gerechten Justiz“ näher zu kommen,[15] wurde diese mittels des Gesetzes vom 28. Juni 1935 zunächst noch nicht reformiert.

II. Der Entwurf einer Strafverfahrensordnung von 1936

Dem Entwurf einer Strafverfahrensordnung, welcher am 27. Februar 1936 zusammen mit den Entwürfen[16] einer Friedensrichter- und Schiedsmannsordnung und eines Gerichtsverfassungsgesetzes dem Justizminister vorlegt wurde, waren umfangreiche Vorarbeiten durch die Kleine Strafprozesskommission vorausgegangen:

1. Die Reformarbeiten der Kleinen Strafprozesskommission

Nachdem die Kleine Strafprozesskommission im November/Dezember 1933 die Grundfragen des Entwurfs geklärt hatte, begann man mit der Beratung der einzelnen Abschnitte der Strafprozessordnung.[17] Hierzu wurden zunächst jeweils von einem Bericht- und einem Mitberichterstatter Vorschläge zur Ausgestaltung der jeweiligen Bestimmungen präsentiert. Die erste Lesung[18] begann im März 1934.

Berichterstatter für die Wiederaufnahme des Verfahrens waren die Landgerichtsräte *Doerner* und *Cuhorst*.[19]

---

14 *Gruchmann*, Justiz, S. 982.

15 Vgl. hierzu die Eingabe des Berichterstatters *Cuhorst* vom 23. Mai 1934, welcher vorgeschlagen hatte, die Wiederaufnahme zuungunsten des Angeklagten aufgrund neuer Tatsachen oder Beweismittel zuzulassen (§ 2), BA R 3001/5391 Bl. 82 ff.

16 Die Entwürfe vom 27. Februar 1936 sind abgedruckt in *Schubert*, Abt. III Bd. 1, S. 3 ff.

17 Vgl. hierzu die Akte BA R 3001/5390.

18 Protokolle hierüber waren nicht auffindbar.

19 Vgl. hierzu die Inhaltsübersicht der Akte BA R 3001/21111 Bl. 1.

Doerner legte zunächst eine Zusammenstellung[20] des historischen Hintergrundes der Wiederaufnahmevorschriften, statistischer Daten zu Wiederaufnahmeverfahren zugunsten[21] des Verurteilten in den Jahren 1908/1909 und Einzelvorschlägen des Schrifttums vor.

Daneben präsentierten *Doerner* und *Cuhorst* eigene Vorschläge[22] zur gesetzlichen Ausgestaltung der Wiederaufnahme. Diese ähnelten sich in Bezug auf die Wiederaufnahmegründe inhaltlich, wichen aber vor allem in ihrem systematischen Aufbau voneinander ab. Beiden gemeinsam war, dass die Wiederaufnahme zuungunsten des Angeklagten nicht mehr an strengere Voraussetzungen geknüpft war als die Wiederaufnahme zugunsten des Verurteilten.

a) Der Vorschlag Doerners

Doerner[23] trug an, zu Beginn der Wiederaufnahmevorschriften in einem eigenständigen Paragrafen[24] festzuhalten, dass ein durch rechtskräftiges Urteil geschlossenes Verfahren nur unter den Voraussetzungen des nachfolgenden Paragrafen wieder aufgenommen werden könne. Anschließend fasste er alle Wiederaufnahmegründe sowohl zugunsten des Verurteilten als auch zuungunsten des Angeklagten in fünf Ziffern zusammen, denen gemeinsam ist, dass ein Ermessen[25] der Staatsanwaltschaft bei Vorliegen der Wiederaufnahmevoraussetzungen nicht vorgesehen war.

Nach seinem vorgeschlagenen § 2 Abs. 1 Ziff. 1[26] wird das Verfahren wieder aufgenommen, wenn rechtskräftig feststeht, dass sich ein Richter, Staatsanwalt oder Geschworener, der in der Hauptverhandlung mitgewirkt hat, in der Sache

---

20 Enthalten in der Akte BA R 3001/5389 Bl. 80 ff.; BA R 3001/21111 Bl. 2 ff.

21 Eine Statistik zu Wiederaufnahmeverfahren zuungunsten des Angeklagten fand sich hierin nicht. Eine konkrete Begründung hierfür wurde von *Doerner* nicht geliefert. Es findet sich zum Abschluss lediglich der Satz, dass weitere statistische Daten nicht vorgelegen haben; BA R 3001/5389 Bl. 82.

22 BA R 3001/5391 Bl. 454 ff. (Umdruck Nr. 35), Bl. 477 ff. (Umdruck Nr. 38); BA R 3001/21111 Bl. 11 ff.

23 Umdruck Nr. 38 v. 2. Juni 1934, BA R 3001/5391 Bl. 477 ff.; BA R 3001/21111 Bl. 26 ff.

24 § 1 Abs. 1 des Umdruck Nr. 38 v. 2. Juni 1934. Da der Vorschlag *Doerners* in Umdruck Nr. 38 lediglich die Wiederaufnahme des Verfahrens zum Gegenstand hatte, begann die Paragrafenzählung dort mit 1. Erst nachdem alle Einzelvorschläge der jeweiligen Berichterstatter zusammengefasst worden waren, sollten diese eine fortlaufende Nummerierung erhalten.

25 „§ 2 (§§ 359, 362) Abs. 1 das Verfahren wird wiederaufgenommen, (...)"; BA R 3001/5391 Bl. 477.

26 Umdruck Nr. 38 v. 2. Juni 1934, BA R 3001/5391 Bl. 477.

einer strafbaren Verletzung seiner Amtspflicht schuldig gemacht hat, wobei es der rechtskräftigen Feststellung nicht bedürfe, wenn das Strafverfahren aus anderen Gründen als wegen Mangels an Beweisen nicht eingeleitet oder durchgeführt werden konnte.

Nach Ziffer 2 wird das Verfahren wieder aufgenommen, wenn der Angeklagte nachdem das Urteil verkündet worden war, ein glaubhaftes Geständnis abgelegt hat und nach Ziffer 3, wenn Tatsachen oder Beweismittel beigebracht wurden, die allein oder in Verbindung mit den früheren Beweisen geeignet gewesen wären, die Verurteilung des Freigesprochenen oder die Freisprechung des Verurteilten oder bei Anwendung eines schwereren oder milderen Strafgesetzes eine schwerere oder mildere Strafe oder eine andere Entscheidung über Maßregeln der Sicherung und Besserung herbeizuführen. In diesem Fall sollte die Wiederaufnahme dann nicht zulässig sein, wenn die Tatsachen oder Beweismittel dem erkennenden Gericht in der Hauptverhandlung bekannt waren oder diese schon in einem früheren Wiederaufnahmeverfahren vorgebracht worden waren (§ 2 Abs. 2).

Darüber hinaus wird nach seinem vorgeschlagenen § 2 Abs. 1 Ziffer 4 die Wiederaufnahme erfolgen, wenn das Gericht auf eine Strafe, Nebenstrafe, Nebenfolge oder Maßregel der Besserung und Sicherung erkannt hatte, die gesetzlich nicht zulässig war und nach Ziffer 5, wenn bei Eintritt der Rechtskraft des Urteils bereits eine andere rechtskräftige Verurteilung wegen der Tat erfolgt war. Letztere kam lediglich zugunsten des Verurteilten in Betracht.

b) Der Vorschlag Cuhorsts

Nach dem Vorschlag *Cuhorsts*[27] sollten die vormals in § 359 Abs. 1 Ziff. 3 und § 362 Ziff. 3 der Strafprozessordnung enthaltenen Bestimmungen der strafbaren Amtspflichtsverletzung eines Richters oder Geschworenen (im Gegensatz zu *Doerners* Vorschlag fehlte hier der Staatsanwalt) in einem Paragrafen zusammengefasst und an den Anfang der Wiederaufnahmevorschriften gestellt werden.[28]

Darüber hinaus war lediglich ein weiterer, allgemein gefasster Wiederaufnahmegrund[29] vorgesehen, nach welchen die Wiederaufnahme stattzufinden habe, wenn neue Tatsachen oder Beweismittel, die allein oder in Verbindung mit den früher erhobenen Beweisen geeignet waren, entweder die Freisprechung bzw.

27 Umdruck Nr. 35 v. 29. Mai 1934, BA R 3001/5391 Bl. 463 ff.; BA R 3001/21111 Bl. 22 ff.

28 § 1 Umdruck Nr. 35.

29 § 2 Umdruck Nr. 35.

mildere Bestrafung eines Verurteilten zu bewirken (Ziff. 1) oder die (schärfere) Bestrafung eines Freigesprochenen bzw. eines zu milde Verurteilten zu begründen oder eine (andere) Maßregel der Besserung und Sicherung auszusprechen (Ziff. 2). Die Wiederaufnahme sollte ausgeschlossen sein, wenn dem erkennenden Gericht die Tatsachen oder Beweismittel bekannt waren und im Urteil berücksichtigt oder schon in einem früheren Wiederaufnahmeverfahren vorgebracht und in Verbindung mit neuen Beweismitteln gewürdigt worden waren.

Im Unterschied zu dem Vorschlag *Doerners* wurde hier zusätzlich verlangt, dass die Tatsachen oder Beweismittel im Urteil berücksichtigt worden waren. Nicht ausreichend für den Ausschluss eines Wiederaufnahmeverfahrens sollte demnach sein, wenn die Tatsachen oder Beweismittel dem Gericht lediglich bekannt waren. Dies bedeutete für den Freigesprochenen bzw. zu milde Verurteilten eine ausgedehntere Zulassung der Wiederaufnahme zu seinen Ungunsten als nach dem Vorschlag *Doerners*.

c) Der erste Entwurf einer neuen Strafprozessordnung

Auf Grundlage der Beratungen wurde von der Redaktionskommission ein Entwurf[30] erarbeitet, welcher hinsichtlich der Wiederaufnahmebestimmungen bis auf die Paragrafenzählung mit dem von der amtlichen Strafprozesskommission[31] nach erster Lesung vorgelegten Entwurf übereinstimmte. Die hierin enthaltenen Wiederaufnahmevorschriften basiertem auf dem Vorschlag der aus *Cuhorst*, *Lehmann* und *Schafheutle* bestehenden Unterkommission.[32]

Wie schon *Doerner* vorgeschlagen hatte, sollte auch nach der Unterkommission zu Beginn der Wiederaufnahmeregelungen festgehalten werden, dass das Verfahren nur dann wiederaufgenommen werden könne, wenn die Voraussetzungen der folgenden Paragrafen vorliegen. Die Wiederaufnahmegründe zuungunsten des Angeklagten waren in insgesamt drei Paragrafen zu finden:

An erster Stelle (§ 395 des Redaktionsentwurfs bzw. § 404[33] des amtlichen Entwurfs nach erster Lesung) war die Wiederaufnahme wegen neuer Tatsachen oder Beweismittel genannt. Wenn diese allein oder in Verbindung mit den früheren Beweisen geeignet gewesen wären, die Bestrafung eines Freigesprochenen oder eine wesentlich schwerere Bestrafung aufgrund eines strengeren Strafgesetzes oder in einem eingestellten Verfahren eine Verurteilung des Angeklagten

30 BA R 3001/21047.

31 Enthalten in BA R 3001/21034.

32 Umdruck Nr. 46 vom 30. Juni 1934, enthalten in BA R 3001/21111 Bl. 30 ff.

33 BA R 3001/21034 Bl. 240.

zu begründen (Ziff. 2) oder eine andere Entscheidung über eine sichernde Maßnahme herbeizuführen (Ziff. 3), konnte das Verfahren wieder aufgenommen werden.

Eine Bestimmung über den Ausschluss der Wiederaufnahme aufgrund solcher Tatsachen oder Beweismittel, welche bereits bekannt waren, existierte nur noch für den Fall, dass der Angeklagte die Wiederaufnahme des Strafverfahrens beantragte.

Dem folgte in § 397 des Redaktionsentwurfs (§ 406[34] des amtlichen Entwurfs) die Möglichkeit der Wiederaufnahme, wenn das Gericht auf eine Strafe oder eine sichernde Maßnahme erkannt hatte, auf die nach den angewendeten Strafvorschriften nicht erkannt werden durfte.

Des Weiteren war in einem eigenständigen Paragrafen (§ 398 des Redaktionsentwurfs bzw. § 407 des amtlichen Entwurfs) die Wiederaufnahme aufgrund einer rechtskräftig festgestellten Amtspflichtsverletzung eines Richters oder Geschworenen vorgesehen.

d) Die weitere Beratung bis zur Vorlage des Entwurfs im Februar 1936

Die zweite Lesung des Entwurfs begann am 1. April 1935 und endete schließlich mit Vorlage des Entwurfs[35] einer Strafverfahrensordnung am 27. Februar 1936.[36]

Als Referenten für die Wiederaufnahmebestimmungen wurden nunmehr *Detlefs* und *Lehmann* beauftragt.[37] *Detlefs* Vorschläge zu den Wiederaufnahmegründen betrafen lediglich deren Formulierung, nahmen jedoch keine inhaltliche Änderung vor und wurden im Ergebnis auch nicht berücksichtigt.[38]

34 BA R 3001/21034 Bl. 241.

35 Als ordentliche Rechtsmittel gestattete der Entwurf gegen Urteile des Einzelrichters und der Schöffengerichte wahlweise Berufung oder Revision (nunmehr als Rechtsrüge bezeichnet); gegen Urteile der Schwurgerichte und der Strafkammern am Landgericht konnte lediglich die Rechtsrüge erhoben werden, welche jedoch wesentlich lockerer gestaltet wurde, da diese nunmehr einerseits auch zur Überprüfung des richterlichen Ermessens führen konnte, wenn das Urteil auf wertende Begriffe wie das „gesunde Volksempfinden" gestützt worden war und andererseits konnte ein Urteil auch dann aufgehoben werden, wenn ernste Bedenken gegen die Richtigkeit der dem Urteil zugrunde liegenden tatsächlichen Feststellungen vorlagen. Ausführlich hierzu *Gruchmann*, Justiz, S. 989 ff.

36 *Schubert*, Abt. III Bd. 1, S. VIII.

37 Arbeitsplan für die zweite Lesung, BA R 3001/21035 Bl. 44.

38 Umdruck Nr. 106 vom 22. November 1935, BA R 3001/21111 Bl. 71 ff.

Die endgültige Fassung hat der Entwurf wiederum auf Vorschlag der Unterkommission erhalten, in welcher neben *Cuhorst*, *Lehmann* und *Schafheutle* nun auch *Detlefs* saß.[39]

Die zunächst noch vorgesehene einleitende Vorschrift, dass die Wiederaufnahme des Verfahrens nur bei Vorliegen der Voraussetzungen der nachfolgenden Paragrafen erfolgen dürfe, wurde in zweiter Lesung gestrichen.

An die Spitze der Wiederaufnahmevorschriften war die Wiederaufnahme wegen neuer Tatsachen oder Beweismittel gestellt (§ 335[40]).[41] Darin war sowohl die Wiederaufnahme zugunsten als auch zuungunsten des Angeklagten enthalten. Zum Nachteil des Angeklagten erfolgte diese aufgrund solcher neuer Tatsachen oder Beweismittel, die entweder allein oder zusammen mit den früheren Beweisen geeignet gewesen wären, die Bestrafung eines Freigesprochenen oder eine wesentlich schwerere Bestrafung des Verurteilten oder statt der Einstellung des Verfahrens eine Verurteilung zu begründen (§ 335 Ziffer 2).

Hinsichtlich des zu milde Verurteilten fehlte nunmehr die in der vorherigen Fassung noch enthaltene Passage, dass die wesentlich schwerere Bestrafung „aufgrund eines strengeren Strafgesetzes“ erfolgen müsse, womit ein anderes Strafgesetz gemeint war. Dieser Wegfall bedeutete daher insofern eine Erweiterung des Anwendungsbereichs der Vorschrift, als nun eine wesentlich schwerere Bestrafung auch aus demselben Strafgesetz erfolgen konnte. Da jedoch weiterhin verlangt wurde, dass es sich um eine wesentlich schwerere Bestrafung handeln

---

39 Umdruck Nr. 120 vom 16. Dezember 1935, BA R 3001/21111 Bl. 74 ff.

40 Im Entwurf vom 20. Januar 1936 befand sich die Vorschrift in § 336 (enthalten in BA R 3001/21111 Bl. 80), in der Fassung vom 27. Februar 1936 in § 335. Der Gesetzestext lautete: „§ 335 Wiederaufnahme wegen neuer Tatsachen oder Beweismittel

Ein durch rechtskräftiges Urteil geschlossenes Verfahren wird wieder aufgenommen, wenn neue Tatsachen oder Beweismittel beigebracht sind, die allein oder in Verbindung mit den früheren Beweisen geeignet gewesen wären,

1. die Freisprechung eines Verurteilten oder eine wesentlich geringere Bestrafung oder statt der Verurteilung die Einstellung des Verfahrens zu begründen,
2. die Bestrafung eines Freigesprochenen oder eine wesentlich schwerere Bestrafung oder statt der Einstellung des Verfahrens eine Verurteilung des Angeklagten zu begründen,
3. eine wesentlich andere Entscheidung über eine sichernde Maßregel herbeizuführen,
4. statt der Feststellung, daß eine ehrenrührige oder herabsetzende Behauptung wahr oder unwahr oder daß der Beweis der Wahrheit mißlungen ist, eine wesentlich andere Feststellung zu treffen.

Der Angeklagte kann sich nur auf solche neuen Tatsachen oder Beweismittel berufen, die er in dem früheren Verfahren nicht kannte oder ohne Verschulden nicht geltend machen konnte.“

41 BA R 3001/21035 Bl. 241.

müsse, ist davon auszugehen, dass die Wiederaufnahme gegen einen zu milde Verurteilten nicht in jedem Fall, sondern weiterhin nur dann erfolgen sollte, wenn eine wesentlich schärfere Verurteilung zu erwarten war.

Darüber hinaus fand die Wiederaufnahme des Verfahrens auch dann statt, wenn aufgrund neuer Tatsachen oder Beweismittel eine wesentlich andere Entscheidung über eine Maßregel der Besserung und Sicherung erreicht werden konnte (§ 335 Ziffer 3). Da gegenteilige Angaben im Wortlaut des § 335 nicht enthalten sind, ist davon auszugehen, dass auch Ziffer 3 sowohl zugunsten als auch zuungunsten des Angeklagten Anwendung finden sollte.

Hatte das Gericht auf eine Strafe oder eine sichernde Maßregel erkannt, auf welche nach den angewandten Strafvorschriften überhaupt nicht erkannt hätte werden dürfen, so wurde das Verfahren nach § 336 des E-1936 wieder aufgenommen. Auch hier ist mangels gegenteiliger Anhaltspunkte im Gesetzestext davon auszugehen, dass sowohl die Wiederaufnahme zugunsten als auch zuungunsten gemeint war.

Zudem wurde gemäß § 337[42] zur Wiederaufnahme geschritten, wenn rechtskräftig festgestellt wurde, dass ein Richter, welcher an dem Urteil mitgewirkt hatte, seine Amtspflicht in strafbarer Weise verletzt hatte. Neben dem Richter waren hierin keine weiteren Personen mehr genannt.[43]

e) Die weitere Behandlung des Entwurfs vom Februar 1936

Die Entwürfe der Strafprozessordnung und der Friedensrichter- und Schiedsmannsordnung wurden vom Reichsjustizministerium zunächst nur den Mitgliedern der Strafprozesskommission und der Strafrechtskommission als streng vertrauliche Manuskripte zur Verfügung gestellt und durften in Veröffentlichungen nicht zitiert werden, so dass Stellungnahmen des Arbeitsausschusses des NS-Rechtswahrerbundes[44] und der Akademie für Deutsches Recht[45] – soweit sie der

---

42 § 338 des Entwurfs vom 20. Januar 1936.

43 Vgl. hierzu die Akte BA R 3001/21035 Bl. 242.

44 Der NS-Rechtswahrerbund ging aus dem 1928 gegründeten Bund Nationalsozialistischer Deutscher Juristen hervor, welcher die allgemeinen Ziele der NSDAP fördern und zu allen rechtlichen Fragen, welche die Partei, deren Angehörige oder deren Ideen betrafen, Stellung nehmen und die Entwicklung des Deutschen Rechtslebens vom nationalsozialistischen Standpunkt aus ideell und praktisch beeinflussen sollte; vgl. hierzu die Erklärung *Hitlers* im Völkischen Beobachter vom 13. September 1928, zit. bei *Sunnus*, NS-Rechtswahrerbund, S. 21.

45 Die Akademie für Deutsches Recht wurde 1933 gegründet, da man ein dringendes staatspolitisches Bedürfnis für eine Organisation sah, welche die Erneuerung des Deutschen Rechts im Sinne der nationalsozialistischen Weltanschauung nach den Grundsätzen strenger wissenschaftlicher Methode vorbereiten sollte; vgl. *Pichinot*, Akademie, S. 7.

Öffentlichkeit bekannt gegeben wurden – keine Hinweise auf den Inhalt des Entwurfs enthalten durften.[46] Auf diese Stellungnahmen wird im folgenden Abschnitt noch näher eingegangen.

Am 9. Mai 1936 wurde der Entwurf der Strafprozessordnung an die Ministerien und zahlreiche weitere Institutionen[47] mit der Bitte um Mittelung von Änderungsvorschlägen[48] gesandt.[49]

Der Reichskriegsminister äußerste daraufhin großes Bedenken gegen die „außerordentlich starke Lockerung" der Wiederaufnahmevoraussetzungen, welche die Rechtskraft für die Staatsanwaltschaft so gut wie beseitige.[50] Damit werde das freisprechende Urteil zur „absolutio ab instantia" des gemeinen Rechts verkehrt.[51] Zudem war er der Meinung, dass man die Wiederaufnahme zugunsten und diejenige zuungunsten des Angeklagten nicht an dieselben Voraussetzungen knüpfen sollte, da diese in der Hand verschiedener, nicht waffengleicher Prozesssubjekte lägen und unterschiedlichen Zwecken dienen.[52] Es sei daher an den bisherigen Bestimmungen festzuhalten.[53]

2. Stellungnahmen zur StPO-Reform

a) Denkschrift des NS-Rechtswahrerbundes

Anfang des Jahres 1937 veröffentlichte der NS-Rechtswahrerbund (NSRB) seine Denkschrift[54] zum Entwurf der Strafverfahrensordnung. Diese war von

46 *Gruchmann*, Justiz, S. 993; *Schubert*, Abt. III Bd. 1, S. IX.

47 Dies waren: Die Akademie für Deutsches Recht, die Reichskanzlei, die Stellvertreter des Führers, das Reichsrechtsamt, das Amt für Rechtspolitik in der Reichsleitung der NSDAP, das Oberste Parteigericht, das Hauptamt für Volkswohlfahrt, das Geheime Staatspolizeiamt, das Reichsgericht, der Volksgerichtshof und die Reichsanwaltschaft; *Gruchmann*, Justiz, S. 993.

48 Eine Zusammenstellung der eingegangenen Äußerungen der Ministerien, des Reichsgerichts und des Volksgerichtshofs wurde von Schlüter erstellt, BA R 3001/21035 Bl. 496 ff.

49 Vgl. hierzu die Akten BA R 3001/21035 und BA R 3001/21036.

50 Stellungnahme vom 5. Oktober 1936, BA R 3001/21035 Bl. 447.

51 Stellungnahme vom 5. Oktober 1936, BA R 3001/21035 Bl. 447.

52 Stellungnahme vom 5. Oktober 1936, BA R 3001/21035 Bl. 447.

53 Stellungnahme vom 5. Oktober 1936, BA R 3001/21035 Bl. 447.

54 Diese wurde zunächst im Februar 1937 mit dem Hinweis an Reichsminister *Gürtner* geschickt, dass die Denkschrift vorläufig noch nicht zur Veröffentlichung und noch nicht zur Erörterung in der Fach- und Tagespresse bestimmt sei. Das Übersendungsschreiben von 30 Exemplaren der Denkschrift findet sich in BA R 3001/21037 Bl. 339.

dem Ausschuss[55] der Reichsführung des NSRB für Strafverfahrensrecht, Gerichtsverfassung und Strafvollzug ausgearbeitet und von dem geschäftsführenden Leiter *Rilk* herausgegeben worden.[56] Inhalt der Denkschrift war kein eigenständiger StPO-Entwurf, sondern eine Zusammenstellung von Zielen und Leitsätzen zur Strafverfahrensreform, welche aber nach Ansicht des Ausschusses „das Gerüst so eindeutig ergeben, dass die Paragraphierung nur noch technische Kleinarbeit“ sei.[57]

Am Ende enthielt die Denkschrift einen Auszug[58] der Stellungnahme der wissenschaftlichen Abteilung des NS-Rechtswahrerbundes zum Entwurf der Strafverfahrensordnung. Deren Inhalt war bereits zuvor Gegenstand eines von *Carl Schmitt* Ende September 1936 vor der wissenschaftlichen Abteilung des NSRB gehaltenen Referats.[59] Die schließlich in der Denkschrift veröffentlichte Version dieser Stellungnahme unterließ jegliche konkrete Bezugnahme auf den amtlichen Entwurf, so dass der Öffentlichkeit weiterhin keine Details bekanntgegeben wurden.[60]

Die erste Ausschusssitzung hatte am 17. Juni 1936[61], also nach Fertigstellung des E-1936, stattgefunden, so dass die Ideen des Ausschusses den Entwurf der amtlichen StPO-Kommission nicht beeinflusst haben konnten.

In der Einleitung legte der Ausschuss dar, dass bei der Erneuerung des Strafverfahrens zu beachten sei, dass diese lediglich von nationalsozialistischen Gedankengängen getragen werde.[62] Ähnlich wie die amtliche Strafprozesskommission bereits betont hatte, führte auch der NSRB weiter aus, dass beim Aufbau dieses neuen Gesetzes nicht auf die „blutleere und abstrakte Form der Strafprozeßordnung der liberalistischen Zeit“ zurückgegriffen werden könne und nach vier Jahren nationalsozialistischer Regierung kein Strafverfahrensrecht erscheinen

55 Durch Anordnung Nr. 22/1936 vom 19. Juni 1936 wurde durch Reichrechtsführer *Frank* der Leiter der Wissenschaftlichen Abteilung bei der Reichsführung des NSRB *Prof. Dr. Carl Schmitt* als Vorsitzender, der Beauftragte für die wissenschaftlichen Arbeiten im Gau Großberlin *Rilk* als stellvertretender Vorsitzender und als übrige Mitglieder Landgerichtsdirektor *Töwe*, Oberstaatsanwalt *Lautz*, Rechtsanwalt *Seydel*, Ministerialdirektor *Jäger*, Rechtspfleger *Liese* und Oberamtsanwalt *Broderek* berufen. Die Anordnung findet sich in BA R 3001/21036 Bl. 15.

56 *Koch*, Reform des Strafverfahrensrechts, S. 188.

57 Denkschrift NSRB, S. 11.

58 Denkschrift NSRB, S. 81 ff.

59 *Koch*, Reform des Strafverfahrensrechts, S. 185.

60 Ausführlich zu dieser Stellungnahme *Koch*, Reform des Strafverfahrensrechts, S. 185 ff.

61 Denkschrift NSRB, S. 11.

62 Denkschrift NSRB, S. 9.

dürfe, welches noch auf die Grundideen von *Friedberg*, *Emminger* etc. aufgebaut werde.[63]

Die Rechtsmittel im Strafverfahren betreffend forderte der Ausschuss, dass sowohl die Berufung als auch die Revision abgeschafft werden.[64] Das Strafverfahren sei ein einmaliger und unwiederholbarer Lebensvorgang,[65] womit Rechtsmittel nicht vereinbar seien. Die Berufung wurde weiterhin mit denselben Argumenten bekämpft, wie dies schon bei der Erarbeitung der RStPO der Fall war. Die Revision sei mit der nationalsozialistischen Weltanschauung insbesondere dann völlig unvereinbar, wenn sich die Revisionsinstanz mit kleineren formalen Mängeln des Urteils beschäftige und aufgrund dieser das Urteil aufhebe.[66]

Damit nach Wegfall der Revisionsgerichte eine einheitliche Rechtsanwendung weiterhin gewahrt bleibe, sollten hierfür künftig andere Stellen geschaffen werden. Dabei sollte es sich entweder um politische oder wissenschaftliche Stellen handeln, deren Mitglieder vom Führer oder dessen Stellvertreter ernannt werden sollten.[67]

Für die grundsätzliche Beibehaltung der Wiederaufnahme des Verfahrens sprach sich der Ausschuss hingegen ausdrücklich aus.[68] Diese stehe nicht im Widerspruch zur angenommenen „Einmaligkeit der Hauptverhandlung", da sich diese auf erheblich neue Tatsachen stütze, welche erst nach dem Strafurteil aufgefunden werden. Die Beibehaltung der Wiederaufnahme sei eine Folge der Vorstellung, dass die materielle Wahrheit das höchste Ziel des Strafprozesses sei und daher eine Durchbrechung der Rechtskraft in Kauf genommen werden müsse.[69] Zur konkreten Ausgestaltung der Wiederaufnahmegründe enthielt die Denkschrift keinerlei Angaben.

Als weiterer die Rechtskraft aufhebender Rechtsbehelf[70] sollte nach dem NS-Rechtswahrerbund die „Wiedergutmachung eines offenbaren Unrechts" zukünftig möglich sein. Begründet wurde dies damit, dass die Rechtskraft einer Entscheidung dort ihre Grenze haben müsse, wo die menschliche Unzulänglichkeit

---

63 Denkschrift NSRB, S. 10 f.

64 Denkschrift NSRB, S. 59 ff.

65 Denkschrift NSRB, S. 62, 64.

66 Denkschrift NSRB, S. 63.

67 Denkschrift NSRB, S. 62 ff.

68 Denkschrift NSRB, S. 65.

69 Denkschrift NSRB, S. 65.

70 Zu Reaktionen in Literatur und Praxis *Broichmann*, Außerordentlicher Einspruch, S. 112 ff.

offen zu Tage trete.[71] Es müsse daher eine besonders qualifizierte Stelle geschaffen werden, die offenkundiges, für das gesunde Volksempfinden untragbares Unrecht formeller oder materieller Natur verhindern solle. Einig war man sich dabei, dass es sich bei dieser Stelle um eine politische handeln müsse, welche der NSDAP angegliedert werden sollte.[72] In der Denkschrift hielt der Ausschuss aber ausdrücklich fest, dass das Wiedergutmachungsverfahren lediglich zugunsten des Beschuldigten erfolgen könne.[73]

b) Stellungnahmen der Akademie für Deutsches Recht zum E-1936

Im Gegensatz zu den Sitzungen des NSRB fanden die Sitzungen des Unterausschusses[74] für Strafprozessrecht der Akademie für Deutsches Recht bereits vor Erstellung des E-1936 durch die amtliche Kommission statt.

Die veröffentlichten Stellungnahmen der Akademie wurden für die amtliche StPO-Kommission zusammengestellt und dieser ausdrücklich aus dem Grund übersandt, dass sich die Kommission über die Sitzungen der Akademie unterrichten könne.[75]

Der Unterausschuss für Strafprozessrecht der Akademie trat erstmalig im Frühjahr 1934 zusammen.[76] Die an das neue Strafverfahrensrecht zu stellenden Anforderungen wurden anschließend in mehreren Tagungsabschnitten beraten. Auf der am 12. und 13. Oktober 1934 in Berlin stattfindenden Tagung referierte am zweiten Sitzungstag der sächsische Justizminister *Thierack* über die Wiederaufnahme des Verfahrens.[77] In der anschließenden Diskussion kam man überein, dass die RStPO „in allen wesentlichen Punkten die richtigen Mittel getroffen"

71 Denkschrift NSRB, S. 69.

72 Denkschrift NSRB, S. 69.

73 Denkschrift NSRB, S. 70.

74 Der Ausschuss für Strafprozessrecht war ein Unterausschuss des allgemeinen Strafrechtsausschuss, welcher wiederum der von *Freisler* geleiteten Strafrechtsabteilung der Akademie für Deutsches Recht angehörte; *Schubert*, Akademie Bd. VII, S. XI.

75 Vgl. hierzu das Übersendungsschreiben bezüglich des vorläufig wichtigsten Schrifttums zur Erneuerung des Strafverfahrens und der Strafgerichtsverfassung des Reichjustizministers an die Mitglieder der amtlichen Strafprozesskommission vom 25. November 1936, BA R 3001/12978, Bl. 1. Im Dezember 1936 wurde eine weitere Zusammenstellung von Vorschlägen aus dem neueren Schrifttum zur Erneuerung des Strafverfahrens und der Strafgerichtsverfassung vorgelegt. Zu den Wiederaufnahmevorschriften ist diese Zusammenstellung enthalten in BA R 3001/12977 Bl. 97 ff.

76 Vgl. hierzu den Bericht *Thieracks* zu den Ergebnissen der Arbeit des Unterausschusses in ZAkDR 1935, 94.

77 Ein sehr knapp gefasster Sitzungsbericht wurde in DJ 1934, 1326 veröffentlicht.

habe und „nur in einigen wenigen Punkten die Regelung des Wiederaufnahmeverfahrens eine Verbesserung erfordere“.[78]

In *Thieracks* Bericht über die Ergebnisse der Arbeiten des Ausschusses von Anfang 1935 fielen die Äußerungen über das bestehende Wiederaufnahmerecht schon etwas kritischer aus: In Zusammenhang mit den Ausführungen zum Verbot der reformatio in peius, welches „eine durch nichts begründete Rücksichtnahme“ enthalte und nicht zu rechtfertigen sei, da es dem Erfordernis der materiellen Wahrheit entgegenstehe und eine „befriedigende Gesetzesanwendung“ verhindere, wurde bezüglich der Wiederaufnahme zuungunsten des Angeklagten dargelegt, dass diese nicht an strengere Voraussetzungen geknüpft werden könne als diejenige zu seinen Gunsten.[79] Eine Begründung für diese Erwägung lieferte *Thierack* allerdings nicht.

Darüber hinaus dürfe – wie *Thierack* weiter ausführte – ein abgelegtes Geständnis nicht nur zum Nachteil eines Freigesprochenen verwendet werden, sondern müsse auch dann einen Wiederaufnahmegrund darstellen, wenn ein solches von einem zu milde Verurteilten abgelegt wird.[80] Im Übrigen müsse die Wiederaufnahme jedoch Einzelfall bleiben und dürfe nicht zur fristlosen Berufung werden.[81] Die „Richtigkeit der Entscheidung“ sei zwar oberstes Ziel der Rechtspflege, dieses könne aber durch Erleichterung der Wiederaufnahme nicht erreicht werden, da ein zweites Urteil nicht notwendig richtiger sei als das erste.[82]

In einer weiteren Anfang 1935 erschienenen Veröffentlichung legte *Thierack* dar, dass auch Nova in ganz besonderen, das Staatswohl gefährdenden Ausnahmefällen zur für den Angeklagten ungünstigen Wiederaufnahme führen sollten, wobei man jedoch eine Begrenzung auf Verbrechen oder den Staat gefährdende Delikte vornehmen und als zeitliche Grenze in jedem Fall die Verjährung dienen sollte.[83]

Im Jahr 1937 gab der Ausschuss[84] für Strafprozessrecht der Akademie seine Denkschrift zu den Grundfragen des neuen Strafverfahrensrechts heraus. Ohne

---

78 DJ 1934, 1326.

79 *Thierack*, ZAkDR 1935, 94 (97).

80 *Thierack*, ZAkDR 1935, 94 (97).

81 *Thierack*, ZAkDR 1935, 94 (97).

82 *Thierack*, ZAkDR 1935, 94 (97).

83 *Thierack*, GS 1935,1 (12).

84 Diesem gehörten im Jahr 1937 an: Universitätsprofessor *Schoetensack* als Vorsitzender, Polizeipräsident *Klaiber*, Staatsanwalt *Schneidenbach*, Reichsgerichtsrat *Schwarz*, Landgerichtspräsident *Strauß*, Präsident des Volksgerichtshofs *Thierack* und Landgerichtsdirektor *Töwe* als weitere Mitglieder; vgl. hierzu die Übersicht in *Schoetensack/Töwe*, Grundfragen des neuen Strafverfahrensrechts. Bis zu seinem Tode im April 1937 war

konkret auf den E-1936 einzugehen, kam man dort zu der Auffassung, dass eine Angleichung der Voraussetzungen der Wiederaufnahme zuungunsten an diejenige zugunsten der heutigen Rechtsvorstellung entspräche.[85] Dabei erscheine selbstverständlich, dass die Staatsanwaltschaft die Wiederaufnahme nur betreiben werde, wenn die neu aufgefundenen Tatsachen oder Beweise die Unrichtigkeit des Urteils evident machten.[86] Die bisher in der RStPO vorgesehenen Wiederaufnahmegründe könnten mit Ausnahme der Amtspflichtsverletzung eines Richters ohnehin in einem allgemein gefassten Wiederaufnahmegrund aufgrund neuer Tatsachen oder Beweismittel aufgehen.[87]

c) Literatur

In den übrigen Veröffentlichungen zu Rechtskraft und Wiederaufnahme des Verfahrens drehte sich die Diskussion insbesondere darum, wie man dem Ziel einer materiell gerechten Entscheidung näherkommen könne. Die Lösung hierfür sahen *Freisler*, *Siegert* und einige Jahre später *Nagler* in der Auflockerung der Rechtskraftwirkung:[88]

aa) Die Diskussion über die Auflockerung der Rechtskraftwirkung

Freisler betonte, dass insbesondere im Falle einer fortgesetzten Handlung beim Auftauchen neuer Tatteile die Wiederaufnahme zuungunsten des Angeklagten möglich sein müsse.[89] Aber auch in den übrigen Fällen müsse die Frage der Rechtskraftwirkung „offen und frei" geregelt werden[90] und die „Fülle formaler Fesseln", welche von Gesetzgebung und Rechtsprechung aufgestellt worden waren, beseitigt werden.[91] Diese „Überfülle formaler Bestimmungen" widerspräche der materiellen Wahrheitserforschung und damit einer gerechten Entscheidung.[92] Die Rechtskraft bedeute, gleich wie sie ausgestaltet sei, eine Festlegung, welche zum „Hemmschuh" für die Wahrheitsfindung werden könne.[93]

Friedrich Oetker Vorsitzender des Ausschusses. Ausführlich zur Rolle *Oetkers Schubert*, Akademie Bd. VII, S. XI ff.

85 *Schoetensack / Töwe*, Grundfragen, S. 44.

86 *Schoetensack / Töwe*, Grundfragen, S. 44.

87 *Schoetensack / Töwe*, Grundfragen, S. 45.

88 *Freisler*, DStR 1935, 228 (237); *Freisler*, DJ 1937, 730 ff.; *Nagler*, ZAkDR 1939, 371 (373); *Siegert*, DStR 1935, 283 ff.

89 *Freisler*, DStR 1935, 228 (237).

90 *Freisler*, DStR 1935, 228 (236 f.).

91 *Siegert*, DStR 1935, 283 (288).

92 *Freisler*, DStR 1935, 228 (236 f.); *Siegert*, DStR 1935, 283 (288).

93 *Siegert*, DStR 1935, 283 (287).

Der Nationalsozialismus könne nach den Ausführungen *Freislers* ganz unbefangen eine neue Regelung treffen, ohne Gefahr zu laufen, einen tragenden Pfeiler des Verfahrensrechts umzustoßen oder den berechtigten Kern der Rechtskraft zu beseitigen, da die Rechtskraft nicht als notwendige Garantie eines Willkürausschlusses erscheine.[94]

Die Rechtskraft müsse nach *Nagler* an der „heute entscheidenden Gesamthaltung neu ausgerichtet" werden.[95] Daher sei es Aufgabe der kommenden Rechtserneuerung, die längst fällige Wendung zur materiellen Gerechtigkeit, welche dem wahren Volkswohl entspräche, endgültig zu vollziehen.[96] Bei der Beurteilung der strafprozessualen Rechtskraft machen sich – wie *Nagler* weiter ausführt – die jeweiligen Zeitströmungen bemerkbar. Je nach weltanschaulich-politischer Grundhaltung einer Generation werde die sachliche Richtigkeit einer Entscheidung leichter oder schwerer preisgegeben, um ein anderes Ziel zu erreichen.[97] Demnach werde je nach Zeitströmung die Nachprüfung einer rechtskräftigen Entscheidung entweder nahezu ausgeschlossen oder in weitem Umfange zugelassen.[98]

Die Gesetzgebung könne mit Beschränkung oder Ausdehnung der Wiederaufnahmegründe die „Standfestigkeit eines zur Rechtskraft erwachsenen Urteils beliebig" regulieren.[99] Die Reichsstrafprozessordnung sei das Spiegelbild einer liberalen Politik, welche mittlerweile zerfallen sei, so dass eine Neuausrichtung der Rechtskraftwirkung erforderlich sei.[100] Eine Reform sei ohne Probleme durchzuführen, da die geltende Strafprozessordnung im Wesentlichen zur Rechtskraftwirkung schweige und den „ne bis in idem-Grundsatz" lediglich in wenigen Folgerungen ausdrücklich anerkenne und ansonsten auf die allgemeine Lehre verweise. Diese Lückenhaftigkeit des Gesetzes stelle sich heute als Glücksfall heraus, da es somit keine Schranken für eine dem neuen Rechtsdenken entsprechende Auslegung der Rechtskraft gäbe.[101]

Andererseits sprach man sich aber aufgrund eines natürlichen „Ordnungs- und Erledigungstriebs" für den endgültigen Abschluss einer Angelegenheit aus.[102]

94 *Freisler*, DStR 1935, 228 (238).
95 *Nagler*, ZAkDR 1939, 371 (373).
96 *Nagler*, ZAkDR 1939, 371 (373).
97 *Nagler*, ZAkDR 1939, 371 (372).
98 *Nagler*, ZAkDR 1939, 371 (372).
99 *Nagler*, ZAkDR 1939, 371 (372).
100 *Nagler*, ZAkDR 1939, 371 (372).
101 *Nagler*, ZAkDR 1939, 371 (373).
102 *Freisler*, DStR 1935, 228 (238).

Nicht nur der einzelne Beschuldigte, sondern auch die Allgemeinheit bedürfe „des Friedenszustandes nach dem Kampfe ums Recht".[103] Wenn das Gericht nicht in der Lage wäre, über eine Sache endgültig zu entscheiden, gehe das Vertrauen des Volkes in die Justiz verloren.[104] Das neue Strafverfahrensrecht sollte deshalb Rechtskraft grundsätzlich kennen, diese aber „elastischer gestalten"[105] und auf „das richtige Maß" zurückführen.[106] Für falsch hielt man es hingegen, der Rechtskraft durch die Gestaltung der Wiederaufnahme jede Bedeutung zu nehmen, indem man ohne weitere Voraussetzungen auf Antrag eine neue Hauptverhandlung eintreten lasse, obgleich bereits eine endgültige Entscheidung erfolgt war.[107]

bb) Konkrete Ausgestaltung der Wiederaufnahmebestimmungen

Freisler sah die im bisherigen Recht vorgesehene Spaltung in Wiederaufnahme zugunsten und zuungunsten des Angeklagten als unvereinbaren Widerspruch zur Aufgabe der Strafrechtspflege, die darin bestehe, „Wahrer der Gerechtigkeit zu sein, die dem deutschen Volke dient". Die „Gerechtigkeitsaufgabe der Strafrechtspflege" zeichne sich durch den „Dienst am Volk, dessen Schutz, die Befriedigung seines gesunden Selbstheilungsbedürfnisses und daher Sühneverlangens" aus.[108] Da es nur eine einheitlich zu beurteilende Gerechtigkeit geben dürfe, müsse die Wiederaufnahme zugunsten und zuungunsten unter denselben Voraussetzungen möglich sein.[109]

Siegert schlug vor, die Wiederaufnahme zuungunsten des Angeklagten allgemein aufgrund neuer Tatsachen oder Beweismittel, die allein oder in Verbindung mit den früheren geeignet sind, die Überführung eines Freigesprochenen oder eine schwerere Verurteilung eines erheblich zu gering Verurteilten herbeizuführen, zuzulassen.[110] Gegen die Befürchtungen, die Wiederaufnahme werde zur „absolutio ab instantia" des gemeinen Rechts verkehrt, trug er vor, dass „vom Standpunkt der nationalsozialistischen Weltanschauung" nicht die Interessen des Beschuldigten, sondern das Bedürfnis der materiellen Gerechtigkeit im Vordergrund stehe. Der wirkliche Rechtsfriede werde gefährdet, wenn in

103 *Siegert*, DStR 1935, 283 (287); ähnlich auch *Nagler*, ZAkDR 1939, 371 (373).
104 *Siegert*, DStR 1935, 283 (287).
105 *Freisler*, DStR 1935, 228 (238).
106 *Nagler*, ZAkDR 1939, 371 (373).
107 *Freisler*, DJ 1937, 730 (731).
108 *Freisler*, DJ 1937, 730 (731).
109 *Freisler*, DJ 1937, 730 (731).
110 *Siegert*, DStR 1935, 283 (289).

schweren Strafsachen ein Freispruch aufrechterhalten werde, obwohl die tatsächlichen Grundlagen nachträglich vollkommen erschüttert werden.[111] Die Gefahren der „absolutio“ seien dadurch zu vermeiden, dass man die Voraussetzungen der Wiederaufnahme konkret umschreibe. Ratsam sei es nach *Siegerts* Ausführungen, die Wiederaufnahmemöglichkeit nach der „Schwere des Verbrechens“ und der „Strafwürdigkeit des Verbrechers“ abzugrenzen.[112]

Peters schloss sich den Ausführungen *Siegerts* grundsätzlich an, wollte aber ein „Zuviel von Wiederaufnahmeverfahren“ dadurch vorbeugen, dass die Staatsanwaltschaft ermächtigt werde, bei nicht schweren Fällen von einer Wiederaufnahme abzusehen,[113] wobei er diese Möglichkeit entgegen *Siegert* nicht in das Gesetz aufnehmen wollte.

Eine noch weitergehende Ausdehnung der Wiederaufnahme zuungunsten des Angeklagten forderte *Dahm*. Er wollte diese zum Nachteil des Angeklagten zulassen, wenn der „Freispruch und seine Begründung den späteren Nachweis der Schuld in den Bereich des Möglichen rückt“, wenn also „schon die Begründung des Urteils den Angeklagten als verdächtig erscheinen lässt“.[114]

Die Erweiterung der Wiederaufnahme zuungunsten des Angeklagten hatte zu dieser Zeit nur wenige Gegner. Als solcher tat sich insbesondere *Graf zu Dohna*[115] hervor, der die Angleichung der Voraussetzungen der Wiederaufnahme zuungunsten des Angeklagten an diejenigen zu seinen Gunsten als die „völlige Preisgabe der Rechtskraft“ ansah, wodurch der Freispruch durch das Gericht auf die Stufe der bloßen Verfahrenseinstellung absinke.[116] Bevor man diesen Schritt gehe, müsse man sich die Tragweite dessen bewusst machen.[117]

Auch ein Jahr später wies *zu Dohna* erneut darauf hin, dass seiner Ansicht nach die Tragweite der angedachten Reform noch immer verkannt werde.[118] Dies begründete er mit den von *Arnold* bereits im Jahr 1851 getätigten, warnenden Ausführungen.[119] Demnach bestehe zwischen der Wiederaufnahme zugunsten und zuungunsten des Angeklagten ein grundlegender prozessualer Unterschied, da eine Verurteilung nur aufgrund positiver Feststellung der Schuld erfolge, ein

111 *Siegert*, DStR 1935, 283 (289).
112 *Siegert*, DStR 1935, 283 (290).
113 *Peters*, ZStW 1937, 34 (63 f.).
114 *Dahm*, DR 1936, 34 (41).
115 *Graf zu Dohna*, DStR 1936, 16 ff.; *Graf zu Dohna*, DStR 1937, 201 ff.
116 *Graf zu Dohna*, DStR 1936, 16 (22); *Graf zu Dohna*, DStR 1937, 201 (203).
117 *Graf zu Dohna*, DStR 1936, 16 (22).
118 *Graf zu Dohna*, DStR 1937, 201.
119 *Graf zu Dohna*, DStR 1936, 16 (22).

Freispruch aber nicht nur bei erwiesener Unschuld ausgesprochen werde, sondern in allen Fällen, in denen es nicht gelungen sei, die Schuld des Angeklagten überzeugend zu begründen. Zugunsten des Verurteilten könne der Nachweis der Unrichtigkeit des früheren Urteils daher nur durch Widerlegung des Schuldbeweises geführt werden; zur Wiederaufnahme zuungunsten des Angeklagten würde es aber genügen, dass sich inzwischen das Belastungsmaterial gegen den Angeklagten soweit verdichtet habe, dass nunmehr mit einer Verurteilung gerechnet werden könne.[120] Über dem Freigesprochenen schwebe daher bis zum Eintritt der Verjährung das Damoklesschwert, ob nicht zur Wiederaufnahme des Verfahrens geschritten werde.[121]

Selbst wenn man in Österreich positive Erfahrung mit der nahezu völligen Angleichung von Verfahrenseinstellungen und Freisprüchen gemacht habe, hielt *Graf zu Dohna* eine Übertragung auf das Deutsche Reich für schlechthin indiskutabel.[122] Damit wollte er aber nicht ausdrücken, dass es bei der geltenden Regelung des Wiederaufnahmerechts bleiben müsse, sondern wollte eine Lösung finden, welche „sich von der Enge des deutschen und von der Weite des österreichischen Rechts gleich weit entfernt“ hielt.[123] Die Wiederaufnahme zuungunsten des Angeklagten aufgrund von „nova reperta“ müsse sich seiner Ansicht nach in jeden Fall in zwei Punkten von derjenigen zugunsten unterscheiden:

Zum einen sei zur Wiederaufnahme des Verfahrens gegen den Freigesprochenen erforderlich, dass das aufgefundene Belastungsmaterial sich nicht lediglich vermehrt habe, sondern es müsse sich um einen „so überwältigenden Überführungsbeweis handeln, daß daraufhin unter verständigen Menschen ein Zweifel an der Schuld nicht mehr aufkommen“ könne.[124] Darüber hinaus sei zu fordern, dass der rechtskräftig Freigesprochene nicht schon zum Zeitpunkt des Auffindens eines neuen Beweismittels in die Rolle eines Angeschuldigten zurückversetzt werde. Vielmehr müsse das Gericht zunächst das neu aufgefundene Beweismittel prüfen und darüber Beschluss fassen, ob das Verfahren wieder aufgenommen werde und im Falle der Entscheidung für eine Wiederaufnahme gleichzeitig den Freispruch aufheben.[125] Solange dieser Beschluss nicht gefasst

120 *Graf zu Dohna*, DStR 1936, 16 (22).
121 *Graf zu Dohna*, DStR 1936, 16 (22).
122 *Graf zu Dohna*, DStR 1936, 16 (22 f.).
123 *Graf zu Dohna*, DStR 1936, 16 (23).
124 *Graf zu Dohna*, DStR 1936, 16 (23).
125 *Graf zu Dohna*, DStR 1936, 16 (23).

sei, dürften nach seinen Erwägungen keine Untersuchungshandlungen durch die Staatsanwaltschaft vorgenommen werden.[126]

Auf die Ausführungen *Graf zu Dohnas* nahm wiederum Landgerichtsdirektor *Töwe* Bezug. Diese verdienten – wie *Töwe* ausdrücklich betonte – Beachtung und man müsse sich mit ihnen auseinandersetzen.[127] Im Grunde stimmte er den Ausführungen *zu Dohnas* zwar zu und hielt wie dieser solche neuen Umstände für die Wiederaufnahme zuungunsten des Angeklagten erforderlich, die an der Schuld des Angeklagten einen begründeten Zweifel nicht mehr aufkommen lassen, wollte aber dieses Erfordernis nicht in das Gesetz aufgenommen haben, da eine „kluge Staatsanwaltschaft und ein vorsichtig abwägendes Gericht“ dafür Sorge zu tragen hätten, dass „die weit zu fassende Gesetzesvorschrift nur der wahren Gerechtigkeit“ diene.[128] *Töwe* war davon überzeugt, dass die Staatsanwaltschaft eine Wiederaufnahme nach einem Freispruch immer nur dann betreiben werde, „wenn die Schuld des Freigesprochenen oder ein erhebliches Fehlgreifen im Strafmaß durch nachträglich auftretende Tatsachen oder Beweise evident“ sei.[129]

III. Die Arbeiten der Großen Strafprozesskommission

Nachdem die Reform des Strafgesetzbuchs im Oktober 1936 abgeschlossen worden war, setzte *Gürtner* eine neue Strafprozesskommission (sog. Große Strafprozesskommission[130]) ein, welcher die Vorlagen der Kleinen Strafprozesskommission zur Beratung überwiesen wurden.[131]

In sechs mehrtägigen Sitzungen fand vom 14. Dezember 1936 bis zum 23. Oktober 1937 die erste Lesung statt.[132] Die Wiederaufnahme des Verfahrens war ab der 29. Sitzung vom 8. Mai 1937 Gegenstand der Beratung.[133]

---

126 *Graf zu Dohna*, DStR 1936, 16 (23).

127 *Töwe*, JAkDR 1937, 226 (233).

128 *Töwe*, JAkDR 1937, 226 (235).

129 *Töwe*, JAkDR 1937, 226 (235).

130 Dieser gehörten an: *Gürtner* als Vorsitzender, *Roland Freisler* als sein Vertreter, die Ministerialdirektoren *Schäfer* und *Crohne*, die Professoren *Dahm*, *Graf Gleispach*, *Kohlrausch* und als Praktiker der Präsident des Volksgerichtshofs *Thierack*, der Reichsgerichtsrat *Niethammer*, der Oberlandesgerichtspräsident *von Kiel Martin*, der Landgerichtsdirektor *von Vacano*, der Staatsanwalt *Lichtenberger*, der Generalstaatsanwalt *Lautz* und Landgerichtsdirektor i.R. *Töwe*; *Gruchmann*, Justiz, S. 1015.

131 *Gruchmann*, Justiz, S. 1015.

132 *Gruchmann*, Justiz, S. 1017.

133 Protokolle der Gr. StPO-Kommission vom 8. Mai 1937, abgedruckt in *Schubert*, Abt. III Bd. 2,2, S. 68 ff.

1. Die Diskussion um die generelle Ausdehnung der Wiederaufnahme zuungunsten des Angeklagten

Die wichtigste Frage, die sich in der Debatte über das Wiederaufnahmerecht stellte, war, ob für die Wiederaufnahme zuungunsten des Angeklagten dieselben Gründe aufgestellt werden sollten, wie sie zu seinen Gunsten vorgesehen waren und damit, ob man bewusst von dem noch in der Reichsstrafprozessordnung verfolgten Gedanken abweichen solle, dass das Wiederaufnahmeverfahren einseitig den Interessen des Angeklagten zu dienen bestimmt sei, indem es die Wiederaufnahme zu seinen Gunsten in ausgedehnterem Maße zuließ als die zu seinen Ungunsten.[134]

Zu Beginn der ersten Besprechung stellten die Berichterstatter *Freisler*[135] und *Töwe*[136] ihre Positionen dar und sprachen sich ausdrücklich für eine Ausdehnung der Wiederaufnahme zuungunsten des Angeklagten aufgrund neuer Tatsachen und Beweismittel aus, wie dies bereits im Entwurf der Kleinen Strafprozesskommission vorgeschlagen worden war. Hierbei werde es sich künftig um den bedeutendsten Wiederaufnahmegrund handeln, denn gerade dieser erfülle die wesentliche Funktion des Wiederaufnahmeverfahrens.[137]

Wie *Freisler* weiter ausführte, dürfe man die Möglichkeit, ein durch neue Tatsachen oder Beweismittel erschüttertes Urteil durch ein gerechtes Urteil zu ersetzen, nicht einschränken. Eine Trennung in Wiederaufnahmegründe zugunsten und zuungunsten des Angeklagten stehe in unvereinbarem Widerspruch zu der Aufgabe der Strafrechtspflege, die materielle Gerechtigkeit zu wahren.[138] Die Forderung nach materieller Gerechtigkeit führe dazu, dass der Wahrheit auch zuungunsten eines Verurteilten zum Siege verholfen werden müsse.[139]

Es sei falsch, die Wiederaufnahme nur bei Vorliegen eines Geständnisses eines Freigesprochenen zuzulassen, nicht aber beispielsweise bei Auffinden eines eindeutigen Beweismittels, wie einer Urkunde.[140] Die bisherigen Wiederaufnahmegründe der Verwendung falsch angefertigter oder verfälschter Urkunden und die

---

134 Vgl. die Rede des Berichterstatters *Töwe* in der Sitzung vom 10. Mai 1937, abgedruckt in *Schubert*, Abt. III Bd. 2,2, S. 73.

135 Rede *Freislers* in der Sitzung vom 8. Mai 1937, abgedruckt in *Schubert*, Abt. III Bd. 2,2, S. 68 f.

136 Rede *Töwes* in der Sitzung vom 8. Mai 1937, abgedruckt in *Schubert*, Abt. III Bd. 2,2, S. 71.

137 *Freisler* in der Sitzung vom 8. Mai 1937, abgedruckt in *Schubert*, Abt. III Bd. 2,2, S. 68 f.

138 *Freisler* in der Sitzung vom 8. Mai 1937, abgedruckt in *Schubert*, Abt. III Bd. 2,2, S. 68 f.

139 *Töwe* in der Sitzung vom 8. Mai 1937, abgedruckt in *Schubert*, Abt. III Bd. 2,2, S. 71.

140 *Freisler* in der Sitzung vom 8. Mai 1937, abgedruckt in *Schubert*, Abt. III Bd. 2,2, S. 68 f.

Eidesverletzung durch Zeugen bzw. Sachverständige sollten in diesem allgemein gefassten Wiederaufnahmegrund aufgehen und bräuchten nicht mehr eigenständig geregelt werden.[141] Dies habe den weiteren Vorteil, dass die nicht strafbare Falschaussage und die nicht strafbare Verwendung einer falschen Urkunde zu einer Wiederaufnahme des Verfahrens führen könnten.[142] Zudem könne dadurch der als wenig erfreulich bezeichnete Wiederaufnahmegrund des nachträglichen Geständnisses gestrichen werden.[143]

Grundsätzlich wolle man zwar weiterhin Wahrheitserforschung und Wahrung der Rechtskraft in Einklang bringen, jedoch sei die Wahrheitserforschung nach derzeitigem Recht ungleichmäßig, da einseitig nur das Interesse des Angeklagten berücksichtigt werde.[144] Dass ein falsches Urteil jedoch nicht nur für den Angeklagten unerträglich sei, sondern auch der Staat ein Interesse daran habe, ein auf falschen Voraussetzungen beruhendes Urteil aus der Welt zu schaffen, komme in der bisherigen Fassung des Gesetzes zu kurz.[145] Das Ziel der materiellen Gerechtigkeit könne jedoch immer nur dasselbe sein, weshalb eine unterschiedliche Behandlung von Wiederaufnahme zugunsten und zuungunsten nicht mehr zu rechtfertigen sei.[146] Stelle man für die Wiederaufnahme zugunsten und diejenige zuungunsten des Angeklagten unterschiedliche Voraussetzungen auf, so entspräche dies nicht dem gesunden Volksempfinden.[147]

Früher habe man einen Gleichlauf von Wiederaufnahme zugunsten und zuungunsten zwar für unmöglich gehalten, was allerdings auch hinsichtlich der reformatio in peius der Fall gewesen sei, bei welcher man ebenfalls glaubte, dass deren Verbot unangetastet bleiben müsse, sich die Abschaffung aber schließlich durchgesetzt und bewährt habe.[148] Die Gefahr, dass das Verfahren niemals zur Ruhe kommen könnte, bestehe hingegen nicht, da ein pflichtbewusster Staatsanwalt von der Wiederaufnahme regelmäßig nur dann Gebrauch machen werde,

141 *Freisler* in der Sitzung vom 8. Mai 1937, abgedruckt in *Schubert*, Abt. III Bd. 2,2, S. 69.

142 *Freisler* in der Sitzung vom 8. Mai 1937, abgedruckt in *Schubert*, Abt. III Bd. 2,2, S. 69.

143 *Töwe* in der Sitzung vom 8. Mai 1937, abgedruckt in *Schubert*, Abt. III Bd. 2,2, S. 71.

144 Vgl. die Rede des Berichterstatters *Töwe* in der Sitzung vom 10. Mai 1937, abgedruckt in *Schubert*, Abt. III Bd. 2,2, S. 73.

145 Vgl. die Rede des Berichterstatters *Töwe* in der Sitzung vom 10. Mai 1937, abgedruckt in *Schubert*, Abt. III Bd. 2,2, S. 73.

146 Rede *Freislers* in der Sitzung vom 10. Mai 1937, abgedruckt in *Schubert*, Abt. III Bd. 2,2, S. 80.

147 *Von Bacano* in der Sitzung vom 10. Mai 1937, abgedruckt in *Schubert*, Abt. III Bd. 2,2, S. 81.

148 *Töwe* in der Sitzung vom 10. Mai 1937, abgedruckt in *Schubert*, Abt. III Bd. 2,2, S. 81.

wenn die nachträglich bekannt gewordenen Tatsachen oder Beweismittel die Unrichtigkeit des Urteils evident machen.[149]

Argumentiert wurde zusätzlich wiederum mit dem österreichischen Recht, welches grundsätzlich eine Gleichbehandlung der Voraussetzungen von günstiger und ungünstiger Wiederaufnahme vorsähe.[150] Darüber habe man schon auf dem Lübecker Juristentag 1931 diskutiert. Schon damals seien gegen die Beibehaltung der bisherigen Wiederaufnahmebestimmungen von österreichischer Seite bedeutende Argumente vorgebracht worden.[151] Die übrigen Redner, welche dort gegen die Ausdehnung der Wiederaufnahme zuungunsten des Angeklagten eintraten, seien – wie *Graf Gleispach* ausführte – hingegen meist Juden, Kommunisten oder Sozialdemokraten gewesen.[152]

Als einziger Redner, welcher Argumente gegen die Ausdehnung der Wiederaufnahme zuungunsten des Angeklagten anführte, trat *Kohlrausch*[153] hervor. Dieser betonte, dass die Einführung der Wiederaufnahme propter nova zuungunsten des Angeklagten eine Entscheidung von großer Tragweite sei, welche im Grunde die Beseitigung der Rechtskraft und die Verwandlung eines Freispruchs in eine bloße Einstellung des Verfahrens bedeute.[154] Dass die Rechtskraft zugunsten des Verurteilten leichter durchbrochen werden könne und damit der Angeklagte stärker geschützt werde, sei eine bewusste Entscheidung zur Bekämpfung der Nichtachtung des Rechtskraftgedankens im gemeinen Inquisitionsprozess gewesen. Zu dieser Zeit sei aber die Nichtachtung der Rechtskraft immerhin noch durch die Anwendung der positiven Beweisvorschriften begründet gewesen, welche den Richter hinderten, seiner freien Überzeugung nach zu urteilen und es auf diese Weise vielfach zu materiell ungerechten Freisprüchen kommen musste.[155] Durch Einführung der „absolutio ab instantia" sei die Rechts-

149 *Töwe* in der Sitzung vom 8. Mai 1937, abgedruckt in *Schubert*, Abt. III Bd. 2,2, S. 71.

150 *Graf Gleispach* in der Sitzung vom 10. Mai 1937, abgedruckt in *Schubert*, Abt. III Bd. 2,2, S. 80.

151 *Graf Gleispach* in der Sitzung vom 10. Mai 1937, abgedruckt in *Schubert*, Abt. III Bd. 2,2, S. 80.

152 So *Graf Gleispach* in der Sitzung vom 10. Mai 1937, abgedruckt in *Schubert*, Abt. III Bd. 2,2, S. 80.

153 *Niethammer* zeigte sich von den Argumenten *Kohlrauschs* zwar beeindruckt, äußerte selbst aber keine weiteren Zweifel an der Ausdehnung der Wiederaufnahme zuungunsten des Angeklagten, vgl. *Schubert*, Abt. III Bd. 2,2, S. 81.

154 Rede *Kohlrauschs* in der Sitzung vom 10. Mai 1937, abgedruckt in *Schubert*, Abt. III Bd. 2,2, S. 78 f.

155 Rede *Kohlrauschs* in der Sitzung vom 10. Mai 1937, abgedruckt in *Schubert*, Abt. III Bd. 2,2, S. 78 f.

kraft schließlich beseitigt worden. Nachdem ab der Mitte des Neunzehnten Jahrhunderts dem Richter die freie Beweiswürdigung ermöglicht worden sei, konnte – wie *Kohlrausch* weiter ausführte – die Wiederaufnahme propter nova beschränkt werden, was für die Ersteller des Entwurfs der Reichsstrafprozessordnung so selbstverständlich gewesen sei, dass hierüber nicht einmal gesprochen wurde.[156] Man habe sich bewusst dafür entschieden, die Wiederaufnahme zuungunsten des Angeklagten nur in eng umgrenzten Fällen zuzulassen, da man es für schlimmer hielt, wenn ein Unschuldiger bestraft als, dass hundert Schuldige freigesprochen wurden.[157] Sowohl die historische Entwicklung als auch der Gedanke der Gerechtigkeit sprächen daher für eine Ungleichbehandlung der Wiederaufnahme zuungunsten und derjenigen zugunsten des Angeklagten.[158]

Obwohl *Kohlrausch* – wie soeben dargestellt – zunächst äußerst kritische Argumente hinsichtlich der Ausdehnung der Wiederaufnahme zuungunsten des Angeklagten vorbrachte, kam er gegen Ende seiner Ausführungen zu dem Schluss, dass der jetzige Rechtszustand nicht schlechthin aufrechterhalten werden sollte und wies gleichzeitig darauf hin, dass es neuerdings Vorschläge gäbe, auf die Bestimmung, welche in der sächsischen und württembergischen Gesetzgebung des Neunzehnten Jahrhunderts gebraucht wurde, zurückzugreifen. Demnach sollte die Wiederaufnahme bei solchen neuen Tatsachen oder Beweismitteln zugelassen werden, welche schon an sich und ohne dass es eines Zurückgehens auf die Ergebnisse der früheren Beweisaufnahme zum Beweis der Täterschaft des Angeklagten bedürfe, geeignet seien, die Überführung zu begründen.[159] Dabei handle es sich nach den Ausführungen *Kohlrauschs* um einen Vorschlag, welcher ernster Erwägung wert sei.[160] Letztendlich befürwortete somit der einzig vermeintliche Gegner der Ausdehnung der Wiederaufnahmegründe zuungunsten des Angeklagten ebenfalls deren grundsätzliche Erweiterung.

156 Rede *Kohlrauschs* in der Sitzung vom 10. Mai 1937, abgedruckt in *Schubert*, Abt. III Bd. 2,2, S. 78 f.

157 Rede *Kohlrauschs* in der Sitzung vom 10. Mai 1937, abgedruckt in *Schubert*, Abt. III Bd. 2,2, S. 79.

158 Rede *Kohlrauschs* in der Sitzung vom 10. Mai 1937, abgedruckt in *Schubert*, Abt. III Bd. 2,2, S. 79.

159 Rede *Kohlrauschs* in der Sitzung vom 10. Mai 1937, abgedruckt in *Schubert*, Abt. III Bd. 2,2, S. 79.

160 Rede *Kohlrauschs* in der Sitzung vom 10. Mai 1937, abgedruckt in *Schubert*, Abt. III Bd. 2,2, S. 79.

2. Einschränkungsversuche der Wiederaufnahme zuungunsten des Angeklagten aufgrund neuer Tatsachen oder Beweismittel

Dass die Gründe der Wiederaufnahme zuungunsten an diejenigen der Wiederaufnahme zugunsten des Angeklagten angeglichen werden und erstere somit ebenfalls grundsätzlich aufgrund neuer Tatsachen und Beweismittel erfolgen sollte, war in der Großen Strafprozesskommission zur allgemeinen Meinung geworden.[161] Umstritten war jedoch, ob man zusätzliche Voraussetzungen vorsehen solle, damit die Wiederaufnahme zuungunsten des Angeklagten nicht völlig schrankenlos gestattet werde, wobei sich die Befürworter einer zusätzlichen Hürde über deren konkrete Ausgestaltung nicht einigen konnten:

Zur Einschränkung sei – wie *Töwe* ausführte – einerseits vorgeschlagen worden, dass die Wiederaufnahme zuungunsten des Angeklagten lediglich bei Verbrechen zulässig sein soll.[162] Da das neue Strafgesetzbuch jedoch nicht mehr zwischen Verbrechen, Vergehen und Übertretungen unterscheide, sei eine derartige Abstufung äußerst schwierig.[163]

Eine weitere Möglichkeit sei, die Wiederaufnahme auf schwere Fälle zu begrenzen, was teilweise als nicht brauchbare, rein graduelle Abstufung bezeichnet wurde,[164] nach dem Wunsch anderer jedoch in der Gestalt in das Gesetz aufgenommen werden sollte, dass die Wiederaufnahme zuungunsten des Angeklagten nur in den Fällen zugelassen werde, in denen es für das Gerechtigkeitsempfinden des Volkes unerträglich sei, dass keine Strafe verhängt wurde.[165] Während

---

161 Vgl. hierzu die Zusammenfassung der Ergebnisse der Besprechung durch *Freisler*, *Schubert*, Abt. III Bd. 2,2, S. 82. *Kohlrausch* meldete sich hier erneut zu Wort und betonte, dass er nur deswegen vorläufig damit einverstanden sei, weil er noch nichts Besseres gefunden habe.

162 Hierbei nahm *Töwe* wohl Bezug auf die Ausführungen *v. Hentigs*, der die Wiederaufnahme zwar auch im Falle der Beibringung neuer relevanter Tatsachen oder Beweismittel zulassen wollte, jedoch forderte, dass dann eine Begrenzung in doppelter Hinsicht vorzunehmen sei: Einerseits dürfe die Wiederaufnahme nur bei schwersten strafbaren Handlungen, nämlich den Verbrechen zugelassen werden und andererseits dürfe es bei politischen Strafverfahren keine Wiederaufnahme geben; *v. Hentig*, Wiederaufnahmerecht, S. 117 f.

163 Vgl. die Rede des Berichterstatters *Töwe* in der Sitzung vom 10. Mai 1937, abgedruckt in *Schubert*, Abt. III Bd. 2,2, S. 73 f.

164 Rede *Kohlrauschs* in der Sitzung vom 10. Mai 1937, abgedruckt in *Schubert*, Abt. III Bd. 2,2, S. 79.

165 Rede *Freislers* in der Sitzung vom 10. Mai 1937, abgedruckt in *Schubert*, Abt. III Bd. 2,2, S. 79.

manche dafür plädierten, diese Passage ausdrücklich in das Gesetz aufzunehmen,[166] um damit auch zu verdeutlichen, ob hier der Legalitäts- oder Opportunitätsgrundsatz gelte,[167] forderten andere, dass die Justizverwaltungen im Wege der Anweisung darauf hinwirken sollten, dass die Staatsanwaltschaften die Wiederaufnahme zuungunsten des Angeklagten nur in diesen Fällen, also wenn das Gerechtigkeitsempfinden in unerträglicher Weise beeinträchtigt sei, betreiben.[168]

Enger gefasst war der Vorschlag des *Grafen von der Goltz*[169], welcher neben der Beeinträchtigung des gesunden Volksempfindens verlangte, dass die Staatsanwaltschaft vor der Wiederaufnahme feststellen müsse, ob eine Verurteilung mit Sicherheit zu erwarten sei.[170] Dem wurde jedoch entschieden entgegen gehalten, dass dies zu neuen Schwierigkeiten führe, da man von dem Staatsanwalt ein Vor-Urteil verlange, was nicht zu dessen gewollter Stellung im Prozess passe.[171]

Andere setzten hingegen darauf, dass der Staatsanwalt ohnehin von seinem Ermessen pflichtgemäß Gebrauch machen[172] und die Praxis automatisch dafür sorgen werde, dass keine Unbilligkeiten auftreten[173]. Gerade die Begriffe der „neuen Tatsachen und Beweismittel“ und die „wesentlich schwerere Bestrafung“ seien Wertbegriffe, welche dem Richter eine gewisse Ermessensfreiheit

166 *Graf Gleispach* und *Stolzenburg* in der Sitzung vom 10. Mai 1937, abgedruckt in *Schubert*, Abt. III Bd. 2,2, S. 80.

167 *Stolzenburg* in der Sitzung vom 10. Mai 1937, abgedruckt in *Schubert*, Abt. III Bd. 2,2, S. 80.

168 So *Freisler* in der Sitzung vom 10. Mai 1937, abgedruckt in *Schubert*, Abt. III Bd. 2,2, S. 79 f.

169 Rechtsanwalt *Graf von der Goltz* vertrat auf ausdrücklichen Befehl des Führers die Partei in den Arbeiten der Strafprozesskommission. Es stellte sich in der Folge jedoch heraus, dass er die wirklichen Interessen der Parteiführung nicht vertreten konnte, da er mit dieser in zu oberflächlicher Beziehung stand; *Gruchmann*, Justiz, S. 1045 f.

170 *Graf von der Goltz* in der Sitzung vom 10. Mai 1937 und sich ihm anschließend *Martin*; abgedruckt in *Schubert*, Abt. III Bd. 2,2, S. 80 f. Später konkretisierte *Graf von der Goltz* seinen Vorschlag dahingehend, dass die Voraussetzung, dass die Verurteilung mit Sicherheit zu erwarten sein müsse, nicht in das Gesetz, sondern lediglich in Richtlinien aufgenommen werden müsse; *Schubert*, Abt. III Bd. 2,2, S. 81.

171 So *Freisler* in der Sitzung vom 10. Mai 1937, abgedruckt in *Schubert*, Abt. III Bd. 2,2, S. 81.

172 *Töwe* in der Sitzung vom 10. Mai 1937, abgedruckt in *Schubert*, Abt. III Bd. 2,2, S. 81.

173 *Von Bacano* in der Sitzung vom 10. Mai 1937, abgedruckt in *Schubert*, Abt. III Bd. 2,2, S. 81.

einräumen und ohnehin dazu führen werden, dass man bei der ungünstigen Wiederaufnahme Zurückhaltung übe.[174] Man dürfe hingegen nicht in das Gesetz aufnehmen, dass der Staatsanwalt von seinem Ermessen nur Gebrauch machen könne, wenn die Wiederaufnahme im Einzelfall vom gesunden Volksempfinden verlangt werde.[175]

Wie in der Diskussion über die generelle Ausdehnung der Wiederaufnahme schon angedeutet, wurde von *Kohlrausch* die Aufnahme einer Formulierung favorisiert, wie sie in der sächsischen und württembergischen Gesetzgebung des Neunzehnten Jahrhunderts gebraucht wurde.[176] Die Wiederaufnahme sollte demnach nur bei solchen neuen Tatsachen oder Beweismitteln erfolgen, welche schon an sich und ohne dass es eines Zurückgehens auf die Ergebnisse der früheren Beweisaufnahme zum Beweis der Täterschaft des Angeklagten geeignet seien, die Überführung zu begründen.[177] Später machte er auf Anregung *Graf zu Dohnas* einen weiteren Vorschlag, wonach das Gericht die Wiederaufnahme des Verfahrens und die Erneuerung der Hauptverhandlung zuungunsten eines Freigesprochenen beschließen sollte, wenn ein neuer Umstand zu seiner Kenntnis gelange, der einen so überzeugenden Beweis seiner Schuld liefere, dass an dieser ein begründeter Zweifel nicht mehr möglich sei; das gleiche sollte im Falle einer früheren Verurteilung gelten, wenn diese außer Verhältnis zu der Strafe stehe, zu der der Angeklagte hätte verurteilt werden müssen. Jedenfalls sollte die Wiederaufnahme aber nur bei Verbrechen gestattet werden.[178]

3. Die Diskussion über die konkrete Ausgestaltung der Wiederaufnahmegründe

a) § 335 des E-1936

Hinsichtlich der Wiederaufnahme zuungunsten des Angeklagten ging es hier insbesondere um die Frage, ob in Ziffer 2 des § 335, der die Wiederaufnahme zuungunsten eines zu milde Verurteilten auch dann ermöglichte, wenn Tatsachen oder Beweismittel beigebracht wurden, die geeignet gewesen wären, eine

---

174 *Dahm* in der Sitzung vom 10. Mai 1937, abgedruckt in *Schubert*, Abt. III Bd. 2,2, S. 81.

175 *Töwe* in der Sitzung vom 10. Mai 1937, abgedruckt in *Schubert*, Abt. III Bd. 2,2, S. 82.

176 Rede *Kohlrauschs* in der Sitzung vom 10. Mai 1937, abgedruckt in *Schubert*, Abt. III Bd. 2,2, S. 79.

177 Rede *Kohlrauschs* in der Sitzung vom 10. Mai 1937, abgedruckt in *Schubert*, Abt. III Bd. 2,2, S. 79.

178 *Kohlrausch* in der Sitzung vom 10. Mai 1937, abgedruckt in *Schubert*, Abt. III Bd. 2,2, S. 82.

wesentlich schwerere Bestrafung zu begründen, das Wort „wesentlich" durch ein „stärkeres" ersetzt werden solle.[179]

Bedeutend sei dies vor allem deshalb, da in Ziffer 1, welche die Wiederaufnahme zugunsten des Angeklagten vorsehe, ebenfalls das Wort „wesentlich" verwendet werde, diesem dort aber eine andere Bedeutung zukommen müsse als in Ziffer 2. Aus der Perspektive des Angeklagten sei schon wesentlich, wenn er statt sechs drei Monate Gefängnis erhalte, was aber für die Wiederaufnahme zuungunsten durch die Staatsanwaltschaft nicht ausreichend sein könne.[180]

Gegen diese Änderung wurde angeführt, dass man dies nicht zwingend im Gesetz zum Ausdruck bringen müsse, da die Anwendung dieser Voraussetzungen immer eine Frage der gerechten und richtigen Ermessensausübung sei.[181] Da man auch an dieser Stelle die Wiederaufnahme zuungunsten des Angeklagten an diejenige zugunsten angleichen wollte, einigte man sich darauf, in beiden Ziffern „wesentlich" beizubehalten,[182] hielt aber fest, dass man sich darüber im Klaren sei, dass dieses Merkmal in beiden Fällen etwas anderes bedeute und einmal auf den Angeklagten bezogen werde und zum anderen auf die Unerträglichkeit für die Volksgemeinschaft. Weiter wurde betont, dass die Entscheidung des Staatsanwalts von der Erwägung beeinflusst werden müsse, dass etwas „ganz Besonderes" vorliege, um zuungunsten des Angeklagten zur Wiederaufnahme zu schreiten.[183]

b) § 336 des E-1936

Zuungunsten des Angeklagten zwar weniger bedeutend, aber dennoch möglich, war in § 336 des Entwurfs die Wiederaufnahme des Verfahrens vorgesehen, wenn das Gericht auf eine Strafe oder eine sichernde Maßregel erkannt hatte, auf die nach den angewandten Strafvorschriften überhaupt nicht erkannt werden durfte. Dabei handle es sich nach den Ausführungen des Berichterstatters *Töwe*

179 Vgl. hierzu die Rede *Freislers* in der Sitzung vom 10. Mai 1937, abgedruckt in *Schubert*, Abt. III Bd. 2,2, S. 88.

180 Vgl. die Rede *Töwes* in der Sitzung vom 10. Mai 1937, abgedruckt in *Schubert*, Abt. III Bd. 2,2, S. 88.

181 *Töwe* in der Sitzung vom 10. Mai 1937, abgedruckt in *Schubert*, Abt. III Bd. 2,2, S. 88.

182 Lediglich *Kohlrausch* blieb der Meinung, man müsse „wesentlich" in Ziffer 1 streichen und in Ziffer 2 beibehalten, damit zum Ausdruck komme, dass in Ziffer 1 ein „graduelles Heruntergehen", in Ziffer 2 eine „ihrem Wesen nach schwerere Bestrafung" gemeint sei, wie ein Übergang einer Gefängnisstrafe in eine Zuchthausstrafe, *Kohlrausch* in der Sitzung vom 10. Mai 1937, abgedruckt in *Schubert*, Abt. III Bd. 2,2, S. 88.

183 *Freisler* in der Sitzung vom 10. Mai 1937, abgedruckt in *Schubert*, Abt. III Bd. 2,2, S. 88.

um einen absolut nichtigen Urteilsgrund, welcher zwar nicht allgemein als Wiederaufnahmegrund angesehen werden dürfe, da ein nichtiges Urteil grundsätzlich als nicht existent zu betrachten sei und daher gerade kein rechtskräftiges Urteil darstelle, jedoch sei dies ein besonders markanter Fall.[184] Ein solches Urteil kategorisch nicht von der Wiederaufnahme zu erfassen sei hingegen zu formalistisch.[185] Es handle sich hierbei um einen Schandfleck der Rechtspflege, der eine besondere Behandlung rechtfertige.[186] Ein Abänderungsbedürfnis bestehe hier unabhängig davon, ob neue Tatsachen oder Beweismittel beigebracht werden.[187] Richtig sei es aber, dass der Entwurf aus allen denkbaren Fällen der Nichtigkeit nur diesen markanten Fall herausgreift.[188]

In Bezug auf die Erfassung nichtiger Urteile von der Wiederaufnahme des Verfahrens wurde in der ersten Besprechung dieser Vorschrift von Justizminister *Gürtner* die Frage aufgeworfen, ob die Wiederaufnahme demnach auch im Falle der Entscheidung durch einen geisteskranken Richter erfolgen dürfe.[189] Dies wurde von dem Berichterstatter *Freisler* jedoch ausdrücklich abgelehnt, da man damit Gefahr laufe, Entscheidungen, welcher der betreffende Richter seit Jahren erlassen hatte, wieder aufzugreifen.[190]

Dass man mit dieser Vorschrift einen Fall der absoluten Nichtigkeit eines Urteils herausgreift und für die übrigen Fälle die Wiederaufnahme nicht zulässt, wurde teilweise kritisch gesehen und stattdessen vorgeschlagen, man könne in diesen Fällen eine andere Vorschrift in das Gesetz aufnehmen, bei welcher es sich dogmatisch nicht um einen Wiederaufnahmegrund handle, sondern lediglich ein höheres Gericht eingesetzt werden solle, welches zu entscheiden habe, ob das Urteil zu beseitigen sei.[191] Dies sei lediglich eine Feststellung über das Nichtbestehen einer rechtswirksamen Entscheidung, jedoch keine Wiederaufnahme des Verfahrens.[192]

---

184 *Töwe* in der Sitzung vom 10. Mai 1937, abgedruckt in *Schubert*, Abt. III Bd. 2,2, S. 74.

185 *Töwe* in der Sitzung vom 8. Mai 1937, abgedruckt in *Schubert*, Abt. III Bd. 2,2, S. 71.

186 *Freisler* in der Sitzung vom 10. Mai 1937, abgedruckt in *Schubert*, Abt. III Bd. 2,2, S. 75.

187 *Freisler* in der Sitzung vom 8. Mai 1937, abgedruckt in *Schubert*, Abt. III Bd. 2,2, S. 69.

188 *Töwe* in der Sitzung vom 10. Mai 1937, abgedruckt in *Schubert*, Abt. III Bd. 2,2, S. 74.

189 *Gürtner* in der Sitzung vom 8. Mai 1937, abgedruckt in *Schubert*, Abt. III Bd. 2,2, S. 71.

190 *Freisler* in der Sitzung vom 8. Mai 1937, abgedruckt in *Schubert*, Abt. III Bd. 2,2, S. 71.

191 *Graf Gleispach* in der Sitzung vom 10. Mai 1937, abgedruckt in *Schubert*, Abt. III Bd. 2,2, S. 77.

192 *Graf Gleispach* in der Sitzung vom 10. Mai 1937, abgedruckt in *Schubert*, Abt. III Bd. 2,2, S. 77.

Gegen diesen Vorschlag wurden jedoch umgehend starke Bedenken geäußert: Hinsichtlich eines durch einen geisteskranken Richter erlassenen Urteils wurde beispielsweise darauf hingewiesen, dass es dem Angeklagten unmöglich sei, Beweise für die Geisteskrankheit des Richters vorzubringen, man aber für solche Fälle auch nicht veranlassen könne, dass der Richter einer amtsärztlichen Untersuchung unterzogen werde.[193]

c) Wiederaufnahme aufgrund einer Amtspflichtsverletzung

Wie aus den Beratungen der Kommission hervorgeht, hat man sich ganz bewusst dafür entschieden, für den Fall der strafbaren Amtspflichtsverletzung eines Richters die Wiederaufnahme in einem eigenständigen Paragrafen festzuhalten und dies nicht als Unterfall der neuen Tatsachen und Beweismittel anzusehen:[194]

Dieser Wiederaufnahmegrund unterscheide sich nach den Ausführungen *Freislers* von den übrigen dadurch, dass zwar nicht dargetan werden müsse, dass das Urteil inhaltlich durch die Amtspflichtsverletzung beeinflusst worden war, jedoch formal eine rechtskräftige Verurteilung des Richters verlangt werden müsse, um unberechtigten Vorwürfen der Bestechlichkeit und Rechtsbeugung nicht Tür und Tor zu öffnen.[195]

Dass – wie schon im Entwurf der Kleinen StPO-Kommission vorgeschlagen – in § 337 weiterhin nur der Richter, nicht aber die Geschworenen und die Schöffen genannt sein sollten, wurde von der Mehrheit befürwortet.[196] Es wurde zwar angeregt, diese neben dem Richter in das Gesetz aufzunehmen,[197] da man aber befürchtete, dass die Änderung zu Folgeänderungen des Gesetzes führen würde, entschied man sich dagegen.[198]

---

193 *Freisler, Töwe, Dahm* in der Sitzung vom 10. Mai 1937, abgedruckt in *Schubert*, Abt. III Bd. 2,2, S. 77.

194 Vgl. hierzu die Rede *Freislers* in der Sitzung vom 8. Mai 1937, abgedruckt in *Schubert*, Abt. III Bd. 2,2, S. 69 und die Rede *Töwes* in der Sitzung vom 10. Mai 1937, abgedruckt in *Schubert*, Abt. III Bd. 2,2, S. 72.

195 *Freisler* in der Sitzung vom 8. Mai 1937, abgedruckt in *Schubert*, Abt. III Bd. 2,2, S. 69

196 Vgl. die Rede des Berichterstatters *Töwe* in der Sitzung vom 10. Mai 1937, abgedruckt in *Schubert*, Abt. III Bd. 2,2, S. 72 f.

197 Von *Freisler* und *Dahm* in der Sitzung vom 10. Mai 1937, abgedruckt in *Schubert*, Abt. III Bd. 2,2, S. 76.

198 Vgl. die Ausführungen *Lehmanns* und *Töwes* in der Sitzung vom 10. Mai 1937, abgedruckt in *Schubert*, Abt. III Bd. 2,2, S. 76.

4. Weitere Behandlung des Entwurfs nach Abschluss der ersten Lesung

Nach Abschluss der ersten Lesung legte die Große Strafprozesskommission im Oktober 1937 ihren StPO-Entwurf[199] vor. Die im Entwurf der Kleinen Kommission vom Februar 1936 vorgeschlagenen Bestimmungen zur Wiederaufnahme zuungunsten des Angeklagten behielt man bei.

Die Ergebnisse der ersten Lesung wurden nun nicht mehr geheim gehalten, sondern im April 1938 der Öffentlichkeit durch amtlichen Bericht mitgeteilt.[200]

Am 4. Mai 1938 begann die zweite Lesung.[201] Bezüglich der Wiederaufnahme des Verfahren, welche ab der 68. Sitzung vom 28. November 1938 Gegenstand der Diskussion war, wollte man sich nicht auf eine „Einzelkritik der in erster Lesung beschlossenen Vorschriften" beschränken, sondern die Grundfragen der Wiederaufnahme erneut erörtern, da es sich dabei – wie *Freisler* betonte – um so wichtige Fragen handle.[202]

a) Grundsätzlicher Gleichlauf der Voraussetzungen der Wiederaufnahme zugunsten und zuungunsten?

Der Berichterstatter *Niethammer*[203] bezog sich zunächst auf seinen schriftlich vorgelegten Bericht[204], in welchem er bereits dargelegt hatte, dass er die Frage, ob die Wiederaufnahme wegen neuer Tatsachen und Beweismittel zuungunsten des Freigesprochenen grundsätzlich unter denselben Voraussetzungen stattfinden soll wie die Wiederaufnahme zugunsten, als endgültig entschieden ansehe und auch er – trotz seiner ursprünglichen Bedenken – gegen den Gleichlauf der Wiederaufnahmegründe nichts mehr einzuwenden habe.[205] Allerdings dürfe dies nur im Vertrauen darauf geschehen, dass die Justizverwaltungen Missbrauch

---

199 Entwurf vom 28. Oktober 1937, abgedruckt in *Schubert*, Abt. III Bd. 1, S. 103 ff.

200 Das kommende deutsche Strafverfahren. Bericht der amtlichen Strafprozeßkommission. Hrsg. v. Justizminister *Gürtner*. Zur Wiederaufnahme des Verfahrens berichtet Oberregierungsrat *Doerner*, S. 428-452.

201 *Gruchmann*, Justiz, S. 1017.

202 Vgl. die Rede *Freislers* in der Sitzung vom 28. November 1938, abgedruckt in *Schubert*, Abt. III Bd. 2,3, S. 342.

203 Eine Übersicht über die Verteilung der Referate für die zweite Lesung findet sich in BA R 3001/21047, Bl. 639.

204 Antrag D 29 vom 4. August 1938, abgedruckt in *Schubert*, Abt. III Bd. 2,3, S. 750 ff.

205 Rede *Niethammer* in der Sitzung vom 28. November 1938, abgedruckt in *Schubert*, Abt. III Bd. 2,3, S. 342.

vorbeugen, indem sie amtliche Richtlinien erarbeiten, in welche sie die Zustimmungspflicht des Justizministers oder zumindest des Generalstaatsanwalts aufnehmen. Nur wenn eine solche Zustimmung vorliege, dürfe gegen einen rechtskräftig Freigesprochenen die Wiederaufnahme aufgrund neuer Tatsachen oder Beweismittel erfolgen.[206] Im Ergebnis sei er aber davon überzeugt, dass die Wiederaufnahme zuungunsten des Angeklagten, welche schließlich in die Hände der Justizverwaltung gelegt sei, nicht missbräuchlich durchgeführt werde.[207]

Auch die übrigen Kommissionsmitglieder stimmten für eine grundsätzliche Parität der Voraussetzungen zwischen günstiger und ungünstiger Wiederaufnahme.[208]

b) Einschränkung der Wiederaufnahme aufgrund neuer Tatsachen oder Beweismittel?

Bezüglich des kompletten sowohl die Wiederaufnahme aufgrund neuer Tatsachen oder Beweismittel zugunsten als auch zuungunsten des Angeklagten enthaltenden § 336 betonte Berichterstatter *Niethammer*, dass er diese Bestimmung nach dem bisherigen Vorschlag der Sachbearbeiter für zu weit gefasst halte.[209] Diese Vorschrift lasse für den Angriff auf ein rechtskräftiges Urteil die bloße Möglichkeit genügen, dass die neuen Tatsachen oder Beweismittel eine Freisprechung, eine Verurteilung, eine wesentlich mildere oder strengere Ahndung oder eine Einstellung des Verfahrens begründen, was zu einer zu großen Angriffsmöglichkeit auf rechtskräftige Urteile führe.[210] Da mit dieser Bestimmung die Wiederaufnahme zuungunsten des Angeklagten ausgedehnt werde, seien ernste Folgen für die Rechtssicherheit keinesfalls ausgeschlossen.[211] Es sei da-

---

206 Vgl. Antrag D 29, *Schubert*, Abt. III Bd. 2,3, S. 751.

207 Rede *Niethammer* in der Sitzung vom 28. November 1938, abgedruckt in *Schubert*, Abt. III Bd. 2,3, S. 342.

208 Vgl. die Zusammenfassung des Ergebnisses der Verhandlungen durch *Freisler*, Protokoll der 68. Sitzung vom 28. November 1938, abgedruckt in *Schubert*, Abt. III Bd. 2,3, S. 349.

209 Rede *Niethammer* in der Sitzung vom 28. November 1938, abgedruckt in *Schubert*, Abt. III Bd. 2,3, S. 343.

210 Rede *Niethammer* in der Sitzung vom 28. November 1938, abgedruckt in *Schubert*, Abt. III Bd. 2,3, S. 343.

211 Ausführungen *Niethammers* in Antrag D 29 vom 4. August 1938, abgedruckt in *Schubert*, Abt. III Bd. 2,3, S. 751.

her nicht richtig, für den Angriff auf ein rechtskräftiges Urteil die bloße Möglichkeit genügen zu lassen, dass die neuen Tatsachen oder Beweismittel eine (strengere) Verurteilung etc. begründen.[212]

In Anlehnung an einen namentlich nicht genannten Rechtslehrer (gemeint war hier aufgrund seiner kritischen Äußerungen wohl *Graf zu Dohna*) führte *Niethammer* weiter aus, dass „die nachträglich aufgedeckten Tatsachen den unterlaufenen Irrtum gewissermaßen mit Händen greifen lassen" müssen.[213] Es sei daher zumindest zu verlangen, dass die neuen Tatsachen oder Beweismittel allein oder verbunden mit den früheren einen Fehler in den tatsächlichen Feststellungen wahrscheinlich machen.[214] Dies müsse in entsprechender Formulierung Eingang in das Gesetz finden.[215] Man solle sogar darüber nachdenken, diese Worte noch zu verschärfen, indem man „in hohem Grade wahrscheinlich" verlange.[216] Dem schloss sich Berichterstatter *Graf Gleispach* an, indem er ebenfalls eine Passage in das Gesetz aufgenommen haben wollte, die eine hohe Wahrscheinlichkeit für die Fehlerhaftigkeit des früheren Urteils verlangte.[217]

Dieser Vorschlag blieb allerdings nicht unkritisiert: *Töwe* sah schon kein Bedürfnis für eine entsprechende gesetzliche Regelung, da er davon überzeugt war, dass die Staatsanwälte ohnehin vorsichtig und angemessen Gebrauch von der Wiederaufnahme zuungunsten des Angeklagten machen werden.[218] Ganz entschieden sprach er sich deshalb gegen die Aufnahme einer Einschränkung der Wiederaufnahme zuungunsten des Angeklagten aus. Man müsse darauf vertrauen, dass der Staatsanwalt sein Ermessen richtig handhabe.[219]

Zudem sei nach *Schäfer* ohnehin auch im Entwurf nach erster Lesung schon eine gewisse Wahrscheinlichkeit verlangt, was durch die Worte „geeignet sind" zum

---

212 Rede *Niethammer* in der Sitzung vom 28. November 1938, abgedruckt in *Schubert*, Abt. III Bd. 2,3, S. 343.

213 Ausführungen *Niethammers* in Antrag D 29 vom 4. August 1938, abgedruckt in *Schubert*, Abt. III Bd. 2,3, S. 751; Hervorhebungen im Original.

214 *Niethammer* in der Sitzung vom 28. November 1938, abgedruckt in *Schubert*, Abt. III Bd. 2,3, S. 343.

215 *Niethammer* in der Sitzung vom 28. November 1938, abgedruckt in *Schubert*, Abt. III Bd. 2,3, S. 343.

216 Ausführungen *Niethammers* in Antrag D 29 vom 4. August 1938, abgedruckt in *Schubert*, Abt. III Bd. 2,3, S. 751; Hervorhebungen im Original.

217 Rede *Graf Gleispachs* in der Sitzung vom 28. November 1938, abgedruckt in *Schubert*, Abt. III Bd. 2,3, S. 343 f.

218 *Töwe* in der Sitzung vom 28. November 1938, abgedruckt in *Schubert*, Abt. III Bd. 2,3, S. 348 f.

219 *Töwe* in der Sitzung vom 28. November 1938, abgedruckt in *Schubert*, Abt. III Bd. 2,3, S. 349.

Ausdruck komme.[220] Wenn man „Fehler in den tatsächlichen Feststellungen“ in das Gesetz aufnehme, sei dies zum einen zu eng, da unvollständige Tatsachenfeststellungen nicht einbezogen werden würden[221] und zum anderen erwecke dies den Anschein, dass man gegen das urteilende Gericht einen Vorwurf erhebe.[222]

c) Wiederaufnahme wegen unzulässiger Strafe

Bezüglich des § 338 des Entwurfs nach erster Lesung, welcher die Wiederaufnahme vorsah, wenn das Gericht auf eine Strafe oder sichernde Maßregel erkannt hatte, die nach den angewandten Strafvorschriften nicht zulässig ist, wurde in der Kommission zunächst noch umfassend diskutiert.[223] Letztendlich einigte man sich darauf, diesen aus den Wiederaufnahmebestimmungen zu streichen.[224] Ausschlaggebend für diese Entscheidung war, dass diese Bestimmung mit der Wiederaufnahme nichts zu tun habe, da für die Wiederaufnahme das Hervortreten neuer Umstände kennzeichnend sei.[225] Wie schon die Akademie für Deutsches Recht betont habe, handle es sich hier um das Problem eines absolut nichtigen Urteils. Dieses werde mit dieser Regelung allerdings nur unzureichend angeschnitten, da lediglich ein Teilaspekt des Problems behandelt

220 *Schäfer* in der Sitzung vom 28. November 1938, abgedruckt in *Schubert*, Abt. III Bd. 2,3, S. 349.

221 *Doerner* in der Sitzung vom 28. November 1938, abgedruckt in *Schubert*, Abt. III Bd. 2,3, S. 349 f.

222 *Martin* in der Sitzung vom 28. November 1938, abgedruckt in *Schubert*, Abt. III Bd. 2,3, S. 349.

223 Protokoll der Sitzung vom 28. November 1938, abgedruckt in *Schubert*, Abt. III Bd. 2,3, S. 350 ff.

224 Vgl. die Darstellung des Ergebnisses der Verhandlung durch *Freisler* in der Sitzung vom 28. November 1938, abgedruckt in *Schubert*, Abt. III Bd. 2,3, S. 354.

225 Vgl. die Rede *Graf Gleispachs* in der Sitzung vom 28. November 1938, abgedruckt in *Schubert*, Abt. III Bd. 2,3, S. 350.

werde.[226] Passender sei es, diese Fälle an anderer Stelle des Gesetzes zu verorten. Hierfür sah man die neu vorgeschlagene „Außerordentliche Erneuerung der Hauptverhandlung vor dem Obersten Senat"[227] als geeignet an.[228]

IV. Vorlage des Entwurfs von 1939

Nachdem die zweite Lesung am 14. Februar 1939 abgeschlossen worden war, wurde ein revidierter Entwurf[229] erstellt, welchen die Große Strafprozesskommission am 1. Mai 1939 in seiner endgültigen Fassung[230] vorlegte. Von Februar bis Mai 1939 hatte der Entwurf nur mehr kleinere Änderungen erfahren.[231] Die Wiederaufnahmevorschriften waren davon nicht betroffen. Lediglich die Paragrafenzählung wurde umgestellt.

Die grundsätzliche Parität zwischen Wiederaufnahme zugunsten und zuungunsten des Angeklagten aufgrund neuer Tatsachen oder Beweismittel behielt man bei (§ 354 des Entwurfs vom Mai 1939).

Der Entwurf sollte – wie in der Begründung ausdrücklich angeführt wurde – viel stärker als das bisherige Recht die Verwirklichung der Gerechtigkeit im Einzelfall anstreben, weshalb eine nicht unerhebliche Lockerung der bisherigen Wiederaufnahmebestimmungen erforderlich geworden sei.[232] Es solle keine „verschiedene Gerechtigkeit" geben, je nachdem, ob die Wiederaufnahme zugunsten oder zuungunsten des Angeklagten erfolgen sollte.[233] Die Gerechtigkeit sei einheitlich und unteilbar. Der Weg zur Findung der Gerechtigkeit dürfe durch keine weiteren Voraussetzungen erschwert werden. Wichtiger als die vorwiegend zum Schutz des Beschuldigten gedachte formale Rechtskraft sei das Verlangen der Volksgemeinschaft nach Verwirklichung der materiellen Gerechtigkeit.[234]

---

226 Rede *Graf Gleispachs* in der Sitzung vom 28. November 1938, abgedruckt in *Schubert*, Abt. III Bd. 2,3, S. 350.

227 Vorgeschlagen in Antrag D 47 vom 21. November 1938, abgedruckt in *Schubert*, Abt. III Bd. 2,3, S. 816 f. § 332a dieses Vorschlags bestimmte: „Ist in einer Strafsache ein Urteil rechtskräftig geworden und hält der Oberreichsanwalt wegen schwerwiegender Bedenken gegen die Richtigkeit des Urteils eine neue Entscheidung für unerläßlich, so verhandelt und entscheidet auf seinen Antrag der Oberste Senat neu in der Sache."

228 Rede *Doerners* in der Sitzung vom 28. November 1938, abgedruckt in *Schubert*, Abt. III Bd. 2,3, S. 353.

229 Der Entwurf findet sich bei *Schubert*, Abt. III Bd. 1, S. 225 ff.

230 Abgedruckt in *Schubert*, Abt. III Bd. 1, S. 301 ff.

231 Zu den vorgenommenen Änderungen des Entwurfs *Gruchmann*, Justiz, S. 1032 ff.

232 Begründung zu E-1939, S. 169, abgedruckt in *Schubert*, Abt. III Bd. 1, S. 540.

233 Begründung zu E-1939, S. 169, abgedruckt in *Schubert*, Abt. III Bd. 1, S. 540.

234 Begründung zu E-1939, S. 170, abgedruckt in *Schubert*, Abt. III Bd. 1, S. 541.

Die im bisherigen Recht vorgenommene Aufzählung von Wiederaufnahmegründen sei nach der Entwurfsbegründung willkürlich gewesen, da andere Beweismittel, wie beispielsweise eine gefälschte Fußspur, ein Fingerabdruck oder eine Blutprobe von gleich großer Bedeutung sein könnten wie eine falsche Urkunde oder ein falsches Zeugnis.[235] Durch diesen allgemeinen Wiederaufnahmegrund, ohne die Nennung spezieller Gründe, sei auch sichergestellt, dass die nicht strafbare falsche Aussage und die unwahre, wenn auch nicht gefälschte Urkunde Wiederaufnahmegründe darstellen können.[236]

Eine gefährliche Lockerung der Rechtskraft sei hingegen – wie auch die Erfahrung im Ausland gezeigt habe – nicht zu befürchten. Zudem seien im Entwurf Vorkehrungen getroffen, um nur solche Wiederaufnahmen zuzulassen, die zur Wahrung der materiellen Gerechtigkeit notwendig seien.[237] Aus diesem Grund habe man zum Schutz des Freigesprochenen bzw. Verurteilten eine weitere Bestimmung in den Entwurf aufgenommen, wonach die Wiederaufnahme aufgrund neuer Tatsachen oder Beweismittel nur erfolgen durfte, wenn eine Änderung des Urteils mit großer Wahrscheinlichkeit zu erwarten sei (§ 356 des Entwurfs vom Mai 1939). Darüber hinaus wurde der Staatsanwalt in § 359 Abs. 1 E-1939 angewiesen, das Verfahren zuungunsten des Angeklagten aufgrund neuer Tatsachen oder Beweismittel nur dann wiederaufzunehmen, wenn die neue Verfolgung zum Schutz des Volkes oder zur Sühne der Tat geboten ist.

Wie sich aus der Begründung ergibt, sollte der Staatsanwalt in jedem Einzelfall gewissenhaft prüfen, ob das Verlangen der Volksgemeinschaft nach neuer Prüfung der Tat das allgemeine Bedürfnis, die rechtskräftig erledigte Sache ruhen zu lassen, überwiege.[238]

Aufgrund der Verletzung einer Dienstpflicht durch einen am Urteil mitwirkenden Richter war die Wiederaufnahme weiterhin gestattet (§ 357).

Die Wiederaufnahme wegen unzulässiger Strafe wurde hingegen gestrichen und wie in zweiter Lesung angedacht in anderer verfahrensrechtlicher Ausgestaltung, die sogleich erläutert wird, geregelt.

Neu war, dass ein Angriff auf rechtskräftige Urteile nunmehr durch zwei weitere Rechtsbehelfe möglich sein sollte: Die Nichtigkeitsbeschwerde und der außerordentliche Einspruch gegen Urteile wurden in einem Dritten Abschnitt

235 Begründung zu E-1939, S. 170, abgedruckt in *Schubert*, Abt. III Bd. 1, S. 541.

236 Begründung zu E-1939, S. 170, abgedruckt in *Schubert*, Abt. III Bd. 1, S. 541.

237 Begründung zu E-1939, S. 170, abgedruckt in *Schubert*, Abt. III Bd. 1, S. 541.

238 Begründung zu E-1939, S. 170, abgedruckt in *Schubert*, Abt. III Bd. 1, S. 541.

(§§ 370 ff. des Entwurfs vom Mai 1939) nach den Wiederaufnahmebestimmungen in das Kapitel der „Anderen Rechtsbehelfe“ eingefügt.

Die Nichtigkeitsbeschwerde (§ 370) sollte nach dem E-1939 durch den Oberreichsanwalt gegen rechtskräftige Urteile des Amtsrichters, der Schöffenkammer und der Strafkammer beim Reichsgericht eingelegt werden können, wenn das Urteil wegen eines groben Fehlers bei der Anwendung des Rechts auf die festgestellten Tatsachen ungerecht war. Begrenzt war die Nichtigkeitsbeschwerde lediglich durch eine Frist von sechs Monaten ab dem Eintritt der Rechtskraft. Als Fehler bei der Rechtsanwendung war auch die unrichtige richterliche Wertung im Rahmen der rechtlichen Würdigung anzusehen.[239] Insbesondere die Anwendung eines unrichtigen Strafgesetzes, die zu einer völlig abwegigen Beurteilung geführt hat, oder ein grober Rechtsfehler bei der Strafzumessung sollten Anlass für die Erhebung einer Nichtigkeitsbeschwerde sein können. Hingegen sollte weder ein Fehler im Verfahren allein oder die fehlerhafte Ausübung des richterlichen Ermessens Gegenstand einer Nichtigkeitsbeschwerde sein können.[240]

Mit dem sog. Außerordentlichen Einspruch[241] (§ 373) konnte innerhalb von sechs Monaten nach Eintritt der Rechtskraft gegen rechtskräftige Urteile des Amtsrichters, der Schöffenkammer und der Strafkammer der Oberreichsanwalt beim Reichsgericht Einspruch erheben, wenn er wegen schwerwiegender Bedenken gegen die Richtigkeit des Urteils eine neue Verhandlung und Entscheidung in der Sache für notwendig hielt. Die schwerwiegenden Bedenken konnte nicht nur auf Rechtsfehler, sondern auch auf fehlerhafte Tatsachenfeststellungen gestützt werden, so dass der außerordentliche Einspruch in umfassender Weise die Möglichkeit gab, unhaltbare Urteile, welche rechtskräftig geworden waren, aus der Welt zu schaffen.[242]

Im Entwurf wurden bewusst keine Beschränkungen aufgestellt, aus welchen Gründen der Außerordentliche Einspruch erfolgen konnte. Dieser sollte vielmehr umfassend erfolgen können, wenn sich Bedenken gegen die Rechtsanwendung oder -auslegung, die Ausübung des richterlichen Ermessens sowie Zweifel

239 Begründung zu E-1939, S. 177, abgedruckt in *Schubert*, Abt. III Bd. 1, S. 548.

240 Begründung zu E-1939, S. 177 f., abgedruckt in *Schubert*, Abt. III Bd. 1, S. 548 f.

241 Ausführlich zum Außerordentlichen Einspruch, insbesondere dessen Beratung, welche erst ab der zweiten Lesung in der Großen Strafprozesskommission erfolgte, *Broichmann*, Außerordentlicher Einspruch, S. 205 ff.

242 Begründung zu E-1939, S. 177, abgedruckt in *Schubert*, Abt. III Bd. 1, S. 548.

an der Richtigkeit der tatsächlichen Feststellungen oder der Strafbemessung ergaben.[243]

Für die Entscheidung über den Außerordentlichen Einspruch sollte ein besonderer Strafsenat beim Reichsgericht gebildet werden. Folge des Einspruchs sollte sein, dass das ergangene Urteil schon mit Einspruchseinlegung „hinfällig" wurde und der besondere Strafsenat des Reichsgerichts in einer eigenen Hauptverhandlung in der Sache entscheiden sollte.[244] Der Oberreichsanwalt übe das Einspruchsrecht als Vertreter der Staatsführung aus, sollte von diesem Recht aber auch auf Anregung eines Verfahrensbeteiligten Gebrauch machen können.[245]

Begründet wurde die Einführung dieser neuen Rechtsbehelfe damit, dass auf diese Weise dem Ziel einer gerechten Strafrechtspflege gedient werden könne, da man ein „Sicherheitsventil" schaffe, um bei fehlerhaften Urteilen der Gerechtigkeit auch dann zum Sieg zu verhelfen, wenn sich erst nach Rechtskraft des Urteils ein Rechtsfehler herausstelle oder wenn sich die Bedenken gegen das Urteil zwar gegen die tatsächlichen Feststellungen richten, aber neue Tatsachen oder Beweismittel nicht vorhanden sind.[246] Die Wiederaufnahme des Verfahrens habe nur einen beschränkten Anwendungsbereich, da sie nur gegen Irrtümer in der Tatsachenfeststellung, nicht aber gegen bloße Rechtsfehler gerichtet und nur auf neue Tatsachen oder Beweismittel gestützt werden könne.[247]

Betont wurde in der Entwurfsbegründung jedoch, dass die Möglichkeit, mit diesen Rechtsbehelfen gegen rechtskräftige Urteile vorzugehen, auf Ausnahmefälle beschränkt werden müsse, in denen das Gebot der gerechten Entscheidung des Einzelfalls dringend die Wiederholung des Urteilsverfahrens gebiete. Dies sei insbesondere dann der Fall, wenn das Gericht in erheblicher Verkennung der Sach- oder Rechtslage zu einem durch den Sachverhalt nicht gerechtfertigten Freispruch gelangte oder entgegen dem dringenden Schutzbedürfnis des Volkes die Anordnung einer sichernden Maßregel zu Unrecht abgelehnt wurde.[248] Grundsätzlich müsse zwar nach Eintritt der Rechtskraft eine erneute Erörterung der Sache im Interesse der Rechtssicherheit und des Rechtsfriedens ausgeschlossen sein. Man habe aber in die neu geschaffenen Rechtsbehelfe verfahrensrechtliche Sicherungen eingebaut, so dass diese nur dem Oberreichsanwalt am

243 Begründung zu E-1939, S. 179, abgedruckt in *Schubert*, Abt. III Bd. 1, S. 550.
244 Begründung zu E-1939, S. 177, abgedruckt in *Schubert*, Abt. III Bd. 1, S. 548.
245 Begründung zu E-1939, S. 179, abgedruckt in *Schubert*, Abt. III Bd. 1, S. 550.
246 Begründung zu E-1939, S. 176, abgedruckt in *Schubert*, Abt. III Bd. 1, S. 547.
247 Begründung zu E-1939, S. 176, abgedruckt in *Schubert*, Abt. III Bd. 1, S. 547.
248 Begründung zu E-1939, S. 179, abgedruckt in *Schubert*, Abt. III Bd. 1, S. 550.

Reichsgericht zustehen und nur innerhalb einer Frist von sechs Monaten erfolgen können, was als ausreichender Schutz rechtskräftiger Urteile angesehen wurde.[249]

V. Das Schicksal des Entwurfs von 1939

Obwohl die Schreiben an die beteiligten Ressorts für eine letzte Prüfung und Stellungnahme zu dem am 1. Mai 1939 vorgelegten Entwurf bereits fertiggestellt waren, wurden diese niemals verschickt.[250]

Seitens der NSDAP war bereits im August 1938 mitgeteilt worden, dass der Entwurf nicht die Parteiforderungen erfülle und sich nicht mit dem Wunsch des Führers nach einem einfachen und volkstümlichen Strafverfahren decke.[251]

Da auch die grundlegende Reform des materiellen Strafrechts scheiterte, kam es auch nicht zur Erneuerung des Strafverfahrensrechts. Die Gründe hierfür waren vielfältig:

Zum einen wurden die Entwürfe durch die Parteiführung abgelehnt bzw. von dieser Gegenforderungen aufgestellt. Hierzu zählte die Einführung einer politischen Zentralinstanz, welche im öffentlichen Interesse die Nichtverfolgung einer Straftat anordnen könne.[252] Zum anderen erforderten sowohl außenpolitische Ereignisse als auch die militärische Vorbereitung und der Ausbruch des Krieges *Hitlers* volle Aufmerksamkeit.[253]

VI. Die Kriegsgesetzgebung

Durch die Kriegsgesetzgebung wurden zahlreiche der schon lange angedachten Reformen des Strafverfahrensrechts umgesetzt. Viele Änderungen waren insbesondere zur Verfahrensvereinfachung und Verfahrensbeschleunigung erforderlich geworden, sollten aber nicht dauerhaft beibehalten werden.[254]

Den außerordentlichen Einspruch gegen rechtskräftige Urteile führte man noch im September 1939 durch das Gesetz zur Änderung von Vorschriften des allge-

249 Begründung zu E-1939, S. 176, abgedruckt in *Schubert*, Abt. III Bd. 1, S. 547.

250 *Gruchmann*, Justiz, S. 1045.

251 *Gruchmann*, Justiz, S. 1045.

252 *Gruchmann*, Justiz, S. 1047, 1049.

253 *Gruchmann*, Justiz, S. 1047 ff.

254 Ausführlich hierzu *Gruchmann*, Justiz, S. 1068 ff.

meinen Strafverfahrens, des Wehrmachtsstrafverfahrens und des Strafgesetzbuches[255] ein (Artikel 2 § 3)[256] und im Februar 1940 die Nichtigkeitsbeschwerde,[257] welche man im August 1942[258] noch einmal erweiterte.

Entgegen der noch im E-1939 vorgesehenen Bestimmung, konnte die Nichtigkeitsbeschwerde nunmehr innerhalb eines Jahres (statt bisher sechs Monaten) nach Eintritt der Rechtskraft eingelegt werden. Die Einlegung setzte darüber hinaus keinen „groben" Fehler in der Rechtsanwendung mehr voraus.[259] Wann ein Urteil ungerecht war, sollte nach dem Grundgedanken der Strafgesetze und dem gesunden Volksempfinden beurteilt werden, wobei von Seiten der Regierung bestimmt wurde, was unter dem gesunden Volksempfinden zu verstehen sei.[260]

Beide Instrumente dienten dazu, die Strafrechtsprechung zu verschärfen und auf diese Weise für Abschreckung zu sorgen.[261]

Die Dritte Verordnung zur Vereinfachung der Strafrechtspflege[262] vom 29. Mai 1943 führte schließlich zur Angleichung der Voraussetzungen der Wiederaufnahme zugunsten und zuungunsten des Angeklagten. Hierzu wurde § 359 der Reichsstrafprozessordnung neu gefasst und der bisherige die Wiederaufnahme zuungunsten des Angeklagten enthaltende § 362 RStPO gestrichen. Die Wiederaufnahmegründe waren demnach lediglich mehr in einem Paragrafen zu finden:

Nach dem neuen § 359 wurde ein durch rechtskräftiges Urteil geschlossenes Verfahren zuungunsten des Angeklagten wieder aufgenommen, wenn neue Tatsachen oder Beweismittel beigebracht wurden, die allein oder verbunden mit den früheren geeignet waren, die Verurteilung eines Freigesprochenen oder eine wesentlich strengere Ahndung oder statt der Einstellung des Verfahrens die Verurteilung des Angeklagten zu begründen (§ 359 Abs. 1 Ziff. 2). Auch bei einer

255 RGBl. I 1939, S. 1841.

256 Ausführlich hierzu *Broichmann*, Außerordentlicher Einspruch, S. 223 ff.

257 Durch Art. 5 § 34 der Verordnung über die Zuständigkeit der Strafgerichte, der Sondergerichte und sonstige strafverfahrensrechtliche Vorschriften; RGBl. I 1940, S. 405.

258 Durch die Verordnung zur weiteren Vereinfachung der Strafrechtspflege, RGBl. I 1942, S. 508.

259 Ausführlich hierzu *Gruchmann*, Justiz, S. 1083 ff.

260 *Gruchmann*, Justiz, S. 1087.

261 *Gruchmann*, Justiz, S. 1080, 1088. Dieser nennt auch konkrete Fälle, in denen der Außerordentliche Einspruch und die Nichtigkeitsbeschwerde eingesetzt wurden. Eine ausführliche Zusammenstellung der Rechtsprechungspraxis der Besonderen Senate findet sich bei *Broichmann*, Außerordentlicher Einspruch, S. 345 ff.

262 RGBl. I 1943, S. 342 ff. Art. 6 enthielt die Wiederaufnahme des Verfahrens.

wesentlich anderen Entscheidung über die Maßregel der Besserung und Sicherung konnte die Wiederaufnahme erfolgen (§ 359 Abs. 1 Ziff. 3).

In § 359 Abs. 2 hielt man fest, dass die Wiederaufnahme zuungunsten des Angeklagten nur zulässig sei, wenn die erneute Verfolgung zum Schutze des Volkes notwendig ist.

VII. Zusammenfassung

Die im November 1933 eingesetzte sog. Kleine Strafprozesskommission verfolgte bei Erarbeitung eines neuen StPO-Entwurfs die vier Ziele einer schnellen, gerechten, volksverbundenen und autoritären Strafrechtspflege. Hierbei wollte man nicht auf die Entwürfe der vorhergehenden Jahre zurückgreifen, da man diese von liberalistischen Gedankengängen beherrscht ansah. Dass man der materiellen Gerechtigkeit größeres Gewicht zukommen lassen wollte und damit die Rechtssicherheit an Bedeutung verlor, zeigt sich schon zu Beginn der Reformarbeiten: Die ersten Vorschläge der Berichterstatter *Doerner* und *Cuhorst* zur Wiederaufnahme des Verfahrens stimmten zwar inhaltlich nicht vollständig überein, sahen aber beide auch zuungunsten des Angeklagten die Wiederaufnahme aufgrund neuer Tatsachen und Beweismittel vor. Dieser Vorschlag wurde schließlich auch in den im Februar 1936 vorgelegten Entwurf übernommen. In der daraufhin eingesetzten sog. Großen Strafprozesskommission wurde die grundsätzliche Angleichung der Voraussetzungen der Wiederaufnahme zuungunsten des Angeklagten an diejenigen zugunsten des Verurteilten bald zur allgemeinen Meinung, so dass auch zuungunsten des Angeklagten die Wiederaufnahme aufgrund neuer Tatsachen und Beweismittel möglich sein sollte. Diskutiert wurde nur noch über Details, beispielsweise, ob man zum Schutz des Angeklagten weitere Hürden bezüglich der Wiederaufnahme vorsehen solle, wie eine Begrenzung auf Verbrechen oder auf schwere Fälle. In der Begründung zu E-1939 betonte man, dass das Verlangen der Volksgemeinschaft nach der Verwirklichung der materiellen Gerechtigkeit wichtiger sei als die formale Rechtskraft.

Auch die Veröffentlichungen in der Literatur stimmten überwiegend für eine Auflockerung der Rechtskraftwirkung. Zum einen wurde das Argument angeführt, dass es nur eine einheitlich zu beurteilende Gerechtigkeit geben dürfe, so dass die Wiederaufnahme zugunsten und zuungunsten unter denselben Voraussetzungen möglich sein müsse. Zum anderen sei die Rechtskraft ein „Hemmschuh“ für die Wahrheitsfindung.

Neben der Wiederaufnahme schuf man in E-1939 mit der Nichtigkeitsbeschwerde und dem außerordentlichen Einspruch zwei weitere Rechtsbehelfe zur

Durchbrechung der Rechtskraft. Diese Institute wurden noch im Jahr 1939 (außerordentlicher Einspruch) bzw. 1940 (Nichtigkeitsbeschwerde) eingeführt. Mit der Dritten Verordnung zur Vereinfachung der Strafrechtspflege vom 29. Mai 1943 glich man die Voraussetzungen der Wiederaufnahme zuungunsten schließlich an die Wiederaufnahme zugunsten an.

Achtes Kapitel: Die ersten Reformen nach dem Ende des Zweiten Weltkriegs

Schon während des Zweiten Weltkriegs war aufgrund der Vielzahl der erlassenen Verordnungen die Gesetzeslage unübersichtlich geworden. Nach dem Niedergang des Deutschen Reichs ging die Rechtsetzungskompetenz zunächst auf die Besatzungsmächte und dann auf die Länder über, so dass es auch inhaltlich zu Rechtszersplitterung kam.[1] Die Normsetzung durch den Alliierten Kontrollrat[2] erfolgte zwar übergreifend und war für alle in Deutschland lebenden Personen verbindlich, die Besatzungsmächte konnten jedoch in ihren Zonen eigenes Recht setzen.[3]

Die amerikanische Militärregierung erteilte im Februar 1946 den Ministerpräsidenten der Länder, welche der amerikanischen Besatzungszone angehörten, den Auftrag, die Verfassungsgebung vorzubereiten.[4]

Nachdem im Juni 1946 die Wahlen zu den Verfassungsgebenden Versammlungen erfolgt und im Oktober 1946 Verfassungsentwürfe verabschiedet worden waren, trat am 30. November 1946 die Verfassung von Württemberg-Baden, am 1. Dezember 1946 die Hessische und am 8. Dezember 1946 die Bayerische Verfassung in Kraft.[5]

Während die Verfassungsgebung in den Ländern der französischen und sowjetischen Zone bereits kurze Zeit später erfolgte, dauerte es in der britischen Besatzungszone noch bis nach Verkündung des Grundgesetzes für die Bundesrepublik Deutschland, bis diese ihre endgültigen Landesverfassungen erhielten.[6]

1 *Rieß*, in: FS-Helmrich, S. 127 f.

2 Der Alliierte Kontrollrat war oberstes Gesetzgebungs- und Exekutivorgan. Dieser nahm seine Tätigkeit am 30. Juli 1945 auf. Als der sowjetische Vertreter am 20. März 1948 aus dem Kontrollrat austrat, beendete der Kontrollrat seine Tätigkeit; *Frotscher / Pieroth*, Verfassungsgeschichte, Rn. 700 ff.

3 *Rieß*, in: FS-Helmrich, S. 128 f.

4 *Frotscher / Pieroth*, Verfassungsgeschichte, Rn. 743.

5 *Frotscher / Pieroth*, Verfassungsgeschichte, Rn. 743.

6 *Frotscher / Pieroth*, Verfassungsgeschichte, Rn. 744 ff.

https://doi.org/10.1515/9783110751703-009

I. Verfassungsrechtliche Verankerung des „ne bis in idem-Grundsatzes"

Der „ne bis in idem-Grundsatz" fand 1946 Einzug in die ersten Landesverfassungen. So regelte beispielsweise die Bayerische Verfassung[7] in Art. 104 Abs. 2, dass niemand wegen derselben Tat zweimal gerichtlich bestraft werden dürfe. Die Verfassung von Württemberg-Baden enthielt eine entsprechende Regelung.[8]

Diese Bestimmungen dienten neben derjenigen der Länder Hessen und Württemberg-Hohenzollern als Vorbilder für Art. 136 Abs. 2 des vom Verfassungskonvent auf Herrenchiemsee erarbeiteten Entwurfs eines Grundgesetzes.[9] Der Verfassungskonvent sah eine unabhängige, unpolitische und rein sachlich eingestellte Rechtspflege als ein „besonders wichtiges Erfordernis" und zugleich als „unentbehrliche Bürgschaft des Rechtsstaats".[10] Auf diesem Gebiet habe das nationalsozialistische Regime ein großes Vertrauenskapital zerstört. Deshalb müsse das Grundgesetz die schon in den Landesverfassungen in Angriff genommene Aufgabe, die Rechtspflege von Grund aus aufzubauen, fortsetzen.[11] Gerade im Hinblick auf den „ne bis in idem-Grundsatz" sollte eine Formulierung gefunden werden, welche geeignet erschien, den „in der nationalsozialistischen Zeit eingerissenen Mißbräuchen für die Zukunft den Boden zu entziehen".[12]

Im Grundgesetz für die Bundesrepublik Deutschland,[13] das am 23. Mai 1949 verkündete wurde, verankerte man das Doppelbestrafungsverbot schließlich in Art. 103 Abs. 3 in der Form, dass niemand wegen derselben Tat auf Grund der allgemeinen Strafgesetze mehrmals bestraft werden dürfe.

---

7 BayGVBl. 1946 Nr. 23.

8 Ebenso statteten die Länder Hessen (Art. 22 Abs. 3), Württemberg-Hohenzollern (Art. 17 Abs. 3) den „ne bis in idem-Grundsatz" mit verfassungsrechtlichem Schutz aus. Weitere Landesverfassungen, welche den „ne bis in idem-Grundsatz" verankerten, finden sich *Remmert*/Maunz/Dürig-GG, Art. 103 Abs. 3, Stand Februar 2020, Rn. 19.

9 Bericht über den Verfassungskonvent auf Herrenchiemsee vom 10. bis 23. August 1948, enthalten in *Bucher*, Parlamentarischer Rat Bd. 2, Nr. 14, S. 629.

10 Bericht über den Verfassungskonvent auf Herrenchiemsee vom 10. bis 23. August 1948, enthalten in *Bucher*, Parlamentarischer Rat Bd. 2, Nr. 14, S. 572.

11 Bericht über den Verfassungskonvent auf Herrenchiemsee vom 10. bis 23. August 1948, enthalten in *Bucher*, Parlamentarischer Rat Bd. 2, Nr. 14, S. 572.

12 Bericht über den Verfassungskonvent auf Herrenchiemsee vom 10. bis 23. August 1948, enthalten in *Bucher*, Parlamentarischer Rat Bd. 2, Nr. 14, S. 572 f.

13 BGBl. I 1949, 1 ff.

Im Ausschuss für „Verfassungsgerichtshof und Rechtspflege" wurde zuvor noch diskutiert, ob diese Vorschrift überhaupt in das Grundgesetz aufgenommen werden sollte, da man sich einerseits über deren konkrete Formulierung[14] nicht einigen konnte und andererseits von manchen dieser Satz als allgemein anerkannt und damit für entbehrlich gehalten wurde.[15]

Für die Aufnahme in das Grundgesetz hat man sich letztlich in Anlehnung an die Ausführungen des Vorsitzenden *Zinn* entschieden, der die verfassungsrechtliche Verankerung des „ne bis in idem-Grundsatzes" befürwortete, da die Rechtsprechung in der Nazi-Zeit in Durchbrechung des Grundsatzes der materiellen Rechtskraft des Urteils die sog. Urteilsergänzung ermöglicht habe.[16] Dies sei auch der Grund dafür gewesen, dass man das Doppelbestrafungsverbot in den Herrenchiemseeer Entwurf aufgenommen habe.[17]

II. Das Rechtsvereinheitlichungsgesetz von 1950

Nach Gründung der Bundesrepublik Deutschland wollte man schnellstmöglich für Rechtseinheit und Rechtsklarheit sorgen, so dass im November 1949 ein Referentenentwurf eines Gesetzes zur Wiederherstellung der Rechtseinheit auf dem Gebiete der Gerichtsverfassung, der bürgerlichen Rechtspflege, des Strafverfahrens und des Kostenrechts (sog. Rechtsvereinheitlichungsgesetz) vorgelegt wurde.[18]

Der Entwurfsbegründung zufolge, sollten mit diesem im Wesentlichen „die Vorschriften, die entweder nationalsozialistisches Gedankengut enthielten oder aus dem Zwang der Kriegsverhältnisse entstanden waren und mit einer geord-

---

14 Es ging hier um die Frage, was unter allgemeinen Strafgesetzen zu verstehen sei. Nach *Zinn* sollte hierunter das eigentliche Strafrecht im Gegensatz zum Ordnungs-, Polizei- und Dienststrafrecht zu verstehen sein. Man befürchtete insbesondere, dass aufgrund der Formulierung „allgemeine Strafgesetze" eine kriminalrechtliche Bestrafung neben einer disziplinarrechtlichen Bestrafung unzulässig sein könnte; vgl. hierzu *Büttner / Wettengel*, Parlamentarischer Rat, Bd. 13/II, S. 1465 ff.

15 *Strauß* und *Wagner* waren für eine Streichung, da es sich, wie *Strauß* betonte, um einen allgemeinen Naturrechtssatz handle; Achte Sitzung des Ausschusses vom 7. Dezember 1948, enthalten in *Büttner / Wettengel*, Parlamentarischer Rat, Bd. 13/II, S. 1465 f., 1472.

16 Vorsitzender *Zinn* in der achten Sitzung des Ausschusses vom 7. Dezember 1948, enthalten in *Büttner / Wettengel*, Parlamentarischer Rat, Bd. 13/II, S. 1465, 1472.

17 Vorsitzender *Zinn* in der achten Sitzung des Ausschusses vom 7. Dezember 1948, enthalten in *Büttner / Wettengel*, Parlamentarischer Rat, Bd. 13/II, S. 1465, 1472.

18 Vgl. hierzu die Begründung zum Entwurf eines Gesetzes zur Wiederherstellung der Rechtseinheit auf dem Gebiete der Gerichtsverfassung, der bürgerlichen Rechtspflege, des Strafverfahrens und des Kostenrechts, S. 3; BT-Drs. 1/530; ausführlich zur Entstehungsgeschichte dieses Gesetzes *Rieß*, in: FS-Helmrich, S. 130 ff.

neten, zuverlässig arbeitenden Rechtspflege unvereinbar waren, sowie alle nach 1945 entstandenen Vorschriften, die nicht inhaltlich übereinstimmend in allen Ländern und Zonen der Bundesrepublik Deutschland in Kraft gesetzt wurden" beseitigt werden. Aufgrund der besonderen Dringlichkeit sollte das Zivil- und Strafverfahrensrecht im Kern auf dem Recht beruhen, wie es vor 1933 bestanden hatte.[19] Für alle notwendigen Reformen plante man hingegen langwierige Vorarbeiten ein, so dass diese erst in einem zukünftigen Schritt durchgeführt werden sollten.[20]

Die Wiederaufnahme zuungunsten des Angeklagten entsprach nach dem Rechtsvereinheitlichungsgesetz[21] im Wesentlichen der Vorschrift des § 362 nach Neubekanntmachung der RStPO von 1924. Damit wollte man dem Grundsatz der Rechtskraft wieder mehr Rechnung tragen.[22] Der Entwurf schloss sich hierbei der amerikanischen und britischen Zone an, welche bereits zuvor zu den früheren Bestimmungen des Wiederaufnahmerechts zurückgekehrt waren.[23]

Man hat § 362 im Vergleich zur Fassung von 1924 lediglich geringfügig geändert: So wurde „Die Wiederaufnahme (...) findet statt" durch „Die Wiederaufnahme (...) ist zulässig" ersetzt. Diese Neuerung wurde nicht begründet, ist aber dahingehend zu deuten, dass es keine Pflicht zur Erhebung eines Wiederaufnahmeantrages im Falle des Vorliegens eines Wiederaufnahmegrundes geben sollte, sondern dies im Ermessen der Staatsanwaltschaft liege.

§ 362 Ziff. 1 passte man an den Wortlaut des § 267 StGB an und verankerte in Ziffer 2 des § 362 nunmehr auch die vorsätzliche uneidliche Aussage. Dies ist laut der Entwurfsbegründung darauf zurückzuführen, dass in der amerikanischen Besatzungszone die Strafbarkeit der uneidlichen Falschaussage eingeführt

19 Begründung zum Entwurf eines Gesetzes zur Wiederherstellung der Rechtseinheit auf dem Gebiete der Gerichtsverfassung, der bürgerlichen Rechtspflege, des Strafverfahrens und des Kostenrechts, S. 3; BT-Drs. 1/530.

20 Begründung zum Entwurf eines Gesetzes zur Wiederherstellung der Rechtseinheit auf dem Gebiete der Gerichtsverfassung, der bürgerlichen Rechtspflege, des Strafverfahrens und des Kostenrechts, S. 3; BT-Drs. 1/530.

21 Art. 3 Ziff. 152 des Rechtsvereinheitlichungsgesetzes v. 20. September 1950, BGBl. I 1950, 455 (496).

22 Begründung zum Entwurf eines Gesetzes zur Wiederherstellung der Rechtseinheit auf dem Gebiete der Gerichtsverfassung, der bürgerlichen Rechtspflege, des Strafverfahrens und des Kostenrechts, Zu Nr. 140, S. 52; BT-Drs. 1/530.

23 Begründung zum Entwurf eines Gesetzes zur Wiederherstellung der Rechtseinheit auf dem Gebiete der Gerichtsverfassung, der bürgerlichen Rechtspflege, des Strafverfahrens und des Kostenrechts, Zu Nr. 140, S. 52; BT-Drs. 1/530.

worden war und man sich mit dem vorliegenden Entwurf dieser anschließen wollte.[24]

24 Begründung zum Entwurf eines Gesetzes zur Wiederherstellung der Rechtseinheit auf dem Gebiete der Gerichtsverfassung, der bürgerlichen Rechtspflege, des Strafverfahrens und des Kostenrechts, Zu Nr. 140, S. 52; BT-Drs. 1/530.

Neuntes Kapitel: Reformdiskussion und Gesetzgebung ab den 1960er Jahren

Das Rechtsvereinheitlichungsgesetz von 1950 führte dazu, dass sich das Strafverfahrensrecht fast ausschließlich nach dem Recht der Weimarer Republik richtete und da in der Weimarer Zeit nur wenige Reformversuche erfolgreich waren, hauptsächlich noch die Bestimmungen der Reichsstrafprozessordnung von 1877 zur Anwendung kamen. Das Bedürfnis für eine umfassende Reform des Strafverfahrensrechts nahm daher mehr und mehr zu.[1]

I. Das Strafprozessänderungsgesetz von 1964

Im Jahr 1959 begannen die Vorarbeiten zu einem Strafprozessänderungsgesetz, welches schließlich 1964 verkündet wurde.[2] Dieses sollte der Vorläufer für eine grundlegende Reform des Strafverfahrensrechts sein, welche man im Wege einer Gesamtreform durch Schaffung einer vollständig neuen StPO erreichen wollte.[3] Zunächst sollte somit nur das grundlegende Reformbedürfnis unter Beibehaltung der bisherigen Grundstrukturen des Verfahrens befriedigt werden.[4]

Die Wiederaufnahme des Verfahrens betreffend wurde im Strafprozessänderungsgesetz lediglich den weit verbreiteten Befürchtungen bezüglich einer möglichen Befangenheit der Richter im Wiederaufnahmeverfahren Rechnung getragen, indem ein Richter, welcher an dem angegriffenen Urteil mitgewirkt hatte, kraft Gesetzes an der Beteiligung im Wiederaufnahmeverfahren ausgeschlossen wurde (§ 23 Abs. 2 StPO).[5]

II. Reformversuche und Diskussion ab den 1970er Jahren

In den 1970er Jahren nahm man von der Idee, das Strafverfahren in seiner Gesamtheit durch ein einheitliches Gesetz zu reformieren, Abstand. Die Gesamtreform sollte daher in der Weise verwirklicht werden, dass man schrittweise eine Reihe aufeinander abgestimmter Teilgesetze erließ.[6]

---

1 *Rieß*, ZRP 1977, 67 (68).

2 Gesetz zur Änderung der Strafprozessordnung und des Gerichtsverfassungsgesetzes vom 19. Dezember 1964 (BGBl. I 1964, 1067).

3 *Rieß*, ZRP 1977, 67 (68).

4 *Rieß*, ZIS 2009, 466 (470).

5 Vgl. hierzu BT-Drs. IV/178 S. 18.

6 BT-Drs. VI/3478 S. 37.

https://doi.org/10.1515/9783110751703-010

Zu den Kernthemen der Reform zählte auch das Wiederaufnahmerecht, wobei der Schwerpunkt der Diskussion auf der Verbesserung der Wiederaufnahme zugunsten des Verurteilten lag.

1. Denkschrift der Bundesrechtsanwaltskammer

1971 veröffentlichte der Strafrechtsausschuss der Bundesrechtsanwaltskammer seine „Denkschrift zur Reform des Rechtsmittelrechts und der Wiederaufnahme des Verfahrens im Strafprozeß". Der Ausschuss bezeichnete die Erneuerung des geltenden Wiederaufnahmerechts, welche als „Mißgeburt der Gesetzgebung"[7] gelte, als ein „dringendes Gebot der Stunde".[8] Dies hätten auch einige Einzelfälle[9] in der Vergangenheit gezeigt. Wie groß die Zahl von Fehlurteilen aufgrund von immer komplizierter werdenden Aufklärungs- und Rechtsfindungsmethoden tatsächlich geworden sei, sei durch die von der Tübinger Forschungsstelle für Strafprozess und Strafvollzug durchgeführten Untersuchungen[10] aufgezeigt worden.[11]

---

7 Dies bezog sich auf den bei *Hirschberg* zu findenden Satz: „Wenn es jemals eine Mißgeburt der Gesetzgebung gegeben hat, so ist es die Regelung des Wiederaufnahmeverfahrens in §§ 359 ff. StPO; *Hirschberg,* Fehlurteil, S. 113.

8 Denkschrift BRAK, S. 74.

9 Gemeint waren hier Fälle der Wiederaufnahme zugunsten des Verurteilten. Für großes Aufsehen in den Medien sorgte insbesondere der Fall *Hetzel.* Dieser wurde im Januar 1955 wegen Mordes zu lebenslanger Zuchthausstrafe verurteilt. Das Schwurgericht befand ihn für schuldig, die 25 Jahre alte *Magdalena Gierth*, die er als Anhalterin in seinem Wagen mitgenommen hatte, in der Nacht vom 1. auf den 2. September 1953 „aus Geschlechtslust" getötet zu haben. 1962 scheiterte der erste Versuch der Wiederaufnahme des Verfahrens. 1965 wurde schließlich ein weiterer Wiederaufnahmeantrag gestellt, welcher als unzulässig zurückgewiesen wurde. Erst der dritte Wiederaufnahmeantrag führte schließlich 14 Jahre nach der Verurteilung zum Freispruch. Ein ausführlicher Bericht über diesen Fall findet sich in den Artikeln „Ich muss ihr die Luft abgestellt haben" vom 14. Februar 1966, in: Der Spiegel, abrufbar unter https://www.spiegel.de/spiegel/print/d-46265673.html und „A bissl neben Naus" vom 5. Mai 1969, in: Der Spiegel, abrufbar unter: https://www.spiegel.de/spiegel/print/d-45741520.html (beide zuletzt aufgerufen am 20. August 2019); der Fall *Hetzel* ist auch enthalten in *Peters*, Fehlerquellen Bd. 1, Fall Nr. 1142 S. 134.

10 Gemeint war hier die von *Peters* durchgeführte Untersuchung der Wiederaufnahmeverfahren in der Bundesrepublik Deutschland, welche schließlich unter dem Titel „Fehlerquellen im Strafprozeß" in drei Bänden erschien. In Band 1 wurden 1115 Wiederaufnahmeverfahren, welche überwiegend im Zeitraum von 1951-1964 durchgeführt worden sind, untersucht. Hiervon wurden lediglich 91 zuungunsten des Angeklagten eingeleitet, von welchen wiederum 26 mit Freispruch oder Einstellung endeten. 65 Verfahren führten nach der Untersuchung *Peters* zur Verurteilung des Angeklagten; vgl. hierzu *Peters*, Fehlerquellen Bd. 1, S. 3 f.

11 Denkschrift BRAK, S. 74 f.

a) Angleichung der Voraussetzungen der Wiederaufnahme zuungunsten an diejenige zugunsten?

Nach Leitsatz 35 der Denkschrift sei die unterschiedliche Behandlung der Wiederaufnahme zugunsten und zuungunsten beizubehalten.[12] Man sprach sich ausdrücklich gegen die in E-1939 getätigten Erwägungen aus, wonach die Wiederaufnahme zugunsten und zuungunsten unter dieselben Voraussetzungen zu stellen sei, da es keine unterschiedlichen Gerechtigkeiten geben könne.[13] Dem geltenden Recht liege eine Wertenscheidung zu Grunde, von der der Ausschuss keine Veranlassung sah, abzuweichen.[14]

Im Falle der Wiederaufnahme zuungunsten des Angeklagten gehe es schließlich nicht allein um die Verwirklichung der Gerechtigkeit. Vielmehr stünden unterschiedliche Belange auf Seiten des Staates und des Angeklagten auf dem Spiel, die gegeneinander abgewogen werden müssten.[15] Dem Bürger könne nicht zugemutet werden, wegen desselben Tatverdachts stets einem neuen Verfahren ausgesetzt zu werden. Dabei könne nicht außer Acht gelassen werden, dass der Staat zur Aufklärung von Straftaten über effektivere Mittel verfüge als sie der Angeklagte zu seiner Verteidigung habe. Wenn der Staat von den ihm zustehenden Möglichkeiten unzureichend Gebrauch mache, so dürfe dies nach einem rechtskräftigen Freispruch nicht zu seinen Lasten gehen.[16] Deshalb habe das Interesse des Staates an der Bestrafung eines Schuldigen hinter dem Interesse des Angeklagten auf den Bestand eines Freispruchs zurückzutreten.[17]

b) Einschränkung der bestehenden Wiederaufnahmegründe zuungunsten des Angeklagten

Bezüglich einer etwaigen Begrenzung der ungünstigen Wiederaufnahme auf Verbrechen, äußerte sich der Strafrechtsausschuss der BRAK kritisch, da zu beachten sei, dass die Differenzierung zwischen Verbrechen und Vergehen oft in nicht unerheblichem Umfang vom „gesetzgeberischen Zufall“ bzw. der „legislativen Technik“ abhänge und daher zu willkürlichen Ergebnissen führen könne.[18]

12 Denkschrift BRAK, S. 75.
13 Denkschrift BRAK, S. 76.
14 Denkschrift BRAK, S. 76.
15 Denkschrift BRAK, S. 76.
16 Denkschrift BRAK, S. 76.
17 Denkschrift BRAK, S. 76.
18 Denkschrift BRAK, S. 95; zustimmend *J. Meyer*, Wiederaufnahmereform, S. 83.

Der Ausschuss empfahl hingegen die Wiederaufnahme zuungunsten des Angeklagten auf die Weise einzuschränken, indem im Falle eines Geständnisses ein außergerichtlich abgelegtes nicht mehr ausreichend sein sollte, sondern für eine Wiederaufnahme ein gerichtliches Geständnis zu fordern sei.[19] Dies wurde damit begründet, dass zum einen die Fälle, in denen sich ein Freigesprochener nachträglich der Tat rühme, selten seien und zum anderen damit „Zuträgern" des Geständnisses Vorschub geleistet würde.[20] Man wollte, dass die Wiederaufnahme nur dann erfolgen könne, wenn der Freigesprochene sich durch ein klares Geständnis bewusst der Gefahr der Wiederaufnahme des Verfahrens zu seinen Lasten aussetzte.[21]

Die BRAK ließ zwar offen, ob das Geständnis zwingend vor einem Strafrichter abgelegt werden müsse oder ob auch ein im Rahmen einer Zeugenvernehmung im Zivilprozess abgegebenes Geständnis ausreichend ist, sie hielt aber ausdrücklich fest, dass das Geständnis nicht vor einer Strafverfolgungsbehörde erfolgen könne, damit nicht der Verdacht entstehe, dass diese Druck auf den Freigesprochenen zur Erzielung eines Geständnisses ausgeübt hätte.[22]

Wenn nachträglich von einem wegen eines Vergehens Verurteilten ein Geständnis ablegt wurde und sich dabei herausstellte, dass es sich bei der abgeurteilten Tat nicht um ein Vergehen, sondern um ein Verbrechen handelte, sollte die Wiederaufnahme nicht statthaft sein.[23] Mangelhafte Aufklärung eines Sachverhalts sollte zu Lasten des Staates gehen, weshalb dies kein Grund für eine Wiederaufnahme sei.[24]

2. Die Gesetzgebungstätigkeit

Mit dem 1972 eingebrachten[25] „Entwurf eines Ersten Gesetzes zur Reform des Strafverfahrensrechts"[26] wollte man die verfahrensrechtliche Stellung des Ver-

19 Denkschrift BRAK, S. 94.

20 Denkschrift BRAK, S. 94.

21 Denkschrift BRAK, S. 94.

22 Denkschrift BRAK, S. 94.

23 Denkschrift BRAK, S. 94 f.

24 Denkschrift BRAK, S. 95.

25 Nach der vorzeitigen Auflösung des sechsten Bundestages wurde der Entwurf in der nächsten Legislaturperiode erneut in das Gesetzgebungsverfahren eingebracht (BT-Drs. VII/551). Das Erste Gesetz zur Reform des Strafverfahrensrechts trat schließlich Anfang des Jahres 1975 in Kraft.

26 BT-Drs. VI/3478.

urteilten im Wiederaufnahmeverfahren verbessern, wobei – wie in der Begründung verdeutlicht wurde – eine Überprüfung der Wiederaufnahmegründe auf ihre Reformbedürftigkeit nicht überflüssig werden sollte.[27]

Eine umfassende Reform des Wiederaufnahmerechts sei aber von der Zielrichtung dieses Entwurfs nicht umfasst. Hierzu seien Vorarbeiten erforderlich, wozu man bereits Forschungsaufträge erteilt habe. Darüber hinaus sei zunächst abzuwarten, welche Gestalt die Hauptverhandlung im ersten Rechtszug erhalte und wie das Rechtsmittelsystem insgesamt ausgestaltet sei, da das Wiederaufnahmerecht nicht losgelöst hiervon beurteilt werden könne.[28]

Das dritte StPO-Reformgesetz sollte – wie der Bundesjustizminister *Jahn* im Dezember 1973 auf eine kleine Anfrage antwortete – das Rechtsmittelsystem umfassend erneuern.[29] Mit einem Entwurf sei voraussichtlich im Sommer 1974 zu rechnen.[30] Zudem hätten, wie er weiter ausführte, die Vorarbeiten für weitere Teilgesetze, mit denen insbesondere das Hauptverfahren und die Wiederaufnahme des Verfahrens neu gestaltet werden sollten, bereits begonnen. Mit Entwürfen könne in der nächsten Legislaturperiode gerechnet werden.[31] Zu diesen kam es allerdings nicht. Im Mai 1974 wurde *Vogel* neuer Justizminister, welchem etwa 150 Gesetzesvorhaben von seinem Vorgänger hinterlassen wurden.[32] Dieser ordnete und priorisierte die Reformvorhaben neu, wobei er das Ziel einer gerechteren und sozialeren Gestaltung des Rechtslebens verfolgte.[33] Das Rechtsmittelreformgesetz zählte nunmehr zu den längerfristigen Vorhaben.[34] Eine Reform des Wiederaufnahmerechts wurde überhaupt nicht mehr erwähnt.

3. Wissenschaftliche Diskussion zur Reform des Wiederaufnahmerechts

In der Wissenschaft kam es zu lebhafter Diskussion über die Wiederaufnahme, in deren Zentrum zwar wiederum diejenige zugunsten des Verurteilten stand, die zuungunsten des Angeklagten aber dennoch – wenn diese zum Teil in den

---

27 BT-Drs. VI/3478, S. 56.

28 BT-Drs. VI/3478, S. 56.

29 BT-Drs. VII/1487, S. 1.

30 BT-Drs. VII/1487, S. 2.

31 BT-Drs. VII/1487, S. 2.

32 *Schulz*, ZRP 1974, 242.

33 *Schulz*, ZRP 1974, 242.

34 Vgl. Ziffer 23 der Aufzählung, *Schulz*, ZRP 1974, 242 (244).

Veröffentlichungen auch ausgeklammert wurde, da es sich hierbei um „nicht so drängende Fragen“ handle[35] – nicht bloßes Randthema war.

Lantzke konstatierte, dass das Wiederaufnahmerecht insgesamt einer Neuregelung bedürfe, da sich das Bild vom Rechtsstaat gewandelt habe und da die richterliche Tätigkeit derart kompliziert geworden sei, dass sie eine größere Gefahr von Fehlurteilen mit sich bringe.[36] Die Anforderungen, welche nunmehr an den Rechtsstaat gestellt werden würden, seien strenger als bei Schaffung der StPO von 1877. Die Einstellung des Einzelnen zum Staat habe sich verändert und das Bild vom Obrigkeitsstaat und das Unterwerfungsverhältnis des Bürgers sei durch die Auffassung abgelöst worden, dass der Staat der Gemeinschaft und dem Einzelnen verpflichtet sei und dieser die Aufgabe habe, die Freiheit und das Lebensrecht des einzelnen Bürgers zu gewährleisten.[37]

Aus diesem Grund müsse – wie *Lantzke* weiter ausführt – bei einer Reform auch die Frage neu aufgeworfen werden, ob die Wiederaufnahme zuungunsten des Freigesprochenen nicht überhaupt wegfallen sollte.[38]

Obwohl sie diese Frage lediglich am Rande aufwarf und hierfür keine nähere Begründung lieferte, sondern lediglich aufzeigte, dass das englische Recht überhaupt kein Rechtsmittel des Anklägers gegen ein freisprechendes Urteil kenne, das französische Recht eine Anfechtung von Urteilen des Cour d'assises, die den Angeklagten von einem Verbrechen freisprechen, ausschließe und in der DDR die Wiederaufnahme zuungunsten des Angeklagten nach dem Ablauf von fünf Jahren nicht mehr stattfinden dürfe,[39] setzte man sich in der Folge zunehmend mit dieser Thematik auseinander:

a) Abschaffung der Wiederaufnahme zuungunsten des Angeklagten?

Knoche griff die Ausführungen *Lantzkes* zum Wandel im Rechtsstaatsverständnis auf und folgerte daraus, dass dieser bei allen freisprechenden Urteilen zu einem gänzlichen Rechtsmittelausschluss, einschließlich des Ausschlusses der Wiederaufnahme, zu führen habe.[40]

Zum einen sei in der Zulassung von Rechtsmitteln gegen freisprechende Urteile eine autoritäre Staatsauffassung zu erblicken und zum anderen widerspräche

35 So *Hanack*, JZ 1973, 393 (395).

36 *Lantzke*, ZRP 1970, 201 (202).

37 *Lantzke*, ZRP 1970, 201 (202); ihr folgend *Knoche*, DRiZ 1972, 26.

38 *Lantzke*, ZRP 1970, 201 (202 dort Fn. 3).

39 *Lantzke*, ZRP 1970, 201 (202 dort Fn. 3).

40 *Knoche*, DRiZ 1972, 26; noch ohne nähere Begründung: *ders.*, DRiZ 1971, 299.

diese dem aus dem Rechtsstaatsprinzip herzuleitenden Grundsatz der Verhältnismäßigkeit. Werde der Angeklagte freigesprochen, so konnte der bei Eröffnung der Hauptverhandlung vorliegende hinreichende Tatverdacht nicht zu einer Widerlegung der Unschuldsvermutung führen, wodurch nach *Knoche* alle weiteren Maßnahmen, die auf eine Verurteilung abzielen, unzulässig seien und gegen das Übermaßverbot verstoßen, da der ursprüngliche Tatverdacht keine Bestätigung gefunden habe.[41] Deshalb sei der auch von *Lantzke* schon angesprochenen englischen Lösung zu folgen, die überhaupt kein Rechtsmittel des Anklägers gegen freisprechende Urteile kenne, da diese dem Anspruch des Angeklagten auf „fair trial" am nächsten komme.[42] Dieser generelle Ausschluss jeglicher Rechtsmittel könne einerseits zur Entlastung der Gerichte und andererseits dazu führen, dass das Verantwortungsbewusstsein der erstinstanzlichen Richter gestärkt werde.[43]

Jürgen Meyer regte in seinem 1972 für das Kolloquium des Max-Planck-Instituts gehaltenen Referates an, dass man ernsthaft prüfen müsse, ob das Rechtsinstitut der Wiederaufnahme zuungunsten des Angeklagten nicht ohne Schaden abgeschafft werden könne.[44] Zur Begründung seiner These begann dieser zunächst ebenso mit einem Rechtsvergleich, in dem er einerseits die Länder aufzählte, welche eine Wiederaufnahme zuungunsten nicht vorsahen und andererseits diejenige darstellte, welche eine solche gesetzlich regelten.[45] Im Folgenden unterzog er die in § 362 StPO vorgesehenen Wiederaufnahmegründe zuungunsten des Angeklagten einer eingehenden Untersuchung, wobei er letztendlich zu einer sehr geringen praktischen Bedeutung der einzelnen Wiederaufnahmegründe kam:

Soweit § 362 Ziff. 1 StPO auch den gutgläubigen Gebrauch einer unrichtigen Urkunde erfasse, welcher nicht einmal strafbar sei, sei dies insbesondere im Vergleich zu Ziffer 2 des § 362, wo ein gutgläubig unrichtig aussagender Zeuge oder Sachverständiger nicht enthalten sei, ungereimt und wenig überzeugend.[46]

Hinsichtlich der Fälle der Wiederaufnahme aufgrund einer strafbaren Handlung sei es sachgerecht, zu differenzieren, ob diese vom Angeklagten selbst oder von einem Dritten im Interesse des Angeklagten ohne dessen Beteiligung begangen

---

41 *Knoche*, DRiZ 1972, 26.

42 *Knoche*, DRiZ 1972, 26.

43 *Knoche*, DRiZ 1972, 27.

44 *J. Meyer*, ZStW 84 (1972), 909 (930).

45 *J. Meyer*, ZStW 84 (1972), 909 (924 f.).

46 *J. Meyer*, ZStW 84 (1972), 909 (926).

wurde. Wenn ein Dritter die strafbare Handlung verübt habe und der freigesprochene Angeklagte daran nicht beteiligt gewesen sei, beruhe der richterliche Irrtum auf einer vielfältigen Fehlerquelle, für welche der Freigesprochene nicht verantwortlich gemacht und der Belastung durch ein neues Verfahrens unterzogen werden könne.[47] Wenn der Angeklagte die strafbare Handlung selbst begangen habe, werde er zwar wegen des ursprünglich begangenen Delikts freigesprochenen, sei aber aufgrund von Eidesdelikten, Bestechung usw. zu bestrafen, bei deren Strafzumessung der mit der Straftat verfolgte Zweck strafschärfend zu berücksichtigen sei.[48] Daher sei in diesem Fall keineswegs das Rechtsempfinden derart schwer beeinträchtigt, dass eine Wiederaufnahme des Verfahrens erforderlich sei.[49]

Bei der Beurteilung des § 362 Ziff. 4 schloss sich *Meyer* den Ausführungen der BRAK hinsichtlich einer Begrenzung auf das gerichtliche Geständnis an und zeigte gleichzeitig auf, dass er es aufgrund des Erfordernisses eines formalisierten, vor Gericht abgelegten Geständnisses für unwahrscheinlich halte, dass diesem Wiederaufnahmegrund künftig noch praktische Bedeutung zukomme und dieser daher auch abgeschafft werden könne.[50]

Zudem argumentierte *Meyer* mit der von *Peters*[51] durchgeführten Untersuchung, die zum Vorschein gebracht habe, dass von 1115 untersuchten Verfahren lediglich 91 Verfahren zuungunsten des Angeklagten durchgeführt wurden und von diesen wiederum 25 keinen Erfolg hatten. Diese geringe Zahl spräche in der Praxis für ein geringes Bedürfnis nach einer entsprechenden Vorschrift.[52]

Die Abschaffung der Wiederaufnahme zuungunsten des Angeklagten könne insbesondere dann erwogen werden, wenn durch eine sinnvolle Reform Fehlerquellen bereits im Grundverfahren eingeschränkt werden könnten.[53]

Auf dem Kolloquium des Max-Planck-Instituts[54] unterstützten *Eb. Schmidt, Hauser, Eser* und, nachdem er seine grundsätzlichen Bedenken aufgrund der zahlenmäßigen Geringfügigkeit der Wiederaufnahmeverfahren zuungunsten

---

47 *J. Meyer*, ZStW 84 (1972), 909 (927).

48 *J. Meyer*, ZStW 84 (1972), 909 (927).

49 *J. Meyer*, ZStW 84 (1972), 909 (927).

50 *J. Meyer*, ZStW 84 (1972), 909 (927 f.).

51 Vgl. *Peters*, Fehlerquellen Bd. 1, S. 574.

52 *J. Meyer*, ZStW 84 (1972), 909 (929).

53 *J. Meyer*, ZStW 84 (1972), 909 (930).

54 Vgl. hierzu den Tagungsbericht von *Eckert*, ZStW 84 (1972), 937 ff.

des Angeklagten aufgegeben hatte, auch *Krüger* den Vorschlag *Meyers* zur Abschaffung der für den Angeklagten ungünstigen Wiederaufnahme.[55]

Mit *Kleinknecht, Bockelmann, Schroeder* und *Engisch* gab es jedoch auch Stimmen für die Beibehaltung der Wiederaufnahme zuungunsten des Angeklagten. So wurde einerseits von *Kleinknecht* und sich ihm anschließend *Bockelmann* für die Beibehaltung der Wiederaufnahme aufgrund eines Geständnisses votiert, da ein solches nicht automatisch zur Erneuerung der Hauptverhandlung führe, sondern erst dessen Glaubwürdigkeit überprüft werden müsse.[56] Dieser Wiederaufnahmegrund habe bisher „mindestens nicht geschadet", dafür aber verhindert, dass sich der Freigesprochene unbescholten der Tat rühmen könne.[57]

Schroeder argumentierte, dass ein nachträgliches Geständnis womöglich nur aufgrund der generalpräventiven Wirkung von Gesetzesvorschriften so selten sei.[58] Zudem habe die Diskussion um § 362 Nr. 4 StPO gezeigt, dass dieser weniger der Sicherung der materiellen Richtigkeit des Urteils diene, sondern vielmehr dem Schutz der Autorität der Strafrechtspflege.[59]

Hingegen führte *Eser* an, dass allein zum Schutz davor, dass sich der Freigesprochene nachträglich seiner Tat rühme und ein Eingeständnis der Tat möglicherweise an die Presse gegen ein Honorar verkaufe, die Wiederaufnahme nicht aufrechterhalten werden müsse, da hierfür eine Vorschrift nach Art eines „contempt of court" verbunden mit einer Einziehung des erhaltenen Erlöses geschaffen werden könnte.[60]

Zum anderen wurde von *Engisch* die Befürchtung vorgetragen, dass nach Abschaffung der nachteiligen Wiederaufnahme der Richter, der im Ausgangsverfahren vor der Frage stehe, ob er den Angeklagten freisprechen solle, sich klarmachen müsse, wenn er jetzt freispreche, dies ein definitiver Freispruch sei, welcher nicht mit einer späteren Wiederaufnahme beseitigt werden könne. Dies könne zur Folge haben, dass vor einem Freispruch eine gewisse Hemmung entstehe, worin eine „Bumerangwirkung" der Abschaffung der Wiederaufnahme zuungunsten des Angeklagten zu sehen sei.[61]

---

55 *Eckert*, ZStW 84 (1972), 937 (947 f.).
56 *Eckert*, ZStW 84 (1972), 937 (947 f.).
57 *Eckert*, ZStW 84 (1972), 937 (947 f.).
58 *Eckert*, ZStW 84 (1972), 937 (948).
59 *Eckert*, ZStW 84 (1972), 937 (948).
60 *Eckert*, ZStW 84 (1972), 937 (948).
61 *Eckert*, ZStW 84 (1972), 937 (949).

Die auf dem Kolloquium vorgetragenen Befürchtungen gegen die Abschaffung der Wiederaufnahme zuungunsten des Angeklagten griff später auch *Dippel* auf und führte weiter aus, dass in der Beseitigung der Wiederaufnahme zuungunsten des Angeklagten als „tief verwurzeltes Rechtsinstitut" ein derart radikaler Einschnitt liege, der nur auf Grundlage einer eingehenden kriminalpsychologischen Untersuchung verantwortet werden könne.[62]

Auch *Wasserburg* votierte dafür, dass die Wiederaufnahme zuungunsten des Angeklagten trotz ihrer relativ geringen Bedeutung in der Praxis auf keinen Fall ersatzlos gestrichen werden solle, da die Forderung nach deren Abschaffung, dem Ansehen des Staates höchst abträglich sei.[63] Dies insbesondere für den Fall, dass sich beispielsweise ein Mörder seiner Tat ungestraft rühmen dürfte.[64]

b) Reform der Wiederaufnahmegründe zuungunsten des Angeklagten?

Neben der vollständigen Abschaffung der Wiederaufnahme zuungunsten des Angeklagten wurde auch darüber diskutiert, wie man die bestehenden Wiederaufnahmegründe reformieren könnte.

aa) Begrenzung der Wiederaufnahme zuungunsten auf Verbrechen?

Wie dies früher u. a. von *v. Hentig* bereits vorgeschlagen wurde[65], wollte *Wasserburg* mit der Begrenzung auf Verbrechen und der gleichzeitigen Herausnahme von Kleinkriminalität dem Grundsatz der Verhältnismäßigkeit mehr Rechnung tragen.[66] § 362 sollte daher – ohne weitere Veränderung der bisherigen Wiederaufnahmegründe – mit dem Satz beginnen: „Die Wiederaufnahme eines durch rechtskräftiges Urteil abgeschlossenen Verfahrens zuungunsten des Angeklagten ist zulässig, wenn sie ein Verbrechen betrifft und wenn …".[67]

bb) Begrenzung des § 362 Nr. 4 auf das gerichtlich abgelegte Geständnis

Dippel hielt der von der BRAK vorgeschlagenen Begrenzung auf das gerichtlich abgelegte Geständnis entgegen, dass damit nur der tatsächlich reumütige Täter, der ein formalisiertes Geständnis ablege, neu verfolgt werden könne und darüber hinaus diesem Wiederaufnahmegrund nahezu jeglicher Anwendungsbereich

62 *Dippel*, in *Jescheck / Meyer*, Wiederaufnahme, S. 72.

63 *Wasserburg*, Wiederaufnahme, S. 40 Anm. Nr. 161.

64 *Wasserburg*, Wiederaufnahme, S. 40 Anm. Nr. 161.

65 *V. Hentig*, Wiederaufnahmerecht, S. 117 f.

66 *Wasserburg*, Wiederaufnahme, S. 40 Anm. Nr. 161.

67 *Wasserburg*, Wiederaufnahme, S. 40 Anm. Nr. 161.

entzogen werde.[68] *Peters* wies darauf hin, dass auch ein außergerichtliches Geständnis glaubwürdig sein könne und es daher nicht auf die formale Begrenzung des Geständnisses ankomme, sondern auf dessen Eindeutigkeit und Klarheit.[69] *Wasserburg* konstatierte, dass eine Eingrenzung auf das gerichtliche Geständnis „in keiner Weise überzeugend" sei, wies aber darauf hin, dass dem Strafrechtsausschuss der BRAK insofern zuzustimmen sei, als dieser einem vor Strafverfolgungsbehörden abgelegten Geständnis sehr misstrauisch gegenüberstehe, da in der Strafrechtspraxis das Problem bezüglich des Verdachts unzulässiger oder unerwünschter Pressionen seitens der Strafverfolgungsbehörden zur Erlangung eines Geständnisses häufig unterschätzt oder übersehen werde.[70]

Knoche wies hingegen darauf hin, dass ein außergerichtliches Geständnis im Hinblick auf § 136 StPO bedenklich sei, da einem solchen keine entsprechende Belehrung vorausgehe.[71] Zudem werde durch diesen Wiederaufnahmegrund einem Geständnis – was eine „durch die Freiwilligkeitsfiktion in keiner Weise gerechtfertigte Heraushebung eines durchaus zweifelhaften Beweismittels"[72] sei – ein allzu großer Beweiswert zugemessen, weshalb die Ziffer 4 des § 362 StPO gestrichen werden könne.[73]

cc) Ersetzung des Geständnisses durch neue Tatsachen und Beweismittel?

Für eine vollständige Reform des § 362 Nr. 4 StPO trat *Peters* ein, da es seiner Ansicht nach neben dem Geständnis andere zuverlässigere Beweismittel gäbe, die die Begehung einer Tat, von welcher der Angeklagte freigesprochen worden war, eindeutiger und sicherer erweisen würden als ein Geständnis. Hierzu zählten das Auffinden neuer Beweisgegenstände, insbesondere das von Urkunden.[74] Derartige neue Tatsachen und Beweismittel sollten aber nur dann zur Wiederaufnahme des Verfahrens führen, wenn sie eindeutig und unzweifelsfrei die Täterschaft des Freigesprochenen dartun, so dass ein Wiederaufnahmeverfahren zuungunsten nur stattfinden sollte, wenn ein Urteilsfehler offensichtlich war.[75]

---

68 *Dippel*, in *Jescheck / Meyer*, Wiederaufnahme, S. 72.

69 *Peters*, Fehlerquellen Bd. 2 S. 321; *ders.* Fehlerquellen Bd. 3, S. 42.

70 *Wasserburg*, Wiederaufnahme, S. 21.

71 *Knoche*, DRiZ 1971, 299.

72 *J. Meyer*, Wiederaufnahmereform, S. 79.

73 *Knoche*, DRiZ 1971, 299; *J. Meyer*, Wiederaufnahmereform, S. 79.

74 *Peters*, Fehlerquellen Bd. 2 S. 321.

75 *Peters*, Fehlerquellen Bd. 2 S. 321.

Die Strafrechtskommission des Deutschen Richterbundes wollte die Ziffer 4 des § 362 über das Geständnis hinaus, auf neue Tatsachen und Beweismittel erweitern, die Wiederaufnahme in diesem Fall aber nur bei bestimmten, schwersten Verbrechen (Mord, Völkermord, Totschlag und andere Verbrechen, durch die der Tod eines Menschen verursacht worden ist), welche im Gesetz aufgezählt werden sollten, zulassen.[76] Diese Regelung diene der materiellen Gerechtigkeit und dem Rechtsfrieden, weil dadurch ein unerträglicher Rechtszustand des geltenden Rechts beseitigt werde. Die Einleitung eines neuen Verfahrens sollte allerdings auf einen Zeitraum von zehn Jahren nach Eintritt der Rechtskraft begrenzt werden.[77]

c) Verfassungsmäßigkeit der Reform der Wiederaufnahme zuungunsten des Angeklagten?

Während *Grünwald* nur knapp darlegte, dass die Wiedereinführung der Wiederaufnahme aufgrund neuer Tatsachen oder Beweismittel zuungunsten des Angeklagten eindeutig durch die Verfassung ausgeschlossen sei, da diese zum einen der Tradition der StPO fremd und zum anderen die Behauptung, ihr Fehlen sei unerträglich, von einem rechtsstaatlichen Standpunkt aus nicht zu begründen sei,[78] strengte *Ziemba*[79] als erster und unter Bezugnahme auf seine Ausführungen auch *J. Meyer* eine ausführliche Prüfung dieser Frage an:

Ziemba nahm zunächst eine Prüfung der Verfassungsmäßigkeit der geltenden Wiederaufnahmebestimmungen zuungunsten des Angeklagten vor, wobei er sich an *Dürig* anschloss und wie dieser zu dem Ergebnis gelangte, dass zum Rechtsstaatsprinzip auch die Forderung der materiellen Gerechtigkeit gehöre und das uneingeschränkte Festhalten am „ne bis in idem-Grundsatz" zu unerträglichen Ergebnissen führen würde.[80] Der „ne bis in idem-Grundsatz" trage

---

76 Ergebnisprotokoll der Sitzung der Strafrechtskommission des Deutschen Richterbundes in Münster 1971, S. 6 f. zitiert nach *Dippel*, in *Jescheck / Meyer*, Wiederaufnahme, S. 71; *Ziemba*, Wiederaufnahme, S. 209.

77 *Deml* hielt den Vorschlag des Deutschen Richterbundes im Hinblick auf den Zweck des Wiederaufnahmeverfahrens zuungunsten des Angeklagten für konsequent. Wenn man diesen in der Sicherung der materiellen Gerechtigkeit im Interesse der Allgemeinheit sehe, müsse die Wiederaufnahme über das Geständnis hinaus auf alle neuen Tatsachen oder Beweismittel erstreckt werden, aus denen sich die für das Gerechtigkeitsempfinden schlechterdings unerträgliche Fehlerhaftigkeit ergebe. Der Freispruch müsse hierfür allerdings in einem groben Missverhältnis zur Tat und der dafür vorgesehenen Strafe stehen; *Deml*, Wiederaufnahme, S. 142.

78 *Grünwald*, ZStW-Beiheft 1974, 94 (103).

79 *Ziemba*, Wiederaufnahme, S. 209 ff.

80 *Ziemba*, Wiederaufnahme, S. 77 ff. m.w.N.

eine „Unerträglichkeitsschranke“ in sich, wobei aus Gründen der Rechtsstaatlichkeit verlangt werden müsse, dass diese Grenze normativ festgelegt werde und auf diese Weise die von Art. 103 Abs. 3 GG vorgesehenen Ausnahmen voraussehbar, berechenbar und messbar sind.[81] Diesem Erfordernis entsprächen die geltenden Wiederaufnahmebestimmungen.[82]

Eine Erweiterung der nachteiligen Wiederaufnahme als Ausnahmefall zu Art. 103 Abs. 3 GG müsse ebenfalls eng begrenzt und sachlich begründet sein, sowie den rechtsstaatlichen Kriterien der Voraussehbarkeit, Messbarkeit und Berechenbarkeit entsprechen, damit diese verfassungsmäßig sein könne.[83] Wenn man die Wiederaufnahme zuungunsten des Freigesprochenen aufgrund neuer Tatsachen oder Beweismittel bei allen Straftaten zuließe, sei dies keine eng begrenzte Ausnahmeregelung zu Art. 103 Abs. 3 GG, sondern würde den „ne bis in idem-Grundsatz“ vollständig aushöhlen und sei daher verfassungswidrig.[84]

Auch sei es kaum mit Art. 103 Abs. 3 GG in Einklang zu bringen, wenn man die Wiederaufnahme bloß auf Verbrechen beschränke, da es sich hierbei ebenfalls um eine viel zu weit gefasste Ausnahme von Art. 103 Abs. 3 GG handle.[85]

Der Vorschlag des Strafrechtsausschusses des Deutschen Richterbundes sei zwar sachlich begründet, da das Leben als höchstes Rechtsgut anzusehen sei, jedoch sei die Aufnahme weiterer, erfolgsqualifizierter Tötungsdelikte neben Mord und Völkermord verfassungsrechtlich bedenklich, da hiervon eine große Zahl von Verbrechen (knapp zwanzig Tatbestände) erfasst sei, wobei zwischen den einzelnen Delikten ein erheblicher Unterschied in der Strafdrohung bestehe.[86] So reiche die Spanne von einer Mindeststrafdrohung von 3 Jahren (Körperverletzung mit Todesfolge) bis zur lebenslangen Freiheitsstrafe wegen Mordes oder Völkermordes.[87] Da es auch bei den vorsätzlichen Tötungsdelikten erhebliche Unterschiede in der Strafdrohung gäbe (3 Jahre bei Kindstötung, 5 Jahre bei Totschlag und lebenslänglich bei Mord), sollte die Wiederaufnahme nach *Ziemba* nur bei den schwersten Delikten Mord, Völkermord und der Anstiftung zu diesen Delikten möglich sein, weil diese Delikte einerseits mit der

---

81 *Ziemba*, Wiederaufnahme, S. 79.

82 *Ziemba*, Wiederaufnahme, S. 79.

83 *Ziemba*, Wiederaufnahme, S. 210.

84 *Ziemba*, Wiederaufnahme, S. 210.

85 *Ziemba*, Wiederaufnahme, S. 210 f.

86 *J. Meyer*, Wiederaufnahmereform, S. 83 f.; *Ziemba*, Wiederaufnahme, S. 211.

87 *J. Meyer*, Wiederaufnahmereform, S. 83 f.; *Ziemba*, Wiederaufnahme, S. 211.

absoluten Strafe bedroht und darüber hinaus noch weitere besondere Merkmale hinzukommen müssten.[88]

Meyer schloss sich bezüglich der Delikte Mord und Völkermord *Ziemba* an, wollte die Anstiftung zu diesen Delikten hingegen nicht in die Wiederaufnahmevorschrift aufnehmen, da der Anstifter gemäß § 26 StGB ohnehin gleich dem Täter zu bestrafen sei.[89] Die Aufnahme dieser Delikte in § 362 sei dadurch gerechtfertigt, dass Völkermord nicht verjähre, was Zeichen eines absoluten Sanktionswillens des Gesetzgebers sei und Mord als einzig weiteres und in etwa vergleichbares Delikt mit der absoluten Strafe bedroht sei.[90]

Wenn man eine entsprechende Reform der Wiederaufnahme vornehme, sei dies nur eine Durchbrechung des Art. 103 Abs. 3 GG in engstem Rahmen, welche auf klare und eindeutige Tatbestände beschränkt sei.[91] Die Wiederaufnahme zuungunsten des Freigesprochenen könnte daher nach den Überlegungen *Ziembas* grundsätzlich zugelassen werden, wenn sich später bisher unbekannte Tatsachen oder Beweismittel ergeben, die allein oder in Verbindung mit den früher erhobenen Beweisen so beschaffen sind, dass diese keine begründeten Zweifel an der Verurteilung des Freigesprochenen wegen Mordes, Völkermordes oder wegen Anstiftung zu Mord oder Völkermord entstehen lassen.[92] Dieser Vorschlag sei begrenzt, sachlich begründet und aufgrund der Aufzählung bestimmter Tatbestände voraussehbar und berechenbar und daher mit Art. 103 Abs. 3 GG vereinbar.[93]

Ziemba wollte diesen Vorschlag aber dennoch nicht in das Gesetz aufgenommen haben, da er den von der Bundesrechtsanwaltskammer vorgebrachten Einwand, wonach mangelhafte Tataufklärung grundsätzlich zu Lasten des Staates gehen solle, für das entscheidende Argument gegen die Einführung eines entsprechenden Wiederaufnahmegrundes hielt.[94] Wenn das von der Staatsanwaltschaft vorgelegte Beweismaterial nicht zur Verurteilung ausgereicht habe, sei dieses nicht hieb- und stichfest gewesen. Hierbei könne man dem Staat zwar nicht vorwerfen, dass die Staatsanwaltschaft eine Straftat nicht vollständig aufklären konnte, sondern dass trotz mangelhafter Sachaufklärung Anklage erhoben und das

88 *Ziemba*, Wiederaufnahme, S. 212.
89 *J. Meyer*, Wiederaufnahmereform, S. 84 und dort Fn. 474.
90 *J. Meyer*, Wiederaufnahmereform, S. 84.
91 *Ziemba*, Wiederaufnahme, S. 212.
92 *Ziemba*, Wiederaufnahme, S. 216.
93 *Ziemba*, Wiederaufnahme, S. 216.
94 *Ziemba*, Wiederaufnahme, S. 219 f.

Hauptverfahren eröffnet wurde. Wenn ein solches Verfahren mit einem Freispruch ende, müsse dies zu Lasten des Staates gehen.[95] Die Versäumnisse des Ausgangsverfahrens sollten daher – wie *Ziemba* weiter ausführt – nicht durch ein Wiederaufnahmeverfahren beseitigt werden können, wobei auch im Falle eines Mordes nichts anderes gelten dürfe, da auch hier eine hieb- und stichfeste Anklage zu erwarten sei.[96] In diesem Punkt schloss sich *Meyer* nicht an. Der Rechtskraft käme grundsätzlich zwar „Präventionswirkung"[97] zu, diese könne aber die „ohnehin sehr weit vorgeschobene Unerträglichkeitsgrenze nicht völlig aufheben".[98]

Meyer gab daraufhin seine früher geäußerten Zweifel am praktischen Bedürfnis einer entsprechenden Wiederaufnahmevorschrift ausdrücklich auf, da bereits ein ungerechtfertigter Freispruch in einer Mordsache unerträglich erscheinen könne und sich die Tübinger Untersuchungen schließlich auf das allein zugelassene „novum" eines Geständnisses beschränkt hätten.[99] Er formulierte daraufhin einen Gesetzesvorschlag, nach dem die Wiederaufnahme eines durch rechtskräftiges Urteil abgeschlossenen Verfahrens zuungunsten des freigesprochenen Angeklagten zulässig sein sollte, wenn neue Tatsachen oder Beweismittel beigebracht werden, die allein oder in Verbindung mit den früher erhobenen Beweisen jeden begründeten Zweifel ausschließen, dass der Angeklagte in einer neuen Hauptverhandlung der Begehung eines Mordes oder eines Völkermordes überführt werde.[100]

Seine Untersuchung beendete *Meyer* mit dem Appell, bei allen Versuchen der Erweiterung der Wiederaufnahme zuungunsten des Angeklagten zu berücksichtigen, „was das Begehren nach größerer Strafgerechtigkeit in der sachlichen Auswirkung bedeuten würde: Nämlich Schmälerung eines Grundrechtes durch Vermehrung der Gründe, die die Wiederaufnahme zuungunsten des Angeklagten zulässig machen. Es ist zu wünschen, daß in einem freiheitlichen Rechtsstaat der Gesetzgeber solchem Verlangen gegenüber skeptisch bleibt".[101]

---

95 *Ziemba*, Wiederaufnahme, S. 219.

96 *Ziemba*, Wiederaufnahme, S. 219.

97 Damit ist gemeint, dass die materielle Rechtskraft für staatliche Verfolgungsbehören Antrieb sein soll, ihre Aufgaben im erstinstanzlichen Verfahren mit voller Aufmerksamkeit zu verfolgen; vgl. *J. Meyer*, Wiederaufnahmereform, S. 50 f.

98 *J. Meyer*, Wiederaufnahmereform, S. 84.

99 *J. Meyer*, Wiederaufnahmereform, S. 87.

100 *J. Meyer*, Wiederaufnahmereform, S. 158.

101 *J. Meyer*, Wiederaufnahmereform, S. 92.

d) Zeitliche Begrenzung der Wiederaufnahme zuungunsten

Ganz am Rande wurde auch die Frage diskutiert, ob für den Fall, dass die Wiederaufnahme zuungunsten des Angeklagten grundsätzlich zugelassen werde, diese zumindest an eine Frist gebunden werden sollte. *Knoche* forderte, dass die Wiederaufnahme nach Ablauf einer bestimmten Zeit, entweder von der Tat oder vom letzten Urteil an berechnet, ausgeschlossen sein soll. Dies sei ein Gebot der Fairness und daher Erfordernis der Rechtsstaatlichkeit.[102] Dies sei auch damit zu begründen, dass ein Angeklagter nicht schlechter gestellt werden solle als ein unentdeckt gebliebener Täter.[103] Bei der Beschränkung auf Mord und Völkermord käme nach *Meyer* hingegen keine Befristung der Wiederaufnahme in Betracht.[104]

102 *Knoche*, DRiZ 1971, 299.

103 *Knoche*, DRiZ 1971, 299.

104 *J. Meyer*, Wiederaufnahmereform, S. 85.

Zehntes Kapitel: Reformvorhaben ab den 1990er Jahren bis heute

Bis es schließlich zu einem erneuten Versuch der Reform des Wiederaufnahmerechts kam, dauerte es bis in das Jahr 1993.

I. Entwurf der SPD Fraktion von 1993

Unter Beteiligung *Jürgen Meyers* legte die SPD-Fraktion im November 1993 den „Entwurf eines Gesetzes zur Reform des Wiederaufnahmerechts"[1] vor. § 362 E-1993 sollte die von *Meyer* schon in den 1970er Jahren vorgeschlagene Fassung erhalten:

Die nachteilige Wiederaufnahme sollte demnach nur noch zuungunsten des freigesprochenen Angeklagten zulässig sein und nur dann, „wenn neue Tatsachen oder Beweismittel beigebracht werden, die allein oder in Verbindung mit den früher erhobenen Beweisen jeden begründeten Zweifel ausschließen, daß der Angeklagte in einer neuen Hauptverhandlung der Begehung eines Mordes (§ 211 StGB) oder Völkermordes (§ 220a StGB) überführt werden wird".[2]

Wie man in der Begründung ausführte, wollte man unter Zugrundelegung des verfassungsrechtlich geschützten „ne bis in idem-Grundsatzes" und mit Hinweis

---

1 BT-Drs. 12/6219.

2 Zugunsten des Angeklagten sah der Entwurf die Wiederaufnahme nur noch aus drei Gründen vor: Einerseits sollten die bisherigen Wiederaufnahmegründe durch einen allgemeinen Wiederaufnahmegrund des Vorliegens neuer Tatsachen und Beweismittel ersetzt werden (§ 359 Abs. 1 Nr. 1 StPO-E). Andererseits war das Hauptanliegen des Entwurfs, die Wiederaufnahme auch bei im Urteil enthaltenen offensichtlichen Rechtsfehlern oder bei durch das Urteil oder das letztinstanzliche Verhandlungsprotokoll bewiesenen offensichtlichen Verletzungen der rechtsstaatlichen Verfahrensgrundsätze zu gestatten (§ 359 Abs. 1 Nr. 2 StPO-E). Zudem sollte die Wiederaufnahme auch dann möglich sein, wenn durch den Europäischen Gerichtshof für Menschenrecht die Konventionswidrigkeit festgestellt wurde (§ 359 Abs. 3 StPO-E). Ein Antrag auf Wiederaufnahme des Verfahrens zugunsten des Verurteilten sollte nach § 359 Abs. 4 StPO-E nach einer Verurteilung wegen eines Vergehens nur binnen zehn Jahren und nach einer Verurteilung wegen eines Verbrechens nur binnen zwanzig Jahren seit Rechtskraft der Verurteilung gestellt werden können. Anlass für die Berücksichtigung von Rechtsverstößen gaben die Fälle *Karl von Ossietzky* und *Dietrich Bonhoeffer*; vgl. hierzu den Vortrag *J. Meyers* in der ersten Lesung des E-1996 im Bundestag, BT-Plenarprotokoll 13/98 S. 8793 f.; zum Fall *Ossietzky* auch *Brauns*, JZ 1995, 492; *Wasserburg*, ZRP 1997, 412.

https://doi.org/10.1515/9783110751703-011

auf ausländische Rechtsordnungen mit dieser Reform die Wiederaufnahme zuungunsten des Angeklagten beschränken.[3]

Nach wie vor war man der Ansicht, dass die Wiederaufnahme zuungunsten im Allgemeinen an strengere Voraussetzungen geknüpft werden müsse als die Wiederaufnahme zugunsten, da ein zu Unrecht erfolgter Freispruch das Rechtsempfinden der Allgemeinheit in der Regel weniger verletze als eine ungerechtfertigte Verurteilung.[4] Eine ungünstige Wiederaufnahme dürfe nicht aufgrund jeder nachträglich festgestellten Tatsache bzw. aufgefundenen Beweismittels zugelassen werden, da es sich bei einem aus Mangel an Beweisen erfolgten Freispruch nicht um ein Fehlurteil, sondern eine von der Strafprozessordnung vorgesehene rechtmäßige Entscheidung handle. Außerdem wurde in der Entwurfsbegründung wiederum das Argument aufgegriffen, dass den Strafverfolgungsbehörden bessere Ermittlungsmöglichkeiten zur Verfügung stünden, so dass diese bereits im ersten Verfahren sämtliche Tatsachen und Beweise vorgebracht haben müssten.[5]

Die Begrenzung auf die bisherigen Wiederaufnahmegründe sei nach der Entwurfsbegründung nicht ausreichend und erfordere eine weitreichendere Einschränkung.[6] Der Freigesprochene sei stärker als bisher vor einer nochmaligen Strafverfolgung zu schützen, da Art. 103 Abs. 3 GG über seinen Wortlaut hinaus nicht nur vor doppelter Bestrafung, sondern auch vor mehrfacher Strafverfolgung wegen derselben Tat schütze. Aufgrund der Tatsache, dass Wiederaufnahmeverfahren zuungunsten des Angeklagten lediglich 8 % aller Wiederaufnahmeverfahren betragen, sei das kriminalpolitische Bedürfnis für die Beibehaltung der bisherigen Vorschriften ohnehin gering.[7] Deshalb schlage der Entwurf einerseits vor, die Wiederaufnahme auf den freigesprochenen Angeklagten und andererseits auf die Delikte Mord und Völkermord zu begrenzen. Im Fall einer zu erwartenden Verurteilung wegen Mordes bzw. Völkermordes sei das Gerechtigkeitsgefühl der Bevölkerung ebenso stark beeinträchtigt wie in dem Fall der Verurteilung eines Unschuldigen. Dies belege auch die Vorschrift des § 78 Abs. 2 StGB, welche vorsehe, dass diese Delikte, die als einzige mit der absoluten Strafe belegt seien, nicht verjähren.[8]

---

3 BT-Drs. 12/6219, S. 1.

4 BT-Drs. 12/6219, S. 7.

5 BT-Drs. 12/6219, S. 7.

6 BT-Drs. 12/6219, S. 7.

7 BT-Drs. 12/6219, S. 7.

8 BT-Drs. 12/6219, S. 7 f.

Aufgrund der einschneidenden Wirkung eines Wiederaufnahmeverfahrens und der Bedeutung des Tatvorwurfs müsse allerdings bei der Entscheidung über die Zulässigkeit und Begründetheit des Antrags ein höherer Wahrscheinlichkeitsgrad der Verurteilung gefordert werden als bei der Wiederaufnahme zugunsten des Verurteilten.[9] Deshalb habe man den „Ausschluss jedes begründeten Zweifels" in § 362 E-1993 aufgenommen. Hierbei entspräche der Wahrscheinlichkeitsgrad dem des dringenden Tatverdachts, wie er für den Erlass eines Haftbefehls erforderlich sei.[10]

II. Entwurf der SPD Fraktion 1996

Der E-1993 wurde noch an den Rechtsausschuss überwiesen, jedoch dort vor Ablauf der Legislaturperiode nicht mehr beraten. In der 13. Wahlperiode wurde erneut unter der Beteiligung *Jürgen Meyers* von der SPD-Fraktion ein „Entwurf eines Gesetzes zur Reform des strafrechtlichen Wiederaufnahmerechts" in das Gesetzgebungsverfahren eingebracht.[11] Während man den die Wiederaufnahme zugunsten des Verurteilten beinhaltenden § 359 im Vergleich zu E-1993 geringfügig verändert[12] hatte, entsprach § 362 des E-1996 vollständig dem des E-1993.

In der ersten Lesung des Entwurfs kritisierte *Peter Altmaier* (CDU/CSU) den Vorschlag *Jürgen Meyers* zur Reform der Wiederaufnahme zuungunsten des Angeklagten heftig. Hierbei handle es sich um „eine Entkriminalisierung durch die Hintertür".[13] Durch diesen Vorschlag werde derjenige prämiert, der einen Betrug, eine schwere Körperverletzung oder einen Totschlag begangen habe und aufgrund einer Urkundenfälschung sich in geschickter Weise einer Verurteilung entziehe und daher freigesprochen werde.[14] Dem schlossen sich auch *Volker Beck* (Bündnis 90/Die Grünen) und *Jörg van Essen* (FDP) an. Der vor-

9 BT-Drs. 12/6219, S. 8.

10 BT-Drs. 12/6219, S. 10.

11 BT-Drs. 13/3594.

12 So war beispielsweise die zeitliche Begrenzung eines Wiederaufnahmeantrags von 10 Jahren im Falle eines Vergehens und von 20 Jahren im Falle eines Verbrechens nun nicht mehr vorgesehen.

13 BT-Plenarprotokoll 13/98 S. 8796.

14 BT-Plenarprotokoll 13/98 S. 8796.

geschlagene § 362 E-1996 sei zu restriktiv und es sei fraglich, ob diese Vorschrift tatsächlich dem Rechtsfrieden diene.[15] *Beck* hielt es zumindest für diskussionswürdig, die Vorschrift auf andere schwere Gewalt- und Sexualverbrechen auszudehnen.[16]

Der Gesetzentwurf wurde daraufhin an den Rechtsausschuss zur Beratung überwiesen. Nach fünf Sitzungen kam dieser zu dem Ergebnis, dass lediglich die Aufnahme eines weiteren Wiederaufnahmegrundes zugunsten des Verurteilten zu empfehlen sei.[17]

Die Koalitionsfraktion und die Fraktion Bündnis 90/Die Grünen hielten an ihrer Kritik der Beschränkung der Wiederaufnahme zuungunsten des Angeklagten auf Mord und Völkermord fest. Die SPD Fraktion zog ihren Gesetzesvorschlag schließlich im Übrigen zurück, so dass die weiteren Änderungsvorschläge im Rechtsausschuss nicht näher beraten wurden.[18]

III. Reaktionen auf die Entwürfe

In der Folge stand die Begrenzung der Wiederaufnahme zuungunsten des Angeklagten auf die Delikte Mord und Völkermord im Zentrum der Kritik:

Einig war man sich, dass die Beschränkung auf Verbrechen zwar wünschenswert sei, jedoch die Eingrenzung auf Mord und Völkermord rein willkürlich erfolgt und zu eng sei, da es auch andere schwerwiegende Verbrechen gäbe, die dem Gerechtigkeitsgefühl der Allgemeinheit zuwiderlaufen und auf wenig Verständnis beim Opfer stoßen würden.[19] Es sei widersprüchlich, einerseits die Wiederaufnahme zugunsten des Verurteilten um Rechtsfehler zu erweitern und andererseits die Wiederaufnahme zuungunsten auf zwei Delikte zu begrenzen.[20] Das Gerechtigkeitsempfinden der Öffentlichkeit verlange beispielsweise auch bei schwerer Wirtschaftskriminalität und Sexualdelikten nach einer Verurtei-

15 BT-Plenarprotokoll 13/98 S. 8797 f.

16 BT-Plenarprotokoll 13/98 S. 8797 f.

17 Die Wiederaufnahme zugunsten des Verurteilten sollte nach § 359 Nr. 6 zulässig sein, wenn der Europäische Gerichtshof für Menschenrechte eine Verletzung der Europäischen Konvention zum Schutze der Menschenrechte und Grundfreiheiten oder ihrer Protokolle festgestellt hat und das Urteil auf dieser Verletzung beruht; Beschlussempfehlung, BT-Drs. 13/10333 S. 2. Im Plenum des Bundestags wurde die Beschlussempfehlung schließlich unverändert angenommen; Plenarprotokoll 13/227 S. 20843 f.

18 BT-Drs. 13/10333 S. 4.

19 *Stoffers*, ZRP 1998, 173 (178); *Van Essen*, Kriminalistik 1996, 762 (764); *Wasserburg*, ZRP 1997, 412 (415); diesen zustimmend *Waßmer*, Jura 2002, 454 (460).

20 *Van Essen*, Kriminalistik 1996, 762 (764).

lung des Täters. Es mache zudem keinen Unterschied, ob der Tod eines Menschen die Verwirklichung des Tatbestandes des § 211 oder der Tatbestände der § 212, § 226 oder § 251 StGB darstelle.[21] Gerade unter dem Blickwinkel der Fortschritte im Bereich der DNA-Analytik seien neue Erkenntnisse im Bereich schwerster Sexualdelikte nicht ausgeschlossen, weshalb die Begrenzung nicht wünschenswert und dem Rechtsfrieden abträglich sei.[22]

Zur Abhilfe wurde einerseits vorgeschlagen, sich hinsichtlich einer Begrenzung auf bestimmte Delikte an anderen Katalogen wie demjenigen des § 138 StGB zu orientieren[23] oder andererseits alle Delikte mit der Rechtsfolge der lebenslangen Freiheitsstrafe zu erfassen.[24]

In der Mehrzahl der Veröffentlichungen zum Entwurf wurde auf die Ausdehnung der Wiederaufnahme zuungunsten des Freigesprochenen über das Geständnis hinaus auf neue Tatsachen und Beweismittel entweder nicht ausdrücklich eingegangen[25] oder diese grundsätzlich begrüßt, da die Hervorhebung des Geständnisses als einziges „novum" nicht gerechtfertigt sei.[26] Zum Teil wurde diese Reform jedoch für verfassungsrechtlich gänzlich ausgeschlossen gehalten, wobei es ganz gleich sei, wie der Umfang der Wiederaufnahmemöglichkeit im Übrigen bestimmt werde.[27] Die vorgeschlagene Eingrenzung auf Delikte mit lebenslanger Freiheitsstrafe sei im Hinblick auf die verfassungsrechtlichen Probleme inakzeptabel.[28]

Auch die Begrenzung auf den freigesprochenen Angeklagten blieb nicht unkritisiert, da ein unerträglicher Gerechtigkeitsverstoß auch dann vorliegen könne, wenn sich nachträglich herausstelle, dass die verhängte Strafe nach Art und Höhe in krassem Missverhältnis zum tatsächlich begangenen Delikt stehe.[29]

---

21 *Van Essen*, Kriminalistik 1996, 762 (764).

22 *Van Essen*, Kriminalistik 1996, 762 (765).

23 *Van Essen*, Kriminalistik 1996, 762 (764).

24 *Stoffers*, ZRP 1998, 173 (178).

25 *Rieß*, NStZ 1994, 153; *Van Essen*, Kriminalistik 1996, 762; *Wasserburg*, ZRP 1997, 412.

26 *Stoffers*, ZRP 1998, 173 (177).

27 *Loos*, in: FS-*Schreiber*, S. 280.

28 *Loos*, in: FS-*Schreiber*, S. 280.

29 *Stoffers*, ZRP 1998, 173 (177 f.).

IV. Reformversuche in den Jahren 2004-2006

Auf Initiative der Länder Bayern und Sachsen-Anhalt sollte das Recht der Unterbringung in einem psychiatrischen Krankenhaus und in einer Entziehungsanstalt reformiert werden, was bei der Wiederaufnahme zuungunsten des Angeklagten zu einer Ergänzung um eine neue Ziffer 5 in § 362 StPO führen sollte.[30]

Mit dieser Reform wollte man für den Fall, dass das Gericht die Unterbringung in einem psychiatrischen Krankenhaus für erledigt zu erklären hatte, weil sich nachträglich aus tatsächlichen Gründen ergab, dass die Tat nicht unter dem Einfluss eines Zustandes i. S. d. § 63 StGB begangen worden war, erreichen, dass gegebenenfalls an die Stelle einer Unterbringung im psychiatrischen Krankenhaus die Bestrafung und Anordnung von Sicherungsverwahrung möglich sein sollte.[31]

Vom Rechtsausschuss wurde dieser Entwurf in seiner Gesamtheit einstimmig abgelehnt.[32]

Auch in der Literatur war dieser Vorschlag auf Kritik gestoßen, da der Einführung die Art. 103 Abs. 3 GG immanente Unerträglichkeitsschranke entgegenstehe.[33] Aufgrund methodischer Unzulänglichkeiten im zu regelnden Bereich sei bei Einfügung der Ziffer 5 die Vereinbarkeit mit der Verfassung nicht zu erwarten. Der Gesetzesentwurf übergehe, dass der psychische Zustand eines Menschen dynamischen Prozessen unterworfen sei und daher keine Garantie dafür bestehe, dass im Wiederaufnahmeverfahren eine der materiellen Gerechtigkeit besser entsprechende Entscheidung getroffen werde.[34]

---

30 Gesetzesantrag der Länder Bayern und Sachsen-Anhalt aus dem Jahr 2004, BR-Drs. 455/04. Dieser wurde nicht zu Ende beraten. Gesetzentwurf des Bundesrats BT-Drs. 16/1344.

31 BT-Drs. 16/1344 S. 3, 18 f. § 362 Nr. 5 sollte lauten: „5. wenn die einer Erledigungserklärung gemäß § 67d Abs. 2a Satz 1 Nr. 1 des Strafgesetzbuches zu Grunde liegenden Feststellungen die Bestrafung oder die Anordnung der Sicherungsverwahrung zu begründen geeignet sind."

32 BT-Drs. 16/5137 S. 3.

33 *Eisenberg*, JR 2007, 360 (361).

34 *Eisenberg*, JR 2007, 360 (361).

V. Entwurf eines Gesetzes zur Reform des strafrechtlichen Wiederaufnahmerechts von 2007

Am 20. Dezember 2007 fasste der Bundesrat auf Antrag der Länder Nordrhein-Westfalen und Hamburg[35] den Beschluss, den Entwurf eines Gesetzes zur Reform des strafrechtlichen Wiederaufnahmerechts in den Bundestag einzubringen.

1. Debatte im Bundesrat (Oktober 2007)

Anlass für den Gesetzesantrag gab – wie von NRW-Justizministerin *Müller-Piepenkötter* im Bundesrat ausgeführt wurde[36] – ein in den Medien für großes Aufsehen sorgender Fall, der sich 1993 in einer Düsseldorfer Videothek ereignet hatte:

Der Täter drang zunächst in die Videothek ein, überwältigte die Angestellte und fesselte diese an Händen und Beinen. Danach stülpte er ihr eine Tüte über den Kopf und fixierte diese mit Klebeband am Hals der Frau. Anschließend flüchtete der Täter mit der Beute. Die Angestellte erstickte. Später konnte von der Polizei zwar ein möglicher Täter ermittelt werden, der aber schließlich vom Landgericht Düsseldorf aus Mangel an Beweisen freigesprochen werden musste. Nachdem es in den folgenden Jahren zu mehr und mehr Fortschritten im Bereich der DNA-Analyse gekommen war, wurden im Jahr 2004 die auf dem Klebeband gefundenen Hautpartikel molekulargenetisch untersucht und konnten eindeutig dem Freigesprochenen zugeordnet werden. Mitte der 1990er Jahre wäre diese Erkenntnis technisch noch nicht möglich gewesen. Eine Wiederaufnahme des Verfahrens scheiterte am geltenden Wiederaufnahmerecht.[37]

Müller-Piepenkötter und *Lüdemann* plädierten daher im Bundesrat aufgrund der „Gerechtigkeitslücke“ im derzeitigen Wiederaufnahmerecht für eine „ebenso notwendige wie behutsame“ Reform.[38] Art. 103 Abs. 3 GG garantiere dem Bürger zwar, wegen ein und derselben Tat nicht wiederholt gerichtlich zur Verantwortung gezogen zu werden. Der Staat habe darüber hinaus grundsätzlich auch nicht das Recht, gegen einen rechtskräftig Freigesprochenen das Verfahren jederzeit aufgrund neu aufgefundener Beweise wieder aufzunehmen, jedoch habe nicht nur der Freigesprochene Anspruch auf Rechtsfrieden, sondern auch die

35 Gesetzesantrag in BR-Drs. 655/07.

36 837. Sitzung des Bundesrats vom 12. Oktober 2007, Stenografischer Bericht S. 341 f.

37 Zitiert nach den Schilderungen *Müller-Piepenkötters*, 837. Sitzung des Bundesrates am 12. Oktober 2007, Stenografischer Bericht S. 341.

38 837. Sitzung des Bundesrates am 12. Oktober 2007, Stenografischer Bericht S. 341 f.

Allgemeinheit und insbesondere die Hinterbliebenen des Mordopfers.[39] Gebühre dem Vertrauensschutz des Freigesprochenen gegenüber dem staatlichen Strafanspruch Vorrang, so sei der Rechtsfrieden in einem nicht mehr akzeptablen Maß erschüttert. Hinzu käme Unverständnis und Beunruhigung der Bevölkerung.[40]

Art. 103 Abs. 3 GG gelte nicht uneingeschränkt, sondern stehe im Spannungsfeld zwischen Rechtssicherheit und materieller Gerechtigkeit, welche gleichermaßen Ausprägung des Rechtsstaatsgedankens seien.[41]

Auch das Bundesverfassungsgericht habe in seiner Entscheidung[42] aus dem Jahr 1981 ausdrücklich darauf hingewiesen, dass Art. 103 Abs. 3 GG gewisse Korrekturen gestatte. Um eine solche Korrektur handle es sich bei der angedachten

---

39 *Müller-Piepenkötter*, 837. Sitzung des Bundesrates am 12. Oktober 2007, Stenografischer Bericht S. 342.

40 *Müller-Piepenkötter*, 837. Sitzung des Bundesrates am 12. Oktober 2007, Stenografischer Bericht S. 342.

41 *Lüdemann*, 837. Sitzung des Bundesrates am 12. Oktober 2007, Stenografischer Bericht S. 342.

42 Gemeint war hier BVerfGE 56, 22. Bei dieser Entscheidung ging es im Wesentlichen um die Frage der Auslegung des Begriffs „derselben Tat“ in Art. 103 Abs. 3 GG. Der Beschwerdeführer war zunächst wegen Beteiligung an einer kriminellen Vereinigung verurteilt worden. Später wurde er zudem wegen einer Straftat verurteilt, die er als Mitglied dieser kriminellen Vereinigung begangen hatte. Auf die Revision des Beschwerdeführers hin, stellte der BGH fest, dass diese Delikte zwar in Tateinheit zueinander stehen, die Annahme von Tateinheit allerdings noch keinen Strafklageverbrauch bewirke. Auf den Vortrag des Beschwerdeführers, es sei von der höchstrichterlichen Rechtsprechung anerkannt, dass mehrere materiell-rechtlich in Tateinheit stehende Taten stets eine einheitliche Tat im Sinne des Art. 103 Abs. 3 bilden, führte das BVerfG (Rn. 25) aus, dass diese Auffassung nicht zutreffe, wobei dahinstehen könne, ob die Rechtsprechung vor Inkrafttreten des Grundgesetzes davon ausging, das Vorliegen von Tateinheit habe notwendig auch prozessuale Tatidentität zur Folge, da eine derart strenge historische Auslegung dem Sinn des Art. 103 Abs. 3 GG nicht gerecht werde. Zwar nehme Art. 103 Abs. 3 GG auf die bei Inkrafttreten des Grundgesetzes geltende prozessrechtliche Lage Bezug. Dies bedeute indessen nicht, dass das überlieferte Verständnis des Rechtssatzes „ne bis in idem“ für jede auftauchende Zweifelsfrage bereits eine verbindliche Auslegung durch die Rechtsprechung bereithielte und es bedeute insbesondere nicht, dass für neu auftauchende Gesichtspunkte, die sich der Prozessrechtswissenschaft und der Rechtsprechung so noch nicht gestellt hatten, eine verfassungsrechtliche Festlegung getroffen worden wäre. Es könne ferner nicht bedeuten, dass die in offenen Randbereichen des Tatbegriffs schwierigen Abgrenzungsfragen und dogmatischen Zweifelsfälle jeder Weiterentwicklung von Verfassungs wegen schon entzogen wären. Zweifellos sollten Gesetzgebung und (herrschende) Auslegung nicht bis in alle Einzelheiten auf den Stand der Rechtsprechung und Prozessrechtslehre bei Inkrafttreten des Grundgesetzes festgelegt und jede weitere Veränderung im Verständnis des prozessualen Verfahrensgegenstandes und der Rechtskraftwirkung ausgeschlossen werden. Art. 103 Abs. 3 GG stehe Grenzkorrekturen nicht entgegen (...); dieser garantiere nur den Kern dessen, was als Inhalt des Satzes „ne

Reform, welche nicht nur verfassungsrechtlich zulässig, sondern auch verfassungsrechtlich geboten sei, da Art. 103 Abs. 3 GG eine einseitige täterfreundliche Handhabung verbiete.[43]

2. Inhalt des Entwurfs und dessen Begründung

Nach dem Gesetzentwurf des Bundesrats von 2007 sollte § 362 StPO nicht, wie die Entwürfe aus den 1990er Jahren noch angedacht hatten, vollständig reformiert werden, sondern die bestehende Vorschrift um eine neue Nummer 5 ergänzt werden:

Demnach sollte die Wiederaufnahme zuungunsten des Angeklagten auch dann zulässig sein, „wenn auf der Grundlage neuer, wissenschaftlich anerkannter technischer Untersuchungsmethoden, die bei Erlass des Urteils, in dem die dem Urteil zu Grunde liegenden Feststellungen letztmalig geprüft werden konnten, nicht zur Verfügung standen, neue Tatsachen oder Beweismittel beigebracht werden, die allein oder in Verbindung mit den früher erhobenen Beweisen zur Überführung des Freigesprochenen geeignet sind."[44] Wie sich aus dem neu anzufügenden Satz 2 ergab, sollte § 362 Nr. 5 lediglich bei Delikten Anwendung finden, die mit lebenslanger Freiheitsstrafe geahndet werden und nicht verjähren (vollendeter Mord, Völkermord, Verbrechen gegen die Menschlichkeit oder Kriegsverbrechen gegen eine Person oder der Anstiftung zu einer dieser Taten). Zudem sollte nur der Freigesprochene, nicht aber der zu milde Verurteilte erfasst werden, da eine zu milde Strafe das Rechtsempfinden nicht in dem Maße beeinträchtige, wie das Fehlen jeglicher Sanktion.[45]

Ein entsprechender Antrag auf Wiederaufnahme sollte nur begründet sein, wenn „dringende Gründe für die Annahme vorhanden sind, dass der Freigesprochene verurteilt oder nur deshalb nicht verurteilt werden wird, weil seine Schuldunfähigkeit erwiesen oder nicht auszuschließen ist" (§ 370 Abs. 1 E-StPO). Um eine spätere Hauptverhandlung nicht vorwegzunehmen, verzichtete man bewusst darauf, bereits im Wiederaufnahmeverfahren eine sichere Überzeugung des Gerichts zu verlangen.[46]

---

bis in idem" in der Rechtsprechung herausgearbeitet wurde. Für eine gegenteilige Auffassung biete auch die Entstehungsgeschichte des Grundgesetzes keinen Anhaltspunkt.

43 *Lüdemann*, 837. Sitzung des Bundesrates am 12. Oktober 2007, Stenografischer Bericht S. 342.

44 BR-Drs. 655/07; BT-Drs. 16/7957, S. 5.

45 BT-Drs. 16/7957, S. 7.

46 BT-Drs. 16/7957, S. 8.

Dass Art. 103 Abs. 3 GG diesem Vorhaben nicht entgegen stehe, wurde ebenso unter Zugrundelegung des BVerfG-Urteils[47] aus dem Jahr 1981 begründet, wonach Art. 103 Abs. 3 GG einer Weiterentwicklung offenstehe und „nur den Kern dessen, was als Inhalt des Satzes „ne bis in idem“ in der Rechtsprechung herausgearbeitet wurde“ garantiere.[48]

Wie die Entwurfsbegründung weiter ausführt, sei Art. 103 Abs. 3 GG lediglich als Basisgarantie zu verstehen, für welche die verfassungsrechtlichen Vorgaben der Grundrechte, das Verhältnismäßigkeits- und Vertrauensprinzip sowie ein rechtsstaatlich fundierter strafrechtlicher Rechtsgüterschutz bestimmend sei. Eine einseitige täterfreundliche Ausgestaltung sei verfassungsrechtlich nicht nur nicht geboten, sondern könne aufgrund verschiedener Anforderungen an das Rechtsstaatsprinzip unzulässig sein, weshalb eine Abwägung zwischen Rechtssicherheit und Gerechtigkeit erfolgen müsse. Wenn aufgrund technischer Neuentwicklungen ein derart eindeutiger Nachweis der Täterschaft möglich sei, würde das Festhalten an der Rechtskraft zu unerträglichen Ergebnissen führen. Dies sei insbesondere bei Delikten der Fall, die der absoluten Strafdrohung unterliegen und nicht verjähren.[49]

3. Behandlung des Entwurfs im Rechtsausschuss des Bundestags

In der am 18. März 2009 stattfindenden öffentlichen Anhörung der Sachverständigen[50] im Rechtsausschuss des Deutschen Bundestags sprach sich die Hälfte der Sachverständigen grundsätzlich – wenn auch mit zum Teil vom Entwurf abweichenden Änderungsvorschlägen – für einen neuen Wiederaufnahmegrund zuungunsten des Angeklagten aus.

Als nachdrücklicher Unterstützer des Entwurfs trat Generalstaatsanwalt a.D. *Kintzi* auf, der gerade in der fehlenden Wiederaufnahmemöglichkeit im oben geschildertem Videothek-Fall eine Gerechtigkeitslücke sah.[51] Der Entwurf nehme keine tiefgreifende Veränderung am bestehenden Grundkonzept der Wiederaufnahmegründe vor und lasse weiterhin den Rechtsschutz zugunsten des Verurteilten stärker ausgestaltet als den Schutz der Rechtsgemeinschaft vor

---

47 BVerfGE 56, 22.

48 BT-Drs. 16/7957, S. 6.

49 BT-Drs. 16/7957, S. 6.

50 Die schriftlichen Stellungnahmen der Sachverständigen sind zu finden unter: http://webarchiv.bundestag.de/cgi/show.php?fileToLoad=1044&id=1108, zuletzt aufgerufen am 14. Juni 2020.

51 Protokoll der 130. Sitzung des Rechtsausschusses zu BT-Drs. 16/7957 am 18.03.2009, S. 3.

unberechtigten Freisprüchen.[52] Mit dem Entwurf sei vielmehr aufgrund von dogmatischen, rechtspolitischen und kriminaltechnischen Neuentwicklungen eine bloße „Nachjustierung" und damit Verringerung der Unterschiede zwischen günstiger und ungünstiger Wiederaufnahme vorgenommen worden, welche der vom Bundesverfassungsgericht geforderten Begrenzung auf Ausnahmefälle entspräche.[53]

Gerade die Unverjährbarkeit der Delikte Mord und Völkermord zeige – wie *Kintzi* weiter ausführt – den absoluten Sanktionswillen des Staates. Hinzu käme, dass die Persönlichkeitsstruktur eines Täters, welcher einen Mord oder Völkermord begangen habe, die Gefahr der Tatwiederholung begründe.[54] Dass eine solche Gefahr nicht mit den Mitteln der Justiz zu beseitigen sei, könne der Rechtsgemeinschaft nicht vermittelt werden.[55]

Kintzi argumentierte darüber hinaus mit dem derzeitigen Wandel im Bereich des Opferschutzes, welcher – wie das Opferschutzgesetz und das erste und zweite Opferrechtsreformgesetz belegten – zu einer deutlichen Verbesserung der Stellung des Opfers geführt hätte.[56] Das Opfer habe damit Subjektqualität erlangt, so dass dessen Belange stärker als bisher berücksichtigt werden müssen.[57] Diese Veränderungen müssten auch auf das Wiederaufnahmerecht Auswirkungen haben.[58] So seien die Angehörigen des Mordopfers besonders zu schützen, da es

---

52 Protokoll der 130. Sitzung des Rechtsausschusses zu BT-Drs. 16/7957 am 18.03.2009, S. 4.

53 Protokoll der 130. Sitzung des Rechtsausschusses zu BT-Drs. 16/7957 am 18.03.2009, S. 4.

54 Protokoll der 130. Sitzung des Rechtsausschusses zu BT-Drs. 16/7957 am 18.03.2009, S. 5.

55 Protokoll der 130. Sitzung des Rechtsausschusses zu BT-Drs. 16/7957 am 18.03.2009, S. 5.

56 Protokoll der 130. Sitzung des Rechtsausschusses zu BT-Drs. 16/7957 am 18.03.2009, S. 5.

57 Protokoll der 130. Sitzung des Rechtsausschusses zu BT-Drs. 16/7957 am 18.03.2009, S. 33.

58 Protokoll der 130. Sitzung des Rechtsausschusses zu BT-Drs. 16/7957 am 18.03.2009, S. 5.

für diese unerträglich sei, wenn sich ein Beschuldigter trotz nachgewiesener Täterschaft der Strafverfolgung entziehen könne.[59] Die Belange des Opfers müssten nach *Kintzis* Einschätzung im Rahmen des vom Bundesverfassungsgericht vorgegebenen Abwägungsprozesses Beachtung finden.[60]

BGH Richter *Graf*, Universitätsprofessor *Schöch* und Privatdozent *Stoffers* bejahten die Verfassungsmäßigkeit des geplanten Wiederaufnahmegrundes, auch wenn sie teilweise Änderungen des Gesetzeswortlauts vorschlugen:

So argumentierte *Graf* damit, dass Mord regelmäßig ein Verstoß gegen alle ethischen und moralischen Grundsätze sei und in der Tötungshandlung fast zwingend eine menschenverachtende Haltung zum Ausdruck komme. Es sei deshalb insbesondere unter Berücksichtigung der Interessen der Hinterbliebenen des Tatopfers fraglich, ob es erforderlich und verfassungsrechtlich geboten sei, einem solchen Täter für alle Zeit Schutz vor einer erneuten strafrechtlichen Verfolgung zu gewährleisten.[61]

Schöch hielt den Schutzbereich des Art. 103 Abs. 3 GG zwar für tangiert, aber eben auch nur für tangiert.[62] Dieser stehe, wie das BVerfG ausgeführt habe, Grenzkorrekturen nicht im Wege, was insbesondere dann gelten müsse, wenn es um neue Gesichtspunkte gehe, die sich in der Prozessrechtswissenschaft und in der Rechtsprechung früher nicht gestellt hätten.[63] Die DNA Analyse habe – wie *Schöch* weiter ausführt – eine außerordentlich hohe Beweiskraft und im entsprechenden prozessualen Kontext oft eine höhere Beweiskraft als ein Geständnis.[64]

59 Protokoll der 130. Sitzung des Rechtsausschusses zu BT-Drs. 16/7957 am 18.03.2009, S. 5.

60 Protokoll der 130. Sitzung des Rechtsausschusses zu BT-Drs. 16/7957 am 18.03.2009, S. 33.

61 Protokoll der 130. Sitzung des Rechtsausschusses zu BT-Drs. 16/7957 am 18.03.2009, S. 1.

62 Protokoll der 130. Sitzung des Rechtsausschusses zu BT-Drs. 16/7957 am 18.03.2009, S. 18.

63 Protokoll der 130. Sitzung des Rechtsausschusses zu BT-Drs. 16/7957 am 18.03.2009, S. 18.

64 *Schöch* hielt die Formulierung des Entwurfs der „neuen wissenschaftlich anerkannten technischen Untersuchungsmethoden“ für unklar und wollte diese durch „DNA Analysen“ oder „molekulargenetische Untersuchungen“ ersetzen; Protokoll der 130. Sitzung des Rechtsausschusses zu BT-Drs. 16/7957 am 18.03.2009, S. 18 ff. Auch *Kintzi* fand die Begrenzung auf „molekulargenetische Untersuchung“ für besser, da man sich dann später nicht zu streiten brauche, was eine anerkannte Methode sei, Protokoll der 130. Sitzung des Rechtsausschusses zu BT-Drs. 16/7957 am 18.03.2009, S. 41.

Auch unter dem Gesichtspunkt der historischen Auslegung sei der neue Wiederaufnahmegrund mit Art. 103 Abs. 3 GG vereinbar.[65]

Schöch betonte dabei ausdrücklich, dass der aktuelle Entwurf nichts mit nationalsozialistischem Rechtsdenken, das ab 1943 eine vollständige Gleichschaltung von Wiederaufnahme zugunsten und Wiederaufnahme zuungunsten des Angeklagten herbeigeführt habe, zu tun habe.[66]

Ebenso groß war innerhalb der Sachverständigen auch die Zahl der Kritiker des neuen Wiederaufnahmegrundes:

Deutliche Worte fand vor allem Rechtsanwalt *König*, der in dem Gesetzesvorschlag keine bloße Grenzkorrektur sah, sondern befürchtete, dass dieser zu einem Systembruch im Wiederaufnahmerecht führen werde.[67] Der Vorschlag stehe im klaren Widerspruch zum Doppelbestrafungsverbot. Dass dieses in das Grundgesetz aufgenommen wurde, sei die Antwort der Verfassungsväter auf die nationalsozialistische Justiz gewesen.[68]

König wies weiter darauf hin, dass das BVerfG bei seiner Entscheidung nicht einen solchen Fall gemeint habe, wie den geschilderten Videothek-Fall, der in den Kern des Doppelbestrafungsverbots eingreife.[69] Ebenso waren die Sachverständigen *Marxen* und *Schäfer*[70] der Auffassung, dass der geplante Wiederaufnahmegrund mit dem Wortlaut des Art. 103 Abs. 3 GG nicht vereinbar sei, sondern vielmehr eine Verfassungsänderung vorgenommen werden müsste, wenn man eine entsprechende Reform durchführen möchte.[71]

Darüber hinaus führten *König* und *Schäfer* an, dass es sich bei der DNA-Analyse keineswegs um eine derart „kriminalistische Geheimwaffe" handle, die eindeutige Beweise liefere, sondern in vielen Fällen ungeklärt bleibe, wie diese Spur

---

65 Protokoll der 130. Sitzung des Rechtsausschusses zu BT-Drs. 16/7957 am 18.03.2009, S. 22.

66 Protokoll der 130. Sitzung des Rechtsausschusses zu BT-Drs. 16/7957 am 18.03.2009, S. 18.

67 Protokoll der 130. Sitzung des Rechtsausschusses zu BT-Drs. 16/7957 am 18.03.2009, S. 5.

68 Protokoll der 130. Sitzung des Rechtsausschusses zu BT-Drs. 16/7957 am 18.03.2009, S. 6.

69 Protokoll der 130. Sitzung des Rechtsausschusses zu BT-Drs. 16/7957 am 18.03.2009, S. 8 f.

70 Obwohl *Schäfer* viele Stellen des Entwurfs kritisiert, betonte er während seines Eingangsstatements im Rechtsausschuss aber auch seine grundsätzliche Sympathie für einen entsprechenden Wiederaufnahmegrund.

71 Protokoll der 130. Sitzung des Rechtsausschusses zu BT-Drs. 16/7957 am 18.03.2009, S. 12 f.

an den jeweiligen Auffinde-Ort gekommen war, so dass der Beweiswert der DNA-Analyse – wie ein aktuelles Beispiel[72] gezeigt habe – häufig überschätzt werde.[73] *Scherzberg* offenbarte die Befürchtung, dass ein zunächst Freigesprochener, der lange Zeit nach dem Freispruch aufgefundene DNA-Spuren nicht erklären könne, weil beispielsweise bestimmte zum Zeitpunkt des Freispruchs noch vorhandene Beweismittel später nicht mehr existent seien, nicht mehr mit der Unschuldsvermutung rechnen könne.[74]

Eine etwaige Begrenzung auf neue, wissenschaftlich anerkannte technische Untersuchungsmethoden, die zum Zeitpunkt des Urteilserlasses noch nicht zur Verfügung standen, sei nach *König* zu ungenau, da schwer festzustellen sei, wann eine Verfahren neu sei.[75] Man müsse darüber hinaus beachten, dass aufgrund des rasanten technischen Fortschritts der Anwendungsbereich des im Entwurf vorgesehenen Wiederaufnahmegrundes sehr viel weiter sein könnte, als er derzeit angenommen werde, wodurch der Ausnahmecharakter nicht mehr gegeben sei.[76]

Scherzberg führte das „Dammbruchargument" an, welches er mit den in den letzten Jahren stattfindenden Gesetzesänderungen im Bereich der Sicherungsverwahrung zu verdeutlichen versuchte. Diese seien ebenfalls damit begründet

---

72 *Schäfer* sprach in diesem Zusammenhang das sog. Phantom von Heilbronn an. Hintergrund dessen war, dass die Polizei an zahlreichen Tatorten die DNA Spur einer weiblichen Person gefunden hatte, jedoch keine Tatbeteiligung dieser weiblichen Person festgestellt werden konnte. Im Jahr 2009 ergab sich schließlich, dass die Spuren von einer Mitarbeiterin eines an der Verpackung der verwendeten Wattestäbchen beteiligten Unternehmens stammten.

73 Protokoll der 130. Sitzung des Rechtsausschusses zu BT-Drs. 16/7957 am 18.03.2009, S. 7, 13, 33.

74 Zur Verdeutlichung schilderte *Scherzberg* den Fall, in welchem vor dem Landgericht Wiesbaden ein Mann angeklagt war, seine Ehefrau ermordet zu haben, aber schließlich freigesprochen wurde, weil ein Tagebuch aufgefunden worden war, in welchem die Ehefrau immer wieder notiert hatte, dass sie Besuch von Günther bekommen habe. Diese Person Günther konnte nicht ermittelt werden, kam aber als potentieller Täter ebenfalls in Betracht, so dass das Gericht den Angeklagten Ehemann freisprach. *Scherzberg* holte zur Vorbereitung der Sachverständigenanhörung bei Gericht eigens die Information ein, dass dieses Tagebuch (mittlerweile 16 Jahren nach dem Freispruch) nicht mehr vorhanden ist, so dass es in einem etwaigen Wiederaufnahmeverfahren nicht mehr zur Entlastung des Angeklagten verwendet werden könnte. Im Falle des Auftauchens von DNA Spuren, sei daher fraglich, ob der Angeklagte erklären könne, wie diese DNA Spuren entstanden seien; Protokoll der 130. Sitzung des Rechtsausschusses zu BT-Drs. 16/7957 am 18.03.2009, S. 18.

75 Protokoll der 130. Sitzung des Rechtsausschusses zu BT-Drs. 16/7957 am 18.03.2009, S. 8.

76 *Schäfer*, Protokoll der 130. Sitzung des Rechtsausschusses zu BT-Drs. 16/7957 am 18.03.2009, S. 14.

worden, dass in verschiedenen Bereichen eine Gesetzes- bzw. Gerechtigkeitslücke bestehe.[77]

Die geplante Reform führe dazu, dass ein Freispruch aufgrund der dort genannten Delikte lediglich unter Vorbehalt der Wiederaufnahme ergehe. Hierdurch lebe die „absolutio ab instantia“ wieder auf, so dass man hinter den Rechtszustand zurückfalle, der durch die Reformbewegung des 19. Jahrhunderts entstanden sei.[78]

Außerdem gäbe es keinen Grund dafür, warum das Gerechtigkeitsgefühl der Bevölkerung im Falle neuer technischer Untersuchungsmethoden stärker beeinträchtigt sein soll als, wenn nachträglich eine Videoaufzeichnung entdeckt werde, ein Zeuge aus dem Ausland zurückkehre oder ein Zeuge später auf sein Zeugnisverweigerungsrecht verzichte.[79] Dem pflichtete auch *Marxen* bei, der neue Zeugen, neue Tatortspuren oder neu aufgefundene Schriftstücke für mindestens ebenso aussagekräftig wie DNA Spuren hielt.[80] Außerdem dürfe das Geständnis nicht als Beispiel für ein neues Beweismittel verwendet und daraus auf die unproblematische Erweiterung um weitere Beweismittel geschlossen werden, da das Geständnis vom historischen Gesetzgeber nur deshalb eingeführt worden sei, dass sich ein Freigesprochener nachträglich nicht ohne Konsequenzen der Tat rühmen könne.[81]

Marxen warf zudem einen weiteren in der bisherigen Diskussion noch nicht vorgekommenen Grund auf, warum gerade in dem geschilderten Videothek-Fall das Gerechtigkeitsgefühl der Bevölkerung als in unerträglicher Weise beeinträchtigt angesehen werde: Verantwortlich hierfür seien seiner Meinung nach vor allem die modernen Medien, welche massiv auf das Rechtsgefühl und die Sicherheitserwartung der Gesellschaft einwirken und den Gesetzgeber zum Handeln veranlassen.[82]

Weiterer Kritikpunkt war, dass der neu einzufügende Wiederaufnahmegrund eine willkürliche Beschränkung auf bestimmte Delikte erfahren habe. Nicht

---

77 Protokoll der 130. Sitzung des Rechtsausschusses zu BT-Drs. 16/7957 am 18.03.2009, S. 43.

78 Schriftliche Stellungnahme *Marxens* vom 12. März 2009, S. 15 f.

79 Protokoll der 130. Sitzung des Rechtsausschusses zu BT-Drs. 16/7957 am 18.03.2009, S. 8, 13.

80 Protokoll der 130. Sitzung des Rechtsausschusses zu BT-Drs. 16/7957 am 18.03.2009, S. 11.

81 *Marxen*, Protokoll der 130. Sitzung des Rechtsausschusses zu BT-Drs. 16/7957 am 18.03.2009, S. 31.

82 Protokoll der 130. Sitzung des Rechtsausschusses zu BT-Drs. 16/7957 am 18.03.2009, S. 12.

überzeugend sei, warum ein schweres Sexualverbrechen nicht Gegenstand einer Wiederaufnahme sein soll, insbesondere dann, wenn diese Tat zu lebenslangen schweren körperlichen oder seelischen Folgen beim Opfer geführt habe.[83] Auch könne den Angehörigen des Opfers eines Totschlags nicht vermittelt werden, warum im Falle eines Mordes eine Wiederaufnahme möglich sei, im Falle eines Totschlags hingegen nicht.[84]

Am Rande der Diskussion tauchte auch die Frage auf, ob der neu einzufügende Wiederaufnahmegrund auf den geschilderten „Videothek-Fall" überhaupt anwendbar wäre. Während diese Frage von einigen Sachverständigen überhaupt nicht aufgeworfen wurde, da sie das Rückwirkungsverbot als offensichtlich nicht tangiert betrachteten[85], sah *König* sowohl den Vertrauenstatbestand des Art. 103 Abs. 2 GG als auch Art. 20 Abs. 3 GG durch eine echte Rückwirkung verletzt.[86] Auch *Marxen* hielt das im Rechtsstaatsprinzip enthaltene allgemeine Rückwirkungsverbot für verletzt, wenn man mit Hilfe einer Gesetzesänderung gegen einen rechtskräftig Freigesprochenen ein erneutes Strafverfahren einleite.[87]

Von den übrigen Sachverständigen wurde eine Verletzung des strafrechtlichen Rückwirkungsverbotes des Art. 103 Abs. 2 GG ganz entschieden abgelehnt, da dieses nur für Strafen im engeren Sinne, aber nicht für prozessuale Fragen gelte.[88] Auch das rechtsstaatliche Rückwirkungsverbot sei nicht verletzt, da es Gründe gäbe, die eine Durchbrechung des Vertrauensschutzes rechtfertigen.[89] Eine tiefergehende Begründung wurde nicht geliefert.

---

83 *Schäfer* führte hier wiederum ein aktuelles Beispiel aus der Praxis an, bei dem eine junge Frau in Folge eines versuchten Tötungsdelikts geistig und körperlich so schwer verletzt wurde, dass sie ihr Leben lang auf den Rollstuhl angewiesen sein wird; Protokoll der 130. Sitzung des Rechtsausschusses zu BT-Drs. 16/7957 am 18.03.2009, S. 14.

84 *Scherzberg*, Protokoll der 130. Sitzung des Rechtsausschusses zu BT-Drs. 16/7957 am 18.03.2009, S. 16.

85 So beispielsweise der Sachverständige *Stoffers*, Protokoll der 130. Sitzung des Rechtsausschusses zu BT-Drs. 16/7957 am 18.03.2009, S. 28 f.

86 Protokoll der 130. Sitzung des Rechtsausschusses zu BT-Drs. 16/7957 am 18.03.2009, S. 9.

87 Protokoll der 130. Sitzung des Rechtsausschusses zu BT-Drs. 16/7957 am 18.03.2009, S. 9 f.

88 *Kintzi, Marxen, Schöch*, Protokoll der 130. Sitzung des Rechtsausschusses zu BT-Drs. 16/7957 am 18.03.2009, S. 9 f., 29, 34, 36.

89 *Schöch*, Protokoll der 130. Sitzung des Rechtsausschusses zu BT-Drs. 16/7957 am 18.03.2009, S. 29.

4. Stellungnahmen des Deutschen Anwaltvereins, der Bundesrechtsanwaltskammer und der Strafverteidigervereinigungen

Der Deutsche Anwaltverein, der Strafrechtsausschuss der Bundesrechtsanwaltskammer und die Strafverteidigervereinigungen lehnten den Entwurf mit weitgehend übereinstimmenden Argumenten ab:

a) Verfassungswidrigkeit der Reform

Einig war man sich in allen Stellungnahmen, dass § 362 Nr. 5 E-2007 verfassungswidrig sei.[90] Soweit die Verfasser des Entwurfs auf die Entscheidung des BVerfG verweisen und die Erweiterung der Wiederaufnahme zuungunsten des Angeklagten als Grenzkorrektur zulassen, werde Bedeutung und Reichweite dieser Entscheidung verkannt.[91] Gegenstand der zitierten BVerfG-Entscheidung sei gewesen, ob dieselbe Tat vorliege, wenn ein Verbrechen während der fortdauernden Begehung eines rechtskräftig abgeurteilten Dauerdelikts begangen wurde. Das BVerfG habe hierbei die Tatidentität aufgrund verschiedener Rechtsgutsangriffe verneint und eine Verletzung von Art. 103 Abs. 3 GG abgelehnt. Hierbei erfolgte der Hinweis, dass Art. 103 Abs. 3 GG Grenzkorrekturen nicht entgegen stehe. Beim vorliegenden Gesetzentwurf handle es sich jedoch nicht lediglich um eine bloße Grenzkorrektur, sondern es werde der substanzielle Kern des „ne bis in idem-Grundsatzes" berührt.[92] Ein Freispruch wegen der Tötungsdelikte Mord und Völkermord werde praktisch wertlos, so dass der wirklich unschuldige Bürger bei jeder technischen Neuerung der Ermittlungsmethoden mit einer erneuten Anklage zu rechnen habe. Dies greife in den Kernbereich des Art. 103 Abs. 3 GG ein.[93]

Die BRAK führt weiter aus, dass selbst wenn man von einer bloßen Grenzkorrektur ausginge, es an einer hinreichenden verfassungsrechtlichen Rechtferti-

---

90 BRAK-Stellungnahme Nr. 7/2009 zu BT-Drs. 16/7957 S. 10 ff.; DAV-Stellungnahme Nr. 04/2009 zu BT-Drs. 16/7957 S. 8 f.; Stellungnahme Strafverteidigervereinigungen, III. 1. abrufbar unter: https://www.strafverteidigervereinigungen.org/Material/Stellungnahmen/wiederaufnahme.html, zuletzt aufgerufen am 7. März 2020; Verfasser der Stellungnahme der Strafverteidigervereinigungen waren *Scherzberg/Thiée*.

91 BRAK-Stellungnahme Nr. 7/2009 zu BT-Drs. 16/7957 S. 11.

92 BRAK-Stellungnahme Nr. 7/2009 zu BT-Drs. 16/7957 S. 11.

93 Stellungnahme Strafverteidigervereinigungen, III. 1. abrufbar unter: https://www.strafverteidigervereinigungen.org/Material/Stellungnahmen/wiederaufnahme.html, zuletzt aufgerufen am 7. März 2020.

gung fehle, da die Abwägung zwischen Rechtssicherheit und materieller Gerechtigkeit nicht zugunsten letzterer ausgehe.[94] Der Gesetzgeber wolle der Gerechtigkeit Vorrang geben, wenn „das Festhalten an der Rechtskraft des freisprechenden Urteils zu schlechterdings – an der materiellen Gerechtigkeit zu messenden – unerträglichen Ergebnissen führen würde". Dass aufgrund neuer Tatsachen oder Beweise schlechterdings unerträgliche Ergebnisse auftauchen könnten, sei aber nicht erst aufgrund neuer Untersuchungsmethoden denkbar, sondern könne auch dann vorliegen, wenn ein neu auftauchender Belastungszeuge eine nachträgliche Überführung eines Freigesprochenen möglich mache. Dieser Fall sei bereits seit 1877 denkbar gewesen. Dennoch habe man bisher der Rechtssicherheit Vorrang gebührt, weshalb nicht einzusehen sei, warum dieser Zustand nunmehr „schlechterdings unerträglich" sei.[95]

Zudem folge aus dem in Art. 103 Abs. 3 GG verankerten „ne bis in idem-Grundsatz" ein spezielles Rückwirkungsverbot. Hierdurch werde dem Freigesprochenen eine verfassungsrechtlich garantierte Position eingeräumt, in welche man durch eine nachträgliche Erweiterung der Wiederaufnahmemöglichkeiten zu seinem Nachteil eingreife.[96]

b) *Systemwiderspruch zur bisherigen Regelung*

Dem im Entwurf vorgesehenen Wiederaufnahmegrund stünden auch durchgreifende strafprozessuale Bedenken entgegen, da § 362 Nr. 5 nicht in das systematische Gefüge des geltenden Wiederaufnahmerechts passe.[97] Die strukturelle Gemeinsamkeit der bisherigen Wiederaufnahmegründe zuungunsten des Angeklagten liege nämlich darin, dass sie dem Verantwortungsbereich des Angeklagten zuzuordnen seien. Dies gelte sowohl für die Wiederaufnahmegründe propter falsa (§ 362 Nr. 1-3 StPO), weil dort das Verfahren in rechtswidriger Weise beeinflusst worden war als auch für den Wiederaufnahmegrund des Geständnisses, da letzteres nicht aus dem Grund in das Gesetz aufgenommen worden sei, weil es sich hierbei um ein besonders gutes Beweismittel handle, sondern damit sich der Freigesprochene nicht ungestraft der Tat rühmen dürfe.[98] Hieraus sei zu

94 BRAK-Stellungnahme Nr. 7/2009 zu BT-Drs. 16/7957 S. 11 f.
95 BRAK-Stellungnahme Nr. 7/2009 zu BT-Drs. 16/7957 S. 12.
96 BRAK-Stellungnahme Nr. 7/2009 zu BT-Drs. 16/7957 S. 13.
97 BRAK-Stellungnahme Nr. 7/2009 zu BT-Drs. 16/7957 S. 3 ff.
98 BRAK-Stellungnahme Nr. 7/2009 zu BT-Drs. 16/7957 S. 3 ff.

schließen, dass es sich bei einem Geständnis und neuen Tatsachen im Sinne neuer technischer Beweise um genuin unterschiedliche Dinge handle.[99]

c) Einzelne Kritikpunkte an § 362 Nr. 5 E-2007

Die Ausgestaltung des § 362 Nr. 5 wurde in mehrfacher Hinsicht kritisiert:

aa) Unbestimmtheit

So hielten die BRAK und der DAV die Formulierung „neue wissenschaftlich anerkannte Untersuchungsmethode" im Entwurfsvorschlag für zu unbestimmt. Zum einen sei nämlich nicht eindeutig bestimmbar, wann ein Verfahren neu sei, da dies häufig über Jahre hinweg präzisiert werde, was sich auch bei der DNA-Analyse gezeigt habe.[100] Zum anderen könnten häufig nicht einmal Experten abschätzen, wann eine Untersuchungsmethode wissenschaftlich anerkannt sei, da es stets auch kritische Stimmen an Untersuchungsmethoden gäbe.[101] Zu befürchte sei deshalb, dass man von der Neuheit der Tatsachen und Beweismittel auf die Neuheit der Untersuchungsmethode schließe.[102]

Als Konsequenz sei daher auch zu befürchten, dass weitere Erweiterungen der Wiederaufnahmemöglichkeit zuungunsten des Angeklagten folgen werden, die zu einer fortschreitenden Aushöhlung der Rechtssicherheit führen. Der DAV formulierte seine Befürchtung ganz drastisch: „Wenn einmal die Dämme der Rechtssicherheit Risse bekommen, wird sich der Dammbruch nicht verhindern lassen".[103]

bb) DNA-Analyse

Dem Instrument der DNA-Analyse wurde heftige Kritik entgegengebracht, da eine DNA-Spur zum einen nie allein Beweis für die Täterschaft des Freigesprochenen sein könne, da auch ein Sachverständiger nicht sagen könne, wie diese an den Tatort oder das Tatopfer gekommen sei, so dass die DNA-Spur weitere

99 Stellungnahme Strafverteidigervereinigungen, III. 3. abrufbar unter: https://www.strafverteidigervereinigungen.org/Material/Stellungnahmen/wiederaufnahme.html, zuletzt aufgerufen am 7. März 2020.

100 BRAK-Stellungnahme Nr. 7/2009 zu BT-Drs. 16/7957 S. 8; DAV-Stellungnahme Nr. 04/2009 zu BT-Drs. 16/7957 S. 7.

101 BRAK-Stellungnahme Nr. 7/2009 zu BT-Drs. 16/7957 S. 8.

102 BRAK-Stellungnahme Nr. 7/2009 zu BT-Drs. 16/7957 S. 8.

103 DAV-Stellungnahme Nr. 04/2009 zu BT-Drs. 16/7957 S. 7.

kriminalistische Ermittlungshandlungen nicht ersetzen, sondern allenfalls ergänzen könne.[104] Die DNA-Spur sei aber auch in Verbindung mit den früher erhobenen Beweisen bedenklich, da es keine abgesicherte und zugängliche Erkenntnisquelle darüber gebe, welche Beweismittel mit welchem Beweisergebnis in dem früheren Verfahren erhoben wurden. Dies liege einerseits daran, dass im Wiederaufnahmeverfahren nicht dieselben Richter beteiligt seien und andererseits die Urteilsgründe eines freisprechenden Urteils meist sehr knapp gehalten würden.[105] Somit könne das Wiederaufnahmegericht nicht problemlos unter Berücksichtigung des früheren Beweisergebnisses zu dem Schluss kommen, dass die DNA-Spur das letzte noch fehlende Puzzleteil sei.[106]

cc) Begrenzung auf Mord und Völkermord

Die Begrenzung auf die Delikte Mord und Völkermord wurde insbesondere unter dem Gesichtspunkt kritisiert, da sich der Entwurf verfahrenspraktisch nicht mit der Frage auseinandersetze, wie zu entscheiden sei, wenn sich das Nichtvorliegen von Mordmerkmalen im Wiederaufnahmeverfahren herausstelle, eine Verurteilung wegen Totschlags aber in Betracht käme. Müsse das Verfahren dann aus Rechtsgründen beendet werden?[107] Einem Familienangehörigen sei nicht vermittelbar, warum trotz neuer wissenschaftlicher Beweise eine Wiederaufnahme nicht möglich ist, weil beispielsweise ein Kind nicht aufgrund eines Mordes, sondern eines Totschlags zu Tode gekommen war. Rechtsfrieden könne mit dem Reformvorschlag daher gerade nicht hergestellt werden.[108]

dd) Befürchtung eines „Dammbruchs"

Zudem wurde auch bezüglich der von der Wiederaufnahme erfassten Delikte ein Dammbruch befürchtet, da es dem Gesetzgeber in Zukunft nicht schwerfallen werde, den Deliktskatalog aufgrund aktueller Fälle zu erweitern, wenn der „ne

---

104 BRAK-Stellungnahme Nr. 7/2009 zu BT-Drs. 16/7957 S. 6; DAV-Stellungnahme Nr. 04/2009 zu BT-Drs. 16/7957 S. 5; Stellungnahme Strafverteidigervereinigungen, III. 4. abrufbar unter: https://www.strafverteidigervereinigungen.org/Material/Stellungnahmen/wiederaufnahme.html, zuletzt aufgerufen am 7. März 2020.

105 BRAK-Stellungnahme Nr. 7/2009 zu BT-Drs. 16/7957 S. 6 f.

106 BRAK-Stellungnahme Nr. 7/2009 zu BT-Drs. 16/7957 S. 7 f.

107 Stellungnahme Strafverteidigervereinigungen, II. abrufbar unter: https://www.strafverteidigervereinigungen.org/Material/Stellungnahmen/wiederaufnahme.html, zuletzt aufgerufen am 7. März 2020.

108 Stellungnahme Strafverteidigervereinigungen, III. 6. abrufbar unter: https://www.strafverteidigervereinigungen.org/Material/Stellungnahmen/wiederaufnahme.html, zuletzt aufgerufen am 7. März 2020.

bis in idem-Grundsatz“ durch Erweiterung der Wiederaufnahmegründe einmal durchbrochen sei.[109]

Die Strafverteidigervereinigungen befürchteten außerdem, dass die Erleichterung der ungünstigen Wiederaufnahme zur Einführung einer Art Superrevisionsinstanz führe. Aufgrund des bisherigen Systems sei die Staatsanwaltschaft hingegen gezwungen, die Anklage gründlich vorzubereiten, da das Verfahren am Ende des Instanzenzuges auch beendet sei.[110]

d) Rechtsvergleich mit anderen Ländern

Ein internationaler Rechtsvergleich diente als weiteres Argument für die Beschränkung der Wiederaufnahmegründe zuungunsten des Angeklagten. So sähen Großbritannien oder die USA überhaupt keine ungünstige Wiederaufnahme vor, ohne dass diese in Kriminalität versinken würden oder das Vertrauen in den Rechtsstaat erschüttert wäre.[111]

5. Weitere wissenschaftliche Veröffentlichungen zum E-2007

Die zum Entwurf erschienenen Veröffentlichungen stammten vielfach von den im Rechtsausschuss angehörten Sachverständigen,[112] die ihre Erwägungen nochmals ausführlich darstellten, wobei es überwiegend um die früher bereits vorgebrachten Argumente ging:

Scherzberg/Thiée, welche auch Verfasser der Stellungnahme der Strafverteidigervereinigungen waren, fassten ihre Kritik am Entwurf prägnant damit zusammen, dass die geplante Reform „nach der Einführung der nachträglichen Sicherungsverwahrung ein weiterer Angriff des Gesetzgebers auf die Rechtssicherheit als tragenden Pfeilers des Gebäudes des Strafprozessrechts“ sei. Das Vor-

---

109 Stellungnahme Strafverteidigervereinigungen, III. 6. abrufbar unter: https://www.strafverteidigervereinigungen.org/Material/Stellungnahmen/wiederaufnahme.html, zuletzt aufgerufen am 7. März 2020.

110 Stellungnahme Strafverteidigervereinigungen, III. 5. abrufbar unter: https://www.strafverteidigervereinigungen.org/Material/Stellungnahmen/wiederaufnahme.html, zuletzt aufgerufen am 7. März 2020.

111 Stellungnahme Strafverteidigervereinigungen, III. 2. abrufbar unter: https://www.strafverteidigervereinigungen.org/Material/Stellungnahmen/wiederaufnahme.html, zuletzt aufgerufen am 7. März 2020.

112 Hierzu zählten *Marxen*, *Scherzberg* und *Schöch*. *Marxens* Stellungnahme zum Entwurf im Rechtsausschuss entsprach, wie er selbst in seiner schriftlichen Stellungnahme angibt, in wesentlichen Teilen dem zusammen mit *Tiemann* veröffentlichten Aufsatz in ZIS 2008, 188 ff.

haben sei dogmatisch verfehlt, rechtspolitisch überflüssig und mit einem humanistisch geprägten Strafprozess nicht vereinbar.[113] Da dieses Gesetzesvorhaben auf einen die Öffentlichkeit erschütternden Einzelfall zurückgehe, handle es sich um eine sog. Adhoc-Gesetzgebung, welche weder von wissenschaftlichen noch systematischen oder rationalen kriminalpolitischen Erwägungen getragen sei.[114]

Die Beschränkung auf die Delikte Mord und Völkermord fand Kritik, da eine Abgrenzung zwischen Totschlag und Mord nicht schon im Verfahren über die Zulässigkeit der Wiederaufnahme vorgenommen werden könne. Der Gesetzgeber übersehe, dass Fortschritte in der Untersuchungstechnik zwar dazu führen, dass der Täter eines Tötungsdelikts leichter überführt werden könne, damit jedoch keine Aussage über das Vorliegen von Mord oder Totschlag getroffen werden könne.[115] Hierbei könne es zu dem Problem kommen, dass das Verfahren aufgrund eines Verfahrenshindernisses gem. § 260 Abs. 3 StPO einzustellen sei, wenn sich in der neuen Hauptverhandlung herausstelle, dass kein Mordmerkmal verwirklicht worden sei. Ein solches Ergebnis sei der Allgemeinheit nicht zu vermitteln.[116] Empfohlen wurde daher beispielsweise von *Letzgus*, § 362 StPO generell auf Verbrechen zu begrenzen und an den Wortlaut des § 85 Abs. 3 S. 2 OWiG oder des § 373a StPO anzupassen.[117] *Schöch*, der schon im Rechtsausschuss den Entwurfsvorschlag begrüßte, führte später aus, dass er es für legitim und sinnvoll halte, neben Mord und Völkermord andere vollendete Schwurgerichtsdelikte, welche in § 74 Abs. 2 GVG genannt sind, in § 362 StPO aufzunehmen.[118] Hierbei handle es sich zum einen durchweg um schwerste Verbrechen und zum anderen liege bei einem Teil der dort genannten Delikte eine weit

---

113 *Scherzberg / Thiée*, ZRP 2008, 80; ähnlich resümiert später auch *Pabst*, ZIS 2010, 126 (133).

114 *Scherzberg / Thiée*, ZRP 2008, 80 (83).

115 *Pabst*, ZIS 2010, 126 (130).

116 *Schöch*, in: FS-Maiwald, S. 776.

117 § 362 StPO sollte nach seinem Vorschlag daher lauten: „(1) Die Wiederaufnahme eines durch rechtskräftiges Urteil abgeschlossenen Verfahrens zu Ungunsten des freigesprochenen Angeklagten ist zulässig, wenn neue Tatsachen oder Beweismittel beigebracht werden, die allein oder in Verbindung mit früher erhobenen Beweisen zweifelsfrei die Verurteilung wegen eines Verbrechens begründen. (2) Die Verjährungsfrist wird durch das rechtskräftige Urteil weder unterbrochen noch gehemmt. Ihr Ablauf schließt eine Wiederaufnahme zu Ungunsten des Angeklagten aus.“; *Letzgus*, in: FS-Geppert, S. 795 f., 799.

118 *Schöch*, in: FS-Maiwald, S. 775; darüber hinaus strengte *Schöch* die Überlegung an, ob die in § 66b StGB genannten schweren Verbrechen in § 362 StPO aufgenommen werden sollten, verneinte dies aber, da eine Einbeziehung dieser Delikte aufgrund der Breite des Fallspektrums zu sehr in den Kernbereich des Art. 103 Abs. 3 GG eingreifen würde; *Schöch*, in: FS-Maiwald, S. 777.

höhere Wiederholungsgefahr als bei Mord bzw. Völkermord vor.[119] Der Rechtssicherheit wäre hinreichend Rechnung getragen, da nach überwiegender Ansicht der Freigesprochene nach Ablauf der Verjährung vor einer ungünstigen Wiederaufnahme geschützt sei.[120] Die Verjährungsfrist sei dann so zu bemessen, als ob durch das frühere Urteil weder Unterbrechung noch Hemmung eingetreten sei.[121]

Grünewald vermisste am Entwurf des Bundesrates ein Begründungskonzept, insbesondere normativ überzeugende Konkretisierungskriterien für die Wiederaufnahme zuungunsten des Angeklagten.[122] Die vom Entwurf gemachten bloßen Verweise auf die Gerechtigkeit bzw. auf die sog. Unerträglichkeitsschranke seien nicht geeignet, einen präzisen und klar umrissenen Anwendungsbereich der Wiederaufnahme zuungunsten des Angeklagten zu begründen.[123] Ihrer Ansicht nach bedürften für den Angeklagten nachteilige Wiederaufnahmegründe einer „strengen freiheitstheoretischen Absicherung".[124] Zum Nachteil des Angeklagten sei eine Einschränkung der Rechtskraft akzeptabel und mit dem Freiheitsprinzip vereinbar, wenn sich die Einschränkung ihrerseits freiheitstheoretisch untermauern ließe. Das sei der Fall, wenn die Wiederaufnahmegründe dem Verantwortungsbereich des Angeklagten zugeordnet werden können.[125] Daher seien sowohl die in § 362 Nr. 1 bis 3 StPO normierten Wiederaufnahmegründe als auch die Wiederaufnahme aufgrund des in § 362 Nr. 4 StPO enthaltenen Geständnisses aus freiheitlicher Perspektive unbedenklich.[126] Der Entwurf des Bundesrats lasse hingegen nicht erkennen, wie bei dem neu einzufügenden Wiederaufnahmegrund dem Freiheitsprinzip des Betroffenen hinreichend Rechnung

119 *Schöch*, in: FS-Maiwald, S. 776; *Schöch* formulierte einen eigenen Vorschlag bezüglich der Fassung des § 362 Nr. 5 StPO: „Satz 1: wenn auf der Grundlage von DNA-Analysen, die bei Erlass des Urteils, in dem die dem Urteil zu Grunde liegenden Feststellungen letztmalig geprüft werden konnten, nicht vorlagen, neue Tatsachen oder Beweismittel beigebracht werden, die allein oder in Verbindung mit den früher erhobenen Beweisen zur Überführung des Freigesprochenen geeignet sind. Satz 2: Satz 1 Nr. 5 gilt nur für vollendete Verbrechen, für die eine Strafkammer als Schwurgericht zuständig ist (§ 74 II GVG) sowie in Fällen des vollendeten Völkermordes (§ 6 Abs. 1 Nr. 1 des Völkerstrafgesetzbuchs), des Verbrechens gegen die Menschlichkeit (§ 7 Abs. 1 Nr. 1 des Völkerstrafgesetzbuchs) oder des Kriegsverbrechens gegen Personen (§ 8 Abs. 1 Nr. 1 des Völkerstrafgesetzbuchs) oder wegen der vollendeten Anstiftung zu einer dieser Taten."

120 *Schöch*, in: FS-Maiwald, S. 777.

121 *Letzgus*, in: FS-Geppert, S. 798 f.

122 *Grünewald*, RuP 2009, 1 (3).

123 *Grünewald*, RuP 2009, 1 (3).

124 *Grünewald*, RuP 2009, 1 (3); *dies.* ZStW 120 (2008), 545 (579).

125 *Grünewald*, ZStW 120 (2008), 545 (574).

126 *Grünewald*, RuP 2009, 1 (3); *dies.* ZStW 120 (2008), 545 (574 ff.).

getragen werden soll, da der Freigesprochene keinen Einfluss darauf habe, ob es neue wissenschaftliche Untersuchungsmethoden gäbe. Hier liege kein dem Angeklagten zurechenbares Verhalten vor, welches zu einer Störung des Rechtsfriedens geführt habe. Der Betroffene könne daher nicht voraussehen, ob eine Wiederaufnahme des Verfahrens jemals erfolgen werde.[127]

VI. Entwurf von 2010

Der aus dem Jahr 2007 stammende Entwurf fiel zwischenzeitlich der Diskontinuität anheim. Auf Antrag Nordrhein-Westfalens[128] sollte der „Entwurf eines Gesetzes zur Reform des strafrechtlichen Wiederaufnahmerechts" im Jahr 2010 erneut in den Bundestag eingebracht werden.

Während der § 362 StPO und § 370 StPO betreffende Reformvorschlag im E-2010 vollständig dem des E-2007 entsprach, wurde die Entwurfsbegründung mit zahlreichen Ausführungen zur verfassungs- und europarechtlichen Vereinbarkeit der Erweiterung der Wiederaufnahme zuungunsten des Angeklagten ergänzt und auf die Rechtslage in anderen Ländern hingewiesen. Damit sollten gerade die von der BRAK, dem DAV und den Strafverteidigervereinigungen aufgeworfenen Kritikpunkte widerlegt werden.

1. Verfassungsrechtliche Vereinbarkeit der Reform

Zur Begründung der verfassungsrechtlichen Vereinbarkeit der Erweiterung der Wiederaufnahme zuungunsten des Angeklagten führte man in der Entwurfsbegründung die bisherige Rechtsprechung des Bundesverfassungsgerichts an:

Das BVerfG[129] habe schon in den 1950er Jahren im Hinblick darauf, dass Art. 103 Abs. 3 GG seinem Wortlaut nach keine Ausnahmen zulasse, klargestellt, dass der in die Verfassung aufgenommene „ne bis in idem-Grundsatz" auf den bei Inkrafttreten des Grundgesetzes geltenden Stand des Prozessrechts und seiner Auslegung durch die herrschende Rechtsprechung Bezug nehme. Einschränkungen dieses Grundsatzes seien vom Verfassungsgeber gewollt und daher als immanente Schranke anzusehen.[130]

---

127 *Grünewald*, RuP 2009, 1 (3); *dies.* ZStW 120 (2008), 545 (578 f.).

128 BR-Drs. 222/10.

129 Gemeint war hier das Urteil vom 18. Dezember 1953, BVerfGE 3, 248.

130 Begründung E-2010, S. 5.

Das BVerfG habe in einer späteren Entscheidung[131] betont, dass die Grundsätze, welche vor Inkrafttreten des Grundgesetzes entwickelt worden waren, seit dessen Inkrafttreten inhaltlich auf die objektive Wertordnung des Grundgesetzes ausgerichtet seien.[132] Diese Bezugnahme auf die geltende prozessrechtliche Lage bedeute nach einer weiteren Entscheidung[133] des BVerfG aus den 1980er Jahren aber nicht, dass für neu auftauchende Gesichtspunkte, die sich der Prozessrechtswissenschaft und der Rechtsprechung so noch nicht gestellt hätten, eine verfassungsrechtliche Festlegung getroffen wäre. Gesetzgebung und Auslegung sollten nicht auf den Stand bei Inkrafttreten des Grundgesetzes festgelegt und jede Änderung ausgeschlossen werden.[134] Gegenstand dieser BVerfG Entscheidung war auch die bereits vielfach zitierte Aussage, wonach Art. 103 Abs. 3 GG Grenzkorrekturen nicht im Wege stehe und nur den Kern dessen garantiere, was als Inhalt des Rechtssatzes in der Rechtsprechung herausgearbeitet worden sei.[135]

Die Entwurfsbegründung führt weiter aus, dass es, wie das BVerfG stets betont habe, Aufgabe des Gesetzgebers sei, den in vielen Fällen auftretenden Widerstreit zwischen Rechtssicherheit und materieller Gerechtigkeit zum Ausgleich zu bringen.[136] Im Bereich der Wiederaufnahme sei dieser gesetzgeberische Gestaltungsspielraum vom BVerfG dahingehend konkretisiert worden, dass zur Beseitigung von Fehlurteilen die Durchbrechung der Rechtskraft in engen Grenzen zulässig sei. Hierdurch sei der Rechtssicherheit Vorrang eingeräumt und der gesetzgeberische Handlungsspielraum verringert worden.[137] Diese Auffassung liege auch schon aufgrund des verfassungsrechtlich verankerten „ne bis in idem-Grundsatzes" nahe. Dennoch sei dieser Grundsatz – wie die Entwurfsbegründung weiter ausführt – nicht schrankenlos gewährleistet, sondern enthalte im Gedanken der materiellen Gerechtigkeit wurzelnde immanente Schranken.[138] Bei den in § 362 StPO niedergelegten Wiederaufnahmegründen sei ein Festhalten an der Rechtskraft nicht möglich, da dies zu unerträglichen Ergebnissen führe und damit die sog. Unerträglichkeitsgrenze erreicht sei.[139] In diesem Sinne

131 Beschluss vom 7. März 1968, BVerfGE 23, 191.

132 Begründung E-2010, S. 5 f.

133 Beschluss vom 8. Januar 1982, BVerfGE 56, 22.

134 Begründung E-2010, S. 6.

135 Begründung E-2010, S. 6.

136 Begründung E-2010, S. 6.

137 Begründung E-2010, S. 6.

138 Begründung E-2010, S. 6.

139 Begründung E-2010, S. 6.

sei auch der Kernbestand des „ne bis in idem-Grundsatzes“ zu verstehen: Unterhalb der Unerträglichkeitsgrenze gelte er absolut. Wenn die Unerträglichkeitsgrenze aber überschritten sei, könne dies Anlass für gesetzgeberisches Handeln sein.[140] Insbesondere dann, wenn aufgrund neu auftauchender Gesichtspunkte an der Fehlerhaftigkeit eines Urteils kaum noch Zweifel bestehen könnten, sei es dem Gesetzgeber nicht verwehrt, zumindest für die Zukunft, derartige Entscheidungen durch Wiederaufnahme des Verfahrens zu beseitigen. Unerträglichkeit liege vor allem vor, wenn es um lebenslange Freiheitsstrafe gehe, da der Gesetzgeber in diesen Fällen eine Wertentscheidung für die Unverjährbarkeit getroffen habe.[141]

2. Kein Systemwiderspruch zu bestehenden Wiederaufnahmegründen

In der Begründung des E-2010 griffen die Entwurfsbegründer auch den von der BRAK vorgebrachten Kritikpunkt, dass der neu einzufügende Wiederaufnahmegrund nicht in das Gefüge der bestehenden Wiederaufnahmegründe passe, auf und versuchten diesen zu widerlegen:

Innerhalb der bisherigen Wiederaufnahmegründe unterscheide sich das Geständnis strukturell von den anderen Gründen, da es als einziges novum eine Wiederaufnahme zuungunsten des Freigesprochenen ermögliche.[142] Explizit wies die Gesetzesbegründung darauf hin, dass hiermit nicht wie von den Kritikern behauptet, der Zweck verfolgt worden sei, dass sich der Freigesprochene nicht folgenlos der Tat rühmen dürfe, sondern das Geständnis eine viel längere Tradition habe. Dieses sei bereits in den Partikulargesetzgebungen des Neunzehnten Jahrhunderts enthalten gewesen und habe auch deswegen Eingang in § 362 StPO gefunden, weil ihm im gemeinen Recht die größte Beweiskraft zukam.[143] Die Bedeutung des Geständnisses sei auch noch bei Inkrafttreten der Reichsstrafprozessordnung von 1877 höher eingeschätzt worden als die der damals bekannten Indiztatsachen und Beweismittel.[144] Das nachträgliche Geständnis der Tat habe der Gesetzgeber als eine so erhebliche Veränderung der Beweislage angesehen, dass die Verurteilung sicher erschienen sei.[145] Daher sei es

140 Begründung E-2010, S. 7.

141 Begründung E-2010, S. 7.

142 Begründung E-2010, S. 7.

143 Begründung E-2010, S. 7.

144 Begründung E-2010, S. 7.

145 In den Motiven zur Reichstagsvorlage von 1874 wurde aber gerade dargelegt, dass man im Falle eines nachträglichen Geständnisses die Wiederaufnahme zuließ, da es im freien Willen des Freigesprochenen stehe, ob er ein Geständnis ablege und damit die Interessen

kein Systembruch, wenn man Beweismittel, welche dem historischen Gesetzgeber unbekannt gewesen seien und anhand derer mindestens ebenso eindeutige Nachweise der Täterschaft geführt werden könnten, in die Wiederaufnahmegründe zuungunsten des Angeklagten aufnehme.[146] Die DNA-Analyse mache die Überführung des Täters nahezu sicher und sei ein zuverlässigeres Beweismittel als ein Geständnis. Dass für die richterliche Überzeugungsbildung eine Gesamtschau aller be- und entlastenden Umstände erforderlich und die DNA-Analyse hierbei lediglich eine Indiztatsache sei, sei eine strafprozessuale Selbstverständlichkeit.[147]

Zusätzlich versuchte die Entwurfsbegründung darzulegen, warum die Frage, wer das Risiko einer unzureichenden oder fehlerhaften Ermittlungsarbeit zu tragen habe, im Fall des neuen Wiederaufnahmegrundes nicht zu Lasten des Staates ausgehe. Grundsätzlich könne zwar vom Staat erwartet werden, dass er zur Aufklärung einer Straftat alles ihm Mögliche tue, weshalb der staatliche Strafanspruch zurücktreten müsse, wenn Fehler bei der Aufklärungsarbeit gemacht worden seien.[148] Anders sei der Fall aber dann zu beurteilen, wenn neue Beweismethoden aufgetaucht seien, die vor der Verurteilung noch nicht bekannt waren. In diesem Fall dürfe eine Zuweisung von Risiko- oder Verantwortungssphären nicht zu Lasten des Staates erfolgen.[149]

Die geplante Gesetzesreform sei deshalb lediglich eine „Grenzkorrektur“ des „ne bis in idem-Grundsatzes“ unter Berücksichtigung technischer Neuentwicklungen, welche dem Grundsatz der Verhältnismäßigkeit genüge.[150] Diese sei zum einen geeignet, den Gesetzeszweck zu erreichen, da eine gerichtliche Entscheidung, welche sich aufgrund neuer wissenschaftlicher Untersuchungsmethoden als offensichtliches Fehlurteil erweise, aufgehoben werden könne. Zum anderen sei die Reform des § 362 StPO auch erforderlich. Als milderes Mittel sei lediglich die Beibehaltung der bestehenden Regelung denkbar, wodurch es aber bei einem als unbefriedigend empfundenen Rechtszustand verbliebe. Der Angemessenheit spräche nichts entgegen, da die Wiederaufnahme einerseits auf

des Freigesprochenen nicht gefährdet seien. Insbesondere sprach für die Aufnahme dieses Wiederaufnahmegrundes, dass das Rechtsbewusstsein des Volkes beeinträchtigt sei, wenn sich der Freigesprochene selbst ungestraft der Tat rühmen dürfe. Dass dem Geständnis ein besonderer Beweiswert zukomme, wurde aber gerade nicht als Argument für die Zulassung der Wiederaufnahme verwendet; vgl. oben 4. Kap. IV.

146 Begründung E-2010, S. 7.

147 Begründung E-2010, S. 8.

148 Begründung E-2010, S. 9.

149 Begründung E-2010, S. 9.

150 Begründung E-2010, S. 9.

schwerste Straftaten und andererseits auf neue wissenschaftlich anerkannte Untersuchungsmethoden begrenzt sei.[151]

In diesem Zusammenhang betonte die Entwurfsbegründung auch, dass der Begriff der „neuen, wissenschaftlich anerkannten technischen Untersuchungsmethode“ dem Bestimmtheitsgrundsatz genüge und deshalb keine Eingrenzung auf „molekulargenetischen Untersuchung“ erforderlich sei. Der Begriff könne von der Rechtsprechung durch die bekannten Auslegungsmethoden bestimmt werden. Befürchtet wurde – wie die Entwurfsbegründung ausdrücklich festhält – dass im Falle einer zu engen Formulierung stets ein neues Gesetzgebungsverfahren angestrengt werden müsse, wenn eine neue wissenschaftliche Untersuchungsmethode Gegenstand der Wiederaufnahmebestimmung werden solle.[152]

3. Völker- und europarechtliche Vereinbarkeit

In der Begründung des E-2010 legte man zum ersten Mal auch Augenmerk auf die völker- und europarechtliche Vereinbarkeit der geplant Reform des Wiederaufnahmerechts:

Artikel 4 des Zusatzprotokolls Nummer 7 der EMRK stehe der Reform nicht entgegen, da der Gesetzentwurf zum einen den Voraussetzungen genüge und zum anderen Deutschland dieses Zusatzprotokoll zwar unterzeichnet, jedoch nicht ratifiziert habe, so dass das Zusatzprotokoll in Deutschland ohnehin nicht gelte.[153]

Ebenso stehe Art. 50 GRC der Reform nicht im Wege. Die Grundrechtecharta sei zwar mit Inkrafttreten des Vertrages von Lissabon rechtlich bindend geworden, Art. 50 GRC gelte jedoch nicht schrankenlos. Aufgrund von Art. 52 GRC müsse jede Einschränkung gesetzlich vorgesehen sein, den Wesensgehalt achten und dem Grundsatz der Verhältnismäßigkeit genügen.[154] Diesen Erfordernissen entspräche die geplante Reform des § 362 StPO. Darüber hinaus dürften sich aus der Grundrechtecharta keine Anforderungen ergeben, die über diejenigen des nationalen Verfassungsrechts hinausgingen.[155]

151 Begründung E-2010, S. 9.
152 Begründung E-2010, S. 10.
153 Begründung E-2010, S. 10.
154 Begründung E-2010, S. 10.
155 Begründung E-2010, S. 10 f.

Art. 54 des Schengener Durchführungsübereinkommens verbiete lediglich die Doppelbestrafung bezogen auf mehrere Staaten, weshalb dieser einer Erweiterung des § 362 StPO ebenfalls nicht im Wege stehe.[156]

4. Rechtslage in anderen Ländern

Zudem versuchte man, wie dies in den vorherigen Jahren schon vielfach geschehen war, die geplante Reform mit der Rechtslage in anderen europäischen Ländern zu begründen.

Insbesondere Österreich habe eine besonders weitgehende Regelung, welche die Wiederaufnahme zuungunsten eines Tatverdächtigen bei allen Straftaten bis zum Eintritt der Verjährung zulasse, wenn sich neue Tatsachen oder Beweismittel ergeben.[157]

England und Wales hätten in den letzten Jahren die Wiederaufnahme zuungunsten des Angeklagten erheblich erweitert und Schottland und Irland befänden sich in einem ähnlichen Reformprozess. Auch in den Niederlanden gäbe es ein entsprechendes Reformvorhaben.[158]

VII. Bericht der Expertenkommission 2015

Der im Jahr 2015 von der Expertenkommission zur effektiveren und praxistauglicheren Ausgestaltung des allgemeinen Strafverfahrens und des jugendgerichtlichen Verfahrens vorgelegte Bericht kam zu dem abschließenden Ergebnis, dass eine Änderung des Wiederaufnahmerechts nicht zu empfehlen sei.[159]

Während hinsichtlich der Wiederaufnahme zugunsten des Angeklagten einige Vorschläge erörtert wurden, verzichtete die Expertenkommission aufgrund der gegen den aus dem Jahr 2008 stammenden Vorschlag zur Erweiterung der Wiederaufnahme zum Nachteil des Angeklagten vorgebrachten verfassungsrechtlichen Bedenken bewusst auf die Diskussion von Erweiterungsvorschläge zum Nachteil des Angeklagten.[160]

---

156 Begründung E-2010, S. 11.

157 Begründung E-2010, S. 11.

158 Begründung E-2010, S. 11.

159 Bericht, S. 168.

160 Bericht, S. 168.

VIII. Große Anfrage der CDU Fraktion an die niedersächsische Landesregierung

Auf die Große Anfrage der CDU Fraktion mit dem Thema „Keine Gerechtigkeit für Frederike von Möhlmann – Unterstützt die Landesregierung die Forderung des Vaters?" antwortete das niedersächsische Justizministerium zwar verständnisvoll bezüglich der aus Sicht der Hinterbliebenen unbefriedigend und ungerecht empfundenen Gesetzeslage, lehnte aber eine Erweiterung der Wiederaufnahmegründe zuungunsten des Angeklagten aus verfassungsrechtlichen Gründen ab.[161]

Im niedersächsischen Justizministerium habe man eine sorgfältige und umfassende Überprüfung des Reformwunsches vorgenommen und sei daraufhin zu dem Ergebnis gelangt, dass Art. 103 Abs. 3 GG einer entsprechenden Erweiterung entgegen stehe, da man damit in unzulässiger Weise in den Kernbereich des „ne bis in idem-Grundsatzes" eingreife.[162] Das von den Befürwortern der Reform vorgebrachte Argument der Unerträglichkeit sei nicht geeignet, den Eingriff in Art. 103 Abs. 3 GG zu rechtfertigen, da es sich hierbei um eine abstrakte Begrifflichkeit handle, die nicht hinreichend rechtssicher sei und daher einer Konkretisierung bedürfe.[163]

Unter Berücksichtigung der allgemeinen verfassungsrechtlichen Prinzipien der Rechtssicherheit und der materiellen Gerechtigkeit werde durch Erweiterung des § 362 StPO immer dem Prinzip der materiellen Gerechtigkeit Vorrang eingeräumt.[164] Bei der Abwägung dieser Prinzipien sei aber zum einen zu berücksichtigen, dass jemand, der bereits ein Strafverfahren überstanden habe, stets der Gefahr eines weiteren Verfahrens, welches lediglich von der Entwicklung neuer kriminaltechnischer Methoden abhängig sei, ausgesetzt werde. Zum anderen sei ein Freispruch, der aus Mangel an Beweisen ergangen ist, kein Fehlurteil. Daher liege ein Eingriff in den Kernbereich des „ne bis in idem-Grundsatzes" vor.[165] Untersucht wurde vom Justizministerium auch, ob man § 362 StPO in einer Weise reformieren könne, welche die Beschränkung des Prinzips der Rechtssicherheit noch verhältnismäßig erscheinen lasse.[166] Zu diesem Zweck könne man

161 Niedersächsischer Landtag, Drs. 17/5501 S. 4.

162 Niedersächsischer Landtag, Drs. 17/5501 S. 4.

163 Niedersächsischer Landtag, Drs. 17/5501 S. 6.

164 Niedersächsischer Landtag, Drs. 17/5501 S. 6.

165 Niedersächsischer Landtag, Drs. 17/5501 S. 6 f.

166 Niedersächsischer Landtag, Drs. 17/5501 S. 7.

zwar die Wiederaufnahme nur bei bestimmten, schwersten Straftaten für zulässig erachten, wobei sich die Grenzziehung allerdings als schwierig erweise. Es kämen schließlich nicht nur Mord und Völkermord als besonders schwerwiegende Delikte in Betracht, sondern alle vollendeten Delikte aus dem Katalog des § 74 GVG, die in § 66b StGB genannten Verbrechen oder besonders schwere Fälle des Totschlags oder des sexuellen Missbrauchs von Kindern mit Todesfolge.[167] Die Grenzziehung anhand der nicht verjährbaren Delikte hielt das niedersächsische Justizministerium für ungeeignet, da die Argumente für eine lebenslange Verfolgbarkeit einer Straftat nicht zwangsläufig auch den Eingriff in einen rechtskräftigen Freispruch rechtfertigen. Hierfür sei eine weitergehende Rechtfertigung erforderlich.[168]

IX. Ausarbeitung der Wissenschaftlichen Dienste des Deutschen Bundestags

Zur Frage der Erweiterung der Wiederaufnahmegründe in § 362 StPO um neue Untersuchungsmethoden legten die Wissenschaftlichen Dienste des Bundestages im August 2016 eine Ausarbeitung vor, in welcher man sich hauptsächlich mit der Vereinbarkeit mit Art. 103 Abs. 3 GG, dem Rückwirkungsverbot aus Art. 103 Abs. 2 GG, dem allgemeinen Rückwirkungsverbot (Art. 20 Abs. 3 GG) und mit Art. 3 Abs. 1 GG befasste.[169]

1. Vereinbarkeit mit Art. 103 Abs. 3 GG

Im Ergebnis wurde die Vereinbarkeit mit Art. 103 Abs. 3 GG deshalb verneint, da die Erweiterung der Wiederaufnahmegründe zuungunsten des Angeklagten dazu führe, dass die Grundentscheidung des Grundgesetzgebers, dem Rechtsfrieden vor der Einzelfallgerechtigkeit grundsätzlich Vorrang einzuräumen, unterlaufen werden.[170] Mit Aufnahme des Art. 103 Abs. 3 GG habe man der Rechtssicherheit gegenüber der materiellen Gerechtigkeit höheren Rang eingeräumt, was das BVerfG in einer Entscheidung aus dem Jahr 1953 auch bestätigt habe.[171] Die mit Entscheidung vom Januar 1981 vorgenommene Öffnung für Grenzkorrekturen des Art. 103 Abs. 3 GG ermögliche zwar eine Diskussion

167 Niedersächsischer Landtag, Drs. 17/5501 S. 7.

168 Niedersächsischer Landtag, Drs. 17/5501 S. 7.

169 WD 7 – 3000 – 121/16. Es existiert eine weitere Ausarbeitung der Wissenschaftlichen Dienste des Bundestags aus dem Jahr 2019 (WD 7 – 3000 – 262/18), welche sich ausschließlich mit der Rechtslage des Wiederaufnahmerechts zuungunsten des Angeklagten im Ausland beschäftigt.

170 WD 7 – 3000 – 121/16, S. 12.

171 WD 7 – 3000 – 121/16, S. 7.

über die verfassungsrechtliche Vereinbarkeit einer Erweiterung der Wiederaufnahmegründe zuungunsten des Angeklagten. Der Kern des Doppelbestrafungsverbots liege in der Entscheidung des Grundgesetzgebers, dass die Rechtssicherheit die materielle Gerechtigkeit überwiege. Genau diese Grundentscheidung sei durch die Erweiterung der Wiederaufnahmegründe zuungunsten des Angeklagten betroffen. Fraglich sei deshalb, ob bei Umkehr der Gewichtung von Rechtssicherheit und materieller Gerechtigkeit überhaupt noch von einer Grenzkorrektur gesprochen werden könne. Vielmehr sei es so, dass die Gewichtung dieser Grundprinzipien den Kern des „ne bis in idem-Grundsatzes" darstellen.[172]

In der Entscheidung von 1981 habe das BVerfG auch davon gesprochen, „dass für neu auftauchende Gesichtspunkte, die sich der Prozessrechtswissenschaft und der Rechtsprechung so noch nicht gestellt hatten, eine verfassungsrechtliche Rechtfertigung (nicht) getroffen worden wäre".[173] Fraglich sei aber, ob die DNA-Analyse, bei welcher es sich schließlich um eine technische Neuerung handle, überhaupt einen neu auftauchenden Gesichtspunkt darstellt, der sich der Prozessrechtswissenschaft und der Rechtsprechung so noch nicht gestellt hatte. Bei neuen technischen Methoden handle es sich um andere Entwicklungen und Neuerungen und nicht um Entwicklungen der Rechtsprechung und Rechtswissenschaft.[174]

Zudem bedeute die Erweiterung der Wiederaufnahmemöglichkeit für den wirklich Unschuldigen die Unerträglichkeit eines weiteren Strafverfahrens.[175] Mit dem von den Befürwortern der Erweiterung vorgebrachten Argument der Unerträglichkeit eines zu Unrecht ergangenen Freispruchs werde kein neues Argument geliefert, sondern lediglich die Abwägung Rechtssicherheit gegenüber materieller Gerechtigkeit auf die Abwägung „Unerträglichkeit eines weiteren Verfahrens für den Freigesprochenen" gegenüber „Unerträglichekit eines in tatsächlicher Hinsicht falschen Freispruchs" verlagert.[176]

2. Vereinbarkeit mit dem Rückwirkungsverbot

Dass das strafrechtliche Rückwirkungsverbot des Art. 103 Abs. 2 GG durch Erweiterung des § 362 StPO nicht beeinträchtigt sei, wurde ganz knapp mit der

172 WD 7 – 3000 – 121/16, S. 8.
173 WD 7 – 3000 – 121/16, S. 11.
174 WD 7 – 3000 – 121/16, S. 11.
175 WD 7 – 3000 – 121/16, S. 10, 12.
176 WD 7 – 3000 – 121/16, S. 10.

Begründung festgestellt, dass unter dieses Rückwirkungsverbot lediglich Normen des materiellen Strafrechts, nicht aber des Strafprozessrechts fallen.[177]

Probleme mit dem allgemeinen Rückwirkungsverbot ergäben sich für die Fälle, in denen bereits ein Freispruch des Angeklagten erfolgt sei, da der betroffene Sachverhalt mit dem Freispruch abgeschlossen sei und der Freigesprochenen ab diesem Zeitpunkt auf den rechtskräftigen Freispruch vertraue.[178] Dieses Vertrauen leite er von einer verfassungsrechtlich geschützten Position ab. Das öffentliche Interesse an materieller Gerechtigkeit könne das Vertrauen des Freigesprochenen nicht überwiegen, da nach der Wertung des Art. 103 Abs. 3 GG der Rechtssicherheit Vorrang eingeräumt werde.[179]

3. Vereinbarkeit mit Art. 3 Abs. 1 GG

Die Ausarbeitung der Wissenschaftlichen Dienste sah in der Beschränkung auf Straftaten, welche nicht der Verjährung unterliegen, einen Verstoß gegen den Gleichheitssatz des Art. 3 Abs. 1 GG. Für jeden Freigesprochenen bestehe je nach vermeintlich begangenem Delikt die Möglichkeit der Wiederaufnahme, was eine sachbezogene Ungleichbehandlung wesentlich gleicher Sachverhalte bedeute.[180] Die Beschränkung auf diese Delikte sei willkürlich, da der Öffentlichkeit der Unterschied zwischen Totschlag und Mord meist nicht geläufig sei und diese Differenzierung für die Bevölkerung auch keine Rolle spiele, sondern lediglich, dass jemand den Tod eines Menschen zu verantworten habe.[181]

X. Koalitionsvertrag zwischen CDU, CSU und SPD für die Neunzehnte Legislaturperiode und die aktuelle Diskussion

Der unter dem Titel „Ein neuer Aufbruch für Europa. Eine neue Dynamik für Deutschland. Ein neuer Zusammenhalt für unser Land." zwischen CDU, CSU und SPD geschlossene Koalitionsvertrag für die 19. Legislaturperiode bestimmte in Kapitel X.:

> „Wir erweitern die Wiederaufnahmemöglichkeiten zuungunsten der oder des freigesprochenen Angeklagten in Bezug auf die nicht verjährbaren Straftaten."[182]

177 WD 7 – 3000 – 121/16, S. 12.

178 WD 7 – 3000 – 121/16, S. 13.

179 WD 7 – 3000 – 121/16, S. 13.

180 WD 7 – 3000 – 121/16, S. 13 f.

181 WD 7 – 3000 – 121/16, S. 14.

182 Koalitionsvertrag S. 125 Rn. 5853 f.

Bislang ist keine Umsetzung erfolgt. Der SPIEGEL berichtete am 15. November 2019, Justizministerin *Lambrecht* (SPD) habe bei einem Gespräch mit Rechtspolitikern der Koalition zugesichert, dass die Bundesregierung prüfen werde, wie Mörder unter bestimmten Bedingungen zukünftig noch verurteilt werden können, obwohl diese zuvor rechtskräftig freigesprochen worden waren.[183] Voraussetzung für diesen neuen Wiederaufnahmegrund sei, dass Beweismittel, welche zum Zeitpunkt der Hauptverhandlung bereits vorlagen, nun durch neue technische Möglichkeiten ausgewertet werden können.[184]

Anfang des Jahres 2021 wurde bekannt, dass die Koalitionsfraktionen einen eigenen Gesetzentwurf erarbeiten, wonach – wie die Süddeutsche Zeitung[185] berichtet – die Wiederaufnahme bei Mord und Völkermord zulässig sein soll, wenn neue Tatsachen und Beweismittel beigebracht werden, die allein oder in Verbindung mit früher erhobenen Beweisen dringende Gründe für eine Verurteilung bilden. An den Details werde noch gefeilt. Man wolle sich aber nicht auf neue wissenschaftliche Methoden beschränken, sondern beispielsweise auch das nachträgliche Auffinden der Tatwaffe von der Wiederaufnahme erfassen.[186] Hintergrund der Entwurfserarbeitung ist, dass das ursprünglich mit der Erstellung eines entsprechenden Entwurfs beauftragte Bundesministerium für Justiz und Verbraucherschutz nach eingehender Prüfung eine Reform ablehne, weshalb die Koalitionsfraktionen nunmehr eine eigene Gesetzesinitiative anstrengen.[187] Da man sich der materiellen Gerechtigkeit verpflichtet fühle und das SPD geführte Justizministerium zu einer Reform nicht bereit sei, werde man nun

183 Justizministerin prüft Reform der Wiederaufnahme, in: Der SPIEGEL vom 15. November 2019, abrufbar unter: https://www.spiegel.de/panorama/justiz/justizministerium-prueft-nachtraegliche-verurteilung-freigesprochener-moerder-a-1296693.html, zuletzt aufgerufen a 9. März 2020.

184 Justizministerin prüft Reform der Wiederaufnahme, in: Der SPIEGEL vom 15. November 2019, abrufbar unter: https://www.spiegel.de/panorama/justiz/justizministerium-prueft-nachtraegliche-verurteilung-freigesprochener-moerder-a-1296693.html, zuletzt aufgerufen a 9. März 2020.

185 Wenn ein Freispruch nicht das letzte Wort ist, in: Süddeutsche Zeitung vom 12. Februar 2021, abrufbar unter: https://www.sueddeutsche.de/politik/mord-wiederaufnahme-1.5204867, zuletzt aufgerufen am 17. Februar 2021.

186 Wenn ein Freispruch nicht das letzte Wort ist, in: Süddeutsche Zeitung vom 12. Februar 2021, abrufbar unter: https://www.sueddeutsche.de/politik/mord-wiederaufnahme-1.5204867, zuletzt aufgerufen am 17. Februar 2021.

187 Dies teilte der rechtspolitische Sprecher der Unions-Bundestagsfraktion *Luczak* gegenüber lto mit, vgl. hierzu den lto-Artikel, Freispruch für Mordangeklagte* nur noch unter Vorbehalt, abrufbar unter: https://www.lto.de/recht/nachrichten/n/wiederaufnahme-moerder-freispruch-strafverfahren-rechtskraft-bmjv-dav-verfassung-spd-cducsu/; zuletzt aufgerufen am 17. Februar 2021.

als Fraktion tätig. Die Einbringung eines entsprechenden Gesetzentwurfs wurde für März 2021 angekündigt.[188]

Die nunmehrigen Reformbestrebungen der Koalitionsfraktionen stimmen mit dem Vorschlag der Fachkommission für Strafrecht des Bundesarbeitskreises christlich demokratischer Juristen (BACDJ) überein, wonach § 362 um eine Ziffer 5 ergänzt werden sollte, welche die Wiederaufnahme gestattet, „wenn neue Tatsachen oder Beweismittel beigebracht werden, die allein oder in Verbindung mit früher erhobenen Beweisen dringende Gründe dafür bilden, dass der freigesprochene Angeklagte wegen Mordes, Völkermordes oder Verbrechen gegen die Menschlichkeit verurteilt wird“.[189]

Ein Verstoß gegen den verfassungsrechtlich verankerten „ne bis in idem-Grundsatz“ liege nach der Fachkommission nicht schon von vornherein vor, da das weitere Verfahren nicht zu einer Doppelbestrafung im eigentlichen Sinne führe, sondern lediglich zu einer Rechtskraftdurchbrechung. Der im ersten Verfahren freigesprochene Angeklagte werde schließlich im Wiederaufnahmeverfahren zum ersten Mal verurteilt. Die Auslegung der herrschenden Meinung, es falle auch die nochmalige Strafverfolgung unter Art. 103 Abs. 3 GG sei nicht zwingend.[190]

Art. 103 Abs. 3 GG gebe allerdings den Rahmen für eine Erweiterung vor, weshalb eine solche äußerst restriktiv erfolgen müsse. Hingewiesen wurde hierbei wiederum auf die Entscheidung des BVerfG, wonach Art. 103 Abs. 3 GG Grenzkorrekturen nicht entgegenstehe. Eine vorherige Verfassungsänderung sei nach Auffassung der Fachkommission für eine moderate Erweiterung der Wiederaufnahme deshalb nicht erforderlich.[191]

Um die Rechtskraftdurchbrechung legitimieren zu können, müsse diese Bezug zur Schwere des vom Täter verwirklichten Unrechts haben. Deshalb sei die Be-

---

188 Freispruch für Mordangeklagte* nur noch unter Vorbehalt, abrufbar unter: https://www.lto.de/recht/nachrichten/n/wiederaufnahme-moerder-freispruch-strafverfahren-rechtskraft-bmjv-dav-verfassung-spd-cducsu/; zuletzt aufgerufen am 17. Februar 2021.

189 Vorschlag des BACDJ, S. 6, abrufbar unter: https://www.cdu.de/system/tdf/media/fk_strafrecht_und_strafprozessrecht_wiederaufnahme_zu_ungusten_des_angeklagten_ergaezung_des_ss_362_stpo.pdf?file=1; zuletzt aufgerufen am 8. März 2020.

190 Vorschlag des BACDJ, S. 3, abrufbar unter: https://www.cdu.de/system/tdf/media/fk_strafrecht_und_strafprozessrecht_wiederaufnahme_zu_ungusten_des_angeklagten_ergaezung_des_ss_362_stpo.pdf?file=1; zuletzt aufgerufen am 8. März 2020.

191 Vorschlag des BACDJ, S. 4, abrufbar unter: https://www.cdu.de/system/tdf/media/fk_strafrecht_und_strafprozessrecht_wiederaufnahme_zu_ungusten_des_angeklagten_ergaezung_des_ss_362_stpo.pdf?file=1; zuletzt aufgerufen am 8. März 2020.

grenzung auf die Delikte Mord, Völkermord und Verbrechen gegen die Menschlichkeit vorgeschlagen worden. Für die Begrenzung auf Mord und Völkermord spräche darüber hinaus, dass diese Delikte nicht verjähren. Bei Delikten aus dem Bereich der unteren und mittleren Kriminalität könne hingegen ein ungerechtfertigter Freispruch als Preis des Rechtsstaats noch hingenommen werden.[192]

Die Fachkommission wies aber auch darauf hin, dass die Begrenzung auf Mord und Völkermord bezüglich der Zulässigkeit der Wiederaufnahme eine spätere andere Verurteilung, zum Beispiel wegen Totschlags nicht ausschließe. Einer solchen Verurteilung könne allenfalls die Verfolgungsverjährung entgegenstehen, welche hinzunehmen sei.[193]

Die Wiederaufnahme sollte aufgrund des neu einzufügenden Wiederaufnahmegrundes nur bei einem Freispruch möglich sein. Eine Wiederaufnahme zuungunsten eines zu milde Verurteilten solle jedoch ausgeschlossen bleiben. In diesem Fall sei das Rechtsempfinden des Volkes auch nicht so schwer beeinträchtigt, da die Sanktion nicht vollständig ausbleibe.[194]

192 Vorschlag des BACDJ, S. 4 f., abrufbar unter: https://www.cdu.de/system/tdf/media/fk_strafrecht_und_strafprozessrecht_wiederaufnahme_zu_ungusten_des_angeklagten_ergaezung_des_ss_362_stpo.pdf?file=1; zuletzt aufgerufen am 8. März 2020.

193 Vorschlag des BACDJ, S. 5, abrufbar unter: https://www.cdu.de/system/tdf/media/fk_strafrecht_und_strafprozessrecht_wiederaufnahme_zu_ungusten_des_angeklagten_ergaezung_des_ss_362_stpo.pdf?file=1; zuletzt aufgerufen am 8. März 2020.

194 Vorschlag des BACDJ, S. 5, abrufbar unter: https://www.cdu.de/system/tdf/media/fk_strafrecht_und_strafprozessrecht_wiederaufnahme_zu_ungusten_des_angeklagten_ergaezung_des_ss_362_stpo.pdf?file=1; zuletzt aufgerufen am 8. März 2020.

Elftes Kapitel: Zusammenfassung und Würdigung

I. Zusammenfassung

Hinsichtlich der Darstellung der Reformdiskussion in den Partikularstaaten erfolgte eine systematische Einteilung der einzelnen Staaten in drei Gruppen, die sich dadurch voneinander unterscheiden, dass sie die Wiederaufnahme zuungunsten des Freigesprochenen bzw. Verurteilten ab der Mitte des Neunzehnten Jahrhunderts entweder vollständig ausschlossen (Bayern), diese nur in wenigen, eng umgrenzten Fällen zuließen (Baden und Preußen) oder die Wiederaufnahme in weitem Umfang gestatteten (Württemberg und Sachsen).

In Bayern existierte mit Feuerbachs Strafgesetzbuch von 1813 ein ausdifferenziertes System an freisprechenden Urteilen (Unschuldserkenntnis, Lossprechung, Entlassung von der Instanz) mit jeweils unterschiedlichen Anforderungen an die Wiederaufnahme des Verfahrens, die bei einem Unschuldserkenntnis am strengsten, bei einer Entlassung von der Instanz am wenigsten streng waren. Als im Jahr 1815 die Rheinpfalz zu Bayern gelangte, in welcher französisches Recht Anwendung fand und das Strafverfahren bereits öffentlich und mündlich geführt wurde und Geschworenengerichte existierten, mehrten sich auch im rechtsrheinischen Teil Bayerns die Reformforderungen. Der durch *v. Grandauer* vorgelegte Entwurf von 1831 sah bereits die Anklage durch die Staatsanwaltschaft und ein mündliches und öffentliches Verfahren vor, wobei auf die Einführung von Geschworenengerichten noch verzichtet werden sollte. Die Wiederaufnahme zuungunsten des Beschuldigten sollte in weitem Umfang möglich sein, nämlich dann, wenn neue Anschuldigungsgründe vorlagen. Im Entwurf war jedoch nicht statuiert, unter welchen Voraussetzungen von „neuen" Anschuldigungsgründen auszugehen sein sollte.

Ab der Mitte des Neunzehnten Jahrhunderts orientierte man sich hinsichtlich der Ausgestaltung der Wiederaufnahme am französischen Code d'instruction criminelle. Dieser enthielt keine Wiederaufnahme zuungunsten des Beschuldigten, so dass auch Bayern diese bei Urteilen der Geschworenen gesetzlich nicht mehr vorsah. Entsprechend der Bestimmung des französischen Codes statuierte man hingegen, dass im Falle des Freispruchs durch Geschworene das Strafverfahren aufgrund derselben Tat, welche bereits Gegenstand der Anklage war, niemals wieder aufgenommen werden könne. Wie in der Literatur und später auch im Gesetzgebungsverfahren anderer Länder dargestellt, bedeutete dies in der französischen Praxis des Cassationshofes jedoch nicht den vollständigen Ausschluss

https://doi.org/10.1515/9783110751703-012

einer Wiederaufnahme bzw. erneuten Anklage zuungunsten eines Freigesprochen. Durch weite Auslegung des „même fait“ konnte vielmehr in zahlreichen Fällen durch sog. andere rechtliche Qualifizierung der Tat erneut zur Anklage geschritten werden. Dies bedeutete, dass man das tatsächliche Geschehen rechtlich anders bewertete (beispielsweise statt der früheren Einstufung als Mord nun als fahrlässige Tötung) und auf diese Weise davon ausging, dass es sich nicht mehr um dieselbe Tat handelte, so dass eine erneute Anklage möglich war. Diese Auslegung übernahm später auch der Rheinische Cassationshof.

In Baden wollte man hingegen, wie dies der Ersteller des Entwurfs von 1835, *Mittermaier,* eigens betonte, nicht die Gesetzgebung anderer Länder nachahmen, sondern ein eigenständiges Strafprozessrecht erarbeiten. Dass man dies auch tatsächlich tat, zeigt sich an den Wiederaufnahmevorschriften. Zum Nachteil eines Freigesprochenen war die Wiederaufnahme zum einen aufgrund einer strafbaren Handlung und zum anderen aufgrund eines gerichtlichen Geständnisses möglich. Schon allein die Tatsache, dass zum Nachteil des Beschuldigten Wiederaufnahmegründe gesetzlich vorgesehen waren, unterscheidet das badische Recht vom französischen und damit auch vom bayerischen Recht. Wie in der Gesetzgebungskommission bezüglich des E-1863 betont wurde, wollte man durch die gesetzliche Festlegung konkreter Wiederaufnahmegründe dem „ne bis in idem“ größtmögliche Bedeutung zukommen lassen. Damit sollte für den Freigesprochenen Rechtssicherheit geschaffen werden, indem die Wiederaufnahme zu seinem Nachteil nur in diesen konkreten Fällen gestattet wurde. Insbesondere wollte man damit vermeiden, dass man durch weite Auslegung des Begriffs „derselben Tat“ in zahlreichen, nicht gesetzlich bestimmten Fällen erneut gegen eine Person, welche bereits ein Strafverfahren über sich ergehen hatte lassen, vorgehen kann.

Im Gegensatz zu Baden und Bayern kam es in Preußen in den 30er Jahren des Neunzehnten Jahrhunderts zu keinen Reformen. Der Entwurf, welcher 1841 durch *v. Kamptz* vorgelegt wurde, kannte weder ein mündliches und öffentliches Verfahren noch die Einrichtung der Staatsanwaltschaft oder eine freie richterliche Beweiswürdigung. Verglichen mit dem bayerischen Entwurf von 1831 und dem badischen Entwurf von 1835, war der Entwurf *v. Kamptzs* noch sehr konservativ. Erst der sog. Polenaufstand machte aufgrund der Anzahl und des Umfangs der Strafverfahren eine Reform des Strafprozessrechts erforderlich. Obwohl das für das Kammergericht zu Berlin erlassene Gesetz von 1846 die Restitution auch zuungunsten des Beschuldigten zuließ und man eine Vielzahl der sich in diesem Gesetz befindlichen Vorschriften in die Verordnung von 1849 für die ganze Monarchie übernommen hatte, fehlte in dieser eine Bestimmung bezüglich der Wiederaufnahme zuungunsten des Beschuldigten. Nachdem in der

Literatur insbesondere durch *Abegg* auf die vorbildlichen Vorschriften Badens hingewiesen wurde, entschied man sich in der StPO für die neuen Landesteile für die Wiedereinführung einer Wiederaufnahme zuungunsten eines früheren Angeklagten, jedoch nur im Falle einer durch den Angeklagten oder in dessen Interesse durch seinen Verteidiger begangenen strafbaren Handlung. Aufgrund eines gerichtlichen Geständnisses ließ man die Wiederaufnahme in Preußen hingegen nicht zu.

Die Wiederaufnahmevorschriften der Königreiche Sachsen und Württemberg unterscheiden sich von denen der zuvor erwähnten Staaten, da sie auch nach den revolutionären Ereignissen der Jahre 1848/49 die Wiederaufnahme zuungunsten eines Freigesprochenen bzw. zu milde Verurteilten in deutlich umfassenderen Maße zuließen. Das Königreich Sachsen hatte 1855 eine auf Öffentlichkeit und Mündlichkeit basierende StPO erhalten, welche zuungunsten des Angeklagten zahlreiche Wiederaufnahmegründe vorsah. So konnte die Wiederaufnahme gegen einen Freigesprochenen auch aufgrund neuer Tatsachen und Beweise erfolgen. Diese mussten allerdings für sich allein zur Überführung des Betroffenen geeignet sein. Der Entwurf von 1853 hatte diesen weit gefassten Wiederaufnahmegrund nicht vorgesehen. Nachdem die im E-1853 vorgeschlagene Vorschrift als zu eng kritisiert wurde, da es neben dem Geständnis auch andere neue Beweismittel gäbe, welchen die gleiche Beweiskraft zukäme, erweiterte man diesen Wiederaufnahmegrund um neue Tatsachen und Beweise. Gleichzeitig knüpfte man die Wiederaufnahme zuungunsten des Betroffenen an eine achtwöchige Frist. Dies hatte allerdings wenig Auswirkung, da die Frist erst ab Kenntniserlangung der neuen Tatsachen bzw. Beweise zu laufen begann, so dass die Wiederaufnahme auch noch nach sehr langer Zeit vorgenommen werden konnte.

Württemberg beseitigte im Jahr 1849 nur für die in den Zuständigkeitsbereich der Geschworenengerichte fallenden Delikte die Wiederaufnahme zuungunsten des Beschuldigten. Für alle anderen Delikte (ausgenommen Pressedelikte) galt die auf den Prinzipien des Inquisitionsprozesses beruhende StPO von 1843 fort, welche die Wiederaufnahme auch aufgrund neuer Beweise gestattete. Erst 1868 erhielt Württemberg eine das mündliche und öffentliche Verfahren gestattende StPO, welche die Wiederaufnahme zuungunsten des Freigesprochenen und des zu milde Verurteilten letztlich sowohl aufgrund neuer Tatsachen als auch neuer Beweise zuließ. Diese mussten allerdings entsprechend der sächsischen Vorschrift für sich allein zur Überführung des Betroffenen geeignet sein. Die Gesetzgebungskommission hatte sich noch gegen diesen weit gefassten Wiederaufnahmegrund ausgesprochen, da bei Freisprüchen grundsätzlich zu berücksichtigen sei, dass man einen Unschuldigen erneut vor Gericht stelle, welcher darüber hinaus vor der Schwierigkeit stehe, dass es nach langer Zeit zu einem Beweisverlust gekommen sein könnte. Auf Anraten des Justizdepartements kam es jedoch schließlich zur Aufnahme dieses weit gefassten Wiederaufnahmegrundes.

Mit der Reichstrafprozessordnung von 1877, welche 1879 in Kraft trat, galt schließlich für das gesamte Deutsche Reich ein einheitliches Strafverfahrensrecht. § 402 RStPO enthielt in vier Ziffern Wiederaufnahmegründe zuungunsten des Angeklagten. Während den Nummern 1 bis 3 gemein war, dass der Freispruch bzw. die zu milde Verurteilung auf eine strafbare Handlung zurückzuführen waren, enthielt Nummer 4 die Wiederaufnahme zuungunsten eines Freigesprochenen aufgrund eines gerichtlichen oder außergerichtlichen Geständnisses. Diese Wiederaufnahmegründe waren nicht neu, sondern existierten in sehr ähnlicher Fassung bereits in einigen partikularrechtlichen Gesetzgebungen. Über das „ob" einer Wiederaufnahme zuungunsten des Angeklagten, wurde im Gesetzgebungsverfahren nicht mehr diskutiert. Vielmehr stand seit den ersten handschriftlichen Entwürfen fest, dass jedenfalls dann, wenn dem freisprechenden oder zu milden Urteil eine strafbare Handlung zugrunde lag, die Wiederaufnahme stattfinden solle. Dies basierte auf der Erwägung, dass niemand die Früchte einer strafbaren Handlung genießen dürfe. Für rege Diskussion in den am Gesetzgebungsverfahren beteiligten Gremien sorgte hingegen die Möglichkeit der Wiederaufnahme aufgrund eines außergerichtlichen Geständnisses, da man zu Lasten eines rechtskräftig Freigesprochenen eine vorschnelle Wiederaufnahme befürchtete.

Ein etwaiger allgemeiner Wiederaufnahmegrund aufgrund neuer Tatsachen oder Beweise, wie ihn beispielsweise die Strafprozessordnungen Württembergs und Sachsens vorsahen, kam in den Gesetzgebungsarbeiten zur Reichsstrafprozessordnung hingegen nicht weiter zur Sprache.

Bereits vier Jahre nach Inkrafttreten der RStPO wurde der erste StPO-Reformantrag im Reichstag gestellt. Hauptkritikpunkt an den Bestimmungen der Reichsstrafprozessordnung war zunächst die fehlende Berufung gegen Urteile der Strafkammern. Dieser und die Vielzahl an weiteren Anträgen, welche in den folgenden Jahren in den Reichstag eingebracht wurden, waren allesamt nicht von Erfolg gekrönt.

Im Jahr 1902 wurde schließlich eine umfassende StPO Reform in Auftrag gegeben, die sich über fast ein Jahrzehnt erstreckte, letztlich aber nicht mehr weiterverfolgt wurde, da man zunächst die Reform des StGB abwarten wollte. In der Bundesratsvorlage von 1908 bzw. in der Reichstagsvorlage von 1909 wurden die Wiederaufnahmegründe zwar formal einer Veränderung unterzogen und neu strukturiert, inhaltlich blieben diese aber im Wesentlichen unverändert. Die einzig bedeutende Reform bestand darin, dass aufgrund eines Geständnisses die Wiederaufnahme nunmehr nicht nur gegen den Freigesprochenen, sondern auch gegen einen zu milde Verurteilten erfolgen sollte.

Während des Ersten Weltkrieges wurden nur wenige Einzelthemen der StPO reformiert. Nach der Revolution 1918/1919 entstand jedoch schnell das Bedürfnis für eine umfassende Gesamtreform, um das Strafverfahrensrecht den staatsrechtlichen und politischen Bedingungen der Republik anzupassen. Auf die Wiederaufnahmegründe zum Nachteil des Angeklagten hatte dies allerdings keinen Einfluss. Diese stimmten in den Entwürfen vom Juli 1919 und dem sog. Goldschmidt-Entwurf vom Dezember 1919 inhaltlich weitgehend mit denjenigen der Vorlage von 1909 nach den Beschlüssen der Kommission überein. Die einzige Änderung bestand darin, dass im Hinblick auf die Wiederaufnahme aufgrund einer Falschaussage bzw. Urkundenfälschung nun nicht mehr erforderlich war, dass der Zeuge oder Sachverständige rechtskräftig verurteilt wurde, bevor die Wiederaufnahme erfolgen konnte. Die Reform scheiterte abermals, da man erneut zu der Ansicht kam, dass das StGB zuerst zu reformieren sei.

Mit dem Entwurf eines Einführungsgesetzes zum Allgemeinen Deutschen Strafgesetzbuch von 1930, dessen Umfang weit über den eines herkömmlichen Einführungsgesetzes hinausging, sollten auch die Wiederaufnahmegründe zum Nachteil des Angeklagten sowohl in systematischer als auch in inhaltlicher Hinsicht modifiziert werden. Die Wiederaufnahme aufgrund einer rechtskräftig festgestellten strafbaren Amtspflichtsverletzung eines Richters, Schöffen oder Geschworenen sollte sowohl zugunsten als auch zuungunsten des Angeklagten in einem Paragrafen zusammengefasst und dieser an die Spitze der Wiederaufnahmegründe gestellt werden. Im Hinblick auf Urkundendelikte sollte die Wiederaufnahme zuungunsten des Angeklagten auf zahlreiche weitere Tatbestände erweitert werden, was in der Entwurfsbegründung nur äußerst knappe Erwähnung fand, allerdings auf dem 36. Deutschen Juristentag erhebliche Kritik erfuhr. Dort gab es aber nicht nur Kritik an der Erweiterung der Wiederaufnahmegründe, sondern mit den Referenten *Hellwig* und *Höpler*, die sich für eine – wenn auch nicht völlig schrankenlose – Ausdehnung der ungünstigen Wiederaufnahmegründe auf neue Tatsachen und Beweismittel einsetzten, auch Befürworter einer Ausweitung der Wiederaufnahmegründe.

In den Jahren 1930-1932 regierten die Reichskanzler *Brüning*, *v. Papen* und *v. Schleicher* mit sog. Präsidialkabinetten. Der Reichstag wurde zunehmend funktionsunfähig. Es ergingen nur noch vereinzelt formelle Gesetze, während in diesen zwei Jahren 109 Notverordnungen durch den Reichspräsidenten erlassen wurden. Durch das Ermächtigungsgesetz vom 24. März 1933 wurde die Gesetzgebungsbefugnis auf die Reichsregierung übertragen und damit die Gewaltenteilung aufgehoben.

Wie Reichsjustizminister *Gürtner* im Frühjahr 1933 verkündete, sollte die Reform des Strafverfahrensrechts neben der des materiellen Strafrechts als vordringliche Aufgabe behandelt werden. Die Ziele der in der Folge eingesetzten sog. Kleinen Strafprozesskommission bestanden darin, eine schnelle, gerechte, autoritäre und volksverbundene Justiz zu schaffen.

Insbesondere die Veröffentlichungen der Mitglieder der Akademie für deutsches Recht gaben Aufschluss darüber, dass man mit Hilfe der Wiederaufnahme dem Ziel einer materiell gerechten Entscheidung näherkommen wollte. Die Rechtskraft einer Entscheidung betrachtete man hingegen als „Hemmschuh" der Wahrheitsfindung.[1] Dass man die Wiederaufnahme zuungunsten auch aufgrund neuer Tatsachen und Beweismittel zulassen und sie damit an die Wiederaufnahme zugunsten angleichen werde, wurde in der Großen StPO-Kommission, welcher man im Herbst 1936 die Vorlagen der Kleinen StPO-Kommission überwies, schnell zur allgemeinen Meinung.

Der im Mai 1939 in seiner endgültigen Fassung vorgelegte StPO-Entwurf ließ die Wiederaufnahme sowohl zugunsten als auch zuungunsten aufgrund neuer Tatsachen und Beweismittel zu, hielt aber zusätzlich fest, dass die Wiederaufnahme nur erfolgen dürfe, wenn eine Änderung des Urteils mit großer Wahrscheinlichkeit zu erwarten sei. Darüber hinaus wies man den Staatsanwalt an, das Verfahren zuungunsten des Angeklagten aufgrund neuer Tatsachen oder Beweismittel nur dann wiederaufzunehmen, wenn die neue Verfolgung zum Schutz des Volkes oder zur Sühne der Tat geboten sei. Mit diesen zusätzlichen Hürden versuchte man eine „gefährliche Lockerung der Rechtskraft" zu vermeiden, betonte in der Entwurfsbegründung aber gleichzeitig, dass eine nicht unerhebliche Lockerung der bisherigen Wiederaufnahmebestimmungen zur Verwirklichung der Gerechtigkeit im Einzelfall erforderlich geworden sei.[2]

Im E-1939 wurden darüber hinaus mit der Nichtigkeitsbeschwerde und dem außerordentlichen Einspruch zwei weitere Rechtsbehelfe gegen rechtskräftige Urteile geschaffen, mit welchen man dem Ziel der gerechten Strafrechtspflege näherzukommen versuchte.

Der E-1939 wurde zunächst nicht zum Gesetz. Zahlreiche der geplanten StPO-Reformen setzte man jedoch in der Folge durch die Kriegsgesetzgebung um. So

1 *Siegert*, DStR 1935, 283 (287).

2 Vgl. hierzu die Begründung zu E-1939, oben 7. Kap. IV.

wurde der außerordentliche Einspruch 1939 und die Nichtigkeitsbeschwerde 1940 eingeführt. Die Dritte Verordnung zur Vereinfachung der Strafrechtspflege vom 29. Mai 1943 glich schließlich die Wiederaufnahmegründe zuungunsten des Angeklagten an diejenigen zugunsten an.

Nach dem Ende des Zweiten Weltkrieges wurde zunächst der „ne bis in idem-Grundsatz" in den Landesverfassungen verankert und fand schließlich Eingang in das am 23. Mai 1949 verkündete Grundgesetz. Im Verfassungskonvent auf Herrenchiemsee hob man diesbezüglich hervor, dass man mit einer entsprechenden Formulierung des „ne bis in idem-Grundsatzes" den „in der nationalsozialistischen Zeit eingerissenen Mißbräuchen für die Zukunft den Boden" entziehen wolle.[3]

Das Rechtsvereinheitlichungsgesetz von 1950, welches insbesondere das Ziel verfolgte, Vorschriften, die nationalsozialistisches Gedankengut enthielten, zu beseitigen, stellte im Wesentlichen den Rechtszustand, wie er vor 1933 galt, wieder her, so dass die Wiederaufnahmegründe zuungunsten des Angeklagten mit nur geringfügigen Änderungen[4] denen der Reichsstrafprozessordnung entsprachen.

In den folgenden zwanzig Jahren wurde es um die Wiederaufnahme des Verfahrens sehr still. Erst in den 1970er Jahren entfachte die Reformdiskussion erneut. Einerseits wurde nunmehr die Frage aufgeworfen, ob die Wiederaufnahme zuungunsten des Angeklagten nicht vollständig abgeschafft oder andererseits die bestehende Vorschrift zumindest reformiert werden könne. Die Vorschläge zur Reform der bestehenden Vorschrift zielten teilweise auf Einschränkung der Wiederaufnahmegründe, teilweise aber auch auf Erweiterung ab, indem man § 362 Nr. 4 über das Geständnis hinaus auf neue Tatsachen und Beweismittel erweitern wollte. Erst nach und nach fing man an, die entsprechenden Reformvorschläge auf Vereinbarkeit mit dem verfassungsrechtlich verankerten „ne bis in idem-Grundsatz" zu überprüfen. Daraufhin folgten neue Reformvorschläge, die man mit Art. 103 Abs. 3 GG vereinbar hielt. Hervorzuheben ist hier besonders der 1977 veröffentlichte Vorschlag *Jürgen Meyers*, die Wiederaufnahme zuungunsten des freigesprochenen Angeklagten nur zuzulassen, wenn neue Tatsachen oder Beweismittel beigebracht werden, die allein oder in Verbindung mit den früher erhobenen Beweisen jeden begründeten Zweifel ausschließen, dass der Angeklagte in einer neuen Hauptverhandlung der Begehung eines Mordes oder eines Völkermordes überführt werde, da dieser schließlich fünfzehn Jahre später Gegenstand des Entwurfs der SPD-Fraktion vom November 1993 wurde.

---

3 Siehe oben 8. Kap. I.

4 Zu den Reformen oben 8. Kap. II.

Aufgrund zwischenzeitlich eingetretener Diskontinuität brachte man den Entwurf 1996 erneut in das Gesetzgebungsverfahren ein. In der Folge stand vor allem die Begrenzung auf die Delikte Mord und Völkermord heftig in der Kritik. Die SPD-Fraktion zog ihren Vorschlag schließlich zurück.

Der im Jahr 2007 vorgelegte Gesetzentwurf sollte nicht wie die im vorherigen Jahrzehnt vorgelegten Entwürfe die Wiederaufnahmegründe zuungunsten des Angeklagten vollständig reformieren, sondern fügte dem bestehenden § 362 StPO eine neue Ziffer 5 an. Diese ließ die Wiederaufnahme – begrenzt auf die mit lebenslanger Freiheitsstrafe bedrohten, unverjährbaren Delikte –auch aufgrund neuer Tatsachen oder Beweismittel zu, die auf der Grundlage neuer, wissenschaftlich anerkannter technischer Untersuchungsmethoden, die bei Erlass des Urteils noch nicht zur Verfügung standen, beigebracht wurden. Es folgte eine ausgiebige Diskussion im Rechtsausschuss und zahlreiche kritische Stellungnahmen zu den Reformvorschlägen. Der Entwurf wurde im Jahr 2010 erneut in den Bundestag eingebracht, schaffte es aber nicht, zum Gesetz zu werden.

Die Zielsetzung des aktuellen Koalitionsvertrages, die Wiederaufnahmegründe zuungunsten des Angeklagten zu erweitern, wurde bislang nicht umgesetzt.

II. Entwicklung der StPO als Spiegel gesellschaftspolitischer Ereignisse des 19. Jahrhunderts?

Da es im Neunzehnten Jahrhundert üblich war, nicht nur einzelne Teile des Strafprozessrechts zu reformieren, sondern meist ein vollständig neues Gesetz erarbeitet wurde, machen sich gesellschaftspolitische Einflüsse[5] nicht nur in einzelnen Bereichen, sondern hinsichtlich der Entwicklung der Strafprozessordnung in ihrer Gesamtheit bemerkbar. Besonders deutlich zeigt sich in den Ländern Baden und Bayern, wie liberale Einflüsse zur Reform des Strafverfahrensrechts führten, während in anderen Staaten konservative Kräfte Veränderungen lange Zeit zu verhindern suchten:

In den Jahren 1830/1831 zeichnen sich ausgehend von der französischen Julirevolution von 1830, welche aufgrund der restaurativen Politik des Bourbonen *Karl X.* zu dessen Sturz geführt hatte, liberale Strömungen nicht mehr nur in den

5 Der politische Einfluss auf strafprozessuale Reformforderungen zählt auch zu den Thesen *Ignors*, Geschichte, S. 27.

Reformvorschlägen Einzelner[6], sondern auch in den Entwürfen neuer Strafprozessordnungen ab. Die Unzufriedenheit der Bevölkerung mit der wirtschaftlichen, sozialen und politischen Lage hatte insbesondere aufgrund der wachsenden Verarmung und der Beschränkung der bürgerlichen Rechte und Freiheiten in den vergangenen Jahren stark zugenommen. So wurde auch der Wunsch nach mehr Partizipation im Strafverfahren und der Abkehr von den strengen Maximen des Inquisitionsprozesses immer lauter.[7] Die Grundsätze der Öffentlichkeit und Mündlichkeit schafften es nunmehr, in einzelne strafverfahrensrechtliche Entwürfe aufgenommen zu werden. So sahen der bayerische E-1831 und der badische E-1835 die Anklage durch die Staatsanwaltschaft und ein mündliches und öffentliches Verfahren unter Abkehr von den positiven Beweisvorschriften vor. Aufgrund der Abschaffung der strengen Beweisregeln hielt man nun teilweise auch die Entbindung von der Instanz für entbehrlich.[8] Baden war schließlich im Jahr 1845 der erste Staat des Deutschen Bundes, der ein reformiertes Strafverfahrensrecht verkündete.[9]

Preußen blieb hingegen von den Ereignissen der Jahre 1830/31 weitgehend verschont. Die vereinzelt stattfindenden Proteste des Bürgertums schafften es nicht, einen politischen Systemwechsel herbeizuführen. Entwürfe zur Umsetzung der als liberal geltenden Forderungen gab es daher nicht. Erst 1841 wurde ein StPO-Entwurf vorgelegt, der sich an den konservativen Entwurf des Jahres 1829 anlehnte und weder ein öffentliches und mündliches Verfahren mit Staatsanwaltschaft noch freie richterliche Beweiswürdigung kannte.[10] In Württemberg und Sachsen konnten sich liberale Reformwünsche zunächst ebenso nur schwer durchsetzen. So bekämpfte man in der Diskussion des württembergischen E-1839 die Einführung der Staatsanwaltschaft und der Mündlichkeit, da man letztere mit Rechtsmitteln nicht vereinbar sah.[11] In Sachsen gelangte man 1842 noch zu dem Schluss, dass so viele Argumente gegen eine Reform sprächen, dass man sich zu einer solchen nicht durchringen könne.[12] Preußen war zunächst noch bestrebt, die Staatsanwaltschaft nur mit der Aufgabe einzuführen, für den Staat das

6 Vgl. hierzu beispielsweise das Werk *Feuerbachs*, Betrachtungen über die Öffentlichkeit und Mündlichkeit von 1821, siehe oben 3. Kap. I. 3.

7 Vgl. hierzu die Ausführungen oben 3. Kap. I. 3. a).

8 Beispielsweise im bayerischen E-1831, vgl. oben 3. Kap. I. 3. b).

9 Dieses Gesetz wurde zwar im Regierungsblatt verkündet, kam jedoch nicht zur Anwendung. Zu den Hintergründen oben 3. Kap. II. 1. c).

10 Vgl. hierzu die chronologische Übersicht über die Reformen in Preußen bei: *Schubert / Regge*, Gesetzrevision, Abt. 1 Bd. 1 S. XXXVIII.

11 Vgl. oben 3. Kap. III. 2. b) bb).

12 Vgl. oben 3. Kap. III. 1. a).

Rechtsmittelrecht auszuüben, wovon *Savigny* in seinem Entwurf jedoch abwich und der Staatsanwaltschaft umfassendere Aufgaben zubilligte. Der Aufstand polnischer Nationalisten des Jahres 1846 führte schließlich dazu, dass man sich gezwungen sah, zumindest für das Kammer- und Kriminalgericht in Berlin rasch ein mündliches Anklageverfahren einzuführen, da eine Verurteilung der großen Anzahl an „Aufständischen" unter Geltung der Prinzipien des gemeinen Inquisitionsprozesses nicht zu schaffen gewesen wäre.[13]

Das Jahr 1848 hat das Strafverfahrensrecht schließlich maßgeblich geprägt. Nach der französischen Februarrevolution 1848 kam es auch im Deutschen Bund zur Revolution, welche von den sog. Märzforderungen des Bürgertums, wozu Mündlichkeit, Öffentlichkeit, die Einführung von Geschworenengerichten und auch die Abschaffung der „absolutio ab instantia" zählten, getragen war. Aufgrund des zunehmenden Volkszorns waren die Monarchen nunmehr zu Zugeständnissen an das Volk gezwungen, so dass es weitgehend zur gesetzlichen Umsetzung der liberalen Reformforderungen und der Abkehr vom gemeinen Inquisitionsprozess kam. Teilweise wurde die Öffentlichkeit der Hauptverhandlung und die Einführung von Geschworenengerichten auch verfassungsrechtlich verankert.[14] In den Ländern, in denen dem Wunsch nach der Einführung von Geschworenengerichten entsprochen wurde, tat man dies mit der Intention, das Vertrauen des Volkes in die Rechtsprechung dadurch zu stärken, dass „Männer aus dem Volke" über Schuld und Nichtschuld des Angeklagten entscheiden sollten.[15] Gerade aufgrund dieser Vielzahl an liberalen Reformen und deren Bedeutung für die Ausgestaltung des Strafverfahrensrechts, stellt der Zeitraum 1848/49 einen der bedeutendsten in der Geschichte des Strafprozessrechts dar.

Da in den folgenden Jahren konservative Kräfte teilweise wieder erstarkten, wurden in einzelnen Staaten viele der liberalen Errungenschaften wieder rückgängig gemacht. So erließ der sächsische König 1850 mehrere Verordnungen, welche die Presse-, Vereins- und Versammlungsfreiheit aufhoben. Geschworenengerichte wurden abgeschafft und die Mitwirkung der Staatsanwaltschaft ausgeschlossen.[16] Mit der StPO von 1855 führte man aber schließlich ein mündliches und öffentliches Anklageverfahren und mit der revidierten StPO von 1868 auch Geschworenengerichte ein.[17] Auch in Württemberg kam man in den 60er

---

13 Vgl. oben 3. Kap. II. 2. c).

14 So beispielsweise in der preußischen Verfassungsurkunde vom 5. Dezember 1848; vgl. oben 3. Kap. II. 2. c) bb).

15 Vgl. hierzu die Verhandlung der Kammer der Abgeordneten in Bayern von 1848, oben dargestellt, 3. Kap. I. 4. e) bb).

16 Vgl. oben 3. Kap. III. 1. b).

17 Vgl. oben 3. Kap. III. 1 c) und d).

Jahren des Neunzehnten Jahrhunderts zu der Ansicht, dass man nicht länger „in einem unhaltbaren Zustand der Gesetzgebung“ verharren wolle und legte Entwürfe vor, die umfassend ein mündliches und öffentliches Verfahren zum Gegenstand hatten und diese schließlich mit der StPO von 1868 einführten.[18]

Der Weg zur Reichsstrafprozessordnung war vor allem durch die politischen Ereignisse der Gründung des Norddeutschen Bundes und schließlich des Deutschen Reichs gekennzeichnet, welche das Bedürfnis nach einer einheitlichen Strafprozessordnung wachsen ließen.[19] Die Errungenschaften der Mündlichkeit und Öffentlichkeit des Verfahrens waren zu dieser Zeit zu einem absoluten Standard geworden.

III. Auswirkung der grundlegenden Reformen des Strafverfahrensrechts auf die Wiederaufnahmevorschriften

Einhergehend mit den unter II. geschilderten Reformforderungen kam es im Wiederaufnahmerecht zuungunsten des Angeklagten vor allem in der Mitte des Neunzehnten Jahrhunderts zu grundlegenden Änderungen, die in unmittelbarem Zusammenhang zur Entwicklung des erstinstanzlichen Verfahrens stehen:

1. Wiederaufnahme nach rechtskräftiger Entscheidung vs. „Wiederaufnahme“ nach Verfahrenseinstellung

Zu Beginn des Neunzehnten Jahrhunderts existierte keine Untergliederung der Verfahrensabschnitte in Ermittlungs-, Zwischen- und Hauptverfahren wie wir sie im heutigen Recht kennen, so dass nicht danach differenziert wurde, ob das Verfahren vor Durchführung einer Hauptverhandlung eingestellt oder ein der Rechtskraft fähiges Urteil nach mündlicher Verhandlung verkündet worden war. Vielmehr hatte der inquirierende Richter im schriftlichen und geheimen Inquisitionsverfahren die Pflicht die objektive Wahrheit unabhängig von anderen Prozessbeteiligten zu ermitteln, er war Ankläger und Richter zugleich. Aufgrund der strengen Beweisregeln durfte eine Verurteilung nicht nach freier Gewissensentscheidung, sondern nur bei Vorhandensein zweier Zeugen oder eines Geständnisses des Beschuldigten erfolgen. Da zwei Zeugen häufig nicht vorhanden waren und der Beschuldigte meist nicht gestand, behalf man sich zunächst mit der Folter. Als diese aber weitgehend abgeschafft worden war, stand man vor dem Problem, bei Fortgeltung der strengen Beweisvorschriften eine Verurtei-

18 Vgl. oben den Weg zur StPO vom 17. April 1868; 3. Kap. III. 2. d).

19 Vgl. oben Einleitung des 4. Kap.

lung des Beschuldigten nicht mehr herbeiführen zu können, obwohl man an dessen Schuld glaubte. Es kristallisierten sich mit den Lügen- und Verdachtsstrafen und der „absolutio ab instantia“ Instrumente heraus, um den Beschuldigten letztlich doch noch einer vermeintlich gerechten Bestrafung zuführen zu können.[20]

Die „absolutio ab instantia“ war unter verschiedenen Bezeichnungen zu Beginn des 19. Jahrhunderts in den meisten partikularrechtlichen Gesetzen zu finden und stand dem inquirierenden Richter neben dem definitiven Freispruch (Unschuldserkenntnis) und der Verurteilung als weitere Entscheidungsform zur Verfügung, um den Beschuldigten bloß vorläufig freizusprechen. Jede dieser Entscheidungsformen zog unterschiedliche Voraussetzungen bezüglich der Wiederaufnahme des Verfahrens nach sich. Wurde eine vorläufige Lossprechung erteilt, konnte das Verfahren unter geringen Voraussetzungen wiederaufgenommen werden und war teilweise lediglich an das Vorliegen neuer Verdachtsgründe geknüpft. Wurde der Beschuldigte hingegen freigesprochen, weil seine Unschuld bewiesen worden war, war er weitgehend vor einer Wiederaufnahme geschützt. So ließ die preußische Kriminalordnung von 1805 überhaupt keine Wiederaufnahme zu und das bayerische StGB von 1813 lediglich dann, wenn sich später ergab, dass die zum Beweis der Unschuld gebrauchten Beweismittel falsch waren.

In der badischen Diskussion des E-1843 wird zum ersten Mal deutlich, auf welche Weise die grundlegenden strafprozessualen Reformen die Ausgestaltung der Wiederaufnahmebestimmungen beeinflussten. Der badische E-1843 differenzierte hinsichtlich der Voraussetzungen der Wiederaufnahme danach, ob ohne mündliche Schlussverhandlung von der weiteren Verfolgung des Beschuldigten abgesehen wurde oder ob ein Freispruch „auf gepflogene Verhandlung“ erfolgt war. Erforderlich wurde diese Differenzierung, da mit Einführung der Staatsanwaltschaft nicht mehr nur ein inquirierender Richter vorhanden war, der sämtliche verfahrensbeendende Entscheidungen in Personalunion traf, sondern die Aufgabenbereiche zwischen Staatsanwaltschaft und Gericht getrennt wurden und sowohl der Staatsanwaltschaft als auch dem Gericht über die herkömmlichen Entscheidungsmöglichkeiten hinsichtlich eines Verfahrensabschlusses hinausgehenden Optionen eröffnet wurden.

Unsere heutige Einstellungsmöglichkeit im Ermittlungsverfahren gem. § 170 Abs. 2 StPO durch die Staatsanwaltschaft kristallisierte sich langsam heraus. Ebenso zeichneten sich allmählich die Gründe dafür ab, warum man an die Wiederaufnahme andere Voraussetzungen stellt, wenn nach Durchführung einer Hauptverhandlung ein Freispruch oder eine Verurteilung erfolgt war als nach

20 Vgl. oben 2. Kap.

Einstellung des Verfahrens. Zunächst war aufgrund der Veränderung der wesentlichen Verfahrensstruktur in der Mitte des 19. Jahrhunderts selbst den Mitgliedern der zweiten Kammer Badens nicht klar, dass und insbesondere wie sich die Reformen im Bereich der Wiederaufnahme auswirkten.[21]

Die unterschiedlichen Anforderungen an die Wiederaufnahme wurden daran festgemacht, dass der Betroffene im Falle eines Endurteils bereits ein öffentliches und mündliches Verfahren überstanden hatte, welches durch eine förmliche Anklage eingeleitet worden war. Wie sich auch aus den Kammerverhandlungen zum badischen E-1843 ergibt, sah man es als Pflicht der Staatsanwaltschaft als Anklagebehörde an, dafür Sorge zu tragen, dass eine förmliche Anklage nicht vorschnell und ohne hinreichende Prüfung erhoben wird. Wenn sie einmal Anklage erhoben habe und daraufhin ein Freispruch nach mündlicher Verhandlung erfolgt sei, müsse dieser möglichst aufrechterhalten werden, um auch die Autorität einer richterlichen Entscheidung zu wahren.[22]

Wenn davon gesprochen wurde, dass die „absolutio ab instantia" abgeschafft worden sei, konnte damit nur gemeint sein, dass deren negative Folgen außer der jederzeitigen Verfahrensfortsetzung beseitigt wurden, da an die Stelle der vorläufigen Lossprechung die Einstellung des Verfahrens trat. Im Hinblick auf die Möglichkeit der jederzeitigen Verfahrensfortsetzung bei Vorliegen neuer Verdachtsgründe entspricht die Einstellung gem. § 170 Abs. 2 StPO nämlich im Grunde der früheren „absolutio ab instantia". Dies wird auch anhand der preußischen Diskussion zum Gesetz von 1846[23] deutlich: Man entschied sich dort dafür, die vorläufige Lossprechung in Entbindung von der Anklage umzubenennen und ließ lediglich deren weitere negative Folgen, beispielsweise das Stellen unter Polizeiaufsicht, entfallen.[24]

Ein Grund für die im Vergleich zur bloßen Verfahrenseinstellung strengeren Voraussetzungen der Wiederaufnahme nach rechtskräftigem Sachurteil ist damit darin zu sehen, dass der Angeklagte bei letzterer bereits ein öffentliches und mündliches Verfahren überstanden hat und er einem solchen nicht jederzeit erneut ausgesetzt werden soll.

---

21 Dies zeigte sich daran, dass sie Argumente, welche eigentlich gegen die Wiederaufnahme nach Durchführung einer Hauptverhandlung sprachen, gegen die Wiederaufnahme nach Einstellung des Verfahrens vorbrachten; vgl. oben 3. Kap. II. 1. b) bb) (4).

22 Vgl. oben 3. Kap. II. 2. c) dd).

23 Vgl. oben 3. Kap. II. 2. c) aa) (1).

24 Deutlich wird dies in auch Baden. Hier wurde bezüglich der StPO von 1845 lobend erwähnt, dass diese die erste sei, die keine „absolutio ab instantia" mehr kenne. Es gab aber die Möglichkeit, das Verfahren wieder aufzunehmen, wenn eine Einstellung erfolgt war und später neue unmittelbare Beweismittel auftauchten; vgl. oben 3. Kap. II. 1. b) bb).

2. Auswirkungen des mündlichen Verfahrens mit freier richterlicher Beweiswürdigung

Wie so eben unter 1. ausgeführt, hielt man hinsichtlich der Wiederaufnahme zuungunsten des Angeklagten strengere Voraussetzungen für erforderlich, weil dieser bereits einmal ein Strafverfahren mit Durchführung einer Hauptverhandlung über sich ergehen lassen musste. Es gab aber weitere Gründe, warum man die Wiederaufnahme mit einem mündlichen Verfahren und den reformierten Beweisvorschriften für nicht vereinbar hielt:

Wie auch hinsichtlich der Berufung immer wieder angeführt wurde, glaubte man, dass ein mündliches Verfahren mit einer weiteren Tatsacheninstanz schwer verträglich sei, da der Richter nicht überprüfen könne, ob Beweise neu seien oder diese bereits Gegenstand des erstinstanzlichen Verfahrens waren und ob der Tatrichter das vermeintliche novum als entscheidungserheblich betrachtet hätte.[25] Da schriftliche Aufzeichnungen nicht mehr in der Weise vorhanden waren, wie es im schriftlichen Verfahren der Fall war, befürchtete man, keine Grundlage für die Überprüfung des Urteils zu haben.[26] Darüber hinaus könne es aufgrund der Abschaffung der strengen Beweisregeln und der nunmehrigen Anknüpfung an die Überzeugung des Richters keine höhere Instanz geben, da über eine Gewissensentscheidung nicht nochmals geurteilt werden könne.[27]

Hinsichtlich der Verfahrenseinstellung durch die Staatsanwaltschaft wurde hingegen ausgeführt, dass in diesem Fall leicht zu beurteilen sei, ob neue Verdachtsgründe vorliegen, da das Ermittlungsverfahren anhand schriftlicher Akten geführt werde.[28]

In Sachsen wurde 1855 das mündliche und öffentliche Anklageverfahren eingeführt und dennoch die Wiederaufnahme in sehr weitem Umfang zugelassen.[29] Es stellt sich daher die Frage, warum man hier die neuen Verfahrensprinzipien nicht als Argument gegen die weit gefasste Wiederaufnahmevorschrift ansah. Dass die Mündlichkeit grundsätzlich gegen eine weitere Tatsacheninstanz spreche, wurde hier – wie in den anderen Ländern – ebenso vorgebracht.[30] Man versuchte aber bei der Wiederaufnahme dem Problem damit abzuhelfen, dass man

---

25 Vgl. oben 3. Kap. III. 1. c) cc).

26 Vgl. oben 3. Kap. II. 1. b) bb); 3. Kap. III. 1. c) aa).

27 Vgl. oben 3. Kap. I. 3. c).

28 Vgl. oben 3. Kap. III. 1. c) cc).

29 In Anlehnung an die sächsische Vorschrift ließ auch Württemberg die Wiederaufnahme in weitem Umfang zu.

30 Vgl. oben 3. Kap. III. 1. c) cc).

hierfür nur solche Beweismittel zuließ, welche allein und ohne dass es eines Zurückgehens auf die Ergebnisse der früheren Beweisaufnahme bedurfte, geeignet waren, den Freigesprochenen zu überführen. Man war der Meinung, dass man auf diese Weise sicher feststellen könne, ob es sich tatsächlich um neue Beweise handle.[31]

3. *Auswirkung der Einführung des Geschworenengerichts*

Besonders deutlich wird anhand der Entwicklung in Bayern, wie sich die Einführung eines weiteren als besonders liberal geltenden Instituts auf die Wiederaufnahmevorschriften ausgewirkt hat:

Zu den wichtigsten Reformforderungen des Bürgertums zählte das Geschworenengericht, welches in Frankreich bereits Ende des Achtzehnten Jahrhunderts eingeführt worden war.[32] In Bayern konnte man sich nach den revolutionären Ereignissen des Jahres 1848 nicht mehr gegen deren Einführung wehren. Dies hatte sowohl hinsichtlich der ordentlichen Rechtsmittel als auch hinsichtlich der Wiederaufnahme des Verfahrens weitreichende Bedeutung:

Im Falle der Entscheidung durch ein Geschworenengericht war man nämlich der Ansicht, dass über deren Urteil nur in ganz außerordentlichen Fällen noch einmal entschieden werden könne, da das Geschworenengericht ein „Volksgericht" sei, welches sein Urteil auf der Grundlage rein subjektiver Gewissheit und ohne positive Beweisvorschriften und ohne Angabe von Gründen fälle. Da es sich bei dem Urteil eines Geschworenengerichts um den Ausspruch des Volkes handle, müsse dieses so unanfechtbar als nur möglich sein.[33] Die Überprüfung eines solchen Urteils durch eine höhere Instanz stehe im Widerspruch zum Institut der Geschworenen. Für undenkbar hielt man die Entscheidung durch eine höhere Instanz jedenfalls dann, wenn diese ausschließlich mit rechtsgelehrten Richtern besetzt sei. Dies hatte zur Folge, dass man sowohl ordentliche Rechtsmittel als auch die Wiederaufnahme des Verfahrens in nur sehr begrenzten Umfang als möglich ansah. Bayern schuf die Wiederaufnahme zuungunsten des Angeklagten schließlich sogar vollständig ab.[34]

---

31 Teilweise wurde auch versucht, die fehlenden schriftlichen Aufzeichnungen durch Erstellung eines ausführlichen Sitzungsprotokolls zu ersetzen, vgl. oben 3. Kap. II. 1. b) bb) (3).

32 Vgl. oben 3. Kap. I. 4. c).

33 Auch *Schulz*/FS OLG Oldenburg, S. 204 gelangt zu dem Ergebnis, dass die Einführung des Schwurgerichts mit einer weiten Zulassung der Wiederaufnahme schon politisch nicht vereinbar war.

34 Vgl. oben 3. Kap. I. 4. e).

Auch Preußen ließ in der Verordnung von 1849, welche Geschworenengerichte einführte, keine Wiederaufnahme zuungunsten des Angeklagten zu, gab hierfür aber keine ausdrückliche Begründung ab. Dass aber auch hier ein Zusammenhang mit der Einführung der Geschworenengerichte bestand, ergibt sich zum einen aus den Argumenten, welche in den Motiven gegen die Berufung vorgebracht wurden und zum anderen daraus, dass man im Gesetz von 1846 für das Kriminalgericht in Berlin die Wiederaufnahme zuungunsten noch zuließ, dort aber gerade keine Geschworenengerichte urteilen sollten. In die Verordnung von 1849 übernahm man den Großteil der Vorschriften des Gesetzes von 1846 und hob nur diejenigen auf, die man mit Geschworenen für unvereinbar hielt.[35]

In Baden hatte man auf die Einführung des Geschworenengerichts zunächst verzichtet, was – wie *Mittermaier* betonte – dazu führte, dass es dort nicht zu einer Nachahmung fremder Vorschriften kam, sondern deren Entwurf eine eigenständige Gesetzgebungsarbeit sei, die schon allein aufgrund der fehlenden Einführung des Geschworenengerichts erforderlich war.[36] Deshalb sprachen Geschworenengerichte dort auch nicht gegen die grundsätzliche Zulassung der ungünstigen Wiederaufnahme.

Zusammenfassend waren es also zwei Aspekte, warum man die Wiederaufnahme mit der Entscheidung durch Geschworene nicht vereinbar hielt, nämlich einerseits dass diese die Entscheidung ohne Angabe von Gründen aufgrund ihrer Überzeugung und, ohne an Beweisvorschriften gebunden zu sein, fällten und andererseits es sich bei Geschworenen gerade um Menschen aus dem Volk handelte, deren Entscheidung insbesondere deshalb aufrechterhalten werden sollte, um das Vertrauen des Volkes in die Justiz zu stärken.

4. Auswirkungen auf die RStPO

Bei Erarbeitung der Reichsstrafprozessordnung stand bereits fest, dass die grundsätzliche Verfahrensstruktur durch ein mündliches und öffentliches Verfahren mit Anklage durch die Staatsanwaltschaft gekennzeichnet sein soll. Dieses reformierte Strafverfahren hatte sich in zahlreichen Partikularstaaten bereits einige Jahre etabliert. Dass zwischen einer Wiederaufnahme nach Verfahrenseinstellung und Wiederaufnahme nach rechtskräftiger Entscheidung zu differenzieren ist, stand nun unzweifelhaft fest. Deshalb sind es gerade die Reformen in der Zeit nach 1848, welche die Ausgestaltung der Wiederaufnahmegründe zuungunsten des Angeklagten nachhaltig prägten.

35 Vgl. oben 3. Kap. II. 2. c) bb).

36 Vgl. oben 3. Kap. II. 1. b) aa) (1).

IV. Gerechtigkeit vs. Rechtssicherheit

Die in der Einleitung aufgeworfene Frage, ob es einen Zusammenhang zwischen der allgemein historischen Entwicklung und der Ausgestaltung der Wiederaufnahmevorschriften gibt, kann ganz klar mit ja beantwortet werden.

Die Veröffentlichung *Naglers*[37] aus dem Jahr 1939 untermauert diese These und führt einen deutlich vor Augen, wie gesellschaftspolitische Strömungen die Auflösung des Spannungsverhältnisses zwischen Rechtssicherheit und Gerechtigkeit beeinflussen:

Nagler legt dar, dass je nach weltanschaulich-politischer Grundhaltung einer Generation die sachliche Richtigkeit einer Entscheidung leichter oder schwerer preisgegeben werde, um ein anderes Ziel zu erreichen. Insbesondere die Beschränkung oder Ausdehnung der Wiederaufnahmegründe sei ein Mittel der Gesetzgebung die „Standfestigkeit eines zur Rechtskraft erwachsenen Urteils beliebig zu regulieren".[38] Er sah es als Aufgabe der Gesetzgebung an, die Rechtskraft an der „heute entscheidenden Gesamthaltung" neu auszurichten, wobei die Rechtskraft zwar grundsätzlich „um des Rechtsfriedens der Volksgemeinschaft willen" erhalten bleiben sollte, aber „auf das richtige Maß" zurückgeführt werden müsse.[39]

Eine gerechte Entscheidung zählte neben einer schnellen, autoritären und volksverbundenen Strafrechtspflege zu den vier Hauptzielen, an denen das von der sog. Kleinen Strafprozesskommission ab dem Jahr 1933 neu zu schaffende Verfahrensrecht ausgerichtet werden sollte.[40] Individualrechte des Betroffenen durften das Ziel einer gerechten Entscheidung nicht gefährden.[41] Um der Gerechtigkeit mehr Bedeutung zu verleihen, wurden in der Folge zahlreiche Reformen durchgeführt. 1935 beseitigte man das Verbot der reformatio in peius, damit in der Rechtsmittelinstanz ein Urteil gefällt werden könne, das „wahrer Gerechtigkeit" entspräche.[42] Bereits zu Beginn der Reformarbeiten stand fest, dass man die Voraussetzungen der Wiederaufnahme zuungunsten des Angeklagten an diejenige zugunsten angleichen werde, indem man auch zum Nachteil des Angeklagten die Wiederaufnahme aufgrund neuer Tatsachen oder Beweismittel

---

37 *Nagler*, ZAkDR 1939, 371 ff; vgl. auch oben 7. Kap. II. 2. c).

38 *Nagler*, ZAkDR 1939, 371 (372); vgl. oben 7. Kap. II. 2. c) aa).

39 *Nagler*, ZAkDR 1939, 371 (373).

40 Vgl. oben 7. Kap. Einleitung; zur Akzentuierung des Gerechtigkeitsaspekts in der NS-Zeit auch *Grünewald*, ZStW 120 (2008), 545 (553 ff.).

41 Hierzu *Rüping*, in: Recht, Rechtsphilosophie und Nationalsozialismus, S. 67.

42 Vgl. oben 7. Kap. I.

gestattete.[43] Hierbei sollte es sich – wie *Freisler* zu Beginn der Arbeiten der Großen Strafprozesskommission ausführte – künftig um den bedeutendsten Wiederaufnahmegrund handeln. Der materiellen Gerechtigkeit könne nur entsprochen werden, wenn der Wahrheit auch zuungunsten eines Verurteilten zum Siege verholfen werde. Eine unterschiedliche Behandlung von Wiederaufnahme zugunsten und zuungunsten sei nicht mehr zu rechtfertigen und entspräche nicht dem gesunden Volksempfinden, da das Ziel der materiellen Gerechtigkeit immer nur dasselbe sein könne. „Verschiedene Gerechtigkeiten" könne es hingegen nicht geben.[44]

Die Wiederaufnahme des Verfahrens war zu dieser Zeit nicht die einzige Möglichkeit, die Rechtskraft einer Entscheidung zu durchbrechen. Mit der Nichtigkeitsbeschwerde und dem außerordentlichen Einspruch wurden weitere Instrumente geschaffen, um eine formell rechtskräftige Entscheidung nachträglich aus der Welt zu schaffen.[45] Wie man in der Begründung des E-1939 angab, wollte man mit diesem Entwurf die Verwirklichung der Gerechtigkeit viel stärker als im bisherigen Recht anstreben. Das Verlangen der Volksgemeinschaft nach materieller Gerechtigkeit sei wichtiger als die zum Schutz des Angeklagten dienende Rechtskraft einer Entscheidung.[46] Die Rechtskraft sei hingegen „Hemmschuh" für die Wahrheitsfindung.[47]

Nagler brachte ganz deutlich zum Ausdruck, dass man die Rechtskraft und den damit einhergehenden Schutz des Angeklagten vor nochmaliger Strafverfolgung für eine liberale Prozessforderung hielt, die in Folge des Jahres 1848 immer mehr Anklang gefunden habe, welche aber aufgrund der „gröbsten Verleugnung aller Gerechtigkeit" und des Wandels der Rechtsanschauungen des Volkes aufs Höchste befremde. Die Regelungen der Reichsstrafprozessordnung seien ein „getreues Spiegelbild dieses liberalen Programmes".[48] Die Kleine Strafprozesskommission offenbarte zu Beginn der Reformarbeiten, dass sie auch die Entwürfe der Vor- und Nachkriegszeit als „in solchem Maße von liberalistischen Gedankengängen beherrscht" ansah, dass man diese nur in sehr beschränktem Umfang verwenden könne. Der NS-Rechtswahrerbund schrieb, es handle sich

43 Vgl. hierzu die ersten Vorschläge der Berichterstatter *Doerner* und *Cuhorst* in der Kleinen Strafprozesskommission; oben 7. Kap. II. 1. a) und b).

44 Vgl. oben 7. Kap. III. 1. (erste Lesung) und 7. Kap. IV. (Begründung zu E-1939).

45 Zu diesen Instrumenten oben 7. Kap. IV.

46 Vgl. oben 7. Kap. IV.

47 *Siegert*, DStR 1935, 283 (287).

48 So *Nagler*, ZAkDR 1939, 371 (372).

um eine „blutleere und abstrakte Form der Strafprozeßordnung der liberalistischen Zeit".[49] Hieraus wird ersichtlich, dass man in der NS-Zeit bewusst eine Abkehr von den als liberal geltenden Vorschriften anstrebte, die gerade im Hinblick auf die Wiederaufnahme zuungunsten des Angeklagten der Rechtssicherheit deutlich höheres Gewicht zusprachen.

In der Zeit um das Jahr 1848 hatten hingegen zahlreiche Staaten, dem „ne bis in idem-Grundsatz" und damit der Rechtssicherheit des Beschuldigten mehr Bedeutung zukommen lassen.[50] In Bayern (1848) und Preußen (1849) schuf man die Wiederaufnahme zuungunsten des Beschuldigten vollständig ab. Im bayerischen Gesetz statuierte man stattdessen den „ne bis in idem-Grundsatz". Baden beseitigte die Wiederaufnahme zuungunsten zwar nicht, wollte aber durch Begrenzung auf wenige, eng umgrenzte Wiederaufnahmegründe dem „ne bis in idem" größtmögliche Bedeutung zukommen lassen.[51] Dass im Falle eines mündlichen und öffentlichen Verfahrens, welches eine Anklage durch die Staatsanwalt vorsehe, die Wiederaufnahme beschränkt und der Rechtssicherheit mehr Bedeutung zugesprochen werden müsse, wurde an zahlreichen Stellen der Gesetzgebungsdiskussion erwähnt.[52]

Dass aber dennoch ein Bedürfnis für eine der materiellen Gerechtigkeit entsprechende Entscheidungen bestand und die Rechtssicherheit nicht ausnahmslos gewahrt wurde, kann anhand der folgenden Aspekte verdeutlicht werden:

Nachdem in Frankreich die Wiederaufnahme zuungunsten des Angeklagten abgeschafft worden war, kam es zu einer sehr weiten Auslegung des „même fait" durch die Gerichte, was einerseits zur Folge hatte, dass ein Freigesprochener erneut angeklagt werden konnte, da man durch andere juristische Qualifizierung der Tat (beispielsweise fahrlässige statt vorsätzliche Tötung) zu dem Ergebnis kam, dass es sich nicht um dieselbe Tat handle, welche bereits Gegenstand des früheren Verfahrens war und damit einer erneuten Anklage kein Strafklageverbrauch entgegenstand. Andererseits wurde damit die gesetzgeberische Entscheidung für die Rechtssicherheit unterlaufen, um eine der materiellen Wahrheit vermeintlich besser entsprechende Entscheidung herbeizuführen.[53] Ein Bedürfnis für die Wiederaufnahme zuungunsten des Angeklagten bestand deshalb nicht,

49 Denkschrift NSRB, S. 10 f; oben 7. Kap. II. 2. a).

50 Wie die Ausführungen zu den Königreichen Sachsen und Württemberg zeigen, wurde dort die Wiederaufnahme weiterhin auch aufgrund neuer Tatsachen und Beweismittel zugelassen und damit der Gerechtigkeit höhere Bedeutung zugesprochen als dies in anderen Staaten der Fall war.

51 Vgl. oben 3. Kap. II. 1. d) cc).

52 Vgl. für Bayern oben 3. Kap. I. 4. e) bb); Baden 3. Kap. II. 1. b) bb) (3) und (5).

53 Vgl. oben 3. Kap. I. 4. c).

weil man durch weite Auslegung des Begriffs „derselben Tat“ ohnehin zu einer erneuten Anklage schreiten konnte. Diese Rechtsprechung wurde vom Rheinischen Cassationshof übernommen. Ob es auch auf dem rechtsrheinischen Gebiet des Königreichs Bayern oder in Preußen zu einer solchen Auslegung kam, konnte zwar nicht festgestellt werden, jedenfalls versuchten andere Länder, wie beispielsweise Baden[54], gerade diese weite Auslegung, durch welche „der Rechtskraft der Strafurtheile Hohn gesprochen“[55] werde, durch Zulassung bestimmter, eng umgrenzter Wiederaufnahmegründe zu vermeiden. Der Rechtssicherheit des Bürgers sollte damit sogar mehr Rechnung getragen werden, da zur Wiederaufnahme des Verfahrens nur in den wenigen, gesetzlich statuierten Fällen geschritten werden durfte.

Die Gemeinsamkeit dieser eng umgrenzten Wiederaufnahmegründe bestand zunächst darin, dass sie auf das Verhalten des Angeklagten zurückzuführen waren. Gerade für den Fall, dass der Freispruch oder die zu milde Verurteilung auf einer Straftat des Angeklagten beruhten, hielt man die Wiederaufnahme für erforderlich, da dem „Verbrecher“ seine eigene strafbare Handlung nicht zum Vorteil gereichen sollte.[56] Dies war auch der Grund dafür, warum man sich in Preußen bei Einführung der Strafprozessordnung für die neuen Landesteile von 1867 in Anlehnung an die Vorschriften Badens dafür entschied, die Wiederaufnahme zuungunsten des Angeklagten zuzulassen, wenn der Angeklagte selbst oder in dessen Interesse der Verteidiger „in verbrecherischer Weise“ auf den Ausgang des zugrunde liegenden Verfahrens eingewirkt hatten.[57] In den Motiven des E-1873 hielt man schließlich fest, dass von der Wiederaufnahme auch der Fall erfasst sein müsse, wenn ein Freispruch durch eine im Interesse des Angeklagten begangene Straftat herbeigeführt werde, da die Vorschrift ansonsten praktischen Bedürfnissen nicht entspräche. Ließe man die Wiederaufnahme in diesen Fällen nicht zu, so könne sich der „Verbrecher“ der Strafe durch Begehung einer neuen Straftat entziehen, wobei es sich um einen Verstoß gegen Fundamentalsätze des Strafrechts handle.[58] Während die Wiederaufnahme aufgrund eines nachträglichen gerichtlichen Geständnisses zwar meist als unproblematisch gesehen wurde, da es die freie Entscheidung des Freigesprochenen sei, ein gerichtliches Geständnis abzulegen, war die Erfassung des außergerichtlichen Geständnisses

54 Vgl. den Commissionsbericht zur badischen StPO von 1864; oben 3. Kap. II. 1. d) cc).

55 Commissionsbericht des Abgeordneten Prestinari zum badischen E-1863 (§ 406); vgl. oben 3. Kap. II. 1. d) cc).

56 Vgl. die Verhandlungen der Zweiten Kammer Badens 1843/44; oben 3. Kap. II. 1. b) bb) (5).

57 Vgl. oben 3. Kap. II. 2. c) ee) (2).

58 Motive zu E-1873, S. 239.

schon in der badischen Diskussion des E-1843 umstritten.[59] Der Streit setzte sich in weiteren Gesetzgebungsverhandlungen fort. Bei Erarbeitung der Reichsstrafprozessordnung war die Wiederaufnahme aufgrund eines gerichtlichen Geständnisses durch den Freigesprochenen zunächst in den ersten handschriftlichen Entwürfen vorhanden, fehlte aber im E-1873 vollständig. Nach Verhandlung im Justizausschuss des Bundesrats wurde die Wiederaufnahme aufgrund eines gerichtlichen oder außergerichtlichen Geständnisses des Freigesprochenen in den Entwurf aufgenommen, da die Nichtaufnahme eine „Nichtachtung einer unzweifelhaften Forderung der Gerechtigkeit" bedeute und die Gefahr begründe, dass das Rechtsgefühl des Volkes empfindlich verletzt werde, wenn sich der aus Mangel an Beweisen Freigesprochene selbst ungestraft der Tat bezichtigen oder sogar rühmen dürfe.[60] Die Interessen des Angeklagten seien hingegen durch diesen Wiederaufnahmegrund nicht beeinträchtigt, da es in seinem freien Willen stehe, nach Erhalt eines Freispruchs ein Geständnis abzulegen.[61]

Dies zeigt, dass man sich gerade in der als besonders liberal geltenden Zeit in den Staaten, welche auch den übrigen Reformforderungen des Volkes nachkamen, dafür entschied, der Gerechtigkeit nur dann Vorrang vor der Rechtssicherheit einzuräumen, wenn entweder das Urteil auf eine strafbare Handlung zurückzuführen war oder der Freigesprochene nachträglich aufgrund seiner eigenen Entscheidung ein Geständnis ablegte. Im Übrigen wurde das Spannungsverhältnis zugunsten der Rechtssicherheit aufgelöst.

Nachdem in der NS-Zeit der Rechtssicherheit nahezu jegliche Bedeutung genommen wurde, hielt man es für notwendig, in dem sog. Herrenchiemseeer Entwurf eines Grundgesetzes den „ne bis in idem-Grundsatz" zu verankern, um den „in der nationalsozialistischen Zeit eingerissenen Mißbräuchen für die Zukunft den Boden zu entziehen".[62] Teilweise wurde dieser Grundsatz zwar für ohnehin allgemein anerkannt und damit die verfassungsrechtliche Verankerung für entbehrlich gehalten, man entschied sich aber aufgrund der Vorkommnisse in der NS-Zeit doch dazu, diesen in das Grundgesetz aufzunehmen. In der Folge galt die Wiederherstellung der Rechtseinheit und die Schaffung einer rechtsstaatlichen Strafprozessordnung als vordringlichste Aufgabe des Gesetzgebers.[63] Mit dem Rechtsvereinheitlichungsgesetz von 1950 wurde das Wiederaufnahmerecht

59 Vgl. beispielsweise zu Baden oben 3. Kap. II. 1. b) bb) (5).

60 Vgl. oben 4. Kap. IV.

61 Vgl. hierzu die Motive der Reichstagsvorlage von 1874 zu § 323, oben 4. Kap. IV.

62 Vgl. oben 8. Kap. I.

63 *Winterfeld*, NJW 1987, 2631 (2632).

schließlich in den Zustand der Weimarer Republik und damit im Wesentlich auf die Fassung der Reichsstrafprozessordnung zurückversetzt.[64]

In den 1970er Jahren kommen gesellschaftspolitische Strömungen erneut anhand der Diskussion des Wiederaufnahmerechts zum Ausdruck, welche aber nun nicht in Richtung einer Ausdehnung der Wiederaufnahme zuungunsten des Angeklagten, sondern in entgegengesetzte Richtung gingen. So konstatierte zunächst *Lantzke*, dass das Wiederaufnahmerecht insgesamt einer Neuregelung bedürfe, da sich das Bild vom Rechtsstaat gewandelt habe. Die Anforderungen an einen Rechtsstaat seien nunmehr strenger als bei Schaffung der Reichsstrafprozessordnung.[65] Im Anschluss hieran schrieb *Knoche*, die Zulassung von Rechtsmitteln gegen freisprechende Urteile sei Ausdruck einer autoritären Staatsauffassung und mit dem Grundsatz der Verhältnismäßigkeit nicht zu vereinbaren.[66] In der Folge wurde in der Wissenschaft vermehrt über eine etwaige Abschaffung der Wiederaufnahme zuungunsten des Angeklagten oder zumindest über Vorschläge bezüglich deren Einschränkung diskutiert.

Anfang der 1990er Jahre wurde schließlich der Vorschlag *Jürgen Meyers* Gegenstand eines Entwurfs zur Reform des Wiederaufnahmerechts. Dieser sollte zwar einerseits die Wiederaufnahme zuungunsten eines Freigesprochenen aufgrund neuer Tatsachen und Beweismittel gestatten, andererseits aber nur begrenzt auf die Delikte Mord und Völkermord. Bei allen übrigen Delikten sollte die Wiederaufnahme hingegen nicht mehr zugelassen werden und damit im Ergebnis dem „ne bis in idem-Grundsatz" größere Bedeutung zugesprochen werden.

Der Wunsch nach mehr materieller Gerechtigkeit wurde aber schließlich wieder laut, als man im Jahr 2004 DNA-Spuren auswertete, welche einem bereits in den 1990er Jahren vom Vorwurf eines Tötungsdelikts Freigesprochenen zugeordnet werden konnten (sog. Düsseldorfer Videothek-Fall).[67] Mittels neuer Gesetzesentwürfe versuchte man diese „Gerechtigkeitslücke" zu schließen, indem man vorschlug, die Wiederaufnahme neben den bestehenden Wiederaufnahmegründen auch zuzulassen, wenn auf Grundlage neuer, wissenschaftlich anerkannter technischer Untersuchungsmethoden, die bei Erlass des Urteils noch nicht zur Verfügung standen, neue Tatsachen oder Beweismittel beigebracht wurden, die allein oder in Verbindung mit den früher erhobenen Beweisen zur Überführung des Freigesprochenen wegen eines mit lebenslanger Freiheitsstrafe bedrohten

---

64 Vgl. oben 8. Kap. II.

65 Vgl. oben 9. Kap. II. 3.

66 Vgl. oben 9. Kap. II. 3 a).

67 Vgl. hierzu die Debatte im Bundesrat im Oktober 2007, oben 10. Kap. V. 1.

Delikts geeignet waren.[68] Damit sollte gerade bei Delikten, die nicht der Verjährung unterliegen, dem Verfahrensziel der Gerechtigkeit mehr Bedeutung zugesprochen werden. Die Argumentation wurde darauf gestützt, dass nicht nur der Angeklagte, sondern auch die Allgemeinheit und die Hinterbliebenen eines Mordopfers Anspruch auf Rechtfrieden hätten. Wenn man dem Vertrauensschutz des Angeklagten größere Bedeutung zuspräche, sei der Rechtsfrieden in einem nicht mehr akzeptablen Maß beeinträchtigt, was zu Unverständnis und Beunruhigung der Bevölkerung führe.[69] Argumentiert wurde insbesondere damit, dass es in den letzten Jahren einen Wandel im Bereich des Opferschutzes gegeben habe, wodurch die Stellung des Opfers im Strafverfahren deutlich verbessert worden sei. Diese Erwägungen müssten sich auch auf das Wiederaufnahmerecht auswirken. So seien die Hinterbliebenen eines Mordopfers besonders zu schützen, weil es für diese unerträglich sei, wenn sich der vormals Freigesprochene trotz des DNA-Nachweises der Strafverfolgung entziehen könne.[70]

Die Reformforderung wurde erneut befeuert, als im Jahr 2012 im Fall der getöteten *Frederike von Möhlmann* DNA-Spuren ausgewertet wurden, welche dem bereits 1983 Freigesprochenen zugeordnet werden konnten. Es folgen zahlreiche Medienberichtete.[71] Die Bild Zeitung schreibt beispielsweise:

„Dieser Fall macht wütend: Vor 38 Jahren wurde Frederike von Möhlmann (17) in Niedersachsen vergewaltigt und ermordet. Die Beweislage gegen den mutmaßlichen Täter ist zwar erdrückend – aber der Mann lebt bis heute in Freiheit. Und die Justiz kann nichts machen. Schuld daran sind unsere Gesetze (...)“.[72]

Hieraus ergibt sich das Unverständnis weiter Teile der Bevölkerung für das geltende Wiederaufnahmerecht besonders deutlich.

Die vom Vater der getöteten *Frederike* gestartete Onlinepetition zur Ergänzung der Wiederaufnahmegründe sammelte mehr als 100.000 Unterschriften und schaffte es schließlich, dass man die Erweiterung der Wiederaufnahme zuungunsten des Angeklagten in den aktuellen Koalitionsvertrag aufnahm.

---

68 Vgl. oben 10. Kap. V. 2.

69 Vgl. hierzu die Debatte im Bundesrat im Oktober 2007, oben 10. Kap. V. 1.

70 Vgl. die Rege *Kintzis* im Rechtsausschuss des Bundestags von 2009, oben 10. Kap. V. 3.

71 Vgl. Fn. 4.

72 Der Artikel mit dem Titel „Frederikes (17) Mörder ist überführt - aber frei“ ist online abrufbar unter: https://www.bild.de/news/ausland/news-ausland/frederike-von-moehlmann-ihr-moerder-ist-ueberfuehrt-aber-frei-wie-kann-das-sein-62736292.bild.html; zuletzt aufgerufen am 20. Juni 2020.

Es waren nunmehr also nicht allgemein gesellschaftspolitische Strömungen, die sich auch auf das Wiederaufnahmerecht auswirkten, sondern konkrete Einzelfälle, in denen die Wiederaufnahme nach geltendem Recht nicht möglich ist. Diese Fälle sorgten insbesondere deshalb für großes Unverständnis, weil es einerseits um die Tötung eines Menschen geht und andererseits neue Beweismittel zu Verfügung stehen, die nicht, weil Polizei oder Staatsanwaltschaft zum Zeitpunkt der früheren Anklage schlecht ermittelt hätten, sondern weil die Untersuchungsmethoden schlicht nicht zur Verfügung standen, erst später auftauchen.

Als Ergebnis kann daher festgehalten werden, dass die Frage nach der Auflösung des Spannungsverhältnisses zwischen Rechtssicherheit und Gerechtigkeit stark von den gesellschaftspolitischen Strömungen und Ereignissen der jeweiligen Zeit abhängt. Aus der Entwicklungsgeschichte der Wiederaufnahmegründe zuungunsten des Angeklagten wird aber auch ersichtlich, dass anhand deren Ausgestaltung die Wirkung der materiellen Rechtskraft, die im Strafklageverbrauch besteht, gesteuert und durch ausgedehnte Gestattung der Wiederaufnahme zuungunsten des Angeklagten sogar vollständig ihrer Bedeutung beraubt werden kann.

V. Kontinuität

Unter Zugrundelegung der unter Ziffer IV. gewonnenen Erkenntnisse ist die Frage der Kontinuität[73], also die Frage, ob die Zeit des Nationalsozialismus einen Bruch in der Entwicklung bedeutet, damit zu beantworten, dass sich jedenfalls die Ideologie eines gerechten Strafverfahrens in den Wiederaufnahmebestimmungen niedergeschlagen hat, wenngleich gesagt werden muss, dass die Idee, die Wiederaufnahme zuungunsten des Angeklagten auch aufgrund neuer Tatsachen und Beweismittel zuzulassen, keine war, welche erst in der Zeit zwischen 1933 bis 1945 entstanden ist.

So sahen die Strafprozessordnungen Sachsens und Württembergs auch nach Einführung eines mündlichen und öffentlichen Anklageverfahrens zumindest dann eine Wiederaufnahme zuungunsten des Angeklagten aufgrund neuer Tatsachen und Beweismittel vor, wenn diese an sich und ohne, dass es eines Zurückgehens auf die Ergebnisse der früheren Beweisaufnahme bedurfte, zur Überführung des Angeklagten geeignet waren. Die Befürchtung, dass nach rechtskräftigem Freispruch ein Zeuge auftauchen könnte, welcher sich glaubhaft

73 Allgemein zur Frage der Kontinuität, *Vormbaum*, Strafrechtsgeschichte, S. 269 f.

zur Täterschaft des Freigesprochenen äußern könne, gab Anlass, einen allgemeinen Wiederaufnahmegrund aufgrund neu auftauchender Beweismittel vorzusehen.[74]

Zur Zeit der Schaffung der RStPO war hingegen die Erfassung eines solch weit gefassten Wiederaufnahmegrundes aufgrund neuer Tatsachen oder Beweismittel offensichtlich undenkbar, da man diesbezüglich während des gesamten Gesetzgebungsverfahrens kein Wort verlor und in den Motiven zu E-1873 lediglich knapp niederlegte, dass man sich bewusst gegen einen allgemein gefassten Wiederaufnahmegrund entschieden habe und die Wiederaufnahme aufgrund neuer Tatsachen in keinem Fall zugelassen werden sollte.[75]

Unter dem Gesichtspunkt, dass in der NS-Zeit die Rechtskraft einer Entscheidung nicht nur mittels der bereits zuvor existierenden Rechtsbehelfe durchbrochen werden konnte, sondern vielmehr insbesondere mit dem außerordentlichen Einspruch ein neues Instrument geschaffen wurde, um bereits rechtskräftige Entscheidungen aufzuheben, kann gesagt werden, dass die Rechtskraft zu dieser Zeit seit Einführung des mündlichen Verfahrens mit Anklage durch die Staatsanwaltschaft in gravierendstem Maße ihrer Bedeutung beraubt wurde.

Nach dem Ende des zweiten Weltkriegs wurden die Reformen rückgängig gemacht und die Wiederaufnahmevorschriften im Wesentlichen auf den Standpunkt der RStPO versetzt. In den 1970er Jahren ging die Diskussion in die völlig konträre Richtung zu derjenigen der Zeit des Nationalsozialismus, da man der Rechtssicherheit entweder durch Abschaffung der nachteiligen Wiederaufnahme oder zumindest deren Reform mehr Bedeutung verleihen wollte.

Schließlich sorgten spektakuläre Tötungsdelikte dafür, dass eine Erweiterung der Wiederaufnahmegründe zum Nachteil des Angeklagten zugunsten einer materiell gerechten Entscheidung in den 2000er Jahren erneut in den Fokus des Gesetzgebers trat. Während man zunächst die Wiederaufnahme zuungunsten für den Fall erweitern wollte, dass aufgrund neuer technischer Untersuchungsmethoden, welche zum Zeitpunkt des Urteilserlasses noch nicht zur Verfügung standen, neue Tatsachen oder Beweismittel beigebracht werden, zeichnet sich derzeit ab, dass die Koalitionsfraktionen im März 2021 einen Gesetzentwurf vorlegen wollen, in welchem die Beschränkung auf neue Untersuchungsmethoden nicht mehr enthalten sein soll, sondern auch andere neue Tatsachen und Beweismittel erfasst werden sollen. Damit geht die Reformdiskussion in den letzten Jahren, wenngleich die Erweiterung der Wiederaufnahmegründe auf die

74 Vgl. oben 3. Kap. III. 1. c) bb).

75 Motive zu E-1873, S. 240.

nicht verjährenden Delikte begrenzt wurde, wieder verstärkt in Richtung der Auflockerung der Rechtskraft.

Aus der historischen Gesamtbetrachtung der Rechtsepoche seit Einführung eines mündlichen Verfahrens mit Staatsanwaltschaft bis heute ergibt sich, dass es die Bestrebungen, die Wiederaufnahme aufgrund neu auftauchender Beweismittel zuzulassen, sowohl vor als auch nach der Zeit des Nationalsozialismus gab, die Bedeutung der materiellen Rechtskraft aber gerade in der NS-Zeit am stärksten ausgehöhlt wurde.

Wenn man abschließend die Frage, ob wir eine Heilsgeschichte schreiben, sich im Lauf der Zeit also alles zum Guten entwickelt, beantworten will, kommt es darauf an, ob man diese unter dem Blickwinkel der Gerechtigkeit oder der Rechtssicherheit betrachtet. Richtet man den Blick auf die Entwicklung der letzten Jahre, in denen der Gerechtigkeit zumindest im Falle der nicht der Verjährung unterliegenden Delikte mehr Bedeutung zugesprochen wurde, so kann die Frage betreffend die Gerechtigkeit mit Ja, unter dem Blickwinkel der Rechtssicherheit hingen mit Nein beantwortet werden.

ANHANG

Literaturverzeichnis

Abegg, Julius Friedrich Heinrich: Betrachtungen über das Gesetz betreffend das Verfahren in den bei dem Kammergerichte und dem Criminalgerichte zu Berlin zu führenden Untersuchungen, vom 17. Juli 1846, in: Archiv des Criminalrechts 1847 S. 103-135. (zitiert: *Abegg*, AdC, S.).

Abegg, Julius Friedrich Heinrich: Betrachtungen über die Verordnung betreffend die Einführung des mündlichen und öffentlichen Verfahrens mit Geschworenen in Untersuchungssachen im Königreich Preußen, in: Archiv des Criminalrechts 1849, Beilagenheft. (zitiert: *Abegg*, AdC 1849 Beilagenheft, S.).

Abegg, Julius Friedrich Heinrich: Der Entwurf einer Strafprozeß-Ordnung für die Preußischen Staaten mit besonderer Berücksichtigung der Gesetzgebung anderer deutscher Staaten kritisch betrachtet von Dr. J. Fr. H. Abegg, Halle 1852. (zitiert: *Abegg*, Entwurf, S.).

Allmann, Jean Marie: Außerordentliche Strafe und Instanzentbindung im Inquisitionsprozesse nach den wichtigsten Quellen bearbeitet. München 1903. (zitiert: *Allmann*, Außerordentliche Strafe, S.).

Ammann, Karl: Gerichtsverfassung und Strafprozeßordnung für das Großherzogthum Baden mit Erläuterungen für den praktischen Gebrauch, Karlruhe 1865. (zitiert: *Ammann*, GVG und StPO Badens, S.).

Arnemann, Carolin: Defizite der Wiederaufnahme in Strafsachen. Bestandsaufnahme und Reformvorschläge auf der Grundlage einer empirischen Untersuchung. Berlin 2019.

Arnold: Wiederaufnahme des Strafverfahrens, in: Der Gerichtssaal 1851, Band 1 S. 46-70. (zitiert: *Arnold*, GS 1851 Bd. 1, S.).

Bandel, Joseph Anton von: Katechismus über das Strafgesetzbuch für das Königreich Bayern vom Jahre 1813, Kempten 1814. (zitiert: *Bandel*, Katechismus, S.).

Bauer, Anton: Lehrbuch des Strafprocesses, Göttingen 1835, Nachdruck 1996. (zitiert: *Bauer*, Lehrbuch, §).

Bauer, Anton: Abhandlungen aus dem Strafrechte und dem Strafprocesse, 2. Band, Göttingen 1842. (zitiert: *Bauer*, Abhandlungen, S.).

https://doi.org/10.1515/9783110751703-013

Becker, Hans-Jürgen: Das Rheinische Recht und seine Bedeutung für die Rechtsentwicklung in Deutschland im 19. Jahrhundert, in: Juristische Schulung 1985, 338-345. (zitiert: *Becker*, JuS 1985, S.).

Behr, Herbert: Die Rechtsmittel gegen Strafurteile in der Reformdiskussion und der Partikulargesetzgebung des 19. Jahrhunderts, Göttingen 1984. (zitiert: *Behr*, Rechtsmittel, S.).

Bekk, Johann Baptist: Anmerkungen zu dem Großherzoglich Badischen Gesetze über Einführung des Strafgesetzbuchs, des neuen Strafverfahrens und der Schwurgerichte, Karlsruhe 1851. (zitiert: *Bekk*, Anmerkungen, S.).

Beling, Ernst: Die Strafprozeßordnung 1879-1904. Ein Rückblick, ein Ausblick, in: Deutsche Juristen-Zeitung 1904, S. 912 ff. (zitiert: *Beling*, JZ 1904, S.).

Bennecke, Hans / **Beling**, Ernst: Lehrbuch des Deutschen Reichs-Strafprozessrechts. Breslau 1900. (zitiert: *Bennecke/Beling*, Lehrbuch, S.).

Binding, Karl: Grundriss des Deutschen Strafprocessrechts. 4. Auflage, Leipzig 1900. (zitiert: *Binding*, Grundriss, §).

Bohn, André: Die Wiederaufnahme des Strafverfahrens zuungunsten des Angeklagten vor dem Hintergrund neuer Beweise, Berlin 2016. (zitiert: *Bohn*, Wiederaufnahme, S.):

Bolder, Paul Otto: Der Versuch einer Reform des Strafverfahrens und der Gerichtsverfassung in den Jahren 1885, 1894 und 1895. Bottrop 1934. (zitiert: *Bolder*, Versuch einer Reform, S.).

Bonner Kommentar zum Grundgesetz. Hrsg. v. Kahl u.a.; Band 19. Art. 103-104c. 194. Aktualisierung November 2018. (zitiert: *Bearbeiter*/Bonner Kommentar GG, Art. Rn. Stand).

Brauns, Uwe: Die gescheiterte Wiederaufnahme gegen Carl von Ossietzky – Grund für eine Gesetzesänderung, in: Juristenzeitung 1995, S. 492 ff. (zitiert: *Brauns*, JZ 1995, S.).

Broichmann, Cornelius: Der außerordentliche Einspruch im Dritten Reich. Urteilsaufhebung durch den „Führer“. Eine rechtshistorische Untersuchung unter besonderer Berücksichtigung der strafverfahrensrechtlichen Reformbestrebungen im Dritten Reich und der höchstrichterlichen Rechtsprechungspraxis des Besonderen Strafsenats beim Reichsgericht sowie des Besonderen Senats beim Volksgerichtshof, Berlin 2014. (zitiert: *Broichmann*, Außerordentlicher Einspruch, S.).

BUCHER, Peter: Der Parlamentarische Rat 1948-1949. Akten und Protokolle. Band 2. Der Verfassungskonvent auf Herrenchiemsee, hrsg. v. Deutschen Bundestag und vom Bundesarchiv, Boppard am Rhein 1981. (zitiert: *Bucher*, Parlamentarischer Rat, S.).

BÜSCH, Otto (Hrsg.): Handbuch der Preußischen Geschichte, Band II, Das 19. Jahrhundert und Große Themen der Geschichte Preußens, Berlin 1992. (zitiert: *Bearbeiter* in Büsch Handbuch, S.).

BÜTTNER, Edgar / **WETTENGEL**, Michael: Der Parlamentarische Rat 1948-1949. Akten und Protokolle. Band 13. Ausschuß für Organisation des Bundes / Ausschuss für Verfassungsgerichtshof und Rechtspflege, Teilband II, hrsg. v. Deutschen Bundestag und vom Bundesarchiv, München 2002. (zitiert: *Büttner/Wettengel*, Parlamentarischer Rat, Bd. 13/II S.).

BUSCHMANN, Arno: Textbuch zur Strafrechtsgeschichte der Neuzeit, Die klassischen Gesetze, München 1998. (zitiert: *Buschmann*, Strafrechtsgeschichte, S.).

CONRAD, Hermann: Deutsche Rechtsgeschichte, Band II, Neuzeit bis 1806, Karlsruhe 1966. (zitiert: *Conrad*, Rechtsgeschichte, S.).

DAHM, Georg: Das freisprechende Urteil im Strafverfahren, in: Deutsches Recht 1936, S. 34 ff. (zitiert: *Dahm*, DR 1936, S.).

DEML, Peter: Zur Reform der Wiederaufnahme des Strafverfahrens, Ebelsbach am Main 1979. (zitiert: *Deml*, Wiederaufnahmereform, S.).

DETTMAR, Juliane Sophia: Legalität und Opportunität im Strafprozess, Reformdiskussion und Gesetzgebung von 1877 bis 1933, Berlin 2008. (zitiert: *Dettmar*, Legalität und Opportunität, S.).

DIPPEL, Karlhans: Zur Reform des Rechts der Wiederaufnahme des Verfahrens im Strafprozeß, in Goltdammer's Archiv 1972, S. 97 ff. (zitiert: *Dippel*, GA 1972, S.).

DOCHOW, Adolf: Der Reichs-Strafprozeß nach der Strafprozeßordnung für das deutsche Reich und den ergänzenden Reichsgesetzen systematisch dargestellt. Berlin 1879. (zitiert: *Dochow*, Reichsstrafprozess, S.).

GRAF ZU DOHNA, Alexander: Die Anfechtbarkeit rechtskräftiger Strafurteile, in: Deutsches Strafrecht 1936, S. 16 ff. (zitiert: *Graf zu Dohna*, DStR 1936, S.).

GRAF ZU DOHNA, Alexander: Die Wiederaufnahme zuungunsten, in: Deutsches Strafrecht 1937, S. 201 ff. (zitiert: *Graf zu Dohna*, DStR 1937, S.).

Dollmann, Carl Friedrich von: Die Gesetzgebung des Königreichs Bayern seit Maximilian II. mit Erläuterungen, 3. Theil, Zweiter Band, Erlangen 1857. (zitiert: *Dollmann*, Gesetzgebung Bayerns, S.).

Doppelmayr, Friedrich Wilhelm: Sammlung der Erläuterungen und Rescripte über das Strafgesetzbuch für das Königreich Baiern, Zweite Auflage, Nördlingen 1825. (zitiert: *Doppelmayr*, Sammlung Rescripte, S.).

Drews, Kai Holger: Die historische Entwicklung der Berufung im Strafverfahren, Göttingen 1997. (zitiert: *Drews*, Berufung, S.).

Drost, Heinrich: Fragen der Strafrechtspolitik auf dem 36. Deutschen Juristentag, in: Zeitschrift für die gesamte Strafrechtswissenschaft, Bd. 51 1931, S. 839-855. (zitiert: *Drost*, ZStW 1931, S.).

Ebermayer: Der Entwurf eines Gesetzes über den Rechtsgang in Strafsachen, in: Juristische Wochenschrift 1920, S. 237 ff. (zitiert: *Ebermayer*, JW 1920, S.).

Eckert, Adam-Claus: Tagungsbericht. Bericht über das Kolloquium „Aktuelle Probleme der Wiederaufnahme des Strafverfahrens“ anläßlich der Sitzung des Kuratoriums des Max-Plack-Instituts für ausländisches und internationales Strafrecht, in: Zeitschrift für die gesamte Strafrechtswissenschaft 84 (1972), S. 937 ff. (zitiert: *Eckert*, ZStW 84 (1972), S.).

Eisenberg, Ulrich: Aspekte des Verhältnisses von materieller Wahrheit und Wiederaufnahme des Verfahrens gemäß §§ 359 ff. StPO, in: Juristische Rundschau 2007, 360 ff. (zitiert: *Eisenberg*, JR 2007, S.).

Elben, Otto: Die Entbindung von der Instanz vom dogmengeschichtlichen und allgemeinrechtlichen Standpunkt aus erörtert, Tübingen 1846. (zitiert: *Elben*, Entbindung von der Instanz, S.).

Elobied, Tarig: Die Entwicklung des Strafbefehlsverfahrens von 1846 bis in die Gegenwart, Berlin 2010. (zitiert: *Elobied*, Strafbefehl, S.).

Fels, Hans: Der Strafprozeß der Preussischen Criminal-Ordnung von 1805, Urach 1932. (zitiert: *Fels*, Criminal-Ordnung, S.).

Feuerbach, Paul Johann Anselm von: Lehrbuch des gemeinen in Deutschland geltenden Peinlichen Rechts, 1. Auflage, Gießen 1801. (zitiert: *Feuerbach*, Lehrbuch, §).

Feuerbach, Paul Johann Anselm von: Betrachtungen über Oeffentlichkeit und Mündlichkeit der Gerechtigkeitspflege, Gießen 1821. (zitiert: *Feuerbach*, Betrachtungen, S.).

Feuerbach, Paul Johann Anselm von: Kritik des Kleinschrodischen Entwurfs zu einem peinlichen Gesetzbuche für die Chur-Pfalz-Bayerischen Staaten, 1804; neu herausgegeben von Werner Schmid, Frankfurt am Main 1988. (zitiert: *Feuerbach*, Kritik, S.).

Freisler, Roland: Grundzüge des kommenden Strafverfahrensrechts, in: Deutsches Strafrecht 1935, S. 228 ff. (zitiert: *Freisler*, DStR 1935, S.).

Freisler, Roland: Rechtspolitische Gedanken zur Wiederaufnahme des Verfahrens, in: Deutsche Justiz 1937, S. 730 ff. (zitiert: *Freisler*, DJ 1937, S.).

Friedreich, A.: Bemerkungen über die Rechtsmittel im französischen Straf-Verfahren, mit besonderer Rücksicht auf das bayerische Gesetz vom 10. November 1848, Aschaffenburg 1851. (zitiert: *Friedreich*, Bemerkungen, S.).

Frotscher, Werner / **Pieroth**, Bodo: Verfassungsgeschichte, 18. Auflage München 2019. (zitiert: *Frotscher/Pieroth*, Verfassungsgeschichte, Rn.).

Gebhardt: Handbuch der deutschen Geschichte, Reformen, Restauration und Revolution 1806-1848/49, Band 14, herausgegeben von Hans-Werner Hahn und Helmut Berding, 10. Auflage 2010. (zitiert: *Gebhardt*, Handbuch, S.).

Gebhardt: Handbuch der deutschen Geschichte. Das Dritte Reich 1933-1939, Band 19, herausgegeben von Michael Grüttner, 10. Auflage 2014. (zitiert: *Gebhardt*, Handbuch Bd. 19, S.).

Gergen, Thomas: Der Einfluss des Code d'instruction criminelle in den deutschen Territorien, in: 200 Jahre Code d'instruction criminelle, hrsg. v. Heike Jung, Jocelyne Leblois-Happe und Claude Witz, Baden-Baden 2010, S. 40-59. (zitiert: *Gergen*, in: 200 Jahre Code d'instruction criminelle, S.).

Geyer, August: Lehrbuch des gemeinen deutschen Strafproceßrechts. Leipzig 1880. (zitiert: *Geyer*, Lehrbuch, S.).

Goldschmidt, James: Zur Reform des Strafverfahrens, Tübingen 1919. (zitiert: *Goldschmidt*, Zur Reform des Strafverfahrens, S.).

Goldschmidt, James: Die Neuordnung der Strafgerichte und des Strafverfahrens, B., in: Juristische Wochenschrift 1920, S. 230 ff. (zitiert: *Goldschmidt*, JW 1920, S.).

Goltdammer, Theodor: Die Wiederaufnahme des Strafverfahrens zu Gunsten des Verurtheilten, in: Goltdammer's Archiv für Strafrecht Bd. 6 1858, S. 515-534. (zitiert: *Goltdammer*, GA Bd. 6 1858, S.).

Götschmann, Dirk: Bayerischer Parlamentarismus im Vormärz, Die Ständeversammlung des Königreichs Bayern 1819-1848, Düsseldorf 2002. (zitiert: *Götschmann*, Bayerischer Parlamentarismus, S.).

Grebing, Gerhardt: Die Wiederaufnahme des Strafverfahrens in Frankreich, in: Die Wiederaufnahme des Strafverfahrens im deutschen und ausländischen Recht, hrsg. v. Hans-Heinrich Jescheck und Jürgen Meyer, Bonn 1974 S. 297-343. (zitiert: *Grebing*, Wiederaufnahme in Frankreich, S.).

Gruchmann, Lothar: Justiz im Dritten Reich 1933-1940. Anpassung und Unterwerfung in der Ära Gürtner. 3. Auflage, München 2001. (zitiert: *Gruchmann*, Justiz, S.).

Grünewald, Anette: Die Wiederaufnahme des Strafverfahrens zuungunsten des Angeklagten, in: Zeitschrift für die gesamte Strafrechtswissenschaft 2008, S. 545-579. (zitiert: *Grünewald*, ZStW 120 (2008), S.).

Grünewald, Anette: Die Erweiterung der Wiederaufnahme des Strafverfahrens zuungunsten des Angeklagten nach dem Gesetzentwurf des Bundesrates (BR-Drucksache 655/07, vom 20.12.2007), in: Recht und Politik, Bd. 45 (2009), S. 1-3. (zitiert: *Grünewald*, RuP 2009, S.).

Grünwald, Gerald: Die materielle Rechtskraft im Strafverfahren der Bundesrepublik Deutschland, in: Deutsche Landesreferate zum IX. Internationalen Kongreß für Rechtsvergleichung in Teheran 1974. Beiheft zur Zeitschrift für die gesamte Strafrechtswissenschaft. (zitiert: *Grünwald*, ZStW-Beiheft 1974, S.).

Hagens, Johann Carl: Das neue preußische Strafverfahren mit einem Kommentar zur Verordnung vom 3. Januar 1849, Berlin 1849. (zitiert: *Hagens*, Das neue preuß. Strafverfahren, S.).

Hanack, Ernst-Walter: Zur Reform des Rechts der Wiederaufnahme des Verfahrens im Strafprozeß, in: Juristenzeitung 1973, S. 393 ff. (zitiert: *Hanack*, JZ 1973, S.).

Heffter, August Wilhelm: Non bis in idem im Hinblick auf den gedruckten Entwurf einer „Deutschen Strafprocess-Ordnung“. Der hochverehrlichen Juristenfacultät der Königl. Rhein. Friedrich-Wilhelms-Universität in Bonn in dankbarer Erinnerung an den 3. August 1823 gewidmet. Berlin 1873. (zitiert: *Heffter*, Non bis in idem, S.).

Hegler, August: 8. Tagesfragen. I. Zur Strafprozeßreform, in: Zeitschrift für die gesamte Strafrechtswissenschaft 1912, S. 115 ff. (zitiert: *Hegler*, ZStW 1912, S.).

HENKE, Eduard: Handbuch des Criminalrechts und der Criminalpolitik, Vierter Theil, Berlin und Stettin 1838, Nachdruck 1996. (zitiert: *Henke*, Handbuch Bd. 4, §).

HENTIG, Hans von: Wiederaufnahmerecht. Die Wiederaufnahme des Strafverfahrens dogmatisch und rechtsvergleichend dargestellt, Heidelberg 1930. (zitiert: *V. Hentig*, Wiederaufnahmerecht, S.).

HETTINGER, Michael: Das Fragerecht der Verteidigung im reformierten Inquisitionsprozeß dargestellt am badischen Strafverfahrensrecht von 1845/51 im Vergleich mit anderen Partikulargesetzen. (zitiert: *Hettinger*, Fragerecht, S.).

HEYDENREUTER, Reinhard: Kriminalgeschichte Bayerns, Von den Anfängen bis ins 20. Jahrhundert, Regensburg 2003. (zitiert: *Heydenreuter*, Kriminalgeschichte Bayerns, S.).

HINSBERG, J. von: Erinnerungen über die beiden Entwürfe eines Gesetzbuchs für das Verfahren in Strafsachen und eines Strafgesetzbuchs für das Königreich Bayern vom Jahre 1831, München 1832. (zitiert: *Hinsberg*, Erinnerungen, S.).

HIPPEL, Robert von: Der Entwurf eines Gesetzes über den Rechtsgang in Strafsachen, in: ZStW 1920, 325 ff. (zitiert: *Hippel*, ZStW, 1920 S.).

HIRSCHBERG, Max: Das Fehlurteil im Strafprozeß. Zur Pathologie der Rechtsprechung, Stuttgart 1960. (zitiert: *Hirschberg*, Fehlurteil, S.).

HOLTZENDORFF, Franz (Hrsg.): Handbuch des deutschen Strafprozessrechts. In Einzelbeiträgen von Prof. Dr. Dochow, Staatsanw. Prof. Dr. Fuchs, Prof. Dr. Geyer, Justizminister Dr. Julius Glaser, Prof. Dr. Fr. Holtzendorff, Prof. Dr. Hugo Meyer, Appellationsgerichtsrath Meves, Gen-Staatsanwalt Dr. v. Schwarze, Prof. Dr. Ullmann. Erster Band, Berlin 1879. (zitiert: *Bearbeiter*, in: Holtzendorff, Handbuch, S.).

HUBER, Ernst Rudolf: Deutsche Verfassungsgeschichte seit 1789, Band I Reform und Restauration 1789 bis 1830, Stuttgart 1861. (zitiert: *Huber*, Verfassungsgeschichte Bd. 1, S.).

HUBER, Ernst Rudolf: Deutsche Verfassungsgeschichte seit 1789, Band III Bismarck und das Reich, 3. Auflage Stuttgart 1988. (zitiert: *Huber*, Verfassungsgeschichte Bd. 3, S.).

HUBER, Ernst Rudolf: Deutsche Verfassungsgeschichte seit 1789, Band V Weltkrieg, Revolution und Reichserneuerung 1914-1919. (zitiert: *Huber*, Verfassungsgeschichte Bd. 5, S.).

HUMMEL, Karl-Joseph: München in der Revolution von 1848/49, Göttingen 1987. (zitiert: *Hummel*, München in der Revolution, S.).

Ignor, Alexander: Geschichte des Strafprozesses in Deutschland 1532 – 1846; von der Carolina Karls V. bis zu den Reformen des Vormärz, Paderborn 2002. (zitiert: *Ignor*, Geschichte, S.).

Isfen, Osman: Die Wiederaufnahme zu Ungunsten Freigesprochener, in: Axiome des nationalen und internationalen Strafverfahrensrechts, S. 37-52; hrsg. v. Oğlakcıoğlu et. al.; Baden-Baden 2016. (zitiert: *Isfen*, in: Axiome des Strafverfahrensrechts, S:).

Jagemann, Ludwig von / **Brauer**, Wilhelm: Criminallexikon. Nach dem neuesten Stande der Gesetzgebung in Deutschland, Erlangen 1854 (zitiert: *Jagemann* / *Brauer*, Criminallexikon, S.)

Jarass, Hans / **Pieroth**, Bodo: Grundgesetz für die Bundesrepublik Deutschland, Kommentar, 16. Auflage München 2020. (zitiert: *Bearbeiter*/Jarass/Pieroth, GG, Art. Rn.).

Jenull, Sebastian: Das Oesterreichische Criminal-Recht nach seinen Gründen und seinem Geiste, Vierter Theil, 2. Auflage Wien 1837. (zitiert: *Jenull*, Criminal-Recht, §).

Jescheck, Hans-Heinrich / **Meyer**, Jürgen: Die Wiederaufnahme des Strafverfahrens im deutschen und ausländischem Recht, Bonn 1974. (zitiert: *Bearbeiter*, in: Jescheck/Meyer, Wiederaufnahme, S.).

John, Richard Ed.: Strafproceßordnung für das Deutsche Reich nebst Einführungsgesetz, hrsg. v. Ernst Bezold, Band VI, 1. Abteilung, Erlangen 1884. (zitiert: *John*, Strafproceßordnung, S.).

Karlsruher Kommentar Zur Strafprozessordnung mit GVG, EGGVG und EMRK, hrsg. v. Rolf Hannich, 8. Auflage München 2019 (zitiert: *Bearbeiter*/KK-StPO, § Rn.).

Kleinschrod, Gallus Aloys Kaspar: Ueber die Rechtskraft peinlicher Urtheile, in: Archiv des Criminalrechts 1800 (Bd. 2), 3. Stück, S. 20-34. (zitiert: *Kleinschrod*, AdC, 1800 S.).

Kleinschrod, Gallus Aloys Kaspar: Ueber die verschiedenen Arten lossprechender Urtheile im Criminalprocesse, in: Neues Archiv des Criminalrechts 1822 (Bd. 5) S. 1-15. (zitiert: *Kleinschrod*, NAdC 1822, S.).

Knapp, Hermann: Die Strafprozeß-Ordnung für das Königreich Württemberg mit erläuternden Anmerkungen, Stuttgart 1843. (zitiert: *Knapp*, Anmerkungen, S.).

Knoche, Wolfgang: Zur Reform des Wiederaufnahmerechts im Strafverfahren, in: Deutsche Richterzeitung 1971, S. 299 ff. (zitiert: *Knoche*, DRiZ 1971, S.).

KNOCHE, Wolfgang: Kein Rechtsmittel gegen freisprechende Urteile, in: Deutsche Richterzeitung 1972, S. 26 f. (zitiert: *Knoche*, DRiZ 1972, S.).

KOCH, Wolf-Peter: Die Reform des Strafverfahrensrechts im Dritten Reich unter besonderer Berücksichtigung des StVO-Entwurfs 1939. Ein Beitrag zur Strafrechtsgeschichte. Erlangen 1972. (zitiert: *Koch*, Reform des Strafverfahrensrechts, S.).

KÖBLER, Gerhard: Historisches Lexikon der deutschen Länder, Die deutschen Territorien vom Mittelalter bis zur Gegenwart, 7. Auflage, München 2007. (zitiert: *Köbler*, Historisches Lexikon, S.).

KÖRNER, Hans-Michael: Geschichte des Königreichs Bayern, München 2006. (zitiert: *Körner*, Geschichte Bayerns, S.).

KOTULLA, Michael: Deutsches Verfassungsrecht 1806-1918, Eine Dokumentensammlung nebst Einführungen, 1. Band Gesamtdeutschland, Anhaltische Staaten und Baden, Berlin u.a. 2006. (zitiert: *Kotulla*, Deutsches Verfassungsrecht, Bd. 1 S.).

KOTULLA, Michael: Deutsches Verfassungsrecht 1806-1918, Eine Dokumentensammlung nebst Einführungen, 2. Band Bayern, Berlin u.a. 2007. (zitiert: *Kotulla*, Deutsches Verfassungsrecht, Bd. 2 S.).

KOTULLA, Michael: Deutsche Verfassungsgeschichte. Vom Alten Reich bis Weimar (1495-1934), Berlin u.a. 2008. (zitiert: *Kotulla*, Verfassungsgeschichte, S.).

KRÄGELOH, Wolfgang: Verbesserungen im Wiederaufnahmerecht durch das Erste Gesetz zur Reform des Strafverfahrensrechts (1. StVRG), in Neue Juristische Wochenschrift 1975, 137 ff. (zititert: *Krägeloh*, NJW 1975, S.).

KRIES, August von: Die Bestimmungen der deutschen Strafprozeßordnung über die Wiederaufnahme eines durch rechtskräftiges Urtheil geschlossenen Verfahrens, in: Archiv für gemeines deutsches und preußisches Strafrecht 1878, S. 169 ff. (zitiert: *Kries*, GA 1878, S.).

KRIES, August von: Lehrbuch des Deutschen Strafprozeßrechts. Freiburg i. B. 1892. (zitiert: *Kries*, Lehrbuch, S.).

KRIETER, Hugo: Historische Entwicklung des „Prinzips der freien Beweiswürdigung“ im Strafprozeß, Hildesheim 1926. (zitiert: *Krieter*, Freie Beweiswürdigung, S.).

KÜßNER: Non bis in idem, in: Archiv für Preußisches Strafrecht 1855, S. 198-212. (zitiert: *Küßner*, Archiv 1855, S.).

LANDAU, Peter: Die Reichsjustizgesetze von 1879 und die deutsche Rechtseinheit, in: Festschrift zum 100jährigen Gründungstag des Reichsjustizamtes am 1. Januar 1877, hrsg. vom Bundesministerium der Justiz, Köln 1977. (zitiert: *Landau*, in: FS-Reichsjustizamt, S.).

LANGEWIESCHE, Dieter: Europa zwischen Restauration und Revolution 1815-1849, 5. Auflage, München 2007. (zitiert: *Langewiesche*, Restauration und Revolution, S.).

LANTZKE, Ursula: Materielle Rechtsfehler als Wiederaufnahmegrund? Ein Beitrag zur Reform des Wiederaufnahmerechts, in: Zeitschrift für Rechtspolitik 1970, S, 201 ff. (zitiert: *Lantzke*, ZRP 1970, S.).

LETZGUS, Klaus: Wiederaufnahme zu Ungunsten des Angeklagten. Ein Plädoyer für Einzelfallgerechtigkeit, in: Festschrift für Klaus Geppert zum 70. Geburtstag am 10. März 2011, hrsg. v. Geisler u.a., Berlin 2011. (zitiert: *Letzgus*, in: FS-Geppert, S.).

LÖWE-ROSENBERG: Die Strafprozessordnung und das Gerichtsverfassungsgesetz, Großkommentar, hrsg. v. Erb u.a., 26. Auflage, Sechster Band, Zweiter Teilband, §§ 256-295, Berlin/Boston 2013. (zitiert: *Bearbeiter*/LR-StPO, § Rn.).

LÖWE-ROSENBERG: Die Strafprozessordnung und das Gerichtsverfassungsgesetz, Großkommentar, hrsg. v. Erb u.a., 26. Auflage, Siebenter Band, Zweiter Teilband, §§ 312-373a, Berlin/Boston 2013. (zitiert: *Bearbeiter*/LR-StPO, § Rn.).

LOOS, Fritz: Überzogener Schutz des Angeklagten bei der ungünstigen Wiederaufnahme im Strafverfahren?, in: Strafrecht – Biorecht – Rechtsphilosophie. Festschrift für Hans-Ludwig Schreiber zum 70. Geburtstag am 10. Mai 2003, S. 277 ff., Heidelberg 2003. (zitiert: *Loos*, in: FS-Schreiber, S.).

MARXEN, Klaus / TIEMANN, Frank: Die geplante Reform der Wiederaufnahme zuungunsten des Angeklagten, in: Zeitschrift für Internationale Strafrechtsdogmatik 2008, S. 188 ff. (zitiert: *Marxen/Tiemann*, ZIS 2008, S.).

MARXEN, Klaus / TIEMANN, Frank: Die Wiederaufnahme in Strafsachen, 3. Auflage Heidelberg 2014. (zitiert: *Marxen/Tiemann*, Wiederaufnahme, S.).

MAYER, Hellmut: Die konstruktiven Grundlagen des Wiederaufnahmeverfahrens und seine Reform, in: Der Gerichtssaal 1930. (Band XCIX), S. 299 ff. (zitiert: *Mayer*, GS 1930, S.).

MAYRING, Eva Alexandra: Bayern nach der Französischen Julirevolution, Unruhen, Opposition und antirevolutionäre Regierungspolitik 1830-33, München 1990. (zitiert: *Mayring*, Bayern nach der Französischen Julirevolution, S.).

MAUNZ, Theodor / **DÜRIG**, Günter (Begr.): Grundgesetz Kommentar, Band VI Art. 86-106b, hrsg. v. Herzog et al. (zitiert: *Bearbeiter*/Maunz/Dürig-GG, Art. Stand Rn.).

MEYER, Jürgen: Aktuelle Probleme der Wiederaufnahme des Strafverfahrens, in: Zeitschrift für die gesamte Strafrechtswissenschaft 84 (1972), S. 909 ff. (zitiert: *Meyer*, ZStW 84 (1972), S.)

MEYER, Jürgen: Wiederaufnahmereform. Eine rechtsvergleichende Untersuchung zur Reform des Rechts der Wiederaufnahme des Strafverfahrens, Bonn 1977. (zitiert: *J. Meyer*, Wiederaufnahmereform, S.).

MEYER-GOßNER, Lutz / **SCHMITT**, Bertram: Strafprozessordnung, Gerichtsverfassungsgesetz, Nebengesetze und ergänzende Bestimmungen, 63. Auflage München 2020. (zitiert: *Meyer-Goßner/Schmitt*, StPO, § Rn.).

MITTERMAIER, Carl Joseph Anton: Die Mündlichkeit, das Anklageprinzip, die Oeffentlichkeit und das Geschworenengericht in ihrer Durchführung in den verschiedenen Gesetzgebungen dargestellt und nach den Forderungen des Rechts und der Zweckmäßigkeit mit Rücksicht auf die Erfahrungen der verschiedenen Länder, Stuttgart und Tübingen 1845. (zitiert: *Mittermaier*, Mündlichkeit, S.).

MITTERMAIER, Carl Joseph Anton: Das deutsche Strafverfahren in der Fortbildung durch Gerichts-Gebrauch und Landes-Gesetzbücher und in genauer Vergleichung mit dem englischen und französischen Straf-Verfahren, Zweiter Teil, 4. Auflage, Heidelberg 1846. (zitiert: *Mittermaier*, Strafverfahren, S.).

MITTERMAIER, Carl Joseph Anton: Ueber die Bedeutung des auf Nichtschuldig lautenden Wahrspruchs der Geschworenen und seine Wirkung in Bezug auf die Erhebung einer neuen gerichtlichen Verfolgung, in: Archiv des Criminalrechts 1850, 4. Stück S. 497-520. (zitiert: *Mittermaier*, AdC 1850, 4. Stück, S.).

MOLITOR: Zur Lehre von der absolutio ab instantia nach bayerischem Strafrecht, in: Blätter für Rechtsanwendung 1841, S. 305-315. (zitiert: *Molitor*, Blätter für Rechtsanwendung, S.).

MOLITOR: Erfahrungen im Gebiete der Criminalrechtspflege. in: Zeitschrift für deutsches Strafverfahren, Band 3 (1842) S. 1-56. (zitiert: *Molitor*, Zeitschrift für deutsches Strafverfahren, S.).

MÜNCHENER KOMMENTAR ZUR STRAFPROZESSORDNUNG, Band 1 (§§ 1-150 StPO), hrsg. v. Hans Kudlich, 1. Auflage München 2014 (zitiert: *Bearbeiter*/MüKo-StPO, § Rn.)

Münchener Kommentar zur Strafprozessordnung, Band 2 (§§ 151-332 StPO), hrsg. v. Hartmut Schneider, 1. Auflage München 2016. (zitiert: *Bearbeiter*/MüKo-StPO, § Rn.).

Münchener Kommentar zur Strafprozessordnung, hrsg. v. Christoph Knauer, Band 3-1 (§§ 333-499 StPO), 1. Auflage München 2019. (zitiert: *Bearbeiter*/MüKo-StPO, § Rn.).

Nagler: Rechtskraft und Ergänzungsklage im Strafprozeß, in: Zeitschrift der Akademie für Deutsches Recht 1939, S. 371 ff. (zitiert: *Nagler*, ZAkDR 1939, S.).

Nipperdey, Thomas: Deutsche Geschichte 1800-1866, Bürgerwelt und starker Staat, München 2012. (zitiert: *Nipperdey*, Deutsche Geschichte, S.).

Nobis, Frank: Die Strafprozeßgesetzgebung der späten Weimarer Republik (1930-1932). Insbesondere die Notverordnung vom 14. Juni 1932. Baden-Baden 2000. (zitiert: *Nobis*, Strafprozessgesetzgebung, S.).

Noellner: Der Entwurf einer Strafproceßordnung für das Großherzogthum Baden nebst Motiven, in: Zeitschrift für deutsches Strafverfahren einschließlich Gefängniswesen, Neue Folge 1. Band 1844, S. 86-144. (zitiert: *Noellner*, Zeitschrift für deutsches Strafverfahren 1844, Bd. 1 S.).

Noellner: Die wichtigsten Bestimmungen des Entwurfs einer Strafproceßordnung für das Großherzogthum Baden, beurtheilt durch die Commission der ersten und zweiten Kammer der Landstände und im Auszuge mitgetheilt, in: Zeitschrift für deutsches Strafverfahren einschließlich Gefängniswesen, Neue Folge 2. Band 1844, S. 204-243. (zitiert: *Noellner*, Zeitschrift für deutsches Strafverfahren 1844 Bd. 2, S.).

Ortloff, Hermann: Die Rechtsmittel im Strafprozeß, in: Der Gerichtssaal Jahrgang 23, 1871, S. 184 ff. (zitiert: *Ortloff*, GS 1871 S.).

Otto, Gustav: Die Preußische Staatsanwaltschaft. Als Anlass ihres 50jährigen Bestehens als historisch-kritische Studie nach amtlichen Quellen bearbeitet, Berlin 1899. (zitiert: *Otto*, Staatsanwaltschaft, S.).

Papst, Simon: Wider die Erweiterung der Wiederaufnahme zuungunsten des Angeklagten. Eine zu Recht unterbliebene Reform, in: Zeitschrift für internationale Strafrechtsdogmatik 2010, S. 126 ff. (zitiert: *Pabst*, ZIS 2010, S.).

Peters, Karl: Zur Neuordnung des Strafverfahrens. Eine kritische Stellungnahme zu den Vorschlägen der Abhandlungen über das kommende Strafverfahren im „Deutschen Strafrecht“ 1935, Heft 8-11, in: Zeitschrift für die gesamte Strafrechtswissenschaft Bd. 56 1937, S. 34 ff. (zitiert: *Peters*, ZStW 1937, S.).

PETERS, Karl: Fehlerquellen im Strafprozeß. Eine Untersuchung der Wiederaufnahmeverfahren in der Bundesrepublik Deutschland. 1. Band – Einführung und Dokumentation, Karlsruhe 1970. (zitiert: *Peters*, Fehlerquellen Bd. 1, S.).

PETERS, Karl: Fehlerquellen im Strafprozeß. Eine Untersuchung der Wiederaufnahmeverfahren in der Bundesrepublik Deutschland. 2. Band Systematische Untersuchungen und Folgerungen. Karlsruhe 1972. (zitiert: *Peters*, Fehlerquellen Bd. 2, S.).

PETERS, Karl: Fehlerquellen im Strafprozeß. Eine Untersuchung der Wiederaufnahmeverfahren in der Bundesrepublik Deutschland. 3. Band Wiederaufnahmerecht. Karlsruhe 1974. (zitiert: *Peters*, Fehlerquellen Bd. 3, S.).

PICHINOT, Hans-Rainer: Die Akademie für Deutsches Recht – Aufbau und Entwicklung einer öffentlich-rechtlichen Körperschaft des Dritten Reichs -, Kiel 1981. (zitiert: *Pichinot*, Akademie, S.).

PUCHELT, Ernst Sigismund: Die Strafprozeßordnung für das Deutsche Reich. Unter Benützung der Materialien sowie der Doktrin und Praxis, insbesondere der Rechtsprechung des Reichsgerichts. Leipzig 1881. (zitiert: *Puchelt*, StPO, S.).

RADTKE, Henning: Bestandskraft staatsanwaltlicher Einstellungsverfügungen und die Identität des wiederaufgenommenen Verfahrens, in: Neue Zeitschrift für Strafrecht, 1999, S. 481-485. (zitiert: *Radtke*, NStZ 1999, S.).

REMEIS, Carl: Die Wiederaufnahme im Strafverfahren, Erlangen 1864. (zitiert: *Remeis*, Wiederaufnahme, S.).

RENTZEL-ROTHE, Wolfgang: Der Goldschmidt-Entwurf. Inhalt, reformgeschichtlicher Hintergrund und Schicksal des Entwurfs eines Gesetzes über den Rechtsgang in Strafsachen 1919/1920. Pfaffenweiler 1995. (zitiert: *Rentzel-Rothe*, Goldschmidt-Entwurf, S.).

RHEINGANS, Horst: Die Ausbildung der strafprozessualen Rechtskraftlehre von der Aufklärung bis zur Reichtsstrafprozessordnung v. 1877, Breslau-Neukirch 1937. (zitiert: *Rheingans*, Rechtskraftlehre, S.).

RHENANUS: Das großherzoglich badische Straf-Edikt mit seinen Erläuterungen und Zusätzen herausgegeben von Rhenanus, Mannheim 1823. (zitiert: *Rhenanus*, Straf-Edikt, S.).

RIEß, Peter: Gesamtreform des Strafverfahrensrechts – eine lösbare Aufgabe?, in: Zeitschrift für Rechtspolitik 1977, S. 67 ff. (zitiert: *Rieß*, ZRP 1977, S.).

Rieß, Peter: Über das Gesetz zur Wiederherstellung der Rechtseinheit vom 12. September 1950, in: Für Recht und Staat. Festschrift für Herbert Helmrich zum 60. Geburtstag, München 1994. (zitiert: *Rieß*, in: FS-Helmrich, S.).

Rieß, Peter: Möglichkeiten und Grenzen einer Reform des Rechts der Wiederaufnahme im Strafverfahren, in: Neue Zeitschrift für Strafrecht 1994, S. 153 ff. (zitiert: *Rieß*, NStZ 1994, S.).

Rieß, Peter: Entwicklungstendenzen in der deutschen Strafprozessgesetzgebung seit 1950, in: Zeitschrift für internationale Strafrechtsdogmatik 2009, S. 466 ff. (*Rieß*, ZIS 2009, S.)

Rosenblatt: Die Wiederaufnahme des Strafverfahrens im Entwurf der neuen Strafprozeßordnung, in: Zeitschrift für die gesamte Strafrechtswissenschaft 1909, S. 485 ff. (zitiert: *Rosenblatt*, ZStW 1909, S.).

Rosenfeld, Ernst Heinrich: Der Reichs-Strafprozeß, 4. und 5. Auflage, Berlin 1912. (zitiert: *Rosenfeld*, Reichs-Strafprozeß, S.).

Roth, Uta Margit: Das französische Strafverfahrensrecht und seine Reform, Freiburg im Breisgau 1963. (zitiert: *Roth*, Französisches Strafverfahrensrecht, S.).

Rudhart, Ignaz von: Dr. Ignaz von Rudhart weiland kön. bayer. Staatsrath und kön. griech. Minister-Präsident über den Entwurf eines Gesetzbuches über das Verfahren in Strafsachen. Regensburg 1848. (zitiert: *Rudhart*, Entwurf, S.).

Rüping, Hinrich: „Auflockerung" im Strafverfahrensrecht. Grundsätzliche Entwicklungen zwischen Liberalismus, „deutschem Gemeinrecht" und Naturrecht, in: Recht, Rechtsphilosophie und Nationalsozialismus, hrsg. v. H. Rottleuthner, S. 65-74, Wiesbaden 1983. (zitiert: *Rüping*, in: Recht, Rechtsphilosophie und Nationalsozialismus, S.).

Rüping, Hinrich / **Jerouschek**, Günter: Grundriss der Strafrechtsgeschichte, 6. Auflage München 2011. (zitiert: *Rüping/Jerouschek*, Strafrechtsgeschichte, Rn.).

Sachs, Michael (Hrsg.): Grundgesetz Kommentar, 8. Auflage München 2018. (zitiert: *Bearbeiter*/Sachs-GG Art. Rn.).

Satzger, Helmut / **Schluckebier**, Wilhelm / WIDMAIER, Gunter: Strafprozessordnung. Mit GVG und EMRK. Kommentar, 4. Auflage, Köln 2020. (zitiert: *Bearbeiter*/SSW-StPO, §, Rn.).

Schaffstein, Friedrich: Verdachtsstrafe, außerordentliche Strafe und Sicherungsmittel im Inquisitionsprozess des 17. und 18. Jahrhunderts, in: Zeitschrift für die gesamte Strafrechtswissenschaft 100 (1989) S. 493-515. (zitiert: *Schaffstein*, ZStW 100 (1989) S.).

SCHERZBERG, Thomas / **THIÉE**, Philipp: Die Wiederaufnahme zu Ungunsten des Angeklagten. Ein Plädoyer für Rechtssicherheit und gegen rechtsfreie Räume, in: Zeitschrift für Rechtspolitik, 2008, S. 80-83. (zitiert: *Scherzberg/Thiée*, ZRP 2008, S.).

SCHMIDT, Eberhardt: Einführung in die Geschichte der deutschen Strafrechtspflege, 3. Auflage Göttingen 1965. (zitiert: *Eb. Schmidt*, Geschichte, S.).

SCHMOEKEL, Mathias: Humanität und Staatsraison. Die Abschaffung der Folter in Europa und die Entwicklung des gemeinen Strafprozeß- und Beweisrechts seit dem hohen Mittelalter, Köln, Weimar, Wien 2000. (zitiert: *Schmoekel*, Humanität, S.).

SCHÖCH, Heinz: Wiederaufnahme zuungunsten Freigesprochener bei neuen DNA-Analysen?, in: Gerechte Strafe und legitimes Strafrecht. Festschrift für Manfred Maiwald zum 75. Geburtstag, hrsg. v. Bloy u.a. Berlin 2010. (zitiert: *Schöch*, in: FS-Maiwald, S.).

SCHOETENSACK, August / **TÖWE**, Wilhelm: Grundfragen des neuen Strafverfahrensrechts. Denkschrift des Ausschusses für Strafprozeßrecht der Strafrechtsabteilung der Akademie für Deutsches Recht. Stuttgart 1937. (zitiert: *Schoetensack / Töwe*, Grundfragen, S.).

SCHULZ, Burkhard: Bericht aus Bonn, in: Zeitschrift für Rechtspolitik 1974, 242 ff. (*Schulz*, ZRP 1974, S.).

SCHULZ, Joachim: Wiederaufnahmegründe und freie Beweiswürdigung, Bemerkungen zur Entwicklung im 19. Jahrhundert, in 175 Jahre Oberlandesgericht Oldenburg, Köln 1989 S. 195-216. (zitiert: *Schulz*/FS OLG Oldenburg, S.).

SCHWARPLIES, Giesbert: Die rechtsgeschichtliche Entwicklung des Grundsatzes „ne bis in idem" im Strafprozeß, Zürich 1970. (zitiert: *Schwarplies*, Rechtsgeschichtliche Entwicklung, S.).

SCHWARZE, Friedrich Oskar von: Von der Wiederaufnahme des Strafverfahrens nach ertheiltem Erkenntnisse, in: Archiv des Criminalrechts 1851, S. 554-588. (zitiert: *Schwarze*, AdC 1851, S.).

SCHWARZE, Friedrich Oskar von: Grundzüge des Entwurfs der Strafproceßordnung für das Königreich Sachsen, Dresden 1853. (zitiert: *Schwarze*, Grundzüge, S.).

Schwarze, Friedrich Oskar von: Commentar zur Strafprozessordnung des Königreich Sachsen vom 11. August 1855, Leipzig 1855, Nachdruck 1997. (zitiert: *Schwarze*, Commentar, S.).

Schwarze, Friedrich Oskar von: Die Strafprocessordnung für das Großherzogthum Baden. Der Entwurf einer Strafprocessordnung für das K. Württemberg, in: Jahrbücher der deutschen Rechtswissenschaft und Gesetzgebung, Band 10 1864, S. 156-167. (zitiert: *Schwarze*, Jahrbücher Bd. 10 1864, S.).

Schwarze, Friedrich Oskar von: Die Strafprozeßgesetze im Königreiche Sachsen, Band I, 2. Auflage Leipzig 1870 (zitiert: *Schwarze*, Strafprozessgesetze, S.).

Schwarze, Friedrich Oskar von: Die Wiederaufnahme des Strafverfahrens, in: Der Gerichtssaal Jahrgang 25, 1873, S. 395-431. (zitiert: *Schwarze*, GS 1873, S.).

Schwarze, Friedrich Oskar von: Commentar zu der Deutschen Strafprozeßordnung und zu den auf dieselbe bezüglichen Bestimmungen des Gerichtsverfassungsgesetzes. Leipzig 1878. (zitiert: *Schwarze*, Commentar RStPO, S.).

Schwarzmaier, Hansmartin (Hrsg.): Handbuch der Baden-Württembergischen Geschichte, Dritter Band, Vom Ende des Alten Reiches bis zum Ende der Monarchien, Stuttgart 1992. (zitiert: *Bearbeiter* in Schwarzmaier, Handbuch, S.).

Schwedhelm, Ulrike: Die Entwicklung des Wiederaufnahmerechts propter nova in dem Zeitraum um 1800 bis zum Inkrafttreten der Reichsstrafprozessordnung vom 1. Februar 1877 am 1. Oktober 1879 – Eine dogmenhistorische Untersuchung –, 1988. (zitiert: *Schwedhelm*, Wiederaufnahme, S.).

Schweickert, Karl: Das badische Strafedikt von 1803 und das Strafgesetzbuch von 1845. Ein Beitrag zur Geschichte der deutschen Partikularstrafgesetzgebung im 19. Jahrhundert, Freiburg 1903. (zitiert: *Schweickert*, Strafedikt, S.).

Sellert, Wolfgang / **Rüping**, Hinrich: Studien- und Quellbuch zur Geschichte der deutschen Strafrechtspflege, Band 1, Aalen 1989. (zitiert: *Sellert / Rüping*, Studien- und Quellbuch, Bd. 1, S.).

Siegert, Karl: Die Rechtskraftwirkungen im künftigen Strafprozeß, in: Deutsches Strafrecht 1935, S. 283 ff. (zitiert: *Siegert*, DStR 1935, S.).

Stoffers, Kristian: Nochmals: Zur Notwendigkeit einer Reform der Wiederaufnahme des Strafverfahrens, in: Zeitschrift für Rechtspolitik 1998, S. 173 ff. (zitiert: *Stoffers*, ZRP 1998, S.).

SUNDELIN: Entwurf einer Strafproceßordnung für den preußischen Staat 1865, in: Allgemeine Deutsche Strafrechtszeitung 1865 Heft 7, S. 346-358. (zitiert: *Sundelin*, Deutsche Strafrechtszeitung, S.).

SUNNUS, Michael: Der NS-Rechtswahrerbund (1928-1945), Zur Geschichte der nationalsozialistischen Juristenorganisation, Frankfurt a. M. 1990. (zitiert: *Sunnus*, NS-Rechtswahrerbund, S.).

SYSTEMATISCHER KOMMENTAR ZUR STRAFPROZESSORDNUNG. Mit GVG und EMRK. Band VII (§§ 333-373a StPO); hrsg. v. Jürgen Wolter, 4. Auflage Köln 2014. (zitiert: *Bearbeiter*/SK-StPO § Rn.).

THIERACK, Otto: Rechtsmittel und Wiederaufnahme des Verfahrens im künftigen Strafprozeßrecht, in: Der Gerichtssaal 1995, S. 1 ff. (zitiert: *Thierack*, GS 1935, S.).

THIERACK, Otto: Grundzüge eines nationalsozialistischen Strafprozesses unter besonderer Berücksichtigung des Ergebnisses der Arbeiten des Ausschusses für Strafprozeßrecht der Akademie für Deutsches Recht, in: Zeitschrift der Akademie für Deutsches Recht 1935, S. 94 ff. (zitiert: *Thierack*, ZAkDR 1935, S.).

THILO, Wilhelm: Die Strafgesetzgebung des Großherzogthums Baden nebst dem Gesetze über die Gerichtsverfassung mit den Motiven der Regierung und den Resultaten der Ständeverhandlungen im Zusammenhange dargestellt, Zweite Abteilung, Karlsruhe 1845. (zitiert: *Thilo*, Strafgesetzgebung Badens, S.).

TÖWE: Wiederaufnahme zugunsten und zuungunsten des Angeklagten, in: Jahrbuch der Akademie für Deutsches Recht 1937, S. 226 ff. (zitiert: *Töwe*, JAkDR 1937, S.)

TRUSEN, Winfried: Der Inquisitionsprozess, Seine historischen Grundlagen und früheren Formen, Zeitschrift der Savigny-Stiftung für Rechtsgeschichte, 1988, S. 168-230. (zitiert: *Trusen*, Der Inquisitionsprozess, 1988, S.).

ULLMANN, Emanuel: Lehrbuch des Deutschen Strafprocessrechts. München 1893. (zitiert: *Ullmann*, Lehrbuch, §).

VAN ESSEN, Jörg: Reform des Wiederaufnahmerechts – Überfällig oder überflüssig? Die Reform des Wiederaufnahmerechts unter Berücksichtigung der Möglichkeiten der DNA-Analyse – §§ 359 ff. StPO – , in: Kriminalistik 1996, S. 762 ff. (zitiert: *Van Essen*, Kriminalistik 1996, S.).

VOITUS, C. A.: Kommentar zu der Strafprozeßordnung für das Deutsche Reich und den dieselbe ergänzenden Vorschriften des Gerichtsverfassungsgesetzes. Berlin 1877. (zitiert: *Voitus*, Kommentar, S.).

VORMBAUM, Thomas: Die Lex Emminger vom 4. Januar 1924. Vorgeschichte, Inhalt und Auswirkungen. Ein Beitrag zur deutschen Strafrechtsgeschichte des 20. Jahrhunderts. Berlin 1988. (zitiert: *Vormbaum*, Lex Emminger, S.).

VORMBAUM, Thomas: Einführung in die moderne Strafrechtsgeschichte, 3. Auflage 2016. (zitiert: *Vormbaum*, Strafrechtsgeschichte, S.).

WÄCHTER, Karl Georg von: Gemeines Recht Deutschlands insbesondere Gemeines Deutsches Strafrecht, Leipzig, 1844. (zitiert: *Wächter*, Gemeines Recht, S.).

WALTHER, Friedrich: Die Rechtsmittel im Strafverfahren nach den Grundsätzen des englisch-französischen Strafprozeßrechtes, II. Abteilung, München 1855. (zitiert: *Walther*, Rechtsmittel, S.).

WALTHER, Friedrich: Lehrbuch des bayerischen Strafproceßrechts mit Rücksicht auf andere Gesetzgebungen, München 1859. (zitiert: *Walther*, Lehrbuch, S.).

WASSERBURG, Klaus: Die Wiederaufnahme des Strafverfahrens. Stuttgart u.a. 1984. (zitiert: *Wasserburg*, Wiederaufnahme, S.).

WASSERBURG, Klaus: Zur Notwendigkeit einer Reform der Wiederaufnahme des Strafverfahrens, in: Zeitschrift für Rechtspolitik 1997, S. 412 ff. (*Wasserburg*, ZRP 1997, S.).

WAßMER, Martin Paul: Die Wiederaufnahme in Strafsachen – Bestandsaufnahme und Reform, in: Jura 2002, S. 454 ff. (zitiert: *Waßmer*, Jura 2002, S.).

WEBER, Georg Michael von: Über die Appellation in Criminal-Sachen, Würzburg und Bamberg 1805. (zitiert: *Weber*, Appellation, S.).

WEBER-KLATT, Karin: Die Wiederaufnahme von Verfahren zu Ungunsten des Angeklagten, Frankfurt am Main 1997. (zitiert: *Weber-Klatt*, Wiederaufnahme, S.).

WINKLER: Zur Reform des Wiederaufnahmeverfahrens im Strafprozeß. (Gegenentwurf mit Begründung), in: Der Gerichtssaal 1911 (Jahrgang 78), S. 331 ff. (zitiert: *Winkler*, GS 1911 (Jg. 78), S.).

WINKLER, Heinrich August: Weimar 1918-1933. Die Geschichte der ersten deutschen Demokratie, München 1993. (zitiert: *Winkler*, Weimar, S.).

WINTERFELD, Achim von: Entwicklungslinien des Strafrechts und des Strafprozeßrechts in den Jahren 1947 bis 1987, in: Neue Juristische Wochenschrift 1987, 2631 ff. (zitiert: *Winterfeld*, NJW 1987, S.).

WOHLERS, Wolfgang: Entstehung und Funktion der Staatsanwaltschaft, Ein Beitrag zu den rechtshistorischen und strukturellen Grundlagen des reformierten Strafverfahrens, Berlin 1994. (zitiert: *Wohlers*, Staatsanwaltschaft, S.).

ZACHARIÄ, Heinrich Albert: Grundlinien des gemeinen deutschen Criminal-Processes, Göttingen 1837, Nachdruck 1997. (zitiert: *Zachariä*, Grundlinien, S.).

ZACHARIÄ, Heinrich Albert: Ueber die Lossprechung von der Instanz, in: Archiv des Criminalrechts 1839, 371-395. (zitiert: *Zachariä*, AdC 1839, S.).

ZACHARIÄ, Heinrich Albert: Die Gebrechen und die Reform des deutschen Strafverfahrens, Göttingen 1846, Nachdruck 1996. (zitiert: *Zachariä*, Gebrechen, S.).

ZACHARIÄ, Heinrich Albert: Handbuch des Deutschen Strafprozesses, 1. Band, Göttingen 1861, Nachdruck 1996. (zitiert: *Zachariä*, Handbuch 1, S.).

ZACHARIÄ, Heinrich Albert: Handbuch des Deutschen Strafprozesses, 2. Band, Göttingen 1868, Nachdruck 1996. (zitiert: *Zachariä*, Handbuch 2, S.).

ZIEMBA, Hartmut: Die Wiederaufnahme des Verfahrens zuungunsten des Freigesprochenen oder Verurteilten (§§ 362 ff. StPO), Marburg 1974. (zitiert: *Ziemba*, Wiederaufnahme, S.).

ZOPFS, Jan: Der Grundsatz „in dubio pro reo", Baden-Baden 1999. (zitiert: *Zopfs*, In dubio pro reo, S.).

ZWENGEL, Otto: Das Strafverfahren in Deutschland von der Zeit der Carolina bis zum Beginn der Reformbewegung des 19. Jahrhunderts, Bad Homburg 1963. (zitiert: *Zwengel*, Strafverfahren, S.).

Quellenverzeichnis

I. Gedruckte Quellen

1. Deutsche Partikularstaaten

1.1 Quellensammlungen (in alphabetischer Anordnung)

Haeberlin, Carl Franz Wolff Jérôme, Sammlung der neuen deutschen Strafprocessordnungen mit Einschluss der französischen und belgischen so wie der Gesetze über Einführung des mündlichen und öffentlichen Strafverfahrens mit Schwurgerichten, Nachdruck der Ausgabe Greifswald 1852, Goldbach 1996.

Schubert, Werner / *Regge* Jürgen, Gesetzrevision (1825-1848), I. Abteilung Straf- und Strafprozeßrecht, Quellen zur preußischen Gesetzgebung des 19. Jahrhunderts, Bd. 1: Strafrecht (Ministerium Danckelmann; 1827-1830) Vaduz/Liechtenstein 1981; Bd. 2: Straf- und Strafprozeßrecht (Ministerium Danckelmann; 1828-1830) Vaduz 1982; Bd. 5 Straf- und Strafprozeßrecht, Entwurf des Strafgesetzbuchs von 1843, Revision des Strafgesetzbuchs von 1843 und revidierter Entwurf der Strafprozeßordnung von 1841 (Ministerien Kampz und Savigny), Vaduz 1994 und Bd. 6 Straf- und Strafprozeßrecht, Entwurf eines Strafgesetzbuchs (1845-1848), Gesetz vom 17.7.1846 betreffend das Verfahren in den bei dem Kammergericht und dem Kriminalgericht zu Berlin zu führenden Untersuchungen, Teil 2, Vaduz 1996.

Sellert, Wolfgang / *Rüping*, Hinrich, Studien- und Quellbuch zur Geschichte der deutschen Strafrechtspflege, Band 1, Aalen 1989.

Stenglein, Melchior, Sammlung der deutschen Strafgesetzbücher: Bayern, Oldenburg, Sachsen-Altenburg, Württemberg, Braunschweig 1858.

Sundelin, P., Sammlung der neuern deutschen Gesetze über Gerichtsverfassung und Strafverfahren, Berlin 1861.

1.2 Einzelquellen (in chronologischer Anordnung)

1.2.1 Baden

Strafedikt von 1803, abgedruckt in: *Rhenanus*, Das großherzoglich badische Straf-Edikt mit seinen Erläuterungen und Zusätzen hrsg. v. Rhenanus, Mannheim 1823.

https://doi.org/10.1515/9783110751703-014

Entwurf der Strafproceßordnung für das Großherzogthum Baden, Karlsruhe 1835.

Entwurf einer Strafproceß-Ordnung für das Großherzogthum Baden, abgedruckt als Beilage Nr. 7 zum Protokoll der 5. Öffentlichen Sitzung vom 29. November 1843, in Verhandlungen der Stände-Versammlung des Großherzogthums Baden im Jahre 1843 – 44, Enthaltend die Protokolle der zweiten Kammer mit deren Beilagen, Neuntes Beilagenheft, Karlsruhe.

Motive zu dem Entwurf einer Strafproceß-Ordnung für das Großherzogthum Baden, abgedruckt im Anschluss an den Entwurf in Verhandlungen der Stände-Versammlung des Großherzogthums Baden im Jahre 1843 – 44, Enthaltend die Protokolle der zweiten Kammer mit deren Beilagen, Neuntes Beilagenheft, Karlsruhe.

Entwurf einer Strafprozeßordnung, Nach den Beschlüssen der zweiten Kammer, abgedruckt als Beilage Nr. 161 zum Protokoll der 27. Sitzung vom 29. April 1844 in: Verhandlungen der Stände-Versammlung des Großherzogthums Baden im Jahre 1843 – 44, Enthaltend die Protokolle der ersten Kammer und deren Beilagen, Zweites Beilagenheft, Karlsruhe.

Comissionsbericht über den Entwurf einer Strafprozeßordnung, abgedruckt als Beilage Nr. 270 in Verhandlungen der Stände-Versammlung des Großherzogthums Baden im Jahr 1843-44, Enthaltend die Protokolle der ersten Kammer mit deren Beilagen, Drittes Beilagenheft, Karlsruhe.

Verhandlungen der Stände-Versammlung des Großherzogthums Baden im Jahre 1843-45, Enthaltend die Protokolle der ersten Kammer mit deren Beilagen, Drittes Protokollheft, Karlsruhe.

Verhandlungen der Stände-Versammlung des Großherzogthums Baden im Jahre 1843-44, Enthaltend die Protokolle der zweiten Kammer, Viertes Protokollheft, Karlsruhe 1844.

Verhandlungen der Stände-Versammlung des Großherzogthums Baden im Jahre 1843/45, Enthaltend die Protokolle der zweiten Kammer mit deren Beilagen, Zehntes Protokollheft, Karlsruhe.

Verhandlungen der Stände-Versammlung des Großherzogthums Baden im Jahre 1843-44, Enthaltend die Protokolle der zweiten Kammer mit deren Beilagen, Neuntes Beilagenheft, Karlsruhe.

Commissions-Bericht (Nr. 4) über den Entwurf einer Strafprozeßordnung, abgedruckt in: Verhandlungen der Stände-Versammlung des Großherzogthums Baden im Jahre 1843/44, Enthaltend die Protokolle der zweiten Kammer mit deren Beilagen, Elftes Beilagenheft, Karlsruhe.

Strafproceßordnung für das Großherzogthum Baden vom 6. März 1845, abgedruckt in: *Haeberlin*, Sammlung der neuen deutschen Strafprocessordnungen, S. 370-421.

Entwurf vom 13. Mai 1848 mit Begründung, abgedruckt als Beilage Nr. 3 zum Protocoll der 65. öffentlichen Sitzung vom 13. Mai 1848 in Verhandlungen der Stände-Versammlung des Großherzogthums Baden in den Jahren 1847-48, Enthaltend die Protokolle der zweiten Kammer mit deren Beilagen, Siebentes Beilagenheft, Karlsruhe.

Commissions-Bericht über den Gesetzes-Entwurf in Betreff der theilweisen Einführung der Schwurgerichte im Großherzogthum Baden, Erstattet von dem Abgeordneten Mittermaier, abgedruckt als Beilage Nr. 2 zum Protokoll der 73. öffentlichen Sitzung vom 21. Juli 1848, abgedruckt in Verhandlungen der Stände-Versammlung des Großherzogthums Baden in den Jahren 1847-48, Enthaltend die Protokolle der zweiten Kammer mit deren Beilagen, Siebentes Beilagenheft, S. 385 ff., Karlsruhe.

Endgültige Fassung des Entwurfs nach den Beschlüssen der zweiten Kammer vom 14. Oktober 1848, abgedruckt als Beilage Nr. 4 zum Protokoll der 81. Sitzung vom 14. Oktober 1848 in Verhandlungen der Stände-Versammlung des Großherzogthums Baden im Jahre 1847-49, Enthaltend die Protokolle der zweiten Kammer mit deren Beilagen, Sechstes Protokollheft, Karlsruhe 1850.

Verhandlungen der Stände-Versammlung des Großherzogthums Baden in den Jahren 1847-48, Enthaltend die Protokolle der zweiten Kammer mit deren Beilagen, Siebentes Beilagenheft, Karlsruhe.

Entwurf einer revidierten Strafprozeßordnung für das Großherzogthum Baden, abgedruckt als Beilage Nr. 3 zum Protokoll der 161. öffentlichen Sitzung vom 22. März 1849 in Verhandlungen der Stände-Versammlung des Großherzogthums Baden in den Jahren 1847/49, Enthaltend die Protokolle der zweiten Kammer mit deren Beilagen, Zehntes Beilagenheft, S. 1 ff., Karlsruhe.

Commissionsbericht über den Gesetzentwurf, die revidierte Strafprozeßordnung betreffend, Erstattet von dem Abgeordneten v. Stockhorn, abgedruckt als Beilage Nr. 1 zum Protokoll der 173. öffentlichen Sitzung vom 24. April 1849 in Verhandlungen der Stände-Versammlung des Großherzogthums Baden in den Jahren 1847/49, Enthaltend die Protokolle der zweiten Kammer mit deren Beilagen, Zehntes Beilagenheft, S. 65 ff., Karlsruhe.

Verhandlungen der Stände-Versammlung des Großherzogthums Baden in den Jahren 1847/49, Enthaltend die Protokolle der zweiten Kammer mit deren Beilagen, Zehntes Beilagenheft, Karlsruhe.

Entwurf und Begründung eines Schwurgerichtsgesetzes, abgedruckt in: Verhandlungen der Stände-Versammlung des Großherzogthums Baden in den Jahren 1850 und 1851, Enthaltend die Protokolle der zweiten Kammer mit deren Beilagen, Siebentes Beilagenheft, S. 129 ff., Karlsruhe.

Commissions-Bericht zum Entwurf eines Schwurgerichtsgesetzes, erstattet von dem Abgeordneten Trefort, abgedruckt als Beilage Nr. 1 zu der 56. öffentlichen Sitzung vom 5. Dezember 1850 in Verhandlungen der Stände-Versammlung des Großherzogthums Baden in den Jahren 1850 und 1851, Enthaltend die Protokolle der zweiten Kammer mit deren Beilagen, Siebentes Beilagenheft, S. 207 ff., Karlsruhe.

Gesetz, die Einführung des Strafgesetzbuchs, des neuen Strafverfahrens und die Schwurgerichte betreffend vom Februar 1851, abgedruckt in *Haeberlin*, Sammlung der neuen deutschen Strafprocessordnungen, S. 422-446.

Entwurf einer Strafprozeß-Ordnung mit Begründung, abgedruckt in: Verhandlungen der Stände-Versammlung des Großherzogthums Baden in den Jahren 1861/63. Enthaltend die Beilagen zu den Protokollen der zweiten Kammer, Viertes Beilagenheft, zweite Hälfte, S. 806 ff., Karlsruhe 1863.

Commissions-Bericht über den Entwurf einer Strafprozeßordnung, erstattet von dem Abgeordneten Prestinari, abgedruckt in: Verhandlungen der Stände-Versammlung des Großherzogthums Baden in den Jahren 1861/63. Enthaltend die Beilagen zu den Protokollen der zweiten Kammer, Sechstes Beilagenheft, zweite Hälfte, S. 594 ff., Karlsruhe 1863.

Strafprozeßordnung für das Großherzogthum Baden vom 18. März 1864, Karlsruhe 1864.

1.2.2 Bayern

Codex Juris Bavarici von 1751, abgedruckt in *Sellert/Rüping*, Studien- und Quellbuch Bd. 1.

Entwurf eines peinlichen Gesetzbuches für die kurpfalzbaierischen Staaten, München 1802, neu hrsg. v. Werner *Schmid* 1988.

Strafgesetzbuch für das Königreich Baiern. Zweiter Theil. Von dem Prozess in Strafsachen, München 1813.

Anmerkungen zum Strafgesetzbuche für das Königreich Baiern. Nach den Protokollen des königlichen geheimen Raths. Erster Band, München 1813.

Entwurf eines Gesetzbuches über das Verfahren in Strafsachen (mit Motiven), Beylage LXXX, München 1831.

Gesetz, die Abänderung einiger Bestimmungen des zweiten Theiles des Strafgesetzbuches vom Jahre 1813 betreffend, abgedruckt in: Gesetz-Blatt für das Königreich Bayern, Nr. 25 vom 23. November 1848, S. 233 ff.

Gesetz-Entwurf die Rechtsmittel gegen die von dem Assisenhofe erlassenen Urtheile betreffend (mit Motiven), abgedruckt als Beilage IX in: Verhandlungen des ständigen Gesetzgebungsausschusses der Kammer der Abgeordneten des Königreichs Bayern im Jahre 1848, Erster Beilagen-Band. Enthaltend die Beilagen I-IX einschlüssig, München 1848.

Vortrag des Abgeordneten Dr. v. *Scheurl* über den Gesetzentwurf, die Rechtsmittel gegen die an dem Assisenhof erlassenen Urtheile betreffend, abgedruckt als Beilage Nr. XV. in: Verhandlungen des ständigen Gesetzgebungsausschusses der Kammer der Abgeordneten des Königreichs Bayern im Jahre 1848, Zweiter Beilagen-Band. Enthaltend die Beilagen X-XX einschlüssig, München 1848.

Vortrag des Abgeordneten *von Habermann* über den Gesetzentwurf, die Einführung der Schwurgerichte betreffend, abgedruckt als Beilage Nr. II in: Verhandlungen des ständigen Gesetzgebungsausschusses der Kammer der Abgeordneten des Königreichs Bayern im Jahre 1848, Erster Beilagen-Band. Enthaltend die Beilagen I-IX einschlüssig, München 1848.

Verhandlungen der Kammer der Reichsräthe des Königreichs Bayern vom Jahre 1848, Erster Beilagen-Band, München.

Verhandlungen des Gesetzgebungs-Ausschusses der Kammer der Reichsräthe vom Jahre 1848, Dritter Band, München.

Verhandlungen des ständigen Gesetzgebungsausschusses der Kammer der Abgeordneten des Königreichs Bayern im Jahre 1848, erster Protokoll-Band, Enthaltend die Protokolle von I.-LI. einschlüssig, München 1848.

Entwurf eines Gesetzes, die Revision des Strafprozess-Gesetzes vom 10. November 1848 betreffend vom 13. April 1850, abgedruckt als Beilage LXXXVII in: Verhandlungen der Kammer der Reichsräthe des Königreichs Bayern vom Jahre 1850, Vierter Beilagen-Band, München.

Protokoll des ersten Ausschusses der Kammer der Reichsräthe über den Gesetzentwurf: die Revision des Strafprozeßgesetzes vom 10. November 1848 betreffend, abgedruckt als Beilage CLIX in: Verhandlungen der Kammer der Reichsräthe des Königreichs Bayern vom Jahre 1850, Sechster Beilagen-Band, München.

Entwurf eines Strafprozeßgesetzbuches für das Königreich Bayern, München 1870.

1.2.3 Hannover

Strafprocessordnung für das Königreich Hannover vom 8. November 1850, abgedruckt in: *Haeberlin*, Sammlung der neuen deutschen Strafprocessordnungen, S. 279 ff.

Revidierte Strafprocess-Ordnung vom 5. April 1859, abgedruckt in: *Sundelin*, Sammlung der neuern deutschen Gesetze, S. 117 ff.

1.2.4 Hessen (Großherzogtum)

Entwurf einer Strafprocess-Ordnung von 1860, abgedruckt in: *Sundelin*, Sammlung der neuern deutschen Gesetze, S. 204 ff.

1.2.5 (Kur-)Hessen

Gesetz, betreffend die Umbildung des Strafverfahrens vom 31. Oktober 1848, abgedruckt in: *Haeberlin*, Sammlung der neuen deutschen Strafprocessordnungen.

Gesetz vom 28. Oktober 1863 das Strafverfahren betreffend (Straf-Prozeß-Gesetz), abgedruckt in: Gesetze vom 28. Oktober 1863, betreffend a. die Gerichtsverfassung, b. das Verfahren in bürgerlichen Rechtsstreitigkeiten, c. das Strafverfahren, Kassel.

1.2.6 Oldenburg

Entwurf eines Gesetzes über das Schwur-Gericht nebst Beweggründen. Amtlicher Abdruck, Oldenburg 1850.

1.2.7 Österreich

Strafproceß-Ordnung vom 17. Jänner 1850, abgedruckt in: *Haeberlin*, Sammlung der neuen deutschen Strafprocessordnungen.

Strafprocess-Ordnung für das Kaiserthum Österreich vom 29. Juli 1853, abgedruckt in: *Sundelin*, Sammlung der neuern deutschen Gesetze S. 3 ff.

Strafproceß-Ordnung vom 23. Mai 1873, abgedruckt in: Reichsgesetzblatt für die im Reichsrathe vertretenen Königreiche und Länder, XLII. Stück, ausgegeben und versendet am 30. Juni 1873, S. 400 ff.

1.2.8 Preußen

Criminalordnung von 1805, abgedruckt in: Criminal-Ordnung für die Preußischen Staaten nebst der Verordnung vom 3. Januar 1849, 3. Auflage, Berlin 1860.

Vom Revisor vorgelegter Erster Entwurf der Straf-Prozeß-Ordnung für die Preußischen Staaten von 1828 mit Motiven, abgedruckt in: *Schubert/Regge*, Gesetzrevision, Abt. 1 Bd. 2 S. 553 ff.

Entwurf der Straf-Prozeß-Ordnung für die Preußischen Staaten, Gesetz-Revision Pensum II., Berlin 1829.

Revidierter Entwurf der Strafprozeß-Ordnung für die Preußischen Staaten und Motive, Berlin 1841, abgedruckt in: *Schubert/Regge*, Gesetzrevision (1825 – 1848), I. Abteilung, Bd. 5.

Entwurf des Gesetzes von 1846, abgedruckt in: *Schubert/Regge*, Gesetzrevision (1825 – 1848), I. Abteilung, Bd. 6 Teil 2, S. 1359-1370.

Verhandlungen der Staatsraths-Kommission vom 19., 23. und 26. Mai 1846, abgedruckt in: *Schubert/Regge*, Gesetzrevision (1825-1848), I. Abteilung, Bd. 6 Teil 2.

Denkschrift zu dem Entwurf einer Verordnung über das beim Kriminal- und Kammergericht zu Berlin einzuführende Straf-Prozeßverfahren, abgedruckt in: *Schubert / Regge*, Gesetzrevision (1825-1848), I. Abteilung, Bd. 6 Teil 2, S. 1371 ff.

Das Gesetz betreffend das Verfahren in den bei dem Kammergericht und dem Kriminalgericht zu Berlin zu führenden Untersuchungen vom 17. Juli 1846, abgedruckt in: *Schubert/Regge*, Gesetzrevision (1825-1848), I. Abteilung, Bd. 6 Teil 2, S. 1489-1512.

Verfassungs-Urkunde für den preußischen Staat vom 5. Dezember 1848, Berlin 1848.

Verordnung vom 3. Januar 1849 über die Einführung des mündlichen und öffentlichen Verfahrens mit Geschworenen in Untersuchungssachen und Motive, abgedruckt in: Vollständige Materialien zu der Verordnung vom 3. Januar 1849 und dem Gesetze vom 3. Mai 1852, betreffend die Einführung des mündlichen und öffentlichen Verfahrens mit Geschworenen in Untersuchungssachen (Motive, Kommissionsberichte und Kammer-Verhandlungen), Berlin 1852.

Vollständige Materialien zu der Verordnung vom 3. Januar 1849 und dem Gesetze vom 3. Mai 1852, betreffend die Einführung des mündlichen und öffentlichen Verfahrens mit Geschworenen in Untersuchungssachen (Motive, Kommissionsberichte und Kammer-Verhandlungen), Berlin 1852.

Entwurf einer Strafprozeß-Ordnung für die Preußischen Staaten von 1851, abgedruckt in: Justizministerialblatt für die preußische Gesetzgebung und Rechtspflege 1851, S. 85 ff.

Kommissionsbericht der Zweiten Kammer zu §§ 151-156, abgedruckt in: Vollständige Materialien zu der Verordnung vom 3. Januar 1849 und dem Gesetze vom 3. Mai 1852, betreffend die Einführung des mündlichen und öffentlichen Verfahrens mit Geschworenen in Untersuchungssachen (Motive, Kommissionsberichte und Kammer-Verhandlungen), S. 166 f., Berlin 1852.

Kommissionsbericht der Ersten Kammer zu §§ 151-156, abgedruckt in: Vollständige Materialien zu der Verordnung vom 3. Januar 1849 und dem Gesetze vom 3. Mai 1852, betreffend die Einführung des mündlichen und öffentlichen Verfahrens mit Geschworenen in Untersuchungssachen (Motive, Kommissionsberichte und Kammer-Verhandlungen), S. 783 f., Berlin 1852.

Gesetz vom 3. Mai 1852 betreffend die Zusätze zu der Verordnung vom 3. Januar 1849 über die Einführung des mündlichen und öffentlichen Verfahrens mit Geschworenen in Untersuchungssachen, abgedruckt in: Vollständige Materialien zu der Verordnung vom 3. Januar 1849 und dem Gesetze vom 3. Mai 1852, betreffend die Einführung des mündlichen und öffentlichen Verfahrens mit Geschworenen in Untersuchungssachen (Motive, Kommissionsberichte und Kammer-Verhandlungen), Berlin 1852.

Entwurf einer Strafprozeß-Ordnung für den Preußischen Staat von 1865. Nebst motivierenden Anmerkungen, Berlin 1865.

Strafprozeß-Ordnung für die durch das Gesetz vom 20. September 1866 und die beiden Gesetze vom 24. Dezember 1866 mit der Monarchie vereinigten Landestheile, mit Ausschluß des vormaligen Oberamtbezirks Meisenheim und Enklave Kaulsdorf, Berlin 1867.

1.2.9 Sachsen

Entwurf eines Criminalgesetzbuchs für das Königreich Sachsen, Dresden 1824.

Gesetz einige Abänderungen in dem Verfahren in Untersuchungssachen betreffend, vom 30. März 1838.

Entwurf einer Criminal-Proceßordnung für das Königreich Sachsen mit Motiven, 1842, abgedruckt in: Landtags-Acten vom Jahre 1842, Erste Abtheilung, Erster Band, S. 3 ff.

Bericht der Deputation der zweiten Kammer vom 5. November 1842, abgedruckt in: Landtags-Acten von den Jahren 1842/43, Beilagen zu den Protocollen der zweiten Kammer, Erste Sammlung, Buchstabe A.

Dekret vom 25. Januar 1843, abgedruckt in: Landtags-Acten 1843, Erste Abtheilung, Zweiter Band, S. 155.

Entwurf einer Straf-Proceß-Ordnung für das Königreich Sachsen. Nebst Motiven und Inhaltsverzeichnisse, Dresden 1853.

Bericht der außerordentlichen Deputation der Ersten Kammer, abgedruckt in: Mittheilungen über die Verhandlungen des außerordentlichen Landtags im Königreiche Sachsen während des Jahres 1854. Zweite Kammer, Dresden.

Die Strafproceßordnung für das Königreich Sachsen vom 11. August 1855, abgedruckt in: *Sundelin*, Sammlung der neuern deutschen Gesetze S. 637 ff.

Revidierte Strafprozeßordnung für das Königreich Sachsen, abgedruckt in: Gesetz- und Verordnungsblatt für das Königreich Sachsen vom Jahre 1868, zweite Abtheilung, S. 1036 ff.

1.2.10 Württemberg

Entwurf einer Straf-Prozeß-Ordnung für das Königreich Württemberg, Stuttgart 1820.

Entwurf einer Straf-Prozeß-Ordnung für das Königreich Württemberg, Stuttgart und Tübingen 1828.

Verhandlungen der Kammer der Abgeordneten des Königreichs Württemberg auf dem Landtage 1841-43, Vierzehnter Band, Erstes Beilagenheft, erste Abtheilung, enthaltend den revidierten Entwurf einer Strafprozeß-Ordnung sammt dem hierüber erstatteten Hauptberichte der Commission der Kammer der Abgeordneten.

Revidierter Entwurf einer Straf-Proceß-Ordnung für das Königreich Württemberg von 1939, Stuttgart 1840.

Strafprozeß-Ordnung für das Königreich Württemberg vom 22. Juni 1843, abgedruckt in: *Haeberlin*, Sammlung der neuen deutschen Strafprocessordnungen, S. 525 ff.

Verordnung, betreffend ein mündliches und öffentliches Anklageverfahren in Pressprocesssachen vom 25. Juli 1848, abgedruckt in: *Sundelin*, Sammlung der neuern deutschen Gesetze S. 191-194.

Gesetz, betreffend die Abänderung einiger Bestimmungen des Strafgesetzbuches und der Strafprocess-Ordnung vom 13. August 1849, abgedruckt in: *Sundelin*, Sammlung der neuern deutschen Gesetze S. 194-195.

Gesetz über das Verfahren in Strafsachen, welche vor die Schwurgerichtshöfe gehören vom 14. August 1849, abgedruckt in: *Haeberlin*, Sammlung der neuen deutschen Strafprocessordnungen, S. 600-636.

Vortrag des Ministeriums der Justiz an die Ständeversammlung, betreffend einen Gesetz-Entwurf über das Verfahren in Strafsachen, welche vor die Schwurgerichte gehören, abgedruckt in: Verhandlungen der Württembergischen Kammer der Abgeordneten. Erster Beilagenband. Enthaltend den Rechenschafts-Bericht des ständischen

Ausschusses, Gesetzes-Entwürfe, Commissions-Berichte, Motionen, Adressen und Noten, Erste Abtheilung, Beilage I-CCCXLI, S. 242 ff., Stuttgart 1849.

Gesetz vom 1. April 1852, betreffend die fortdauernde Wirksamkeit der provisorischen Strafprozeßordnung vom 22. Juni 1843, abgedruckt in: *Sundelin*, Sammlung der neuern deutschen Gesetze S. 196.

Entwurf einer Strafprozeßordnung für das Königreich Württemberg, Stuttgart 1863.

Bericht der Abtheilung der Justizgesetzgebungscommission der Kammer der Abgeordneten über Strafprozeß, betreffend den Entwurf einer Strafprozeßordnung für das Königsreich Württemberg, abgedruckt in: Verhandlungen der Württembergischen Kammer der Abgeordneten im September und October 1866, Erster Beilagenband, erstes Heft, S. 362 ff., Stuttgart 1866.

Verhandlungen der Württembergischen Kammer der Abgeordneten im September und October 1866, Erster Beilagenband, erstes Heft, Stuttgart 1866.

Nachträglicher Bericht der Abtheilung der Justizgesetzgebungscommission der Kammer der Abgeordneten über Strafproceß, betreffend den Entwurf einer Strafproceßordnung für das Königreich Württemberg, abgedruckt als Beilage 112 in: Verhandlungen der Württembergischen Kammer der Abgeordneten in den Jahren 1867 bis 68, Erster Beilagen-Band, Dritte Abtheilung, Beilage 72-268, Stuttgart 1867-68.

Der Entwurf eines Gesetzes über die Gerichtsverfassung und der Entwurf einer Strafprozeß-Ordnung für das Königreich Württemberg mit den Motiven, abgedruckt in: Die Reform der Justizgesetzgebung im Königreich Württemberg, Gesetz-Entwürfe mit Motiven, Nach den Vorlagen des Königlichen Justizministeriums an die Ständeversammlung, Erste Abtheilung, I. Gerichtsverfassung, II. Strafprozeß-Ordnung, Stuttgart 1867.

Strafprozeßordnung für das Königreich Württemberg, abgedruckt in: Regierungsblatt für das Königreich Württemberg, ausgegeben Stuttgart, Dienstag 26. Mai 1868, S. 205 ff.

2. Zur Reichsstrafprozessordnung

2.1 Quellensammlungen

Hahn, Carl, Die gesammten Materialien zu den Reichs-Justizgesetzen, Dritter Band, Materialien zur Strafprozeßordnung, Erste Abtheilung, Berlin 1880 und Zweite Abtheilung, 2. Auflage, Berlin 1886.

Schubert, Werner / *Regge*, Jürgen, Entstehung und Quellen der Strafprozeßordnung von 1877, Frankfurt am Main 1989.

2.2 Einzelquellen

Entwurf einer Deutschen Strafprozeß-Ordnung, Berlin im Januar 1873.

Motive zu dem Entwurf einer Deutschen Strafprozeß-Ordnung, Berlin 1872.

Entwurf nach den Beschlüssen der von dem Bundesrath eingesetzten Kommission vom Juli 1873, abgedruckt in: *Schubert/Regge*, Entstehung und Quellen, S. 293 ff.

Motive zu dem Entwurf einer Deutschen Strafprozeß-Ordnung. Nach den Beschlüssen der von dem Bundesrath eingesetzten Kommission, Berlin 1873.

Entwurf einer Straf-Prozeß-Ordnung für das Deutsche Reich. Mit Motiven und Anlagen. Besonderer Abdruck der Vorlage für den Reichstag, Berlin 1874.

Reichsstrafprozeßordnung vom 1. Februar 1877, RGBl. I. 1877 S. 253-346.

3. 20. Jahrhundert

3.1 Quellensammlungen

Schubert, Werner, Protokolle der Kommission für die Reform des Strafprozesses (1903-1905), Erster Band: Erste Lesung, Frankfurt am Main 1991.

Schubert, Werner, Protokolle der Kommission für die Reform des Strafprozesses (1903-1905), Zweiter Band: Zweite Lesung und Zusammenstellung der Beschlüsse, Frankfurt am Main 1991.

Schubert, Werner, Entwürfe einer Strafprozessordnung und Novelle zum Gerichtsverfassungsgesetz nebst Begründung, Bundesratsvorlage von

1908 (einschließlich der von Bundesrat beschlossenen Änderungen) Reichstagsvorlage von 1909, Frankfurt am Main 1991.

Schubert, Werner, Protokolle der Reichstagsverhandlungen, Bericht der 7. Kommission des Reichstags (1910–1911), zur Beratung der Entwürfe einer Strafprozeßordnung und eines Gesetzes, betreffend Änderungen des Gerichtsverfassungsgesetzes, Frankfurt am Main 1991.

Schubert, Werner / *Regge*, Jürgen / *Rieß*, Peter / *Schmid*, Werner: Quellen zur Reform des Straf- und Strafprozeßrechts, I. Abtheilung Weimarer Republik (1918-1932), Band 4, Von dem Entwurf eines Gesetzes über den Rechtsgang in Strafsachen (1919/20) bis zu der Verordnung über Gerichtsverfassung und Strafrechtspflege (lex Emminger) vom 04.01.1924, Berlin/New York 1999.

Schubert, Werner / *Regge*, Jürgen / *Rieß*, Peter / *Schmid*, Werner, Quellen zur Reform des Straf- und Strafprozeßrechts, I. Abtheilung, Weimarer Republik (1918-1932), Band 5, Entwürfe zu einem Strafvollzugsgesetz (1927-1932) und zu einem Einführungsgesetz zum Allgemeinen Deutschen Strafgesetzbuch und zum Strafvollzugsgesetz (1929-1930), Nachtrag zu Band III 2, 3 (Strafverfahrensrecht), Berlin/New York 1999.

Schubert, Werner / *Regge*, Jürgen / *Rieß*, Peter / *Schmid*, Werner, Quellen zur Reform des Straf- und Strafprozeßrechts, III. Abtheilung, NS-Zeit (1933 - 1939) – Strafverfahrensrecht, Band 1, Entwürfe zu einer Strafverfahrensordnung und einer Friedens- und Schiedsordnung (1936 - 1939), Berlin 1991.

Schubert, Werner / *Regge*, Jürgen / *Rieß*, Peter / *Schmid*, Werner, Quellen zur Reform des Straf- und Strafprozeßrechts, III. Abtheilung, NS-Zeit (1933 -1939) – Strafverfahrensrecht, Band 2, Protokolle der Großen Strafprozeßkommission des Reichsjustizministeriums (1936-1938), 2. Teil, Abschluß der ersten Lesung (Urteilsrüge, Wahrung der Rechtseinheit, Wiederaufnahme des Verfahrens, besondere Verfahrensarten, Verfahren mit besonderen Zwecken, Kosten, richterliches Eröffnungsverfahren), Beginn der zweiten Lesung (Vorverfahren), Berlin 1992.

Schubert, Werner / *Regge*, Jürgen / *Rieß*, Peter / *Schmid*, Werner, Quellen zur Reform des Straf- und Strafprozeßrechts, III. Abtheilung, NS-Zeit (1933 -1939) – Strafverfahrensrecht, Band 2, Protokolle der Großen Strafprozeßkommission des Reichsjustizministeriums (1936-1938), 3. Teil, 2. Lesung des Entwurfs einer Strafverfahrensordnung (mit Ausnahme des Vorverfahrens), Berlin 1993.

Schubert, Werner, Akademie für Deutsches Recht 1933-1945. Protokolle der Ausschüsse Band VII, Ausschüsse für Strafprozeßrecht und Strafrechtsangleichung (1934-1941), Frankfurt a. M. 1998.

Die Strafrechtsnovellen vom 28. Juni 1935 und die amtlichen Begründungen zu diesen Gesetzen, Berlin 1935.

3.2 Einzelquellen

Antrag *Munckel*, *Meibauer*, *Lenzmann* eines Gesetzes zur Abänderung des Gerichtsverfassungsgesetzes und der Strafprozeßordnung, abgedruckt als Anlage Nr. 117 in: Stenographische Berichte über die Verhandlungen des Reichstages, 5. Legislaturperiode, II. Session 1882/83, Fünfter Band, Anlagen zu den Verhandlungen des Reichstages Nr. 1 bis 195, Berlin 1883.

Mündlicher Bericht der XII. Kommission, abgedruckt als Anlage Nr. 149 in: Stenographische Berichte über die Verhandlungen des Reichstages, 5. Legislaturperiode, IV. Session 1884, Vierter Band, Anlagen zu den Verhandlungen des Reichstages Nr. 60 bis 196 und Sachregister, Berlin 1884.

Entwurf eines Gesetzes, betreffend Aenderungen der Civilproceßordnung und der Strafprozeßordnung sowie die Bestrafung falscher uneidlicher Aussagen, abgedruckt als Anlage Nr. 108 in: Stenographische Berichte über die Verhandlungen des Reichstages, 10. Legislaturperiode, I. Session 1898-1900, Zweiter Anlagenband, Nr. 96 bis 269 der amtlichen Drucksachen enthaltend, Berlin 1899.

Bericht der VI. Kommission, abgedruckt als Anlage Nr. 203 in: Stenographische Berichte über die Verhandlungen des Reichstages, 10. Legislaturperiode, I. Session 1898-1900, Zweiter Anlagenband, Nr. 96 bis 269 der amtlichen Drucksachen enthaltend, Berlin 1899.

Verhandlungen des Reichstages, 12. Legislaturperiode, I. Session Band 238 und Band 254, Berlin 1909.

Verhandlungen des Reichstages, 12. Legislaturperiode, II. Session Band 258 und Band 270, Berlin 1910/1911.

Antrag *Bassermann*, *Schiffer*, abgedruckt in: Verhandlungen des Reichstages, 13. Legislaturperiode, I. Session Band 303 Aktenstück Nr. 1218, Berlin 1914.

Entwurf eines Gesetzes über den Rechtsgang in Strafsachen, abgedruckt in: *Schubert*, I. Abt. Weimarer Republik, Bd. 4, S. 51 ff.

Gesetz zur Entlastung der Gerichte, RGBl. I 1921, S. 229 ff.

Bekanntmachung der Texte des Gerichtsverfassungsgesetzes und der Strafprozeßordnung vom 22. März 1924, RGBl. I 1924, 299 ff.

Entwurf eines Einführungsgesetzes zum Allgemeinen Deutschen Strafgesetzbuch und zum Strafvollzugsgesetz 1930 (Reichstagsvorlage), Nachdruck Bonn 1954.

Verhandlungen des sechsunddreißigsten Deutschen Juristentages (Lübeck), hrsg. v. dem Schriftführer-Amt der ständigen Deputation, Erster Band: Gutachten, Berlin und Leipzig 1931 und Zweiter Band: Stenographischer Bericht, Berlin 1932.

Aus der Akademie für Deutsches Recht. Sitzung des Unterausschusses für Strafprozeßrecht, in: Deutsche Justiz, 1934, S. 1326.

Gesetz zur Änderung von Vorschriften des Strafverfahrens und des Gerichtsverfassungsgesetzes vom 28. Juni 1935, RGBl. I 1935, 844 ff.

Neuordnung des Strafverfahrensrechts. Denkschrift des NS-Rechtswahrerbundes zum Entwurf einer Strafverfahrensordnung, einer Friedensrichter- und Schiedsmannsordnung und eines Gerichtsverfassungsgesetzes der amtlichen Strafprozeßkommission des Reichsjustizministeriums, Berlin 1937.

Dritte Verordnung zur Vereinfachung der Strafrechtspflege vom 29. Mai 1943, RGBl. I 1943, 342 ff.

Bayerische Verfassung, BayGVBl. 1946 Nr. 23.

Grundgesetz für die Bundesrepublik Deutschland, BGBl. I 1949, 1 ff.

Gesetz zur Wiederherstellung der Rechtseinheit auf dem Gebiete der Gerichtsverfassung, der bürgerlichen Rechtspflege, des Strafverfahrens und des Kostenrechts vom 12. September 1950, RGBl. I 1950, 455 ff.

Entwurf eines Gesetzes zur Änderung der Strafprozeßordnung und des Gerichtsverfassungsgesetzes (StPÄG) mit Begründung vom 7. Februar 1962, BT-Drs. IV/178.

Gesetz zur Änderung der Strafprozeßordnung und des Gerichtsverfassungsgesetzes vom 19. Dezember 1964, BGBl. I 1964, 1067 ff.

Denkschrift zur Reform des Rechtsmittelrechts und der Wiederaufnahme des Verfahrens im Strafprozeß, vorgelegt vom Strafrechtsausschuss der Bundesrechtsanwaltskammer, Tübingen 1971.

Entwurf eines Ersten Gesetzes zur Reform des Strafverfahrensrechts von 1972, BT-Drs. VI/3478.

Erstes Gesetz zur Reform des Strafverfahrensrechts (1. StVRG) vom 9. Dezember 1974, BGBl. I 1974, 3393 ff.

Entwurf eines Gesetzes zur Reform des Wiederaufnahmerechts, BT-Drs. 12/6219.

Entwurf eines Gesetzes zur Reform des strafrechtlichen Wiederaufnahmerechts von 1996, BT-Drs. 13/3594.

4. 21. Jahrhundert

Entwurf eines Gesetzes zur Reform des strafrechtlichen Wiederaufnahmerechts von 2007, BR-Drs. 655/07.

Protokoll der 130. Sitzung des Rechtsausschusses des Deutschen Bundestags am 18. März 2009 zu BT-Drs. 16/7957.

Stellungnahme der Bundesrechtsanwaltskammer zum Gesetzentwurf einer Reform des strafrechtlichen Wiederaufnahmerechts (BT-Drucks. 16/7957), abrufbar unter: https://www.brak.de/zur-rechtspolitik/stellungnahmen-pdf/stellungnahmen-deutschland/2009/maerz/stellungnahme-der-brak-2009-07.pdf

Stellungnahme des Deutschen Anwaltvereins durch den Strafrechtsausschuss zum Entwurf eines Gesetzes zur Reform des strafrechtlichen Wiederaufnahmerechts (BT-Drs. 16/7957), abrufbar unter: https://anwaltverein.de/de/newsroom/id-2009-04

Stellungnahme der Strafverteidigervereinigungen zum Entwurf eines Gesetzes (BT-Drucksache 16/7957) zur Reform des strafrechtlichen Wiederaufnahmerechts, abrufbar unter: https://www.strafverteidigervereinigungen.org/Material/Stellungnahmen/wiederaufnahme.html

Entwurf eines Gesetzes zur Reform des strafrechtlichen Wiederaufnahmerechts von 2010, BR-Drs. 222/10.

Bericht der Expertenkommission zur effektiveren und praxistauglicheren Ausgestaltung des allgemeinen Strafverfahrens und des jugendgerichtlichen Verfahrens, hrsg. v. Bundesministerium für Justiz und für Verbraucherschutz, Oktober 2015.

Die Erweiterung der Wiederaufnahmegründe in § 362 StPO um neue Untersuchungsmethoden, Wissenschaftliche Dienste des Deutschen Bundestags, WD 7 – 3000 – 121/16.

Koalitionsvertrag zwischen CDU, CSU und SPD für die 19. Legislaturperiode, „Ein neuer Aufbruch für Europa. Eine neue Dynamik für Deutschland. Ein neuer Zusammenhalt für unser Land, abrufbar unter: https://www.cdu.de/system/tdf/media/dokumente/koalitionsvertrag_2018.pdf?file=1

I. Unveröffentlichte Quellen

1. Bundesarchiv Berlin-Lichterfelde:

R 1401 Reichskanzleramt

1.1 BA R 1401/573
1.2 BA R 1401/574
1.3 BA R 1401/575
1.4 BA R 1401/578
1.5 BA R 1401/582
1.6 BA R 1401/584

R 3001 Reichsjustizministerium:

1.7 BA R 3001/5300
1.8 BA R 3001/5301
1.9 BA R 3001/5302
1.10 BA R 3001/5303
1.11 BA R 3001/5337
1.12 BA R 3001/5338
1.13 BA R 3001/5339
1.14 BA R 3001/5389
1.15 BA R 3001/5390
1.16 BA R 3001/5391
1.17 BA R 3001/5392
1.18 BA R 3001/12977

2. Geheimes Staatsarchiv Preußischer Kulturbesitz:

2.1 GStA PK, I. HA Rep. 84a Nr. 8064
2.2 GStA PK, I. HA Rep. 84a Nr. 8069
2.3 GStA PK, I. HA Rep. 84a Nr. 8070
2.4 GStA PK, I. HA Rep. 84a Nr. 8071
2.5 GStA PK, I. HA Rep. 84a Nr. 8072

3. Bayerisches Hauptstaatsarchiv München:

3.1 BayHStA, Landtag 3403

Juristische Zeitgeschichte

Herausgeber: Prof. Dr. Dr. Dr. h.c. Thomas Vormbaum, FernUniversität in Hagen

Abteilung 1: Allgemeine Reihe

1 *Thomas Vormbaum (Hrsg.):* Die Sozialdemokratie und die Entstehung des Bürgerlichen Gesetzbuchs. Quellen aus der sozialdemokratischen Partei und Presse (1997)
2 *Heiko Ahlbrecht:* Geschichte der völkerrechtlichen Strafgerichtsbarkeit im 20. Jahrhundert (1999)
3 *Dominik Westerkamp:* Pressefreiheit und Zensur im Sachsen des Vormärz (1999)
4 *Wolfgang Naucke:* Über die Zerbrechlichkeit des rechtsstaatlichen Strafrechts. Gesammelte Aufsätze zur Strafrechtsgeschichte (2000)
5 *Jörg Ernst August Waldow:* Der strafrechtliche Ehrenschutz in der NS-Zeit (2000)
6 *Bernhard Diestelkamp:* Rechtsgeschichte als Zeitgeschichte. Beiträge zur Rechtsgeschichte des 20. Jahrhunderts (2001)
7 *Michael Damnitz:* Bürgerliches Recht zwischen Staat und Kirche. Mitwirkung der Zentrumspartei am Bürgerlichen Gesetzbuch (2001)
8 *Massimo Nobili:* Die freie richterliche Überzeugungsbildung. Reformdiskussion und Gesetzgebung in Italien, Frankreich und Deutschland seit dem Ausgang des 18. Jahrhunderts (2001)
9 *Diemut Majer:* Nationalsozialismus im Lichte der Juristischen Zeitgeschichte (2002)
10 *Bianca Vieregge:* Die Gerichtsbarkeit einer „Elite". Nationalsozialistische Rechtsprechung am Beispiel der SS- und Polizeigerichtsbarkeit (2002)
11 *Norbert Berthold Wagner:* Die deutschen Schutzgebiete (2002)
12 *Miloš Vec:* Die Spur des Täters. Methoden der Identifikation in der Kriminalistik (1879–1933), (2002)
13 *Christian Amann:* Ordentliche Jugendgerichtsbarkeit und Justizalltag im OLG-Bezirk Hamm von 1939 bis 1945 (2003)
14 *Günter Gribbohm:* Das Reichskriegsgericht (2004)
15 *Martin M. Arnold:* Pressefreiheit und Zensur im Baden des Vormärz. Im Spannungsfeld zwischen Bundestreue und Liberalismus (2003)
16 *Ettore Dezza:* Beiträge zur Geschichte des modernen italienischen Strafrechts (2004)
17 *Thomas Vormbaum (Hrsg.):* „Euthanasie" vor Gericht. Die Anklageschrift des Generalstaatsanwalts beim OLG Frankfurt/M. gegen Werner Heyde u. a. vom 22. Mai 1962 (2005)
18 *Kai Cornelius:* Vom spurlosen Verschwindenlassen zur Benachrichtigungspflicht bei Festnahmen (2006)
19 *Kristina Brümmer-Pauly:* Desertion im Recht des Nationalsozialismus (2006)
20 *Hanns-Jürgen Wiegand:* Direktdemokratische Elemente in der deutschen Verfassungsgeschichte (2006)
21 *Hans-Peter Marutschke (Hrsg.):* Beiträge zur modernen japanischen Rechtsgeschichte (2006)
22 *Katrin Stoll:* Die Herstellung der Wahrheit (2011)

23 *Thorsten Kurtz:* Das Oberste Rückerstattungsgericht in Herford (2014)
24 *Sebastian Schermaul:* Die Umsetzung der Karlsbader Beschlüsse an der Universität Leipzig 1819–1848 (2013)
25 *Minoru Honda:* Beiträge zur Geschichte des japanischen Strafrechts (2020)
26 *Michael Seiters:* Das strafrechtliche Schuldprinzip. Im Spannungsfeld zwischen philosophischem, theologischem und juridischem Verständnis von Schuld (2020)

Abteilung 2: Forum Juristische Zeitgeschichte

1 *Franz-Josef Düwell / Thomas Vormbaum (Hrsg.):* Themen juristischer Zeitgeschichte (1) – Schwerpunktthema: Recht und Nationalsozialismus (1998)
2 *Karl-Heinz Keldungs:* Das Sondergericht Duisburg 1943–1945 (1998)
3 *Franz-Josef Düwell / Thomas Vormbaum (Hrsg.):* Themen juristischer Zeitgeschichte (2) – Schwerpunktthema: Recht und Juristen in der Revolution von 1848/49 (1998)
4 *Thomas Vormbaum:* Beiträge zur juristischen Zeitgeschichte (1999)
5 *Franz-Josef Düwell / Thomas Vormbaum:* Themen juristischer Zeitgeschichte (3), (1999)
6 *Thomas Vormbaum (Hrsg.):* Themen juristischer Zeitgeschichte (4), (2000)
7 *Frank Roeser:* Das Sondergericht Essen 1942–1945 (2000)
8 *Heinz Müller-Dietz:* Recht und Nationalsozialismus – Gesammelte Beiträge (2000)
9 *Franz-Josef Düwell (Hrsg.):* Licht und Schatten. Der 9. November in der deutschen Geschichte und Rechtsgeschichte – Symposium der Arnold-Freymuth-Gesellschaft, Hamm (2000)
10 *Bernd-Rüdiger Kern / Klaus-Peter Schroeder (Hrsg.):* Eduard von Simson (1810–1899). „Chorführer der Deutschen“ und erster Präsident des Reichsgerichts (2001)
11 *Norbert Haase / Bert Pampel (Hrsg.):* Die Waldheimer „Prozesse“ – fünfzig Jahre danach. Dokumentation der Tagung der Stiftung Sächsische Gedenkstätten am 28. und 29. September in Waldheim (2001)
12 *Wolfgang Form (Hrsg.):* Literatur- und Urteilsverzeichnis zum politischen NS-Strafrecht (2001)
13 *Sabine Hain:* Die Individualverfassungsbeschwerde nach Bundesrecht (2002)
14 *Gerhard Pauli / Thomas Vormbaum (Hrsg.):* Justiz und Nationalsozialismus – Kontinuität und Diskontinuität. Fachtagung in der Justizakademie des Landes NRW, Recklinghausen, am 19. und 20. November 2001 (2003)
15 *Mario Da Passano (Hrsg.):* Europäische Strafkolonien im 19. Jahrhundert. Internationaler Kongreß des Dipartimento di Storia der Universität Sassari und des Parco nazionale di Asinara, Porto Torres, 25. Mai 2001 (2006)
16 *Sylvia Kesper-Biermann / Petra Overath (Hrsg.):* Die Internationalisierung von Strafrechtswissenschaft und Kriminalpolitik (1870–1930). Deutschland im Vergleich (2007)
17 *Hermann Weber (Hrsg.):* Literatur, Recht und Musik. Tagung im Nordkolleg Rendsburg vom 16. bis 18. September 2005 (2007)
18 *Hermann Weber (Hrsg.):* Literatur, Recht und (bildende) Kunst. Tagung im Nordkolleg Rendsburg vom 21. bis 23. September 2007 (2008)
19 *Francisco Muñoz Conde / Thomas Vormbaum (Hrsg.):* Transformation von Diktaturen in Demokratien und Aufarbeitung der Vergangenheit (2010)

20 *Kirsten Scheiwe / Johanna Krawietz* (Hrsg.): (K)Eine Arbeit wie jede andere? Die Regulierung von Arbeit im Privathaushalt (2014)
21 *Helmut Irmen:* Das Sondergericht Aachen 1941–1945 (2018)

Abteilung 3: Beiträge zur modernen deutschen Strafgesetzgebung. Materialien zu einem historischen Kommentar

1 *Thomas Vormbaum / Jürgen Welp (Hrsg.):* Das Strafgesetzbuch seit 1870. Sammlung der Änderungen und Neubekanntmachungen; fünf Textbände (1999–2017) und drei Supplementbände (2005, 2006)
2 *Christian Müller:* Das Gewohnheitsverbrechergesetz vom 24. November 1933. Kriminalpolitik als Rassenpolitik (1998)
3 *Maria Meyer-Höger:* Der Jugendarrest. Entstehung und Weiterentwicklung einer Sanktion (1998)
4 *Kirsten Gieseler:* Unterlassene Hilfeleistung – § 323c StGB. Reformdiskussion und Gesetzgebung seit 1870. (1999)
5 *Robert Weber:* Die Entwicklung des Nebenstrafrechts 1871–1914 (1999)
6 *Frank Nobis:* Die Strafprozeßgesetzgebung der späten Weimarer Republik (2000)
7 *Karsten Felske:* Kriminelle und terroristische Vereinigungen – §§ 129, 129a StGB (2002)
8 *Ralf Baumgarten:* Zweikampf – §§ 201–210 a.F. StGB (2003)
9 *Felix Prinz:* Diebstahl – §§ 242 ff. StGB (2003)
10 *Werner Schubert / Thomas Vormbaum (Hrsg.):* Entstehung des Strafgesetzbuchs. Kommissionsprotokolle und Entwürfe. Band 1: 1869 (2002); Band 2: 1870 (2004)
11 *Lars Bernhard:* Falsche Verdächtigung (§§ 164, 165 StGB) und Vortäuschen einer Straftat (§ 145d StGB), (2003)
12 *Frank Korn:* Körperverletzungsdelikte – §§ 223 ff., 340 StGB. Reformdiskussion und Gesetzgebung von 1870 bis 1933 (2003)
13 *Christian Gröning:* Körperverletzungsdelikte – §§ 223 ff., 340 StGB. Reformdiskussion und Gesetzgebung seit 1933 (2004)
14 *Sabine Putzke:* Die Strafbarkeit der Abtreibung in der Kaiserzeit und in der Weimarer Zeit. Eine Analyse der Reformdiskussion und der Straftatbestände in den Reformentwürfen (1908–1931), (2003)
15 *Eckard Voßiek:* Strafbare Veröffentlichung amtlicher Schriftstücke (§ 353d Nr. 3 StGB). Gesetzgebung und Rechtsanwendung seit 1851 (2004)
16 *Stefan Lindenberg:* Brandstiftungsdelikte – §§ 306 ff. StGB. Reformdiskussion und Gesetzgebung seit 1870 (2004)
17 *Ninette Barreneche †:* Materialien zu einer Strafrechtsgeschichte der Münchener Räterepublik 1918/1919 (2004)
18 *Carsten Thiel:* Rechtsbeugung – § 339 StGB. Reformdiskussion und Gesetzgebung seit 1870 (2005)
19 *Vera Große-Vehne:* Tötung auf Verlangen (§ 216 StGB), „Euthanasie“ und Sterbehilfe. Reformdiskussion und Gesetzgebung seit 1870 (2005)
20 *Thomas Vormbaum / Kathrin Rentrop (Hrsg.):* Reform des Strafgesetzbuchs. Sammlung der Reformentwürfe. Band 1: 1909 bis 1919. Band 2: 1922 bis 1939. Band 3: 1959 bis 1996 (2008)

21 *Dietmar Prechtel:* Urkundendelikte (§§ 267 ff. StGB). Reformdiskussion und Gesetzgebung seit 1870 (2005)
22 *Ilya Hartmann:* Prostitution, Kuppelei, Zuhälterei. Reformdiskussion und Gesetzgebung seit 1870 (2006)
23 *Ralf Seemann:* Strafbare Vereitelung von Gläubigerrechten (§§ 283 ff., 288 StGB). Reformdiskussion und Gesetzgebung seit 1870 (2006)
24 *Andrea Hartmann:* Majestätsbeleidigung (§§ 94 ff. StGB a.F.) und Verunglimpfung des Staatsoberhauptes (§ 90 StGB). Reformdiskussion und Gesetzgebung seit dem 19. Jahrhundert (2006)
25 *Christina Rampf:* Hausfriedensbruch (§ 123 StGB). Reformdiskussion und Gesetzgebung seit 1870 (2006)
26 *Christian Schäfer:* „Widernatürliche Unzucht“ (§§ 175, 175a, 175b, 182, a.F. StGB). Reformdiskussion und Gesetzgebung seit 1945 (2006)
27 *Kathrin Rentrop:* Untreue und Unterschlagung (§§ 266 und 246 StGB). Reformdiskussion und Gesetzgebung seit dem 19. Jahrhundert (2007)
28 *Martin Asholt:* Straßenverkehrsstrafrecht. Reformdiskussion und Gesetzgebung seit dem Ausgang des 19. Jahrhunderts (2007)
29 *Katharina Linka:* Mord und Totschlag (§§ 211–213 StGB). Reformdiskussion und Gesetzgebung seit 1870 (2008)
30 *Juliane Sophia Dettmar:* Legalität und Opportunität im Strafprozess. Reformdiskussion und Gesetzgebung von 1877 bis 1933 (2008)
31 *Jürgen Durynek:* Korruptionsdelikte (§§ 331 ff. StGB). Reformdiskussion und Gesetzgebung seit dem 19. Jahrhundert (2008)
32 *Judith Weber:* Das sächsische Strafrecht im 19. Jahrhundert bis zum Reichsstrafgesetzbuch (2009)
33 *Denis Matthies:* Exemplifikationen und Regelbeispiele. Eine Untersuchung zum 100-jährigen Beitrag von Adolf Wach zur „Legislativen Technik“ (2009)
34 *Benedikt Rohrßen:* Von der „Anreizung zum Klassenkampf“ zur „Volksverhetzung“ (§ 130 StGB). Reformdiskussion und Gesetzgebung seit dem 19. Jahrhundert (2009)
35 *Friederike Goltsche:* Der Entwurf eines Allgemeinen Deutschen Strafgesetzbuches von 1922 (Entwurf Radbruch) (2010)
36 *Tarig Elobied:* Die Entwicklung des Strafbefehlsverfahrens von 1846 bis in die Gegenwart (2010)
37 *Christina Müting:* Sexuelle Nötigung; Vergewaltigung (§ 177 StGB) (2010)
38 *Nadeschda Wilkitzki:* Entstehung des Gesetzes über Internationale Rechtshilfe in Strafsachen (IRG) (2010)
39 *André Brambring:* Kindestötung (§ 217 a.F. StGB). Reformdiskussion und Gesetzgebung seit 1870 (2010)
40 *Wilhelm Rettler:* Der strafrechtliche Schutz des sozialistischen Eigentums in der DDR (2010)
41 *Yvonne Hötzel:* Debatten um die Todesstrafe in der Bundesrepublik Deutschland von 1949 bis 1990 (2010)
42 *Dagmar Kolbe:* Strafbarkeit im Vorfeld und im Umfeld der Teilnahme (§§ 88a, 110, 111, 130a und 140 StGB). Reformdiskussion und Gesetzgebung seit dem 19. Jahrhundert (2011)
43 *Sami Bdeiwi:* Beischlaf zwischen Verwandten (§ 173 StGB). Reform und Gesetzgebung seit 1870 (2014)

44 *Michaela Arnold:* Verfall, Einziehung und Unbrauchbarmachung (§§ 73 bis 76a StGB). Reformdiskussion und Gesetzgebung seit dem 19. Jahrhundert (2015)
45 *Andrea Schurig:* „Republikflucht“ (§§ 213, 214 StGB/DDR). Gesetzgeberische Entwicklung, Einfluss des MfS und Gerichtspraxis am Beispiel von Sachsen (2016)
46 *Sandra Knaudt:* Das Strafrecht im Großherzogtum Hessen im 19. Jahrhundert bis zum Reichsstrafgesetzbuch (2017)
47 *Michael Rudlof:* Das Gesetz zur Strafbarkeit der geschäftsmäßigen Förderung der Selbsttötung (§ 217 StGB nF.) (2018)
48 *Karl Müller:* Steuerhinterziehung (§§ 370, 371 AO). Gesetzgebung und Reformdiskussion seit dem 19. Jahrhundert (2018)
49 *Katharina Kühne:* Die Entwicklung des Internetstrafrechts unter besonderer Berücksichtigung der §§ 202a–202c StGB sowie § 303a und § 303b StGB (2018)
50 *Benedikt Beßmann:* Das Strafrecht des Herzogtums Braunschweig im 19. Jahrhundert bis zum Reichsstrafgesetzbuch (2019)
51 *Josef Roth:* Die Entwicklung des Weinstrafrechts seit 1871 (2020)
52 *Arne Fischer*: Die Legitimität des Sportwettbetrugs (§ 265c StGB). Unter besonderer Berücksichtigung des „Rechtsguts“ Integrität des Sports (2020)
53 *Julius Hagen:* Die Nebenklage im Gefüge strafprozessualer Verletztenbeteiligung. Der Weg in die viktimäre Gesellschaft. Gesetzgebung und Reformdiskurs seit 1870 (2021)
54 *Teresa Frank:* Die Wiederaufnahme zuungunsten des Angeklagten im Strafverfahren. Reformdiskussion und Gesetzgebung seit dem Neunzehnten Jahrhundert (2022)

Abteilung 4: Leben und Werk. Biographien und Werkanalysen

1 *Mario A. Cattaneo:* Karl Grolmans strafrechtlicher Humanismus (1998)
2 *Gerit Thulfaut:* Kriminalpolitik und Strafrechtstheorie bei Edmund Mezger (2000)
3 *Adolf Laufs:* Persönlichkeit und Recht. Gesammelte Aufsätze (2001)
4 *Hanno Durth:* Der Kampf gegen das Unrecht. Gustav Radbruchs Theorie eines Kulturverfassungsrechts (2001)
5 *Volker Tausch:* Max Güde (1902–1984). Generalbundesanwalt und Rechtspolitiker (2002)
6 *Bernd Schmalhausen:* Josef Neuberger (1902–1977). Ein Leben für eine menschliche Justiz (2002)
7 *Wolf Christian von Arnswald:* Savigny als Strafrechtspraktiker. Ministerium für die Gesetzesrevision (1842–1848), (2003)
8 *Thilo Ramm:* Ferdinand Lassalle. Der Revolutionär und das Recht (2004)
9 *Martin D. Klein:* Demokratisches Denken bei Gustav Radbruch (2007)
10 *Francisco Muñoz Conde:* Edmund Mezger – Beiträge zu einem Juristenleben (2007)
11 *Whitney R. Harris:* Tyrannen vor Gericht. Das Verfahren gegen die deutschen Hauptkriegsverbrecher nach dem Zweiten Weltkrieg in Nürnberg 1945–1946 (2008)
12 *Eric Hilgendorf (Hrsg.):* Die deutschsprachige Strafrechtswissenschaft in Selbstdarstellungen (2010)

13 *Tamara Cipolla:* Friedrich Karl von Strombeck. Leben und Werk – Unter besonderer Berücksichtigung des Entwurfes eines Strafgesetzbuches für ein Norddeutsches Staatsgebiet (2010)
14 *Karoline Peters:* J.D.H. Temme und das preußische Strafverfahren in der Mitte des 19. Jahrhunderts (2010)
15 *Eric Hilgendorf (Hrsg.):* Die ausländische Strafrechtswissenschaft in Selbstdarstellungen. Die internationale Rezeption des deutschen Strafrechts (2019)
16 *Hannes Ludyga:* Otto Kahn-Freund (1900–1979). Ein Arbeitsrechtler in der Weimarer Zeit (2016)
17 *Rudolf Bastuck:* Rudolf Wassermann. Vision und Umsetzung einer inneren Justizreform (2020)
18 *Eric Hilgendorf (Hrsg.)*: Die deutschsprachige Strafrechtswissenschaft in Selbstdarstellungen II (2021)

Abteilung 5: Juristisches Zeitgeschehen. Rechtspolitik und Justiz aus zeitgenössischer Perspektive

Mitherausgegeben von Gisela Friedrichsen („Der Spiegel“) und RA Prof. Dr. Franz Salditt

1 *Diether Posser:* Anwalt im Kalten Krieg. Ein Stück deutscher Geschichte in politischen Prozessen 1951–1968. 3. Auflage (1999)
2 *Jörg Arnold (Hrsg.):* Strafrechtliche Auseinandersetzung mit Systemvergangenheit am Beispiel der DDR (2000)
3 *Thomas Vormbaum (Hrsg.):* Vichy vor Gericht: Der Papon-Prozeß (2000)
4 *Heiko Ahlbrecht / Kai Ambos (Hrsg.):* Der Fall Pinochet(s). Auslieferung wegen staatsverstärkter Kriminalität? (1999)
5 *Oliver Franz:* Ausgehverbot für Jugendliche („Juvenile Curfew“) in den USA. Reformdiskussion und Gesetzgebung seit dem 19. Jahrhundert (2000)
6 *Gabriele Zwiehoff (Hrsg.):* „Großer Lauschangriff“. Die Entstehung des Gesetzes zur Änderung des Grundgesetzes vom 26. März 1998 und des Gesetzes zur Änderung der Strafprozeßordnung vom 4. Mai 1998 in der Presseberichterstattung 1997/98 (2000)
7 *Mario A. Cattaneo:* Strafrechtstotalitarismus. Terrorismus und Willkür (2001)
8 *Gisela Friedrichsen / Gerhard Mauz:* Er oder sie? Der Strafprozeß Böttcher/Weimar. Prozeßberichte 1987 bis 1999 (2001)
9 *Heribert Prantl / Thomas Vormbaum (Hrsg.):* Juristisches Zeitgeschehen 2000 in der Süddeutschen Zeitung (2001)
10 *Helmut Kreicker:* Art. 7 EMRK und die Gewalttaten an der deutsch-deutschen Grenze (2002)
11 *Heribert Prantl / Thomas Vormbaum (Hrsg.):* Juristisches Zeitgeschehen 2001 in der Süddeutschen Zeitung (2002)
12 *Henning Floto:* Der Rechtsstatus des Johanniterordens. Eine rechtsgeschichtliche und rechtsdogmatische Untersuchung zum Rechtsstatus der Balley Brandenburg des ritterlichen Ordens St. Johannis vom Spital zu Jerusalem (2003)
13 *Heribert Prantl / Thomas Vormbaum (Hrsg.):* Juristisches Zeitgeschehen 2002 in der Süddeutschen Zeitung (2003)

14 *Kai Ambos / Jörg Arnold (Hrsg.):* Der Irak-Krieg und das Völkerrecht (2004)
15 *Heribert Prantl / Thomas Vormbaum (Hrsg.)*: Juristisches Zeitgeschehen 2003 in der Süddeutschen Zeitung (2004)
16 *Sascha Rolf Lüder:* Völkerrechtliche Verantwortlichkeit bei Teilnahme an „Peace-keeping"-Missionen der Vereinten Nationen (2004)
17 *Heribert Prantl / Thomas Vormbaum (Hrsg.)*: Juristisches Zeitgeschehen 2004 in der Süddeutschen Zeitung (2005)
18 *Christian Haumann:* Die „gewichtende Arbeitsweise" der Finanzverwaltung. Eine Untersuchung über die Aufgabenerfüllung der Finanzverwaltung bei der Festsetzung der Veranlagungssteuern (2008)
19 *Asmerom Ogbamichael:* Das neue deutsche Geldwäscherecht (2011)
20 *Lars Chr. Barnewitz:* Die Entschädigung der Freimaurerlogen nach 1945 und nach 1989 (2011)
21 *Ralf Gnüchtel:* Jugendschutztatbestände im 13. Abschnitt des StGB (2013)
22 *Helmut Irmen:* Stasi und DDR-Militärjustiz. Der Einfluss des MfS auf Militärjustiz und Militärstrafvollzug in der DDR (2014)
23 *Pascal Johann:* Möglichkeiten und Grenzen des neuen Vermögenschabschöpfungsrechts. Eine Untersuchung zur vorläufigen Sicherstellung und der Einziehung von Vermögen unklarer Herkunft (2019)
24 *Zekai Dağaşan:* Das Ansehen des Staates im türkischen und deutschen Strafrecht (2015)
25 *Camilla Bertheau:* Politisch unwürdig? Entschädigung von Kommunisten für nationalsozialistische Gewaltmaßnahmen. Bundesdeutsche Gesetzgebung und Rechtsprechung der 50er Jahre (2016)
26 *Anja J. Weissbrodt:* Etwas Besseres als den Tod – Aktuelle Regelung der Suizidbeihilfe und ihre Auswirkungen auf die Ärzteschaft (2021)

Abteilung 6: Recht in der Kunst – Kunst im Recht

Mitherausgegeben von Prof. Dr. Gunter Reiß
und Prof. Dr. Anja Schiemann

1 *Heinz Müller-Dietz:* Recht und Kriminalität im literarischen Widerschein. Gesammelte Aufsätze (1999)
2 *Klaus Lüderssen (Hrsg.):* »Die wahre Liberalität ist Anerkennung«. Goethe und die Juris prudenz (1999)
3 *Bertolt Brecht:* Die Dreigroschenoper (1928) / Dreigroschenroman (1934). Mit Kommentaren von Iring Fetscher und Bodo Plachta (2001)
4 *Annette von Droste-Hülshoff:* Die Judenbuche (1842) / Die Vergeltung (1841). Mit Kommentaren von Heinz Holzhauer und Winfried Woesler (2000)
5 *Theodor Fontane:* Unterm Birnbaum (1885). Mit Kommentaren von Hugo Aust und Klaus Lüderssen (2001)
6 *Heinrich von Kleist:* Michael Kohlhaas (1810). Mit Kommentaren von Wolfgang Naucke und Joachim Linder (2000)
7 *Anja Sya:* Literatur und juristisches Erkenntnisinteresse. Joachim Maass' Roman „Der Fall Gouffé" und sein Verhältnis zu der historischen Vorlage (2001)

8 *Heiner Mückenberger:* Theodor Storm – Dichter und Richter. Eine rechtsgeschichtliche Lebensbeschreibung (2001)
9 *Hermann Weber (Hrsg.):* Annäherung an das Thema „Recht und Literatur". Recht, Literatur und Kunst in der NJW (1), (2002)
10 *Hermann Weber (Hrsg.):* Juristen als Dichter. Recht, Literatur und Kunst in der NJW (2), (2002)
11 *Hermann Weber (Hrsg.):* Prozesse und Rechtsstreitigkeiten um Recht, Literatur und Kunst. Recht, Literatur und Kunst in der NJW (3), (2002)
12 *Klaus Lüderssen:* Produktive Spiegelungen. 2., erweiterte Auflage (2002)
13 *Lion Feuchtwanger:* Erfolg. Drei Jahre Geschichte einer Provinz. Roman (1929). Mit Kommentaren von Theo Rasehorn und Ernst Ribbat (2002)
14 *Jakob Wassermann:* Der Fall Maurizius. Roman (1928). Mit Kommentaren von Thomas Vormbaum und Regina Schäfer (2003)
15 *Hermann Weber (Hrsg.):* Recht, Staat und Politik im Bild der Dichtung. Recht, Literatur und Kunst in der Neuen Juristischen Wochenschrift (4), (2003)
16 *Hermann Weber (Hrsg.):* Reale und fiktive Kriminalfälle als Gegenstand der Literatur. Recht, Literatur und Kunst in der Neuen Juristischen Wochenschrift (5), (2003)
17 *Karl Kraus:* Sittlichkeit und Kriminalität. (1908). Mit Kommentaren von Helmut Arntzen und Heinz Müller-Dietz (2004)
18 *Hermann Weber (Hrsg.):* Dichter als Juristen. Recht, Literatur und Kunst in der Neuen Juristischen Wochenschrift (6), (2004)
19 *Hermann Weber (Hrsg.):* Recht und Juristen im Bild der Literatur. Recht, Literatur und Kunst in der Neuen Juristischen Wochenschrift (7), (2005)
20 *Heinrich von Kleist:* Der zerbrochne Krug. Ein Lustspiel (1811). Mit Kommentaren von Michael Walter und Regina Schäfer (2005)
21 *Francisco Muñoz Conde / Marta Muñoz Aunión:* „Das Urteil von Nürnberg". Juristischer und filmwissenschaftlicher Kommentar zum Film von Stanley Kramer (1961), (2006)
22 *Fjodor Dostojewski:* Aufzeichnungen aus einem Totenhaus (1860). Mit Kommentaren von Heinz Müller-Dietz und Dunja Brötz (2005)
23 *Thomas Vormbaum (Hrsg.):* Anton Matthias Sprickmann. Dichter und Jurist. Mit Kommentaren von Walter Gödden, Jörg Löffler und Thomas Vormbaum (2006)
24 *Friedrich Schiller:* Verbrecher aus Infamie (1786). Mit Kommentaren von Heinz Müller-Dietz und Martin Huber (2006)
25 *Franz Kafka:* Der Proceß. Roman (1925). Mit Kommentaren von Detlef Kremer und Jörg Tenckhoff (2006)
26 *Heinrich Heine:* Deutschland. Ein Wintermährchen. Geschrieben im Januar 1844. Mit Kommentaren von Winfried Woesler und Thomas Vormbaum (2006)
27 *Thomas Vormbaum (Hrsg.):* Recht, Rechtswissenschaft und Juristen im Werk Heinrich Heines (2006)
28 *Heinz Müller-Dietz:* Recht und Kriminalität in literarischen Spiegelungen (2007)
29 *Alexander Puschkin:* Pique Dame (1834). Mit Kommentaren von Barbara Aufschnaiter/Dunja Brötz und Friedrich-Christian Schroeder (2007)
30 *Georg Büchner:* Danton's Tod. Dramatische Bilder aus Frankreichs Schreckensherrschaft. Mit Kommentaren von Sven Kramer und Bodo Pieroth (2007)

31 *Daniel Halft:* Die Szene wird zum Tribunal! Eine Studie zu den Beziehungen von Recht und Literatur am Beispiel des Schauspiels „Cyankali" von Friedrich Wolf (2007)

32 *Erich Wulffen:* Kriminalpsychologie und Psychopathologie in Schillers Räubern (1907). Herausgegeben von Jürgen Seul (2007)

33 *Klaus Lüderssen:* Produktive Spiegelungen: Recht in Literatur, Theater und Film. Band II (2007)

34 *Albert Camus:* Der Fall. Roman (1956). Mit Kommentaren von Brigitte Sändig und Sven Grotendiek (2008)

35 *Thomas Vormbaum (Hrsg.):* Pest, Folter und Schandsäule. Der Mailänder Prozess wegen „Pestschmierereien" in Rechtskritik und Literatur. Mit Kommentaren von Ezequiel Malarino und Helmut C. Jacobs (2008)

36 *E.T.A. Hoffmann:* Das Fräulein von Scuderi – Erzählung aus dem Zeitalter Ludwigs des Vierzehnten (1819). Mit Kommentaren von Heinz Müller-Dietz und Marion Bönnighausen (2010)

37 *Leonardo Sciascia:* Der Tag der Eule. Mit Kommentaren von Gisela Schlüter und Daniele Negri (2010)

38 *Franz Werfel:* Eine blaßblaue Frauenschrift. Novelle (1941). Mit Kommentaren von Matthias Pape und Wilhelm Brauneder (2011)

39 *Thomas Mann:* Das Gesetz. Novelle (1944). Mit Kommentaren von Volker Ladenthin und Thomas Vormbaum (2013)

40 *Theodor Storm:* Ein Doppelgänger. Novelle (1886) (2013)

41 *Dorothea Peters:* Der Kriminalrechtsfall ‚Kaspar Hauser' und seine Rezeption in Jakob Wassermanns Caspar-Hauser-Roman (2014)

42 *Jörg Schönert:* Kriminalität erzählen (2015)

43 *Klaus Lüderssen:* Produktive Spiegelungen. Recht im künstlerischen Kontext. Band 3 (2014)

44 *Franz Kafka:* In der Strafkolonie. Erzählung (1919) (2015)

45 *Heinz Müller-Dietz:* Recht und Kriminalität in literarischen Brechungen (2016)

46 *Hermann Weber (Hrsg.):* Das Recht als Rahmen für Literatur und Kunst. Tagung im Nordkolleg Rendsburg vom 4. bis 6. September 2015 (2017)

47 *Walter Müller-Seidel:* Rechtsdenken im literarischen Text. Deutsche Literatur von der Weimarer Klassik zur Weimarer Republik (2017)

48 *Honoré de Balzac:* Eine dunkle Geschichte. Roman (1841). Mit Kommentaren von Luigi Lacchè und Christian von Tschilschke (2018)

49 *Anja Schiemann:* Der Kriminalfall Woyzeck. Der historische Fall und Büchners Drama (2018)

50 *E.T.A. Hoffmann:* Meister Floh. Ein Mährchen in sieben Abentheuern zweier Freunde (1822). Mit Kommentaren von Michael Niehaus und Thomas Vormbaum (2018)

51 *Bodo Pieroth:* Deutsche Schriftsteller als angehende Juristen (2018)

52 *Theodor Fontane:* Grete Minde. Nach einer altmärkischen Chronik (1880). Mit Kommentaren von Anja Schiemann und Walter Zimorski (2018)

53 *Britta Lange / Martin Roeber / Christoph Schmitz-Scholemann (Hrsg.):* Grenzüberschreitungen: Recht, Normen, Literatur und Musik. Tagung im Nordkolleg Rendsburg vom 8. bis 10. September 2017 (2019)

54 *Wolfgang Schild*: Richard Wagner *recht* betrachtet (2020)

55 *Uwe Scheffler u.a. (Hrsg.)*: Musik und Strafrecht. Ein Streifzug durch eine tönende Welt (2021)

56 *Britta Lange / Martin Roeber / Christoph Schmitz-Scholemann (Hrsg.)*: Verbrechen und Sprache. Tagung im Nordkolleg Rendsburg vom 13. bis 15. September 2019 (2021)

57 *Dirk Falkner*: Straftheorie von Leo Tolstoi (2021)

Abteilung 7: Beiträge zur Anwaltsgeschichte

Mitherausgegeben von RA Dr. Dieter Finzel (†), RA Dr. Tilman Krach; RA Dr. Thomas Röth; RA Dr. Ulrich Wessels; Prof. Dr. Gabriele Zwiehoff

1 *Babette Tondorf:* Strafverteidigung in der Frühphase des reformierten Strafprozesses. Das Hochverratsverfahren gegen die badischen Aufständischen Gustav Struve und Karl Blind (1848/49), (2006)

2 *Hinrich Rüping:* Rechtsanwälte im Bezirk Celle während des Nationalsozialismus (2007)

3 *Dieter Finzel:* Geschichte der Rechtsanwaltskammer Hamm (2018)

Abteilung 8: Judaica

1 *Hannes Ludyga:* Philipp Auerbach (1906–1952). „Staatskommissar für rassisch, religiös und politisch Verfolgte" (2005)

2 *Thomas Vormbaum:* Der Judeneid im 19. Jahrhundert, vornehmlich in Preußen. Ein Beitrag zur juristischen Zeitgeschichte (2006)

3 *Hannes Ludyga:* Die Rechtsstellung der Juden in Bayern von 1819 bis 1918. Studie im Spiegel der Verhandlungen der Kammer der Abgeordneten des bayerischen Landtags (2007)

4 *Michele Sarfatti:* Die Juden im faschistischen Italien. Geschichte, Identität, Verfolgung (2014)

Abteilung 9: Beiträge zur modernen Verfassungsgeschichte

1 *Olaf Kroon: Die Verfassung von Cádiz (1812). Spaniens Sprung in die Moderne, gespiegelt an der Verfassung Kurhessens von 1831 (2019)*